3ª edição

Fundamentos da **PROGRAMAÇÃO** de **COMPUTADORES**

ALGORITMOS, PASCAL, C/C++ (PADRÃO ANSI) E JAVA

Ana Fernanda Gomes Ascencio

Edilene Aparecida Veneruchi de Campos

3ª edição

Fundamentos da
PROGRAMAÇÃO de
COMPUTADORES

ALGORITMOS, PASCAL, C/C++ (PADRÃO ANSI) E JAVA

Diretor editorial: Roger Trimer
Gerente editorial: Sabrina Cairo
Editor de aquisição: Brunno Barreto
Coordenadora de produção editorial: Thelma Babaoka
Editora de texto: Sabrina Levensteinas
Preparação: Maria Alice da Costa
Revisão: Luciane Gomide
Capa: Alexandre Mieda
Diagramação: Globaltec Editorial & Marketing

Dados Internacionais de Catalogação na Publicação (CIP)
(Câmara Brasileira do Livro, SP, Brasil)

Ascencio, Ana Fernanda Gomes
  Fundamentos da programação de computadores : algoritmos, PASCAL, C/C++ (padrão ANSI) e JAVA / Ana Fernanda Gomes Ascencio e Edilene Aparecida Veneruchi de Campos . -- 3. ed. -- São Paulo : Pearson Education do Brasil, 2012.

  Bibliografia
  ISBN 978-85-64574-16-8

  1. Algoritmos 2. Programação (Computadores eletrônicos) I. Campos, Edilene Aparecida Veneruchi de. II. Título.
11-11938   CDD-005.1

Índices para catálogo sistemático:
1. Computadores : Programação 005.1
2. Programação de computadores :
   Processamento de dados 005.1

Direitos exclusivos cedidos à
Pearson Education do Brasil Ltda.,
uma empresa do grupo Pearson Education
Av. Francisco Matarazzo, 1400,
7º andar, Edifício Milano
CEP 05033-070 - São Paulo - SP - Brasil
Fone: 19 3743-2155
pearsonuniversidades@pearson.com

Distribuição
Grupo A Educação
www.grupoa.com.br
Fone: 0800 703 3444

Aos meus filhos, Eduardo e Pedro, amores eternos.
Ana Fernanda Gomes Ascencio

À família maravilhosa que consegui construir:
Vanderlei, Yanko e Juliana.
Edilene A. Veneruchi de Campos

Sumário

Capítulo 5

Capítulo 6

Capítulo 7

Capítulo 8

Capítulo 9

Capítulo 10

Capítulo 11

Capítulo 12

Capítulo 13

Apresentação

O livro proposto tem como objetivos:

- apresentar técnicas para a elaboração de algoritmos;
- apresentar comandos para a implementação de algoritmos nas linguagens PASCAL, C/C++ e JAVA;
- apresentar a solução de problemas em algoritmos e em programas escritos em PASCAL, C/C++ e JAVA;
- incentivar os leitores à programação por meio da proposição de várias situações-problema ao final de cada capítulo.

Todos os capítulos apresentarão nas seções iniciais conceitos teóricos sobre a utilização de algum recurso de computação em algoritmos e nas linguagens de programação PASCAL, C/C++ e JAVA.

A penúltima seção de cada capítulo apresenta uma série de problemas resolvidos em algoritmos, PASCAL, C/C++ e também em JAVA, e, na última, o leitor encontrará uma série de problemas para serem resolvidos.

Nesta edição, além da revisão completa da obra, foram acrescentados dois capítulos. O Capítulo 12, com uma introdução à programação orientada a objetos, e o Capítulo 13, com vários problemas desafiadores, envolvendo o conteúdo discutido em todo o livro.

RELEVÂNCIA, ATUALIDADE E PÚBLICO-ALVO

Durante alguns anos em que ensinamos fundamentos da programação de computadores, temos observado a grande dificuldade dos alunos em assimilar estes novos conceitos e em adquirir habilidades que lhes permitam resolver problemas reais relacionados à programação.

Observamos também que, através da análise aprofundada de problemas já resolvidos, os estudantes conseguem superar parte dessas dificuldades, além de adquirirem maior motivação para os estudos.

Esta obra será aproveitada por alunos iniciantes na programação de computadores, visto que as linguagens PASCAL, C/C++ e JAVA são muito utilizadas no início da programação por serem de fácil compreensão e ótimas para despertar o raciocínio lógico nos alunos.

Esta obra se diferencia das demais por possuir uma grande quantidade de exercícios resolvidos e propostos após cada capítulo, o que possibilita sua utilização em aulas de laboratório, uma prática muito comum nas universidades atualmente.

No site de apoio (www.grupoa.com.br), professores e alunos obtêm a resolução dos exercícios apresentados em cada capítulo em PASCAL, C/C++ e JAVA, incluindo fontes e executáveis.

Sobre as autoras

ANA FERNANDA GOMES ASCENCIO é professora universitária desde 1994 na área de informática. É graduada em ciência da computação pela Pontifícia Universidade Católica de São Paulo (PUC–SP), especialista em sistemas de informação pela Universidade Federal de São Carlos (UFScar), especialista em educação pela Universidade para o Desenvolvimento do Estado e da Região do Pantanal (Uniderp), mestre em ciência da computação pela Universidade Federal do Rio Grande do Sul (UFRGS). Autora dos livros *Lógica de programação com PASCAL*, *Fundamentos da programação de computadores*, *Introdução ao desenvolvimento de aplicações em DELPHI*, *Aplicações das estruturas de dados em DELPHI*, *Desenvolvimento de um sistema usando DELPHI e POSTGRESQL* e, recentemente, lançou o livro Estruturas de dados.

EDILENE APARECIDA VENERUCHI DE CAMPOS é professora universitária desde 1997 na área de informática. Bacharel em ciência da computação pela Universidade Federal do Mato Grosso do Sul (UFMS), especialista em métodos e técnicas de ensino pela Universidade para o Desenvolvimento do Estado e da Região do Pantanal (Uniderp) e mestre em ciência da computação pela Universidade Federal do Rio Grande do Sul (UFRGS). Atualmente é analista de TI da empresa pública DATAPREV, desenvolvendo projetos na área de gerenciamento de conteúdo corporativo, e professora da Universidade Anhanguera-Uniderp, onde ministra as disciplinas Algoritmos e programação e Linguagem de programação em cursos de graduação, e as disciplinas Programação orientada a objetos e Linguagens de programação JAVA em cursos de pós-graduação *latu sensu*, além de coordenar o curso de pós-graduação *latu sensu* em Desenvolvimento de aplicações utilizando tecnologia JAVA.

1 Conceitos básicos

Desde o início de sua existência, o homem procurou criar máquinas que o auxiliassem em seu trabalho, diminuindo o esforço e economizando tempo. Dentre essas máquinas, o computador vem se mostrando uma das mais versáteis, rápidas e seguras.

O computador pode auxiliá-lo em qualquer tarefa. É consciente, trabalhador, possui muita energia, mas não tem iniciativa, nenhuma independência, não é criativo nem inteligente, por isso, precisa receber instruções nos mínimos detalhes.

A finalidade de um computador é receber, manipular e armazenar dados. Visto somente como um gabinete composto por circuitos eletrônicos, cabos e fontes de alimentação, certamente ele parece não ter nenhuma utilidade. O computador só consegue armazenar dados em discos, imprimir relatórios, gerar gráficos, realizar cálculos, entre outras funções, por meio de programas, portanto, sua finalidade principal é realizar a tarefa de *processamento de dados*, isto é, receber dados por um dispositivo de entrada (por exemplo, teclado, mouse, scanner etc.), realizar operações com esses dados e gerar uma resposta que será expressa em um dispositivo de saída (por exemplo, impressora, monitor de vídeo, entre outros) (ASCENCIO, 1999).

Logo, um computador possui duas partes diferentes que trabalham juntas: o hardware, composto pelas partes físicas, e o software, composto pelos programas.

Quando queremos criar ou desenvolver um software para realizar determinado tipo de processamento de dados, devemos escrever um programa ou vários programas interligados. No entanto, para que o computador compreenda e execute esse programa, devemos escrevê-lo usando uma linguagem que tanto o computador quanto o criador de software entendam. Essa linguagem é chamada *linguagem de programação*.

As etapas para o desenvolvimento de um programa são:

- **Análise:** estuda-se o enunciado do problema para definir os dados de entrada, o processamento e os dados de saída.

- **Algoritmo:** ferramentas do tipo descrição narrativa, fluxograma ou português estruturado são utilizadas para descrever o problema com suas soluções.

- **Codificação:** o algoritmo é transformado em códigos da linguagem de programação escolhida para se trabalhar.

Portanto, um programa é a codificação de um algoritmo em uma linguagem de programação (ASCENCIO, 1999).

1.1 Conceito de algoritmo

A seguir, apresentamos alguns conceitos de algoritmos:

"Algoritmo é uma sequência de passos que visa atingir um objetivo bem definido" (FORBELLONE, 1999).

"Algoritmo é a descrição de uma sequência de passos que deve ser seguida para a realização de uma tarefa" (ASCENCIO, 1999).

"Algoritmo é uma sequência finita de instruções ou operações cuja execução, em tempo finito, resolve um problema computacional, qualquer que seja sua instância" (SALVETTI, 1999).

"Algoritmos são regras formais para a obtenção de um resultado ou da solução de um problema, englobando fórmulas de expressões aritméticas" (MANZANO, 1997).

"Ação é um acontecimento que, a partir de um estado inicial, após um período de tempo finito, produz um estado final previsível e bem definido. Portanto, um algoritmo é a descrição de um conjunto de comandos que, obedecidos, resultam numa sucessão finita de ações" (FARRER, 1999).

Analisando as definições anteriores, podemos perceber que executamos no dia a dia vários algoritmos, como se pode observar nos exemplos a seguir.

Algoritmo 1	—	**Somar três números**
Passo 1	—	Receber os três números.
Passo 2	—	Somar os três números.
Passo 3	—	Mostrar o resultado obtido.

Algoritmo 2	—	**Fazer um sanduíche**
Passo 1	—	Pegar o pão.
Passo 2	—	Cortar o pão ao meio.
Passo 3	—	Pegar a maionese.
Passo 4	—	Passar a maionese no pão.
Passo 5	—	Pegar e cortar alface e tomate.
Passo 6	—	Colocar alface e tomate no pão.
Passo 7	—	Pegar o hambúrguer.
Passo 8	—	Fritar o hambúrguer.
Passo 9	—	Colocar o hambúrguer no pão.

Algoritmo 3	—	**Trocar uma lâmpada**
Passo 1	—	Pegar uma lâmpada nova.
Passo 2	—	Pegar uma escada.
Passo 3	—	Posicionar a escada embaixo da lâmpada queimada.
Passo 4	—	Subir na escada com a lâmpada nova na mão.
Passo 5	—	Retirar a lâmpada queimada.
Passo 6	—	Colocar a lâmpada nova.
Passo 7	—	Descer da escada.
Passo 8	—	Testar o interruptor.
Passo 9	—	Guardar a escada.
Passo 10	—	Jogar a lâmpada velha no lixo.

Algoritmo 4	—	**Ir para a escola**
Passo 1	—	Acordar cedo.
Passo 2	—	Ir ao banheiro.
Passo 3	—	Abrir o armário para escolher uma roupa.
Passo 4	—	Se o tempo estiver quente, pegar uma camiseta e uma calça jeans; Caso contrário, pegar um agasalho e uma calça jeans.
Passo 5	—	Vestir a roupa escolhida.
Passo 6	—	Tomar café.
Passo 7	—	Pegar uma condução.
Passo 8	—	Descer próximo à escola.

Algoritmo 5	—	**Sacar dinheiro no banco 24 horas**
Passo 1	—	Ir até um banco 24 horas.
Passo 2	—	Colocar o cartão.
Passo 3	—	Digitar a senha.
Passo 4	—	Solicitar a quantia desejada.
Passo 5	—	Se o saldo for maior ou igual à quantia desejada, sacar; caso contrário, mostrar mensagem de impossibilidade de saque.
Passo 6	—	Retirar o cartão.
Passo 7	—	Sair do banco 24 horas.

Você pode estar pensando: "Mas eu realizo essas atividades de maneira diferente!". Esse pensamento está correto, pois, às vezes, um problema pode ser resolvido de diversas maneiras, porém, gerando a mesma resposta. Ou seja, podem existir vários algoritmos para solucionar o mesmo problema.

1.2 Método para a construção de algoritmos

Para a construção de qualquer tipo de algoritmo, é necessário seguir estes passos:

- Compreender completamente o problema a ser resolvido, destacando os pontos mais importantes e os objetos que o compõem.
- Definir os dados de entrada, ou seja, quais dados serão fornecidos e quais objetos fazem parte desse cenário problema.
- Definir o processamento, ou seja, quais cálculos serão efetuados e quais as restrições para esses cálculos. O processamento é responsável pela transformação dos dados de entrada em dados de saída. Além disso, deve-se verificar quais objetos são responsáveis pelas atividades.
- Definir os dados de saída, ou seja, quais dados serão gerados depois do processamento.
- Construir o algoritmo utilizando um dos tipos descritos na próxima seção.
- Testar o algoritmo realizando simulações.

1.3 Tipos de algoritmos

Os três tipos mais utilizados de algoritmos são: *descrição narrativa*, *fluxograma* e *pseudocódigo* ou *portugol*, que descrevemos a seguir.

1.3.1 Descrição narrativa

A descrição narrativa consiste em analisar o enunciado do problema e escrever, utilizando uma linguagem natural (por exemplo, a língua portuguesa), os passos a serem seguidos para sua resolução.

Vantagem: não é necessário aprender nenhum conceito novo, pois uma língua natural, neste ponto, já é bem conhecida.

Desvantagem: a língua natural abre espaço para várias interpretações, o que posteriormente dificultará a transcrição desse algoritmo para programa.

1.3.2 Fluxograma

O fluxograma consiste em analisar o enunciado do problema e escrever, utilizando símbolos gráficos predefinidos (Tabela 1.1), os passos a serem seguidos para sua resolução.

Vantagem: o entendimento de elementos gráficos é mais simples que o entendimento de textos.

Desvantagem: é necessário aprender a simbologia dos fluxogramas e, além disso, o algoritmo resultante não apresenta muitos detalhes, dificultando sua transcrição para um programa.

1.3.3 Pseudocódigo ou portugol

O pseudocódigo ou portugol consiste em analisar o enunciado do problema e escrever, por meio de regras predefinidas, os passos a serem seguidos para sua resolução.

Vantagem: a passagem do algoritmo para qualquer linguagem de programação é quase imediata, bastando conhecer as palavras reservadas da linguagem que será utilizada.

Desvantagem: é necessário aprender as regras do pseudocódigo, que serão apresentadas nos próximos capítulos.

Tabela 1.1 Conjunto de símbolos utilizados no fluxograma.

	Símbolo utilizado para indicar o início e o fim do algoritmo.
	Símbolo que permite indicar o sentido do fluxo de dados. Serve exclusivamente para conectar os símbolos ou blocos existentes.
	Símbolo utilizado para indicar cálculos e atribuições de valores.
	Símbolo utilizado para representar a entrada de dados.
	Símbolo utilizado para representar a saída de dados.
	Símbolo utilizado para indicar que deve ser tomada uma decisão, apontando a possibilidade de desvios.

1.4 Exemplos de algoritmos

Os exemplos a seguir mostram alguns algoritmos desenvolvidos com os três tipos citados anteriormente.

a) Faça um algoritmo para mostrar o resultado da multiplicação de dois números.

Algoritmo em descrição narrativa:

Passo 1 — Receber dois números que serão multiplicados.
Passo 2 — Multiplicar os números.
Passo 3 — Mostrar o resultado obtido na multiplicação.

Algoritmo em fluxograma:

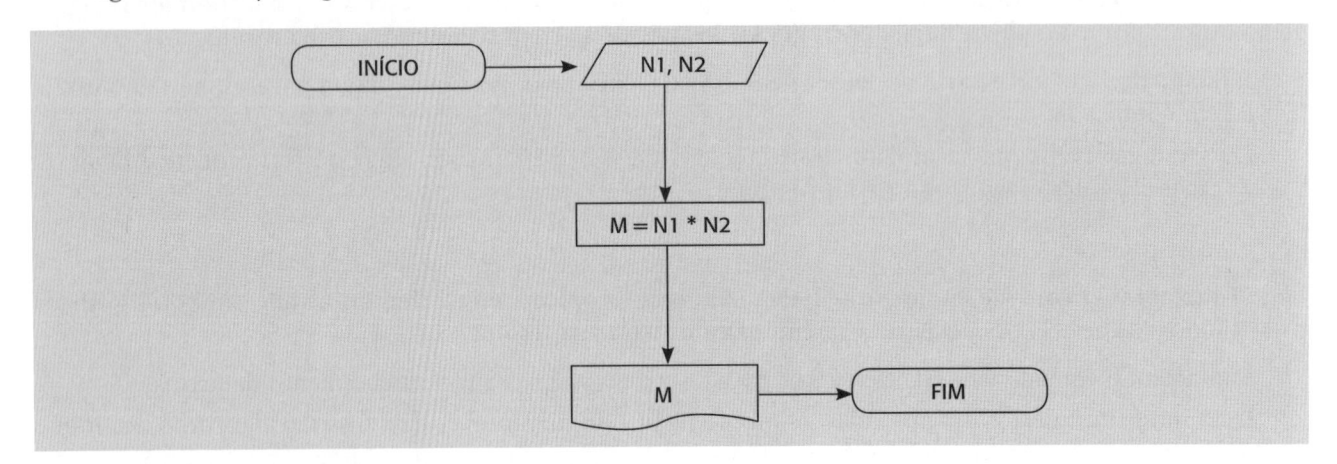

Algoritmo em pseudocódigo:

```
ALGORITMO
DECLARE N1, N2, M NUMÉRICO
ESCREVA "Digite dois números"
LEIA N1, N2
M ← N1 * N2
ESCREVA "Multiplicação = ", M
FIM_ALGORITMO.
```

b) Faça um algoritmo para mostrar o resultado da divisão de dois números.

Algoritmo em descrição narrativa:

Passo 1 — Receber os dois números que serão divididos.
Passo 2 — Se o segundo número for igual a zero, não poderá ser feita a divisão, pois não existe divisão por zero; caso contrário, dividir os números e mostrar o resultado da divisão.

Algoritmo em fluxograma:

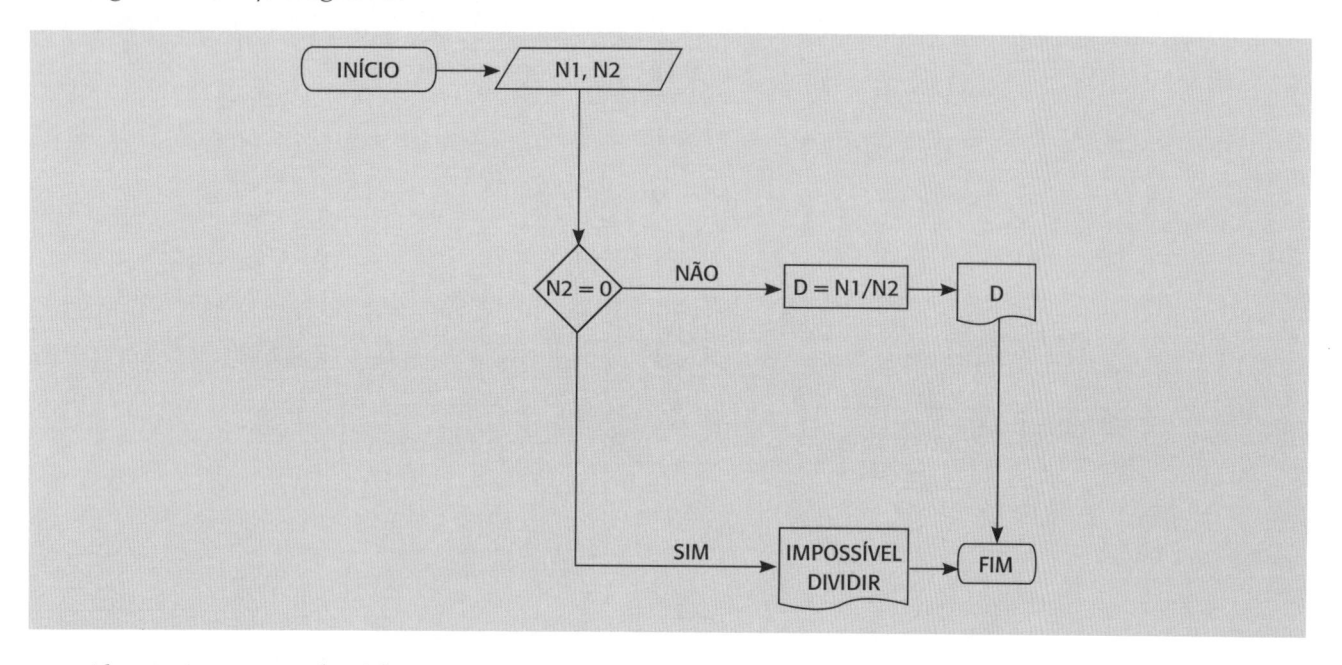

Algoritmo em pseudocódigo:

```
ALGORITMO
DECLARE N1, N2, D NUMÉRICO
ESCREVA "Digite dois números"
LEIA N1, N2
SE N2 = 0
ENTÃO ESCREVA "Impossível dividir"
SENÃO INÍCIO
      D ← N1/N2
      ESCREVA "Divisão = ", D
    FIM
FIM_ALGORITMO.
```

c) Faça um algoritmo para calcular a média aritmética entre duas notas de um aluno e mostrar sua situação, que pode ser aprovado ou reprovado.

Algoritmo em descrição narrativa:

Passo 1 — Receber as duas notas.
Passo 2 — Calcular a média aritmética.
Passo 3 — Mostrar a média aritmética.
Passo 4 — Se a média aritmética for maior ou igual a 7, então a situação do aluno é *aprovado*; caso contrário, a situação é *reprovado*.

Algoritmo em fluxograma:

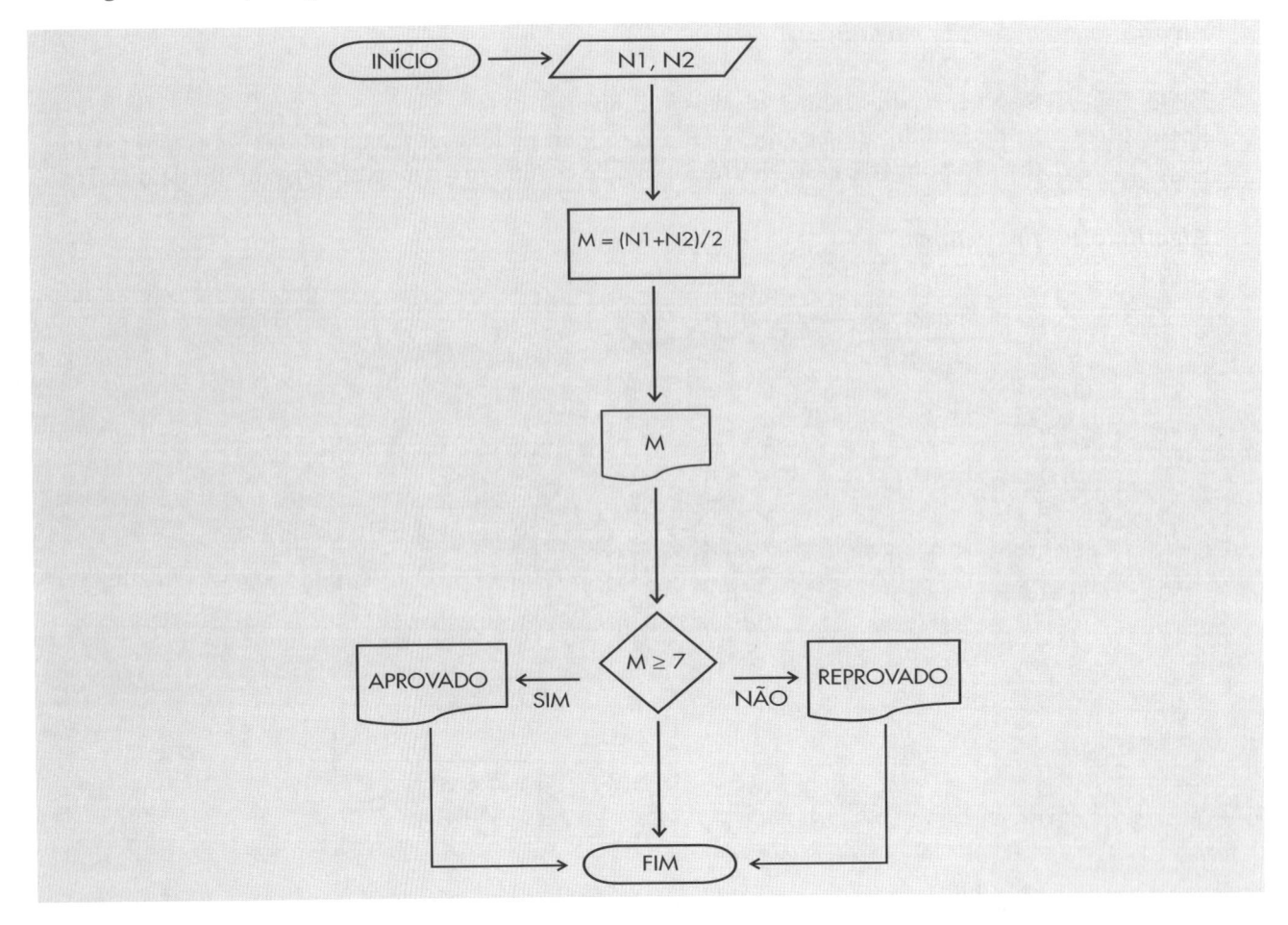

Algoritmo em pseudocódigo:

```
ALGORITMO
DECLARE N1, N2, M NUMÉRICO
ESCREVA "Digite as duas notas"
LEIA N1, N2
M ← (N1 + N2)/2
ESCREVA "Média =", M
SE M ≥ 7
ENTÃO ESCREVA "Aprovado"
SENÃO ESCREVA "Reprovado"
FIM_ALGORITMO.
```

d) Faça um algoritmo para calcular o novo salário de um funcionário. Sabe-se que os funcionários que recebem atualmente salário de até R$ 500 terão aumento de 20%; os demais terão aumento de 10%.

Algoritmo em descrição narrativa:

Passo 1 — Receber o salário atual do funcionário.
Passo 2 — Se o salário atual do funcionário for de até R$ 500, calcular o novo salário com percentual de aumento de 20%; caso contrário, calcular o novo salário com percentual de aumento de 10%.

Algoritmo em fluxograma:

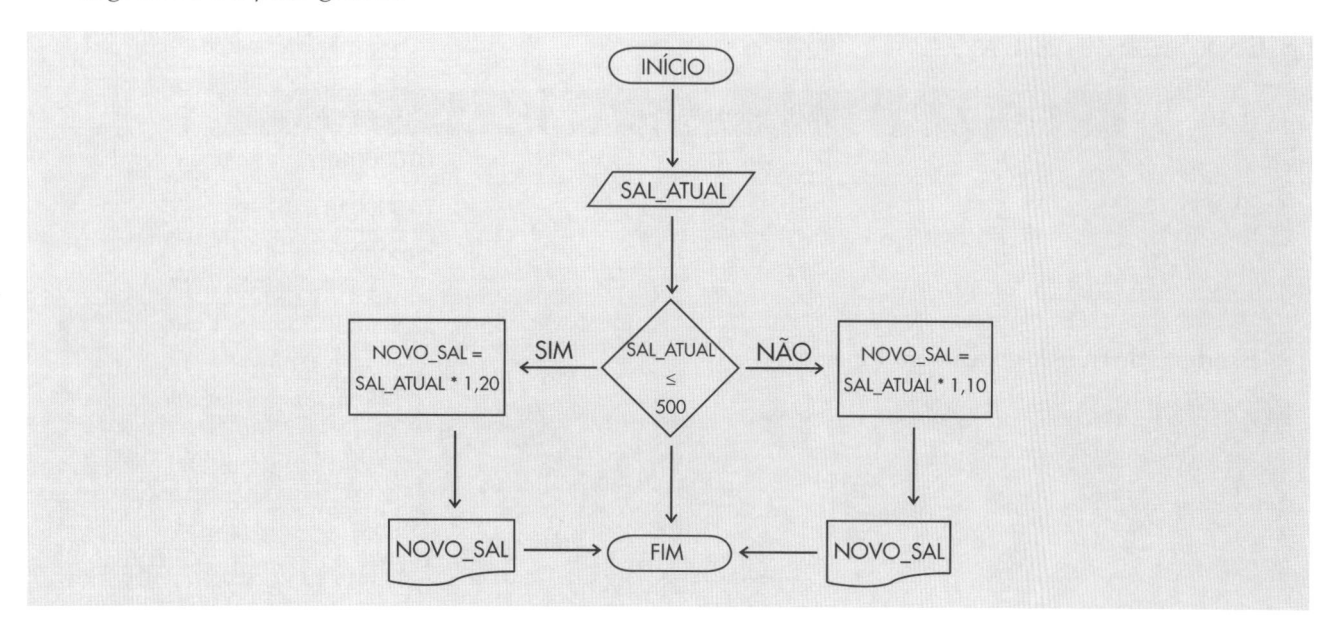

Algoritmo em pseudocódigo:

```
ALGORITMO
DECLARE SAL_ATUAL, NOVO_SAL NUMÉRICO
ESCREVA "Digite o salário atual do funcionário"
LEIA SAL_ATUAL
SE SAL_ATUAL ≤ 500
ENTÃO NOVO_SAL ← SAL_ATUAL * 1,20
SENÃO NOVO_SAL ← SAL_ATUAL * 1,10
ESCREVA "Novo salário =", NOVO_SAL
FIM_ALGORITMO.
```

1.5 Conceito de variável

Duas pessoas estão conversando e precisam realizar uma conta. A primeira pessoa diz: "Vamos somar dois números". E continua: "O primeiro número é 5". A segunda pessoa guarda o primeiro número na cabeça, ou seja, na memória. A primeira pessoa diz: "O segundo número é 3". A segunda pessoa também guarda o segundo número na cabeça, sem esquecer o primeiro número, ou seja, cada número foi armazenado em posições diferentes da memória humana, sem sobreposição. A primeira pessoa pergunta: "Qual é o resultado da soma?" A segunda pessoa resgata os valores armazenados na memória, realiza a conta e responde dizendo que o resultado é 8.

Um algoritmo e, posteriormente, um programa recebem dados que precisam ser armazenados no computador para serem utilizados no processamento. Esse armazenamento é feito na memória. Todos os computadores trabalham com sistema numérico binário e, nesse sistema, os dados são transformados em 0 e 1 ('zeros' e 'uns') para, então, serem armazenados na memória. Cada dígito binário (0 ou 1) ocupa uma porção de memória chamada bit, e um conjunto de 8 bits é denominado byte. Cada byte é identificado e acessado por meio de um endereço.

Todos os caracteres existentes possuem um correspondente numérico na tabela ASCII, transformado em caractere binário pelo método da divisão para, então, ser armazenado na memória. Dessa maneira, uma variável representa uma posição de memória, que possui nome e tipo e seu conteúdo pode variar ao longo do tempo, durante a execução de um programa. Embora uma variável possa assumir diferentes valores, ela só pode armazenar um valor a cada instante.

A seguir, um pedaço da tabela ASCII:

Tabela 1.2 Amostra da tabela ASCII.

Caractere	Valor decimal na tabela ASCII	Valor binário
A	65	01000001
B	66	01000010
C	67	01000011

Exemplo de transformação em binário:

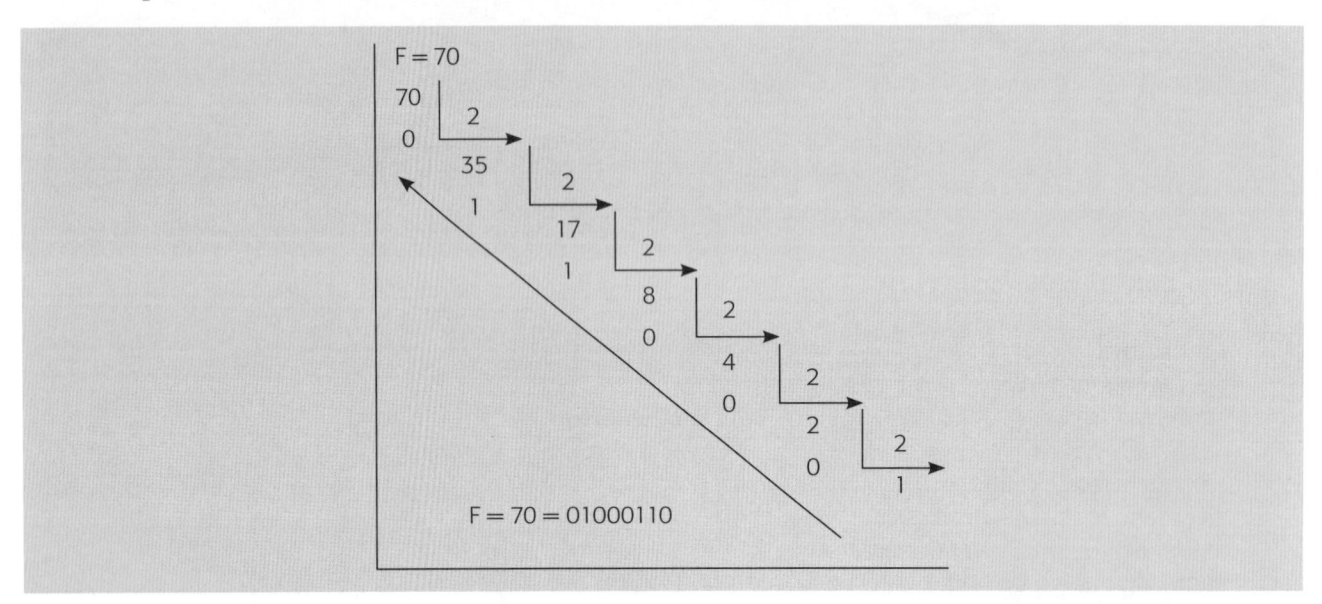

Todo computador possui uma tabela de alocação que contém o nome da variável, seu tipo (para saber quantos bytes ocupará) e seu endereço inicial de armazenamento. Dessa maneira, quando queremos buscar algum dado na memória, basta sabermos o nome da variável, que o computador, por meio da tabela de alocação, busca automaticamente.

1.6 Tipos de dados

Os tipos de dados mais utilizados são: *numéricos*, *lógicos* e *literais* ou *caracteres*, que descreveremos a seguir.

1.6.1 Numéricos

Os dados numéricos dividem-se em dois grupos: *inteiros* e *reais*.

Os números inteiros podem ser positivos ou negativos e *não* possuem parte fracionária. Exemplos de dados numéricos inteiros:

```
−23
98
0
−357
237
−2
```

Os números reais podem ser positivos ou negativos e possuem parte fracionária. Exemplos de dados numéricos reais:

```
23.45
346.89
−34.88
0.0
−247.0
```

> ⊗ ⊖ ⊕   **Observação**
>
> Os números reais seguem a notação da língua inglesa, ou seja, a parte decimal é separada da parte inteira por um ponto, e não por uma vírgula.

1.6.2 Lógicos

São também chamados dados booleanos (oriundos da álgebra de Boole) e podem assumir os valores *verdadeiro* ou *falso*.

1.6.3 Literais ou caracteres

São dados formados por um único caractere ou por uma cadeia de caracteres. Esses caracteres podem ser as letras maiúsculas, as letras minúsculas, os números (não podem ser usados para cálculos) e os caracteres especiais (&, #, @, ?, +).

Exemplos de dados literais:

```
"aluno"
"1234"
"@ internet"
"0.34"
"1 + 2"
'A'
'3'
```

> ⊗ ⊖ ⊕   **Observação**
>
> Um caractere é representado entre apóstrofos e um conjunto de caracteres é representado entre aspas.

1.7 Formação de identificadores

Os identificadores são os nomes das variáveis, dos programas, das constantes, das rotinas, das unidades etc. As regras básicas para a formação dos identificadores são:

- Os caracteres permitidos são: os números, as letras maiúsculas, as letras minúsculas e o caractere sublinhado.
- O primeiro caractere deve ser sempre uma letra ou o caractere sublinhado.
- Não são permitidos espaços em branco e caracteres especiais (@, $, +, −, %, !).
- Não podemos usar as palavras reservadas nos identificadores, ou seja, palavras que pertençam à linguagem de programação.

1.8 Exemplos de identificadores

Exemplos de identificadores válidos:

```
A
a
nota
NOTA
X5
A32
NOTA1
MATRICULA
nota_1
dia
IDADE
```

Exemplos de identificadores inválidos:

5b — *por começar com número*;
e 12 — *por conter espaço em branco*;
x-y — *por conter o caractere especial* –;
prova 2n — *por conter espaço em branco*;
nota(2) — *por conter os caracteres especiais* ();
case — *por ser palavra reservada*;
SET — *por ser palavra reservada*.

1.9 Linguagem PASCAL

A linguagem PASCAL foi desenvolvida em 1968 por Niklaus Wirth, na Suíça, destinada principalmente à programação científica, mas sua grande evolução permitiu que, nos dias de hoje, seja utilizada para qualquer fim. Essa linguagem possui um ambiente integrado de desenvolvimento chamado Turbo Pascal com as seguintes características:

- Apresenta um editor que permite ao desenvolvedor digitar, salvar e modificar o código de seus programas.
- Possui um compilador que converte os códigos dos programas em instruções de máquina e verifica a existência de erros de sintaxe.
- Dispõe de um depurador que permite inspecionar um programa durante sua execução, facilitando a localização de erros.
- Conta com um sistema de ajuda ativo que oferece diferentes níveis de informação.
- Possui ainda o ambiente de execução propriamente dito, que permite executar os programas sem sair do Turbo Pascal (arquivos de extensão PAS) ou, se preferir, permite gerar arquivos a serem executados fora do ambiente do Turbo Pascal (arquivos de extensão EXE).

1.10 Linguagem C/C++

Segundo Schildt (1996), Dennis Ritchie inventou a linguagem C e foi o primeiro a implementá-la usando um computador DEC PDP-11, que utilizava o sistema operacional Unix. Essa linguagem é resultante de um processo evolutivo de linguagens, cujo marco inicial foi uma linguagem chamada BCPL, desenvolvida por Martin Richards, que teve forte influência em uma linguagem denominada B, inventada por Ken Thompson. Na década de 1970, B levou ao desenvolvimento de C.

Durante alguns anos, o padrão da linguagem C foi aquele fornecido com a versão 5 do sistema operacional Unix, mas, com a popularização dos microcomputadores, várias implementações de C foram criadas, gerando, assim, muitas discrepâncias. Para resolver tal situação, o American National Standards Institute (Ansi) estabeleceu, em 1983, um comitê para definir um padrão que guiasse todas as implementações da linguagem C.

A linguagem C++ é uma extensão da linguagem C, e as instruções que fazem parte desta última representam um subconjunto da primeira. Os incrementos encontrados na linguagem C++ foram feitos para dar suporte à programação orientada a objetos, e a sintaxe dessa linguagem é basicamente a mesma da linguagem C.

1.11 Linguagem JAVA

A tecnologia JAVA é composta pela linguagem de programação JAVA e pela plataforma de desenvolvimento JAVA. Essa linguagem de programação possui como principais características: simplicidade, orientação a objetos, portabilidade, alta performance e segurança.

Nessa linguagem, os programas são escritos em arquivos texto com a extensão .java e, ao serem compilados com o compilador javac, são gerados os arquivos .class. Um arquivo .class é constituído por bytecodes, código interpretado pela Máquina Virtual Java (*Java Virtual Machine*).

Uma plataforma é um ambiente composto por hardware e software, ou seja, um sistema operacional e o hardware com o qual se comunica. A plataforma JAVA, entretanto, é composta apenas por software, uma vez que é a Máquina Virtual Java que faz a interface entre os programas e o sistema operacional. A plataforma JAVA é composta:

- pela Máquina Virtual Java, responsável por fazer a interface entre seu programa e o sistema operacional, transformando os bytecodes (comuns a qualquer ambiente) em código nativo reconhecido pelo hardware; e

- pela *Application Programming Interface* (API) JAVA, composta por amplo conjunto de classes já implementadas e testadas que fornecem variados recursos aos desenvolvedores.

Figura 1.1 Processo de execução de um programa em JAVA.

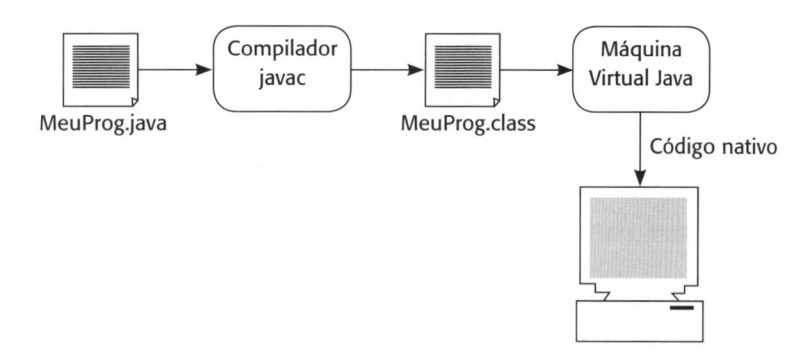

2 Paradigmas de programação

Um paradigma de programação está intimamente relacionado à forma de pensar do programador e como ele busca a solução para os problemas. É o paradigma que permite ou proíbe a utilização de algumas técnicas de programação. Ele é capaz, ainda, de mostrar como o programador analisou e abstraiu o problema a resolver. Existem vários paradigmas de programação: estruturado, orientado a objetos, lógico, funcional, dentre outros. Vamos analisar com mais detalhe os paradigmas estruturado e orientado a objetos.

Pelo *paradigma estruturado* (também conhecido como *imperativo* ou *procedural*), qualquer problema pode ser quebrado em problemas menores, de mais fácil solução, chamados de sub-rotinas ou funções. Cada sub-rotina ou função pode receber valores de entrada, submetê-los a um processo capaz de gerar um valor de saída para quem fez uso da sub-rotina ou função. O paradigma estruturado preconiza, ainda, que todo processamento pode ser realizado pelo uso de três tipos de estrutura: sequencial, condicional e iterativa (de repetição).

Já o *paradigma orientado a objetos* compreende o problema como uma coleção de objetos interagindo por meio de trocas de mensagem. Os objetos são estruturas de dados contendo estado (dados) e comportamento (lógica). Dessa maneira, um conjunto de objetos com informações comuns e com o mesmo comportamento dá origem a uma classe.

Além disso, um programador que utilize o paradigma estruturado analisa o problema tentando relacionar as ações que deverão ser executadas e como poderão ser subdivididas em módulos. Um programador que utilize o paradigma orientado a objetos analisa o mesmo problema tentando identificar os objetos que compõem essa realidade e como eles interagem entre si.

É importante destacar que o paradigma de programação está ligado à forma de pensar do programador. É possível ver, por exemplo, que o uso de uma linguagem com suporte nativo à orientação a objetos não implica, necessariamente, a criação de uma aplicação orientada a objetos. Também, podem-se encontrar facilmente soluções não estruturadas, construídas a partir de linguagens de programação com suporte à estruturação.

Verificaremos, agora, por meio de um exemplo, a aplicação dos dois paradigmas na resolução de um mesmo problema no qual devemos calcular a área e o perímetro de um retângulo. Para isso, deverá existir uma interface com o usuário pela qual serão informadas as medidas dos lados do retângulo e visualizado o resultado de cada cálculo realizado. Trata-se de um problema simples, mas como resolvê-lo?

Segundo o paradigma estruturado, devemos detalhar as ações necessárias para chegar à resposta desejada. Nesse sentido, devemos:

1. Obter o valor da altura do retângulo.
2. Obter o valor da largura do retângulo.
3. Calcular a área.
4. Calcular o perímetro.
5. Mostrar os cálculos realizados.

Posteriormente, devemos analisar a melhor forma de modularizar a solução. A ideia é que cada módulo realize uma tarefa bem específica, maximizando, assim, a possibilidade de ser reutilizado.

Cada módulo poderá receber valores e, também, devolver um valor a quem o solicitou. Nesse exemplo, nossa solução será composta por quatro módulos: o principal, pelo qual a execução começará; o calculaÁrea, responsável por calcular e devolver o valor da área do retângulo; o calculaPerimetro, responsável por calcular e devolver o valor do perímetro do retângulo; e o mostrarMensagem, responsável por mandar para a interface com o usuário o resultado dos cálculos realizados.

Em PASCAL, usando o paradigma estruturado, a solução ficaria da seguinte forma:

```pascal
program exemplo;
uses crt;
var altura, largura, area, perimetro: real;

function calculaArea(a, b:real):real;
begin
calculaArea := a * b;
end;

function calculaPerimetro(a, b:real):real;
begin
calculaPerimetro := 2*a + 2*b;
end;

procedure mostraMensagem(msg: string; vlr:real);
begin
writeln(msg, vlr:5:2);
end;

begin
clrscr;
write('Digite o valor da altura do retângulo: ');
readln(altura);
write('Digite o valor da largura do retângulo: ');
readln(largura);
area := calculaArea(altura, largura);
perimetro := calculaPerimetro(altura, largura);
mostraMensagem('O valor da área , ', area);
mostraMensagem('O valor do perímetro , ', perimetro);
readln;
end.
```

Em JAVA, usando o paradigma estruturado, a solução ficaria como se segue:

```java
import java.io.*;
import java.util.*;
class Retangulo {
  public static void main(String[] args) {
    float altura, largura, area, perimetro;
    Scanner entrada;
    entrada = new Scanner(System.in);
    System.out.print("Digite o valor da altura do retângulo: ");
    altura = entrada.nextFloat();
    System.out.print("Digite o valor da largura do retângulo: ");
    largura = entrada.nextFloat();
    area = calculaArea(altura, largura);
    perimetro = calculaPerimeto(altura, largura);
    mostraMensagem("O valor da área é ", area);
    mostraMensagem("O valor do perímetro é ", perimetro);
```

```
    }
    public static float calculaArea(float a, float b) {
    return a * b;
    }
    public static float calculaPerimetro(float a, float b) {
      return 2 *a + 2* b;
    }
    public static void mostraMensagem(String msg, float vlr) {
      System.out.println(msg+vlr);
    }
}
```

Em C++, fazendo uso do paradigma estruturado, a solução ficaria assim:

```
#include <stdio.h>
float calculaArea(float a, float b)
{ return a*b;
}
float calculaPerimetro(float a, float b)
{ return 2*a + 2*b;
}
void mostraMensagem(char *msg, float vlr)
{ printf("%s %5.2f", msg, vlr);
 }
int main()
{ float altura, largura, area, perimetro;
  printf("Digite o valor da altura do retângulo: ");
  scanf("%f%*c", &altura);
  printf("Digite o valor da largura do retângulo: ");
  scanf("%f%*c", &largura);
  area = calculaArea(altura, largura);
  perimetro = calculaPerimetro(altura, largura);
  mostraMensagem("O valor da área é ", area);
  mostraMensagem("O valor do perímetro é ", perimetro);
  return 0;
 }
```

Mesmo sendo um exemplo bastante simples, pode-se ver que a sub-rotina mostrarMensagem, presente nas três versões, é posta em execução por duas vezes, variando-se os parâmetros informados. Isso representa uma das bases do paradigma estruturado, em que o problema é quebrado em pequenos módulos, para aumentar a capacidade de ser reutilizado (ou seja, escreve-se uma vez e utiliza-se quantas vezes forem necessárias).

O paradigma orientado a objetos afirma que a solução de qualquer problema pode ser encontrada por meio das seguintes etapas:

1. Procurar por objetos existentes no problema.
2. Determinar as características e responsabilidades de cada objeto.
3. Estabelecer como ocorrerá a interação entre os objetos identificados.

Assim, pelo que foi apresentado e analisado no exemplo, observamos a existência de dois objetos: o retângulo e a interface com o usuário.

O objeto retângulo tem a obrigação de armazenar e manipular o valor da altura e da largura, além de calcular a área e o perímetro.

A janela tem a obrigação de receber os valores iniciais (altura e largura) e enviá-los para o retângulo. Depois disso, deve solicitar os valores da área e do perímetro ao objeto retângulo para mostrá-los.

A comunicação entre os objetos janela e retângulo é conhecida como troca de mensagens. Em PASCAL, usando o paradigma orientado a objetos, a solução ficaria da seguinte forma:

```pascal
program exemplo;
uses crt;
type retangulo = object
        altura, largura: real;
        procedure Inicializar_altura;
        procedure Inicializar_largura;
        function CalculaArea(alt, lar: real):real;
        function CalculaPerimetro(alt, lar: real):real;
        procedure MostrarMensagem(texto: string; valor:real);
        end;
procedure retangulo.Inicializar_altura;
begin
 writeln('Digite o valor da altura do retângulo:');
 readln(altura);
end;

procedure retangulo.Inicializar_largura;
begin
 writeln('Digite o valor da largura do retângulo:');
 readln(largura);
end;
function retangulo.CalculaArea(alt,lar: real):real;
begin
 CalculaArea := alt * lar;
end;

function retangulo.CalculaPerimetro(alt,lar: real):real;
begin
 CalculaPerimetro := 2*alt + 2*lar;
end;

procedure retangulo.MostrarMensagem(texto: string; valor: real);
begin
 writeln(texto,valor:5:2);
end;

var ret: retangulo; {instanciando um objeto da classe retangulo}

begin { programa principal}
 clrscr;
 ret.Inicializar_altura;
 ret.Inicializar_largura;
 ret.MostrarMensagem('O valor da área = ',ret.CalculaArea(ret.altura, ret.largura));
 ret.MostrarMensagem('O valor do perímetro = ',ret.CalculaPerimetro(
 ➡ ret.altura,ret.largura));
 readln;
 end.
```

Em C++, usando o paradigma orientado a objetos, a solução utilizaria dois arquivos: um com a extensão .hpp, correspondendo à definição da classe Retangulo, e outro correspondendo classe Janela seria representado por um arquivo com a extensão .cpp.

Arquivo **Retangulo.hpp**

```cpp
class Retangulo
{ private:
  float altura;
  float largura;
  public:
      Retangulo()
      { altura = 0;
        largura = 0;
      }
      float getAltura()
      { return altura;
      }
      void setAltura(float a)
      { altura = a;
      }
      float getLargura()
      { return largura;
      }
      void setLargura(float l)
      { largura = l;
      }
      float calculaArea()
      { return altura * largura;
      }
      float calculaPerimetro()
      { return 2*altura + 2*largura;
      }
};
```

Arquivo **Janela.cpp**

```cpp
#include <stdio.h>
#include <iostream>
#include "Retangulo.hpp"
using namespace std;
void mostraMensagem(string msg, float vlr)
{
 cout << msg << vlr << "\n";
}
int main()

{ Retangulo r;
  float altura, largura, area, perimetro;
  printf("Digite o valor da altura do retângulo: ");
  scanf("%f%*c", &altura);
  printf("Digite o valor da largura do retângulo: ");
  scanf("%f%*c", &largura);
  r.setAltura(altura);
  r.setLargura(largura);
  mostraMensagem("O valor da área é ", r.calculaArea());
  mostraMensagem("O valor do perímetro é ", r.calculaPerimetro());
  return 0;
}
```

Em JAVA, usando o paradigma orientado a objetos, a solução ficaria conforme descrito a seguir.

Um arquivo Retangulo.java, contendo todos os atributos e comportamentos esperados em um retângulo qualquer.

```java
public class Retangulo
{ private float altura;
  private float largura;
public Retangulo() {
  altura = 0; largura = 0;
}
public float getAltura() {
  return altura;
}
public void setAltura(float a) {
  altura = a;
}
public float getLargura() {
  return largura;
}
public void setLargura(float l) {
  largura = l;
}
public float calculaArea() {
  return altura * largura;
}
public float calculaPerimetro() {
  return 2*altura + 2*largura;
}
}
```

Um arquivo chamado Janela.java, contendo o que se percebeu como necessário para a interface gráfica com o usuário.

```java
import java.io.*;
import java.util.*;
class Janela {
  public static void main(String[] args) {
  Retangulo r;
  r = new Retangulo();
  float altura, largura, area, perimetro;
  Scanner entrada;
  entrada = new Scanner(System.in);
  System.out.print("Digite o valor da altura do retângulo: ");
  r.setAltura(entrada.nextFloat());
  System.out.println("Digite o valor da largura do retângulo: ");
  r.setLargura(entrada.nextFloat());
  mostraMensagem("O valor da área é ", r.calculaArea());
  mostraMensagem("O valor do perímetro é ", r.calculaPerimetro());
  }
  public static void mostraMensagem(String msg, float vlr) {
  System.out.println(msg+vlr);
  }
}
```

Cada linguagem de programação atende a pelo menos um paradigma. Alguns autores consideram que qualquer paradigma pode ser implementado em qualquer linguagem (inclusive *assembly*), pois depende apenas da forma de pensar do programador e de sua habilidade de programar. De forma inversa, também se pode afirmar que o fato de a linguagem dar suporte nativo a determinado paradigma não significa que ele foi utilizado.

Além disso, deve-se observar que o paradigma orientado a objetos não exclui o estruturado, pelo contrário, eles trabalham juntos, uma vez que toda a lógica embutida nos objetos segue o pensamento estruturado.

Por fim, uma observação importantíssima precisa ser feita neste momento: este livro não se destina ao estudo da orientação a objetos nem tem a pretensão de discutir vantagens e desvantagens dos diferentes paradigmas. Temos como objetivo o desenvolvimento da lógica em programadores iniciantes, junto com a utilização das estruturas de controle, das estruturas de dados e dos recursos de modularização disponíveis nas linguagens PASCAL, C/C++ e JAVA. Por isso, grande parte das soluções aqui apresentadas segue o paradigma estruturado. Nos capítulos finais deste livro, serão abordados alguns conceitos do paradigma orientado a objetos.

3 Estrutura sequencial

3.1 Estrutura sequencial em algoritmos

```
ALGORITMO
      DECLARE nome_da_variável tipo_da_variável
      bloco_de_comandos
FIM_ALGORITMO.
```

3.1.1 Declaração de variáveis em algoritmos

As *variáveis* são declaradas após a palavra DECLARE e os tipos mais utilizados são: NUMÉRICO (para variáveis que receberão números), LITERAL (para variáveis que receberão caracteres) e LÓGICO (para variáveis que receberão apenas dois valores: verdadeiro ou falso).

Exemplo:

```
DECLARE X NUMÉRICO
        Y, Z LITERAL
        TESTE LÓGICO
```

3.1.2 Comando de atribuição em algoritmos

O *comando de atribuição* é utilizado para conceder valores ou operações a variáveis, sendo representado pelo símbolo ←.

Exemplo:

```
x ←  4
x ← x + 2
y ← "aula"
teste ←  falso
```

3.1.3 Comando de entrada em algoritmos

O *comando de entrada* é utilizado para receber dados digitados pelo usuário, que serão armazenados em variáveis. Esse comando é representado pela palavra LEIA.

Exemplo:

```
LEIA X
```

Um valor digitado pelo usuário será armazenado na variável x.

```
LEIA Y
```

Um ou vários caracteres digitados pelo usuário serão armazenados na variável y.

3.1.4 Comando de saída em algoritmos

O *comando de saída* é utilizado para mostrar dados na tela ou na impressora. Esse comando é representado pela palavra ESCREVA, e os dados podem ser conteúdos de variáveis ou mensagens.

Exemplo:

```
ESCREVA X
```

Mostra o valor armazenado na variável x.

```
ESCREVA "Conteúdo de Y = ",Y
```

Mostra a mensagem "Conteúdo de Y = " e, em seguida, o valor armazenado na variável Y.

3.2 Estrutura sequencial em PASCAL

```
PROGRAM nome;
USES nomes_das_unidades;
VAR nomes_das_variáveis: tipo;
BEGIN
bloco_de_comandos;
END.
```

As unidades são bibliotecas utilizadas pela linguagem PASCAL para a correta execução do programa. A unidade CRT é obrigatória em todos os programas, pois faz a adequação do *hardware* com seu programa.

3.2.1 Declaração de variáveis em PASCAL

As *variáveis* são declaradas após a palavra VAR e os tipos mais utilizados são: INTEGER (para números inteiros), REAL (para números reais), CHAR (para um caractere), STRING (para vários caracteres) e BOOLEAN (para verdadeiro ou falso).

Exemplo:

```
VAR X: INTEGER;
    Y,Z: REAL;
    NOME: STRING;
    SEXO: CHAR;
    TESTE: BOOLEAN;
```

Os identificadores são os nomes das variáveis, dos programas, das constantes, das rotinas e unidades, entre outras.

As regras básicas para a formação dos identificadores são:

- podem ter qualquer tamanho. Entretanto, apenas os 63 primeiros caracteres são utilizados pelo compilador;

- os caracteres que podem ser utilizados na formação dos identificadores são: os números, as letras maiúsculas, as letras minúsculas e o caractere sublinhado;

- o compilador não faz distinção entre letras maiúsculas e minúsculas, portanto, o identificador NUM é exatamente igual ao identificador num;

- o primeiro caractere deve ser sempre uma letra ou o caractere sublinhado;

- não são permitidos espaços em branco e caracteres especiais (@, $, +, -, %, !); e

- não é permitido usar palavras reservadas.

Palavras reservadas são nomes utilizados pelo compilador para representar comandos, operadores e nomes de seções de programas. As palavras reservadas da linguagem PASCAL são:

and	goto	program
asm	if	record
array	implementation	repeat
begin	in	set
case	inherited	shl
const	inline	shr
constructor	interface	string
destructor	label	then
div	library	to
do	mod	type
downto	nil	unit
else	not	until
end	object	uses
exports	of	var
file	or	while
for	packed	with
function	procedure	xor

Os tipos de dados mais utilizados na linguagem PASCAL estão descritos na tabela a seguir:

TIPO	FAIXA DE VALORES	TAMANHO (aproximado)
shortint	−128 a 127	8 bits
integer	−32.768 a 32.767	16 bits
longint	−2.147.483.648 a 2.147.483.647	32 bits
byte	0 a 255	8 bits
word	0 a 65.535	16 bits
real	$2,9 \times 10^{-39}$ a $1,7 \times 10^{38}$ (11 a 12 dígitos com sinal)	6 bytes
single	$1,5 \times 10^{-45}$ a $3,4 \times 10^{38}$ (7 a 8 dígitos com sinal)	4 bytes
double	$5,0 \times 10^{-324}$ a $1,7 \times 10^{308}$ (15 a 16 dígitos com sinal)	8 bytes
extended	$3,4 \times 10^{-4932}$ a $1,1 \times 10^{4932}$ (19 a 20 dígitos com sinal)	10 bytes
comp	$-9,2 \times 10^{18}$ a $9,2 \times 10^{18}$ (19 a 20 dígitos com sinal)	8 bytes
boolean	true ou false	8 bits
wordbool	true ou false	16 bits
longbool	true ou false	32 bits
bytebool	true ou false	8 bits
char	1 caractere qualquer	1 byte
string	cadeia de caracteres (no máximo 255)	tantos bytes quantos forem os caracteres

3.2.2 Declaração de constantes em PASCAL

As *constantes* são declaradas após a palavra CONST e seus valores não podem ser alterados durante a execução do programa.

Exemplo:

```
CONST X = 8;
      Y = 2.8;
      NOME = 'MARIA';
      SEXO = 'm';
      TESTE = TRUE;
```

3.2.3 Comando de atribuição em PASCAL

O *comando de atribuição* é utilizado para conceder valores ou operações às variáveis, sendo representado por := (os sinais de dois pontos e de igualdade).

Exemplo:

```
x := 4;
x := x + 2;
y := 2.5;
nome:='AULA';
sexo := 'F';
teste := false;
```

Observações

a) Em PASCAL, os caracteres literais são representados entre apóstrofos.

b) Os números reais utilizam o ponto como separador decimal.

c) Cada comando é finalizado com o sinal de ponto e vírgula.

3.2.4 Comando de entrada em PASCAL

O *comando de entrada* é utilizado para receber dados digitados pelo usuário. Esses dados são armazenados em variáveis. Esse comando é representado pela palavra READLN. Sua sintaxe está representada a seguir:

Sintaxe:

```
READLN(nome_da_variável);
READLN(nome_da_variável1,nome_da_variável2);
```

Exemplo:

```
READLN(X);
```

Um valor digitado pelo usuário será armazenado na variável x.

```
READLN(NOME);
```

Um ou vários caracteres digitados pelo usuário serão armazenados na variável NOME.

```
READLN(Y, Z);
```

O primeiro valor digitado será armazenado na variável Y e o segundo valor será armazenado na variável z. Os valores podem ser digitados seguidos de enter ou separados por espaço e finalizados com enter.

3.2.5 Comando de saída em PASCAL

O *comando de saída* é utilizado para mostrar dados na tela ou na impressora. Esse comando é representado pelas palavras WRITE ou WRITELN e os dados podem ser conteúdos de variáveis ou mensagens.

Sintaxe:

```
WRITE(nome_da_variável);
WRITELN(nome_da_variável);
WRITE('mensagem');
WRITELN('mensagem');
WRITE('mensagem', nome_da_variável);
WRITELN('mensagem', nome_da_variável);
```

Exemplo:

```
WRITELN(X);
WRITE(X);
```

Mostra o valor armazenado na variável x.

```
WRITELN('Conteúdo de Y = ',Y);
WRITE('Conteúdo de Y = ',Y);
```

Mostra a mensagem "Conteúdo de Y = " e em seguida o valor armazenado na variável Y.

A diferença entre esses comandos é que o comando WRITELN mostra seu conteúdo e passa o cursor para a linha de baixo, enquanto o comando WRITE mantém o cursor na mesma linha após mostrar a mensagem.

Exemplo:

```
WRITE('aula ');
WRITE('fácil');
```

Os comandos dados anteriormente geram a saída a seguir:
aula fácil

```
WRITELN('aula ');
WRITE('fácil');
```

Os comandos dados anteriormente geram a saída a seguir:

```
aula
fácil
```

Nos comandos de saída, é possível ainda fazer a formatação de variáveis do tipo real, single, double, extended e comp. Após o nome da variável, coloca-se :m:n, onde m significa a quantidade de espaços da tela e n o número de caracteres gastos com a parte fracionária do número. O ponto, que é o separador decimal, ocupará um caractere do total de caracteres. Os espaços que sobram à esquerda serão preenchidos com branco, e, quando faltam espaços, o compilador completa com a necessidade para mostrar o resultado.

Exemplo:

```
WRITE(X:5:2);
```

No exemplo anterior, o conteúdo da variável x ocupará 5 espaços na tela. Dois espaços para a parte fracionária, um espaço para o ponto e dois espaços para a parte inteira.

```
WRITE(X:7:3);
```

No exemplo anterior, o conteúdo da variável x ocupará 7 espaços na tela. Três espaços para a parte fracionária, um espaço para o ponto e três espaços para a parte inteira.

3.2.6 Comentários em PASCAL

Os comentários não são interpretados pelo compilador, servem apenas para esclarecer o programador. Constituem excelentes instrumentos de documentação e devem sempre estar entre {........} ou entre (*............*).

3.2.7 Operadores e funções predefinidas em PASCAL

A linguagem PASCAL possui operadores e funções predefinidas destinados a cálculos matemáticos. Alguns são apresentados a seguir.

Operador	Exemplo	Comentário
:=	x := y	O conteúdo da variável Y é atribuído à variável X (A uma variável pode ser atribuído o conteúdo de outra, um valor constante ou, ainda, o resultado de uma função).
+	x + y	Soma o conteúdo de X e de Y.
–	x – y	Subtrai o conteúdo de Y do conteúdo de X.
*	x * y	Multiplica o conteúdo de X pelo conteúdo de Y.
/	x / y	Obtém o quociente da divisão de X por Y.
div	x div y	Obtém o quociente inteiro da divisão de X por Y.
mod	x mod y	Obtém o resto da divisão de X por Y.

Observações

a) Os operadores `div` e `mod` só podem ser aplicados com operandos do tipo inteiro.

b) O operador / sempre conduz a um resultado real.

c) Com os operadores +, –, * e /, se pelo menos um dos operandos for real, então o resultado será real.

Operador	Exemplo	Comentário
=	x = y	O conteúdo de X é igual ao conteúdo de Y.
<>	x <> y	O conteúdo de X é diferente do conteúdo de Y.
<=	x <= y	O conteúdo de X é menor ou igual ao conteúdo de Y.
>=	x >= y	O conteúdo de X é maior ou igual ao conteúdo de Y.
<	x < y	O conteúdo de X é menor que o conteúdo de Y.
>	x > y	O conteúdo de X é maior que o conteúdo de Y.

Funções matemáticas		
Função	Exemplo	Comentário
abs	abs(x)	Obtém o valor absoluto de X.
exp	exp(x)	Obtém o logaritmo natural e elevado à potência X.
log	log(X)	Obtém o logaritmo natural de X.
trunc	trunc(x)	Obtém a parte inteira do número real armazenado em X.
frac	frac(x)	Obtém a parte fracionária do número real armazenado em X.
round	round(x)	Arredonda X. Para parte fracionária inferior a 0,5, o arredondamento é para baixo. Para parte fracionária de 0,5 para cima, o arredondamento é para cima. Exemplo: round(1.2) = 1 round(1.5) = 2 round(1.8) = 2
sin	sin(x)	Calcula o seno de X (X deve estar representado em radianos).
cos	cos(x)	Calcula o cosseno de X (X deve estar representado em radianos).
pi	Pi	Retorna o valor de π.
sqrt	sqrt(x)	Calcula a raiz quadrada de X.
sqr	sqr(x)	Calcula X elevado ao quadrado.
inc	inc(x,y)	Incrementa a variável X com o valor da variável Y.
dec	dec(x,y)	Decrementa a variável X com o valor da variável Y.

Observação

Por não existir o operador de potenciação, temos:

```
A^B = EXP(B*LN(A))
```

Exemplo:

```
3⁴ = exp(4*ln(3))
5¹⁰ = exp(10*ln(5))
```

Observação

As funções SIN e COS esperam receber argumentos no formato de radianos; para receber argumentos em graus, siga o próximo exemplo. Na linguagem PASCAL, não existe uma função para tangente; assim, utilize seno/cosseno.

Exemplo para o cálculo do seno de um ângulo fornecido em graus e utilizando uma variável para o valor de π:

```
VALORPI := 3.1415;
READLN(X); { X EM GRAUS }
Y := SIN ((VALORPI * X) / 180);
```

Exemplo para o cálculo do seno de um ângulo fornecido em graus e utilizando a função pi:

```
READLN(X); { X EM GRAUS }
Y := SIN ((PI * X) / 180);
```

As prioridades entre os operadores são:

1ª) ( )

2ª) funções

3ª) *, /, DIV, MOD

4ª) +, −

Quando se tem uma expressão em que os operadores possuem a mesma prioridade, a expressão é resolvida da esquerda para a direita.

Exemplos:

```
2 + 3 − 4 = 5 − 4 = 1
2 * 4/2 = 8/2 = 4
```

3.3 Estrutura sequencial em C/C++

```
#include <nome_da_biblioteca>
int main()
{
   bloco_de_comandos;
   return 0;
}
```

Bibliotecas são arquivos contendo várias funções que podem ser incorporadas aos programas escritos em C/C++. A diretiva #include faz o texto contido na biblioteca especificada ser inserido no programa.

A biblioteca stdio.h permite a utilização de diversos comandos de entrada e saída.

É importante salientar que a linguagem C/C++ é sensível a letras maiúsculas e minúsculas, ou seja, considera que letras maiúsculas são diferentes de minúsculas (por exemplo, *a* é diferente de *A*). Sendo assim, todos os comandos devem, obrigatoriamente, ser escritos com letras minúsculas.

3.3.1 Declaração de variáveis em C/C++

As *variáveis* são declaradas após a especificação de seus tipos. Os tipos de dados mais utilizados são: int (para números inteiros), float (para números reais) e char (para um caractere). A linguagem C/C++ não possui tipo de dados boolean (que pode assumir os valores verdadeiro ou falso), pois considera verdadeiro qualquer valor diferente de 0 (zero). A linguagem C não possui um tipo especial para armazenar cadeias de caracteres (strings). Deve-se, quando necessário, utilizar um vetor contendo vários elementos do tipo char. Os vetores serão tratados no Capítulo 6.

Exemplo:

```
float X;
```

Declara uma variável chamada x em que pode ser armazenado um número real.

```
float Y, Z;
```

Declara duas variáveis chamadas Y e Z em que podem ser armazenados dois números reais.

```
char SEXO;
```

Declara uma variável chamada SEXO em que pode ser armazenado um caractere.

```
char NOME[40];
```

Declara uma variável chamada NOME em que podem ser armazenados até 39 caracteres. O 40º caractere será o \0, que indica final da cadeia de caracteres.

A linguagem C/C++ possui quatro tipos básicos que podem ser utilizados na declaração das variáveis: int, float, double e char. A partir desses tipos básicos, podem ser definidos outros, conforme apresentado na tabela a seguir.

Tipo	Faixa de valores	Tamanho (aproximado)
char	−128 a 127	8 bits
unsigned char	0 a 255	8 bits
int	−32.768 a 32.767	16 bits
unsigned int	0 a 65.535	16 bits
short int	−32.768 a 32.767	16 bits
long	−2.147.483.648 a 2.147.483.647	32 bits
unsigned long	0 a 4.294.967.295	32 bits
float	3.4×10^{-38} a 3.4×10^{38}	32 bits
double	1.7×10^{-308} a 1.7×10^{308}	64 bits
long double	3.4×10^{-4932} a 1.1×10^{4932}	80 bits

É importante ressaltar que, de acordo com o processador ou compilador C/C++ utilizado, o tamanho e a faixa de valores podem variar. As faixas apresentadas seguem o padrão ANSI e são consideradas mínimas.

3.3.2 Declaração de constantes em C/C++

As *constantes* são declaradas depois das bibliotecas e seus valores não podem ser alterados durante a execução do programa. A declaração de uma constate deve obedecer à seguinte sintaxe:

```
#define nome valor
```

Exemplo:

```
#define x 7
```

Define uma constante com identificador x e valor 7.

```
#define y 4.5
```

Define uma constante com identificador y e valor 4.5.

```
#define nome "MARIA"
```

Define uma constante com identificador nome e valor MARIA.

3.3.3 Comando de atribuição em C/C++

O *comando de atribuição* é utilizado para conceder valores ou operações a variáveis, sendo representado por = (sinal de igualdade).

Exemplo:

```
x = 4;
x = x + 2;
y = 2.5;
sexo = 'F';
```

Caso seja necessário armazenar uma cadeia de caracteres dentro de uma variável, deve-se utilizar uma função para manipulação de caracteres, conforme apresentado a seguir:

```
strcpy(nome, "João");
```

Para que seja possível a utilização da função strcpy, deve-se inserir no programa, por meio da diretiva include, a biblioteca string.h. As funções de manipulação de strings serão abordadas no Capítulo 9.

Observações

Em C/C++, os caracteres são representados entre apóstrofos ('). As cadeias de caracteres devem ser representadas entre aspas (").
Em C/C++, cada comando é finalizado com o sinal de ponto e vírgula.
Em C/C++, a parte inteira e a parte fracionária do número são separadas por um ponto.

3.3.4 Comando de entrada em C/C++

O *comando de entrada* é utilizado para receber dados digitados pelo usuário. Os dados recebidos são armazenados em variáveis. Um dos comandos de entrada mais utilizados na linguagem C/C++ é o scanf.

Exemplo:

```
scanf("%d%*c",&X);
```

Um valor inteiro, digitado pelo usuário, será armazenado na variável x.

```
scanf("%f%*c",&Z);
```

Um valor real, digitado pelo usuário, será armazenado na variável z.

```
scanf("%s%*c",&NOME);
```

Um ou mais caracteres, digitados pelo usuário, serão armazenados na variável NOME.

```
scanf("%c%*c",&Y);
```

Um caractere, digitado pelo usuário, será armazenado na variável Y.

No comando scanf, é necessário indicar o tipo de variável que será lida: %f para variáveis que armazenam números reais; %d para variáveis que armazenam números inteiros; %c para variáveis que armazenam um único caractere; e %s para variáveis que armazenam um conjunto de caracteres.

O comando `scanf` armazena em um buffer o conteúdo digitado pelo usuário e armazena também a tecla enter utilizada pelo usuário para encerrar a entrada de dados. Para que o buffer seja esvaziado depois da atribuição do conteúdo à variável, utiliza-se `%*c`.

3.3.5 Comando de saída em C/C++

O *comando de saída* é utilizado para mostrar dados na tela ou na impressora. Um dos comandos de saída mais utilizado na linguagem C/C++ é o `printf`.

Exemplo:

```
printf("%d",Y);
```

Mostra o número inteiro armazenado na variável `Y`.

```
printf("Conteúdo de Y = %d",Y);
```

Mostra a mensagem "`Conteúdo de Y =`" e, em seguida, o número inteiro armazenado na variável `Y`.

```
printf("%f", X);
```

Mostra o número real armazenado na variável `X`.

```
printf("%5.2f", X);
```

Mostra o número real armazenado na variável `X` utilizando cinco caracteres da tela, e, destes, dois serão utilizados para a parte fracionária e um para o ponto, que é o separador da parte inteira e da parte fracionária.

```
printf("Conteúdo de X = %7.3f", X);
```

Mostra a mensagem "`Conteúdo de X =`" e, em seguida, o número real armazenado na variável `X`, utilizando sete caracteres da tela, e, destes, três serão utilizados para a parte fracionária e um para o ponto, que é o separador da parte inteira e da parte fracionária.

No comando `printf` é necessário indicar o tipo de variável que será mostrada: `%f` para variáveis que armazenam números reais, `%d` para variáveis que armazenam números inteiros, `%c` para variáveis que armazenam um único caractere, e `%s` para variáveis que armazenam um conjunto de caracteres.

No comando `printf` pode-se utilizar caracteres para posicionar a saída, por exemplo, `\n`, que passa o cursor para a próxima linha, ou `\t`, que avança o cursor uma tabulação.

Exemplo:

```
printf("aula ");
printf("fácil");
```

Os comandos dados anteriormente geram a saída a seguir:
aula fácil

```
printf("aula ");
printf("\nfácil");
```

Os comandos dados anteriormente geram a saída a seguir:
aula
fácil

```
printf("aula ");
printf("\tfácil");
```

Os comandos dados anteriormente geram a saída a seguir:
aula   fácil

3.3.6 Comentários em C/C++

Comentários são textos que podem ser inseridos em programas com o objetivo de documentá-los. Eles não são analisados pelo compilador.

Os comentários podem ocupar uma ou várias linhas, devendo ser inseridos nos programas utilizando-se os símbolos /* .... */ ou //.

Exemplo:

```
/*
linhas de comentário
linhas de comentário
*/
```

A região de comentários é aberta com os símbolos /* e encerrada com os símbolos */.

```
// comentário
```

A região de comentários é aberta com os símbolos // e encerrada automaticamente ao final da linha.

3.3.7 Operadores e funções predefinidas em C/C++

A linguagem C/C++ possui operadores e funções predefinidas destinados a cálculos matemáticos. Alguns são apresentados a seguir.

Operador	Exemplo	Comentário
=	x = y	O conteúdo da variável Y é atribuído à variável X (A uma variável pode ser atribuído o conteúdo de outra, um valor constante ou, ainda, o resultado de uma função).
+	x + y	Soma o conteúdo de X e de Y.
−	x − y	Subtrai o conteúdo de Y do conteúdo de X.
*	x * y	Multiplica o conteúdo de X pelo conteúdo de Y.
/	x / y	Obtém o quociente da divisão de X por Y. Se os operandos são inteiros, o resultado da operação será o quociente inteiro da divisão. Se os operandos são reais, o resultado da operação será a divisão. Por exemplo: int z = 5/2; → a variável z receberá o valor 2. float z = 5.0/2.0; → a variável z receberá o valor 2.5.
%	x % y	Obtém o resto da divisão de X por Y.

O operador % só pode ser utilizado com operandos do tipo inteiro.

Operador	Exemplo	Comentário
+=	x += y	Equivale a X = X + Y.
−=	x −= y	Equivale a X = X − Y.
*=	x *= y	Equivale a X = X * Y.
/=	x /= y	Equivale a X = X / Y.
%=	x %= y	Equivale a X = X % Y.
++	x++	Equivale a X = X + 1.
++	y = ++x	Equivale a X = X + 1 e depois Y = X.
++	y = x++	Equivale a Y = X e depois X = X +1.
−−	x−−	Equivale a X = X − 1.
−−	y = −−x	Equivale a X = X − 1 e depois Y = X.
−−	y = x−−	Equivale a Y = X e depois X = X − 1.

Os operadores matemáticos de atribuição são utilizados para representar de maneira sintética uma operação aritmética e, posteriormente, uma operação de atribuição. Por exemplo, na tabela anterior o operador += está sendo usado para realizar a operação x + y e, posteriormente, atribuir o resultado obtido à variável x.

Operador	Exemplo	Comentário
==	x == y	O conteúdo de X é igual ao conteúdo de Y.
!=	x != y	O conteúdo de X é diferente do conteúdo de Y.
<=	x <= y	O conteúdo de X é menor ou igual ao conteúdo de Y.
>=	x >= y	O conteúdo de X é maior ou igual ao conteúdo de Y.
<	x < y	O conteúdo de X é menor que o conteúdo de Y.
>	x > y	O conteúdo de X é maior que o conteúdo de Y.

Funções matemáticas		
Função	Exemplo	Comentário
ceil	ceil(X)	Arredonda um número real para cima. Por exemplo, ceil(3.2) é 4.
cos	cos(X)	Calcula o cosseno de X (X deve estar representado em radianos).
exp	exp(X)	Obtém o logaritmo natural e elevado à potência X.
abs	abs(X)	Obtém o valor absoluto de X.
floor	floor(X)	Arredonda um número real para baixo. Por exemplo, floor(3.2) é 3.
log	log(X)	Obtém o logaritmo natural de X.
log10	log10(X)	Obtém o logaritmo de base 10 de X.
modf	z = modf(X,&Y)	Decompõe o número real armazenado em X em duas partes: Y recebe a parte fracionária e z, a parte inteira do número.
pow	pow(X,Y)	Calcula a potência de X elevado a Y.
sin	sin(X)	Calcula o seno de X (X deve estar representado em radianos).
sqrt	sqrt(X)	Calcula a raiz quadrada de X.
tan	tan(X)	Calcula a tangente de X (X deve estar representado em radianos).

Observação

As funções sin, cos e tan esperam receber argumentos no formato de radianos; para receberem argumentos em graus, siga o exemplo a seguir.

Exemplo para o cálculo do seno de um ângulo fornecido em graus e utilizando uma variável para o valor de π:

```
VALORPI = 3.1415;
scanf("%f%*c",&X); //X EM GRAUS
Y = SIN ((VALORPI * X) / 180);
```

A linguagem C/C++ possui muitas outras funções matemáticas que podem ser observadas detalhadamente na documentação da biblioteca math.h.

Palavras reservadas são nomes utilizados pelo compilador para representar comandos de controle do programa, operadores e diretivas. As palavras reservadas da linguagem C/C++ são:					
asm	auto	break	case	cdecl	char
class	const	continue	_cs	default	delete
do	double	_ds	else	enum	_es
export	extern	far	_fastcall	float	friend
goto	huge	for	if	inline	int
interrupt	_loadds	long	near	new	operator
pascal	private	protected	public	register	return
_saveregs	_seg	short	signed	sizeof	_ss
static	struct	switch	template	this	typedef
union	unsigned	virtual	void	volatile	while

3.4 Estrutura sequencial em JAVA

```
import nome_do_pacote_das_classes;
public class nome
{
    public static void main (String args[])
    {
      bloco_de_comandos;
    }
}
```

Os pacotes de classes são arquivos contendo diferentes classes que possuem vários métodos, ou seja, funções, os quais podem ser utilizados nos programas escritos em JAVA. A diretiva `import` permite que o programa reconheça as classes do pacote e, consequentemente, a utilização de seus métodos.

É importante salientar que a linguagem JAVA é sensível a letras maiúsculas e minúsculas, ou seja, considera letras maiúsculas diferentes de minúsculas (por exemplo, *a* é diferente de *A*). Sendo assim, cada comando tem a própria sintaxe, que, às vezes, é somente com letras minúsculas e outras vezes com letras maiúsculas e minúsculas.

3.4.1 Declaração de variáveis em JAVA

As *variáveis* são declaradas após a especificação de seus tipos. Os tipos de dados mais utilizados são: `int` (para números inteiros), `float` e `double` (para números reais), `char` (para um caractere), `String` (para vários caracteres) e `boolean` (para verdadeiro ou falso).

Exemplo:

```
float X;
```

Declara uma variável chamada `X` em que pode ser armazenado um número real.

```
double Y, Z;
```

Declara duas variáveis chamadas `Y` e `Z` em que podem ser armazenados dois números reais.

```
char SEXO;
```

Declara uma variável chamada `SEXO` em que pode ser armazenado um caractere.

```
String NOME;
```

Declara uma variável chamada `NOME` em que podem ser armazenados vários caracteres.

A linguagem JAVA possui os tipos primitivos de dados listados a seguir.

Tipo	Faixa de valores	Tamanho (aproximado)
`byte`	−128 a 127	8 bits
`char`	0 a 65.535	16 bits
`short`	−32.768 a 32.767	16 bits
`int`	−2.147.483.648 a 2.147.483.647	32 bits
`long`	−9.223.372.036.854.775.808 a 9.223.372.036.854.775.807	64 bits
`float`	-3.4×10^{-38} a 3.4×10^{38}	32 bits
`double`	-1.7×10^{-308} a 1.7×10^{308}	64 bits
`boolean`	true ou false	indefinido

3.4.2 Declaração de constantes em JAVA

Constantes em JAVA podem ser declaradas em diferentes locais e isso define o seu escopo. Por escopo, pode-se entender as partes de um programa em que uma constante e também variáveis são compreendidas e podem ser utilizadas, sem acarretar erros de compilação. Sendo assim, se a constante for declarada fora de qualquer método (por exemplo, o main), ela terá escopo mais abrangente e poderá ser utilizada em qualquer ponto da classe. Se a constante for declarada dentro de um método, seu escopo ficará restrito a esse método.

A declaração de uma constante deve obedecer à seguinte sintaxe:

```
final tipo_da_constante nome_da_constante = valor_da_constante;
```

Exemplo:

```
final int X = 8;
```

Declaração da constante X, que é do tipo int, com valor 8.

```
final String NOME = "MARIA";
```

Declaração da constante NOME, que é do tipo String, com valor MARIA.

3.4.3 Comando de atribuição em JAVA

O *comando de atribuição* é utilizado para conceder valores ou operações às variáveis, sendo representado por = (sinal de igualdade).

Exemplo:

```
x = 4;
x = x + 2;
y = 2.5;
sexo = 'F';
```

Observações

Em JAVA, os caracteres são representados entre apóstrofos ('). As cadeias de caracteres devem ser representadas entre aspas (").

Nessa linguagem, cada comando é finalizado com o sinal de ponto e vírgula.

Em JAVA, os números reais tem a parte inteira separada da parte fracionária por um ponto.

3.4.4 Comando de entrada em JAVA

O *comando de entrada* é utilizado para receber dados digitados pelo usuário. Os dados recebidos são armazenados em variáveis. Uma das formas de entrada utilizada na linguagem JAVA é por meio da classe Scanner, que requer a importação do pacote java.util.

Exemplos:

```
int n1;
Scanner dado;
dado = new Scanner(System.in);
n1 = dado.nextInt();
```

Um valor inteiro digitado pelo usuário será armazenado na variável n1.

```
float x;
Scanner dado;
dado = new Scanner(System.in);
x = dado.nextFloat();
```

Um valor real digitado pelo usuário será armazenado na variável x.

```
String nome;
Scanner dado;
dado = new Scanner(System.in);
nome = dado.next();
```

Um valor literal digitado pelo usuário será armazenado na variável nome.

É importante salientar que todas as entradas são recebidas pela linguagem JAVA como um conjunto de caracteres. Assim, esses caracteres deverão ser convertidos por funções de conversão de tipos. Seguem algumas dessas funções.

Função	Funcionalidade
next()	Aguarda uma entrada em formato String com uma única palavra.
nextLine()	Aguarda uma entrada em formato String com uma ou várias palavras.
nextInt()	Aguarda uma entrada em formato inteiro.
nextByte()	Aguarda uma entrada em formato inteiro.
nextLong()	Aguarda uma entrada em formato inteiro.
nextFloat()	Aguarda uma entrada em formato número fracionário.
nextDouble()	Aguarda uma entrada em formato número fracionário.

O tratamento de cadeia de caracteres será mais detalhado no Capítulo 9.

3.4.5 Comando de saída em JAVA

O *comando de saída* é utilizado para mostrar dados na tela ou na impressora. Os comandos de saída mais utilizados na linguagem JAVA são `System.out.println` e `System.out.print`.

Exemplo:

```
System.out.println(X);
```

Mostra o valor armazenado na variável x.

```
System.out.println("Conteúdo de X = "  + X);
```

Mostra a mensagem "Conteúdo de X = " e, em seguida, o valor armazenado na variável x.

A diferença entre esses comandos é que o comando `System.out.println` mostra seu conteúdo e passa o cursor para a linha de baixo, enquanto o comando `System.out.print` mantém o cursor na mesma linha após mostrar a mensagem.

Exemplo:

```
System.out.print("aula ");
System.out.print("fácil");
```

Os comandos dados anteriormente geram a saída a seguir:
aula fácil

```
System.out.println("aula ");
System.out.println("fácil");
```

Os comandos dados anteriormente geram a saída a seguir:
aula
fácil

3.4.6 Comentários em JAVA

Comentários são textos que podem ser inseridos em programas com o objetivo de documentá-los. Eles são ignorados pelo interpretador.

Os comentários podem ocupar uma ou várias linhas, devendo ser inseridos nos programas utilizando--se os símbolos /* .... */ ou //.

Exemplo:

```
/*
linhas de comentário
linhas de comentário
*/
```

A região de comentários é aberta com os símbolos /* e encerrada com os símbolos */.

```
// comentário
```

A região de comentários é aberta com os símbolos // e encerrada automaticamente ao final da linha.

3.4.7 Operadores e funções predefinidas em JAVA

A linguagem JAVA possui operadores e funções predefinidas destinados a cálculos matemáticos. Alguns são apresentados a seguir.

Operador	Exemplo	Comentário
=	x = y	O conteúdo da variável Y é atribuído à variável X (A uma variável pode ser atribuído o conteúdo de outra variável, um valor constante ou, ainda, o resultado de uma função).
+	x + y	Soma o conteúdo de X e de Y.
−	x − y	Subtrai o conteúdo de Y do conteúdo de X.
*	x * y	Multiplica o conteúdo de X pelo conteúdo de Y.
/	x / y	Obtém o quociente da divisão de X por Y. Se os operandos são inteiros, o resultado da operação será o quociente inteiro da divisão. Se os operandos são reais, o resultado da operação será a divisão. Por exemplo: int z = 5/2; → a variável z receberá o valor 2. double z = 5.0/2.0; → a variável z receberá o valor 2.5.
%	x % y	Obtém o resto da divisão de X por Y.
+=	x += y	Equivale a X = X + Y.
−=	x −= y	Equivale a X = X − Y.
*=	x *= y	Equivale a X = X * Y.
/=	x /= y	Equivale a X = X / Y.
%=	x %= y	Equivale a X = X % Y.
++	x++	Equivale a X = X + 1.
++	y = ++x	Equivale a X = X + 1 e depois Y = X.
++	y = x++	Equivale a Y = X e depois X = X +1.
−−	x−−	Equivale a X = X − 1.
−−	y = −−x	Equivale a X = X − 1 e depois Y = X.
−−	y = x−−	Equivale a Y = X e depois X = X − 1.

Os operadores matemáticos de atribuição são utilizados para representar, de maneira sintética, uma operação aritmética e, posteriormente, uma operação de atribuição. Por exemplo, na tabela anterior, o operador += está sendo usado para realizar a operação x + y e, posteriormente, atribuir o resultado obtido à variável x.

Operador	Exemplo	Comentário
==	x == y	O conteúdo de X é igual ao conteúdo de Y.
!=	x != y	O conteúdo de X é diferente do conteúdo de Y.
<=	x <= y	O conteúdo de X é menor ou igual ao conteúdo de Y.
>=	x >= y	O conteúdo de X é maior ou igual ao conteúdo de Y.
<	x < y	O conteúdo de X é menor que o conteúdo de Y.
>	x > y	O conteúdo de X é maior que o conteúdo de Y.

Funções matemáticas		
Função	Exemplo	Comentário
ceil	Math.ceil(X)	Arredonda um número real para cima. Por exemplo, ceil(3.2) é 4.
cos	Math.cos(X)	Calcula o cosseno de X (X deve estar representado em radianos).
exp	Math.exp(X)	Obtém o logaritmo natural e elevado à potência X.
abs	Math.abs(X)	Obtém o valor absoluto de X.
floor	Math.floor(X)	Arredonda um número real para baixo. Por exemplo, floor(3.2) é 3.
log	Math.log(X)	Obtém o logaritmo natural de X.
log10	Math.log10(X)	Obtém o logaritmo de base 10 de X.
pow	Math.pow(X,Y)	Calcula a potência de X elevado a Y.
sin	Math.sin(X)	Calcula o seno de X (X deve estar representado em radianos).
sqrt	Math.sqrt(X)	Calcula a raiz quadrada de X.
cbrt	Math.cbrt(X)	Calcula a raiz cúbica de X.
tan	Math.tan(X)	Calcula a tangente de X (X deve estar representado em radianos).
PI	Math.PI	Retorna o valor de π.
toDegrees	Math.toDegrees(X)	Converte a medida de X de radianos para graus.
toRadians	Math.toRadians(X)	Converte a medida de X de graus para radianos.

Observação

Os métodos `sin`, `cos` e `tan` esperam receber argumentos no formato de radianos; para receberem argumentos em graus, siga o próximo exemplo.

```
dado = new Scanner(System.in);
x = dado.nextDouble();
y = Math.sin(Math.toRadians(x));
```

A linguagem JAVA possui muitas outras funções matemáticas que podem ser observadas detalhadamente na documentação da classe `Math`.

Palavras reservadas são nomes utilizados pela linguagem para representar comandos de controle do programa, operadores e diretivas.				
abstract	continue	for	new	switch
assert	default	if	package	synchronized
boolean	do	goto	private	this
break	double	implements	protected	throw
byte	else	import	public	throws
case	enum	instanceof	return	transient
catch	extends	int	short	try
char	final	interface	static	void
class	finally	long	strictfp	volatile
const	float	native	super	while

Tem-se ainda em JAVA os literais reservados e que, assim como as palavras reservadas, não podem ser usados como identificadores, pois apresentarão erro de compilação. São eles: `null`, `true` e `false`.

EXERCÍCIOS RESOLVIDOS

1. Faça um programa que receba quatro números inteiros, calcule e mostre a soma desses números.

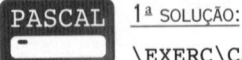 Solução:

```
ALGORITMO
      DECLARE n1, n2, n3, n4, soma NUMÉRICO
      LEIA n1, n2, n3, n4
      soma ← n1 + n2 + n3 + n4
      ESCREVA soma
FIM_ALGORITMO.
```

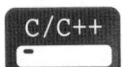 1ª SOLUÇÃO:

\EXERC\CAP3\PASCAL\EX1_A.PAS e \EXERC\CAP3\PASCAL\EX1_A.EXE

2ª SOLUÇÃO:

\EXERC\CAP3\PASCAL\EX1_B.PAS e \EXERC\CAP3\PASCAL\EX1_B.EXE

C/C++ 1ª SOLUÇÃO:

\EXERC\CAP3\C++\EX1_A.CPP e \EXERC\CAP3\C++\EX1_A.EXE

2ª SOLUÇÃO:

\EXERC\CAP3\C++\EX1_B.CPP e \EXERC\CAP3\C++\EX1_B.EXE

JAVA 1ª SOLUÇÃO:

\EXERC\CAP3\JAVA\EX1_A.java e \EXERC\CAP3\JAVA\EX1_A.class

2ª SOLUÇÃO:

\EXERC\CAP3\JAVA\EX1_B.java e \EXERC\CAP3\JAVA\EX1_BA.class

2. Faça um programa que receba três notas, calcule e mostre a média aritmética.

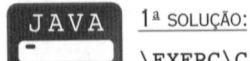 1ª SOLUÇÃO:

```
ALGORITMO
      DECLARE nota1, nota2, nota3, media NUMÉRICO
      LEIA nota1, nota2, nota3
      media ← (nota1 + nota2 + nota3)/3
      ESCREVA media
FIM_ALGORITMO.
```

2ª SOLUÇÃO:

```
ALGORITMO
      DECLARE nota1, nota2, nota3, soma, media NUMÉRICO
      LEIA nota1, nota2, nota3
      soma ← nota1 + nota2 + nota3
      media ← soma/3
      ESCREVA media
FIM_ALGORITMO.
```

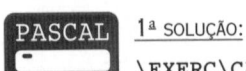 1ª SOLUÇÃO:

\EXERC\CAP3\PASCAL\EX2_A.PAS e \EXERC\CAP3\PASCAL\EX2_A.EXE

2ª SOLUÇÃO:

\EXERC\CAP3\PASCAL\EX2_B.PAS e \EXERC\CAP3\PASCAL\EX2_B.EXE

Quando estamos trabalhando com tipos de dados reais, precisamos fazer a formatação desses números. Se isso não for feito, eles serão apresentados com formatação científica.

Exemplo de números com formatação científica:

```
1.5000000000E+04 = 15000
7.0000000000E+00 = 7
```

Exemplo de formatação:

`X:6:2` A variável `X` será mostrada com seis caracteres: dois caracteres para a parte fracionária, um caractere para o ponto e os outros três caracteres restantes para a parte inteira.

`Y:8:3` A variável `Y` será mostrada com oito caracteres: três caracteres para a parte fracionária, um caractere para o ponto e os outros quatro caracteres restantes para a parte inteira.

Variável: número total de caracteres: número de caracteres da parte fracionária

O primeiro parâmetro da formatação corresponde ao número total de caracteres mostrados na tela; o segundo, ao total de caracteres ocupados pela parte fracionária. O ponto, que é o separador entre a parte inteira e fracionária, também ocupa um caractere.

Os caracteres à direita serão preenchidos com zeros e os caracteres à esquerda serão preenchidos com espaços em branco.

3ª SOLUÇÃO:

`\EXERC\CAP3\PASCAL\EX2_C.PAS` **e** `\EXERC\CAP3\PASCAL\EX2_C.EXE`

1ª SOLUÇÃO:

`\EXERC\CAP3\C++\EX2_A.CPP` **e** `\EXERC\CAP3\C++\EX2_A.EXE`

Quando estamos trabalhando com tipos de dados reais, precisamos fazer a formatação desses números para definir quantas casas decimais devem ser mostradas. Assim, no comando de saída `printf`, a formatação é especificada imediatamente antes da letra que define o tipo da variável que será mostrada.

Exemplo:

```
printf("Conteúdo de variável X é: %6.3f",X);
```

No comando dado anteriormente, `%f` especifica que será mostrado um número real, e 6.3 significa que serão utilizados seis caracteres para mostrar o número, e, destes, três caracteres para a parte fracionária, um caractere para o ponto e os outros dois caracteres restantes para a parte inteira.

2ª SOLUÇÃO:

`\EXERC\CAP3\C++\EX2_B.CPP` **e** `\EXERC\CAP3\C++\EX2_B.EXE`

3ª SOLUÇÃO:

`\EXERC\CAP3\C++\EX2_C.CPP` **e** `\EXERC\CAP3\C++\EX2_C.EXE`

1ª SOLUÇÃO:

`\EXERC\CAP3\JAVA\EX2_A.java` **e** `\EXERC\CAP3\JAVA\EX2_A.class`

Quando estamos trabalhando com tipos de dados reais, precisamos fazer a formatação desses números para definir a quantidade de casas decimais que devem ser mostradas.

Deve-se utilizar o método `DecimalFormat`, conforme apresentado a seguir:

```
DecimalFormat casas;
casas = new DecimalFormat("0.00");
System.out.println("Média = "+casas.format(media));
```

No exemplo anterior, a formatação permitirá que sejam mostradas duas casas decimais para o valor da variável média. Para a utilização do método `DecimalFormat`, deve-se incluir o pacote de classes `text`, ou seja, `import java.text.*;`

2ª SOLUÇÃO:

```
\EXERC\CAP3\JAVA\EX2_B.java  e  \EXERC\CAP3\JAVA\EX2_B.class
```

3ª SOLUÇÃO:

```
\EXERC\CAP3\JAVA\EX2_C.java  e  \EXERC\CAP3\JAVA\EX2_C.class
```

3. Faça um programa que receba três notas e seus respectivos pesos, calcule e mostre a média ponderada.

ALGORITMO 1ª SOLUÇÃO:

```
ALGORITMO
   DECLARE nota1, nota2, nota3, peso1, peso2, peso3, media NUMÉRICO
   LEIA nota1, nota2, nota3, peso1, peso2, peso3
   media←(nota1*peso1+nota2*peso2+nota3*peso3)/(peso1+peso2+peso3)
   ESCREVA media
FIM_ALGORITMO.
```

2ª SOLUÇÃO:

```
ALGORITMO
   DECLARE nota1, nota2, nota3, peso1, peso2, peso3 NUMÉRICO
           soma1, soma2, soma3, total, media NUMÉRICO
   LEIA nota1, nota2, nota3, peso1, peso2, peso3
   soma1 ← nota1 * peso1
   soma2 ← nota2 * peso2
   soma3 ← nota3 * peso3
   total ← peso1 + peso2 + peso3
   media ←(soma1 + soma2 + soma3)/total
   ESCREVA media
FIM_ALGORITMO.
```

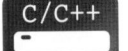 **PASCAL** 1ª SOLUÇÃO:

```
\EXERC\CAP3\PASCAL\EX3_A.PAS  e  \EXERC\CAP3\PASCAL\EX3_A.EXE
```

2ª SOLUÇÃO:

```
\EXERC\CAP3\PASCAL\EX3_B.PAS  e  \EXERC\CAP3\PASCAL\EX3_B.EXE
```

3ª SOLUÇÃO:

```
\EXERC\CAP3\PASCAL\EX3_C.PAS  e  \EXERC\CAP3\PASCAL\EX3_C.EXE
```

C/C++ 1ª SOLUÇÃO:

```
\EXERC\CAP3\C++\EX3_A.CPP  e  \EXERC\CAP3\C++\EX3_A.EXE
```

2ª SOLUÇÃO:

```
\EXERC\CAP3\C++\EX3_B.CPP  e  \EXERC\CAP3\C++\EX3_B.EXE
```

3ª SOLUÇÃO:

```
\EXERC\CAP3\C++\EX3_C.CPP  e  \EXERC\CAP3\C++\EX3_C.EXE
```

 **JAVA** 1ª SOLUÇÃO:

```
\EXERC\CAP3\JAVA\EX3_A.java  e  \EXERC\CAP3\JAVA\EX3_A.class
```

2ª SOLUÇÃO:

```
\EXERC\CAP3\JAVA\EX3_B.java  e  \EXERC\CAP3\JAVA\EX3_B.class
```

3ª SOLUÇÃO:

```
\EXERC\CAP3\JAVA\EX3_C.java  e  \EXERC\CAP3\JAVA\EX3_C.class
```

4. Faça um programa que receba o salário de um funcionário, calcule e mostre o novo salário, sabendo-se que este sofreu um aumento de 25%.

ALGORITMO 1ª SOLUÇÃO:

```
ALGORITMO
   DECLARE sal, novosal NUMÉRICO
   LEIA sal
   novosal ← sal + sal * 25/100
   ESCREVA novosal
FIM_ALGORITMO.
```

2ª SOLUÇÃO:

```
ALGORITMO
   DECLARE sal, aumento, novosal NUMÉRICO
   LEIA sal
   aumento ← sal * 25/100
   novosal ← sal + aumento
   ESCREVA novosal
FIM_ALGORITMO.
```

PASCAL 1ª SOLUÇÃO:

\EXERC\CAP3\PASCAL\EX4_A.PAS **e** \EXERC\CAP3\PASCAL\EX4_A.EXE

2ª SOLUÇÃO:

\EXERC\CAP3\PASCAL\EX4_B.PAS **e** \EXERC\CAP3\PASCAL\EX4_B.EXE

C/C++ 1ª SOLUÇÃO:

\EXERC\CAP3\C++\EX4_A.CPP **e** \EXERC\CAP3\C++\EX4_A.EXE

2ª SOLUÇÃO:

\EXERC\CAP3\C++\EX4_B.CPP **e** \EXERC\CAP3\C++\EX4_B.EXE

JAVA 1ª SOLUÇÃO:

\EXERC\CAP3\JAVA\EX4_A.java **e** \EXERC\CAP3\JAVA\EX4_A.class

2ª SOLUÇÃO:

\EXERC\CAP3\JAVA\EX4_B.java **e** \EXERC\CAP3\JAVA\EX4_B.class

5. Faça um programa que receba o salário de um funcionário e o percentual de aumento, calcule e mostre o valor do aumento e o novo salário.

ALGORITMO SOLUÇÃO:

```
ALGORITMO
   DECLARE sal, perc, aumento, novosal NUMÉRICO
   LEIA sal, perc
   aumento ← sal * perc/100
   ESCREVA aumento
   novosal ← sal + aumento
   ESCREVA novosal
FIM_ALGORITMO.
```

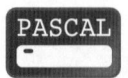 **PASCAL** SOLUÇÃO:

\EXERC\CAP3\PASCAL\EX5.PAS **e** \EXERC\CAP3\PASCAL\EX5.EXE

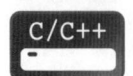 **C/C++** SOLUÇÃO:

\EXERC\CAP3\C++\EX5.CPP **e** \EXERC\CAP3\C++\EX5.EXE

S<small>OLUÇÃO</small>:

```
\EXERC\CAP3\JAVA\EX5.java e \EXERC\CAP3\JAVA\EX5.class
```

6. Faça um programa que receba o salário base de um funcionário, calcule e mostre o salário a receber, sabendo-se que o funcionário tem gratificação de 5% sobre o salário base e paga imposto de 7% também sobre o salário base.

 S<small>OLUÇÃO</small>:

```
ALGORITMO
   DECLARE sal, salreceber, grat, imp NUMÉRICO
   LEIA sal
   grat ← sal * 5/100
   imp ← sal * 7/100
   salreceber ← sal + grat — imp
   ESCREVA salreceber
FIM_ALGORITMO.
```

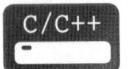

S<small>OLUÇÃO</small>:

```
\EXERC\CAP3\PASCAL\EX6.PAS e \EXERC\CAP3\PASCAL\EX6.EXE
```

S<small>OLUÇÃO</small>:

```
\EXERC\CAP3\C++\EX6.CPP e \EXERC\CAP3\C++\EX6.EXE
```

S<small>OLUÇÃO</small>:

```
\EXERC\CAP3\JAVA\EX6.java e \EXERC\CAP3\JAVA\EX6.class
```

7. Faça um programa que receba o salário base de um funcionário, calcule e mostre seu salário a receber, sabendo-se que o funcionário tem gratificação de R$ 50 e paga imposto de 10% sobre o salário base.

S<small>OLUÇÃO</small>:

```
ALGORITMO
   DECLARE sal, salreceber, imp NUMÉRICO
   LEIA sal
   imp ← sal * 10/100
   salreceber ← sal + 50 — imp
   ESCREVA salreceber
FIM_ALGORITMO.
```

S<small>OLUÇÃO</small>:

```
\EXERC\CAP3\PASCAL\EX7.PAS e \EXERC\CAP3\PASCAL\EX7.EXE
```

S<small>OLUÇÃO</small>:

```
\EXERC\CAP3\C++\EX7.CPP e \EXERC\CAP3\C++\EX7.EXE
```

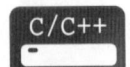

S<small>OLUÇÃO</small>:

```
\EXERC\CAP3\JAVA\EX7.java e \EXERC\CAP3\JAVA\EX7.class
```

8. Faça um programa que receba o valor de um depósito e o valor da taxa de juros, calcule e mostre o valor do rendimento e o valor total depois do rendimento.

 S<small>OLUÇÃO</small>:

```
ALGORITMO
   DECLARE dep, taxa, rend, total NUMÉRICO
   LEIA dep, taxa
```

```
      rend ← dep * taxa/100
      total ← dep + rend
      ESCREVA rend
      ESCREVA total
FIM_ALGORITMO.
```

 Solução:

\EXERC\CAP3\PASCAL\EX8.PAS e \EXERC\CAP3\PASCAL\EX8.EXE

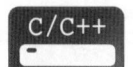 Solução:

\EXERC\CAP3\C++\EX8.CPP e \EXERC\CAP3\C++\EX8.EXE

 Solução:

\EXERC\CAP3\JAVA\EX8.java e \EXERC\CAP3\JAVA\EX8.class

9. Faça um programa que calcule e mostre a área de um triângulo. Sabe-se que: Área = (base * altura)/2.

ALGORITMO Solução:

```
ALGORITMO
   DECLARE base, altura, area NUMÉRICO
   LEIA base, altura
   area ← (base * altura)/2
   ESCREVA area
FIM_ALGORITMO.
```

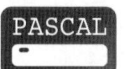 Solução:

\EXERC\CAP3\PASCAL\EX9.PAS e \EXERC\CAP3\PASCAL\EX9.EXE

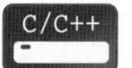 Solução:

\EXERC\CAP3\C++\EX9.CPP e \EXERC\CAP3\C++\EX9.EXE

 Solução:

\EXERC\CAP3\JAVA\EX9.java e \EXERC\CAP3\JAVA\EX9.class

10. Faça um programa que calcule e mostre a área de um círculo. Sabe-se que: Área = π * R^2.

ALGORITMO Solução:

```
ALGORITMO
   DECLARE area, raio NUMÉRICO
   LEIA raio
   area ← 3.1415 * raio²
   ESCREVA area
FIM_ALGORITMO.
```

 1ª solução:

\EXERC\CAP3\PASCAL\EX10_A.PAS e \EXERC\CAP3\PASCAL\EX10_A.EXE

2ª solução:

\EXERC\CAP3\PASCAL\EX10_B.PAS e \EXERC\CAP3\PASCAL\EX10_B.EXE

3ª SOLUÇÃO:

\EXERC\CAP3\PASCAL\EX10_C.PAS e \EXERC\CAP3\PASCAL\EX10_C.EXE

Esse programa usou algumas funções predefinidas da linguagem PASCAL que estão descritas na Seção 3.2.7.

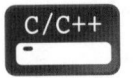

1ª SOLUÇÃO:

\EXERC\CAP3\C++\EX10_A.CPP e \EXERC\CAP3\C++\EX10_A.EXE

2ª SOLUÇÃO:

\EXERC\CAP3\C++\EX10_B.CPP e \EXERC\CAP3\C++\EX10_B.EXE

Esse programa usou algumas funções predefinidas da linguagem C/C++ que estão descritas na Seção 3.3.7.

1ª SOLUÇÃO:

\EXERC\CAP3\JAVA\EX10_A.java e \EXERC\CAP3\JAVA\EX10_A.class

2ª SOLUÇÃO:

\EXERC\CAP3\JAVA\EX10_B.java e \EXERC\CAP3\JAVA\EX10_B.class

Esse programa usou alguns métodos da linguagem JAVA que estão descritos na Seção 3.4.7.

11. Faça um programa que receba um número positivo e maior que zero, calcule e mostre:
a) o número digitado ao quadrado;
b) o número digitado ao cubo;
c) a raiz quadrada do número digitado;
d) a raiz cúbica do número digitado.

A[L]G[O]R[I]T[M]O SOLUÇÃO:

```
ALGORITMO
    DECLARE num, quad, cubo, r2, r3 NUMÉRICO
    LEIA num
    quad ← num²
    cubo ← num³
    r2 ← ²√num
    r3 ← ³√num
    ESCREVA quad, cubo, r2, r3
FIM_ALGORITMO.
```

SOLUÇÃO:

\EXERC\CAP3\PASCAL\EX11.PAS e \EXERC\CAP3\PASCAL\EX11.EXE

Esse programa usou algumas funções predefinidas da linguagem PASCAL que estão descritas na Seção 3.2.7.

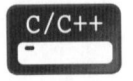

SOLUÇÃO:

\EXERC\CAP3\C++\EX11.CPP e \EXERC\CAP3\C++\EX11.EXE

Esse programa usou algumas funções predefinidas da linguagem C/C++ que estão descritas na Seção 3.3.7.

SOLUÇÃO:

\EXERC\CAP3\JAVA\EX11.java e \EXERC\CAP3\JAVA\EX11.class

Esse programa usou alguns métodos da linguagem JAVA que estão descritos na Seção 3.4.7.

12. Faça um programa que receba dois números maiores que zero, calcule e mostre um elevado ao outro.

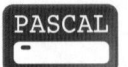 Solução:

```
ALGORITMO
   DECLARE num1, num2, r1, r2 NUMÉRICO
   LEIA num1, num2
   r1 ← num1^{num2}
   r2 ← num2^{num1}
   ESCREVA r1, r2
FIM_ALGORITMO.
```

PASCAL Solução:

\EXERC\CAP3\PASCAL\EX12.PAS e \EXERC\CAP3\PASCAL\EX12.EXE

Esse programa usou algumas funções predefinidas da linguagem PASCAL que estão descritas na Seção 3.2.7.

C/C++ Solução:

\EXERC\CAP3\C++\EX12.CPP e \EXERC\CAP3\C++\EX12.EXE

Esse programa usou algumas funções predefinidas da linguagem C/C++ que estão descritas na Seção 3.3.7.

JAVA Solução:

\EXERC\CAP3\JAVA\EX12.java e \EXERC\CAP3\JAVA\EX12.class

Esse programa usou alguns métodos da linguagem JAVA que estão descritos na Seção 3.4.7.

13. Sabe-se que:
pé = 12 polegadas
1 jarda = 3 pés
1 milha = 1,760 jarda
Faça um programa que receba uma medida em pés, faça as conversões a seguir e mostre os resultados.
a) polegadas;
b) jardas;
c) milhas.

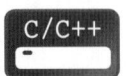 Solução:

```
ALGORITMO
   DECLARE pes, polegadas, jardas, milhas NUMÉRICO
   LEIA pes
   polegadas ← pes * 12
   jardas ← pes / 3
   milhas ← jardas / 1760
   ESCREVA polegadas, jardas, milhas
FIM_ALGORITMO.
```

 **PASCAL** Solução:

\EXERC\CAP3\PASCAL\EX13.PAS e \EXERC\CAP3\PASCAL\EX13.EXE

 **C/C++** Solução:

\EXERC\CAP3\C++\EX13.CPP e \EXERC\CAP3\C++\EX13.EXE

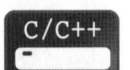 **JAVA** Solução:

\EXERC\CAP3\JAVA\EX13.java e \EXERC\CAP3\JAVA\EX13.class

14. Faça um programa que receba o ano de nascimento de uma pessoa e o ano atual, calcule e mostre:
   a) a idade dessa pessoa;
   b) quantos anos ela terá em 2050.

ALGORITMO SOLUÇÃO:

```
ALGORITMO
  DECLARE ano_atual, ano_nascimento, idade_atual, idade_2050 NUMÉRICO
  LEIA ano_atual
  LEIA ano_nascimento
  idade_atual ← ano_atual − ano_nascimento
  idade_2050 ← 2050 − ano_nascimento
  ESCREVA idade_atual
  ESCREVA idade_2050
FIM_ALGORITMO.
```

PASCAL SOLUÇÃO:

\EXERC\CAP3\PASCAL\EX14.PAS **e** \EXERC\CAP3\PASCAL\EX14.EXE

C/C++ SOLUÇÃO:

\EXERC\CAP3\C++\EX14.CPP **e** \EXERC\CAP3\C++\EX14.EXE

JAVA SOLUÇÃO:

\EXERC\CAP3\JAVA\EX14.java **e** \EXERC\CAP3\JAVA\EX14.class

15. O custo ao consumidor de um carro novo é a soma do preço de fábrica com o percentual de lucro do distribuidor e dos impostos aplicados ao preço de fábrica. Faça um programa que receba o preço de fábrica de um veículo, o percentual de lucro do distribuidor e o percentual de impostos, calcule e mostre:
   a) o valor correspondente ao lucro do distribuidor;
   b) o valor correspondente aos impostos;
   c) o preço final do veículo.

ALGORITMO SOLUÇÃO:

```
ALGORITMO
  DECLARE p_fab, perc_d, perc_i, vlr_d, vlr_i, p_final NUMÉRICO
  LEIA p_fab
  LEIA perc_d
  LEIA perc_i
  vlr_d ← p_fab * perc_d / 100
  vlr_i ← p_fab * perc_i / 100
  p_final ← p_fab + vlr_d + vlr_i
  ESCREVA vlr_d
  ESCREVA vlr_i
  ESCREVA p_final
FIM_ALGORITMO.
```

PASCAL SOLUÇÃO:

\EXERC\CAP3\PASCAL\EX15.PAS **e** \EXERC\CAP3\PASCAL\EX15.EXE

C/C++ SOLUÇÃO:

\EXERC\CAP3\C++\EX15.CPP **e** \EXERC\CAP3\C++\EX15.EXE

 S<small>OLUÇÃO</small>:

    \EXERC\CAP3\JAVA\EX15.java e \EXERC\CAP3\JAVA\EX15.class

16. Faça um programa que receba o número de horas trabalhadas e o valor do salário mínimo, calcule e mostre o salário a receber, seguindo estas regras:

a) a hora trabalhada vale a metade do salário mínimo.

b) o salário bruto equivale ao número de horas trabalhadas multiplicado pelo valor da hora trabalhada.

c) o imposto equivale a 3% do salário bruto.

d) o salário a receber equivale ao salário bruto menos o imposto.

⒜⒧⒢⒪⒭⒤⒯⒨⒪ S<small>OLUÇÃO</small>:

```
ALGORITMO
   DECLARE horas_t, vlr_sal_min, vlr_hora_t NUMÉRICO
           vlr_sal_bru, imp, vlr_sal_liq NUMÉRICO
   LEIA horas_t
   LEIA vlr_sal_min
   vlr_hora_t ← vlr_sal_min / 2
   vlr_sal_bru ← vlr_hora_t * horas_t
   imp ← vlr_sal_bru * 3 / 100
   vlr_sal_liq ← vlr_sal_bru — imp
   ESCREVA vlr_sal_liq
FIM_ALGORITMO.
```

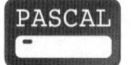 S<small>OLUÇÃO</small>:

    \EXERC\CAP3\PASCAL\EX16.PAS e \EXERC\CAP3\PASCAL\EX16.EXE

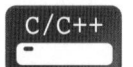 S<small>OLUÇÃO</small>:

    \EXERC\CAP3\C++\EX16.CPP e \EXERC\CAP3\C++\EX16.EXE

 S<small>OLUÇÃO</small>:

    \EXERC\CAP3\JAVA\EX16.java e \EXERC\CAP3\JAVA\EX16.class

17. Um trabalhador recebeu seu salário e o depositou em sua conta bancária. Esse trabalhador emitiu dois cheques e agora deseja saber seu saldo atual. Sabe-se que cada operação bancária de retirada paga CPMF de 0,38% e o saldo inicial da conta está zerado.

⒜⒧⒢⒪⒭⒤⒯⒨⒪ S<small>OLUÇÃO</small>:

```
ALGORITMO
   DECLARE salario, cheque1, cheque2, cpmf1, cpmf2, saldo NUMÉRICO
   LEIA salario
   LEIA cheque1
   LEIA cheque2
   cpmf1 ← cheque1 * 0.38 / 100
   cpmf2 ← cheque2 * 0.38 / 100
   saldo ← salario — cheque1 — cheque2 — cpmf1 — cpmf2
   ESCREVA saldo
FIM_ALGORITMO.
```

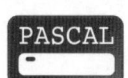 S<small>OLUÇÃO</small>:

    \EXERC\CAP3\PASCAL\EX17.PAS e \EXERC\CAP3\PASCAL\EX17.EXE

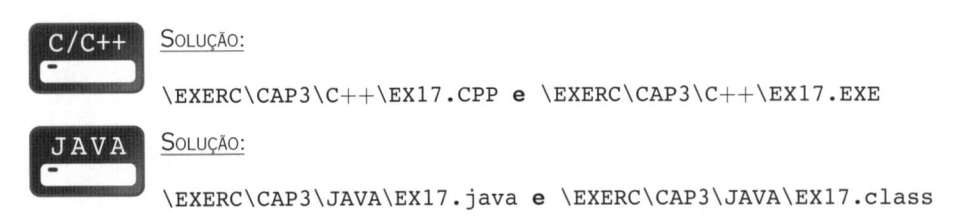

C/C++ SOLUÇÃO:

`\EXERC\CAP3\C++\EX17.CPP` **e** `\EXERC\CAP3\C++\EX17.EXE`

JAVA SOLUÇÃO:

`\EXERC\CAP3\JAVA\EX17.java` **e** `\EXERC\CAP3\JAVA\EX17.class`

18. Pedro comprou um saco de ração com peso em quilos. Ele possui dois gatos, para os quais fornece a quantidade de ração em gramas. A quantidade diária de ração fornecida para cada gato é sempre a mesma. Faça um programa que receba o peso do saco de ração e a quantidade de ração fornecida para cada gato, calcule e mostre quanto restará de ração no saco após cinco dias.

ALGORITMO SOLUÇÃO:

```
ALGORITMO
   DECLARE peso_saco, racao_gato1, racao_gato2, total_final NUMÉRICO
   LEIA peso_saco
   LEIA racao_gato1
   LEIA racao_gato2
   racao_gato1 ← racao_gato1 / 1000
   racao_gato2 ← racao_gato2 / 1000
   total_final ← peso_saco — 5 * (racao_gato1 + racao_gato2)
   ESCREVA total_final
FIM_ALGORITMO.
```

PASCAL SOLUÇÃO:

`\EXERC\CAP3\PASCAL\EX18.PAS` **e** `\EXERC\CAP3\PASCAL\EX18.EXE`

C/C++ SOLUÇÃO:

`\EXERC\CAP3\C++\EX18.CPP` **e** `\EXERC\CAP3\C++\EX18.EXE`

JAVA SOLUÇÃO:

`\EXERC\CAP3\JAVA\EX18.java` **e** `\EXERC\CAP3\JAVA\EX18.class`

19. Cada degrau de uma escada tem X de altura. Faça um programa que receba essa altura e a altura que o usuário deseja alcançar subindo a escada, calcule e mostre quantos degraus ele deverá subir para atingir seu objetivo, sem se preocupar com a altura do usuário. Todas as medidas fornecidas devem estar em metros.

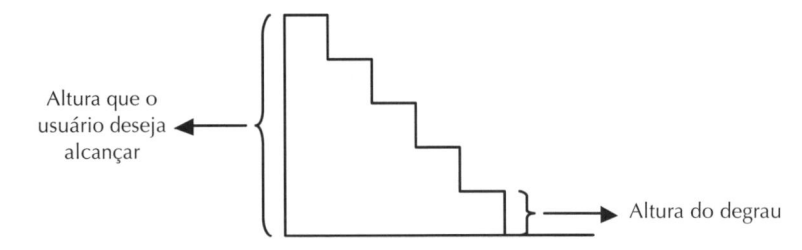

Altura que o usuário deseja alcançar

Altura do degrau

ALGORITMO SOLUÇÃO:

```
ALGORITMO
   DECLARE a_degrau, a_usuario, qtd_degraus NUMÉRICO
   LEIA a_degrau
   LEIA a_usuario
   qtd_degraus ← a_usuario / a_degrau
   ESCREVA qtd_degraus
FIM_ALGORITMO.
```

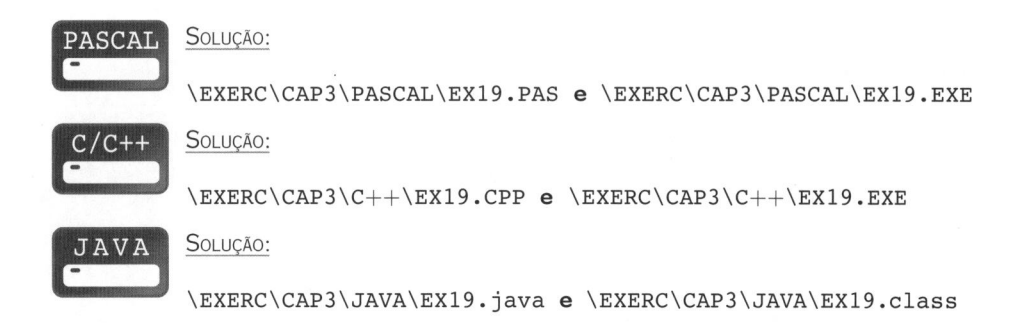

SOLUÇÃO:

`\EXERC\CAP3\PASCAL\EX19.PAS` **e** `\EXERC\CAP3\PASCAL\EX19.EXE`

SOLUÇÃO:

`\EXERC\CAP3\C++\EX19.CPP` **e** `\EXERC\CAP3\C++\EX19.EXE`

SOLUÇÃO:

`\EXERC\CAP3\JAVA\EX19.java` **e** `\EXERC\CAP3\JAVA\EX19.class`

20. Faça um programa que receba a medida do ângulo (em graus) formado por uma escada apoiada no chão e encostada na parede e a altura da parede onde está a ponta da escada. Calcule e mostre a medida dessa escada.

Observação: as funções trigonométricas implementadas nas linguagens de programação trabalham com medidas de ângulos em radianos.

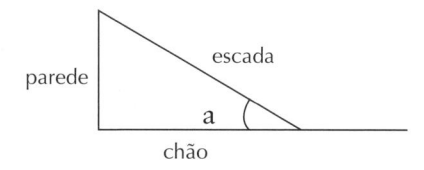

ALGORITMO **SOLUÇÃO:**

```
ALGORITMO
   DECLARE ang, alt, escada, radiano NUMÉRICO
   LEIA ang
   LEIA alt
   radiano ← ang * 3.14 / 180
   escada ← alt / seno(radiano)
   ESCREVA escada
FIM_ALGORITMO.
```

SOLUÇÃO:

`\EXERC\CAP3\PASCAL\EX20.PAS` **e** `\EXERC\CAP3\PASCAL\EX20.EXE`

SOLUÇÃO:

`\EXERC\CAP3\C++\EX20.CPP` **e** `\EXERC\CAP3\C++\EX20.EXE`

SOLUÇÃO:

`\EXERC\CAP3\JAVA\EX20.java` **e** `\EXERC\CAP3\JAVA\EX20.class`

21. Uma pessoa deseja pregar um quadro em uma parede. Faça um programa para calcular e mostrar a que distância a escada deve estar da parede. A pessoa deve fornecer o tamanho da escada e a altura em que deseja pregar o quadro.

Lembre-se de que o tamanho da escada deve ser maior que a altura que se deseja alcançar.

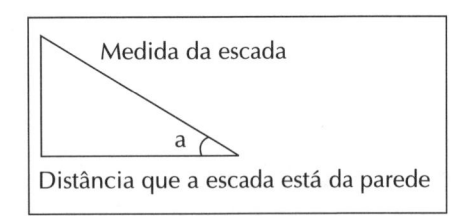

Medida da escada

a

Distância que a escada está da parede

X – Altura em que deseja pregar o quadro
Y – Distância em que deverá ficar a escada
Z – Tamanho da escada

ALGORITMO SOLUÇÃO:

```
ALGORITMO
    DECLARE X, Y, Z NUMÉRICO
    LEIA Z
    LEIA X
    Y ← Z² — X²
    Y ← ²√Y
    ESCREVA Y
FIM_ALGORITMO.
```

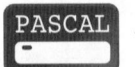 **PASCAL** SOLUÇÃO:

\EXERC\CAP3\PASCAL\EX21.PAS **e** \EXERC\CAP3\PASCAL\EX21.EXE

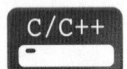 **C/C++** SOLUÇÃO:

\EXERC\CAP3\C++\EX21.CPP **e** \EXERC\CAP3\C++\EX21.EXE

 **JAVA** SOLUÇÃO:

\EXERC\CAP3\JAVA\EX21.java **e** \EXERC\CAP3\JAVA\EX21.class

22. Sabe-se que o quilowatt de energia custa um quinto do salário mínimo. Faça um programa que receba o valor do salário mínimo e a quantidade de quilowatts consumida por uma residência. Calcule e mostre:
a) o valor de cada quilowatt;
b) o valor a ser pago por essa residência;
c) o valor a ser pago com desconto de 15%.

ALGORITMO SOLUÇÃO:

```
ALGORITMO
    DECLARE vlr_sal, qtd_kw, vlr_kw, vlr_reais, desc, vlr_desc NUMÉRICO
    LEIA vlr_sal
    LEIA qtd_kw
    vlr_kw ← vlr_sal / 5
    vlr_reais ← vlr_kw * qtd_kw
    desc ← vlr_reais * 15 / 100
    vlr_desc ← vlr_reais — desc
    ESCREVA vlr_kw
    ESCREVA vlr_reais
    ESCREVA vlr_desc
FIM_ALGORITMO.
```

 **PASCAL** SOLUÇÃO:

\EXERC\CAP3\PASCAL\EX22.PAS **e** \EXERC\CAP3\PASCAL\EX22.EXE

 Solução:

```
\EXERC\CAP3\C++\EX22.CPP e \EXERC\CAP3\C++\EX22.EXE
```

JAVA Solução:

```
\EXERC\CAP3\JAVA\EX22.java e \EXERC\CAP3\JAVA\EX22.class
```

23. Faça um programa que receba um número real, encontre e mostre:
   a) a parte inteira desse número;
   b) a parte fracionária desse número;
   c) o arredondamento desse número.

ALGORITMO Solução:

```
ALGORITMO
   DECLARE num, i, f, a NUMÉRICO
   LEIA num
   i ← parte inteira de num
   f ← num — i
   a ← arredonda (num)
   ESCREVA i
   ESCREVA f
   ESCREVA a
FIM_ALGORITMO.
```

PASCAL Solução (Arredondando o número como na matemática):

```
\EXERC\CAP3\PASCAL\EX23.PAS e \EXERC\CAP3\PASCAL\EX23.EXE
```

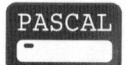 1ª solução (arredondando o número para cima):

```
\EXERC\CAP3\C++\EX23_A.CPP e \EXERC\CAP3\C++\EX23_A.EXE
```

2ª solução (arredondando o número para baixo):

```
\EXERC\CAP3\C++\EX23_B.CPP e \EXERC\CAP3\C++\EX23_B.EXE
```

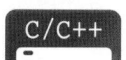 1ª solução (arredondando o número para cima):

```
\EXERC\CAP3\JAVA\EX23_A.java e \EXERC\CAP3\JAVA\EX23_A.class
```

2ª solução (arredondando o número para baixo):

```
\EXERC\CAP3\JAVA\EX23_B.java e \EXERC\CAP3\JAVA\EX23_B.class
```

24. Faça um programa que receba uma hora formada por hora e minutos (um número real), calcule e mostre a hora digitada apenas em minutos. Lembre-se de que:
   - para quatro e meia, deve-se digitar 4.30;
   - os minutos vão de 0 a 59.

ALGORITMO Solução:

```
ALGORITMO
   DECLARE hora, h, m, conversao NUMÉRICO
   LEIA hora
   h ← pegar a parte inteira da variável hora
   m ← hora — h
   conversao ← (h * 60) + (m * 100)
   ESCREVA conversao
FIM_ALGORITMO.
```

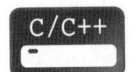 Solução:

\EXERC\CAP3\PASCAL\EX24.PAS **e** \EXERC\CAP3\PASCAL\EX24.EXE

 Solução:

\EXERC\CAP3\C++\EX24.CPP **e** \EXERC\CAP3\C++\EX24.EXE

Solução:

\EXERC\CAP3\JAVA\EX24.java **e** \EXERC\CAP3\JAVA\EX24.class

25. Faça um programa que receba o custo de um espetáculo teatral e o preço do convite desse espetáculo. Esse programa deverá calcular e mostrar a quantidade de convites que devem ser vendidos para que, pelo menos, o custo do espetáculo seja alcançado.

ALGORITMO Solução:

```
ALGORITMO
   DECLARE custo, convite, qtd NUMÉRICO
   LEIA custo
   LEIA convite
   qtd ← custo / convite
   ESCREVA qtd
FIM_ALGORITMO.
```

 Solução:

\EXERC\CAP3\PASCAL\EX25.PAS **e** \EXERC\CAP3\PASCAL\EX25.EXE

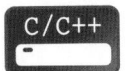 Solução:

\EXERC\CAP3\C++\EX25.CPP **e** \EXERC\CAP3\C++\EX25.EXE

 Solução:

\EXERC\CAP3\JAVA\EX25.java **e** \EXERC\CAP3\JAVA\EX25.class

EXERCÍCIOS PROPOSTOS

1. Faça um programa que receba dois números, calcule e mostre a subtração do primeiro número pelo segundo.

2. Faça um programa que receba três números, calcule e mostre a multiplicação desses números.

3. Faça um programa que receba dois números, calcule e mostre a divisão do primeiro número pelo segundo. Sabe-se que o segundo número não pode ser zero, portanto, não é necessário se preocupar com validações.

4. Faça um programa que receba duas notas, calcule e mostre a média ponderada dessas notas, considerando peso 2 para a primeira e peso 3 para a segunda.

5. Faça um programa que receba o preço de um produto, calcule e mostre o novo preço, sabendo-se que este sofreu um desconto de 10%.

6. Um funcionário recebe um salário fixo mais 4% de comissão sobre as vendas. Faça um programa que receba o salário fixo do funcionário e o valor de suas vendas, calcule e mostre a comissão e seu salário final.

7. Faça um programa que receba o peso de uma pessoa, calcule e mostre:

a) o novo peso, se a pessoa engordar 15% sobre o peso digitado;

b) o novo peso, se a pessoa emagrecer 20% sobre o peso digitado.

8. Faça um programa que receba o peso de uma pessoa em quilos, calcule e mostre esse peso em gramas.

9. Faça um programa que calcule e mostre a área de um trapézio.

Sabe-se que: A = ((base maior + base menor) * altura)/2

10. Faça um programa que calcule e mostre a área de um quadrado. Sabe-se que: A = lado * lado.

11. Faça um programa que calcule e mostre a área de um losango. Sabe-se que: A = (diagonal maior * diagonal menor)/2.

12. Faça um programa que receba o valor do salário mínimo e o valor do salário de um funcionário, calcule e mostre a quantidade de salários mínimos que esse funcionário ganha.

13. Faça um programa que calcule e mostre a tabuada de um número digitado pelo usuário.

Exemplo:

Digite um número: 5

$5 \times 0 = 0$	$5 \times 5 = 25$
$5 \times 1 = 5$	$5 \times 6 = 30$
$5 \times 2 = 10$	$5 \times 7 = 35$
$5 \times 3 = 15$	$5 \times 8 = 40$
$5 \times 4 = 20$	$5 \times 9 = 45$
	$5 \times 10 = 50$

14. Faça um programa que receba o ano de nascimento de uma pessoa e o ano atual, calcule e mostre:

a) a idade dessa pessoa em anos;

b) a idade dessa pessoa em meses;

c) a idade dessa pessoa em dias;

d) a idade dessa pessoa em semanas.

15. João recebeu seu salário e precisa pagar duas contas atrasadas. Em razão do atraso, ele deverá pagar multa de 2% sobre cada conta. Faça um programa que calcule e mostre quanto restará do salário de João.

16. Faça um programa que receba o valor dos catetos de um triângulo, calcule e mostre o valor da hipotenusa.

17. Faça um programa que receba o raio, calcule e mostre:

a) o comprimento de uma esfera; sabe-se que C = 2 * π R;

b) a área de uma esfera; sabe-se que A = π R^2;

c) o volume de uma esfera; sabe-se que V = ¾ * π R^3.

18. Faça um programa que receba uma temperatura em Celsius, calcule e mostre essa temperatura em Fahrenheit. Sabe-se que F = 180*(C + 32)/100.

19. Sabe-se que, para iluminar de maneira correta os cômodos de uma casa, para cada m^2, deve-se usar 18 W de potência. Faça um programa que receba as duas dimensões de um cômodo (em metros), calcule e mostre a sua área (em m^2) e a potência de iluminação que deverá ser utilizada.

20. Faça um programa que receba a medida do ângulo formado por uma escada apoiada no chão e a distância em que a escada está da parede, calcule e mostre a medida da escada para que se possa alcançar sua ponta.

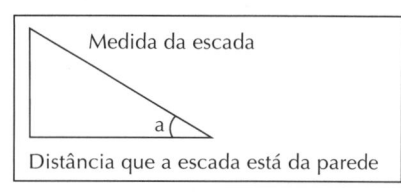

Medida da escada

a

Distância que a escada está da parede

21. Faça um programa que receba o número de horas trabalhadas, o valor do salário mínimo e o número de horas extras trabalhadas, calcule e mostre o salário a receber, de acordo com as regras a seguir:

a) a hora trabalhada vale 1/8 do salário mínimo;

b) a hora extra vale 1/4 do salário mínimo;

c) o salário bruto equivale ao número de horas trabalhadas multiplicado pelo valor da hora trabalhada;

d) a quantia a receber pelas horas extras equivale ao número de horas extras trabalhadas multiplicado pelo valor da hora extra;

e) o salário a receber equivale ao salário bruto mais a quantia a receber pelas horas extras.

22. Faça um programa que receba o número de lados de um polígono convexo, calcule e mostre o número de diagonais desse polígono. Sabe-se que ND = N * (N − 3)/2, em que N é o número de lados do polígono.

23. Faça um programa que receba a medida de dois ângulos de um triângulo, calcule e mostre a medida do terceiro ângulo. Sabe-se que a soma dos ângulos de um triângulo é 180 graus.

24. Faça um programa que receba a quantidade de dinheiro em reais que uma pessoa que vai viajar possui. Ela vai passar por vários países e precisa converter seu dinheiro em dólares, marco alemão e libra esterlina. Sabe--se que a cotação do dólar é de R\$ 1,80; do marco alemão, de R\$ 2,00; e da libra esterlina, de R\$ 3,57. O programa deve fazer as conversões e mostrá-las.

25. Faça um programa que receba uma hora (uma variável para hora e outra para minutos), calcule e mostre:

a) a hora digitada convertida em minutos;

b) o total dos minutos, ou seja, os minutos digitados mais a conversão anterior;

c) o total dos minutos convertidos em segundos.

4 Estrutura condicional

4.1 Estrutura condicional em algoritmos

A estrutura condicional em algoritmos pode ser simples ou composta.

4.1.1 Estrutura condicional simples

```
SE condição
ENTÃO comando
```

O comando só será executado se a condição for verdadeira. Uma condição é uma comparação que possui dois valores possíveis: verdadeiro ou falso.

```
SE condição
ENTÃO INÍCIO
        comando1
        comando2
        comando3
        FIM
```

Os comandos 1, 2 e 3 só serão executados se a condição for verdadeira. As palavras INÍCIO e FIM serão necessárias apenas quando dois ou mais comandos forem executados.

4.1.2 Estrutura condicional composta

```
SE condição
ENTÃO comando1
SENÃO comando2
```

Se a condição for verdadeira, será executado o comando1; caso contrário, será executado o comando2.

```
SE condição
ENTÃO INÍCIO
        comando1
        comando2
        FIM

SENÃO INÍCIO
        comando3
        comando4
        FIM
```

Se a condição for verdadeira, o comando1 e o comando2 serão executados; caso contrário, o comando3 e o comando4 serão executados.

4.2 Estrutura condicional em PASCAL

A seguir, serão apresentadas três estruturas condicionais em PASCAL (simples, composta e case) e os operadores lógicos.

4.2.1 Estrutura condicional simples

```
IF condição
THEN comando;
```

O comando só será executado se a condição for verdadeira. Uma condição é uma comparação que possui dois valores possíveis: verdadeiro ou falso.

```
IF condição
THEN BEGIN
     comando1;
     comando2;
     comando3;
     END;
```

Os comandos 1, 2 e 3 só serão executados se a condição for verdadeira.

4.2.2 Estrutura condicional composta

```
IF condição
THEN comando1
ELSE comando2;
```

Se a condição for verdadeira, será executado o comando1; caso contrário, será executado o comando2.

```
IF condição
THEN BEGIN
     comando1;
     comando2;
     END
ELSE BEGIN
     comando3;
     comando4;
     END;
```

Se a condição for verdadeira, o comando1 e o comando2 serão executados; se for falsa, o comando3 e o comando4 serão executados.

Observação

Antes do comando ELSE **não** existe ponto e vírgula.

4.2.3 Estrutura case

Em alguns programas, existem situações mutuamente exclusivas, isto é, se uma situação for executada, as demais não serão. Quando este for o caso, um comando seletivo será o mais indicado, e esse comando, em PASCAL, tem a seguinte sintaxe:

```
CASE seletor OF
     lista de alvos1: comando1;
     lista de alvos2: comando2;
     alvo3: comando3;
     alvo4: BEGIN
            comando4;
            comando5;
            END;
END;
```

Se o `seletor` atingir a `lista de alvos1`, o `comando1` será executado; se atingir a `lista de alvos2`, o `comando2` será executado; se atingir o `alvo3`, o `comando3` será executado; e, se atingir o `alvo4`, então, o `comando4` e o `comando5` serão executados. Se nenhum alvo for atingido, nada será executado.

```
CASE seletor OF
     lista de alvos1: BEGIN
                      comando1;
                      comando2;
                      END;
     lista de alvos2: comando3;
     ELSE comando4;
END;
```

Na estrutura `CASE` acima, se nenhum alvo for atingido os comandos da estrutura `ELSE` serão executados.

Exemplo:

```
program teste;
uses crt;
var i: integer;
begin
clrscr;
writeln('Digite um número');
readln(i);
case i of
     1: writeln('Número 1');
     2,5,6:writeln('Número 2 ou número 5 ou número 6');
     7..10:writeln('Número entre 7 e 10');
     else writeln('outro número');
end;
readln;
end.
```

A restrição da estrutura `case` é que o `seletor` só pode ser uma variável do tipo `char`, `integer` ou `boolean`.

4.2.4 Operadores lógicos

Os principais operadores lógicos são: `AND`, `OR` e `NOT`, que significam *e*, *ou*, *não* e são usados para conjunção, disjunção e negação, respectivamente.

TABELA *E*	TABELA *OU*	TABELA *NÃO*
V e V = V	V ou V = V	Não V = F
V e F = F	V ou F = V	Não F = V
F e V = F	F ou V = V	
F e F = F	F ou F = F	

Observações

Na linguagem PASCAL, quando existe mais de uma condição, elas devem estar entre parênteses. Exemplos:

```
IF x = 3
THEN WRITELN('Número igual a 3');
```

No exemplo, existe apenas uma condição, logo, os parênteses são opcionais.

```
IF (X > 5) AND (X < 10)
THEN WRITELN('Número entre 5 e 10');
```

No exemplo anterior, existe mais de uma condição, logo, os parênteses são obrigatórios, ou seja, cada condição deve estar entre parênteses.

```
IF ((X = 5) AND (Y = 2)) OR (Y = 3)
THEN WRITELN('X é igual a 5 e Y é igual a 2, ou Y é igual a 3');
```

No exemplo anterior, existe mais de uma condição e mais de um tipo de operador lógico, logo, além dos parênteses de cada condição, devem existir ainda parênteses que indiquem a prioridade de execução das condições. Nesse exemplo, as condições com o operador AND, ou seja, ((X = 5) AND (Y = 2)), serão testadas e seu resultado será testado com a condição OR (Y = 3).

```
IF (X = 5) AND ((Y = 2) OR (Y = 3))
THEN WRITELN('X é igual a 5, e Y é igual a 2 ou Y é igual a 3');
```

Neste exemplo, existe mais de uma condição e mais de um tipo de operador lógico, logo, além dos parênteses de cada condição, devem existir ainda parênteses que indiquem a prioridade de execução das condições. Aqui, as condições com o operador OR, ou seja, ((Y = 2) OR (Y = 3)), serão testadas, e seu resultado será testado com a condição AND (X = 5).

4.3 Estrutura condicional em C/C++

A seguir, serão apresentadas três estruturas condicionais em C/C++ (simples, composta e case) e os operadores lógicos.

4.3.1 Estrutura condicional simples

```
if (condição)
 comando;
```

O comando só será executado se a condição for verdadeira. Uma condição é uma comparação que possui dois valores possíveis: verdadeiro ou falso.

```
if (condição)
 {
     comando1;
     comando2;
     comando3;
 }
```

Em C/C++, torna-se obrigatória a utilização de chaves quando existe mais de um comando a executar. Os comandos entre chaves { } só serão executados se a condição for verdadeira.

4.3.2 Estrutura condicional composta

```
if (condição)
  comando1;
else
  comando2;
```

Se a condição for verdadeira, será executado o comando1; se for falsa, será executado o comando2.

```
if (condição)
  {
      comando1;
      comando2;
  }
else
  {
      comando3;
      comando4;
  }
```

Se a condição for verdadeira, o comando1 e o comando2 serão executados; caso contrário, o comando3 e o comando4 serão executados.

4.3.3 Estrutura case

Em alguns programas, existem situações mutuamente exclusivas, isto é, se uma situação for executada, as demais não serão. Quando este for o caso, um comando seletivo é o mais indicado. Esse comando em C/C++ tem a seguinte sintaxe:

```
switch (variável)
    {
    case valor1: lista de comandos;
          break;
    case valor2: lista de comandos;
          break;
              ....
    default: lista de comandos;
    }
```

O comando switch(variável) avalia o valor de uma variável para decidir qual case será executado. Cada case está associado a UM possível valor da variável, que deve ser, obrigatoriamente, do tipo char, unsigned char, int, unsigned int, short int, long ou unsigned long.

O comando break deve ser utilizado para impedir a execução dos comandos definidos nos cases subsequentes. Quando o valor da variável não coincidir com aqueles especificados nos cases, será executado então o default.

Exemplo:

```
#include <stdio.h>
int main()
{
  int i;
  printf("Digite um número ");
  scanf("%d%*c",&i);
  switch (i)
  {
   case 1:
     printf("Número 1");
     break;
   case 2:
```

```
        printf("Número 2");
        break;
    default:
        printf("Número diferente de 1 e de 2");
    }
    getchar();
    return 0;
}
```

4.3.4 Operadores lógicos

Os principais operadores lógicos são: `&&`, `||` e `!`, que significam *e*, *ou*, *não* e são usados para conjunção, disjunção e negação, respectivamente.

TABELA *E*	TABELA *OU*	TABELA *NÃO*
V e V = V	V ou V = V	Não V = F
V e F = F	V ou F = V	Não F = V
F e V = F	F ou V = V	
F e F = F	F ou F = F	

Observações

Na linguagem C/C++, todas as condições devem estar entre parênteses.

Exemplos:

```
if (x == 3)
printf("Número igual a 3");
```

No exemplo anterior, existe apenas uma condição que, obrigatoriamente, deve estar entre parênteses.

```
if (X > 5 && X < 10)
printf("Número entre 5 e 10");
```

No exemplo anterior, existe mais de uma condição, as quais, obrigatoriamente, devem estar entre parênteses.

```
if ((X == 5 && Y == 2) || Y == 3)
printf("X é igual a 5 e Y é igual a 2, ou Y é igual a 3");
```

No exemplo anterior, existe mais de uma condição e mais de um tipo de operador lógico, logo, além dos parênteses que envolvem todas as condições, devem existir ainda parênteses que indiquem a prioridade de execução das condições. Aqui, as condições com o operador `&&`, ou seja, `(X == 5 && Y == 2)`, serão testadas. Seu resultado será testado com a condição `|| Y == 3`.

```
if (X == 5 && (Y == 2 || Y == 3))
printf("X é igual a 5, e Y é igual a 2 ou Y é igual a 3");
```

No exemplo anterior, existe mais de uma condição e mais de um tipo de operador lógico, portanto, além dos parênteses que envolvem todas as condições, devem existir ainda parênteses que indiquem a prioridade de execução das condições. Nesse exemplo, as condições com o operador `||`, ou seja, `(Y == 2 || Y == 3)`, serão testadas. Seu resultado será testado com a condição `&& X == 5`.

4.4 Estrutura condicional em JAVA

A seguir, serão apresentadas três estruturas condicionais em JAVA (simples, composta e case) e os operadores lógicos.

4.4.1 Estrutura condicional simples

```
if (condição)
  comando;
```

O `comando` só será executado se a `condição` for verdadeira. Uma condição é uma comparação que possui dois valores possíveis: verdadeiro ou falso.

```
if (condição)
  {
      comando1;

      comando2;

      comando3;

  }
```

Em JAVA, torna-se obrigatória a utilização de chaves quando existe mais de um comando a executar. Os comandos entre chaves { } só serão executados se a condição for verdadeira.

4.4.2 Estrutura condicional composta

```
if (condição)
  comando1;
else
  comando2;
```

Se a `condição` for verdadeira, será executado o `comando1`; caso contrário, será executado o `comando2`.

```
if (condição)
  {
      comando1;
      comando2;
  }
else
  {
      comando3;
      comando4;
  }
```

Se a condição for verdadeira, o comando1 e o comando2 serão executados; se for falsa, o comando3 e o comando4 serão executados.

4.4.3 Estrutura case

Em alguns programas, existem situações mutuamente exclusivas, isto é, se uma situação for executada, as demais não serão. Quando este for o caso, um comando seletivo é o mais indicado, e esse comando, em JAVA, tem a seguinte sintaxe:

```
switch (variável)
    {
    case valor1: lista de comandos;
          break;
    case valor2: lista de comandos;
          break;
              ....
    default: lista de comandos;
    }
```

O comando `switch (variável)` analisa o valor de uma variável para decidir qual `case` será executado. Cada `case` está associado a UM possível valor da variável, que deve ser obrigatoriamente do tipo `int`, `short`, `byte` ou `char`.

O comando `break` deve ser utilizado para impedir a execução dos comandos definidos nos `cases` subsequentes.

Quando o valor da variável não coincidir com aqueles especificados nos `cases`, será executado, então, o `default`.

Exemplo:

```
import java.io.*;
import java.util.*;
class teste
{
 public static void main(String args[])
 {
     int x;
     Scanner dado;

     System.out.println("Digite um número ");
     dado = new Scanner(System.in);
     x = dado.nextInt();
     switch (x)
       {
       case 1: System.out.println("Número 1");
             break;
       case 2: System.out.println("Número 2");
             break;
       default: System.out.println("Outro número");
       }
  }
 }
```

4.4.4 Operadores lógicos

Os principais operadores lógicos são: `&&`, `||` e `!`, que significam *e*, *ou*, *não* e são usados para conjunção, disjunção e negação, respectivamente.

TABELA *E*	TABELA *OU*	TABELA *NÃO*
V e V = V	V ou V = V	Não V = F
V e F = F	V ou F = V	Não F = V
F e V = F	F ou V = V	
F e F = F	F ou F = F	

⊗ ⊖ ⊕   **Observações**

Na linguagem JAVA, todas as condições devem estar entre parênteses.

Exemplos:

```
if (x == 3)
System.out.println("Número igual a 3");
```

No exemplo anterior, existe apenas uma condição que, obrigatoriamente, deve estar entre parênteses.

```
if (X > 5 && X < 10)
System.out.println("Número entre 5 e 10");
```

No exemplo anterior, existe mais de uma condição, as quais, obrigatoriamente, devem estar entre parênteses.

```
if ((X == 5 && Y == 2) || Y == 3)
System.out.println("X é igual a 5 e Y é igual a 2, ou Y é igual a 3");
```

No exemplo anterior, existe mais de uma condição e mais de um tipo de operador lógico, portanto, além dos parênteses que envolvem todas as condições, devem existir ainda parênteses que indiquem a prioridade de execução das condições. Nesse exemplo, as condições com o operador &&, ou seja, (X == 5 && Y == 2), serão testadas, e seu resultado será testado com a condição || Y == 3.

```
if (X == 5 && (Y == 2 || Y == 3))
System.out.println("X é igual a 5, e Y é igual a 2 ou Y é igual a 3");
```

No exemplo anterior, existe mais de uma condição e mais de um tipo de operador lógico, portanto, além dos parênteses que envolvem todas as condições, devem existir ainda parênteses que indiquem a prioridade de execução das condições. Nesse exemplo, as condições com o operador ||, ou seja, (Y == 2 || Y == 3), serão testadas, e seu resultado será testado com a condição && X == 5.

EXERCÍCIOS RESOLVIDOS

1. A nota final de um estudante é calculada a partir de três notas atribuídas, respectivamente, a um trabalho de laboratório, a uma avaliação semestral e a um exame final. A média das três notas mencionadas obedece aos pesos a seguir:

NOTA	PESO
Trabalho de laboratório	2
Avaliação semestral	3
Exame final	5

Faça um programa que receba as três notas, calcule e mostre a média ponderada e o conceito que segue a tabela:

MÉDIA PONDERADA			CONCEITO
8,0	●———●	10,0	A
7,0	●———○	8,0	B
6,0	●———○	7,0	C
5,0	●———○	6,0	D
0,0	●———○	5,0	E

ALGORITMO Solução:

```
ALGORITMO
DECLARE nota_trab, aval_sem, exame, media NUMÉRICO
ESCREVA "Digite a nota do trabalho de laboratório: "
LEIA nota_trab
ESCREVA "Digite a nota da avaliação semestral: "
LEIA aval_sem
ESCREVA "Digite a nota do exame final: "
LEIA exame
media ← (nota_trab * 2 + aval_sem * 3 + exame * 5) / 10
ESCREVA "Média ponderada: " , media
SE media >= 8 E media <= 10
```

```
         ENTÃO ESCREVA "Obteve conceito A"
SE media >= 7 E media < 8
         ENTÃO ESCREVA "Obteve conceito B"
SE media >= 6 E media < 7
         ENTÃO ESCREVA "Obteve conceito C"
SE media >= 5 E media < 6
         ENTÃO ESCREVA "Obteve conceito D"
SE media >= 0 E media < 5
         ENTÃO ESCREVA "Obteve conceito E"
FIM_ALGORITMO.
```

PASCAL 1ª SOLUÇÃO – UTILIZANDO ESTRUTURA CONDICIONAL SIMPLES:

\EXERC\CAP4\PASCAL\EX1_A.PAS **e** EXERC\CAP4\PASCAL\EX1_A.EXE

2ª SOLUÇÃO – UTILIZANDO ESTRUTURA CONDICIONAL COMPOSTA:

\EXERC\CAP4\PASCAL\EX1_B.PAS **e** \EXERC\CAP4\PASCAL\EX1_B.EXE

C/C++ 1ª SOLUÇÃO – UTILIZANDO ESTRUTURA CONDICIONAL SIMPLES:

\EXERC\CAP4\C++\EX1_A.CPP **e** \EXERC\CAP4\C++\EX1_A.EXE

2ª SOLUÇÃO – UTILIZANDO ESTRUTURA CONDICIONAL COMPOSTA:

\EXERC\CAP4\C++\EX1_B.CPP **e** \EXERC\CAP4\C++\EX1_B.EXE

JAVA 1ª SOLUÇÃO – UTILIZANDO ESTRUTURA CONDICIONAL SIMPLES:

\EXERC\CAP4\JAVA\EX1_A.java **e** \EXERC\CAP4\JAVA\EX1_A.class

2ª SOLUÇÃO – UTILIZANDO ESTRUTURA CONDICIONAL COMPOSTA:

\EXERC\CAP4\JAVA\EX1_B.java **e** \EXERC\CAP4\JAVA\EX1_B.class

2. Faça um programa que receba três notas de um aluno, calcule e mostre a média aritmética e a mensagem constante na tabela a seguir. Aos alunos que ficaram para exame, calcule e mostre a nota que deverão tirar para serem aprovados, considerando que a média exigida é 6,0.

MÉDIA ARITMÉTICA			MENSAGEM
0,0	●———○	3,0	Reprovado
3,0	●———○	7,0	Exame
7,0	●———●	10,0	Aprovado

ALGORITMO SOLUÇÃO:

```
ALGORITMO
DECLARE nota1, nota2, nota3, media, nota_exame NUMÉRICO
ESCREVA "Digite a primeira nota: "
LEIA nota1
ESCREVA "Digite a segunda nota: "
LEIA nota2
ESCREVA "Digite a terceira nota: "
LEIA nota3
media ← (nota1 + nota2 + nota3) / 3
ESCREVA "Média aritmética: ",media
SE media >= 0 E media < 3
      ENTÃO ESCREVA "Reprovado"
SE media >= 3 E media < 7
      ENTÃO INÍCIO
            ESCREVA "Exame"
            nota_exame ← 12 - media
```

```
                ESCREVA "Deve tirar nota", nota_exame, "para ser aprovado"
                FIM
SE media >= 7 E media <= 10
   ENTÃO ESCREVA "Aprovado"
FIM_ALGORITMO.
```

 1ª SOLUÇÃO — UTILIZANDO ESTRUTURA CONDICIONAL SIMPLES:

\EXERC\CAP4\PASCAL\EX2_A.PAS **e** \EXERC\CAP4\PASCAL\EX2_A.EXE

2ª SOLUÇÃO — UTILIZANDO ESTRUTURA CONDICIONAL COMPOSTA:

\EXERC\CAP4\PASCAL\EX2_B.PAS **e** \EXERC\CAP4\PASCAL\EX2_B.EXE

C/C++ 1ª SOLUÇÃO — UTILIZANDO ESTRUTURA CONDICIONAL SIMPLES:

\EXERC\CAP4\C++\EX2_A.CPP **e** \EXERC\CAP4\C++\EX2_A.EXE

2ª SOLUÇÃO — UTILIZANDO ESTRUTURA CONDICIONAL COMPOSTA:

\EXERC\CAP4\C++\EX2_B.CPP **e** \EXERC\CAP4\C++\EX2_B.EXE

JAVA 1ª SOLUÇÃO — UTILIZANDO ESTRUTURA CONDICIONAL SIMPLES:

\EXERC\CAP4\JAVA\EX2_A.java **e** \EXERC\CAP4\JAVA\EX2_A.class

2ª SOLUÇÃO — UTILIZANDO ESTRUTURA CONDICIONAL COMPOSTA:

\EXERC\CAP4\JAVA\EX2_B.java **e** \EXERC\CAP4\JAVA\EX2_B.class

3. Faça um programa que receba dois números e mostre o maior.

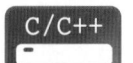 SOLUÇÃO:

```
ALGORITMO
DECLARE num1, num2 NUMÉRICO
ESCREVA "Digite o primeiro número: "
LEIA num1
ESCREVA "Digite o segundo número: "
LEIA num2
SE num1 > num2
        ENTÃO ESCREVA "O maior número é: ", num1
SE num2 > num1
        ENTÃO ESCREVA "O maior número é: ", num2
SE num1 = num2
        ENTÃO ESCREVA "Os números são iguais "
FIM_ALGORITMO.
```

PASCAL 1ª SOLUÇÃO — UTILIZANDO ESTRUTURA CONDICIONAL SIMPLES:

\EXERC\CAP4\PASCAL\EX3_A.PAS **e** \EXERC\CAP4\PASCAL\EX3_A.EXE

2ª SOLUÇÃO — UTILIZANDO ESTRUTURA CONDICIONAL COMPOSTA:

\EXERC\CAP4\PASCAL\EX3_B.PAS **e** \EXERC\CAP4\PASCAL\EX3_B.EXE

C/C++ 1ª SOLUÇÃO — UTILIZANDO ESTRUTURA CONDICIONAL SIMPLES:

\EXERC\CAP4\C++\EX3_A.CPP **e** \EXERC\CAP4\C++\EX3_A.EXE

2ª SOLUÇÃO — UTILIZANDO ESTRUTURA CONDICIONAL COMPOSTA:

\EXERC\CAP4\C++\EX3_B.CPP **e** \EXERC\CAP4\C++\EX3_B.EXE

JAVA 1ª SOLUÇÃO — UTILIZANDO ESTRUTURA CONDICIONAL SIMPLES:

\EXERC\CAP4\JAVA\EX3_A.java **e** \EXERC\CAP4\JAVA\EX3_A.class

2ª SOLUÇÃO — UTILIZANDO ESTRUTURA CONDICIONAL COMPOSTA:

\EXERC\CAP4\JAVA\EX3_B.java **e** \EXERC\CAP4\JAVA\EX3_B.class

4. Faça um programa que receba três números e mostre-os em ordem crescente. Suponha que o usuário digitará três números diferentes.

ALGORITMO Solução:

```
ALGORITMO
DECLARE num1, num2, num3 NUMÉRICO
ESCREVA "Digite o primeiro número: "
LEIA num1
ESCREVA "Digite o segundo número: "
LEIA num2
ESCREVA "Digite o terceiro número: "
LEIA num3
SE num1 < num2 E num1 < num3
  ENTÃO SE num2 < num3
          ENTÃO ESCREVA "A ordem crescente é: ",num1,"-",num2,"-",num3
          SENÃO ESCREVA "A ordem crescente é: ",num1,"-",num3,"-",num2
SE num2 < num1 E num2 < num3
  ENTÃO SE num1 < num3
          ENTÃO ESCREVA "A ordem crescente é: ",num2,"-",num1,"-",num3
          SENÃO ESCREVA "A ordem crescente é: ",num2,"-",num3,"-",num1
SE num3 < num1 E num3 < num2
  ENTÃO SE num1 < num2
          ENTÃO ESCREVA "A ordem crescente é: ",num3,"-",num1,"-",num2
          SENÃO ESCREVA "A ordem crescente é: ",num3,"-",num2,"-",num1
FIM_ALGORITMO.
```

PASCAL

1ª SOLUÇÃO – UTILIZANDO ESTRUTURA CONDICIONAL SIMPLES:

\EXERC\CAP4\PASCAL\EX4_A.PAS **e** \EXERC\CAP4\PASCAL\EX4_A.EXE

2ª SOLUÇÃO – UTILIZANDO ESTRUTURA CONDICIONAL COMPOSTA:

\EXERC\CAP4\PASCAL\EX4_B.PAS **e** \EXERC\CAP4\PASCAL\EX4_B.EXE

C/C++

1ª SOLUÇÃO – UTILIZANDO ESTRUTURA CONDICIONAL SIMPLES:

\EXERC\CAP4\C++\EX4_A.CPP **e** \EXERC\CAP4\C++\EX4_A.EXE

2ª SOLUÇÃO – UTILIZANDO ESTRUTURA CONDICIONAL COMPOSTA:

\EXERC\CAP4\C++\EX4_B.CPP **e** \EXERC\CAP4\C++\EX4_B.EXE

JAVA

1ª SOLUÇÃO – UTILIZANDO ESTRUTURA CONDICIONAL SIMPLES:

\EXERC\CAP4\JAVA\EX4_A.java **e** \EXERC\CAP4\JAVA\EX4_A.class

2ª SOLUÇÃO – UTILIZANDO ESTRUTURA CONDICIONAL COMPOSTA:

\EXERC\CAP4\JAVA\EX4_B.java **e** \EXERC\CAP4\JAVA\EX4_B.class

5. Faça um programa que receba três números obrigatoriamente em ordem crescente e um quarto número que não siga essa regra. Mostre, em seguida, os quatro números em ordem decrescente. Suponha que o usuário digitará quatro números diferentes.

ALGORITMO Solução:

```
ALGORITMO
DECLARE num1, num2, num3, num4 NUMÉRICO
ESCREVA "Digite três números em ordem crescente: "
LEIA num1
LEIA num2
LEIA num3
ESCREVA "Digite um número (fora de ordem): "
LEIA num4
SE num4 > num3
```

```
  ENTÃO ESCREVA "A ordem decrescente é: ",num4,"-",num3,"-",num2,"-",num1
SE num4 > num2 E num4 < num3
  ENTÃO ESCREVA "A ordem decrescente é: ",num3,"-",num4,"-",num2,"-",num1
SE num4 > num1 E num4 < num2
  ENTÃO ESCREVA "A ordem decrescente é: ",num3,"-",num2,"-",num4, "-",num1
SE num4 < num1
  ENTÃO ESCREVA "A ordem decrescente é: ",num3,"-",num2,"-",num1,"-",num4
FIM_ALGORITMO.
```

PASCAL 1ª SOLUÇÃO – UTILIZANDO ESTRUTURA CONDICIONAL SIMPLES:

\EXERC\CAP4\PASCAL\EX5_A.PAS **e** \EXERC\CAP4\PASCAL\EX5_A.EXE

2ª SOLUÇÃO – UTILIZANDO ESTRUTURA CONDICIONAL COMPOSTA:

\EXERC\CAP4\PASCAL\EX5_B.PAS **e** \EXERC\CAP4\PASCAL\EX5_B.EXE

C/C++ 1ª SOLUÇÃO – UTILIZANDO ESTRUTURA CONDICIONAL SIMPLES:

\EXERC\CAP4\C++\EX5_A.CPP **e** \EXERC\CAP4\C++\EX5_A.EXE

2ª SOLUÇÃO – UTILIZANDO ESTRUTURA CONDICIONAL COMPOSTA:

\EXERC\CAP4\C++\EX5_B.CPP **e** \EXERC\CAP4\C++\EX5_B.EXE

JAVA 1ª SOLUÇÃO – UTILIZANDO ESTRUTURA CONDICIONAL SIMPLES:

\EXERC\CAP4\JAVA\EX5_A.java **e** \EXERC\CAP4\JAVA\EX5_A.class

2ª SOLUÇÃO – UTILIZANDO ESTRUTURA CONDICIONAL COMPOSTA:

\EXERC\CAP4\JAVA\EX5_B.java **e** \EXERC\CAP4\JAVA\EX5_B.class

6. Faça um programa que receba um número inteiro e verifique se é par ou ímpar.

ALGORITMO SOLUÇÃO:

```
ALGORITMO
DECLARE num, r NUMÉRICO
ESCREVA "Digite um número: "
LEIA num
r ← RESTO(num/2)
SE r = 0
ENTÃO ESCREVA "O número é par"
SENÃO ESCREVA "O número é ímpar"
FIM_ALGORITMO.
```

PASCAL 1ª SOLUÇÃO – UTILIZANDO ESTRUTURA CONDICIONAL SIMPLES:

\EXERC\CAP4\PASCAL\EX6_A.PAS **e** \EXERC\CAP4\PASCAL\EX6_A.EXE

2ª SOLUÇÃO – UTILIZANDO ESTRUTURA CONDICIONAL COMPOSTA:

\EXERC\CAP4\PASCAL\EX6_B.PAS **e** \EXERC\CAP4\PASCAL\EX6_B.EXE

C/C++ 1ª SOLUÇÃO – UTILIZANDO ESTRUTURA CONDICIONAL SIMPLES:

\EXERC\CAP4\C++\EX6_A.CPP **e** \EXERC\CAP4\C++\EX6_A.EXE

2ª SOLUÇÃO – UTILIZANDO ESTRUTURA CONDICIONAL COMPOSTA:

\EXERC\CAP4\C++\EX6_B.CPP **e** \EXERC\CAP4\C++\EX6_B.EXE

JAVA 1ª SOLUÇÃO – UTILIZANDO ESTRUTURA CONDICIONAL SIMPLES:

\EXERC\CAP4\JAVA\EX6_A.java **e** \EXERC\CAP4\JAVA\EX6_A.class

2ª SOLUÇÃO – UTILIZANDO ESTRUTURA CONDICIONAL COMPOSTA:

\EXERC\CAP4\JAVA\EX6_B.java **e** \EXERC\CAP4\JAVA\EX6_B.class

7. Faça um programa que receba quatro valores: I, A, B e C. Desses valores, I é inteiro e positivo, A, B e C são reais. Escreva os números A, B e C obedecendo à tabela a seguir.

Suponha que o valor digitado para I seja sempre um valor válido, ou seja, 1, 2 ou 3, e que os números digitados sejam diferentes um do outro.

VALOR DE I	FORMA A ESCREVER
1	A, B e C em ordem crescente.
2	A, B e C em ordem decrescente.
3	O maior fica entre os outros dois números.

ALGORITMO SOLUÇÃO:

```
ALGORITMO
DECLARE A, B, C, I NUMÉRICO
ESCREVA "Digite um valor para A:"
LEIA A
ESCREVA "Digite um valor para B:"
LEIA B
ESCREVA "Digite um valor para C:"
LEIA C
ESCREVA "Digite um valor para I (1, 2 ou 3):"
LEIA I
SE I=1
ENTÃO INÍCIO
        SE A<B E A<C
        ENTÃO SE B<C
                ENTÃO ESCREVA "A ordem crescente dos números é:",A," -",B,"-",C
                SENÃO ESCREVA "A ordem crescente dos números é:",A," -",C,"-",B
        SE B<A E B<C
        ENTÃO SE A<C
                ENTÃO ESCREVA "A ordem crescente dos números é:",B,"-",A,"-",C
                SENÃO ESCREVA "A ordem crescente dos números é: ",B,"-",C,"-",A
        SE C<A E C<B
        ENTÃO SE A<B
                ENTÃO ESCREVA "A ordem crescente dos números é: ",C,"-",A,"-",B
                SENÃO ESCREVA "A ordem crescente dos números é: ",C,"-",B,"-",A
        FIM
SE I=2
ENTÃO INÍCIO
        SE A>B E A>C
        ENTÃO SE B>C
                ENTÃO ESCREVA "A ordem decrescente dos números é:  ",A," -",B,"-",C
                SENÃO ESCREVA "A ordem decrescente dos números é:  ",A," -",C,"-",B
        SE B>A E B>C
        ENTÃO SE A>C
                ENTÃO ESCREVA "A ordem decrescente dos números é:  ",B," -",A,"-",C
                SENÃO ESCREVA "A ordem decrescente dos números é:  ",B," -",C,"-",A
        SE C>A E C>B
        ENTÃO SE A>B
                ENTÃO ESCREVA "A ordem decrescente dos números é:  ",C," -",A,"-",B
                SENÃO ESCREVA "A ordem decrescente dos números é:  ",C," -",B,"-",A
        FIM
SE I=3
```

```
ENTÃO INÍCIO
       SE A>B E A>C
               ENTÃO ESCREVA "A ordem desejada é: ",B,"-",A,"-",C
       SE B>A E B>C
               ENTÃO ESCREVA "A ordem desejada é: ",A,"-",B,"-",C
       SE C>A E C>B
               ENTÃO ESCREVA "A ordem desejada é: ",A,"-",C,"-",B
     FIM
FIM_ALGORITMO.
```

PASCAL

1ª SOLUÇÃO:

\EXERC\CAP4\PASCAL\EX7_A.PAS **e** \EXERC\CAP4\PASCAL\EX7_A.EXE

2ª SOLUÇÃO:

\EXERC\CAP4\PASCAL\EX7_B.PAS **e** \EXERC\CAP4\PASCAL\EX7_B.EXE

3ª SOLUÇÃO:

\EXERC\CAP4\PASCAL\EX7_C.PAS **e** \EXERC\CAP4\PASCAL\EX7_C.EXE

C/C++

1ª SOLUÇÃO:

\EXERC\CAP4\C++\EX7_A.CPP **e** \EXERC\CAP4\C++\EX7_A.EXE

2ª SOLUÇÃO:

\EXERC\CAP4\C++\EX7_B.CPP **e** \EXERC\CAP4\C++\EX7_B.EXE

3ª SOLUÇÃO:

\EXERC\CAP4\C++\EX7_C.CPP **e** \EXERC\CAP4\C++\EX7_C.EXE

JAVA

1ª SOLUÇÃO:

\EXERC\CAP4\JAVA\EX7_A.java **e** \EXERC\CAP4\JAVA\EX7_A.class

2ª SOLUÇÃO:

\EXERC\CAP4\JAVA\EX7_B.java **e** \EXERC\CAP4\JAVA\EX7_B.class

3ª SOLUÇÃO:

\EXERC\CAP4\JAVA\EX7_C.java **e** \EXERC\CAP4\JAVA\EX7_C.class

8. Faça um programa que mostre o menu de opções a seguir, receba a opção do usuário e os dados necessários para executar cada operação.

Menu de opções:

1. Somar dois números.
2. Raiz quadrada de um número.

Digite a opção desejada:

ALGORITMO SOLUÇÃO:

```
ALGORITMO
DECLARE num1, num2, soma, raiz, op NUMÉRICO
ESCREVA " MENU"
ESCREVA "1- Somar dois números"
ESCREVA "2- Raiz quadrada de um número"
ESCREVA "Digite sua opção: "
LEIA op
SE op = 1
     ENTÃO INÍCIO
             ESCREVA "Digite um valor para o primeiro número:"
             LEIA num1
```

```
                    ESCREVA "Digite um valor para o segundo número:"
                    LEIA num2
                    soma  ←   num1 + num2
                    ESCREVA "A soma de ",num1," e ",num2," é ",soma
                    FIM
      SE op = 2
            ENTÃO INÍCIO
                    ESCREVA "Digite um valor: "
                    LEIA num1
                    raiz ← ²√num1
                    ESCREVA "A raiz quadrada de ",num1," é ",raiz
                    FIM
      SE op ≠ 1 E op ≠  2
            ENTÃO ESCREVA "Opção inválida!"
      FIM_ALGORITMO.
```

PASCAL

1ª SOLUÇÃO – UTILIZANDO ESTRUTURA CONDICIONAL SIMPLES:

\EXERC\CAP4\PASCAL\EX8_A.PAS **e** \EXERC\CAP4\PASCAL\EX8_A.EXE

2ª SOLUÇÃO – UTILIZANDO ESTRUTURA CONDICIONAL COMPOSTA:

\EXERC\CAP4\PASCAL\EX8_B.PAS **e** \EXERC\CAP4\PASCAL\EX8_B.EXE

3ª SOLUÇÃO – UTILIZANDO ESTRUTURA SELETORA:

\EXERC\CAP4\PASCAL\EX8_C.PAS **e** \EXERC\CAP4\PASCAL\EX8_C.EXE

C/C++

1ª SOLUÇÃO – UTILIZANDO ESTRUTURA CONDICIONAL SIMPLES:

\EXERC\CAP4\C++\EX8_A.CPP **e** \EXERC\CAP4\C++\EX8_A.EXE

2ª SOLUÇÃO – UTILIZANDO ESTRUTURA CONDICIONAL COMPOSTA:

\EXERC\CAP4\C++\EX8_B.CPP **e** \EXERC\CAP4\C++\EX8_B.EXE

3ª SOLUÇÃO – UTILIZANDO ESTRUTURA SELETORA:

\EXERC\CAP4\C++\EX8_C.CPP **e** \EXERC\CAP4\C++\EX8_C.EXE

JAVA

1ª SOLUÇÃO – UTILIZANDO ESTRUTURA CONDICIONAL SIMPLES:

\EXERC\CAP4\JAVA\EX8_A.java **e** \EXERC\CAP4\JAVA\EX8_A.class

2ª SOLUÇÃO – UTILIZANDO ESTRUTURA CONDICIONAL COMPOSTA:

\EXERC\CAP4\JAVA\EX8_B.java **e** \EXERC\CAP4\JAVA\EX8_B.class

3ª SOLUÇÃO – UTILIZANDO ESTRUTURA SELETORA:

\EXERC\CAP4\JAVA\EX8_C.java **e** \EXERC\CAP4\JAVA\EX8_C.class

9. Faça um programa que mostre a data e a hora do sistema nos seguintes formatos: DD/MM/AAAA – mês por extenso e hora:minuto.

ALGORITMO SOLUÇÃO:

```
ALGORITMO
DECLARE t, d, dia, mes, ano, hora, min NUMÉRICO
d ← OBTENHA_DATA;
dia ← OBTENHA_DIA(d)
mes ← OBTENHA_MÊS(d)
ano ← OBTENHA_ANO(d)
ESCREVA "Data Atual: " , dia, "/", mes, "/", ano, " — "
SE mes = 1
      ENTÃO ESCREVA "janeiro"
SE mes = 2
      ENTÃO ESCREVA "fevereiro"
```

```
SE mes = 3
        ENTÃO ESCREVA "março"
SE mes = 4
        ENTÃO ESCREVA "abril"
SE mes = 5
        ENTÃO ESCREVA "maio"
SE mes = 6
        ENTÃO ESCREVA "junho"
SE mes = 7
        ENTÃO ESCREVA "julho"
SE mes = 8
        ENTÃO ESCREVA "agosto"
SE mes = 9
        ENTÃO ESCREVA "setembro"
SE mes = 10
        ENTÃO ESCREVA "outubro"
SE mes = 11
        ENTÃO ESCREVA "novembro"
SE mes = 12
        ENTÃO ESCREVA "dezembro"
t ← OBTENHA_HORÁRIO;
hora ← OBTENHA_HORA(t)
min ← OBTENHA_MINUTO(t)
ESCREVA "Hora Atual: "
ESCREVA hora, ":" , min
FIM_ALGORITMO.
```

 **PASCAL** SOLUÇÃO:

\EXERC\CAP4\PASCAL\EX9.PAS **e** \EXERC\CAP4\PASCAL\EX9.EXE

Na solução com a linguagem PASCAL, foram utilizados os comandos getdate e gettime, para obter a data e a hora do sistema operacional, respectivamente. O comando getdate retorna os valores do ano, mês, dia do mês e dia da semana da data do sistema operacional; as variáveis que receberão esses valores devem ser do tipo word. O comando gettime retorna os valores da hora, minuto, segundo e centésimo de segundo da hora do sistema operacional e as variáveis que receberão esses valores devem ser do tipo word. Para a utilização dos comandos getdate e gettime, é necessário utilizar a biblioteca DOS, ou seja, USES DOS.

⊗ ⊖ ⊕   Observação

O dia da semana é um número em que domingo vale 0; segunda-feira, 1; terça-feira, 2; quarta--feira, 3; quinta-feira, 4; sexta-feira, 5; e sábado, 6.

Exemplo:
```
GETDATE(ano, mes, dia, dia_semana);
GETTIME(hora, min, seg, cen_seg);
```

C/C++ SOLUÇÃO:

\EXERC\CAP4\C++\EX9.CPP **e** \EXERC\CAP4\C++\EX9.EXE

Na solução com a linguagem C/C++, foram utilizados os comandos t = time(NULL) e data_hora = localtime(&t) para obter a data e a hora do sistema operacional. Para a utilização desses comandos, é necessário utilizar a biblioteca time.h, ou seja, #include <time.h> e a declaração do tipo time_t.

Observação

Exemplo:

```
time_t t;
struct tm *data_hora;
int dia, mes, ano, hora, min, seg;
//Pega a data e a hora atual do sistema
t = time(NULL);
data_hora = localtime(&t);
dia = data_hora -> tm_mday;
mes = data_hora -> tm_mon + 1;
ano = data_hora -> tm_year + 1900;
hora = data_hora -> tm_hour;
min = data_hora -> tm_min;

// a declaração acima define um conjunto com 9 variáveis do tipo int.
// as principais variáveis são:
// tm_sec - segundos da hora do sistema (0 a 59)
// tm_min - minutos da hora do sistema (0 a 59)
// tm_hour - horas da hora do sistema (0 a 23)
// tm_mday - dia da data do sistema (1 a 31)
// tm_mon - mês da data do sistema (0 a 11)
// tm_year - ano da data do sistema (desde 1900)
// tm_wday - dia da semana da data do sistema (0 a 6, sendo 0 o domingo)
```

SOLUÇÃO:

`\EXERC\CAP4\JAVA\EX9.java` **e** `\EXERC\CAP4\JAVA\EX9.class`

Na solução com a linguagem JAVA, foram utilizadas as classes `Calendar` e `Date` para empregar a data e a hora do sistema operacional.

Observação

Exemplo:

```
int dia, mes, ano, hora, min;
Calendar cal = Calendar.getInstance();
Date d = new Date();
cal.setTime(d);
dia = cal.get(Calendar.DAY_OF_MONTH);
mes = cal.get(Calendar.MONTH) + 1;
ano = cal.get(Calendar.YEAR);
hora = cal.get(Calendar.HOUR);
min = cal.get(Calendar.MINUTE);
```

10. Faça um programa que determine a data cronologicamente maior entre duas datas fornecidas pelo usuário. Cada data deve ser composta por três valores inteiros, em que o primeiro representa o dia, o segundo, o mês e o terceiro, o ano.

ALGORITMO Solução:

```
ALGORITMO
DECLARE d1,m1,a1,d2,m2,a2 NUMÉRICO
ESCREVA "Digite a primeira data"
ESCREVA " dia (dd): "
LEIA d1
ESCREVA " mês (mm): "
LEIA m1
ESCREVA " ano (aaaa): "
LEIA a1
ESCREVA "Digite a segunda data"
ESCREVA " dia (dd): "
LEIA d2
ESCREVA " mês (mm): "
LEIA m2
ESCREVA " ano (aaaa): "
LEIA a2
SE a1>a2
ENTÃO ESCREVA "A maior data é: ",d1,"-",m1,"-",a1
SENÃO SE a2>a1
        ENTÃO ESCREVA "A maior data é: ",d2,"-",m2,"-",a2
        SENÃO SE m1>m2
                ENTÃO ESCREVA "A maior data é: ",d1,"-",m1,"-",a1
                SENÃO SE m2>m1
                        ENTÃO ESCREVA "A maior data é: ",d2, "-",m2,"-",a2
                        SENÃO SE d1>d2
                                ENTÃO ESCREVA "A maior data é: "-",d1,"-",m1," -",a1
                                SENÃO SE d2>d1
                                        ENTÃO ESCREVA "A maior data é: ",d2," -",m2,"-",a2
                                        SENÃO ESCREVA "As datas são iguais !"
FIM_ALGORITMO.
```

PASCAL Solução:

\EXERC\CAP4\PASCAL\EX10.PAS e \EXERC\CAP4\PASCAL\EX10.EXE

C/C++ Solução:

\EXERC\CAP4\C++\EX10.CPP e \EXERC\CAP4\C++\EX10.EXE

JAVA Solução:

\EXERC\CAP4\JAVA\EX10.java e \EXERC\CAP4\JAVA\EX10.class

11. Faça um programa que receba a hora do início de um jogo e a hora do término (cada hora é composta por duas variáveis inteiras: hora e minuto). Calcule e mostre a duração do jogo (horas e minutos), sabendo que o tempo máximo de duração do jogo é de 24 horas e que ele pode começar em um dia e terminar no dia seguinte.

ALGORITMO Solução:

```
ALGORITMO
DECLARE hora_i, min_i, hora_f, min_f, hora_d, min_d NUMÉRICO
ESCREVA "Digite o horário inicial"
ESCREVA "hora: "
LEIA hora_i
```

```
ESCREVA "minuto: "
LEIA min_i
ESCREVA "Digite o horário final "
ESCREVA "hora: "
LEIA hora_f
ESCREVA "minuto: "
LEIA min_f
SE min_i > min_f
    ENTÃO INÍCIO
            min_f ←  min_f + 60
            hora_f ←  hora_f — 1
            FIM
SE hora_i > hora_f
    ENTÃO hora_f ← hora_f + 24
min_d ←  min_f - min_i;
hora_d ←  hora_f - hora_i;
ESCREVA "O jogo durou ",hora_d," hora(s) e ",min_d," minuto(s)"
FIM_ALGORITMO.
```

 SOLUÇÃO:

\EXERC\CAP4\PASCAL\EX11.PAS e \EXERC\CAP4\PASCAL\EX11.EXE

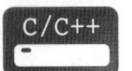 SOLUÇÃO:

\EXERC\CAP4\C++\EX11.CPP e \EXERC\CAP4\C++\EX11.EXE

 SOLUÇÃO:

\EXERC\CAP4\JAVA\EX11.java e \EXERC\CAP4\JAVA\EX11.class

12. Faça um programa que receba o código correspondente ao cargo de um funcionário e seu salário atual e mostre o cargo, o valor do aumento e seu novo salário. Os cargos estão na tabela a seguir.

CÓDIGO	CARGO	PERCENTUAL
1	Escriturário	50%
2	Secretário	35%
3	Caixa	20%
4	Gerente	10%
5	Diretor	Não tem aumento

ALGORITMO SOLUÇÃO:

```
ALGORITMO
DECLARE salario, aumento, novo_sal, cargo NUMÉRICO
ESCREVA "Digite o cargo do funcionário (1,2,3,4 ou 5)"
LEIA cargo
ESCREVA "Digite o valor do salário: "
LEIA salario
SE cargo = 1
  ENTÃO INÍCIO
        ESCREVA "O cargo é Escriturário"
        aumento ← salario * 50 / 100
        ESCREVA "O valor do aumento é: ", aumento
```

```
            novo_sal ←  salario + aumento
            ESCREVA "O novo salário é: ", novo_sal
         FIM
  SENÃO SE cargo = 2
         ENTÃO INÍCIO
                ESCREVA "O cargo é Secretário"
                aumento ←  salario * 35 / 100
                ESCREVA "O valor do aumento é: ", aumento
                novo_sal ←  salario + aumento
                ESCREVA "O novo salário é: ", novo_sal
             FIM
         SENÃO SE cargo = 3
                ENTÃO INÍCIO
                      ESCREVA "O cargo é Caixa"
                      aumento ←  salario * 20 / 100
                      ESCREVA "O valor do aumento é: ", aumento
                      novo_sal ←  salario + aumento
                      ESCREVA "O novo salário é: ",novo_sal
                   FIM
                SENÃO SE cargo = 4
                       ENTÃO INÍCIO
                             ESCREVA "O cargo é Gerente"
                             aumento ←  salario * 10 / 100
                             ESCREVA "O valor do aumento é: ", aumento
                             novo_sal ←  salario + aumento
                             ESCREVA "O novo salário é: ", novo_sal
                          FIM
                       SENÃO SE cargo = 5
                              ENTÃO INÍCIO
                                    ESCREVA "O cargo é Diretor"
                                    aumento ←  salario * 0 / 100
                                    ESCREVA "O valor do aumento é: ", aumento
                                    novo_sal ←  salario + aumento
                                    ESCREVA "O novo salário é: ", novo_sal
                                 FIM
                              SENÃO ESCREVA "Cargo Inexistente !"
FIM_ALGORITMO.
```

PASCAL

1ª SOLUÇÃO – UTILIZANDO ESTRUTURA CONDICIONAL COMPOSTA:

\EXERC\CAP4\PASCAL\EX12_A.PAS **e** \EXERC\CAP4\PASCAL\EX12_A.EXE

2ª SOLUÇÃO – UTILIZANDO ESTRUTURA SELETORA:

\EXERC\CAP4\PASCAL\EX12_B.PAS **e** \EXERC\CAP4\PASCAL\EX12_B.EXE

C/C++

1ª SOLUÇÃO – UTILIZANDO ESTRUTURA CONDICIONAL COMPOSTA:

\EXERC\CAP4\C++\EX12_A.CPP **e** \EXERC\CAP4\C++\EX12_A.EXE

2ª SOLUÇÃO – UTILIZANDO ESTRUTURA SELETORA:

\EXERC\CAP4\C++\EX12_B.CPP **e** \EXERC\CAP4\C++\EX12_B.EXE

JAVA

1ª SOLUÇÃO – UTILIZANDO ESTRUTURA CONDICIONAL COMPOSTA:

\EXERC\CAP4\JAVA\EX12_A.java **e** \EXERC\CAP4\JAVA\EX12_A.class

2ª SOLUÇÃO – UTILIZANDO ESTRUTURA SELETORA:

\EXERC\CAP4\JAVA\EX12_B.java **e** \EXERC\CAP4\JAVA\EX12_B.class

13. Faça um programa que apresente o menu a seguir, permita ao usuário escolher a opção desejada, receba os dados necessários para executar a operação e mostre o resultado. Verifique a possibilidade de opção inválida e não se preocupe com restrições, como salário negativo.

Menu de opções:
1. Imposto
2. Novo salário
3. Classificação

Digite a opção desejada.

Na opção 1: receber o salário de um funcionário, calcular e mostrar o valor do imposto usando as regras a seguir.

SALÁRIO	PERCENTUAL DO IMPOSTO
Menor que R$ 500,00	5%
De R$ 500,00 (inclusive) a R$ 850,00 (inclusive)	10%
Acima de R$ 850,00	15%

Na opção 2: receber o salário de um funcionário, calcular e mostrar o valor do novo salário, usando as regras a seguir.

SALÁRIO	AUMENTO
Maior que R$ 1.500,00	R$ 25,00
De R$ 750,00 (inclusive) a R$ 1.500,00 (inclusive)	R$ 50,00
De R$ 450,00 (inclusive) a R$ 750,00	R$ 75,00
Menor que R$ 450,00	R$ 100,00

Na opção 3: receber o salário de um funcionário e mostrar sua classificação usando a tabela a seguir.

SALÁRIO	CLASSIFICAÇÃO
Até R$ 700,00 (inclusive)	Mal remunerado
Maiores que R$ 700,00	Bem remunerado

ALGORITMO SOLUÇÃO:

```
ALGORITMO
DECLARE op, sal, imp, aum, novo_sal NUMÉRICO
ESCREVA "MENU DE OPÇÕES"
ESCREVA "1 — IMPOSTO"
ESCREVA "NOVO SALÁRIO"
ESCREVA "CLASSIFICAÇÃO"
ESCREVA "DIGITE A OPÇÃO DESEJADA"
LEIA op
SE op = 1
ENTÃO INÍCIO
        LEIA sal
        SE sal < 500
                ENTÃO imp ←  sal * 5/100
        SE sal >= 500 E sal <= 850
                ENTÃO imp ← sal * 10/100
        SE sal > 850
                ENTÃO imp ← sal * 15/100
```

```
        ESCREVA imp
      FIM
SE op = 2
ENTÃO INÍCIO
      LEIA sal
      SE sal > 1500
            ENTÃO aum ← 25
      SE sal >= 750 E sal <= 1500
            ENTÃO aum ← 50
      SE sal >= 450 E sal < 750
            ENTÃO aum ← 75
      SE sal < 450
            ENTÃO aum ← 100 novo_sal ← sal + aum
      ESCREVA novo_sal
      FIM
SE op = 3
ENTÃO INÍCIO
      LEIA sal
      SE sal <= 700
            ENTÃO ESCREVA"Mal Remunerado"
      SE sal > 700
            ENTÃO ESCREVA"Bem Remunerado"
      FIM
SE op < 1 OU op > 3
ENTÃO ESCREVA "Opção Inválida"
FIM_ALGORITMO.
```

PASCAL

1ª SOLUÇÃO – UTILIZANDO ESTRUTURA CONDICIONAL SIMPLES:

EXERC\CAP4\PASCAL\EX13_A.PAS **e** \EXERC\CAP4\PASCAL\EX13_A.EXE

2ª SOLUÇÃO – UTILIZANDO ESTRUTURA CONDICIONAL COMPOSTA:

\EXERC\CAP4\PASCAL\EX13_B.PAS **e** \EXERC\CAP4\PASCAL\EX13_B.EXE

3ª SOLUÇÃO – UTILIZANDO ESTRUTURA SELETORA:

\EXERC\CAP4\PASCAL\EX13_C.PAS **e** \EXERC\CAP4\PASCAL\EX13_C.EXE

C/C++

1ª SOLUÇÃO – UTILIZANDO ESTRUTURA CONDICIONAL SIMPLES:

\EXERC\CAP4\C++\EX13_A.CPP **e** \EXERC\CAP4\C++\EX13_A.EXE

2ª SOLUÇÃO – UTILIZANDO ESTRUTURA CONDICIONAL COMPOSTA:

\EXERC\CAP4\C++\EX13_B.CPP **e** \EXERC\CAP4\C++\EX13_B.EXE

3ª SOLUÇÃO – UTILIZANDO ESTRUTURA SELETORA:

\EXERC\CAP4\C++\EX13_C.CPP **e** \EXERC\CAP4\C++\EX13_C.EXE

JAVA

1ª SOLUÇÃO – UTILIZANDO ESTRUTURA CONDICIONAL SIMPLES:

EXERC\CAP4\JAVA\EX13_A.java **e** \EXERC\CAP4\JAVA\EX13_A.class

2ª SOLUÇÃO – UTILIZANDO ESTRUTURA CONDICIONAL COMPOSTA:

\EXERC\CAP4\JAVA\EX13_B.java **e** \EXERC\CAP4\JAVA\EX13_B.class

3ª SOLUÇÃO – UTILIZANDO ESTRUTURA SELETORA:

\EXERC\CAP4\JAVA\EX13_C.java **e** \EXERC\CAP4\JAVA\EX13_C.class

14. Faça um programa que receba o salário inicial de um funcionário, calcule e mostre o novo salário, acrescido de bonificação e de auxílio escola.

SALÁRIO	BONIFICAÇÃO
Até R$ 500,00	5% do salário
Entre R$ 500,00 e R$ 1.200,00	12% do salário
Acima de R$ 1.200,00	Sem bonificação

SALÁRIO	AUXÍLIO ESCOLA
Até R$ 600,00	R$ 150,00
Acima de R$ 600,00	R$ 100,00

ALGORITMO Solução:

```
ALGORITMO
DECLARE sal, novo_sal, boni, aux NUMÉRICO
LEIA sal
SE sal <= 500
        ENTÃO boni ← sal * 5/100
        SENÃO SE sal <= 1200
                ENTÃO boni ← sal * 12/100
                SENÃO boni ← 0
SE sal <= 600
        ENTÃO aux ← 150
        SENÃO aux ← 100
novo_sal ← sal + boni + aux
ESCREVA novo_sal
FIM_ALGORITMO.
```

PASCAL

1ª SOLUÇÃO — UTILIZANDO ESTRUTURA CONDICIONAL SIMPLES:

\EXERC\CAP4\PASCAL\EX14_A.PAS **e** \EXERC\CAP4\PASCAL\EX14_A.EXE

2ª SOLUÇÃO — UTILIZANDO ESTRUTURA CONDICIONAL COMPOSTA:

\EXERC\CAP4\PASCAL\EX14_B.PAS **e** \EXERC\CAP4\PASCAL\EX14_B.EXE

C/C++

1ª SOLUÇÃO — UTILIZANDO ESTRUTURA CONDICIONAL SIMPLES:

\EXERC\CAP4\C++\EX14_A.CPP **e** \EXERC\CAP4\C++\EX14_A.EXE

2ª SOLUÇÃO — UTILIZANDO ESTRUTURA CONDICIONAL COMPOSTA:

\EXERC\CAP4\C++\EX14_B.CPP **e** \EXERC\CAP4\C++\EX14_B.EXE

JAVA

1ª SOLUÇÃO — UTILIZANDO ESTRUTURA CONDICIONAL SIMPLES:

\EXERC\CAP4\JAVA\EX14_A.java **e** \EXERC\CAP4\JAVA\EX14_A.class

2ª SOLUÇÃO — UTILIZANDO ESTRUTURA CONDICIONAL COMPOSTA:

\EXERC\CAP4\JAVA\EX14_B.java **e** \EXERC\CAP4\JAVA\EX14_B.class

15. Faça um programa que receba o valor do salário mínimo, o número de horas trabalhadas, o número de dependentes do funcionário e a quantidade de horas extras trabalhadas. Calcule e mostre o salário a receber do funcionário de acordo com as regras a seguir:

- O valor da hora trabalhada é igual a 1/5 do salário mínimo.
- O salário do mês é igual ao número de horas trabalhadas multiplicado pelo valor da hora trabalhada.
- Para cada dependente, acrescentar R$ 32,00.
- Para cada hora extra trabalhada, calcular o valor da hora trabalhada acrescida de 50%.
- O salário bruto é igual ao salário do mês mais o valor dos dependentes mais o valor das horas extras.
- Calcular o valor do imposto de renda retido na fonte de acordo com a tabela a seguir:

IRRF	SALÁRIO BRUTO
Isento	Inferior a R$ 200,00
10%	De R$ 200,00 até R$ 500,00
20%	Superior a R$ 500,00

- O salário líquido é igual ao salário bruto menos IRRF.
- A gratificação é de acordo com a tabela a seguir:

SALÁRIO LÍQUIDO	GRATIFICAÇÃO
Até R$ 350,00	R$ 100,00
Superior a R$ 350,00	R$ 50,00

- O salário a receber do funcionário é igual ao salário líquido mais a gratificação.

ALGORITMO SOLUÇÃO:

```
ALGORITMO
DECLARE sal_min, nht, ndep, nhet NUMÉRICO
        sal_receber, vh, smes, vdep, vhe, imp NUMÉRICO
        sbruto, sliq, grat NUMÉRICO
LEIA sal_min, nht, ndep, nhet
vh ← 1/5 * sal_min
smes ← nht * vh
vdep ← 32 * ndep
vhe ← nhet * (vh + (vh * 50/100))
sbruto ← smes + vdep + vhe
SE sbruto < 200
        ENTÃO imp ← 0
SE sbruto >= 200 E sbruto <= 500
        ENTÃO imp ← sbruto * 10/100
SE sbruto > 500
        ENTÃO imp ← sbruto * 20/100
sliq ← sbruto — imp
SE sliq <= 350
        ENTÃO grat ← 100
SE sliq > 350
        ENTÃO grat ← 50
sal_receber ← sliq + grat
ESCREVA sal_receber
FIM_ALGORITMO.
```

 **PASCAL** 1ª SOLUÇÃO — UTILIZANDO ESTRUTURA CONDICIONAL SIMPLES:

`\EXERC\CAP4\PASCAL\EX15_A.PAS` e `\EXERC\CAP4\PASCAL\EX15_A.EXE`

2ª SOLUÇÃO — UTILIZANDO ESTRUTURA CONDICIONAL COMPOSTA:

`\EXERC\CAP4\PASCAL\EX15_B.PAS` e `\EXERC\CAP4\PASCAL\EX15_B.EXE`

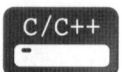 **C/C++** 1ª SOLUÇÃO — UTILIZANDO ESTRUTURA CONDICIONAL SIMPLES:

`\EXERC\CAP4\C++\EX15_A.CPP` e `\EXERC\CAP4\C++\EX15_A.EXE`

2ª SOLUÇÃO — UTILIZANDO ESTRUTURA CONDICIONAL COMPOSTA:

`\EXERC\CAP4\C++\EX15_B.CPP` e `\EXERC\CAP4\C++\EX15_B.EXE`

16. Um supermercado deseja reajustar os preços de seus produtos usando o seguinte critério: o produto poderá ter seu preço aumentado ou diminuído. Para o preço ser alterado, o produto deve preencher pelo menos um dos requisitos a seguir:

VENDA MÉDIA MENSAL	PREÇO ATUAL	% DE AUMENTO	% DE DIMINUIÇÃO
< 500	< R$ 30,00	10	–
>= 500 e < 1.200	>= R$ 30,00 e < R$ 80,00	15	–
>= 1.200	>= R$ 80,00	–	20

Faça um programa que receba o preço atual e a venda média mensal do produto, calcule e mostre o novo preço.

ALGORITMO SOLUÇÃO:

```
ALGORITMO
DECLARE pre, venda, novo_pre NUMÉRICO
LEIA pre, venda
SE venda<500 OU pre<30
ENTÃO novo_pre ←  pre + 10/100 * pre
SENÃO SE (venda>=500 E venda<1200) OU (pre>=30 E pre<80)
      ENTÃO novo_pre ←  pre + 15/100 * pre
      SENÃO SE venda>=1200 OU pre>=80
            ENTÃO novo_pre ←  pre — 20/100 * pre
ESCREVA novo_pre
FIM_ALGORITMO.
```

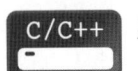

17. Faça um programa para resolver equações do $2°$ grau.

$ax^2 + bx + c = 0$
A variável *a* deve ser diferente de zero.
$\Delta = b^2 - 4 * a * c$
$\Delta < 0 \rightarrow$ não existe raiz real
$\Delta = 0 \rightarrow$ existe uma raiz real
$x = (-b) / (2 * a)$
$\Delta > 0 \rightarrow$ existem duas raízes reais
$x1 = (-b + \sqrt[2]{\Delta})/ (2 * a)$
$x2 = (-b - \sqrt[2]{\Delta})/ (2 * a)$

ALGORITMO SOLUÇÃO:

```
ALGORITMO
DECLARE a, b, c, delta, x1, x2 NUMÉRICO
LEIA a, b, c
SE a = 0
ENTÃO ESCREVA "Estes valores não formam uma equação de segundo grau"
SENÃO INÍCIO
        delta ← (b * b) − ( 4 * a * c)
        SE delta < 0
                ENTÃO ESCREVA "Não existe raiz real"
        SE delta = 0
                ENTÃO INÍCIO
                    ESCREVA "Existe uma raiz real"
                    x1 ← (− b) / (2 * a)
                    ESCREVA x1
                    FIM
        SE delta > 0
                ENTÃO INÍCIO
                    ESCREVA "Existem duas raízes reais"
                    x1 ←   (- b + $\sqrt[2]{delta}$) / ( 2 * a)
                    x2 ←   (- b - $\sqrt[2]{delta}$) / ( 2 * a)
                    ESCREVA x1, x2
                    FIM
        FIM
FIM_ALGORITMO.
```

PASCAL   SOLUÇÃO:

\EXERC\CAP4\PASCAL\EX17.PAS **e** \EXERC\CAP4\PASCAL\EX17.EXE

C/C++   SOLUÇÃO:

\EXERC\CAP4\C++\EX17.CPP **e** \EXERC\CAP4\C++\EX17.EXE

JAVA   SOLUÇÃO:

\EXERC\CAP4\JAVA\EX17.java **e** \EXERC\CAP4\JAVA\EX17.class

18. Dados três valores X, Y e Z, verifique se eles podem ser os comprimentos dos lados de um triângulo e, se forem, verifique se é um triângulo equilátero, isósceles ou escaleno. Se eles não formarem um triângulo, escreva uma mensagem. Considere que:

- o comprimento de cada lado de um triângulo é menor que a soma dos outros dois lados;
- chama-se equilátero o triângulo que tem três lados iguais;
- denomina-se isósceles o triângulo que tem o comprimento de dois lados iguais;
- recebe o nome de escaleno o triângulo que tem os três lados diferentes.

ALGORITMO SOLUÇÃO:

```
ALGORITMO
DECLARE x, y, z NUMÉRICO
LEIA x, y, z
SE x < y + z E y < x + z E z < x + y
ENTÃO INÍCIO
        SE x = y E y = z
                ENTÃO ESCREVA "Triângulo Equilátero"
```

```
                    SENÃO SE x = y OU x = z OU y = z
                        ENTÃO ESCREVA "Triângulo Isósceles"
                    SENÃO SE x ≠ y E x ≠ z E y ≠ z
                            ENTÃO ESCREVA "Triângulo Escaleno"
        FIM
SENÃO ESCREVA "Essas medidas não formam um triângulo"
FIM_ALGORITMO.
```

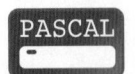 SOLUÇÃO:

\EXERC\CAP4\PASCAL\EX18.PAS **e** \EXERC\CAP4\PASCAL\EX18.EXE

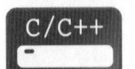 SOLUÇÃO:

\EXERC\CAP4\C++\EX18.CPP **e** \EXERC\CAP4\C++\EX18.EXE

 SOLUÇÃO:

\EXERC\CAP4\JAVA\EX18.java **e** \EXERC\CAP4\JAVA\EX18.class

19. Faça um programa que receba a altura e o peso de uma pessoa. De acordo com a tabela a seguir, verifique e mostre a classificação dessa pessoa.

ALTURA	PESO		
	ATÉ 60	ENTRE 60 E 90 (INCLUSIVE)	ACIMA DE 90
Menores que 1,20	A	D	G
De 1,20 a 1,70	B	E	H
Maiores que 1,70	C	F	I

ALGORITMO SOLUÇÃO:

```
ALGORITMO
DECLARE altura, peso   NUMÉRICO
LEIA altura, peso
SE altura < 1.20
        ENTÃO INÍCIO
                SE peso <= 60
                        ENTÃO ESCREVA "A"
                SE peso > 60 E peso <= 90
                        ENTÃO ESCREVA "D"
                SE peso > 90
                        ENTÃO ESCREVA "G"
            FIM
SE altura >= 1.20 E altura <= 1.70
        ENTÃO INÍCIO
                SE peso <= 60
                        ENTÃO ESCREVA "B"
                SE peso > 60 E peso <= 90
                        ENTÃO ESCREVA "E"
                SE peso > 90
                        ENTÃO ESCREVA "H"
            FIM
SE altura > 1.70
        ENTÃO INÍCIO
                SE peso <= 60
                        ENTÃO ESCREVA "C"
                SE peso > 60 E peso <= 90
```

```
                        ENTÃO ESCREVA "F"
              SE peso > 90
                        ENTÃO ESCREVA "I"
                 FIM
FIM_ALGORITMO.
```

1ª SOLUÇÃO — UTILIZANDO ESTRUTURA CONDICIONAL SIMPLES:

\EXERC\CAP4\PASCAL\EX19_A.PAS **e** \EXERC\CAP4\PASCAL\EX19_A.EXE

2ª SOLUÇÃO — UTILIZANDO ESTRUTURA CONDICIONAL COMPOSTA:

\EXERC\CAP4\PASCAL\EX19_B.PAS **e** \EXERC\CAP4\PASCAL\EX19_B.EXE

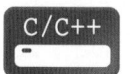

1ª SOLUÇÃO — UTILIZANDO ESTRUTURA CONDICIONAL SIMPLES:

\EXERC\CAP4\C++\EX19_A.CPP **e** \EXERC\CAP4\C++\EX19_A.EXE

2ª SOLUÇÃO — UTILIZANDO ESTRUTURA CONDICIONAL COMPOSTA:

\EXERC\CAP4\C++\EX19_B.CPP **e** \EXERC\CAP4\C++\EX19_B.EXE

1ª SOLUÇÃO — UTILIZANDO ESTRUTURA CONDICIONAL SIMPLES:

\EXERC\CAP4\JAVA\EX19_A.java **e** \EXERC\CAP4\JAVA\EX19_A.class

2ª SOLUÇÃO — UTILIZANDO ESTRUTURA CONDICIONAL COMPOSTA:

\EXERC\CAP4\JAVA\EX19_B.java **e** \EXERC\CAP4\JAVA\EX19_B.class

20. Faça um programa que receba:

- O código de um produto comprado, supondo que a digitação do código do produto seja sempre válida, isto é, um número inteiro entre 1 e 10.
- O peso do produto em quilos.
- O código do país de origem, supondo que a digitação do código seja sempre válida, isto é, um número inteiro entre 1 e 3.

Tabelas:

CÓDIGO DO PAÍS DE ORIGEM	IMPOSTO
1	0%
2	15%
3	25%

CÓDIGO DO PRODUTO	PREÇO POR GRAMA
1 a 4	10
5 a 7	25
8 a 10	35

Calcule e mostre:

- o peso do produto convertido em gramas;
- o preço total do produto comprado;
- o valor do imposto, sabendo que ele é cobrado sobre o preço total do produto comprado e depende do país de origem;
- o valor total, preço total do produto mais imposto.

ALGORITMO SOLUÇÃO:

```
ALGORITMO
DECLARE cod_prod, peso_quilos NUMÉRICO
         cod_pais, peso_gramas, pre_total NUMÉRICO
         imposto, valor_total, pre_grama NUMÉRICO
LEIA cod_prod, peso_quilos, cod_pais
peso_gramas ← peso_quilos * 1000
ESCREVA peso_gramas
SE cod_prod >= 1 E cod_prod <= 4
```

```
        ENTÃO pre_grama ← 10
SE cod_prod >= 5 E cod_prod <= 7
        ENTÃO pre_grama ← 25
SE cod_prod >= 8 E cod_prod <= 10
        ENTÃO pre_grama ← 35
pre_total ← peso_gramas * pre_grama
ESCREVA pre_total
SE cod_pais = 1
 ENTÃO imposto ← 0
SE cod_pais = 2
 ENTÃO imposto ← pre_total * 15/100
SE cod_pais = 3
 ENTÃO imposto ← pre_total * 25/100
ESCREVA imposto
valor_total ← pre_total + imposto
ESCREVA valor_total
FIM_ALGORITMO.
```

1ª SOLUÇÃO – UTILIZANDO ESTRUTURA CONDICIONAL SIMPLES:

`\EXERC\CAP4\PASCAL\EX20_A.PAS` e `\EXERC\CAP4\PASCAL\EX20_A.EXE`

2ª SOLUÇÃO – UTILIZANDO ESTRUTURA CONDICIONAL COMPOSTA:

`\EXERC\CAP4\PASCAL\EX20_B.PAS` e `\EXERC\CAP4\PASCAL\EX20_B.EXE`

3ª SOLUÇÃO – UTILIZANDO ESTRUTURA SELETORA:

`\EXERC\CAP4\PASCAL\EX20_C.PAS` e `\EXERC\CAP4\PASCAL\EX20_C.EXE`

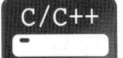

1ª SOLUÇÃO – UTILIZANDO ESTRUTURA CONDICIONAL SIMPLES:

`\EXERC\CAP4\C++\EX20_A.CPP` e `\EXERC\CAP4\C++\EX20_A.EXE`

2ª SOLUÇÃO – UTILIZANDO ESTRUTURA CONDICIONAL COMPOSTA:

`\EXERC\CAP4\C++\EX20_B.CPP` e `\EXERC\CAP4\C++\EX20_B.EXE`

3ª SOLUÇÃO – UTILIZANDO ESTRUTURA SELETORA:

`\EXERC\CAP4\C++\EX20_C.CPP` e `\EXERC\CAP4\C++\EX20_C.EXE`

1ª SOLUÇÃO – UTILIZANDO ESTRUTURA CONDICIONAL SIMPLES:

`EXERC\CAP4\JAVA\EX20_A.java` e `\EXERC\CAP4\JAVA\EX20_A.class`

2ª SOLUÇÃO – UTILIZANDO ESTRUTURA CONDICIONAL COMPOSTA:

`\EXERC\CAP4\JAVA\EX20_B.java` e `\EXERC\CAP4\JAVA\EX20_B.class`

3ª SOLUÇÃO – UTILIZANDO ESTRUTURA SELETORA:

`\EXERC\CAP4\JAVA\EX20_C.java` e `\EXERC\CAP4\JAVA\EX20_C.class`

21. Faça um programa que receba:

- o código do estado de origem da carga de um caminhão, supondo que a digitação do código do estado seja sempre válida, isto é, um número inteiro entre 1 e 5;
- o peso da carga do caminhão em toneladas;
- o código da carga, supondo que a digitação do código seja sempre válida, isto é, um número inteiro entre 10 e 40.

Tabelas:

CÓDIGO DO ESTADO	IMPOSTO
1	35%
2	25%
3	15%
4	5%
5	Isento

CÓDIGO DA CARGA	PREÇO POR QUILO
10 a 20	100
21 a 30	250
31 a 40	340

Calcule e mostre:

■ o peso da carga do caminhão convertido em quilos;

■ o preço da carga do caminhão;

■ o valor do imposto, sabendo que o imposto é cobrado sobre o preço da carga do caminhão e depende do estado de origem;

■ o valor total transportado pelo caminhão, preço da carga mais imposto.

ALGORITMO SOLUÇÃO:

```
ALGORITMO
DECLARE cod_est, cod_carga, peso_toneladas NUMÉRICO
        peso_quilos, pre_carga, imposto, valor_total NUMÉRICO
LEIA cod_est, peso_toneladas, cod_carga
peso_quilos ← peso_toneladas * 1000
ESCREVA peso_quilos
SE cod_carga >= 10 E cod_carga <= 20
      ENTÃO pre_carga ← 100 * peso_quilos
SE cod_carga >= 21 E cod_carga <= 30
      ENTÃO pre_carga ← 250 * peso_quilos
SE cod_carga >= 31 E cod_carga <= 40
      ENTÃO pre_carga ← 340 * peso_quilos
ESCREVA pre_carga
SE cod_est = 1
      ENTÃO imposto ← 35/100 * pre_carga
SE cod_est = 2
      ENTÃO imposto ← 25/100 * pre_carga
SE cod_est = 3
      ENTÃO imposto ← 15/100 * pre_carga
SE cod_est = 4
      ENTÃO imposto ← 5/100 * pre_carga
SE cod_est = 5
      ENTÃO imposto ← 0
ESCREVA imposto
valor_total ← pre_carga + imposto
ESCREVA valor_total
FIM_ALGORITMO.
```

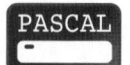**PASCAL**

1ª SOLUÇÃO – UTILIZANDO ESTRUTURA CONDICIONAL SIMPLES:

\EXERC\CAP4\PASCAL\EX21_A.PAS **e** \EXERC\CAP4\PASCAL\EX21_A.EXE

2ª SOLUÇÃO – UTILIZANDO ESTRUTURA CONDICIONAL COMPOSTA:

\EXERC\CAP4\PASCAL\EX21_B.PAS **e** \EXERC\CAP4\PASCAL\EX21_B.EXE

3ª SOLUÇÃO – UTILIZANDO ESTRUTURA SELETORA:

\EXERC\CAP4\PASCAL\EX21_C.PAS **e** \EXERC\CAP4\PASCAL\EX21_C.EXE

1ª SOLUÇÃO – UTILIZANDO ESTRUTURA CONDICIONAL SIMPLES:

`\EXERC\CAP4\C++\EX21_A.CPP` e `\EXERC\CAP4\C++\EX21_A.EXE`

2ª SOLUÇÃO – UTILIZANDO ESTRUTURA CONDICIONAL COMPOSTA:

`\EXERC\CAP4\C++\EX21_B.CPP` e `\EXERC\CAP4\C++\EX21_B.EXE`

3ª SOLUÇÃO – UTILIZANDO ESTRUTURA SELETORA:

`\EXERC\CAP4\C++\EX21_C.CPP` e `\EXERC\CAP4\C++\EX21_C.EXE`

1ª SOLUÇÃO – UTILIZANDO ESTRUTURA CONDICIONAL SIMPLES:

`\EXERC\CAP4\JAVA\EX21_A.java` e `\EXERC\CAP4\JAVA\EX21_A.class`

2ª SOLUÇÃO – UTILIZANDO ESTRUTURA CONDICIONAL COMPOSTA:

`\EXERC\CAP4\JAVA\EX21_B.java` e `\EXERC\CAP4\JAVA\EX21_B.class`

3ª SOLUÇÃO – UTILIZANDO ESTRUTURA SELETORA:

`\EXERC\CAP4\JAVA\EX21_C.java` e `\EXERC\CAP4\JAVA\EX21_C.class`

22. Faça um programa que receba o salário base e o tempo de serviço de um funcionário. Calcule e mostre:
- O imposto, conforme a tabela a seguir.

SALÁRIO BASE	% SOBRE O SALÁRIO BASE
< R$ 200,00	isento
Entre R$ 200,00 (inclusive) e R$ 450,00 (inclusive)	3%
Entre R$ 450,00 e R$ 700,00	8%
>= R$ 700,00	12%

- A gratificação, de acordo com a tabela a seguir.

SALÁRIO BASE	TEMPO DE SERVIÇO	GRATIFICAÇÃO
Superior a R$ 500,00	Até 3 anos	20
	Mais de 3 anos	30
Até R$ 500,00	Até 3 anos	23
	Entre 3 e 6 anos	35
	De 6 anos para cima	33

- O salário líquido, ou seja, salário base menos imposto mais gratificação.
- A categoria, que está na tabela a seguir.

SALÁRIO LÍQUIDO	CLASSIFICAÇÃO
Até R$ 350,00	A
Entre R$ 350,00 e R$ 600,00	B
De R$ 600,00 para cima	C

ALGORITMO SOLUÇÃO:

```
ALGORITMO
DECLARE sal_base, tempo, imposto, grat NUMÉRICO
        sal_liq NUMÉRICO
LEIA sal_base, tempo
SE sal_base < 200
```

```
ENTÃO imposto ← 0
SENÃO SE sal_base <= 450
        ENTÃO imposto ← 3/100 * sal_base
        SENÃO SE sal_base < 700
                ENTÃO imposto ← 8/100 * sal_base
                SENÃO imposto ← 12/100 * sal_base
ESCREVA imposto
SE sal_base > 500
ENTÃO INÍCIO
        SE tempo <= 3
                ENTÃO grat ← 20
                SENÃO grat ← 30
        FIM
SENÃO INÍCIO
        SE tempo <= 3
                ENTÃO grat ← 23
                SENÃO SE tempo < 6
                        ENTÃO grat ←  35
                        SENÃO grat ←  33
        FIM
ESCREVA grat
sal_liq ← sal_base − imposto + grat
ESCREVA sal_liq
SE sal_liq <= 350
        ENTÃO ESCREVA "Classificação A"
        SENÃO SE sal_liq < 600
                ENTÃO ESCREVA "Classificação B"
                SENÃO ESCREVA "Classificação C"
FIM_ALGORITMO.
```

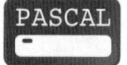 Solução:

\EXERC\CAP4\PASCAL\EX22.PAS e \EXERC\CAP4\PASCAL\EX22.EXE

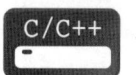 Solução:

\EXERC\CAP4\C++\EX22.CPP e \EXERC\CAP4\C++\EX22.EXE

 Solução:

\EXERC\CAP4\JAVA\EX22.java e \EXERC\CAP4\JAVA\EX22.class

23. Faça um programa que receba o valor do salário mínimo, o turno de trabalho (M — matutino; V — vespertino; ou N — noturno), a categoria (O — operário; G — gerente) e o número de horas trabalhadas no mês de um funcionário. Suponha a digitação apenas de dados válidos e, quando houver digitação de letras, utilize maiúsculas. Calcule e mostre:

- O coeficiente do salário, de acordo com a tabela a seguir.

TURNO DE TRABALHO	VALOR DO COEFICIENTE
M — Matutino	10% do salário mínimo
V — Vespertino	15% do salário mínimo
N — Noturno	12% do salário mínimo

- O valor do salário bruto, ou seja, o número de horas trabalhadas multiplicado pelo valor do coeficiente do salário.
- O imposto, de acordo com a tabela a seguir.

CATEGORIA	SALÁRIO BRUTO	IMPOSTO SOBRE O SALÁRIO BRUTO
O — Operário	>= R$ 300,00	5%
	< R$ 300,00	3%
G — Gerente	>= R$ 400,00	6%
	< R$ 400,00	4%

■ A gratificação, de acordo com as regras a seguir.

Se o funcionário preencher **todos** os requisitos a seguir, sua gratificação será de R$ 50,00; caso contrário, será de R$ 30,00. Os requisitos são:

Turno: Noturno
Número de horas trabalhadas: Superior a 80 horas

■ O auxílio alimentação, de acordo com as seguintes regras.

Se o funcionário preencher **algum** dos requisitos a seguir, seu auxílio alimentação será de um terço do seu salário bruto; caso contrário, será de metade do seu salário bruto. Os requisitos são:

Categoria: Operário
Coeficiente do salário: < = 25

■ O salário líquido, ou seja, salário bruto menos imposto mais gratificação mais auxílio alimentação.

■ A classificação, de acordo com a tabela a seguir:

SALÁRIO LÍQUIDO	MENSAGEM
Menor que R$ 350,00	Mal remunerado
Entre R$ 350,00 e R$ 600,00	Normal
Maior que R$ 600,00	Bem remunerado

ALGORITMO SOLUÇÃO:

```
ALGORITMO
DECLARE sal_min, nht, coeficiente, sal_bruto NUMÉRICO
        imposto, grat, auxilio, sal_liq NUMÉRICO
        turno, categoria LITERAL
LEIA sal_min, turno, categoria, nht
SE turno = "M"
        ENTÃO coeficiente ← 10/100 * sal_min
SE turno = "V"
        ENTÃO coeficiente ← 15/100 * sal_min
SE turno = "N"
        ENTÃO coeficiente ← 12/100 * sal_min
ESCREVA coeficiente
sal_bruto ← nht * coeficiente
ESCREVA sal_bruto
SE categoria = "O"
        ENTÃO INÍCIO
                SE sal_bruto >= 300
                        ENTÃO imposto ← 5/100 * sal_bruto
                        SENÃO imposto ← 3/100 * sal_bruto
              FIM
        SENÃO INÍCIO
                SE sal_bruto >= 400
                        ENTÃO imposto ← 6/100 * sal_bruto
                        SENÃO imposto ← 4/100 * sal_bruto
              FIM
ESCREVA imposto
SE turno = "N" E nht > 80
        ENTÃO grat ← 50
        SENÃO grat ← 30
ESCREVA grat
SE categoria = "O" OU coeficiente <= 25
```

```
        ENTÃO auxilio ← 1/3 * sal_bruto
        SENÃO auxilio ← 1/2 * sal_bruto
ESCREVA auxilio
sal_liq ← sal_bruto — imposto + grat + auxilio
ESCREVA sal_liq
SE sal_liq < 350
        ENTÃO ESCREVA "Mal Remunerado"
SE sal_liq >= 350 E sal_liq <= 600
        ENTÃO ESCREVA "Normal"
SE sal_liq > 600
        ENTÃO ESCREVA "Bem Remunerado"
FIM_ALGORITMO.
```

PASCAL SOLUÇÃO:

\EXERC\CAP4\PASCAL\EX23.PAS **e** \EXERC\CAP4\PASCAL\EX23.EXE

C/C++ SOLUÇÃO:

\EXERC\CAP4\C++\EX23.CPP **e** \EXERC\CAP4\C++\EX23.EXE

JAVA SOLUÇÃO:

\EXERC\CAP4\JAVA\EX23.java **e** \EXERC\CAP4\JAVA\EX23.class

24. Faça um programa que receba o preço, o tipo (A — alimentação; L — limpeza; e V — vestuário) e a refrigeração (S — produto que necessita de refrigeração; e N — produto que não necessita de refrigeração) de um produto. Suponha que haverá apenas a digitação de dados válidos e, quando houver digitação de letras, utilize maiúsculas. Calcule e mostre:

- O valor adicional, de acordo com a tabela a seguir:

REFRIGERAÇÃO	TIPO	PREÇO	VALOR ADICIONAL
N	A	< R$ 15,00	R$ 2,00
		>= R$ 15,00	R$ 5,00
	L	< R$ 10,00	R$ 1,50
		>= R$ 10,00	R$ 2,50
	V	< R$ 30,00	R$ 3,00
		>= R$ 30,00	R$ 2,50
S	A		R$ 8,00
	L		R$ 0,00
	V		R$ 0,00

O valor do imposto, de acordo com a regra a seguir.

PREÇO	PERCENTUAL SOBRE O PREÇO
< R$ 25,00	5%
>= R$ 25,00	8%

- O preço de custo, ou seja, preço mais imposto.
- O desconto, de acordo com a regra a seguir.

O produto que **não** preencher nenhum dos requisitos a seguir terá desconto de 3%, caso contrário, 0 (zero).

Os requisitos são:
Tipo: A
Refrigeração: S

- O novo preço, ou seja, preço de custo mais adicional menos desconto.
- A classificação, de acordo com a regra a seguir.

NOVO PREÇO	CLASSIFICAÇÃO
<= R$ 50,00	Barato
Entre R$ 50,00 e R$ 100,00	Normal
>= R$ 100,00	Caro

ALGORITMO SOLUÇÃO:

```
ALGORITMO
DECLARE pre, valor_adic, imposto NUMÉRICO
        pre_custo, desconto, novo_pre NUMÉRICO
        tipo, refrig LITERAL
LEIA pre, tipo, refrig
SE refrig = "N"
        ENTÃO INÍCIO
                SE tipo = "A"
                        ENTÃO INÍCIO
                                SE pre < 15
                                        ENTÃO valor_adic ← 2
                                        SENÃO valor_adic ← 5
                                FIM
                SE tipo = "L"
                        ENTÃO INÍCIO
                                SE pre < 10
                                        ENTÃO valor_adic ← 1,50
                                        SENÃO valor_adic ← 2,50
                                FIM
                SE tipo = "V"
                        ENTÃO INÍCIO
                                SE pre < 30
                                        ENTÃO valor_adic ← 3
                                        SENÃO valor_adic ← 2,5
                                FIM
                FIM
SENÃO INÍCIO
        SE tipo = "A"
                ENTÃO valor_adic ← 8
        SE tipo = "L"
                ENTÃO valor_adic ← 0
        SE tipo = "V"
                ENTÃO valor_adic ← 0
        FIM
ESCREVA valor_adic
SE pre < 25
        ENTÃO imposto ← 5/100 * pré
        SENÃO imposto ← 8/100 * pre
ESCREVA imposto
pre_custo ←  pre + imposto
ESCREVA pre_custo
SE tipo ≠ "A" E refrig ≠ "S"
        ENTÃO desconto ←  3/100 * pre_custo
        SENÃO desconto ←  0
ESCREVA desconto
novo_pre ←  pre_custo + valor_adic — desconto
ESCREVA novo_pre
SE novo_pre <= 50
```

```
        ENTÃO ESCREVA "Barato"
        SENÃO SE novo_pre < 100
                ENTÃO ESCREVA "Normal"
                SENÃO ESCREVA "Caro"
FIM_ALGORITMO.
```

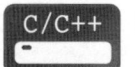 Solução:

\EXERC\CAP4\PASCAL\EX24.PAS **e** \EXERC\CAP4\PASCAL\EX24.EXE

 Solução:

\EXERC\CAP4\C++\EX24.CPP **e** \EXERC\CAP4\C++\EX24.EXE

JAVA Solução:

\EXERC\CAP4\JAVA\EX24.java **e** \EXERC\CAP4\JAVA\EX24.class

25. Faça um programa que receba a medida de um ângulo em graus. Calcule e mostre o quadrante em que se localiza esse ângulo. Considere os quadrantes da trigonometria e, para ângulos maiores que 360° ou menores que –360°, reduzi-los, mostrando também o número de voltas e o sentido da volta (horário ou anti-horário).

ALGORITMO Solução:

```
ALGORITMO
DECLARE angulo, voltas NUMÉRICO
LEIA angulo
SE angulo > 360 OU angulo < -360
        ENTÃO INÍCIO
                voltas ←   parte inteira(angulo / 360)
                angulo ←   RESTO(angulo / 360)
              FIM
        SENÃO voltas ← 0
SE angulo = 0 OU angulo = 90 OU angulo = 180
 OU angulo = 270 OU angulo = 360
 OU angulo = -90 OU angulo = -180
 OU angulo = -270 OU angulo = -360
 ENTÃO ESCREVA "Está em cima de algum dos eixos"
SE (angulo > 0 E angulo < 90) OU (angulo < -270 E angulo > -360)
        ENTÃO ESCREVA "1º Quadrante"
SE (angulo > 90 E angulo < 180) OU (angulo < -180 E angulo > -270)
        ENTÃO ESCREVA "2º Quadrante"
SE (angulo > 180 E angulo < 270) OU (angulo < -90 E angulo > -180)
        ENTÃO ESCREVA "3º Quadrante"
SE (angulo > 270 E angulo < 360) OU (angulo < 0 E angulo > -90)
        ENTÃO ESCREVA "4º Quadrante"
ESCREVA voltas, " volta(s) no sentido "
SE angulo < 0
        ENTÃO ESCREVA "horário"
        SENÃO ESCREVA "anti-horário"
FIM_ALGORITMO.
```

 Solução:

\EXERC\CAP4\PASCAL\EX25.PAS **e** \EXERC\CAP4\PASCAL\EX25.EXE

C/C++ Solução:

\EXERC\CAP4\C++\EX25.CPP **e** \EXERC\CAP4\C++\EX25.EXE

EXERCÍCIOS PROPOSTOS

1. Faça um programa que receba quatro notas de um aluno, calcule e mostre a média aritmética das notas e a mensagem de aprovado ou reprovado, considerando para aprovação média 7.

2. Faça um programa que receba duas notas, calcule e mostre a média aritmética e a mensagem que se encontra na tabela a seguir:

MÉDIA ARITMÉTICA			MENSAGEM
0,0	●————○	3,0	Reprovado
3,0	●————○	7,0	Exame
7,0	●————●	10,0	Aprovado

3. Faça um programa que receba dois números e mostre o menor.

4. Faça um programa que receba três números e mostre o maior.

5. Faça um programa que receba dois números e execute as operações listadas a seguir, de acordo com a escolha do usuário.

ESCOLHA DO USUÁRIO	OPERAÇÃO
1	Média entre os números digitados
2	Diferença do maior pelo menor
3	Produto entre os números digitados
4	Divisão do primeiro pelo segundo

Se a opção digitada for inválida, mostre uma mensagem de erro e termine a execução do programa. Lembre-se de que, na operação 4, o segundo número deve ser diferente de zero.

6. Faça um programa que receba dois números e execute uma das operações listadas a seguir, de acordo com a escolha do usuário. Se for digitada uma opção inválida, mostre mensagem de erro e termine a execução do programa. As opções são:

a) O primeiro número elevado ao segundo número.

b) Raiz quadrada de cada um dos números.

c) Raiz cúbica de cada um dos números.

7. Uma empresa decide dar um aumento de 30% aos funcionários com salários inferiores a R$ 500,00. Faça um programa que receba o salário do funcionário e mostre o valor do salário reajustado ou uma mensagem, caso ele não tenha direito ao aumento.

8. Faça um programa para calcular e mostrar o salário reajustado de um funcionário. O percentual de aumento encontra-se na tabela a seguir.

SALÁRIO	PERCENTUAL DE AUMENTO
Até R$ 300,00	35%
Acima de R$ 300,00	15%

9. Um banco concederá um crédito especial aos seus clientes, de acordo com o saldo médio no último ano. Faça um programa que receba o saldo médio de um cliente e calcule o valor do crédito, de acordo com a tabela a seguir. Mostre o saldo médio e o valor do crédito.

SALDO MÉDIO		PERCENTUAL
Acima de R$ 400,00		30% do saldo médio
R$ 400,00 ●———○ R$ 300,00		25% do saldo médio
R$ 300,00 ●———○ R$ 200,00		20% do saldo médio
Até R$ 200,00		10% do saldo médio

10. O preço ao consumidor de um carro novo é a soma do custo de fábrica com a porcentagem do distribuidor e dos impostos, ambos aplicados ao custo de fábrica. As porcentagens encontram-se na tabela a seguir. Faça um programa que receba o custo de fábrica de um carro e mostre o preço ao consumidor.

CUSTO DE FÁBRICA	% DO DISTRIBUIDOR	% dos IMPOSTOS
Até R$ 12.000,00	5	isento
Entre R$ 12.000,00 e R$ 25.000,00	10	15
Acima de R$ 25.000,00	15	20

11. Faça um programa que receba o salário atual de um funcionário e, usando a tabela a seguir, calcule e mostre o valor do aumento e o novo salário.

SALÁRIO	PERCENTUAL DE AUMENTO
Até R$ 300,00	15%
R$ 300,00 ○———○ R$ 600,00	10%
R$ 600,00 ●———● R$ 900,00	5%
Acima de R$ 900,00	0%

12. Faça um programa que receba o salário bruto de um funcionário e, usando a tabela a seguir, calcule e mostre o valor a receber. Sabe-se que este é composto pelo salário bruto acrescido de gratificação e descontado o imposto de 7% sobre o salário.

TABELA DAS GRATIFICAÇÕES	
SALÁRIO	GRATIFICAÇÃO
Até R$ 350,00	R$ 100,00
R$ 350,00 ○———○ R$ 600,00	R$ 75,00
R$ 600,00 ●———● R$ 900,00	R$ 50,00
Acima de R$ 900,00	R$ 35,00

13. Faça um programa que receba o preço de um produto, calcule e mostre, de acordo com as tabelas a seguir, o novo preço e a classificação.

TABELA 1 — PERCENTUAL DE AUMENTO	
PREÇO	%
Até R$ 50,00	5
Entre R$ 50,00 e R$ 100,00	10
Acima de R$ 100,00	15

TABELA 2 — CLASSIFICAÇÕES	
NOVO PREÇO	CLASSIFICAÇÃO
Até R$ 80,00	Barato
Entre R$ 80,00 e R$ 120,00 (inclusive)	Normal
Entre R$ 120,00 e R$ 200,00 (inclusive)	Caro
Maior que R$ 200,00	Muito caro

14. Faça um programa que receba o salário de um funcionário e, usando a tabela a seguir, calcule e mostre o novo salário.

FAIXA SALARIAL	% DE AUMENTO
Até R$ 300,00	50%
R$ 300,00 ⊶ R$ 500,00	40%
R$ 500,00 ⊶ R$ 700,00	30%
R$ 700,00 ⊶ R$ 800,00	20%
R$ 800,00 ⊶ R$ 1.000,00	10%
Acima de R$ 1.000,00	5%

15. Uma agência bancária possui dois tipos de investimentos, conforme o quadro a seguir. Faça um programa que receba o tipo de investimento e seu valor, calcule e mostre o valor corrigido após um mês de investimento, de acordo com o tipo de investimento.

TIPO	DESCRIÇÃO	RENDIMENTO MENSAL
1	Poupança	3%
2	Fundos de renda fixa	4%

16. Uma empresa decide aplicar descontos nos seus preços usando a tabela a seguir. Faça um programa que receba o preço atual de um produto e seu código, calcule e mostre o valor do desconto e o novo preço.

PREÇO ATUAL	% DE DESCONTO
Até R$ 30,00	Sem desconto
Entre R$ 30,00 e R$ 100,00	10%
Acima de R$ 100,00	15%

17. Faça um programa que verifique a validade de uma senha fornecida pelo usuário. A senha é 4531. O programa deve mostrar uma mensagem de permissão de acesso ou não.

18. Faça um programa que receba a idade de uma pessoa e mostre a mensagem de maioridade ou não.

19. Faça um programa que receba a altura e o sexo de uma pessoa e calcule e mostre seu peso ideal, utilizando as seguintes fórmulas (onde h é a altura):

- para homens: $(72.7 * h) - 58$.
- para mulheres: $(62.1 * h) - 44.7$.

20. Faça um programa que receba a idade de um nadador e mostre sua categoria, usando as regras a seguir. Para idade inferior a 5, deverá mostrar mensagem.

CATEGORIA	IDADE
Infantil	5 a 7
Juvenil	8 a 10
Adolescente	11 a 15
Adulto	16 a 30
Sênior	Acima de 30

21. Faça um programa que receba o preço de um produto e seu código de origem e mostre sua procedência. A procedência obedece à tabela a seguir.

CÓDIGO DE ORIGEM	PROCEDÊNCIA
1	Sul
2	Norte
3	Leste
4	Oeste
5 ou 6	Nordeste
7 ou 8 ou 9	Sudeste
10 a 20	Centro-oeste
21 a 30	Nordeste

22. Faça um programa que receba a idade e o peso de uma pessoa. De acordo com a tabela a seguir, verifique e mostre em qual grupo de risco essa pessoa se encaixa.

IDADE	PESO		
	Até 60	Entre 60 e 90 (inclusive)	Acima de 90
Menores que 20	9	8	7
De 20 a 50	6	5	4
Maiores que 50	3	2	1

23. Faça um programa que receba:
- o código do produto comprado; e
- a quantidade comprada do produto.

Calcule e mostre:
- o preço unitário do produto comprado, seguindo a Tabela I;
- o preço total da nota;
- o valor do desconto, seguindo a Tabela II e aplicado sobre o preço total da nota; e
- o preço final da nota depois do desconto.

TABELA I	
CÓDIGO	PREÇO
1 a 10	R$ 10,00
11 a 20	R$ 15,00
21 a 30	R$ 20,00
31 a 40	R$ 30,00

TABELA II	
PREÇO TOTAL DA NOTA	% DE DESCONTO
Até R$ 250,00	5%
Entre R$ 250,00 e R$ 500,00	10%
Acima de R$ 500,00	15%

24. Faça um programa que receba o preço, a categoria (1 — limpeza; 2 — alimentação; ou 3 — vestuário) e a situação (R — produtos que necessitam de refrigeração; e N — produtos que não necessitam de refrigeração).

Calcule e mostre:
- O valor do aumento, usando as regras que se seguem.

PREÇO	CATEGORIA	PERCENTUAL DE AUMENTO
<= 25	1	5%
	2	8%
	3	10%
> 25	1	12%
	2	15%
	3	18%

- O valor do imposto, usando as regras a seguir.

O produto que preencher **pelo menos** um dos seguintes requisitos pagará imposto equivalente a 5% do preço; caso contrário, pagará 8%. Os requisitos são:

Categoria: 2

Situação: R

■ O novo preço, ou seja, o preço mais aumento menos imposto.

■ A classificação, usando as regras a seguir.

NOVO PREÇO	CLASSIFICAÇÃO
<= R$ 50,00	Barato
Entre R$ 50,00 e R$ 120,00	Normal
>= R$ 120,00	Caro

25. Uma empresa decidiu dar uma gratificação de Natal a seus funcionários, baseada no número de horas extras e no número de horas que o funcionário faltou ao trabalho. O valor do prêmio é obtido pela consulta à tabela que se segue, na qual:

H = número de horas extras – (2/3 * (número de horas falta))

H (MINUTOS)			PRÊMIO (R$)
>= 2.400			500,00
1.800 o———o 2.400			400,00
1.200 ●———o 1.800			300,00
600 ●———o 1.200			200,00
< 600			100,00

5 Estrutura de repetição

5.1 Estrutura de repetição em algoritmo

Uma estrutura de repetição é utilizada quando um trecho do algoritmo, ou até mesmo o algoritmo inteiro, precisa ser repetido. O número de repetições pode ser fixo ou estar atrelado a uma condição. Assim, existem estruturas para tais situações, descritas a seguir.

5.1.1 Estrutura de repetição para número definido de repetições (estrutura PARA)

Essa estrutura de repetição é utilizada quando se sabe o número de vezes que um trecho do algoritmo deve ser repetido. O formato geral dessa estrutura é:

```
PARA I ← valor_inicial ATÉ valor_final FAÇA [PASSO n]
INÍCIO
comando1
comando2
...
comandom
FIM
```

O comando1, o comando2 e o comandom serão executados utilizando-se a variável I como controle, e seu conteúdo vai variar do valor_inicial até o valor_final. A informação do PASSO está entre colchetes porque é opcional. O PASSO indica como será a variação da variável de controle. Por exemplo, quando for indicado PASSO 2, a variável de controle será aumentada em 2 unidades a cada iteração até atingir o valor_final. Quando a informação do PASSO for suprimida, isso significa que o incremento ou o decremento da variável de controle será de 1 unidade.

Quando houver apenas um comando a ser repetido, os marcadores de bloco INÍCIO e FIM poderão ser suprimidos.

Exemplos:

```
PARA I ← 1 ATÉ 10 FAÇA
ESCREVA I
```

O comando ESCREVA I será executado dez vezes, ou seja, para I variando de 1 a 10. Assim, os valores de I serão: 1, 2, 3, 4, 5, 6, 7, 8, 9 e 10.

```
PARA J ← 1 ATÉ 9 FAÇA PASSO 2
ESCREVA J
```

O comando ESCREVA J será executado cinco vezes, ou seja, para J variando de 1 a 9, de 2 em 2. Assim, os valores de J serão: 1, 3, 5, 7 e 9.

```
PARA I ← 10 ATÉ 5 FAÇA PASSO -1
ESCREVA I
```

O comando ESCREVA I será executado seis vezes, ou seja, para I variando de 10 a 5. Assim, os valores de serão: 10, 9, 8, 7, 6 e 5.

```
PARA J ←   15 ATÉ 1 FAÇA PASSO -2
ESCREVA J
```

O comando ESCREVA J será executado oito vezes, ou seja, para J variando de 15 a 1, de 2 em 2. Assim, os valores de J serão: 15, 13, 11, 9, 7, 5, 3 e 1.

Existem duas instruções comumente usadas nos comandos internos das estruturas de repetição. São as instruções denominadas acumuladores e contadores.

Os acumuladores devem ser usados quando a realização de um cálculo precisa de valores obtidos a cada iteração, ou seja, o cálculo só estará pronto com a conclusão da repetição. É por isso que um acumulador deve ser inicializado com um valor neutro para a operação em que será utilizado. Por exemplo, se for usado em uma adição, deve ser inicializado com zero; se for usado em uma multiplicação, deve ser inicializado com 1.

Exemplo de acumulador:

```
SOMA ← 0              // inicialização da variável SOMA com o valor zero
PARA I ← 1 ATÉ 5 FAÇA
INÍCIO
 ESCREVA "Digite um número: "
 LEIA NUM
 SOMA ← SOMA + NUM // acumulando o valor da variável NUM na variável SOMA
FIM
ESCREVA "Soma = ",SOMA
```

Simulação:

MEMÓRIA				TELA
I	NUM	SOMA		
		0	Inicialização da variável SOMA com o valor zero SOMA ← 0	
1				Digite um número: 5
1	5			
1	5	5	Acumulando o valor da variável NUM na variável SOMA SOMA ← SOMA + NUM	
2				Digite um número: 3
2	3			
2	3	8	Acumulando o valor da variável NUM na variável SOMA SOMA ← SOMA + NUM	
3				Digite um número: 0
3	0			
3	0	8	Acumulando o valor da variável NUM na variável SOMA SOMA ← SOMA + NUM	
4				Digite um número: 10
4	10			
4	10	18	Acumulando o valor da variável NUM na variável SOMA SOMA ← SOMA + NUM	
5				Digite um número: 2
5	2			
5	2	20	Acumulando o valor da variável NUM na variável SOMA SOMA ← SOMA + NUM	
				Soma = 20

Exemplo de contador:

```
CONT ← 0                // inicialização da variável CONT com o valor zero
PARA I ← 1 ATÉ 5 FAÇA
INÍCIO
 ESCREVA "Digite um número: "
 LEIA NUM
 SE (NUM > 5)
 ENTÃO CONT ← CONT + 1 // contando mais 1 na variável CONT
 FIM
ESCREVA "Quantidade de número maiores que 5 = ",CONT
```

Simulação:

MEMÓRIA				TELA
I	NUM	CONT		
		0	Inicialização da variável CONT com o valor zero CONT ← 0	
1				Digite um número: 5
1	5			
1	5	0	O número digitado não é maior que 5, logo, o contador CONT não será alterado	
2				Digite um número: 12
2	12			
2	12	1	O número digitado é maior que 5, logo, o contador CONT será incrementado em 1 unidade CONT ← CONT + 1	
3				Digite um número: 8
3	8			
3	8	2	O número digitado é maior que 5, logo, o contador CONT será incrementado em 1 unidade CONT ← CONT + 1	
4				Digite um número: 3
4	3			
4	3	2	O número digitado não é maior que 5, logo, o contador CONT não será alterado	
5				Digite um número: 6
5	6			
5	6	3	O número digitado é maior que 5, logo, o contador CONT será incrementado em 1 unidade CONT ← CONT + 1	
				Quantidade de números maiores que 5 = 3

5.1.2 Estrutura de repetição para número indefinido de repetições e teste no início (estrutura ENQUANTO)

Essa estrutura de repetição é utilizada quando não se sabe o número de vezes que um trecho do algoritmo deve ser repetido, embora também possa ser utilizada quando se conhece esse número.

Essa estrutura baseia-se na análise de uma condição. A repetição será feita enquanto a condição se mostrar verdadeira.

Existem situações em que o teste condicional da estrutura de repetição, que fica no início, resulta em um valor falso logo na primeira comparação. Nesses casos, os comandos escritos dentro da estrutura de repetição não serão executados.

```
ENQUANTO condição FAÇA
comando1
```

Enquanto a condição for verdadeira, o comando1 será executado.

```
ENQUANTO condição FAÇA
INÍCIO
    comando1
    comando2
    comando3
FIM
```

Enquanto a condição for verdadeira, o comando1, o comando2 e o comando3 serão executados.

Exemplos:

```
X ← 1                    // inicialização da variável X com o valor 1
Y ← 5                    // inicialização da variável Y com o valor 5
ENQUANTO X < Y FAÇA
INÍCIO
X ← X + 2                // contador incrementado em 2 unidades
Y ← Y + 1                // contador incrementado em 1 unidade
FIM
```

Simulação:

X	Y	
1	5	Valores iniciais
3	6	
5	7	Valores obtidos dentro da estrutura de repetição
7	8	
9	9	

No trecho do algoritmo anterior, portanto, os comandos que estão dentro da estrutura de repetição são repetidos quatro vezes.

```
X ← 1 // inicialização da variável X com o valor 1
Y ← 1 // inicialização da variável Y com o valor 1
ENQUANTO X <= 5 FAÇA
INÍCIO
Y ← Y * X // acumulador das multiplicações
X ← X + 1 // contador incrementado em 1 unidade
FIM
```

Simulação:

Y	X	
1	1	Valores iniciais
1	2	
2	3	Valores obtidos dentro da estrutura de repetição
6	4	
24	5	
120	6	

No trecho do algoritmo anterior, portanto, os comandos que se localizam na estrutura de repetição são repetidos cinco vezes. Nesse exemplo, a estrutura ENQUANTO é utilizada para repetir o trecho do algoritmo em um número definido de vezes.

5.1.3 Estrutura de repetição para número indefinido de repetições e teste no final (estrutura REPITA)

Essa estrutura de repetição é utilizada quando *não* se sabe o número de vezes que um trecho do algoritmo deve ser repetido, embora também possa ser utilizada quando se conhece esse número.

Essa estrutura baseia-se na análise de uma condição. A repetição será feita até a condição se tornar verdadeira.

A diferença entre a estrutura ENQUANTO e a estrutura REPITA é que, nessa última, os comandos serão repetidos pelo menos uma vez, já que a condição de parada se encontra no final.

```
REPITA
comandos
ATÉ condição
```

Repita os `comandos` até a `condição` se tornar verdadeira.

Exemplos:

```
X ← 1          // inicialização da variável X com o valor 1
Y ← 5          // inicialização da variável Y com o valor 5
REPITA
X ← X + 2      // contador incrementado em 2 unidades
Y ← Y + 1      // contador incrementado em 1 unidade
ATÉ X >= Y
```

Simulação:

X	Y	
1	5	Valores iniciais
3	6	Valores obtidos dentro da estrutura de repetição
5	7	
7	8	
9	9	

No trecho do algoritmo anterior, portanto, os comandos escritos dentro da estrutura de repetição são repetidos quatro vezes.

```
X ← 1          // inicialização da variável X com o valor 1
Y ← 1          // inicialização da variável Y com o valor 1
REPITA
Y ← Y * X      // acumulador das multiplicações
X ← X + 1      // contador incrementado em 1 unidade
ATÉ X = 6
```

Simulação:

Y	X	
1	1	Valores iniciais
1	2	Valores obtidos dentro da estrutura de repetição
2	3	
6	4	
24	5	
120	6	

No trecho do algoritmo anterior, portanto, os comandos que se localizam dentro da estrutura de repetição são repetidos cinco vezes. Nesse exemplo, a estrutura `REPITA` é utilizada para repetir o trecho do algoritmo em um número definido de vezes.

5.2 Estrutura de repetição em PASCAL

5.2.1 Estrutura de repetição FOR

Essa estrutura de repetição é utilizada quando se sabe o número de vezes que um trecho do programa deve ser repetido.

```
FOR I := valor_inicial TO valor_final DO
comando;
```

O `comando` será executado utilizando-se a variável `I` como controle, e seu conteúdo vai variar do `valor_inicial` até o `valor_final`, de 1 em 1, incrementando automaticamente.

```
FOR J := valor_inicial TO valor_final DO
BEGIN
    comando1;
    comando2;
END;
```

O `comando1` e o `comando2` serão executados utilizando-se a variável `J` como controle, e seu conteúdo vai variar do `valor_inicial` até o `valor_final`, de 1 em 1, incrementando automaticamente.

```
FOR K := valor_inicial DOWNTO valor_final DO
comando;
```

O `comando` será executado utilizando-se a variável `K` como controle, e seu conteúdo vai variar do `valor_inicial` até o `valor_final`, de 1 em 1, decrementando automaticamente.

```
FOR H := valor_inicial DOWNTO valor_final DO
BEGIN
    comando1;
    comando2;
    comando3;
END;
```

O `comando1`, o `comando2` e o `comando3` serão executados utilizando-se a variável `H` como controle, e seu conteúdo vai variar do `valor_inicial` até o `valor_final`, de 1 em 1, decrementando automaticamente.

Observações

Na linguagem PASCAL, a estrutura de repetição `FOR` funciona obrigatoriamente de 1 em 1, incrementando ou decrementando.

Exemplos:

```
FOR i := 1 TO 5 DO
WRITELN(i);
```

No trecho de programa anterior, o comando `WRITELN(i);` será executado cinco vezes, ou seja, para i valendo 1, 2, 3, 4 e 5.

```
FOR i := 10 DOWNTO 1 DO
WRITELN(i);
```

No trecho de programa anterior, o comando `WRITELN(i);` será executado dez vezes, ou seja, para i valendo 10, 9, 8, 7, 6, 5, 4, 3, 2 e 1.

Existem duas instruções comumente usadas nos comandos internos das estruturas de repetição. São as instruções denominadas acumuladores e contadores.

Os acumuladores devem ser usados quando a realização de um cálculo precisa de valores obtidos a cada iteração, ou seja, o cálculo só estará pronto com a conclusão da repetição. É por isso que um acumulador deve ser inicializado com um valor neutro para a operação em que será utilizado. Por exemplo, se for usado em uma adição, deve ser inicializado com zero, e se for usado em uma multiplicação, deve ser inicializado com 1.

Exemplo de acumulador:

```
SOMA := 0;           // inicialização da variável SOMA com o valor zero
FOR I := 1 TO 5 DO
BEGIN
  WRITE('Digite um número: ');
  READLN(NUM);
  SOMA := SOMA + NUM; // acumulando o valor da variável NUM na variável SOMA
END;
WRITELN('Soma = ',SOMA);
```

Simulação:

MEMÓRIA				TELA
I	NUM	SOMA		
		0	Inicialização da variável SOMA com o valor zero SOMA := 0;	
1				Digite um número: 5
1	5			
1	5	5	Acumulando o valor da variável NUM na variável SOMA SOMA := SOMA + NUM;	
2				Digite um número: 3
2	3			
2	3	8	Acumulando o valor da variável NUM na variável SOMA SOMA := SOMA + NUM;	
3				Digite um número: 0
3	0			
3	0	8	Acumulando o valor da variável NUM na variável SOMA SOMA := SOMA + NUM;	
4				Digite um número: 10
4	10			
4	10	18	Acumulando o valor da variável NUM na variável SOMA SOMA := SOMA + NUM;	
5				Digite um número: 2
5	2			
5	2	20	Acumulando o valor da variável NUM na variável SOMA SOMA := SOMA + NUM;	
				Soma = 20

Exemplo de contador:

```
CONT := 0; // inicialização da variável CONT com o valor zero
FOR I := 1 TO 5 DO
BEGIN
```

```
WRITE('Digite um número: ');
READLN(NUM);
IF (NUM > 5)
THEN CONT := CONT + 1; // contando mais 1 na variável CONT
END;
WRITELN('Quantidade de número maiores que 5 = ',CONT);
```

Simulação:

MEMÓRIA				TELA
I	NUM	CONT		
		0	Inicialização da variável CONT com o valor zero CONT := 0;	
1				Digite um número: 5
1	5			
1	5	0	O número digitado não é maior que 5, logo, o contador CONT não será alterado	
2				Digite um número: 12
2	12			
2	12	1	O número digitado é maior que 5, logo, o contador CONT será incrementado em 1 unidade CONT := CONT + 1;	
3				Digite um número: 8
3	8			
3	8	2	O número digitado é maior que 5, logo, o contador CONT será incrementado em 1 unidade CONT := CONT + 1;	
4				Digite um número: 3
4	3			
4	3	2	O número digitado não é maior que 5, logo, o contador CONT não será alterado	
5				Digite um número: 6
5	6			
5	6	3	O número digitado é maior que 5, logo, o contador CONT será incrementado em 1 unidade CONT := CONT + 1;	
				Quantidade de números maiores que 5 = 3

5.2.2 Estrutura de repetição WHILE

A estrutura de repetição WHILE é utilizada quando o número de repetições necessárias não for fixo, apesar de também ser utilizada quando se conhece a quantidade de repetições.

Nessa estrutura os comandos serão repetidos enquanto a condição for verdadeira e o teste condicional ocorre no início. Isso significa que existe a possibilidade da repetição não ser executada quando a condição assumir o valor falso logo na primeira verificação.

```
WHILE condição DO
   comando;
```

Enquanto a condição for verdadeira, o comando será executado.

```
WHILE condição DO
BEGIN
   comando1;
   comando2;
END;
```

Enquanto a condição for verdadeira, o comando1 e o comando2 serão executados.

Exemplos:

```
X := 0;           // inicialização da variável X com o valor zero
WHILE X <> 5 DO
BEGIN
WRITELN('Valor de X = ',X);
X := X + 1;       // contador incrementado em 1 unidade
END;
WRITELN('Valor de X depois que sair da estrutura = ',X);
```

No trecho de programa anterior, os comandos WRITELN('Valor de X = ',X) e X := X + 1; foram executados cinco vezes. O teste condicional avalia x valendo 0, 1, 2, 3, 4 e 5.

Simulação:

TELA	X	
	0	Valor inicial
Valor de X = 0	1	
Valor de X = 1	2	Valores obtidos dentro da estrutura de repetição
Valor de X = 2	3	
Valor de X = 3	4	
Valor de X = 4	5	Valor obtido dentro da estrutura de repetição, que torna a condição falsa e interrompe a repetição
Valor de X depois que sair da estrutura = 5		

```
X := 1;           // inicialização da variável X com o valor 1
Y := 10;          // inicialização da variável Y com o valor 10
WHILE Y > X DO
BEGIN
WRITELN('Valor de Y = ',Y);
Y := Y – 2;       // contador decrementado em 2 unidades
END;
WRITELN('Valor de Y depois que sair da estrutura = ',Y);
```

No trecho de programa anterior, os comandos WRITELN('Valor de Y = ',Y); e Y := Y – 2; foram executados cinco vezes. O teste condicional avalia y valendo 10, 8, 6, 4, 2 e 0.

Simulação:

TELA	X	Y	
	1	10	Valores iniciais
Valor de Y = 10	1	8	
Valor de Y = 8	1	6	Valores obtidos dentro da estrutura de repetição
Valor de Y = 6	1	4	
Valor de Y = 4	1	2	
Valor de Y = 2	1	0	Valor obtido dentro da estrutura de repetição, que torna a condição falsa e interrompe a repetição
Valor de Y depois que sair da estrutura = 0			

```
X := 1;           // inicialização da variável x com o valor 1
Y := 1;           // inicialização da variável y com o valor 1
WHILE X < Y DO
BEGIN
WRITELN('Valor de X = ',X);
```

```
    X := X + 1;     // contador incrementado em 1 unidade
    END;
```

No trecho de programa anterior, os comandos WRITELN('Valor de X = ',X); e X := X + 1; não são executados, pois com os valores iniciais de X e Y a condição é falsa, logo, não ocorre a entrada na estrutura de repetição para execução de seus comandos.

5.2.3 Estrutura de repetição REPEAT

A estrutura de repetição REPEAT é utilizada quando o número de repetições necessárias não for fixo, apesar de também ser utilizada quando se conhece o número de repetições.

Nessa estrutura, os comandos serão repetidos até a condição se tornar verdadeira, e o teste condicional ocorre no final, o que significa que os comandos internos da estrutura da repetição serão executados, no mínimo, uma vez.

```
REPEAT
comandos;
UNTIL condição;
```

Os comandos serão repetidos até que a condição se torne verdadeira.

Exemplos:

```
X := 0;             // inicialização da variável X com o valor 0
REPEAT
WRITELN('Valor de X = ',X);
X := X + 1;        // contador incrementado em 1 unidade
UNTIL X = 5;
WRITELN('Valor de X depois que sair da estrutura = ',X);
```

No trecho de programa anterior, os comandos WRITELN('Valor de X = ',X); e X := X + 1; foram executados cinco vezes. O teste condicional avalia X valendo 1, 2, 3, 4 e 5.

Simulação:

TELA	X	
	0	Valor inicial
Valor de X = 0	1	
Valor de X = 1	2	
Valor de X = 2	3	Valores obtidos dentro da estrutura de repetição
Valor de X = 3	4	
Valor de X = 4	5	Valor obtido dentro da estrutura de repetição, que torna a condição verdadeira e interrompe a repetição
Valor de X depois que sair da estrutura = 5		

No trecho do algoritmo anterior, portanto, os comandos que se localizam na estrutura de repetição são repetidos cinco vezes. Nesse exemplo, a estrutura REPITA é utilizada para repetir o trecho do algoritmo em um número definido de vezes.

```
    X := 1;         // inicialização da variável X com o valor 1
    Y := 10;        // inicialização da variável Y com o valor 10
    REPEAT
    WRITELN('Valor de Y = ',Y);
    Y := Y − 2;     // contador decrementado em 2 unidades
    UNTIL Y <= X;
    WRITELN('Valor de Y depois que sair da estrutura = ',Y);
```

No trecho de programa anterior, os comandos WRITELN('Valor de Y = ',Y); e Y := Y − 2; serão executados cinco vezes. O teste condicional avaliará Y valendo 8, 6, 4, 2 e 0.

Simulação:

TELA	X	Y	
	1	10	Valores iniciais
Valor de Y = 10	1	8	
Valor de Y = 8	1	6	Valores obtidos dentro da estrutura de repetição
Valor de Y = 6	1	4	
Valor de Y = 4	1	2	
Valor de Y = 2	1	0	Valor obtido dentro da estrutura de repetição, que torna a condição verdadeira e interrompe a repetição
Valor de Y depois que sair da estrutura = 0			

5.3 Estrutura de repetição em C/C++

5.3.1 Estrutura de repetição FOR

Essa estrutura de repetição é utilizada quando se sabe o número de vezes que um trecho do programa deve ser repetido.

O formato geral do comando `for` é composto por três partes:

```
for (i = valor_inicial; condição; incremento ou decremento de i)
comando;
```

A primeira parte atribui um `valor_inicial` à variável `i`, que tem como função controlar o número necessário de repetições.

A segunda parte corresponde a uma expressão relacional que, quando assumir o valor falso, determinará o fim da repetição.

A terceira parte é responsável por alterar o valor da variável `i` (incremento ou decremento) com o objetivo de, em algum momento, fazer a condição assumir o valor falso.

Caso seja necessária a repetição de apenas um comando, o compilador entenderá que a estrutura de repetição terminará quando for encontrado o primeiro `;` (ponto e vírgula).

Exemplo:

```
for (a = 1;a <= 20;a++)
    printf("\no valor de a é: %d",a);
```

No exemplo anterior, à variável `a` é atribuído inicialmente o valor 1 (`a = 1`) que, depois, é incrementado em uma unidade (`a++`).

A cada incremento, o comando `printf` será executado. Esse processo se repete até o valor da variável `a` se tornar maior que 20 (quando a condição `a <= 20` assumir o valor falso).

Se for necessária a repetição de mais de um comando, o compilador entenderá que a estrutura de repetição começará quando for encontrado o símbolo { e terminará quando for encontrado o símbolo }.

Exemplo:

```
for (a = 15;a >= 1;a = a-2)
   {
    printf("Digite um número: ");
    scanf("%d%*c",&x);
   }
```

No exemplo anterior, a variável `a` é inicializada com o valor 15 (`a = 15`) que, depois, é decrementada em duas unidades (`a = a -2`).

A cada decremento, o bloco de comando que está entre chaves { ... } é executado. Esse processo se repete até o valor da variável a se tornar menor que 1 (quando a condição `a >= 1` assumir o valor falso).

Exemplos:

```
for (i = 1; i <= 5; i++)
printf("%d",i);
ou
for (i = 1; i <= 5; i = i+1)
printf("%d",i);
```

Nos trechos de programa anteriores, que, apesar de utilizarem formas diferentes para aumentar o valor da variável i, expressam a mesma coisa, o comando `printf("%d",i);` foi executado cinco vezes, ou seja, para i valendo 1, 2, 3, 4 e 5.

```
for (i = 10; i >= 1; i--)
printf("%d",i);
ou
for (i = 10; i >= 1; i = i-1)
printf("%d",i);
```

Nos trechos de programa anterior, que, apesar de utilizarem formas diferentes para diminuir o valor da variável i, são exatamente a mesma coisa, o comando `printf("%d",i);` será executado dez vezes, ou seja, para i valendo 10, 9, 8, 7, 6, 5, 4, 3, 2 e 1.

```
for (i = 0; i <= 10; i = i+2)
printf("%d",i);
```

No trecho de programa anterior, o comando `printf("%d",i);` será executado seis vezes, ou seja, para i valendo 0, 2, 4, 6, 8 e 10.

```
for (i = 100; i >= 0; i = i-20)
printf("%d",i);
```

No trecho de programa anterior, o comando `printf("%d",i);` será executado seis vezes, ou seja, para i valendo 100, 80, 60, 40, 20 e 0.

Existem duas instruções comumente usadas nos comandos internos das estruturas de repetição. São as instruções denominadas acumuladores e contadores.

Os acumuladores devem ser usados quando a realização de um cálculo precisa de valores obtidos a cada iteração, ou seja, o cálculo só estará pronto com a conclusão da repetição. É por isso que um acumulador deve ser inicializado com um valor neutro para a operação em que será utilizado. Por exemplo, se for usado em uma adição, deve ser inicializado com zero; se for usado em uma multiplicação, deve ser inicializado com 1.

Exemplo de acumulador:

```
SOMA = 0;  // inicialização da variável SOMA com o valor zero
for(I = 1; I <= 5; I++)
{
 printf("Digite um número: ");
 scanf("%d%*c",&NUM);
 SOMA = SOMA + NUM; // acumulando o valor da variável NUM na variável SOMA
}
printf("Soma = %d",SOMA);
```

Simulação:

MEMÓRIA				TELA
I	NUM	SOMA		
		0	Inicialização da variável SOMA com o valor zero SOMA = 0;	
1				Digite um número: 5
1	5			
1	5	5	Acumulando o valor da variável NUM na variável SOMA SOMA = SOMA + NUM;	
2				Digite um número: 3
2	3			
2	3	8	Acumulando o valor da variável NUM na variável SOMA SOMA = SOMA + NUM;	
3				Digite um número: 0
3	0			
3	0	8	Acumulando o valor da variável NUM na variável SOMA SOMA = SOMA + NUM;	
4				Digite um número: 10
4	10			
4	10	18	Acumulando o valor da variável NUM na variável SOMA SOMA = SOMA + NUM;	
5				Digite um número: 2
5	2			
5	2	20	Acumulando o valor da variável NUM na variável SOMA SOMA = SOMA + NUM;	
				Soma = 20

Exemplo de contador:

```
CONT = 0;        // inicialização da variável CONT com o valor zero
for(I = 1; I<= 5; I++)
{
 printf("Digite um número: ");
 scanf("%d%*c",&NUM);
 if (NUM > 5)
  CONT = CONT + 1; // contando mais 1 na variável CONT
}
printf("Quantidade de número maiores que 5 = %d",CONT);
```

Simulação:

MEMÓRIA				TELA
I	NUM	CONT		
		0	Inicialização da variável CONT com o valor zero CONT = 0;	
1				Digite um número: 5
1	5			
1	5	0	O número digitado não é maior que 5, logo, o contador CONT não será alterado	
2				Digite um número: 12
2	12			

MEMÓRIA				TELA
I	NUM	CONT		
2	12	1	O número digitado é maior que 5, logo, o contador CONT será incrementado em 1 unidade CONT = CONT + 1;	
3				Digite um número: 8
3	8			
3	8	2	O número digitado é maior que 5, logo, o contador CONT será incrementado em 1 unidade CONT = CONT + 1;	
4				Digite um número: 3
4	3			
4	3	2	O número digitado não é maior que 5, logo, o contador CONT não será alterado	
5				Digite um número: 6
5	6			
5	6	3	O número digitado é maior que 5, logo, o contador CONT será incrementado em 1 unidade CONT = CONT + 1;	
				Quantidade de números maiores que 5 = 3

A terceira parte da estrutura de repetição FOR é um contador que pode ser incrementado ou decrementado.

Exemplos:

```
I = I + 1;        // contador incrementado em 1 unidade
I++;              // contador incrementado em 1 unidade
I = I — 1;        // contador decrementado em 1 unidade
I--;              // contador decrementado em 1 unidade
I = I + 2;        // contador incrementado em 2 unidades
J = J — 3;        // contador decrementado em 3 unidades
```

5.3.2 Estrutura de repetição WHILE

Trata-se de uma estrutura de repetição que pode ser utilizada quando o número de repetições necessárias não for fixo. Os comandos serão repetidos até a condição assumir o valor falso.

Nesse tipo de estrutura, o teste condicional ocorre no início. Isso significa que existe a possibilidade da repetição não ser executada quando a condição assumir o valor falso logo na primeira verificação.

```
while(condição)
comando;
```

Enquanto a condição for verdadeira, o comando será executado.

```
while(condição)
 { comando1;
   comando2;
   comando3;
   ...
 }
```

Enquanto a condição for verdadeira, os comandos que estão dentro das chaves serão executados (comando1, comando2, comando3...).

Exemplos:

```
X = 0;             // inicialização da variável x com o valor 0
while (X != 5)
{
    printf("Valor de X = %d",X);
    X = X + 1;       // contador incrementado em 1 unidade
}
printf("Valor de X depois que sair da estrutura = %d",X);
```

No trecho de programa anterior, os comandos `printf("Valor de X = %d",X);` e `X = X + 1;` foram executados cinco vezes. O teste condicional avalia x valendo 0, 1, 2, 3, 4 e 5.

Simulação:

TELA	X	
	0	Valor inicial
Valor de X = 0	1	
Valor de X = 1	2	Valores obtidos dentro da estrutura de repetição
Valor de X = 2	3	
Valor de X = 3	4	
Valor de X = 4	5	Valor obtido dentro da estrutura de repetição, que torna a condição falsa e interrompe a repetição
Valor de X depois que sair da estrutura = 5		

```
X = 1;             // inicialização da variável X com o valor 1
Y = 10;            // inicialização da variável Y com o valor 10
while (Y > X)
{
    printf("Valor de Y = %d",Y);
    Y = Y − 2;  // contador decrementado em 2 unidades
}
printf("Valor de Y depois que sair da estrutura = %d",Y);
```

No trecho de programa acima, os comandos `printf("Valor de Y = %d",Y);` e `Y = Y − 2;` foram executados cinco vezes. O teste condicional avalia Y valendo 10, 8, 6, 4, 2 e 0.

Simulação:

TELA	X	Y	
	1	10	Valores iniciais
Valor de Y = 10	1	8	
Valor de Y = 8	1	6	Valores obtidos dentro da estrutura de repetição
Valor de Y = 6	1	4	
Valor de Y = 4	1	2	
Valor de Y = 2	1	0	Valor obtido dentro da estrutura de repetição, que torna a condição falsa e interrompe a repetição
Valor de Y depois que sair da estrutura = 0			

```
X = 1;             // inicialização da variável X com o valor 1
Y = 1;             // inicialização da variável Y com o valor 1
while (X < Y)
{
```

```
        printf("Valor de X = %d",X);
        X = X + 1;  // contador incrementado em 1 unidade
}
```

No trecho de programa anterior, os comandos `printf("Valor de X = %d",X);` e `X = X + 1;` não foram executados, pois, com os valores iniciais de x e y, a condição é falsa; logo, não ocorre a entrada na estrutura de repetição para execução de seus comandos.

5.3.3 Estrutura de repetição DO-WHILE

Trata-se de uma estrutura de repetição que pode ser utilizada quando o número de repetições necessárias não for fixo. Os comandos serão repetidos até a condição assumir o valor falso.

Nesse tipo de estrutura o teste condicional ocorre no fim. Isso significa que a repetição será executada, no mínimo, uma vez, quando todo o bloco for executado uma vez, e, ao final, a condição assumir o valor falso.

```
do
{
    comandos;
}
while (condição);
```

Os comandos serão repetidos até que a condição assuma valor falso.

Exemplos:

```
X = 0;          // inicialização da variável X com o valor 0
do
{
    printf("Valor de X = %d",X);
    X = X + 1;  // contador incrementado em 1 unidade
}
while (X != 5);
printf("Valor de X depois que sair da estrutura = %d",X);
```

No trecho de programa anterior, os comandos `printf("Valor de X = %d",X);` e `X = X + 1;` foram executados cinco vezes. O teste condicional avalia x valendo 1, 2, 3, 4 e 5.

Simulação:

TELA	X	
	0	Valor inicial
Valor de X = 0	1	
Valor de X = 1	2	Valores obtidos dentro da estrutura de repetição
Valor de X = 2	3	
Valor de X = 3	4	
Valor de X = 4	5	Valor obtido dentro da estrutura de repetição, que torna a condição falsa e interrompe a repetição
Valor de X depois que sair da estrutura = 5		

```
X = 1;              // inicialização da variável X com o valor 1
Y = 10;             // inicialização da variável Y com o valor 10
do
{
    printf("Valor de Y = %d",Y);
    Y = Y - 2;  // decrementando o contador em 2 unidades
}
while (Y > X);
printf("Valor de Y depois que sair da estrutura = %d",Y);
```

No trecho de programa anterior, os comandos `printf("Valor de Y = %d",Y);` e `Y = Y – 2;` são executados cinco vezes. O teste condicional avalia `Y` valendo 8, 6, 4, 2 e 0.

Simulação:

TELA	X	Y	
	1	10	Valores iniciais
Valor de Y = 10	1	8	
Valor de Y = 8	1	6	Valores obtidos dentro da estrutura de repetição
Valor de Y = 6	1	4	
Valor de Y = 4	1	2	
Valor de Y = 2	1	0	Valor obtido dentro da estrutura de repetição, que torna a condição falsa e interrompe a repetição
Valor de Y depois que sair da estrutura = 0			

5.4 Estrutura de repetição em JAVA

5.4.1 Estrutura de repetição FOR

Essa estrutura de repetição é utilizada quando se sabe o número de vezes que um trecho do programa deve ser repetido.

O formato geral do comando FOR é composto por três partes:

```
for (i=valor_inicial; condição; incremento ou decremento de i)
comando;
```

A primeira parte atribui um `valor_inicial` à variável `i`, que tem como função controlar o número necessário de repetições.

A segunda parte corresponde a uma expressão relacional que, quando assumir o valor falso, determinará o fim da repetição.

A terceira parte é responsável por alterar o valor da variável `i` (incremento ou decremento) com o objetivo de, em algum momento, fazer a condição assumir o valor falso.

Caso seja necessária a repetição de apenas um comando, o compilador entenderá que a estrutura de repetição terminará quando for encontrado o primeiro ; (ponto e vírgula).

Exemplo:

```
for (a=1;a<=20;a++)
    System.out.println("O valor de a é: " +a);
```

No exemplo anterior, a variável `a` é inicializada com o valor 1 (a=1) e é incrementada em uma unidade (a++). A cada incremento, o comando `System.out.println` é executado. Esse processo se repete até o valor da variável `a` se tornar maior que 20 (quando a condição `a <= 20` assumir o valor falso).

Se for necessária a repetição de mais de um comando, a linguagem entenderá que a estrutura de repetição começará quando for encontrado o símbolo { e terminará quando for encontrado o símbolo }.

Exemplo:

```
for (a=15;a>=1;a=a-2)
    {
        System.out.println("Digite um número: ");
        dado = new Scanner(System.in);
        x = dado.nextInt();
    }
```

No exemplo anterior, a variável a começa com o valor 15 (a=15) e é decrementada em duas unidades (a=a-2). A cada decremento, o bloco de comando que está entre chaves { ... } é executado. Esse processo se repete até o valor da variável a se tornar menor que 1 (quando a condição a >= 1 assumir o valor falso).

Exemplos:

```
for (i = 1; i <= 5; i++)
System.out.println(i);
ou
for (i = 1; i <= 5; i=i+1)
System.out.println(i);
```

Nos trechos de programa anteriores, que apesar de utilizarem formas diferentes para aumentar o valor da variável i, expressam a mesma coisa, o comando System.out.println(i); foi executado cinco vezes, ou seja, para i valendo 1, 2, 3, 4 e 5.

```
for (i = 10; i >= 1; i--)
System.out.println(i);


ou
for (i = 10; i >= 1; i=i-1)
System.out.println(i);
```

Nos trechos de programa anteriores, apesar de utilizarem formas diferentes para diminuir o valor da variável i, são exatamente a mesma coisa, o comando System.out.println(i); foi executado dez vezes, ou seja, para i valendo 10, 9, 8, 7, 6, 5, 4, 3, 2 e 1.

```
for (i = 0; i <= 10; i=i+2)
System.out.println(i);
```

No trecho de programa anterior, o comando System.out.println(i); foi executado seis vezes, ou seja, para i valendo 0, 2, 4, 6, 8 e 10.

```
for (i = 100; i >= 0; i=i-20)
System.out.println(i);
```

No trecho de programa acima, o comando System.out.println(i); foi executado seis vezes, ou seja, para i valendo 100, 80, 60, 40, 20 e 0.

Existem duas instruções comumente usadas nos comandos internos das estruturas de repetição. São as instruções denominadas acumuladores e contadores.

Os acumuladores devem ser usados quando a realização de um cálculo precisa de valores obtidos a cada iteração, ou seja, o cálculo só estará concluído com a conclusão da repetição. É por isso que um acumulador deve ser inicializado com um valor neutro para a operação em que será utilizado. Por exemplo, se for usado em uma adição, deve ser inicializado com zero; se for usado em uma multiplicação, deve ser inicializado com 1.

Exemplo de acumulador:

```
SOMA = 0;                 // inicialização da variável SOMA com o valor zero
for(I = 1; I <= 5; I++)
{
 System.out.print("Digite um número: ");
 NUM = dado.nextInt();
 SOMA = SOMA + NUM; // acumulando o valor da variável NUM na variável SOMA
}
System.out.println ("Soma = "+SOMA);
```

Simulação:

MEMÓRIA				TELA
I	NUM	SOMA		
		0	Inicialização da variável SOMA com o valor zero SOMA = 0;	
1				Digite um número: 5
1	5			
1	5	5	Acumulando o valor da variável NUM na variável SOMA SOMA = SOMA + NUM;	
2				Digite um número: 3
2	3			
2	3	8	Acumulando o valor da variável NUM na variável SOMA SOMA = SOMA + NUM;	
3				Digite um número: 0
3	0			
3	0	8	Acumulando o valor da variável NUM na variável SOMA SOMA = SOMA + NUM;	
4				Digite um número: 10
4	10			
4	10	18	Acumulando o valor da variável NUM na variável SOMA SOMA = SOMA + NUM;	
5				Digite um número: 2
5	2			
5	2	20	Acumulando o valor da variável NUM na variável SOMA SOMA = SOMA + NUM;	
				Soma = 20

Exemplo de contador:

```
CONT = 0;         // inicialização da variável CONT com o valor zero
for(I = 1; I <= 5; I++)
{
 System.out.print("Digite um número: ");
 NUM = dado.nextInt();
 if (NUM > 5)
   CONT = CONT + 1; // contando mais 1 na variável CONT
}
System.out.println("Quantidade de número maiores que 5 = "+ CONT);
```

Simulação:

MEMÓRIA				TELA
I	NUM	CONT		
		0	Inicialização da variável CONT com o valor zero CONT = 0;	
1				Digite um número: 5
1	5			
1	5	0	O número digitado não é maior que 5, logo, o contador CONT não será alterado	
2				Digite um número: 12
2	12			
2	12	1	O número digitado é maior que 5, logo, o contador CONT será incrementado em 1 unidade CONT = CONT + 1;	

MEMÓRIA				TELA
I	NUM	CONT		
3				Digite um número: 8
3	8			
3	8	2	O número digitado é maior que 5, logo, o contador CONT será incrementado em 1 unidade CONT = CONT + 1;	
4				Digite um número: 3
4	3			
4	3	2	O número digitado não é maior que 5, logo, o contador CONT não será alterado	
5				Digite um número: 6
5	6			
5	6	3	O número digitado é maior que 5, logo, o contador CONT será incrementado em 1 unidade CONT = CONT + 1;	
				Quantidade de números maiores que 5 = 3

A terceira parte da estrutura de repetição FOR é um contador que pode ser incrementado ou decrementado.

Exemplos:

```
I = I + 1;        // contador incrementado em 1 unidade
I++;              // contador incrementado em 1 unidade
I = I - 1;        // contador decrementado em 1 unidade
I--;              // contador decrementado em 1 unidade
I = I + 2;        // contador incrementado em 2 unidades
J = J - 3;        // contador decrementado em 3 unidades
```

5.4.2 Estrutura de repetição WHILE

Trata-se de uma estrutura de repetição que pode ser utilizada quando o número de repetições necessárias não for fixo. Os comandos serão repetidos até a condição assumir o valor falso.

Nesse tipo de estrutura o teste condicional ocorre no início, o que significa que existe a possibilidade da repetição não ser executada quando a condição assumir o valor falso logo na primeira verificação.

```
while (condição)
comando;
```

Enquanto a condição for verdadeira, o comando será executado.

```
while (condição)
 { comando1;
   comando2;
   comando3;
   ...
 }
```

Enquanto a condição for verdadeira, os comandos que estão dentro das chaves serão executados (comando1, comando2, comando3...).

Exemplos:

```
X = 0;            // inicialização da variável X com o valor 0
while (X != 5)
{
```

```
    System.out.println("Valor de X = "+X);
    X = X + 1;   // contador incrementado em 1 unidade
}
  System.out.println("Valor de X depois que sair da estrutura = "+X);
```

No trecho de programa anterior, os comandos `System.out.println("Valor de X = "+X);` e `X = X + 1;` foram executados cinco vezes. O teste condicional avalia x valendo 0, 1, 2, 3, 4 e 5.

Simulação:

TELA	X	
	0	Valor inicial
Valor de X = 0	1	
Valor de X = 1	2	Valores obtidos dentro da estrutura de repetição
Valor de X = 2	3	
Valor de X = 3	4	
Valor de X = 4	5	Valor obtido dentro da estrutura de repetição, que torna a condição falsa e interrompe a repetição
Valor de X depois que sair da estrutura = 5		

```
X = 1;          // inicialização da variável X com o valor 1
Y = 10;         // inicialização da variável Y com o valor 10
while (Y > X)
{
    System.out.println("Valor de Y = "+Y);
    Y = Y - 2;  // contador decrementado em 2 unidades
}
System.out.println("Valor de Y depois que sair da estrutura = "+Y);
```

No trecho de programa anterior, os comandos `System.out.println("Valor de Y = "+Y);` e `Y = Y - 2;` são executados cinco vezes. O teste condicional avalia y valendo 10, 8, 6, 4, 2 e 0.

TELA	X	Y	
	1	10	Valores iniciais
Valor de Y = 10	1	8	
Valor de Y = 8	1	6	Valores obtidos dentro da estrutura de repetição
Valor de Y = 6	1	4	
Valor de Y = 4	1	2	
Valor de Y = 2	1	0	Valor obtido dentro da estrutura de repetição, que torna a condição falsa e interrompe a repetição
Valor de Y depois que sair da estrutura = 0			

```
X = 1;          // inicialização da variável X com o valor 1
Y = 1;          // inicialização da variável Y com o valor 1
while (X < Y)
{
    System.out.println("Valor de X = "+X);
    X = X + 1;          // contador incrementado em 1  unidade
}
```

No trecho de programa, os comandos `System.out.println("Valor de X = "+X);` e `X = X + 1;` não serão executados, pois com os valores iniciais de x e y a condição é falsa. Logo, não ocorrerá a entrada na estrutura de repetição para execução dos seus comandos.

5.4.3 Estrutura de repetição DO-WHILE

Trata-se de uma estrutura de repetição que pode ser utilizada quando o número de repetições necessárias não for fixo. Os comandos serão repetidos até a condição assumir o valor falso.

Nesse tipo de estrutura o teste condicional ocorre no fim. Isso significa que a repetição será executada, no mínimo, uma vez, quando todo o bloco for executado uma vez, e, ao final, a condição assumir o valor falso.

```
do
{
    comandos;
}
while (condição);
```

Os comandos serão repetidos até que a condição assuma o valor falso.

Exemplos:

```
X = 0;                    // inicialização da variável X com o valor 0
do
{
    System.out.println("Valor de X = " +X);
    X = X + 1;            // contador incrementado em 1 unidade
}
while (X != 5);
System.out.println("Valor de X depois que sair da estrutura = "+X);
```

No trecho de programa anterior, os comandos System.out.println ("Valor de X = "+X); e X = X + 1; foram executados cinco vezes. O teste condicional avalia x valendo 1, 2, 3, 4 e 5.

TELA	X	
	0	Valor inicial
Valor de X = 0	1	
Valor de X = 1	2	Valores obtidos dentro da estrutura de repetição
Valor de X = 2	3	
Valor de X = 3	4	
Valor de X = 4	5	Valor obtido dentro da estrutura de repetição, que torna a condição falsa e interrompe a repetição
Valor de X depois que sair da estrutura = 5		

```
X = 1;            // inicialização da variável X com o valor 1
Y = 10;           // inicialização da variável Y com o valor 10
do
{
    System.out.println("Valor de Y = " + Y);
    Y = Y — 2;  // contador decrementado em 2 unidades
}
while (Y > X);
System.out.println("Valor de Y depois que sair da estrutura = " + Y);
```

No trecho de programa anterior, os comandos System.out.println ("Valor de Y = " + Y); e Y = Y — 2; foram executados cinco vezes. O teste condicional avalia y valendo 8, 6, 4, 2 e 0.

Simulação:

TELA	X	Y	
	1	10	Valores iniciais
Valor de Y = 10	1	8	
Valor de Y = 8	1	6	Valores obtidos dentro da estrutura de repetição
Valor de Y = 6	1	4	
Valor de Y = 4	1	2	
Valor de Y = 2	1	0	Valor obtido dentro da estrutura de repetição, que torna a condição verdadeira e interrompe a repetição
Valor de Y depois que sair da estrutura = 0			

EXERCÍCIOS RESOLVIDOS

1. Um funcionário de uma empresa recebe, anualmente, aumento salarial. Sabe-se que:
a) Esse funcionário foi contratado em 2005, com salário inicial de R$ 1.000,00.
b) Em 2006, ele recebeu aumento de 1,5% sobre seu salário inicial.
c) A partir de 2007 (inclusive), os aumentos salariais sempre corresponderam ao dobro do percentual do ano anterior.

Faça um programa que determine o salário atual desse funcionário.

[ALGORITMO] SOLUÇÃO:

```
ALGORITMO
DECLARE i, ano_atual, salario NUMÉRICO
        novo_salario, percentual NUMÉRICO
LEIA ano_atual
salario ← 1000
percentual ← 1.5/100
novo_salario ← salario + percentual * salario
PARA i ← 2007 ATÉ ano_atual FAÇA
INÍCIO
percentual ←   2 * percentual
novo_salario ← novo_salario + percentual * novo_salario
FIM
ESCREVA novo_salario
FIM_ALGORITMO.
```

1ª SOLUÇÃO – UTILIZANDO A ESTRUTURA FOR:

\EXERC\CAP5\PASCAL\EX1_A.PAS **e** \EXERC\CAP5\PASCAL\EX1_A.EXE

2ª SOLUÇÃO – UTILIZANDO A ESTRUTURA WHILE:

\EXERC\CAP5\PASCAL\EX1_B.PAS **e** \EXERC\CAP5\PASCAL\EX1_B.EXE

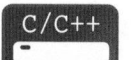

1ª SOLUÇÃO – UTILIZANDO A ESTRUTURA FOR:

\EXERC\CAP5\C++\EX1_A.CPP **e** \EXERC\CAP5\C++\EX1_A.EXE

2ª SOLUÇÃO – UTILIZANDO A ESTRUTURA WHILE:

\EXERC\CAP5\C++\EX1_B.CPP **e** \EXERC\CAP5\C++\EX1_B.EXE

1ª SOLUÇÃO – UTILIZANDO A ESTRUTURA FOR:

\EXERC\CAP5\JAVA\EX1_A.java **e** \EXERC\CAP5\JAVA\EX1_A.class

2ª SOLUÇÃO – UTILIZANDO A ESTRUTURA WHILE:

\EXERC\CAP5\JAVA\EX1_B.java **e** \EXERC\CAP5\JAVA\EX1_B.class

2. Faça um programa que leia um valor N inteiro e positivo. Calcule e mostre o valor de E, conforme a fórmula a seguir:

$$E = 1 + 1/1! + 1/2! + 1/3! + ... + 1/N!$$

[ALGORITMO] Solução:

```
ALGORITMO
DECLARE n, e, i, j, fat NUMÉRICO
LEIA n
e ← 1
PARA i ← 1 ATÉ n FAÇA
        INÍCIO
        fat ←  1
        PARA j ← 1 ATÉ i FAÇA
                INÍCIO
                fat ← fat * j
                FIM
        e ← e + 1/fat
        FIM
ESCREVA e
FIM_ALGORIMO.
```

PASCAL

1ª SOLUÇÃO – UTILIZANDO A ESTRUTURA FOR:

\EXERC\CAP5\PASCAL\EX2_A.PAS **e** \EXERC\CAP5\PASCAL\EX2_A.EXE

2ª SOLUÇÃO – UTILIZANDO A ESTRUTURA REPEAT:

\EXERC\CAP5\PASCAL\EX2_B.PAS **e** \EXERC\CAP5\PASCAL\EX2_B.EXE

C/C++

1ª SOLUÇÃO – UTILIZANDO A ESTRUTURA FOR:

\EXERC\CAP5\C++\EX2_A.CPP **e**\EXERC\CAP5\C++\EX2_A.EXE

2ª SOLUÇÃO – UTILIZANDO A ESTRUTURA DO-WHILE:

\EXERC\CAP5\C++\EX2_B.CPP **e** \EXERC\CAP5\C++\EX2_B.EXE

JAVA

1ª SOLUÇÃO – UTILIZANDO A ESTRUTURA FOR:

\EXERC\CAP5\JAVA\EX2_A.java **e** \EXERC\CAP5\JAVA\EX2_A.class

2ª SOLUÇÃO – UTILIZANDO A ESTRUTURA DO-WHILE:

\EXERC\CAP5\JAVA\EX2_B.java **e** \EXERC\CAP5\JAVA\EX2_B.class

3. Faça um programa que leia um número N que indica quantos valores inteiros e positivos devem ser lidos a seguir. Para cada número lido, mostre uma tabela contendo o valor lido e o fatorial desse valor.

[ALGORITMO] Solução:

```
ALGORITMO
DECLARE n, num, i, j, fat NUMÉRICO
LEIA n
PARA i ← 1 ATÉ n FAÇA
        INÍCIO
        LEIA num
        fat ← 1
        PARA j ← 1 ATÉ num FAÇA
                INÍCIO
                fat ← fat * j
                FIM
        ESCREVA fat
        FIM
FIM_ALGORITMO.
```

 1ª SOLUÇÃO – UTILIZANDO A´ESTRUTURA FOR:

\EXERC\CAP5\PASCAL\EX3_A.PAS e \EXERC\CAP5\PASCAL\EX3_A.EXE

2ª SOLUÇÃO – UTILIZANDO A ESTRUTURA WHILE:

\EXERC\CAP5\PASCAL\EX3_B.PAS e \EXERC\CAP5\PASCAL\EX3_B.EXE

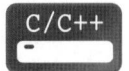 1ª SOLUÇÃO – UTILIZANDO A ESTRUTURA FOR:

\EXERC\CAP5\C++\EX3_A.CPP e \EXERC\CAP5\C++\EX3_A.EXE

2ª SOLUÇÃO – UTILIZANDO A ESTRUTURA WHILE:

\EXERC\CAP5\C++\EX3_B.CPP e \EXERC\CAP5\C++\EX3_B.EXE

 1ª SOLUÇÃO – UTILIZANDO A ESTRUTURA FOR:

\EXERC\CAP5\JAVA\EX3_A.java e \EXERC\CAP5\JAVA\EX3_A.class

2ª SOLUÇÃO – UTILIZANDO A ESTRUTURA WHILE:

\EXERC\CAP5\JAVA\EX3_B.java e \EXERC\CAP5\JAVA\EX3_B.class

4. Foi feita uma estatística em cinco cidades brasileiras para coletar dados sobre acidentes de trânsito. Foram obtidos os seguintes dados:

a) código da cidade;

b) número de veículos de passeio;

c) número de acidentes de trânsito com vítimas.

Deseja-se saber:

a) qual é o maior e qual é o menor índice de acidentes de trânsito e a que cidades pertencem;

b) qual é a média de veículos nas cinco cidades juntas;

c) qual é a média de acidentes de trânsito nas cidades com menos de 2.000 veículos de passeio.

ALGORITMO SOLUÇÃO:

```
ALGORITMO
DECLARE cont, cod, num_vei, num_acid NUMÉRICO
        maior, cid_maior, menor, cid_menor NUMÉRICO
        media_vei, soma_vei, media_acid NUMÉRICO
        soma_acid, cont_acid NUMÉRICO
soma_vei ←   0
soma_acid ←   0
cont_acid ←   0
PARA cont ←   1 ATÉ 5 FAÇA
      INÍCIO
      LEIA cod, num_vei, num_acid
      SE cont = 1
      ENTÃO INÍCIO
            maior ←   num_acid
            cid_maior ←   cod
            menor ←   num_acid
            cid_menor ←   cod
            FIM
      SENÃO INÍCIO
            SE num_acid > maior
            ENTÃO INÍCIO
                  maior ←   num_acid
                  cid_maior ←   cod
                  FIM
            SE num_acid < menor
            ENTÃO INÍCIO
                  menor ←   num_acid
```

```
                    cid_menor  ←    cod
                    FIM
              FIM
            soma_vei  ←   soma_vei + num_vei
        SE num_vei < 2000
        ENTÃO INÍCIO
                soma_acid  ←    soma_acid + num_acid
                cont_acid  ←    cont_acid + 1
                FIM
        FIM
ESCREVA maior, cid_maior
ESCREVA menor, cid_menor
media_vei  ←   soma_vei/5
ESCREVA media_vei
SE cont_acid = 0
   ENTÃO ESCREVA "Não foi digitada nenhuma cidade com menos de 2000 veículos"
   SENÃO INÍCIO
         media_acid  ←   soma_acid/cont_acid
         ESCREVA media_acid
         FIM
FIM_ALGORITMO.
```

PASCAL

1ª SOLUÇÃO – UTILIZANDO A ESTRUTURA FOR:

\EXERC\CAP5\PASCAL\EX4_A.PAS e \EXERC\CAP5\PASCAL\EX4_A.EXE

2ª SOLUÇÃO – UTILIZANDO A ESTRUTURA REPEAT:

\EXERC\CAP5\PASCAL\EX4_B.PAS e \EXERC\CAP5\PASCAL\EX4_B.EXE

C/C++

1ª SOLUÇÃO – UTILIZANDO A ESTRUTURA FOR:

\EXERC\CAP5\C++\EX4_A.CPP e \EXERC\CAP5\C++\EX4_A.EXE

2ª SOLUÇÃO – UTILIZANDO A ESTRUTURA DO-WHILE:

\EXERC\CAP5\C++\EX4_B.CPP e \EXERC\CAP5\C++\EX4_B.EXE

JAVA

1ª SOLUÇÃO – UTILIZANDO A ESTRUTURA FOR:

\EXERC\CAP5\JAVA\EX4_A.java e \EXERC\CAP5\JAVA\EX4_A.class

2ª SOLUÇÃO – UTILIZANDO A ESTRUTURA DO-WHILE:

\EXERC\CAP5\JAVA\EX4_B.java e \EXERC\CAP5\JAVA\EX4_B.class

5. Faça um programa que leia o número de termos e um valor positivo para X. Calcule e mostre o valor da série a seguir:

$$S = \frac{-x^2}{1!} + \frac{x^3}{2!} - \frac{x^4}{3!} + \frac{x^5}{4!} - \frac{x^6}{3!} + \frac{x^7}{2!} - \frac{x^8}{1!} + \frac{x^9}{2!} - \frac{x^{10}}{3!} + \frac{x^{11}}{4!} - \ldots$$

ALGORITMO SOLUÇÃO:

```
ALGORITMO
DECLARE fim, i, j, x, expoente, num_termos NUMÉRICO
        den, denominador, fat, sNUMÉRICO
LEIA num_termos,x
s ← 0
denominador ← 1
PARA i ←  1 TO num_termos FAÇA
INÍCIO
   fim ← denominador
   fat ← 1
```

```
    PARA   j ←   1 ATÉ fim FAÇA
        INÍCIO
        fat ← fat * j
        FIM
expoente ←   i + 1
SE RESTO (expoente/2) =0
ENTÃO s ← s − x expoente/fat
SENÃO s ← s + x expoente/fat
SE denominador = 4
ENTÃO den ←   -1
SE denominador =1
ENTÃO den ←1
SE den= 1
ENTÃO denominador ←denominador + 1
SENÃO denominador ←denominador − 1
FIM
ESCREVA s
FIM_ALGORITMO.
```

PASCAL

1ª SOLUÇÃO − UTILIZANDO A ESTRUTURA FOR:

\EXERC\CAP5\PASCAL\EX5_A.PAS **e** \EXERC\CAP5\PASCAL\EX5_A.EXE

2ª SOLUÇÃO − UTILIZANDO A ESTRUTURA WHILE:

\EXERC\CAP5\PASCAL\EX5_B.PAS **e** \EXERC\CAP5\PASCAL\EX5_B.EXE

C/C++

1ª SOLUÇÃO − UTILIZANDO A ESTRUTURA FOR:

\EXERC\CAP5\C++\EX5_A.CPP **e** \EXERC\CAP5\C++\EX5_A.EXE

2ª SOLUÇÃO − UTILIZANDO A ESTRUTURA WHILE:

\EXERC\CAP5\C++\EX5_B.CPP **e** \EXERC\CAP5\C++\EX5_B.EXE

JAVA

1ª SOLUÇÃO − UTILIZANDO A ESTRUTURA FOR:

\EXERC\CAP5\JAVA\EX5_A.java **e** \EXERC\CAP5\JAVA\EX5_A.class

2ª SOLUÇÃO − UTILIZANDO A ESTRUTURA WHILE:

\EXERC\CAP5\JAVA\EX5_B.java **e** \EXERC\CAP5\JAVA\EX5_B.class

6. Uma empresa possui dez funcionários com as seguintes características: código, número de horas trabalhadas no mês, turno de trabalho (M — matutino; V — vespertino; ou N — noturno), categoria (O — operário; ou G — gerente), valor da hora trabalhada. Sabendo-se que essa empresa deseja informatizar sua folha de pagamento, faça um programa que:

a) Leia as informações dos funcionários, exceto o valor da hora trabalhada, não permitindo que sejam informados turnos e nem categorias inexistentes. Trabalhe sempre com a digitação de letras maiúsculas.

b) Calcule o valor da hora trabalhada, conforme a tabela a seguir. Adote o valor de R$ 450,00 para o salário mínimo.

CATEGORIA	TURNO	VALOR DA HORA TRABALHADA
G	N	18% do salário mínimo
G	M ou V	15% do salário mínimo
O	N	13% do salário mínimo
O	M ou V	10% do salário mínimo

c) Calcule o salário inicial dos funcionários com base no valor da hora trabalhada e no número de horas trabalhadas.

d) Calcule o valor do auxílio alimentação recebido pelo funcionário de acordo com seu salário inicial, conforme a tabela a seguir.

SALÁRIO INICIAL	AUXÍLIO ALIMENTAÇÃO
Até R$ 300,00	20% do salário inicial
Entre R$ 300,00 e R$ 600,00	15% do salário inicial
Acima de R$ 600,00	5% do salário inicial

e) Mostre o código, número de horas trabalhadas, valor da hora trabalhada, salário inicial, auxílio alimentação e salário final (salário inicial + auxílio alimentação).

ALGORITMO Solução:

```
ALGORITMO
DECLARE cont, codigo, nht, valor NUMÉRICO
        sal_min, sal_inicial, aux, sal_final NUMÉRICO
        turno, categoria LITERAL
sal_min ←  450
PARA cont ← 1 ATÉ 10 FAÇA
 INÍCIO
       LEIA codigo, nht, turno, categoria
       ENQUANTO turno ≠ "M" E turno ≠ "V" E turno ≠ "N" FAÇA
            INÍCIO
            LEIA turno
            FIM
       ENQUANTO categoria ≠ "G" E categoria ≠ "O" FAÇA
            INÍCIO
            LEIA categoria
            FIM
       SE categoria = "G"
       ENTÃO INÍCIO
              SE turno = "N"
                    ENTÃO valor ← sal_min * 18/100
                    SENÃO valor ← sal_min * 15/100
           FIM
       SENÃO INÍCIO
              SE turno = "N"
                    ENTÃO valor ← sal_min * 13/100
                    SENÃO valor ← sal_min * 10/100
           FIM
 sal_inicial ← nht * valor
 SE sal_inicial <= 300
  ENTÃO aux ← sal_inicial * 20/100
  SENÃO SE sal_inicial < 600
           ENTÃO aux ← sal_inicial * 15/100
           SENÃO aux ← sal_inicial * 5/100
 sal_final ←  sal_inicial + aux
 ESCREVA codigo, nht, valor, sal_inicial, aux, sal_final
 FIM
FIM_ALGORITMO.
```

PASCAL 1ª SOLUÇÃO – UTILIZANDO A ESTRUTURA FOR:

\EXERC\CAP5\PASCAL\EX6_A.PAS e \EXERC\CAP5\PASCAL\EX6_A.EXE

2ª SOLUÇÃO – UTILIZANDO A ESTRUTURA REPEAT:

\EXERC\CAP5\PASCAL\EX6_B.PAS e \EXERC\CAP5\PASCAL\EX6_B.EXE

 1ª SOLUÇÃO — UTILIZANDO A ESTRUTURA FOR:

`\EXERC\CAP5\C++\EX6_A.CPP` **e** `\EXERC\CAP5\C++\EX6_A.EXE`

2ª SOLUÇÃO — UTILIZANDO A ESTRUTURA DO-WHILE:

`\EXERC\CAP5\C++\EX6_B.CPP` **e** `\EXERC\CAP5\C++\EX6_B.EXE`

JAVA 1ª SOLUÇÃO — UTILIZANDO A ESTRUTURA FOR:

`\EXERC\CAP5\JAVA\EX6_A.java` **e** `\EXERC\CAP5\JAVA\EX6_A.class`

2ª SOLUÇÃO — UTILIZANDO A ESTRUTURA DO-WHILE:

`\EXERC\CAP5\JAVA\EX6_B.java` **e** `\EXERC\CAP5\JAVA\EX6_B.class`

7. Faça um programa que monte os oito primeiros termos da sequência de Fibonacci.

```
0-1-1-2-3-5-8-13-21-34-55...
```

ALGORITMO SOLUÇÃO:

```
ALGORITMO
DECLARE cont, num1, num2, res NUMÉRICO
num1 ← 0
num2 ← 1
ESCREVA num1
ESCREVA num2
PARA cont ←  3 ATÉ 8 FAÇA
      INÍCIO
      res ←  num1 + num2
      ESCREVA res
      num1 ←  num2
      num2 ←  res
      FIM
FIM_ALGORITMO.
```

PASCAL 1ª SOLUÇÃO — UTILIZANDO A ESTRUTURA FOR:

`\EXERC\CAP5\PASCAL\EX7_A.PAS` **e** `\EXERC\CAP5\PASCAL\EX7_A.EXE`

2ª SOLUÇÃO — UTILIZANDO A ESTRUTURA REPEAT:

`\EXERC\CAP5\PASCAL\EX7_B.PAS` **e** `\EXERC\CAP5\PASCAL\EX7_B.EXE`

 1ª SOLUÇÃO — UTILIZANDO A ESTRUTURA FOR:

`\EXERC\CAP5\C++\EX7_A.CPP` **e** `\EXERC\CAP5\C++\EX7_A.EXE`

2ª SOLUÇÃO — UTILIZANDO A ESTRUTURA DO-WHILE:

`\EXERC\CAP5\C++\EX7_B.CPP` **e** `\EXERC\CAP5\C++\EX7_B.EXE`

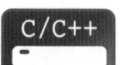 1ª SOLUÇÃO — UTILIZANDO A ESTRUTURA FOR:

`\EXERC\CAP5\JAVA\EX7_A.java` **e** `\EXERC\CAP5\JAVA\EX7_A.class`

2ª SOLUÇÃO — UTILIZANDO A ESTRUTURA DO-WHILE:

`\EXERC\CAP5\JAVA\EX7_B.java` **e** `\EXERC\CAP5\JAVA\EX7_B.class`

8. Faça um programa que leia o número de termos, determine e mostre os valores de acordo com a série a seguir:

```
Série = 2, 7, 3, 4, 21, 12, 8, 63, 48, 16, 189, 192, 32, 567, 768...
```

[A][L][G][O][R][I][T][M][O] SOLUÇÃO:

```
ALGORITMO
DECLARE i, num_termos, num1, num2, num3 NUMÉRICO
LEIA num_termos
num1 ← 2
num2 ← 7
num3 ← 3
ESCREVA num1
ESCREVA num2
ESCREVA num3
i ← 4
enquanto i ≠ num_termos FAÇA
INÍCIO
        num1 ← num1 * 2
        ESCREVA num1
        i ←  i + 1
        SE i ≠ num_termos
        ENTÃO INÍCIO
                num2 ← num2 * 3
                ESCREVA num2
                i ←  i + 1
                SE i ≠ num_termos
                ENTÃO INÍCIO
                        num3 ← num3 * 4
                        ESCREVA num3
                        i ←  i + 1
                        FIM
                FIM
FIM
FIM_ALGORITMO.
```

PASCAL

1ª SOLUÇÃO – UTILIZANDO A ESTRUTURA WHILE:

\EXERC\CAP5\PASCAL\EX8_A.PAS e \EXERC\CAP5\PASCAL\EX8_A.EXE

2ª SOLUÇÃO – UTILIZANDO A ESTRUTURA REPEAT:

\EXERC\CAP5\PASCAL\EX8_B.PAS e \EXERC\CAP5\PASCAL\EX8_B.EXE

C/C++

1ª SOLUÇÃO – UTILIZANDO A ESTRUTURA WHILE:

\EXERC\CAP5\C++\EX8_A.CPP e \EXERC\CAP5\C++\EX8_A.EXE

2ª SOLUÇÃO – UTILIZANDO A ESTRUTURA DO-WHILE:

\EXERC\CAP5\C++\EX8_B.CPP e \EXERC\CAP5\C++\EX8_B.EXE

JAVA

1ª SOLUÇÃO – UTILIZANDO A ESTRUTURA WHILE:

\EXERC\CAP5\JAVA\EX8_A.java e \EXERC\CAP5\JAVA\EX8_A.class

2ª SOLUÇÃO – UTILIZANDO A ESTRUTURA DO-WHILE:

\EXERC\CAP5\JAVA\EX8_B.java e \EXERC\CAP5\JAVA\EX8_B.class

9. Faça um programa que receba duas notas de seis alunos. Calcule e mostre:

■ a média aritmética das duas notas de cada aluno; e

■ a mensagem que está na tabela a seguir:

MÉDIA ARITMÉTICA	MENSAGEM
Até 3	Reprovado
Entre 3 e 7	Exame
De 7 para cima	Aprovado

- o total de alunos aprovados;
- o total de alunos de exame;
- o total de alunos reprovados;
- a média da classe.

ALGORITMO SOLUÇÃO:

```
ALGORITMO
DECLARE cont, n1, n2, media, ta, te, tr NUMÉRICO
          media_classe, total_classe NUMÉRICO
total_classe ←  0
PARA cont ← 1 ATÉ 6 FAÇA
       INÍCIO
       LEIA n1, n2
       media ← (n1 + n2) /2
       ESCREVA media
       SE media <= 3
       ENTÃO INÍCIO
             tr ← tr + 1
             ESCREVA "Reprovado"
             FIM
       SE media > 3 E media < 7
       ENTÃO INÍCIO
             te ← te + 1
             ESCREVA "Exame"
             FIM
       SE media >= 7
       ENTÃO INÍCIO
             ta ← ta + 1
             ESCREVA "Aprovado"
             FIM
       total_classe ← total_classe + media
       FIM
ESCREVA tr
ESCREVA te
ESCREVA ta
media_classe ← total_classe/6
ESCREVA media_classe
FIM_ALGORITMO.
```

PASCAL 1ª SOLUÇÃO – UTILIZANDO A ESTRUTURA FOR:

\EXERC\CAP5\PASCAL\EX9_A.PAS e \EXERC\CAP5\PASCAL\EX9_A.EXE

2ª SOLUÇÃO – UTILIZANDO A ESTRUTURA WHILE:

\EXERC\CAP5\PASCAL\EX9_B.PAS e \EXERC\CAP5\PASCAL\EX9_B.EXE

C/C++ 1ª SOLUÇÃO – UTILIZANDO A ESTRUTURA FOR:

\EXERC\CAP5\C++\EX9_A.CPP e \EXERC\CAP5\C++\EX9_A.EXE

2ª SOLUÇÃO – UTILIZANDO A ESTRUTURA WHILE:

`\EXERC\CAP5\C++\EX9_B.CPP` e `\EXERC\CAP5\C++\EX9_B.EXE`

1ª SOLUÇÃO – UTILIZANDO A ESTRUTURA FOR:

`\EXERC\CAP5\JAVA\EX9_A.java` e `\EXERC\CAP5\JAVA\EX9_A.class`

2ª SOLUÇÃO – UTILIZANDO A ESTRUTURA WHILE:

`\EXERC\CAP5\JAVA\EX9_B.java` e `\EXERC\CAP5\JAVA\EX9_B.class`

10. Em um campeonato de futebol existem cinco times e cada um possui onze jogadores. Faça um programa que receba a idade, o peso e a altura de cada um dos jogadores, calcule e mostre:

■ a quantidade de jogadores com idade inferior a 18 anos;

■ a média das idades dos jogadores de cada time;

■ a média das alturas de todos os jogadores do campeonato; e

■ a porcentagem de jogadores com mais de 80 kg entre todos os jogadores do campeonato.

ALGORITMO SOLUÇÃO:

```
ALGORITMO
DECLARE cont_time, cont_jog, idade NUMÉRICO
        peso, alt, qtde, media_idade NUMÉRICO
        media_altura, porc, tot80 NUMÉRICO
qtde ← 0
tot80 ← 0
PARA cont_time ← 1 ATÉ 5 FAÇA
     INÍCIO
     media_idade ←  0
     PARA cont_jog ← 1 ATÉ 11 FAÇA
          INÍCIO
          leia idade, peso, alt
          SE idade < 18
          ENTÃO qtde ←  qtde + 1
          media_idade ← media_idade + idade
          media_altura ← media_altura + alt
          SE peso > 80
          ENTÃO tot80 ← tot80 + 1
          FIM
     media_idade
     ESCREVA media_idade  ← media_idade/11
     FIM
ESCREVA qtde
media_altura ← media_altura/55
ESCREVA media_altura
porc ← tot80 * 100/55
ESCREVA porc
FIM_ALGORITMO.
```

1ª SOLUÇÃO – UTILIZANDO A ESTRUTURA FOR:

`\EXERC\CAP5\PASCAL\EX10_A.PAS` e `\EXERC\CAP5\PASCAL\EX10_A.EXE`

2ª SOLUÇÃO – UTILIZANDO A ESTRUTURA WHILE:

`\EXERC\CAP5\PASCAL\EX10_B.PAS` e `\EXERC\CAP5\PASCAL\EX10_B.EXE`

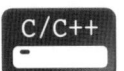

1ª SOLUÇÃO – UTILIZANDO A ESTRUTURA FOR:

`\EXERC\CAP5\C++\EX10_A.CPP` e `\EXERC\CAP5\C++\EX10_A.EXE`

2ª SOLUÇÃO – UTILIZANDO A ESTRUTURA WHILE:

`\EXERC\CAP5\C++\EX10_B.CPP` e `\EXERC\CAP5\C++\EX10_B.EXE`

1ª SOLUÇÃO – UTILIZANDO A ESTRUTURA FOR:

\EXERC\CAP5\JAVA\EX10_A.java e \EXERC\CAP5\JAVA\EX10_A.class

2ª SOLUÇÃO – UTILIZANDO A ESTRUTURA WHILE:

\EXERC\CAP5\JAVA\EX10_B.java e \EXERC\CAP5\JAVA\EX10_B.class

11. Faça um programa que receba um número inteiro maior que 1, verifique se o número fornecido é primo ou não e mostre uma mensagem de número primo ou de número não primo.

Um número é primo quando é divisível apenas por 1 e por ele mesmo.

ALGORITMO SOLUÇÃO:

```
ALGORITMO
DECLARE i, num, qtde NUMÉRICO
LEIA num
qtde ← 0
PARA i ← 1 ATÉ num  FAÇA
       INÍCIO
       SE RESTO(num/i) = 0
       ENTÃO qtde ← qtde + 1
       FIM
SE qtde > 2
ENTÃO ESCREVA "Número não primo"
SENÃO ESCREVA "Número primo"
FIM_ALGORITMO.
```

1ª SOLUÇÃO – UTILIZANDO A ESTRUTURA FOR:

\EXERC\CAP5\PASCAL\EX11_A.PAS e \EXERC\CAP5\PASCAL\EX11_A.EXE

2ª SOLUÇÃO – UTILIZANDO A ESTRUTURA REPEAT:

\EXERC\CAP5\PASCAL\EX11_B.PAS e \EXERC\CAP5\PASCAL\EX11_B.EXE

C/C++

1ª SOLUÇÃO – UTILIZANDO A ESTRUTURA FOR:

\EXERC\CAP5\C++\EX11_A.CPP e \EXERC\CAP5\C++\EX11_A.EXE

2ª SOLUÇÃO – UTILIZANDO A ESTRUTURA DO-WHILE:

\EXERC\CAP5\C++\EX11_B.CPP e \EXERC\CAP5\C++\EX11_B.EXE

1ª SOLUÇÃO – UTILIZANDO A ESTRUTURA FOR:

\EXERC\CAP5\JAVA\EX11_A.java e \EXERC\CAP5\JAVA\EX11_A.class

2ª SOLUÇÃO – UTILIZANDO A ESTRUTURA DO-WHILE:

\EXERC\CAP5\JAVA\EX11_B.java e \EXERC\CAP5\JAVA\EX11_B.class

12. Em uma fábrica trabalham homens e mulheres divididos em três classes:

- trabalhadores que fazem até 30 peças por mês — classe 1;
- trabalhadores que fazem de 31 a 50 peças por mês — classe 2;
- trabalhadores que fazem mais de 50 peças por mês — classe 3.

A classe 1 recebe salário mínimo. A classe 2 recebe salário mínimo mais 3% deste salário por peça, acima das 30 peças iniciais. A classe 3 recebe salário mínimo mais 5% desse salário por peça, acima das 30 peças iniciais.

Faça um programa que receba o número do operário, o número de peças fabricadas no mês, o sexo do operário, e que também calcule e mostre:

- o número do operário e seu salário;
- o total da folha de pagamento da fábrica;
- o número total de peças fabricadas no mês;

- a média de peças fabricadas pelos homens;
- a média de peças fabricadas pelas mulheres; e
- o número do operário ou operária de maior salário.

A fábrica possui 15 operários.

ALGORITMO Solução:

```
ALGORITMO
DECLARE num_op, pecas_op, num_maior, cont_m, cont_f NUMÉRICO
        tot_pecas, cont, media_m, salario_maior NUMÉRICO
        media_f, salario_op, tot_folha NUMÉRICO
        sexo_op LITERAL
tot_folha ← 0
tot_pecas ← 0
media_m ← 0
media_f ← 0
cont_m ← 0
cont_f ←  0
PARA cont ← 1 ATÉ 15 FAÇA
    INÍCIO
    ESCREVA "Digite o número do ", cont, "° operário "
    LEIA num_op
    ESCREVA "Digite o sexo do operário (M ou F) "
    LEIA sexo_op
    ESCREVA "Digite o total de peças fabricadas pelo ", cont, "° operário "
    LEIA pecas_op
    SE pecas_op <= 30
        ENTÃO salario_op ←  450
    SE pecas_op > 30 E pecas_op <= 50
        ENTÃO salario_op ← 450 + ((pecas_op-30) * 3 / 100 * 450)
    SE pecas_op > 50
        ENTÃO salario_op ← 450 + ((pecas_op-30) * 5 / 100 * 450)
    ESCREVA "O operário de número ", num_op, " recebe salário = ", salario_op
    tot_folha ← tot_folha + salario_op
    tot_pecas ← tot_pecas + pecas_op
    SE sexo_op = "M"
    ENTÃO INÍCIO
            media_m ← media_m + pecas_op
            cont_m ← cont_m + 1
            FIM
    SENÃO INÍCIO
            media_f ← media_f + pecas_op
            cont_f ← cont_f + 1
            FIM
    SE cont = 1
    ENTÃO INÍCIO
            salario_maior ← salario_op
            num_maior ← num_op
        FIM
    SENÃO INÍCIO
                SE (salario_op > salario_maior)
                ENTÃO INÍCIO
                    salario_maior ← salario_op
                    num_maior ← num_op
                    FIM
        FIM
    FIM
FIM
```

```
ESCREVA "Total da folha de pagamento = ", tot_folha
ESCREVA "Total de peças fabricadas no mês = ",tot_pecas
SE cont_m = 0
ENTÃO ESCREVA "NENHUM HOMEM"
SENÃO INÍCIO
     media_m ←  media_m / cont_m
     ESCREVA "Média de peças fabricadas por homens = ", media_m
     FIM
SE cont_f = 0
ENTÃO ESCREVA "NENHUMA MULHER"
SENÃO INÍCIO
     media_f ←  media_f / cont_f
     ESCREVA "Média de peças fabricadas por mulheres = ",media_f
     FIM
ESCREVA "O número do operário com maior salário é ",num_maior
FIM_ALGORITMO.
```

1ª SOLUÇÃO – UTILIZANDO A ESTRUTURA FOR:

\EXERC\CAP5\PASCAL\EX12_A.PAS e \EXERC\CAP5\PASCAL\EX12_A.EXE

2ª SOLUÇÃO – UTILIZANDO A ESTRUTURA WHILE:

\EXERC\CAP5\PASCAL\EX12_B.PAS e \EXERC\CAP5\PASCAL\EX12_B.EXE

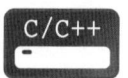

1ª SOLUÇÃO – UTILIZANDO A ESTRUTURA FOR:

\EXERC\CAP5\C++\EX12_A.CPP e \EXERC\CAP5\C++\EX12_A.EXE

2ª SOLUÇÃO – UTILIZANDO A ESTRUTURA WHILE:

\EXERC\CAP5\C++\EX12_B.CPP e \EXERC\CAP5\C++\EX12_B.EXE

1ª SOLUÇÃO – UTILIZANDO A ESTRUTURA FOR:

\EXERC\CAP5\JAVA\EX12_A.java e \EXERC\CAP5\JAVA\EX12_A.class

2ª SOLUÇÃO – UTILIZANDO A ESTRUTURA WHILE:

\EXERC\CAP5\JAVA\EX12_B.java e \EXERC\CAP5\JAVA\EX12_B.class

13. Foi feita uma pesquisa para determinar o índice de mortalidade infantil em certo período. Faça um programa que:

■ leia o número de crianças nascidas no período;

■ identifique o sexo (M ou F) e o tempo de vida de cada criança nascida.

O programa deve calcular e mostrar:

■ a percentagem de crianças do sexo feminino mortas no período;

■ a percentagem de crianças do sexo masculino mortas no período;

■ a percentagem de crianças que viveram 24 meses ou menos no período.

ALGORITMO SOLUÇÃO:

```
ALGORITMO
DECLARE i, num_cri, meses, porc_f, porc_m, tot_f NUMÉRICO
        tot_m, tot_24, porc_24 NUMÉRICO
        sexo LITERAL
ESCREVA "Digite o número de crianças nascidas no período "
LEIA num_cri
tot_m ← 0
tot_f ← 0
tot_24 ← 0
PARA i ← 1 ATE num_cri FAÇA
```

```
INÍCIO
     ESCREVA "Digite o sexo da ", i, "ª criança"
     LEIA sexo
     ESCREVA "Digite o tempo de vida (em meses) da ",i, "ª criança"
     LEIA meses
     SE sexo = "M"
        ENTÃO tot_m ← tot_m + 1
     SE sexo = "F"
        ENTÃO tot_f ← tot_f + 1
     SE meses <= 24
        ENTÃO tot_24 ←  tot_24 + 1
  FIM
SE num_cri = 0
ENTÃO ESCREVA "NENHUMA CRIANÇA DIGITADA"
SENÃO INÍCIO
     porc_m ← tot_m * 100 / num_cri
     porc_f ← tot_f * 100 / num_cri
     porc_24 ← tot_24 * 100 / num_cri
     ESCREVA "Percentual de crianças do sexo feminino mortas ", porc_f
     ESCREVA "Percentual de crianças do sexo masculino mortas ", porc_m
     ESCREVA "Percentual de crianças com 24 meses ou menos mortas
     ➥ no período ", porc_24
   FIM
FIM_ALGORITMO.
```

PASCAL

1ª SOLUÇÃO – UTILIZANDO A ESTRUTURA FOR:

\EXERC\CAP5\PASCAL\EX13_A.PAS e \EXERC\CAP5\PASCAL\EX13_A.EXE

2ª SOLUÇÃO – UTILIZANDO A ESTRUTURA WHILE:

\EXERC\CAP5\PASCAL\EX13_B.PAS e \EXERC\CAP5\PASCAL\EX13_B.EXE

C/C++

1ª SOLUÇÃO – UTILIZANDO A ESTRUTURA FOR:

\EXERC\CAP5\C++\EX13_A.CPP e \EXERC\CAP5\C++\EX13_A.EXE

2ª SOLUÇÃO – UTILIZANDO A ESTRUTURA WHILE:

\EXERC\CAP5\C++\EX13_B.CPP e \EXERC\CAP5\C++\EX13_B.EXE

JAVA

1ª SOLUÇÃO – UTILIZANDO A ESTRUTURA FOR:

\EXERC\CAP5\JAVA\EX13_A.java e \EXERC\CAP5\JAVA\EX13_A.class

2ª SOLUÇÃO – UTILIZANDO A ESTRUTURA WHILE:

\EXERC\CAP5\JAVA\EX13_B.java e \EXERC\CAP5\JAVA\EX13_B.class

14. Faça um programa que receba o valor de uma dívida e mostre uma tabela com os seguintes dados: valor da dívida, valor dos juros, quantidade de parcelas e valor da parcela.

Os juros e a quantidade de parcelas seguem a tabela:

QUANTIDADE DE PARCELAS	% DE JUROS SOBRE O VALOR_INICIAL DA DÍVIDA
1	0
3	10
6	15
9	20
12	25

Exemplo de saída do programa:

VALOR DA DÍVIDA	VALOR DOS JUROS	QUANTIDADE DE PARCELAS	VALOR DA PARCELA
R$ 1.000,00	0	1	R$ 1.000,00
R$ 1.100,00	100	3	R$ 366,67
R$ 1.150,00	150	6	R$ 191,67

ALGORITMO Solução:

```
ALGORITMO
DECLARE valor_inicial, juros, valor_parc NUMÉRICO
        total, valor_juros, num_parc, i NUMÉRICO
ESCREVA "Digite o valor_inicial da dívida"
LEIA valor_inicial
juros ← 0
num_parc ← 1
total ← valor_inicial
valor_parc ← valor_inicial
ESCREVA total
ESCREVA juros
ESCREVA num_parc
ESCREVA valor_parc
juros ← juros + 10
num_parc ← num_parc + 2
PARA i ← 1 ATÉ 4 FAÇA
   INÍCIO
       valor_juros ← valor_inicial * juros / 100
       total ← valor_inicial + valor_juros
       valor_parc ←  total / num_parc
       ESCREVA total
       ESCREVA valor_juros
       ESCREVA num_parc
       ESCREVA valor_parc
       juros ←  juros + 5
       num_parc ←  num_parc + 3
   FIM
FIM_ALGORITMO.
```

PASCAL

1ª SOLUÇÃO – UTILIZANDO A ESTRUTURA FOR:

\EXERC\CAP5\PASCAL\EX14_A.PAS **e** \EXERC\CAP5\PASCAL\EX14_A.EXE

2ª SOLUÇÃO – UTILIZANDO A ESTRUTURA WHILE:

\EXERC\CAP5\PASCAL\EX14_B.PAS **e** \EXERC\CAP5\PASCAL\EX14_B.EXE

C/C++

1ª SOLUÇÃO – UTILIZANDO A ESTRUTURA FOR:

\EXERC\CAP5\C++\EX14_A.CPP **e** \EXERC\CAP5\C++\EX14_A.EXE

2ª SOLUÇÃO – UTILIZANDO A ESTRUTURA WHILE:

\EXERC\CAP5\C++\EX14_B.CPP **e** \EXERC\CAP5\C++\EX14_B.EXE

JAVA

1ª SOLUÇÃO – UTILIZANDO A ESTRUTURA FOR:

\EXERC\CAP5\JAVA\EX14_A.java **e** \EXERC\CAP5\JAVA\EX14_A.class

2ª SOLUÇÃO – UTILIZANDO A ESTRUTURA WHILE:

\EXERC\CAP5\JAVA\EX14_B.java **e** \EXERC\CAP5\JAVA\EX14_B.class

15. Faça um programa que receba o preço unitário, a refrigeração (S para os produtos que necessitem de refrigeração e N para os que não necessitem) e a categoria (A — alimentação; L — limpeza; e V — vestuário) de doze produtos, e que calcule e mostre:

- O custo de estocagem, calculado de acordo com a tabela a seguir.

PREÇO UNITÁRIO	REFRIGERAÇÃO	CATEGORIA	CUSTO DE ESTOCAGEM
Até 20		A	R$ 2,00
		L	R$ 3,00
		V	R$ 4,00
Entre 20 e 50 (inclusive)	S		R$ 6,00
	N		R$ 0,00
Maior que 50	S	A	R$ 5,00
		L	R$ 2,00
		V	R$ 4,00
	N	A ou V	R$ 0,00
		L	R$ 1,00

- O imposto calculado de acordo com as regras a seguir:

Se o produto **não preencher** nenhum dos requisitos a seguir, seu imposto será de 2% sobre o preço unitário; caso contrário, será de 4%.

Os requisitos são: categoria — A e refrigeração — S.

- O preço final, ou seja, preço unitário mais custo de estocagem mais imposto.

- A classificação calculada usando a tabela a seguir.

PREÇO FINAL	CLASSIFICAÇÃO
Até R$ 20,00	Barato
Entre R$ 20,00 e R$ 100,00 (inclusive)	Normal
Acima de R$ 100,00	Caro

- A média dos valores adicionais, ou seja, a média dos custos de estocagem e dos impostos dos doze produtos.
- O maior preço final.
- O menor preço final.
- O total dos impostos.
- A quantidade de produtos com classificação barato.
- A quantidade de produtos com classificação caro.
- A quantidade de produtos com classificação normal.

ALGORITMO SOLUÇÃO:

```
ALGORITMO
DECLARE i, preco, custo_est, imp, preco_final, adicional NUMÉRICO
        maior_p, menor_p, tot_imp, qtd_b, qtd_n, qtd_c NUMÉRICO
        refri, categ LITERAL
adicional ← 0
tot_imp ← 0
qtd_b ← 0
qtd_n ← 0
qtd_c ← 0
PARA i ← 1 ATÉ 12 FAÇA
INÍCIO
```

```
LEIA preco
LEIA refri
LEIA categ
SE preco <= 20
    ENTÃO INÍCIO
               SE categ = "A"
               ENTÃO custo_est ← 2
               SE categ = "L"
               ENTÃO custo_est ← 3
               SE categ = "V"
               ENTÃO custo_est ← 4
         FIM
SE preco > 20 E preco <= 50
    ENTÃO INÍCIO
               SE refri = "S"
               ENTÃO custo_est ← 6
               SENÃO custo_est ← 0
         FIM
SE preco > 50
    ENTÃO INÍCIO
               SE refri = "S"
               ENTÃO INÍCIO
                       SE categ = "A"
                       ENTÃO custo_est ← 5
                       SE categ = "L"
                       ENTÃO custo_est ← 2
                       SE categ = "V"
                       ENTÃO custo_est ← 4
                       FIM
               SENÃO INÍCIO
                        SE categ = "A" OU categ = "V"
                        ENTÃO custo_est ← 0
                        SE categ = "L"
                        ENTÃO custo_est ← 1
                        FIM
         FIM
SE categ ≠ "A" E refri ≠ "S"
    ENTÃO imp ← preco * 2 / 100
    SENÃO imp ← preco * 4 / 100
preco_final ← preco + custo_est + imp
ESCREVA custo_est
ESCREVA imp
ESCREVA preco_final
SE preco_final <= 20
    ENTÃO INÍCIO
          qtd_b ← qtd_b + 1
          ESCREVA "Classificação Barato"
          FIM
SE preco_final > 20 E preco_final <= 100
    ENTÃO INÍCIO
          qtd_n ← qtd_n + 1
          ESCREVA "Classificação Normal"
          FIM
SE preco_final > 100
    ENTÃO INÍCIO
          qtd_c ← qtd_c + 1
```

```
                  ESCREVA "Classificação Caro"
                  FIM
      adicional ← adicional + custo_est + imp
      tot_imp ← tot_imp ← imp
      SE i = 1
          ENTÃO INÍCIO
                  maior_p ← preco_final
                  menor_p ← preco_final
                  FIM
          SENÃO INÍCIO
                  SE preco_final > maior_p
                  ENTÃO maior_p ← preco_final
                  SE preco_final < menor_p
                  ENTÃO menor_p ← preco_final
                  FIM
FIM
adicional ← adicional / 12
ESCREVA adicional
ESCREVA maior_p
ESCREVA menor_p
ESCREVA tot_imp
ESCREVA qtd_b
ESCREVA qtd_n
ESCREVA qtd_c
FIM_ALGORITMO.
```

PASCAL

1ª SOLUÇÃO – UTILIZANDO A ESTRUTURA FOR:

\EXERC\CAP5\PASCAL\EX15_A.PAS **e** \EXERC\CAP5\PASCAL\EX15_A.EXE

2ª SOLUÇÃO – UTILIZANDO A ESTRUTURA REPEAT:

\EXERC\CAP5\PASCAL\EX15_B.PAS **e** \EXERC\CAP5\PASCAL\EX15_B.EXE

C/C++

1ª SOLUÇÃO – UTILIZANDO A ESTRUTURA FOR:

\EXERC\CAP5\C++\EX15_A.CPP **e** \EXERC\CAP5\C++\EX15_A.EXE

2ª SOLUÇÃO – UTILIZANDO A ESTRUTURA DO-WHILE:

\EXERC\CAP5\C++\EX15_B.CPP **e** \EXERC\CAP5\C++\EX15_B.EXE

JAVA

1ª SOLUÇÃO – UTILIZANDO A ESTRUTURA FOR:

\EXERC\CAP5\JAVA\EX15_A.java **e** \EXERC\CAP5\JAVA\EX15_A.class

2ª SOLUÇÃO – UTILIZANDO A ESTRUTURA DO-WHILE:

\EXERC\CAP5\JAVA\EX15_B.java **e** \EXERC\CAP5\JAVA\EX15_B.class

16. Faça um programa para calcular a área de um triângulo e que não permita a entrada de dados inválidos, ou seja, medidas menores ou iguais a 0.

ALGORITMO SOLUÇÃO:

```
ALGORITMO
DECLARE base, altura, área NUMÉRICO
REPITA
     LEIA base
ATÉ base > 0
REPITA
     LEIA altura
```

```
ATÉ altura > 0
area ← base * altura / 2
ESCREVA area
FIM_ALGORITMO.
```

 1ª SOLUÇÃO – UTILIZANDO A ESTRUTURA WHILE:

\EXERC\CAP5\PASCAL\EX16_A.PAS **e** \EXERC\CAP5\PASCAL\EX16_A.EXE

2ª SOLUÇÃO – UTILIZANDO A ESTRUTURA REPEAT:

\EXERC\CAP5\PASCAL\EX16_B.PAS **e** \EXERC\CAP5\PASCAL\EX16_B.EXE

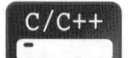 1ª SOLUÇÃO – UTILIZANDO A ESTRUTURA WHILE:

\EXERC\CAP5\C++\EX16_A.CPP **e** \EXERC\CAP5\C++\EX16_A.EXE

2ª SOLUÇÃO – UTILIZANDO A ESTRUTURA DO-WHILE:

\EXERC\CAP5\C++\EX16_B.CPP **e** \EXERC\CAP5\C++\EX16_B.EXE

 1ª SOLUÇÃO – UTILIZANDO A ESTRUTURA WHILE:

\EXERC\CAP5\JAVA\EX16_A.java **e** \EXERC\CAP5\JAVA\EX16_A.class

2ª SOLUÇÃO – UTILIZANDO A ESTRUTURA DO-WHILE:

\EXERC\CAP5\JAVA\EX16_B.java **e** \EXERC\CAP5\JAVA\EX16_B.class

17. Faça um programa que receba o salário de um funcionário chamado Carlos. Sabe-se que outro funcionário, João, tem salário equivalente a um terço do salário de Carlos. Carlos aplicará seu salário integralmente na caderneta de poupança, que rende 2% ao mês, e João aplicará seu salário integralmente no fundo de renda fixa, que rende 5% ao mês. O programa deverá calcular e mostrar a quantidade de meses necessários para que o valor pertencente a João iguale ou ultrapasse o valor pertencente a Carlos.

ALGORITMO SOLUÇÃO:

```
ALGORITMO
DECLARE sal_carlos, sal_joao, meses NUMÉRICO
LEIA sal_carlos
sal_joao ← sal_carlos / 3
meses ← 0
ENQUANTO sal_joao < sal_carlos FAÇA
INÍCIO
        sal_carlos ← sal_carlos + (sal_carlos * 2 / 100)
        sal_joao ← sal_joao + (sal_joao * 5 / 100)
        meses ←  meses + 1
FIM
ESCREVA meses
FIM_ALGORITMO.
```

 1ª SOLUÇÃO – UTILIZANDO A ESTRUTURA WHILE:

\EXERC\CAP5\PASCAL\EX17_A.PAS **e** \EXERC\CAP5\PASCAL\EX17_A.EXE

2ª SOLUÇÃO – UTILIZANDO A ESTRUTURA REPEAT:

\EXERC\CAP5\PASCAL\EX17_B.PAS **e** \EXERC\CAP5\PASCAL\EX17_B.EXE

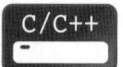 1ª SOLUÇÃO – UTILIZANDO A ESTRUTURA WHILE:

\EXERC\CAP5\C++\EX17_A.CPP **e** \EXERC\CAP5\C++\EX17_A.EXE

2ª SOLUÇÃO – UTILIZANDO A ESTRUTURA DO-WHILE:

\EXERC\CAP5\C++\EX17_B.CPP **e** \EXERC\CAP5\C++\EX17_B.EXE

 1ª SOLUÇÃO – UTILIZANDO A ESTRUTURA WHILE:

`\EXERC\CAP5\JAVA\EX17_A.java` **e** `\EXERC\CAP5\JAVA\EX17_A.class`

2ª SOLUÇÃO – UTILIZANDO A ESTRUTURA DO-WHILE:

`\EXERC\CAP5\JAVA\EX17_B.java` **e** `\EXERC\CAP5\JAVA\EX17_B.class`

18. Faça um programa que leia um conjunto não determinado de valores e mostre o valor lido, seu quadrado, seu cubo e sua raiz quadrada. Finalize a entrada de dados com um valor negativo ou zero.

ALGORITMO SOLUÇÃO:

```
ALGORITMO
DECLARE num, quad, cubo, raiz NUMÉRICO
LEIA num
ENQUANTO num > 0 FAÇA
INÍCIO
quad ← num * num
cubo ← num * num * num
raiz ← √num
ESCREVA quad, cubo, raiz
LEIA num
FIM
FIM_ALGORITMO.
```

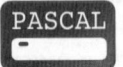 1ª SOLUÇÃO – UTILIZANDO A ESTRUTURA WHILE:

`\EXERC\CAP5\PASCAL\EX18_A.PAS` **e** `\EXERC\CAP5\PASCAL\EX18_A.EXE`

2ª SOLUÇÃO – UTILIZANDO A ESTRUTURA REPEAT:

`\EXERC\CAP5\PASCAL\EX18_B.PAS` **e** `\EXERC\CAP5\PASCAL\EX18_B.EXE`

1ª SOLUÇÃO – UTILIZANDO A ESTRUTURA WHILE:

`\EXERC\CAP5\C++\EX18_A.CPP` **e** `\EXERC\CAP5\C++\EX18_A.EXE`

2ª SOLUÇÃO – UTILIZANDO A ESTRUTURA DO-WHILE:

`\EXERC\CAP5\C++\EX18_B.CPP` **e** `\EXERC\CAP5\C++\EX18_B.EXE`

1ª SOLUÇÃO – UTILIZANDO A ESTRUTURA WHILE:

`\EXERC\CAP5\JAVA\EX18_A.java` **e** `\EXERC\CAP5\JAVA\EX18_A.class`

2ª SOLUÇÃO – UTILIZANDO A ESTRUTURA DO-WHILE:

`\EXERC\CAP5\JAVA\EX18_B.java` **e** `\EXERC\CAP5\JAVA\EX18_B.class`

19. Faça um programa que leia um número não determinado de pares de valores [m,n], todos inteiros e positivos, um par de cada vez, e que calcule e mostre a soma de todos os números inteiros entre m e n (inclusive). A digitação de pares terminará quando m for maior ou igual a n.

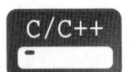 SOLUÇÃO:

```
ALGORITMO
DECLARE m, n, soma, i NUMÉRICO
LEIA m
LEIA n
ENQUANTO m < n FAÇA
INÍCIO
        soma ←  0
        PARA i m ATÉ n FAÇA
        INÍCIO
                soma ←  soma + i
        FIM
```

```
        ESCREVA soma
        LEIA m
        LEIA n
FIM
FIM_ALGORITMO.
```

 1ª SOLUÇÃO – UTILIZANDO A ESTRUTURA WHILE:

\EXERC\CAP5\PASCAL\EX19_A.PAS **e** \EXERC\CAP5\PASCAL\EX19_A.EXE

2ª SOLUÇÃO – UTILIZANDO A ESTRUTURA REPEAT:

\EXERC\CAP5\PASCAL\EX19_B.PAS **e** \EXERC\CAP5\PASCAL\EX19_B.EXE

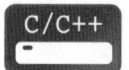 1ª SOLUÇÃO – UTILIZANDO A ESTRUTURA WHILE:

\EXERC\CAP5\C++\EX19_A.CPP **e** \EXERC\CAP5\C++\EX19_A.EXE

2ª SOLUÇÃO – UTILIZANDO A ESTRUTURA DO-WHILE:

\EXERC\CAP5\C++\EX19_B.CPP **e** \EXERC\CAP5\C++\EX19_B.EXE

 1ª SOLUÇÃO – UTILIZANDO A ESTRUTURA WHILE:

\EXERC\CAP5\JAVA\EX19_A.java **e** \EXERC\CAP5\JAVA\EX19_A.class

2ª SOLUÇÃO – UTILIZANDO A ESTRUTURA DO-WHILE:

\EXERC\CAP5\JAVA\EX19_B.java **e** \EXERC\CAP5\JAVA\EX19_B.class

20. Faça um programa para ler o código, o sexo (M — masculino; F — feminino) e o número de horas/aula dadas mensalmente pelos professores de uma universidade, sabendo-se que cada hora/aula vale R$ 30,00. Emita uma listagem contendo o código, o salário bruto e o salário líquido (levando em consideração os descontos explicados a seguir) de todos os professores. Mostre também a média dos salários líquidos dos professores do sexo masculino e a média dos salários líquidos dos professores do sexo feminino. Considere:

■ desconto para homens, 10%, e, para mulheres, 5%;

■ as informações terminarão quando for lido o código = 99999.

ALGORITMO SOLUÇÃO:

```
ALGORITMO
DECLARE cod, num_h, sal_b, sal_l, media_m, media_f NUMÉRICO
        cont_m, cont_f NUMÉRICO
        sexo LITERAL
LEIA cod
cont_m ← 0
cont_f ← 0
ENQUANTO cod ≠ 99999 FAÇA
INÍCIO
        LEIA sexo
        LEIA num_h
        sal_b ←  num_h * 30
        SE sexo = "M"
           ENTÃO INÍCIO
                      sal_l ←  sal_b — (sal_b * 10 / 100)
                      media_m ←  media_m + sal_l
                      cont_m ←  cont_m + 1
                FIM
        SE sexo = "F"
           ENTÃO INÍCIO
```

```
                         sal_l ←  sal_b – (sal_b * 5 / 100)
                         media_f ←  media_f + sal_l
                         cont_f ←  cont_f + 1
                   FIM
          ESCREVA cod
          ESCREVA sal_b
          ESCREVA sal_l
          LEIA cod
FIM
SE cont_m = 0
ENTÃO ESCREVA "Nenhum professor do sexo masculino"
SENÃO INÍCIO
       media_m ←  media_m / cont_m
       ESCREVA media_m
       FIM
SE cont_f = 0
ENTÃO ESCREVA "Nenhum professor do sexo feminino"
SENÃO INÍCIO
       media_f ←  media_f / cont_f
       ESCREVA media_f
       FIM
FIM_ALGORITMO.
```

PASCAL

1ª SOLUÇÃO – UTILIZANDO A ESTRUTURA WHILE:

\EXERC\CAP5\PASCAL\EX20_A.PAS **e** \EXERC\CAP5\PASCAL\EX20_A.EXE

2ª SOLUÇÃO – UTILIZANDO A ESTRUTURA REPEAT:

\EXERC\CAP5\PASCAL\EX20_B.PAS **e** \EXERC\CAP5\PASCAL\EX20_B.EXE

C/C++

1ª SOLUÇÃO – UTILIZANDO A ESTRUTURA WHILE:

\EXERC\CAP5\C++\EX20_A.CPP **e** \EXERC\CAP5\C++\EX20_A.EXE

2ª SOLUÇÃO – UTILIZANDO A ESTRUTURA DO-WHILE:

\EXERC\CAP5\C++\EX20_B.CPP **e** \EXERC\CAP5\C++\EX20_B.EXE

JAVA

1ª SOLUÇÃO – UTILIZANDO A ESTRUTURA WHILE:

\EXERC\CAP5\JAVA\EX20_A.java **e** \EXERC\CAP5\JAVA\EX20_A.class

2ª SOLUÇÃO – UTILIZANDO A ESTRUTURA DO-WHILE:

\EXERC\CAP5\JAVA\EX20_B.java **e** \EXERC\CAP5\JAVA\EX20_B.class

21. Faça um programa que receba vários números, calcule e mostre:

- a soma dos números digitados;
- a quantidade de números digitados;
- a média dos números digitados;
- o maior número digitado;
- o menor número digitado;
- a média dos números pares;
- a porcentagem dos números ímpares entre todos os números digitados.

Finalize a entrada de dados com a digitação do número 30.000.

ALGORITMO SOLUÇÃO:

```
ALGORITMO
DECLARE num, soma, qtd, maior, menor, qtd_par NUMÉRICO
        media_par, soma_par, qtd_impar, media, perc NUMÉRICO
qtd ← 0
qtd_par ← 0
soma_par ← 0
qtd_impar ← 0
soma ← 0
LEIA num
ENQUANTO num ≠ 30000 FAÇA
INÍCIO
SE qtd = 0
   ENTÃO INÍCIO
             maior ← num
             menor ← num
         FIM
   SENÃO INÍCIO
           SE num > maior
              ENTÃO maior ← num
           SE num < menor
              ENTÃO menor ←  num
         FIM
soma ← soma + num
qtd ← qtd + 1
SE RESTO(num/2) = 0
   ENTÃO INÍCIO
           soma_par ← soma_par + num
           qtd_par ← qtd_par + 1
         FIM
   SENÃO qtd_impar ← qtd_impar + 1
LEIA num
FIM
SE qtd = 0
ENTÃO ESCREVA "Nenhum número digitado"
SENÃO INÍCIO
      ESCREVA soma
      ESCREVA qtd
      media ← soma / qtd
      ESCREVA media
      ESCREVA maior
      ESCREVA menor
      SE qtd_par = 0
      ENTÃO ESCREVA "nenhum par"
      SENÃO INÍCIO
           media_par ← soma_par / qtd_par
           ESCREVA media_par
           FIM
      perc ←  qtd_impar * 100 / qtd
      ESCREVA perc
      FIM
FIM_ALGORITMO.
```

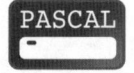

PASCAL   1ª SOLUÇÃO – UTILIZANDO A ESTRUTURA WHILE:

\EXERC\CAP5\PASCAL\EX21_A.PAS e \EXERC\CAP5\PASCAL\EX21_A.EXE

2^a SOLUÇÃO – UTILIZANDO A ESTRUTURA REPEAT:

\EXERC\CAP5\PASCAL\EX21_B.PAS e \EXERC\CAP5\PASCAL\EX21_B.EXE

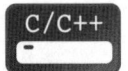

1^a SOLUÇÃO – UTILIZANDO A ESTRUTURA WHILE:

\EXERC\CAP5\C++\EX21_A.CPP e \EXERC\CAP5\C++\EX21_A.EXE

2^a SOLUÇÃO – UTILIZANDO A ESTRUTURA DO-WHILE:

\EXERC\CAP5\C++\EX21_B.CPP e \EXERC\CAP5\C++\EX21_B.EXE

1ª SOLUÇÃO – UTILIZANDO A ESTRUTURA WHILE:

\EXERC\CAP5\JAVA\EX21_A.java e \EXERC\CAP5\JAVA\EX21_A.class

2ª SOLUÇÃO – UTILIZANDO A ESTRUTURA DO-WHILE:

\EXERC\CAP5\JAVA\EX21_B.java e \EXERC\CAP5\JAVA\EX21_B.class

22. Uma empresa decidiu fazer um levantamento em relação aos candidatos que se apresentarem para preenchimento de vagas em seu quadro de funcionários. Supondo que você seja o programador dessa empresa, faça um programa que leia, para cada candidato, a idade, o sexo (M ou F) e a experiência no serviço (S ou N). Para encerrar a entrada de dados, digite zero para a idade.

O programa também deve calcular e mostrar:

- o número de candidatos do sexo feminino;
- o número de candidatos do sexo masculino;
- a idade média dos homens que já têm experiência no serviço;
- a porcentagem dos homens com mais de 45 anos entre o total dos homens;
- o número de mulheres com idade inferior a 21 anos e com experiência no serviço;
- a menor idade entre as mulheres que já têm experiência no serviço.

ALGORITMO SOLUÇÃO:

```
ALGORITMO
DECLARE idade, tot_f, tot_m, soma1, cont_m1, cont_m2, tot NUMÉRICO
        cont_f1, media_idade, perc, menor_idade NUMÉRICO
        sexo, exp LITERAL
tot ← 0
tot_f ← 0
tot_m ← 0
soma1 ← 0
cont_m1 ← 0
cont_m2 ← 0
cont_f1 ← 0
LEIA idade
ENQUANTO idade ≠ 0 FAÇA
INÍCIO
     LEIA sexo
     LEIA exp
     SE sexo = "F" E exp = "S"
         ENTÃO INÍCIO
                SE tot = 0
                ENTÃO INÍCIO
                      menor_idade ←  idade
                      tot ←  1
                      FIM
                SENÃO SE idade < menor_idade
                ENTÃO menor_idade ←  idade
                FIM
```

```
        SE sexo = "M"
            ENTÃO tot_m ←  tot_m + 1
        SE sexo = "F"
            ENTÃO tot_f ←  tot_f + 1
        SE sexo = "F" E idade < 21 E exp = "S"
            ENTÃO cont_f1 ←  cont_f1 + 1
        SE sexo = "M" E idade > 45
            ENTÃO cont_m1 ←  cont_m1 + 1
        SE sexo = "M" E exp = "S"
            ENTÃO INÍCIO
                    soma1 ←  soma1 + idade
                    cont_m2 ←  cont_m2 + 1
                 FIM
        LEIA idade
FIM
ESCREVA tot_f
ESCREVA tot_m
SE cont_m2 = 0
ENTÃO ESCREVA "Nenhum homem com experiência"
SENÃO INÍCIO
      media_idade ←  soma1 / cont_m2
      ESCREVA media_idade
      FIM
SE tot_m = 0
ENTÃO ESCREVA "Nenhum homem"
SENÃO INÍCIO
      perc ←  cont_m1 * 100 / tot_m
      ESCREVA perc
      FIM
ESCREVA cont_f1
ESCREVA menor_idade
FIM_ALGORITMO.
```

PASCAL

1ª SOLUÇÃO – UTILIZANDO A ESTRUTURA WHILE:

\EXERC\CAP5\PASCAL\EX22_A.PAS **e** \EXERC\CAP5\PASCAL\EX22_A.EXE

2ª SOLUÇÃO – UTILIZANDO A ESTRUTURA REPEAT:

\EXERC\CAP5\PASCAL\EX22_B.PAS **e** \EXERC\CAP5\PASCAL\EX22_B.EXE

C/C++

1ª SOLUÇÃO – UTILIZANDO A ESTRUTURA WHILE:

\EXERC\CAP5\C++\EX22_A.CPP **e** \EXERC\CAP5\C++\EX22_A.EXE

2ª SOLUÇÃO – UTILIZANDO A ESTRUTURA DO-WHILE:

\EXERC\CAP5\C++\EX22_B.CPP **e** \EXERC\CAP5\C++\EX22_B.EXE

JAVA

1ª SOLUÇÃO – UTILIZANDO A ESTRUTURA WHILE:

\EXERC\CAP5\JAVA\EX22_A.java **e** \EXERC\CAP5\JAVA\EX22_A.class

2ª SOLUÇÃO – UTILIZANDO A ESTRUTURA DO-WHILE:

\EXERC\CAP5\JAVA\EX22_B.java **e** \EXERC\CAP5\JAVA\EX22_B.class

23. Faça um programa que receba o valor do salário mínimo, uma lista contendo a quantidade de quilo-watts gasta por consumidor e o tipo de consumidor (1 — residencial; 2 — comercial; ou 3 — indus-trial) e que calcule e mostre:

■ o valor de cada quilowatt, sabendo que o quilowatt custa um oitavo do salário mínimo;

■ o valor a ser pago por consumidor (conta final mais acréscimo). O acréscimo encontra-se na tabela a seguir:

TIPO	% DE ACRÉSCIMO SOBRE O VALOR GASTO
1	5
2	10
3	15

- o faturamento geral da empresa;
- a quantidade de consumidores que pagam entre R$ 500,00 e R$ 1.000,00.

Termine a entrada de dados com quantidade de quilowats igual a zero.

ALGORITMO SOLUÇÃO:

```
ALGORITMO
DECLARE sal, qtd, tipo, valor_kw, gasto, acresc NUMÉRICO
        total, tot_geral, qtd_cons NUMÉRICO
tot_geral ← 0
qtd_cons ← 0
LEIA sal, qtd
valor_kw ← sal / 8
ENQUANTO qtd ≠ 0 FAÇA
INÍCIO
     gasto ← qtd * valor_kw
     LEIA tipo
     SE tipo = 1
        ENTÃO acresc ← gasto * 5 / 100
     SE tipo = 2
        ENTÃO acresc ← gasto * 10 / 100
     SE tipo = 3
        ENTÃO acresc ← gasto * 15 / 100
     total ← gasto + acresc
     tot_geral ← tot_geral + total
     SE total >= 500 E total <= 1000
        ENTÃO qtd_cons ← qtd_cons + 1
     ESCREVA gasto
     ESCREVA acresc
     ESCREVA total
     LEIA qtd
FIM
ESCREVA tot_geral
ESCREVA qtd_cons
FIM_ALGORITMO.
```

1ª SOLUÇÃO – UTILIZANDO A ESTRUTURA WHILE:

\EXERC\CAP5\PASCAL\EX23_A.PAS e \EXERC\CAP5\PASCAL\EX23_A.EXE

2ª SOLUÇÃO – UTILIZANDO A ESTRUTURA REPEAT:

\EXERC\CAP5\PASCAL\EX23_B.PAS e \EXERC\CAP5\PASCAL\EX23_B.EXE

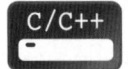

1ª SOLUÇÃO – UTILIZANDO A ESTRUTURA WHILE:

\EXERC\CAP5\C++\EX23_A.CPP e \EXERC\CAP5\C++\EX23_A.EXE

2ª SOLUÇÃO – UTILIZANDO A ESTRUTURA DO-WHILE:

\EXERC\CAP5\C++\EX23_B.CPP e \EXERC\CAP5\C++\EX23_B.EXE

1ª SOLUÇÃO – UTILIZANDO A ESTRUTURA WHILE:

\EXERC\CAP5\JAVA\EX23_A.java e \EXERC\CAP5\JAVA\EX23_A.class

2ª SOLUÇÃO – UTILIZANDO A ESTRUTURA DO-WHILE:

\EXERC\CAP5\JAVA\EX23_B.java e \EXERC\CAP5\JAVA\EX23_B.class

24. Faça um programa que apresente o menu de opções a seguir, permita ao usuário escolher a opção desejada, receba os dados necessários para executar a operação e mostre o resultado. Verifique a possibilidade de opção inválida e não se preocupe com restrições do tipo salário inválido.

Menu de opções:
1. Imposto
2. Novo salário
3. Classificação
4. Finalizar o programa
Digite a opção desejada.

Na opção 1: receber o salário de um funcionário, calcular e mostrar o valor do imposto usando as regras a seguir.

SALÁRIOS	% DO IMPOSTO
Menor que R$ 500,00	5
De R$ 500,00 a R$ 850,00	10
Acima de R$ 850,00	15

Na opção 2: receber o salário de um funcionário, calcular e mostrar o valor do novo salário usando as regras a seguir.

SALÁRIOS	AUMENTO
Maiores que R$ 1.500,00	R$ 25,00
De R$ 750,00 (inclusive) a R$ 1.500,00 (inclusive)	R$ 50,00
De R$ 450,00 (inclusive) a R$ 750,00	R$ 75,00
Menores que R$ 450,00	R$ 100,00

Na opção 3: receber o salário de um funcionário e mostrar sua classificação usando esta tabela:

SALÁRIOS	CLASSIFICAÇÃO
Até R$ 700,00	Mal remunerado
Maiores que R$ 700,00	Bem remunerado

ALGORITMO SOLUÇÃO:

```
ALGORITMO
DECLARE op, sal, imp, aum, novo_sal NUMÉRICO
REPITA
ESCREVA " MENU DE OPÇÕES"
ESCREVA "1- Imposto"
ESCREVA "2- Novo Salário"
ESCREVA "3- Classificação"
ESCREVA "4- Finalizar o programa"
ESCREVA "Digite a opção desejada"
LEIA op
SE op > 4 OU op < 1
ENTÃO ESCREVA "Opção inválida !"
SE op = 1
```

```
ENTÃO INÍCIO
       LEIA sal
       SE sal < 500
       ENTÃO imp ← sal * 5/100
       SE sal >= 500 E sal <= 850
       ENTÃO imp ← sal * 10/100
       SE sal > 850
       ENTÃO imp ← sal * 15/100
       ESCREVA imp
       FIM
SE op = 2
 ENTÃO INÍCIO
       LEIA sal
       SE sal > 1500
       ENTÃO aum ← 25
       SE sal >= 750 E sal <= 1500
       ENTÃO aum ← 50
       SE sal >= 450 E sal < 750
       ENTÃO aum ← 75
       SE sal < 450
       ENTÃO aum ← 100
       novo_sal ← sal + aum
       ESCREVA novo_sal
       FIM
SE op = 3
 ENTÃO INÍCIO
       LEIA sal
       SE sal <= 700
       ENTÃO ESCREVA "Mal Remunerado"
       SENÃO ESCREVA "Bem Remunerado"
       FIM
ATÉ op = 4
FIM_ALGORITMO.
```

PASCAL 1ª SOLUÇÃO – UTILIZANDO A ESTRUTURA REPEAT:

\EXERC\CAP5\PASCAL\EX24_A.PAS e \EXERC\CAP5\PASCAL\EX24_A.EXE

2ª SOLUÇÃO – UTILIZANDO A ESTRUTURA WHILE:

\EXERC\CAP5\PASCAL\EX24_B.PAS e \EXERC\CAP5\PASCAL\EX24_B.EXE

C/C++ 1ª SOLUÇÃO – UTILIZANDO A ESTRUTURA DO-WHILE:

\EXERC\CAP5\C++\EX24_A.CPP e \EXERC\CAP5\C++\EX24_A.EXE

2ª SOLUÇÃO – UTILIZANDO A ESTRUTURA WHILE:

\EXERC\CAP5\C++\EX24_B.CPP e \EXERC\CAP5\C++\EX24_B.EXE

JAVA 1ª SOLUÇÃO – UTILIZANDO A ESTRUTURA DO-WHILE:

\EXERC\CAP5\JAVA\EX24_A.java e \EXERC\CAP5\JAVA\EX24_A.class

2ª SOLUÇÃO – UTILIZANDO A ESTRUTURA WHILE:

\EXERC\CAP5\JAVA\EX24_B.java e \EXERC\CAP5\JAVA\EX24_B.class

25. Faça um programa que receba os dados a seguir de vários produtos: preço unitário, país de origem (1 – Estados Unidos; 2 — México; e 3 — outros), meio de transporte (T — terrestre; F — fluvial; e A — aéreo), carga perigosa (S — sim; N — não), finalize a entrada de dados com um preço inválido, ou seja, menor ou igual a zero. O programa deve calcular e mostrar os itens a seguir.

■ O valor do imposto, usando a tabela a seguir.

PREÇO UNITÁRIO	PERCENTUAL DE IMPOSTO SOBRE O PREÇO UNITÁRIO
Até R$ 100,00	5%
Maior que R$ 100,00	10%

■ O valor do transporte usando a tabela a seguir.

CARGA PERIGOSA	PAÍS DE ORIGEM	VALOR DO TRANSPORTE
S	1	R$ 50,00
	2	R$ 21,00
	3	R$ 24,00
N	1	R$ 12,00
	2	R$ 21,00
	3	R$ 60,00

■ O valor do seguro, usando a regra a seguir.

Os produtos que vêm do México e os produtos que utilizam transporte aéreo pagam metade do valor do seu preço unitário como seguro.

■ O preço final, ou seja, preço unitário mais imposto mais valor do transporte mais valor do seguro.

■ O total dos impostos.

ALGORITMO SOLUÇÃO:

```
ALGORITMO
DECLARE preco, imp, transp, seguro, final NUMÉRICO
        total_imp, origem NUMÉRICO
        meio_t, carga LITERAL
LEIA preco
ENQUANTO preco > 0 FAÇA
INÍCIO
        LEIA origem
        LEIA meio_t
        LEIA carga
        SE preco <= 100
            ENTÃO imp ← preco * 5 / 100
            SENÃO imp ← preco * 10 / 100
        SE carga = "S"
            ENTÃO INÍCIO
                    SE origem = 1
                    ENTÃO transp ← 50
                    SE origem = 2
                    ENTÃO transp ← 21
                    SE origem = 3
                    ENTÃO transp ← 24
                FIM
        SE carga = "N"
            ENTÃO INÍCIO
                    SE origem = 1
                    ENTÃO transp ← 12
                    SE origem = 2
                    ENTÃO transp ← 21
                    SE origem = 3
                    ENTÃO transp ← 60
                FIM
```

```
            SE origem = 2 OU meio_t = "A"
               ENTÃO seguro ← preco/2
               SENÃO seguro ← 0
            final ← preco + imp + transp + seguro
            total_imp ← total_imp + imp
            ESCREVA imp
            ESCREVA transp
            ESCREVA seguro
            ESCREVA final
            LEIA preco
      FIM
      ESCREVA total_imp
      FIM_ALGORITMO.
```

PASCAL

1ª SOLUÇÃO – UTILIZANDO A ESTRUTURA WHILE:

\EXERC\CAP5\PASCAL\EX25_A.PAS **e** \EXERC\CAP5\PASCAL\EX25_A.EXE

2ª SOLUÇÃO – UTILIZANDO A ESTRUTURA REPEAT:

\EXERC\CAP5\PASCAL\EX25_B.PAS **e** \EXERC\CAP5\PASCAL\EX25_B.EXE

C/C++

1ª SOLUÇÃO – UTILIZANDO A ESTRUTURA WHILE:

\EXERC\CAP5\C++\EX25_A.CPP **e** \EXERC\CAP5\C++\EX25_A.EXE

2ª SOLUÇÃO – UTILIZANDO A ESTRUTURA DO-WHILE:

\EXERC\CAP5\C++\EX25_B.CPP **e** \EXERC\CAP5\C++\EX25_B.EXE

JAVA

1ª SOLUÇÃO – UTILIZANDO A ESTRUTURA WHILE:

\EXERC\CAP5\JAVA\EX25_A.java **e** \EXERC\CAP5\JAVA\EX25_A.class

2ª SOLUÇÃO – UTILIZANDO A ESTRUTURA DO-WHILE:

\EXERC\CAP5\JAVA\EX25_B.java **e** \EXERC\CAP5\JAVA\EX25_B.class

EXERCÍCIOS PROPOSTOS

1. Faça um programa que leia cinco grupos de quatro valores (A, B, C, D) e mostre-os na ordem lida. Em seguida, organize-os em ordem crescente e decrescente.

2. Uma companhia de teatro deseja montar uma série de espetáculos. A direção calcula que, a R$ 5,00 o ingresso, serão vendidos 120 ingressos, e que as despesas serão de R$ 200,00. Diminuindo-se em R$ 0,50 o preço dos ingressos, espera-se que as vendas aumentem em 26 ingressos. Faça um programa que escreva uma tabela de valores de lucros esperados em função do preço do ingresso, fazendo-se variar esse preço de R$ 5,00 a R$ 1,00, de R$ 0,50 em R$ 0,50. Escreva, ainda, para cada novo preço de ingresso, o lucro máximo esperado, o preço do ingresso e a quantidade de ingressos vendidos para a obtenção desse lucro.

3. Faça um programa que receba a idade de oito pessoas, calcule e mostre:
   a) a quantidade de pessoas em cada faixa etária;
   b) a porcentagem de pessoas na primeira faixa etária com relação ao total de pessoas.
   c) a porcentagem de pessoas na última faixa etária com relação ao total de pessoas

FAIXA ETÁRIA	IDADE
1ª	Até 15 anos
2ª	De 16 a 30 anos
3ª	De 31 a 45 anos
4ª	De 46 a 60 anos
5ª	Acima de 60 anos

4. Faça um programa que receba um número, calcule e mostre a tabuada desse número.

Exemplo:
Digite um número: 5
5 × 0 = 0
5 × 1 = 5
5 × 2 = 10
5 × 3 = 15
5 × 4 = 20
5 × 5 = 25
5 × 6 = 30
5 × 7 = 35
5 × 8 = 40
5 × 9 = 45
5 × 10 = 50

5. Faça um programa que mostre as tabuadas dos números de 1 a 10.

6. Uma loja utiliza o código V para transação à vista e P para transação a prazo. Faça um programa que receba o código e o valor de quinze transações, calcule e mostre:

- o valor total das compras à vista;
- o valor total das compras a prazo;
- o valor total das compras efetuadas; e
- o valor da primeira prestação das compras a prazo juntas, sabendo-se que serão pagas em três vezes.

7. Faça um programa que receba a idade, a altura e o peso de cinco pessoas, calcule e mostre:

- a quantidade de pessoas com idade superior a 50 anos;
- a média das alturas das pessoas com idade entre 10 e 20 anos;
- a porcentagem de pessoas com peso inferior a 40 kg entre todas as pessoas analisadas.

8. Faça um programa que receba a idade, o peso, a altura, a cor dos olhos (A — azul; P — preto; V — verde; e C — castanho) e a cor dos cabelos (P — preto; C — castanho; L — louro; e R — ruivo) de seis pessoas, e que calcule e mostre:

- a quantidade de pessoas com idade superior a 50 anos e peso inferior a 60 kg;
- a média das idades das pessoas com altura inferior a 1,50 m;
- a porcentagem de pessoas com olhos azuis entre todas as pessoas analisadas; e
- a quantidade de pessoas ruivas e que não possuem olhos azuis.

9. Faça um programa que receba dez idades, pesos e alturas, calcule e mostre:

- a média das idades das dez pessoas;
- a quantidade de pessoas com peso superior a 90 kg e altura inferior a 1,50 metro; e
- a porcentagem de pessoas com idade entre 10 e 30 anos entre as pessoas que medem mais de 1,90 m.

10. Faça um programa que receba dez números, calcule e mostre a soma dos números pares e a soma dos números primos.

11. Faça um programa que receba o valor de um carro e mostre uma tabela com os seguintes dados: preço final, quantidade de parcelas e valor da parcela. Considere o seguinte:

- o preço final para compra à vista tem desconto de 20%;
- a quantidade de parcelas pode ser: 6, 12, 18, 24, 30, 36, 42, 48, 54 e 60; e
- os percentuais de acréscimo encontram-se na tabela a seguir.

QUANTIDADE DE PARCELAS	PERCENTUAL DE ACRÉSCIMO SOBRE O PREÇO FINAL
6	3%
12	6%
18	9%
24	12%
30	15%
36	18%
42	21%
48	24%
54	27%
60	30%

12. Faça um programa que receba dez números inteiros e mostre a quantidade de números primos dentre os números que foram digitados.

13. Faça um programa que receba a idade e o peso de quinze pessoas, e que calcule e mostre as médias dos pesos das pessoas da mesma faixa etária. As faixas etárias são: de 1 a 10 anos, de 11 a 20 anos, de 21 a 30 anos e de 31 anos para cima.

14. Cada espectador de um cinema respondeu a um questionário no qual constava sua idade e sua opinião em relação ao filme: ótimo — 3; bom — 2; regular — 1. Faça um programa que receba a idade e a opinião de quinze espectadores, calcule e mostre:

- a média das idades das pessoas que responderam ótimo;
- a quantidade de pessoas que responderam regular; e
- a percentagem de pessoas que responderam bom, entre todos os espectadores analisados.

15. Uma empresa fez uma pesquisa de mercado para saber se as pessoas gostaram ou não de um novo produto lançado. Para isso, forneceu o sexo do entrevistado e sua resposta (S — sim; ou N — não). Sabe-se que foram entrevistadas dez pessoas. Faça um programa que calcule e mostre:

- o número de pessoas que responderam sim;
- o número de pessoas que responderam não;
- o número de mulheres que responderam sim; e
- a percentagem de homens que responderam não, entre todos os homens analisados.

16. Faça um programa que receba várias idades, calcule e mostre a média das idades digitadas. Finalize digitando idade igual a zero.

17. Foi feita uma pesquisa sobre a audiência de canal de TV em várias casas de uma cidade, em determinado dia. Para cada casa consultada foi fornecido o número do canal (4, 5, 7, 12) e o número de pessoas que estavam assistindo àquele canal. Se a televisão estivesse desligada, nada era anotado, ou seja, essa casa não entrava na pesquisa. Faça um programa que:

- leia um número indeterminado de dados (número do canal e número de pessoas que estavam assistindo); e
- calcule e mostre a porcentagem de audiência de cada canal.

Para encerrar a entrada de dados, digite o número do canal ZERO.

18. Foi feita uma pesquisa entre os habitantes de uma região. Foram coletados os dados de idade, sexo (M/F) e salário. Faça um programa que calcule e mostre:

- a média dos salários do grupo;
- a maior e a menor idade do grupo;
- a quantidade de mulheres com salário até R$ 200,00;
- a idade e o sexo da pessoa que possui o menor salário.

Finalize a entrada de dados ao ser digitada uma idade negativa.

19. Faça um programa que receba o tipo da ação, ou seja, uma letra a ser comercializada na bolsa de valores, o preço de compra e o preço de venda de cada ação e que calcule e mostre:

- o lucro de cada ação comercializada;
- a quantidade de ações com lucro superior a R$ 1.000,00;
- a quantidade de ações com lucro inferior a R$ 200,00;
- o lucro total da empresa.

Finalize com o tipo de ação 'F'.

20. Faça um programa que apresente o menu de opções a seguir:

Menu de opções:
1. Média aritmética
2. Média ponderada
3. Sair

Digite a opção desejada.

Na opção 1: receber duas notas, calcular e mostrar a média aritmética.
Na opção 2: receber três notas e seus respectivos pesos, calcular e mostrar a média ponderada.
Na opção 3: sair do programa.

Verifique a possibilidade de opção inválida. Nesse caso, o programa deverá mostrar uma mensagem.

21. Em uma eleição presidencial existem quatro candidatos. Os votos são informados por meio de código. Os códigos utilizados são:

1, 2, 3, 4	Votos para os respectivos candidatos
5	Voto nulo
6	Voto em branco

Faça um programa que calcule e mostre:

- o total de votos para cada candidato;
- o total de votos nulos;
- o total de votos em branco;
- a porcentagem de votos nulos sobre o total de votos; e
- a porcentagem de votos em branco sobre o total de votos.

Para finalizar o conjunto de votos, tem-se o valor zero e, para códigos inválidos, o programa deverá mostrar uma mensagem.

22. Faça um programa que receba a idade e a altura de várias pessoas, calcule e mostre a média das alturas daquelas com mais de 50 anos. Para encerrar a entrada de dados, digite idade menor ou igual a zero.

23. Faça um programa que apresente o menu de opções a seguir, que permita ao usuário escolher a opção desejada, receba os dados necessários para executar a operação e mostre o resultado. Verifique a possibilidade de opção inválida e não se preocupe com as restrições como salário inválido.

Menu de opções:
1. Novo salário
2. Férias
3. Décimo terceiro
4. Sair

Digite a opção desejada.

Na opção 1: receber o salário de um funcionário, calcular e mostrar o novo salário usando as regras a seguir:

SALÁRIOS	PERCENTAGEM DE AUMENTO
Até R$ 210,00	15%
De R$ 210,00 a R$ 600,00 (inclusive)	10%
Acima de R$ 600,00	5%

Na opção 2: receber o salário de um funcionário, calcular e mostrar o valor de suas férias. Sabe-se que as férias equivalem a seu salário acrescido de um terço do salário.

Na opção 3: receber o salário de um funcionário e o número de meses de trabalho na empresa, no máximo doze, calcular e mostrar o valor do décimo terceiro. Sabe-se que o décimo terceiro equivale a seu salário multiplicado pelo número de meses de trabalho dividido por 12.

Na opção 4: sair do programa.

24. Faça um programa que receba um conjunto de valores inteiros e positivos, calcule e mostre o maior e o menor valor do conjunto. Considere que:

- para encerrar a entrada de dados, deve ser digitado o valor zero;
- para valores negativos, deve ser enviada uma mensagem;
- os valores negativos ou iguais a zero não entrarão nos cálculos.

25. Uma agência bancária possui vários clientes que podem fazer investimentos com rendimentos mensais, conforme a tabela a seguir:

TIPO	DESCRIÇÃO	RENDIMENTO MENSAL
1	Poupança	1,5%
2	Poupança plus	2%
3	Fundos de renda fixa	4%

Faça um programa que leia o código do cliente, o tipo do investimento e o valor investido, e que calcule e mostre o rendimento mensal de acordo com o tipo do investimento. No final, o programa deverá mostrar o total investido e o total de juros pagos.

A leitura terminará quando o código do cliente digitado for menor ou igual a 0.

6 Vetor

6.1 Vetor em algoritmos

6.1.1 Definição de vetor

Vetor também é conhecido como variável composta homogênea unidimensional. Isso quer dizer que se trata de um conjunto de variáveis de mesmo tipo, que possuem o mesmo identificador (nome) e são alocadas sequencialmente na memória. Como as variáveis têm o mesmo nome, o que as distingue é um índice que referencia sua localização dentro da estrutura.

6.1.2 Declaração de vetor

```
DECLARE nome[tamanho] tipo
```

onde:

nome é o nome da variável do tipo vetor;

tamanho é a quantidade de variáveis que vão compor o vetor;

tipo é o tipo básico dos dados que serão armazenados no vetor.

6.1.3 Exemplos de vetor

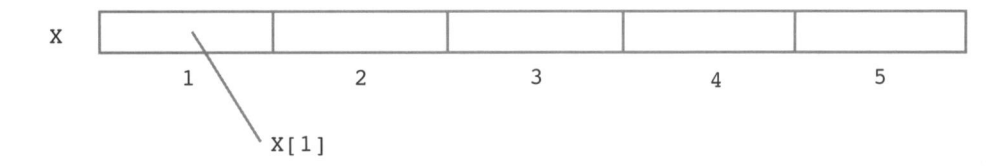

```
DECLARE X[5] NUMÉRICO
```

Acima podemos observar a criação de um vetor chamado X, que possui cinco posições. Ou seja, foram alocadas cinco porções de memória para armazenamento de números. Essas porções de memória são contíguas, isto é, seus endereços são sequenciais.

6.1.4 Atribuindo valores ao vetor

Uma vez que todas as posições de um vetor possuem o mesmo nome, as atribuições exigem que seja informada em qual de suas posições o valor ficará armazenado.

```
X[1] ← 45
X[4] ← 0
```

No primeiro exemplo dado, o número 45 será armazenado na posição de índice 1 do vetor. Já no segundo exemplo, o número 0 será armazenado na posição de índice 4 do vetor.

6.1.5 Preenchendo um vetor

Preencher um vetor significa atribuir valores a todas as suas posições. Assim, deve-se implementar um mecanismo que faça uma variável assumir todos os valores possíveis para o índice.

```
PARA i ← 1 ATÉ 5 FAÇA
INÍCIO
    ESCREVA "Digite o ", i, "º número"
    LEIA X[i]
FIM
```

Nesse exemplo, a estrutura de repetição PARA foi utilizada para garantir que a variável i assuma todos os valores possíveis entre 1 e 5 (posições válidas para o vetor X). Assim, para cada execução da repetição, será utilizada uma posição diferente do vetor.

Simulação:

		MEMÓRIA					TELA
i = 1	X	95					Digite o 1º número 95
		1	2	3	4	5	
i = 2	X	95	13				Digite o 2º número 13
		1	2	3	4	5	
i = 3	X	95	13	−25			Digite o 3º número −25
		1	2	3	4	5	
i = 4	X	95	13	−25	47		Digite o 4º número 47
		1	2	3	4	5	
i = 5	X	95	13	−25	47	0	Digite o 5º número 0
		1	2	3	4	5	

6.1.6 Mostrando os elementos do vetor

Mostrar os valores contidos em um vetor também implica na utilização do índice.

```
PARA i ← 1 ATÉ 5 FAÇA
INÍCIO
    ESCREVA "Este é o ", i, "º número do vetor"
    ESCREVA X[i]
FIM
```

Nesse exemplo, a estrutura de repetição PARA também foi utilizada para garantir que a variável i assuma todos os valores possíveis para o índice do vetor. Com isso, a cada execução da repetição, um valor de posição diferente será mostrado.

6.2 Vetor em PASCAL

6.2.1 Definição de vetor

As variáveis compostas homogêneas unidimensionais (vetores) são conhecidas na linguagem PASCAL como ARRAY. Todas as posições do ARRAY possuem o mesmo identificador (mesmo nome) e são alocadas sequencialmente na memória.

6.2.2 Declaração de vetor

```
VAR nome_da_variável: ARRAY[índice_inicial .. índice_final] OF tipo_ dos_dados_do_vetor;
```

onde:

`nome_da_variável` é o nome da variável do tipo vetor;
`índice_inicial` é o valor correspondente ao índice da primeira posição do vetor;
`índice_final` é o valor correspondente ao índice da última posição do vetor;
`tipo_dos_dados_do_vetor` é o tipo básico dos dados que serão armazenados no vetor.

É importante salientar que o valor do `índice_inicial` deve ser maior ou igual ao valor do `índice_final`. As posições são identificadas com valores dentro desse intervalo.

Exemplo 1:

```
VAR vetor1: ARRAY [1..10] OF INTEGER;
```

Nesse caso, o índice poderá assumir valores inteiros que vão de 1 a 10.

Exemplo 2:

```
VAR vetor1: ARRAY [5..9] OF REAL;
```

Nesse caso, o índice poderá assumir valores inteiros que vão de 5 a 9.

Outro ponto importante a ser destacado é que os índices também podem ser representados por valores alfabéticos. Com isso, é permitido o uso de caracteres para representar o `valor_inicial` e o `valor_final`. Obviamente, a regra que obriga o `valor_final` ser maior ou igual ao `valor_inicial` continua valendo. O exemplo 3, a seguir, ilustra essa possibilidade.

Exemplo 3:

```
VAR vetor1: ARRAY ['C'..'G'] OF REAL;
```

Nesse caso, o índice poderá assumir valores que vão de C a G.

⊗ ⊖ ⊕   **Observação**

Os valores que indicam o `índice_inicial` e o `índice_final` devem representar valores fixos (literais[1] ou constantes), não podendo ser substituídos por variáveis.

6.2.3 Exemplos de vetor

```
VAR X:ARRAY[1..10] OF REAL;
```

X	10.5	20	13.1	14.65	87	1.2	35.6	78.2	15	65.9
	1	2	3	4	5	6	7	8	9	10

```
VAR VET: ARRAY[5..9] OF CHAR;
```

VET	E	*	m	J	k
	5	6	7	8	9

```
VAR X:ARRAY['D'..'G'] OF INTEGER;
```

X	5	10	8	3
	D	E	F	G

---

1 Literal é um valor fixo, definido quando se escreve o programa. Por exemplo: `x:=10.3;` onde 10.3 é um literal. `vet: array [1..18] of char;` onde 1 e 18, escritos dentro dos colchetes, são literais.

```
CONST MIN = 3;
CONST MAX = 7;
VAR V:ARRAY[MIN..MAX] OF INTEGER;
```

V	14	5	8	65	71
	3	4	5	6	7

6.2.4 Atribuindo valores ao vetor

As atribuições em vetor exigem que seja informada em qual de suas posições o valor ficará armazenado.

```
X[4]:=5;    atribui o valor 5 à posição do vetor cujo índice é 4.
VET[3]:='F'; atribui a letra F à posição do vetor cujo índice é 3.
Y['d']:=4.1; atribui o valor 4.1 à posição do vetor cujo índice é o caractere d.
```

6.2.5 Preenchendo um vetor

Preencher um vetor significa atribuir valores a todas as suas posições. Assim, deve-se implementar um mecanismo que controle o valor do índice.

Exemplo 1:

```
FOR i:= 1 TO 7 DO
BEGIN
    READLN(X[i]);
END;
```

Exemplo 2:

```
FOR i:= 'C' TO 'E' DO
BEGIN
    READLN(X[i]);
END;
```

O exemplo 1 apresentou uma estrutura de repetição FOR, que foi utilizada para garantir que a variável i assumisse todos os valores possíveis para o índice do vetor (de 1 a 7). Já o exemplo 2 utilizou uma estrutura de repetição for para garantir que a variável i assumisse todos os valores possíveis entre os caracteres C e E. Assim, para cada execução da repetição, uma posição diferente dos vetores será preenchida por um valor digitado pelo usuário.

6.2.6 Mostrando os elementos do vetor

Mostrar os valores contidos em um vetor também exige a utilização do índice.

Exemplo 1:

```
FOR i:=1 TO 10 DO
BEGIN
    WRITELN(X[i]);
END;
```

Exemplo 2:

```
FOR i:= 'C' TO 'E' DO
BEGIN
    WRITELN(X[i]);
END;
```

O exemplo 1 apresentou uma estrutura de repetição FOR, que foi utilizada para garantir que a variável i assumisse todos os valores possíveis para o índice do vetor (de 1 a 10). Já no exemplo 2, a estrutura de repetição FOR garantiu que a variável i assumisse todos os valores possíveis entre os caracteres C e E. Assim, para cada execução da repetição, foi utilizada uma posição diferente do vetor e, dessa forma, todos os valores armazenados foram mostrados.

6.3 Vetor em C/C++

6.3.1 Definição de vetor

As variáveis compostas homogêneas unidimensionais (ou, simplesmente, vetores) são capazes de armazenar diversos valores. Cada um desses valores é identificado pelo mesmo nome (o nome dado ao vetor), sendo diferenciados entre si apenas por um índice.

Os índices utilizados na linguagem C/C++ para identificar as posições de um vetor começam sempre em 0 (zero) e vão até o tamanho do vetor menos uma unidade. O índice de um vetor em C/C++ deve sempre ser representado por um dos tipos inteiros disponíveis na linguagem.

6.3.2 Declaração de vetor

Os vetores em C/C++ são identificados pela existência de colchetes logo após o nome da variável no momento da declaração. Dentro dos colchetes, deve-se colocar o número de elementos que o vetor poderá armazenar.

Em C/C++, a indicação do tamanho do vetor (ou seja, a quantidade de elementos que o vetor poderá armazenar) deve ser feita por um valor inteiro fixo (representado por um literal[2] ou uma constante). Se houver necessidade de definir o tamanho do vetor em tempo de execução, deve-se fazê-lo através de ponteiros (o Capítulo 8 apresentará o conceito de ponteiro).

6.3.3 Exemplo de vetor

A seguir, são apresentadas algumas formas de criação de vetores.

Exemplo 1:

```
int vet[10];
```

vet	10	5	3	8	1	19	44	21	2	7
	0	1	2	3	4	5	6	7	8	9

No exemplo 1, o vetor chamado vet possui dez posições, começando pela posição 0 e indo até a posição 9 (tamanho do vetor − 1). Em cada posição poderão ser armazenados números inteiros, conforme especificado pelo tipo int na declaração.

Exemplo 2:

```
char x[5];
```

x	A	*	2	@	k
	0	1	2	3	4

No exemplo 2, o vetor chamado x possui cinco posições, começando pela posição 0 e indo até a posição 4 (tamanho do vetor − 1). Em cada posição poderão ser armazenados caracteres, conforme especificado pelo tipo char na declaração.

---

2 Literal é um valor fixo, definido quando se escreve o programa. Por exemplo: `double x=10.3;` onde 10.3 é um literal. `char vet [18];` onde 18, escrito dentro dos colchetes, é um literal.

Exemplo 3:

```
#define tam 5;
char z[tam];
```

z

A	*	2	@	K
0	1	2	3	4

No exemplo 3, o vetor z tem tamanho 5, exatamente o valor definido para a constante chamada `tam`.

É importante ressaltar que, na linguagem C, não existe o tipo de dado `string` (que será visto em detalhes no Capítulo 9), como ocorre na linguagem PASCAL. Dessa maneira, por exemplo, para poder armazenar o nome completo de uma pessoa, em uma cadeia de caracteres, deve-se declarar um vetor de `char`, em que cada posição equivale a um caractere ou a uma letra do nome. Além disso, toda vez que se faz uso de um vetor para armazenar uma cadeia de caracteres, deve-se definir uma posição a mais que a necessária, pois esta armazenará a marca de finalização de cadeia, representada pelo caractere '\0'.

6.3.4 Atribuindo valores ao vetor

As atribuições em vetor exigem que seja informada em qual de suas posições o valor ficará armazenado. Lembre-se: sempre a primeira posição de um vetor em C/C++ tem índice 0.

`vet[0] = 1;`	atribui o valor 1 à primeira posição do vetor (lembre-se de que o vetor começa na posição zero).
`x[3] = 'b';`	atribui a letra b à quarta posição do vetor (lembre-se de que o vetor começa na posição zero).

6.3.5 Preenchendo um vetor

Preencher um vetor significa atribuir valores às suas posições. Assim, deve-se implementar um mecanismo que controle o valor do índice.

```
for (i=0; i<10; i++)
    scanf("%d%*c", &vetor[i]);
```

Nesse exemplo, a estrutura de repetição FOR foi utilizada para garantir que a variável i assumisse todos os valores possíveis para o índice do vetor (de 0 a 9). Assim, para cada execução da repetição, será utilizada uma posição diferente do vetor.

6.3.6 Mostrando os elementos do vetor

Mostrar os valores contidos em um vetor também exige a utilização de um índice.

```
for (i=0; i<10; i++)
    printf("%d", vetor[i];
```

Nesse exemplo, a estrutura de repetição FOR foi utilizada para garantir que a variável i assumisse todos os valores possíveis para o índice do vetor (de 0 a 9). Assim, para cada execução da repetição, foi utilizada uma posição diferente e, dessa forma, todos os valores do vetor foram mostrados.

6.4 Vetor em JAVA

6.4.1 Definição de vetor

As variáveis compostas homogêneas unidimensionais (vetores) são variáveis capazes de armazenar diversos valores. Cada um desses valores é identificado pelo mesmo nome (o nome dado ao vetor), sendo diferenciados entre si apenas por um índice.

Os índices utilizados na linguagem JAVA para identificar as posições de um vetor começam sempre em 0 (zero) e vão até o tamanho do vetor menos uma unidade.

6.4.2 Declaração de vetor

Os vetores em JAVA são definidos pela existência de colchetes vazios antes ou depois do nome da variável, no momento da declaração. Logo depois, deve ser feito o dimensionamento do vetor.

Em JAVA, a indicação do tamanho do vetor (ou seja, a quantidade de elementos que o vetor poderá armazenar) pode ser feita por um valor inteiro fixo (representado por um literal[3] ou uma constante) ou por uma variável cujo valor é definido em tempo de execução.

6.4.3 Exemplo de vetor

Nos exemplos a seguir, são utilizadas duas linhas de comando: a primeira declara um vetor e a segunda define o seu tamanho.

Exemplo 1:

```
int x[ ];
x = new int[10];
```

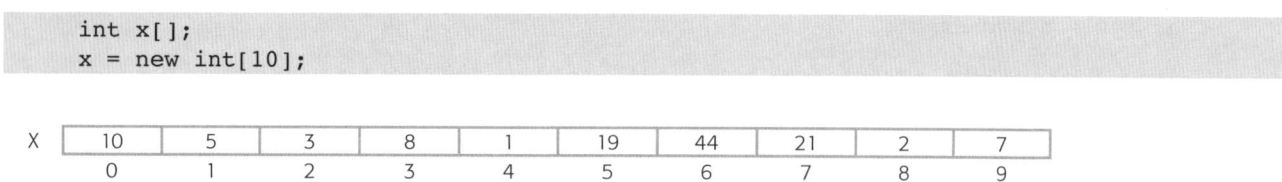

X	10	5	3	8	1	19	44	21	2	7
	0	1	2	3	4	5	6	7	8	9

Na primeira linha do exemplo 1, os colchetes vazios após o nome definem que x será um vetor. O tipo `int` determina que todas as suas posições armazenarão valores inteiros. A segunda linha estabelece que o vetor x terá tamanho 10 (ou seja, posições de 0 a 9).

Exemplo 2:

```
final int tam=6;
float [ ]y;
y = new float[tam];
```

Y	1.5	8.9	3.0	4.7	15.3	16.0
	0	1	2	3	4	5

Na primeira linha do exemplo 2, foi definida a constante `tam`, com valor igual a 6. Na segunda linha, os colchetes vazios antes do nome definem que y será um vetor. O tipo `float` determina o tipo do conteúdo que poderá ser armazenado em todas as suas posições. A terceira linha estabelece que o vetor y terá tamanho 6, exatamente o valor da constante `tam` (ou seja, o vetor terá posições de 0 a 5).

Exemplo 3:

```
double w[ ];
int tam;
tam = ent.nextInt( );
w = new double[tam];
```

Y	1.5	8.9	3.0	4.7	15.3	16.0	...	16.0
	0	1	2	3	4	5	...	tam-1

No exemplo 3, tem-se um vetor cujo tamanho dependerá de um valor fornecido no momento da execução do programa. Na primeira linha do exemplo 3, os colchetes vazios depois do nome, definem que w será um vetor. O tipo `double`, determina o tipo do dado que poderá ser armazenado em todas as suas posições. Na segunda linha é declarada a variável `tam`, que, após receber um valor externo (terceira linha), indicará o tamanho do vetor w (quarta linha).

Já, nos exemplos apresentados a seguir, utilizou-se a forma condensada, onde a declaração e o dimensionamento do vetor são feitos utilizando-se uma única linha.

---

3 Literal é um valor fixo, definido quando se escreve o programa. Por exemplo: `double x=10.3;` onde 10.3 é um literal. `char vet [ ]= new char[18];` onde 18, escrito dentro dos colchetes, é um literal.

Exemplo 4:

```
final int tam = 8;
int x[] = new int[tam];
```

X	5	9	1	14	25	3	18	0
	0	1	2	3	4	5	6	7

O exemplo 4 faz uso da constante `tam` para especificar o tamanho do vetor x. Na segunda linha do exemplo, a parte que antecede o sinal de igual informa que x é um vetor e que poderá armazenar números inteiros. A parte que sucede o sinal de igual dimensiona o tamanho de x em 8 (posições de 0 a 7).

Exemplo 5:

```
char []y = new char[5];
```

Y	A	*	2	@	k
	0	1	2	3	4

O exemplo 5 define e dimensiona o vetor y utilizando uma única linha. Assim, a parte que antecede o sinal de igual informa que y é um vetor e que poderá armazenar qualquer caractere. A parte que sucede o sinal de igual dimensiona o tamanho de y em 5 (posições de 0 a 4).

6.4.4 Atribuindo valores ao vetor

As atribuições em vetor exigem que seja informada em qual de suas posições o valor ficará armazenado. Deve-se lembrar sempre que a primeira posição de um vetor em JAVA tem índice 0.

`vet[0] = 1;`	atribui o valor 1 à primeira posição do vetor (lembre-se de que o vetor começa na posição 0).
`x[3] = 'b';`	atribui o valor b à quarta posição do vetor (lembre-se de que o vetor começa na posição 0).

6.4.5 Preenchendo um vetor

Preencher um vetor significa atribuir valores a todas as suas posições. Assim, deve-se implementar um mecanismo que controle o valor do índice.

```
e = new Scanner(System.in);
for (i=0; i<10; i++)
   vet[i] = e.nextInt();
```

Nesse exemplo, a estrutura de repetição FOR foi utilizada para garantir que a variável i assumisse todos os valores possíveis para o índice do vetor (de 0 a 9). Assim, para cada execução da repetição, uma posição diferente do vetor será utilizada.

6.4.6 Mostrando os elementos do vetor

Mostrar os valores contidos em um vetor também implica na utilização do índice.

```
for (i=0; i<10; i++)
System.out.println(vet[i]);
```

Nesse exemplo, a estrutura de repetição FOR foi utilizada para garantir que a variável i assumisse todos os valores possíveis para o índice do vetor (de 0 a 9). Assim, para cada execução da repetição, será utilizada uma posição diferente e, dessa forma, todos os valores do vetor serão mostrados.

EXERCÍCIOS RESOLVIDOS

1. Faça um programa que preencha um vetor com nove números inteiros, calcule e mostre os números primos e suas respectivas posições.

ALGORITMO Solução:

```
ALGORITMO
DECLARE num[9] NUMÉRICO
         i, j, cont NUMÉRICO
PARA i ← 1 ATÉ 9 FAÇA
    INÍCIO
        LEIA num[i]
    FIM
PARA i ← 1 ATÉ 9 FAÇA
    INÍCIO
        cont ← 0
        PARA j ← 1 ATÉ num[i] FAÇA
            INÍCIO
                SE RESTO(num[i]/j) = 0
                ENTÃO cont ← cont + 1
            FIM
        SE cont <= 2
                ENTÃO INÍCIO
                        ESCREVA num[i]
                        ESCREVA i
                        FIM
    FIM
FIM_ALGORITMO.
```

 PASCAL Solução:

\EXERC\CAP6\PASCAL\EX1.PAS **e** \EXERC\CAP6\PASCAL\EX1.EXE

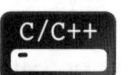 C/C++ Solução:

\EXERC\CAP6\C++\EX1.CPP **e** \EXERC\CAP6\C++\EX1.EXE

 JAVA Solução:

\EXERC\CAP6\JAVA\EX1.java **e** \EXERC\CAP6\JAVA\EX1.class

2. Uma pequena loja de artesanato possui apenas um vendedor e comercializa dez tipos de objetos. O vendedor recebe, mensalmente, salário de R$ 545,00, acrescido de 5% do valor total de suas vendas. O valor unitário dos objetos deve ser informado e armazenado em um vetor; a quantidade vendida de cada peça deve ficar em outro vetor, mas na mesma posição. Crie um programa que receba os preços e as quantidades vendidas, armazenando-os em seus respectivos vetores (ambos com tamanho dez). Depois, determine e mostre:

- um relatório contendo: quantidade vendida, valor unitário e valor total de cada objeto. Ao final, deverão ser mostrados o valor geral das vendas e o valor da comissão que será paga ao vendedor; e
- o valor do objeto mais vendido e sua posição no vetor (não se preocupe com empates).

ALGORITMO Solução:

```
ALGORITMO
DECLARE qtd[10], preco[10] NUMÉRICO
         i, tot_geral, tot_vend, comissao, maio, ind NUMÉRICO
tot_geral ← 0
PARA i ← 1 ATÉ 10 FAÇA
    INÍCIO
        LEIA qtd[i]
```

```
            LEIA preco[i]
      FIM
PARA i ← 1 ATÉ 10 FAÇA
      INÍCIO
          tot_vend ← qtd[i] * preco[i]
          ESCREVA qtd[i], preço[i], tot_vend
          tot_geral ← tot_geral + tot_vend
      FIM
comissão ← tot_geral * 5 /100
ESCREVA tot_geral, comissao
maior ← qtd[1]
ind ← 1
PARA i ← 2 ATÉ 10 FAÇA
      INÍCIO
          SE qtd[i] > maior
          ENTÃO INÍCIO
                   maior ← qtd[i]
                   ind ← i
                FIM
      FIM
ESCREVA preco[ind], ind
FIM_ALGORITMO.
```

PASCAL SOLUÇÃO:

\EXERC\CAP6\PASCAL\EX2.PAS **e** \EXERC\CAP6\PASCAL\EX2.EXE

C/C++ SOLUÇÃO:

\EXERC\CAP6\C++\EX2.CPP **e** \EXERC\CAP6\C++\EX2.EXE

JAVA SOLUÇÃO:

\EXERC\CAP6\JAVA\EX2.java **e** \EXERC\CAP6\JAVA\EX2.class

3. Faça um programa que preencha dois vetores de dez elementos numéricos cada um e mostre o vetor resultante da intercalação deles.

Vetor 1

3	5	4	2	2	5	3	2	5	9
1	2	4	4	5	6	7	8	9	10

Vetor 2

7	15	20	0	18	4	55	23	8	6
1	2	4	4	5	6	7	8	9	10

Vetor resultante da intercalação

3	7	5	15	4	20	2	0	2	18	5	4	3	55	2	23	5	8	9	6
1	2	3	4	5	6	7	8	9	10	11	12	13	14	15	16	17	18	19	20

ALGORITMO SOLUÇÃO:

```
ALGORITMO
DECLARE vet1[10],vet2[10], vet3[20] NUMÉRICO
          i, j NUMÉRICO
j ← 1
PARA i ← 1 ATÉ 10 FAÇA
    INÍCIO
        LEIA vet1[i]
        vet3[j] ← vet1[i]
```

```
            j  ←  j + 1
            LEIA vet2[i]
            vet3[j] ← vet2[i]
            j  ←  j + 1
      FIM
PARA i ← 1 ATÉ 20 FAÇA
      INÍCIO
         ESCREVA vet3[i]
      FIM
FIM_ALGORITMO.
```

PASCAL Solução:

`\EXERC\CAP6\PASCAL\EX3.PAS` e `\EXERC\CAP6\PASCAL\EX3.EXE`

C/C++ Solução:

`\EXERC\CAP6\C++\EX3.CPP` e `\EXERC\CAP6\C++\EX3.EXE`

JAVA Solução:

`\EXERC\CAP6\JAVA\EX3.java` e `\EXERC\CAP6\JAVA\EX3.class`

4. Faça um programa que preencha um vetor com oito números inteiros, calcule e mostre dois vetores resultantes. O primeiro vetor resultante deve conter os números positivos e o segundo, os números negativos. Cada vetor resultante vai ter, no máximo, oito posições, que não poderão ser completamente utilizadas.

 Solução:

```
ALGORITMO
DECLARE num[8], pos[8], neg[8] NUMÉRICO
        cont, cont_n, cont_p, i NUMÉRICO
cont_n ← 1
cont_p ← 1
PARA i ← 1 ATÉ 8 FAÇA
   INÍCIO
      LEIA num[i]
      SE num[i] >= 0
         ENTÃO INÍCIO
                  pos[cont_p] ← num[i]
                  cont_p ← cont_p + 1
               FIM
         SENÃO INÍCIO
                  neg[cont_n] ← num[i]
                  cont_n ← cont_n + 1
               FIM
   FIM
SE  cont_n = 1
ENTÃO ESCREVA "Vetor de negativos vazio"
SENÃO INÍCIO
         PARA i ← 1 ATÉ cont_n - 1 FAÇA
         INÍCIO
         ESCREVA neg[i]
         FIM
      FIM
SE cont_p = 1
ENTÃO ESCREVA "Vetor de positivos vazio"
```

```
SENÃO INÍCIO
        PARA i ← 1 ATÉ cont_p – 1 FAÇA
        INÍCIO
        ESCREVA pos[i]
        FIM
    FIM
FIM_ALGORITMO.
```

PASCAL
SOLUÇÃO:
\EXERC\CAP6\PASCAL\EX4.PAS **e** \EXERC\CAP6\PASCAL\EX4.EXE

C/C++
SOLUÇÃO:
\EXERC\CAP6\C++\EX4.CPP **e** \EXERC\CAP6\C++\EX4.EXE

JAVA
SOLUÇÃO:
\EXERC\CAP6\JAVA\EX4.java **e** \EXERC\CAP6\JAVA\EX4.class

5. Faça um programa que preencha dois vetores, X e Y, com dez números inteiros cada. Calcule e mostre os seguintes vetores resultantes:

- A união de X com Y
  (todos os elementos de X e de Y sem repetições).

x	3	8	4	2	1	6	8	7	11	9		
	1	2	3	4	5	6	7	8	9	10		

y	2	1	5	12	3	0	1	4	5	6		
	1	2	3	4	5	6	7	8	9	10		

União	3	8	4	2	1	6	7	11	9	5	12	0
	1	2	3	4	5	6	7	8	9	10	11	12

- A diferença entre X e Y
  (todos os elementos de X que não existam em Y, sem repetições).

x	3	8	4	2	1	6	8	7	11	9
	1	2	3	4	5	6	7	8	9	10

y	2	1	5	12	3	0	1	4	5	6
	1	2	3	4	5	6	7	8	9	10

Diferença	8	7	11	9
	1	2	3	4

- A soma entre X e Y
  (soma de cada elemento de X com o elemento de mesma posição em Y).

x	3	8	4	2	1	6	8	7	11	9
	1	2	3	4	5	6	7	8	9	10

y	2	1	5	12	3	0	1	4	5	6
	1	2	3	4	5	6	7	8	9	10

Soma	5	9	9	14	4	6	9	11	16	15
	1	2	3	4	5	6	7	8	9	10

- O produto entre X e Y
  (multiplicação de cada elemento de X com o elemento de mesma posição em Y).

x	3	8	4	2	1	6	8	7	11	9
	1	2	3	4	5	6	7	8	9	10

y	2	1	5	12	3	0	1	4	5	6
	1	2	3	4	5	6	7	8	9	10

Produto	6	8	20	24	3	0	8	28	55	54
	1	2	3	4	5	6	7	8	9	10

- A intersecção entre X e Y
  (apenas os elementos que aparecem nos dois vetores, sem repetições).

x	3	8	4	2	1	6	8	7	11	9
	1	2	3	4	5	6	7	8	9	10

y	2	1	5	12	3	0	1	4	5	6
	1	2	3	4	5	6	7	8	9	10

Intersecção	3	4	2	1	6
	1	2	3	4	5

ALGORITMO SOLUÇÃO:

```
ALGORITMO
DECLARE X[10], Y[10], U[20], D[10], S[10], P[10], IT[10] NUMÉRICO
        i, j, k, cont_u, cont_d, cont_i NUMÉRICO
PARA i ← 1 ATÉ 10 FAÇA
   INÍCIO
      LEIA  X[i]
      LEIA  Y[i]
   FIM
cont_u ← 1
cont_d ← 1
cont_i ← 1
PARA  i ← 1  ATÉ 10 FAÇA
   INÍCIO
      j ← 1
      ENQUANTO (j < cont_u E X[i] ≠ U[j]) FAÇA
      INÍCIO
         j ← j + 1
      FIM
      SE j >= cont_u
         ENTÃO INÍCIO
               U[cont_u] ← X[i]
               cont_u ← cont_u + 1
            FIM
   FIM
PARA i ← 1  ATÉ 10 FAÇA
   INÍCIO
      j ← 1
      ENQUANTO (j < cont_u E Y[i] ≠ U[j]) FAÇA
         INÍCIO
            j ← j + 1
         FIM
      SE j >= cont_u
         ENTÃO INÍCIO
               U[cont_u] ← Y[i]
               cont_u ← cont_u + 1
            FIM
   FIM
PARA i ← 1 ATÉ cont_u - 1 FAÇA
```

```
    INÍCIO
        ESCREVA U[i]
    FIM
PARA i ← 1  ATÉ  10  FAÇA
    INÍCIO
        j  ← 1
        ENQUANTO (X[i] ≠ Y[j] E j <= 10) FAÇA
        INÍCIO
            j ← j + 1
        FIM
        SE j > 10
            ENTÃO INÍCIO
                    k ← 1
                    ENQUANTO (k < cont_d E X[i] ≠ D[k])  FAÇA
                        INÍCIO
                            k ← k + 1
                        FIM
                    SE k >= cont_d
                        ENTÃO INÍCIO
                                D[cond_d] ← X[i]
                                cont_d ← cont_d + 1
                            FIM
                FIM
    FIM
PARA i ← 1 ATÉ cont_d - 1 FAÇA
    INÍCIO
        ESCREVA (D[i])
    FIM
PARA i ← 1 ATÉ 10 FAÇA
    INÍCIO
        S[i] ← X[i] + Y[i]
        P[i] ← X[i] * Y[i]
    FIM
PARA i ← 1 ATÉ 10 FAÇA
    INÍCIO
        ESCREVA S[i]
    FIM
PARA i ← 1 ATÉ 10 FAÇA
    INÍCIO
        ESCREVA P[i]
    FIM
PARA i ← 1  ATÉ 10 FAÇA
    INÍCIO
        j ← 1
        ENQUANTO (j <= 10 E X[i] ≠ Y[j]) FAÇA
        INÍCIO
            j ← j + 1
        FIM
        SE j <= 10
            ENTÃO INÍCIO
                    k ← 1
                    ENQUANTO (k < cont_i E IT[k] ≠ X[i])FAÇA
                        INÍCIO
                            k ← k + 1
                        FIM
                    SE k >= cont_i
                        ENTÃO INÍCIO
                                IT[cont_i] ← X[i]
```

```
                        cont_i ← cont_i + 1
                    FIM


            FIM

    FIM
PARA i ← 1 ATÉ cont_i — 1 FAÇA
    INÍCIO
        ESCREVA IT[i]
    FIM
FIM_ALGORITMO.
```

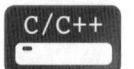

SOLUÇÃO:

\EXERC\CAP6\PASCAL\EX5.PAS **e** \EXERC\CAP6\PASCAL\EX5.EXE

SOLUÇÃO:

\EXERC\CAP6\C++\EX5.CPP **e** \EXERC\CAP6\C++\EX5.EXE

SOLUÇÃO:

\EXERC\CAP6\JAVA\EX5.java **e** \EXERC\CAP6\JAVA\EX5.class

6. Faça um programa que preencha um vetor com dez números inteiros, calcule e mostre o vetor resultante de uma ordenação decrescente.

x	3	5	4	2	1	6	8	7	11	9
	1	2	3	4	5	6	7	8	9	10

Ordenado	11	9	8	7	6	5	4	3	2	1
	1	2	3	4	5	6	7	8	9	10

ALGORITMO SOLUÇÃO:

```
ALGORITMO
DECLARE vet[10], i, j, aux NUMÉRICO
PARA ← 1 ATÉ 10 FAÇA
    INÍCIO
        LEIA vet[i]
    FIM
PARA i ← 1 ATÉ 10 FAÇA
    INÍCIO
        PARA j ← 1 ATÉ 9 FAÇA
            INÍCIO
                SE vet[j] < vet[j+1]
                ENTÃO INÍCIO
                        aux ← vet[j]
                        vet[j] ← vet[j+1]
                        vet[j+1] ← aux
                    FIM
            FIM
    FIM
PARA i ← 1 ATÉ 10 FAÇA
    INÍCIO
        ESCREVA vet[i]
    FIM
FIM_ALGORITMO.
```

 Solução:

`\EXERC\CAP6\PASCAL\EX6.PAS` **e** `\EXERC\CAP6\PASCAL\EX6.EXE`

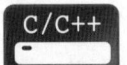 Solução:

`\EXERC\CAP6\C++\EX6.CPP` **e** `\EXERC\CAP6\C++\EX6.EXE`

 Solução:

`\EXERC\CAP6\JAVA\EX6.java` **e** `\EXERC\CAP6\JAVA\EX6.class`

7. Faça um programa que, no momento de preencher um vetor com oito números inteiros, já os armazene de forma crescente.

ALGORITMO Solução:

```
ALGORITMO
DECLARE vet[8], i, j, z, aux NUMÉRICO
i ← 1
ENQUANTO (i <= 8) FAÇA
INÍCIO
LEIA aux
j ← 1
ENQUANTO (j < i  E vet[j] < aux) FAÇA
   INÍCIO
      j ← j + 1
   FIM
z ← i
ENQUANTO (z >= j+1) FAÇA
   INÍCIO
      vet[z] ← vet[z-1]
      z ← z - 1
   FIM
vet[j] ← aux
i ← i + 1
FIM
PARA i ← 1 ATÉ 8 FAÇA
   INÍCIO
      ESCREVA vet[i]
   FIM
FIM_ALGORITMO.
```

PASCAL 1ª solução – utilizando apenas WHILE:

`\EXERC\CAP6\PASCAL\EX7_A.PAS` **e** `\EXERC\CAP6\PASCAL\EX7_A.EXE`

2ª solução – utilizando FOR e WHILE:

`\EXERC\CAP6\PASCAL\EX7_B.PAS` **e** `\EXERC\CAP6\PASCAL\EX7_B.EXE`

C/C++ 1ª solução – utilizando apenas WHILE:

`\EXERC\CAP6\C++\EX7_A.CPP` **e** `\EXERC\CAP6\C++\EX7_A.EXE`

2ª solução – utilizando FOR e WHILE:

`\EXERC\CAP6\C++\EX7_B.CPP` **e** `\EXERC\CAP6\C++\EX7_B.EXE`

JAVA 1ª solução – utilizando apenas WHILE:

`\EXERC\CAP6\JAVA\EX7_A.java` **e** `\EXERC\CAP6\JAVA\EX7_A.class`

2ª solução – utilizando FOR e WHILE:

`\EXERC\CAP6\JAVA\EX7_B.java` **e** `\EXERC\CAP6\JAVA\EX7_B.class`

8. Faça um programa que preencha dois vetores com cinco elementos numéricos cada e, depois, ordene-os de maneira crescente. Deverá ser gerado um terceiro vetor com dez posições, composto pela junção dos elementos dos vetores anteriores, também ordenado de maneira crescente.

x	6	8	1	10	3
	1	2	3	4	5

X ordenado	1	3	6	8	10
	1	2	3	4	5

y	20	0	7	2	5
	1	2	3	4	5

Y Ordenado	0	2	5	7	20
	1	2	3	4	5

Resultado	0	1	2	3	5	6	7	8	10	20
	1	2	3	4	5	6	7	8	9	10

ALGORITMO SOLUÇÃO:

```
ALGORITMO
DECLARE X[5], Y[5], R[10], i, j, z, aux NUMÉRICO
PARA i ← 1 ATÉ 5 FAÇA
   INÍCIO
      LEIA X[i]
   FIM
PARA i ← 1 ATÉ 5 FAÇA
   INÍCIO
      PARA j ← 1 ATÉ 4 FAÇA
         INÍCIO
            SE X[j] > X[j+1]
               ENTÃO INÍCIO
                        aux ← X[j]
                        X[j] ← X[j+1]
                        X[j+1] ← aux
                     FIM
         FIM
   FIM
PARA i ← 1 ATÉ 5 FAÇA
   INÍCIO
      LEIA Y[i]
   FIM
PARA i ← 1 ATÉ 5 FAÇA
   INÍCIO
      PARA j ← 1 ATÉ 4 FAÇA
         INÍCIO
            SE Y[j] > Y[j+1]
               ENTÃO INÍCIO
                        aux ← Y[j]
                        Y[j] ← Y[j+1]
                        Y[j+1] ← aux
                     FIM
         FIM
   FIM
j ← 1;
```

```
PARA i ← 1 ATÉ 5 FAÇA
    INÍCIO
        R[j] ← X[i]
        j ← j + 1
        R[j] ← Y[i]
        j ← j + 1
    FIM
PARA i ← 1 ATÉ 10 FAÇA
    INÍCIO
        PARA j ← 1 ATÉ 9 FAÇA
            INÍCIO
                SE R[j] > R[j+1]
                    ENTÃO INÍCIO
                            aux ← R[j]
                            R[j] ← R[j+1]
                            R[j+1] ← aux
                        FIM
            FIM
    FIM
PARA i ← 1 ATÉ 5 FAÇA
    INÍCIO
        ESCREVA X[i]
    FIM
PARA i ← 1 ATÉ 5 FAÇA
    INÍCIO
        ESCREVA Y[i]
    FIM
PARA i ← 1 ATÉ 10 FAÇA
    INÍCIO
        ESCREVA R[i]
    FIM
FIM_ALGORITMO.
```

PASCAL Solução:

\EXERC\CAP6\PASCAL\EX8.PAS e \EXERC\CAP6\PASCAL\EX8.EXE

C/C++ Solução:

\EXERC\CAP6\C++\EX8.CPP e \EXERC\CAP6\C++\EX8.EXE

JAVA Solução:

\EXERC\CAP6\JAVA\EX8.java e \EXERC\CAP6\JAVA\EX8.class

9. Faça um programa que efetue reserva de passagens aéreas de uma companhia. O programa deverá ler informações sobre os voos (número, origem e destino) e o número de lugares disponíveis para doze aviões (um vetor para cada um desses dados). Depois da leitura, o programa deverá apresentar um menu com as seguintes opções:

- consultar;
- efetuar reserva; e
- sair.

Quando a opção escolhida for *Consultar*, deverá ser disponibilizado mais um menu com as seguintes opções:

- por número do voo;
- por origem; e
- por destino.

Quando a opção escolhida for *Efetuar reserva*, deverá ser perguntado o número do voo em que a pessoa deseja viajar. O programa deverá dar as seguintes respostas:

- reserva confirmada — caso exista o voo e lugar disponível, dando baixa nos lugares disponíveis;
- voo lotado — caso não exista lugar disponível nesse voo;
- voo inexistente — caso o código do voo não exista.

A opção *Sair* é a única que permite encerrar a execução do programa. Sendo assim, após cada operação de consulta ou reserva, o programa volta ao menu principal.

ALGORITMO Solução:

```
ALGORITMO
DECLARE voo[12], lugares[12], i, op, op2, num_voo NUMÉRICO origem[12], destino[12],
     local LITERAL
PARA i ← 1 ATÉ 12 FAÇA
    INÍCIO
        LEIA voo[i]
        LEIA origem[i]
        LEIA destino[i]
        LEIA lugares[i]
    FIM
REPITA
    ESCREVA "1- Consultar"
    ESCREVA "2- Reservar"
    ESCREVA "3- Finalizar"
    ESCREVA "Digite sua opção: "
    LEIA op
    SE op = 1
        ENTÃO INÍCIO
            ESCREVA "1- Consulta por voo"
            ESCREVA "2- Consulta por origem"
            ESCREVA "3- Consulta por destino"
            ESCREVA "Digite sua opção: "
            LEIA op2
            SE op2 = 1
                ENTÃO INÍCIO
                    ESCREVA "Digite o número de voo: "
                    LEIA num_voo
                    i ← 1
                    ENQUANTO (i <= 12 E voo[i] ≠ num_voo) FAÇA
                    INÍCIO
                        i ← i + 1
                    FIM
                    SE i > 12
                    ENTÃO ESCREVA "Voo inexistente "
                    SENÃO INÍCIO
                        ESCREVA "Número do voo: ", voo[i]
                        ESCREVA "Local de origem: ", origem[i] ESCREVA "Local de
                        destino: ", destino[i]
                        ESCREVA "Lugares disponíveis: ", lugares[i]
                    FIM
```

```
                    FIM
            SE op2 = 2
                ENTÃO INÍCIO
                        ESCREVA "Digite o local de origem:"
                        LEIA local
                        PARA i ← 1 ATÉ 12 FAÇA
                        INÍCIO
                            SE local = origem[i]
                                ENTÃO INÍCIO
                                        ESCREVA "Número do voo: ", voo[i]
                                        ESCREVA "Local de origem: " , origem[i]
                                        ESCREVA "Local de destino: ", destino[i]
                                        ESCREVA "Lugares disponíveis: ", lugares[i]
                                        FIM
                        FIM
                        FIM
            SE op2 = 3
                ENTÃO INÍCIO
                        ESCREVA "Digite o local de destino: "
                        LEIA local
                        PARA i ←  1 ATÉ 12 FAÇA
                         INÍCIO
                           SE local = destino[i]
                                ENTÃO INÍCIO
                                        ESCREVA "Número do voo: ", voo[i]
                                        ESCREVA "Local de origem: ", origem[i]
                                        ESCREVA "Local de destino: ", destino[i]
                                        ESCREVA "Lugares disponíveis: ", lugares[i]
                                     FIM
                        FIM
                        FIM
                FIM
        SE op = 2
            ENTÃO INÍCIO
                    ESCREVA "Digite o número do voo desejado: "
                    LEIA num_voo
                    i ← 1
                    ENQUANTO (i < = 12 E voo[i] num_voo) FAÇA
                    INÍCIO
                        i = i + 1
                    FIM
                    SE i > 12
                        ENTÃO ESCREVA "Número de voo não encontrado "
                        SENÃO INÍCIO
                                SE lugares[i] = 0
                                ENTÃO ESCREVA "Voo lotado "
                                SENÃO INÍCIO
                                        lugares[i] = lugares[i] - 1
                                        ESCREVA "Reserva confirmada !"
                                     FIM
                            FIM
                FIM
ATÉ (op = 3)
FIM_ALGORITMO.
```

Observações

A comparação de duas cadeias de caracteres (como dois nomes, por exemplo) em PASCAL é feita utilizando-se o sinal de = . As funções de manipulação de `strings` desta linguagem serão abordadas no Capítulo 9.

Exemplo:

```
{faz distinção entre maiúsculas e minúsculas}
if (nome1 = nome2)
then writeln('Nomes iguais');
```

A comparação de duas cadeias de caracteres (como dois nomes, por exemplo) em C é feita utilizando-se algumas funções da biblioteca `string.h`. As funções de manipulação de `strings` desta linguagem serão abordadas no Capítulo 9.

Exemplos:

```
// faz distinção entre maiúsculas e minúsculas
if (strcmp(nome1,nome2)==0)
 printf("Nomes iguais");

// NÃO faz distinção entre maiúsculas e minúsculas
if (strcmpi(nome1,nome2)==0)
 printf("Nomes iguais");
```

A comparação de duas cadeias de caracteres (como dois nomes, por exemplo) em JAVA é feita utilizando-se alguns métodos da classe `String`. Os métodos de manipulação de `strings` desta linguagem serão abordados no Capítulo 9.

Exemplos:

```
// faz distinção entre maiúsculas e minúsculas
if (nome1.equals(nome2))
 System.out.println("Nomes iguais");

// NÃO faz distinção entre maiúsculas e minúsculas
if (nome1.equalsIgnoreCase(nome2))
 System.out.println("Nomes iguais");
```

 SOLUÇÃO:

\EXERC\CAP6\PASCAL\EX9.PAS **e** \EXERC\CAP6\PASCAL\EX9.EXE

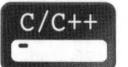 SOLUÇÃO:

\EXERC\CAP6\C++\EX9.CPP **e** \EXERC\CAP6\C++\EX9.EXE

 SOLUÇÃO:

\EXERC\CAP6\JAVA\EX9.java **e** \EXERC\CAP6\JAVA\EX9.class

10. Faça um programa para corrigir provas de múltipla escolha. Cada prova tem oito questões e cada questão vale um ponto. O primeiro conjunto de dados a ser lido é o gabarito da prova. Os outros dados são os números dos alunos e as respostas que deram às questões. Existem dez alunos matriculados. Calcule e mostre:

- o número e a nota de cada aluno; e
- a porcentagem de aprovação, sabendo-se que a nota mínima é 6.

ALGORITMO SOLUÇÃO:

```
ALGORITMO
DECLARE gabarito[8], resposta LITERAL
        num, pontos, tot_ap, perc_ap, i, j NUMÉRICO
PARA i ← 1 ATÉ 10 FAÇA
    INÍCIO
        ESCREVA "Digite a resposta da questão ", i
        LEIA gabarito[i]
    FIM
tot_ap ← 0
PARA i ← 1 ATÉ 10 FAÇA
    INÍCIO
        ESCREVA "Digite o número do ", i, "º aluno"
        LEIA num
        pontos ← 0
        PARA j ← 1 ATÉ 8 FAÇA
            INÍCIO
                ESCREVA "Digite a resposta dada pelo aluno ", num, " à ", j, "ª questão"
                LEIA resposta[j]
                SE resposta[j] = gabarito[j]
                ENTÃO pontos ← pontos + 1
            FIM
        ESCREVA "A nota do aluno ", num, " foi ", pontos
        SE pontos >= 6
            ENTÃO tot_ap ← tot_ap + 1
    FIM
perc_ap ← tot_ap * 100 / 10
ESCREVA "O percentual de alunos aprovados é ", perc_ap
FIM_ALGORITMO.
```

PASCAL SOLUÇÃO:
\EXERC\CAP6\PASCAL\EX10.PAS **e** \EXERC\CAP6\PASCAL\EX10.EXE

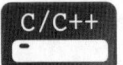

C/C++ SOLUÇÃO:
\EXERC\CAP6\C++\EX10.CPP **e** \EXERC\CAP6\C++\EX10.EXE

JAVA SOLUÇÃO:
\EXERC\CAP6\JAVA\EX10.java **e** \EXERC\CAP6\JAVA\EX10.class

11. Faça um programa que receba a temperatura média de cada mês do ano, armazenando-as em um vetor. Calcule e mostre a maior e a menor temperatura do ano e em que mês ocorreram (mostrar o mês por extenso: 1 – janeiro, 2 – fevereiro...). Desconsidere empates.

ALGORITMO SOLUÇÃO:

```
ALGORITMO
DECLARE temp[12], cont, maior, menor, maior_mes, menor_mes NUMÉRICO
PARA cont ← 1 ATÉ 12 FAÇA
    INÍCIO
        LEIA temp[cont]
        SE (cont = 1)
            ENTÃO INÍCIO
```

```
                        maior ← temp[cont]
                        menor ← temp[cont]
                        maior_mes ← cont
                        menor_mes ← cont
                  FIM
            SENÃO INÍCIO
                        SE (temp[cont] > maior)
                        ENTÃO INÍCIO
                              maior ← temp[cont]
                              maior_mes ← cont
                        FIM
                        SE (temp[cont] < menor)
                        ENTÃO INÍCIO
                              menor ← temp[cont]
                              menor_mes ← cont
                        FIM
            FIM
FIM
ESCREVA maior
SE (maior_mes = 1)
    ENTÃO ESCREVA "JANEIRO"
SE (maior_mes = 2)
    ENTÃO ESCREVA "FEVEREIRO"
SE (maior_mes = 3)
    ENTÃO ESCREVA "MARÇO"
SE (maior_mes = 4)
    ENTÃO ESCREVA "ABRIL"
SE (maior_mes = 5)
    ENTÃO ESCREVA "MAIO"
SE (maior_mes = 6)
    ENTÃO ESCREVA "JUNHO"
SE (maior_mes = 7)
    ENTÃO ESCREVA "JULHO"
SE (maior_mes = 8)
    ENTÃO ESCREVA "AGOSTO"
SE (maior_mes = 9)
    ENTÃO ESCREVA "SETEMBRO"
SE (maior_mes = 10)
    ENTÃO ESCREVA "OUTUBRO"
SE (maior_mes = 11)
    ENTÃO ESCREVA "NOVEMBRO"
SE (maior_mes = 12)
    ENTÃO ESCREVA "DEZEMBRO"
ESCREVA menor
SE (menor_mes = 1)
    ENTÃO ESCREVA "JANEIRO"
SE (menor_mes = 2)
    ENTÃO ESCREVA "FEVEREIRO"
SE (menor_mes = 3)
    ENTÃO ESCREVA "MARÇO"
SE (menor_mes = 4)
    ENTÃO ESCREVA "ABRIL"
SE (menor_mes = 5)
    ENTÃO ESCREVA "MAIO"
SE (menor_mes = 6)
    ENTÃO ESCREVA "JUNHO"
SE (menor_mes = 7)
```

```
            ENTÃO ESCREVA "JULHO"
    SE (menor_mes = 8)
            ENTÃO ESCREVA "AGOSTO"
    SE (menor_mes = 9)
            ENTÃO ESCREVA "SETEMBRO"
    SE (menor_mes = 10)
            ENTÃO ESCREVA "OUTUBRO"
    SE (menor_mes = 11)
            ENTÃO ESCREVA "NOVEMBRO"
    SE (menor_mes = 12)
            ENTÃO ESCREVA "DEZEMBRO"
    FIM_ALGORITMO.
```

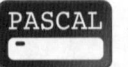 SOLUÇÃO:

\EXERC\CAP6\PASCAL\EX11.PAS **e** \EXERC\CAP6\PASCAL\EX11.EXE

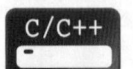 SOLUÇÃO:

\EXERC\CAP6\C++\EX11.CPP **e** \EXERC\CAP6\C++\EX11.EXE

 SOLUÇÃO:

\EXERC\CAP6\JAVA\EX11.java **e** \EXERC\CAP6\JAVA\EX11.class

12. Faça um programa que preencha um vetor com os modelos de cinco carros (exemplos de modelos: Fusca, Gol, Vectra etc). Carregue outro vetor com o consumo desses carros, isto é, quantos quilômetros cada um deles faz com um litro de combustível. Calcule e mostre:

■ o modelo de carro mais econômico; e

■ quantos litros de combustível cada um dos carros cadastrados consome para percorrer uma distância de 1.000 km.

ALGORITMO SOLUÇÃO:

```
ALGORITMO
DECLARE consumo[5], menor_cons, menor_vei, valor, i NUMÉRICO
        veiculo[5] LITERAL
PARA i ← 1 ATÉ 5 FAÇA
    INÍCIO
        LEIA veiculo[i]
    FIM
PARA i ← 1 ATÉ 5 FAÇA
    INÍCIO
        LEIA consumo[i]
        SE (i = 1)
            ENTÃO INÍCIO
                    menor_cons ← consumo[i]
                    menor_vei ← i
                FIM
            SENÃO INÍCIO
                    SE (consumo[i] < menor_cons)
                    ENTÃO INÍCIO
                            menor_cons ← consumo[i]
                            menor_vei ← i
                        FIM
                FIM
        valor ←  1000 / consumo[i]
```

```
    ESCREVA " O veículo " , veiculo[i], " consome " , valor, "litro(s) de combustível
        ↪ para percorrer 1000 Km"
    FIM
    ESCREVA "O veículo mais econômico é ", veiculo[menor_vei]
FIM_ALGORITMO.
```

PASCAL — Solução:

\EXERC\CAP6\PASCAL\EX12.PAS e \EXERC\CAP6\PASCAL\EX12.EXE

C/C++ — Solução:

\EXERC\CAP6\C++\EX12.CPP e \EXERC\CAP6\C++\EX12.EXE

JAVA — Solução:

\EXERC\CAP6\JAVA\EX12.java e \EXERC\CAP6\JAVA\EX12.class

13. Faça um programa que preencha um vetor com dez números inteiros, calcule e mostre os números superiores a cinquenta e suas respectivas posições. O programa deverá mostrar mensagem se não existir nenhum número nessa condição.

 Solução:

```
ALGORITMO
    DECLARE vet[10], achou LÓGICO
            i NUMÉRICO
PARA i ← 1 ATÉ 10 FAÇA
    INÍCIO
    LEIA vet[i]
    FIM
achou ← falso
PARA i ← 1 ATÉ 10 FAÇA
    INÍCIO
    SE vet[i] > 50
    ENTÃO INÍCIO
            ESCREVA vet[i], i
            achou ← verdadeiro
        FIM
    FIM
SE achou = falso
ENTÃO ESCREVA "Não existem números superiores a 50 no vetor"
FIM_ALGORITMO.
```

PASCAL — Solução:

\EXERC\CAP6\PASCAL\EX13.PAS e \EXERC\CAP6\PASCAL\EX13.EXE

C/C++ — Solução:

\EXERC\CAP6\C++\EX13.CPP e \EXERC\CAP6\C++\EX13.EXE

JAVA — Solução:

\EXERC\CAP6\JAVA\EX13.java e \EXERC\CAP6\JAVA\EX13.class

14. Faça um programa que preencha três vetores com cinco posições cada. O primeiro vetor receberá os nomes de cinco funcionários; o segundo e o terceiro vetor receberão, respectivamente, o salário e o tempo de serviço de cada um. Mostre um primeiro relatório apenas com os nomes dos funcionários que não terão aumento; mostre um segundo relatório apenas com os nomes e os novos salários dos funcionários que terão aumento. Sabe-se que os funcionários que terão direito ao aumento são aqueles que possuem tempo de serviço superior a cinco anos ou salário inferior a R$ 800,00. Sabe-se, ainda, que, se o funcionário satisfizer às duas condições anteriores, tempo de serviço e salário, o aumento será de 35%; para o funcionário que satisfazer apenas à condição tempo de serviço, o aumento será de 25%; para aquele que satisfazer apenas à condição salário, o aumento será de 15%.

ALGORITMO Solução:

```
ALGORITMO
    DECLARE nome[5] LITERAL
            sal[5], quant[5], i, novo_sal NUMÉRICO
PARA i ← 1 ATÉ 5 FAÇA
    INÍCIO
    LEIA nome[i]
    LEIA sal[i]
    LEIA quant[i]
    FIM
PARA i ← 1 ATÉ 5 FAÇA
    INÍCIO
    SE (quant[i] <= 5) E (sal[i] >= 800)
    ENTÃO ESCREVA nome[i]
    FIM
PARA i ← 1 ATÉ 5 FAÇA
    INÍCIO
    SE (quant[i] > 5) OU (sal[i] < 800)
    ENTÃO INÍCIO
            SE (quant[i] > 5) E (sal[i] < 800)
            ENTÃO novo_sal ← sal[i] + sal[i] * 35 / 100
            SENÃO SE (quant[i] > 5)
                    ENTÃO novo_sal ← sal[i] + sal[i] * 25 / 100
                    SENÃO novo_sal ← sal[i] + sal[i] * 15 / 100
            ESCREVA nome[i], novo_sal
        FIM
    FIM
FIM_ALGORITMO.
```

PASCAL Solução:

`\EXERC\CAP6\PASCAL\EX14.PAS` e `\EXERC\CAP6\PASCAL\EX14.EXE`

C/C++ Solução:

`\EXERC\CAP6\C++\EX14.CPP` e `\EXERC\CAP6\C++\EX14.EXE`

JAVA Solução:

`\EXERC\CAP6\JAVA\EX14.java` e `\EXERC\CAP6\JAVA\EX14.class`

15. Faça um programa que preencha um primeiro vetor com dez números inteiros, e um segundo vetor com cinco números inteiros. O programa deverá mostrar uma lista dos números do primeiro vetor com seus respectivos divisores armazenados no segundo vetor, bem como suas posições.
Exemplo de saída do programa:

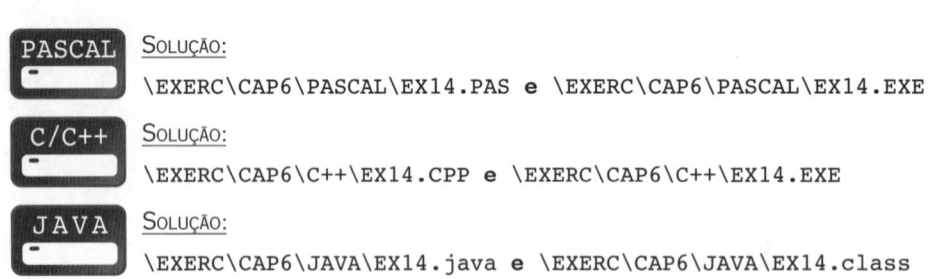

Num	5	12	4	7	10	3	2	6	23	16
	1	2	3	4	5	6	7	8	9	10

Divis	3	11	5	8	2
	1	2	3	4	5

```
Número 5
Divisível por 5 na posição 3

Número 12
Divisível por 3 na posição 1
Divisível por 2 na posição 5

Número 4
Divisível por 2 na posição 5

Número 7
Não possui divisores no segundo vetor

Número 10
Divisível por 5 na posição 3
Divisível por 2 na posição 5
```

                                    ...

Para saber se um número é divisível por outro, deve-se testar o resto.
Exemplo: RESTO(5/5) = 0

ⒶⓁⒼⓄⓇⒾⓉⓂⓄ SOLUÇÃO:

```
ALGORITMO
    DECLARE vet1[10], vet2[5], i, j NUMÉRICO
            achou LÓGICO
PARA i ← 1 ATÉ 10 FAÇA
    INÍCIO
    LEIA vet1[i]
    FIM
PARA i ← 1 ATÉ 5 FAÇA
    INÍCIO
    LEIA vet2[i]
    FIM
PARA i ← 1 ATÉ 10 FAÇA
    INÍCIO
    achou ← falso
    ESCREVA vet1[i]
    PARA j ← 1 ATÉ 5 FAÇA
        INÍCIO
        SE RESTO(vet1[i]/vet2[j]) = 0
        ENTÃO INÍCIO
                ESCREVA "Divisível por ", vet2[j], "na posição ", j
                achou ← verdadeiro
            FIM
        FIM
    SE achou = falso
    ENTÃO ESCREVA "Não possui divisores no segundo vetor"
    FIM
FIM_ALGORITMO.
```

PASCAL SOLUÇÃO:
\EXERC\CAP6\PASCAL\EX15.PAS e \EXERC\CAP6\PASCAL\EX15.EXE

C/C++ SOLUÇÃO:
\EXERC\CAP6\C++\EX15.CPP e \EXERC\CAP6\C++\EX15.EXE

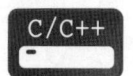

JAVA SOLUÇÃO:
\EXERC\CAP6\JAVA\EX15.java e \EXERC\CAP6\JAVA\EX15.class

16. Faça um programa que preencha um vetor com dez números inteiros e um segundo vetor com cinco números inteiros. Calcule e mostre dois vetores resultantes. O primeiro vetor resultante será composto pelos números pares, gerados pelo elemento do primeiro vetor somado a todos os elementos do segundo vetor; o segundo será composto pelos números ímpares gerados pelo elemento do primeiro vetor somado a todos os elementos do segundo vetor.

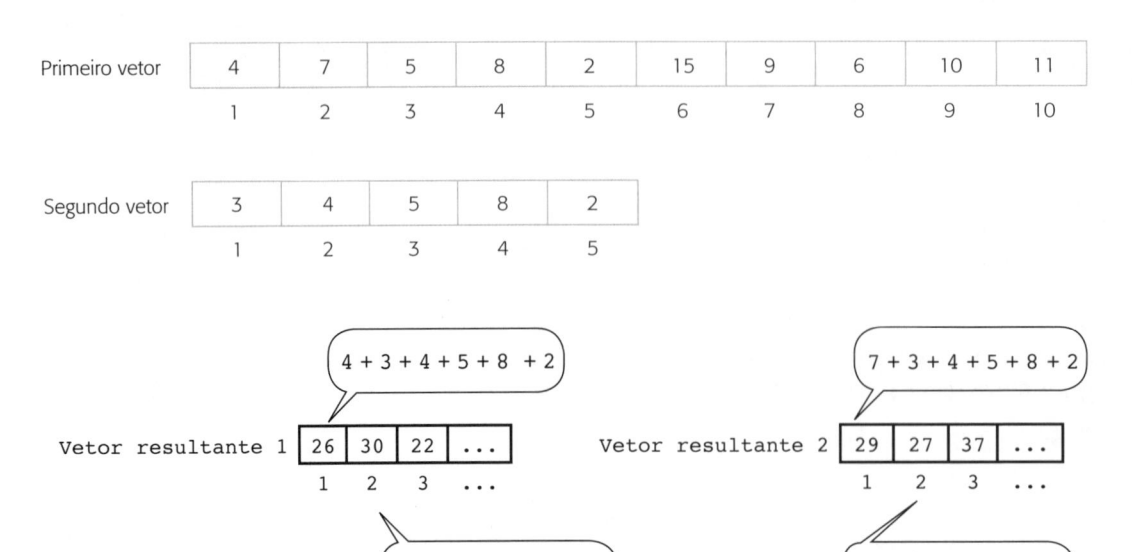

ALGORITMO SOLUÇÃO:

```
ALGORITMO
    DECLARE vet1[10], vet2[5] NUMÉRICO
            vet_result1[10], vet_result2[10] NUMÉRICO
            i, j, poslivre1, poslivre2, soma NUMÉRICO
PARA i ← 1 ATÉ 10 FAÇA
    INÍCIO
    LEIA vet1[i]
    FIM
PARA j ← 1 ATÉ 5 FAÇA
    INÍCIO
    LEIA vet2[j]
    FIM
poslivre1 ← 1
poslivre2 ← 1
PARA i ← 1 ATÉ 10 FAÇA
    INÍCIO
    soma ← vet1[i]
    PARA j ← 1 ATÉ 5 FAÇA
        INÍCIO
        soma ← soma + vet2[j]
        FIM
    SE RESTO(soma/2) = 0
    ENTÃO INÍCIO
            vet_result1[poslivre1] ← soma
            poslivre1 ← poslivre1 + 1
            FIM
```

```
      SENÃO INÍCIO
            vet_result2[poslivre2] ← soma
            poslivre2 ← poslivre2 + 1
            FIM
      FIM
PARA i ← 1 ATÉ (poslivre1 -1) FAÇA
   INÍCIO
   ESCREVA vet_result1[i]
   FIM
PARA i ← 1 ATÉ (poslivre2 -1) FAÇA
   INÍCIO
   ESCREVA vet_result2[i]
   FIM
FIM_ALGORITMO.
```

PASCAL Solução:

\EXERC\CAP6\PASCAL\EX16.PAS **e** \EXERC\CAP6\PASCAL\EX16.EXE

C/C++ Solução:

\EXERC\CAP6\C++\EX16.CPP **e** \EXERC\CAP6\C++\EX16.EXE

JAVA Solução:

\EXERC\CAP6\JAVA\EX16.java **e** \EXERC\CAP6\JAVA\EX16.class

17. Faça um programa que receba seis números inteiros e mostre:

- os números pares digitados;
- a soma dos números pares digitados;
- os números ímpares digitados; e
- a quantidade de números ímpares digitados.

Vetor	2	4	5	6	3	7
	1	2	3	4	5	6

```
Relatório

Os números pares são:
número 2 na posição 1
número 4 na posição 2
número 6 na posição 4

Soma dos pares = 12

Os números ímpares são:
número 5 na posição 3
número 3 na posição 5
número 7 na posição 6

Quantidade de ímpares = 3
```

ALGORITMO Solução:

```
ALGORITMO
    DECLARE num[6], i, soma, qtde NUMÉRICO
             achou LÓGICO
PARA i ← 1 ATÉ 6 FAÇA
   INÍCIO
   LEIA num[i]
   FIM
```

```
soma ← 0
achou ← falso
PARA i ← 1 ATÉ 6 FAÇA
   INÍCIO
   SE RESTO(num[i]/2) = 0
   ENTÃO INÍCIO
        achou ← verdadeiro
        ESCREVA num[i], i
        soma ← soma + num[i]
        FIM
   FIM
SE achou = falso
ENTÃO ESCREVA "Nenhum número par foi digitado"
SENÃO ESCREVA "Soma dos pares = ",soma
qtde ← 0
achou ← falso
PARA i ← 1 ATÉ 6 FAÇA
   INÍCIO
   SE RESTO(num[i]/2) ≠ 0
   ENTÃO INÍCIO
        achou ← verdadeiro
        ESCREVA num[i], i
        qtde ← qtde + 1
        FIM
   FIM
SE achou = falso
ENTÃO ESCREVA "Nenhum número ímpar foi digitado"
SENÃO ESCREVA "Quantidade de ímpares = ",qtde
FIM_ALGORITMO.
```

PASCAL Solução:
\EXERC\CAP6\PASCAL\EX17.PAS e \EXERC\CAP6\PASCAL\EX17.EXE

C/C++ Solução:
\EXERC\CAP6\C++\EX17.CPP e \EXERC\CAP6\C++\EX17.EXE

JAVA Solução:
\EXERC\CAP6\JAVA\EX17.java e \EXERC\CAP6\JAVA\EX17.class

18. Faça um programa que receba o número sorteado por um dado em vinte jogadas. Mostre os números sorteados e a frequência com que apareceram.

ALGORITMO Solução:

```
ALGORITMO
DECLARE dado[20] NUMÉRICO
        i, num1, num2, num3, num4, num5, num6 NUMÉRICO
PARA i ← 1 ATÉ 20 FAÇA
INÍCIO
LEIA dado[i]
ENQUANTO (dado[i] < 1) OU (dado[i] > 6) FAÇA
        INÍCIO
        LEIA dado[i]
        FIM
FIM
```

```
PARA i ← 1 ATÉ 20 FAÇA
INÍCIO
ESCREVA dado[i]
FIM
num1 ← 0
num2 ← 0
num3 ← 0
num4 ← 0
num5 ← 0
num6 ← 0
PARA i ← 1 ATÉ 20 FAÇA
    INÍCIO
            SE dado[i] = 1
            ENTÃO num1 ← num1 + 1
            SE dado[i] = 2
            ENTÃO num2 ← num2 + 1
            SE dado[i] = 3
            ENTÃO num3 ← num3 + 1
            SE dado[i] = 4
            ENTÃO num4 ← num4 + 1
            SE dado[i] = 5
            ENTÃO num5 ← num5 + 1
            SE dado[i] = 6
            ENTÃO num6 ← num6 + 1
            FIM
ESCREVA "O número 1 foi sorteado ", num1, "vez(es)"
ESCREVA "O número 2 foi sorteado ", num2, "vez(es)"
ESCREVA "O número 3 foi sorteado ", num3, "vez(es)"
ESCREVA "O número 4 foi sorteado ", num4, "vez(es)"
ESCREVA "O número 5 foi sorteado ", num5, "vez(es)"
ESCREVA "O número 6 foi sorteado ", num6, "vez(es)"
FIM_ALGORITMO.
```

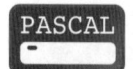 SOLUÇÃO:

\EXERC\CAP6\PASCAL\EX18.PAS e \EXERC\CAP6\PASCAL\EX18.EXE

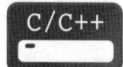 SOLUÇÃO:

\EXERC\CAP6\C++\EX18.CPP e \EXERC\CAP6\C++\EX18.EXE

 SOLUÇÃO:

\EXERC\CAP6\JAVA\EX18.java e \EXERC\CAP6\JAVA\EX18.class

19. Faça um programa que preencha dois vetores, A e B, com vinte caracteres cada. A seguir, troque o 1º elemento de A com o 20º de B, o 2º de A com o 19º de B, e assim por diante, até trocar o 20º de A com o 1º de B. Mostre os vetores antes e depois da troca.

Vetor 1 – Antes da troca

A	G	Y	W	5	V	S	8	6	J	G	A	W	2	M	C	H	Q	6	L
1	2	3	4	5	6	7	8	9	10	11	12	13	14	15	16	17	18	19	20

Vetor 2 – Antes da troca

S	D	4	5	H	G	R	U	8	9	K	S	A	1	2	V	4	D	5	M
1	2	3	4	5	6	7	8	9	10	11	12	13	14	15	16	17	18	19	20

Vetor 1 – Depois da troca

M	5	D	4	V	2	1	A	S	K	9	8	U	R	G	H	5	4	D	S
1	2	3	4	5	6	7	8	9	10	11	12	13	14	15	16	17	18	19	20

Vetor 2 – Depois da troca

L	6	Q	H	C	M	2	W	A	G	J	6	8	S	V	5	W	Y	G	A
1	2	3	4	5	6	7	8	9	10	11	12	13	14	15	16	17	18	19	20

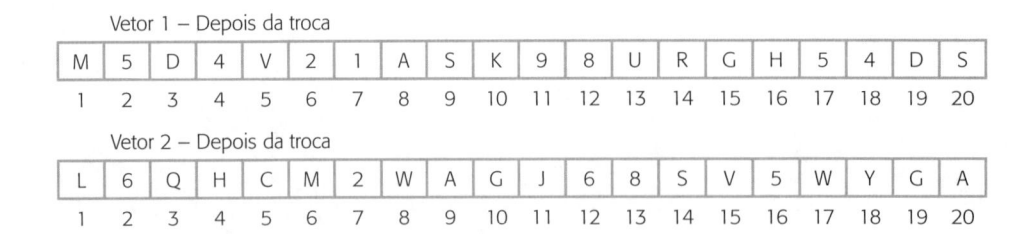 Solução:

```
ALGORITMO
    DECLARE vet1[20], vet2[20] LITERAL
            aux LITERAL
            i, j NUMÉRICO
PARA i ← 1 ATÉ 20 FAÇA
   INÍCIO
   LEIA vet1[i]
   FIM
PARA i ← 1 ATÉ 20 FAÇA
   INÍCIO
   LEIA vet2[i]
   FIM
PARA i ← 1 ATÉ 20 FAÇA
   INÍCIO
   ESCREVA vet1[i]
   FIM
PARA i ← 1 ATÉ 20 FAÇA
   INÍCIO
   ESCREVA vet2[i]
   FIM
j ← 20
PARA i ← 1 ATÉ 20 FAÇA
   INÍCIO
   aux ← vet1[i]
   vet1[i] ← vet2[j]
   vet2[j] ← aux
   j ← j − 1
   FIM
PARA i ← 1 ATÉ 20 FAÇA
   INÍCIO
   ESCREVA vet1[i]
   FIM
PARA i ← 1 ATÉ 20 FAÇA
   INÍCIO
   ESCREVA vet2[i]
   FIM
FIM_ALGORITMO.
```

PASCAL Solução:

\EXERC\CAP6\PASCAL\EX19.PAS e \EXERC\CAP6\PASCAL\EX19.EXE

C/C++ Solução:

\EXERC\CAP6\C++\EX19.CPP e \EXERC\CAP6\C++\EX19.EXE

JAVA Solução:

\EXERC\CAP6\JAVA\EX19.java e \EXERC\CAP6\JAVA\EX19.class

20. Faça um programa que leia um vetor com cinco posições para números reais e, depois, um código inteiro. Se o código for zero, finalize o programa; se for 1, mostre o vetor na ordem direta; se for 2, mostre o vetor na ordem inversa.

ALGORITMO SOLUÇÃO:

```
ALGORITMO
        DECLARE vet[5], i, cod NUMÉRICO
PARA i ← 1 ATÉ 5 FAÇA
    INÍCIO
    LEIA vet[i]
    FIM
LEIA cod
SE cod = 0
ENTÃO ESCREVA "fim"
SE cod = 1
ENTÃO INÍCIO
        PARA i ← 1 ATÉ 5 FAÇA
                INÍCIO
                ESCREVA vet[i]
                FIM
        FIM
SE cod = 2
ENTÃO INÍCIO
        PARA i ← 5 ATÉ 1 PASSO - 1 FAÇA
                INÍCIO
                ESCREVA vet[i]
                FIM
        FIM
SE (cod < 0) OU (cod > 2)
ENTÃO ESCREVA "Código inválido"
FIM_ALGORITMO.
```

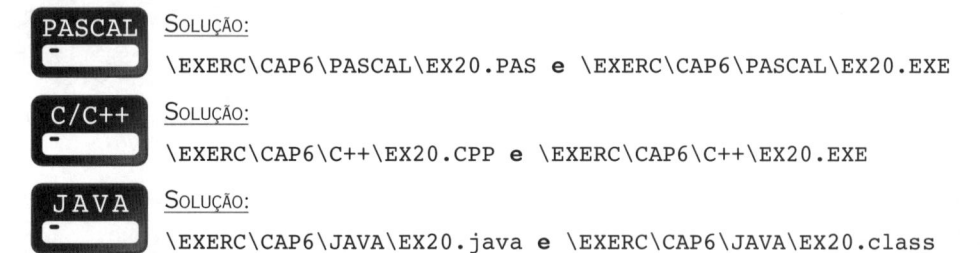

PASCAL SOLUÇÃO:

`\EXERC\CAP6\PASCAL\EX20.PAS` **e** `\EXERC\CAP6\PASCAL\EX20.EXE`

C/C++ SOLUÇÃO:

`\EXERC\CAP6\C++\EX20.CPP` **e** `\EXERC\CAP6\C++\EX20.EXE`

JAVA SOLUÇÃO:

`\EXERC\CAP6\JAVA\EX20.java` **e** `\EXERC\CAP6\JAVA\EX20.class`

21. Faça um programa que leia um conjunto de quinze valores e armazene-os em um vetor. A seguir, sepa-re-os em dois outros vetores (P e I) com cinco posições cada. O vetor P armazena números pares e o vetor I, números ímpares. Como o tamanho dos vetores pode não ser suficiente para armazenar todos os números, deve-se sempre verificar se já estão cheios. Caso P ou I estejam cheios, deve-se mostrá-los e recomeçar o preenchimento da primeira posição. Terminado o processamento, mostre o conteúdo restante dentro dos vetores P e I.

ALGORITMO SOLUÇÃO:

```
ALGORITMO
    DECLARE vet[15], p[5], i[5] NUMÉRICO
            cont, k, poslivre_p, poslivre_i NUMÉRICO
PARA cont ← 1 ATÉ 15 FAÇA
    INÍCIO
    LEIA vet[cont]
    FIM
```

```
poslivre_p ← 1
poslivre_i ← 1
PARA cont ← 1 ATÉ 15 FAÇA
   INÍCIO
   SE RESTO(vet[cont]/2) = 0
   ENTÃO INÍCIO
          p[poslivre_p] ← vet[cont]
          poslivre_p ← poslivre_p + 1
          FIM
   SENÃO INÍCIO
          i[poslivre_i] ← vet[cont]
          poslivre_i ← poslivre_i + 1
          FIM
   SE poslivre_p = 6
   ENTÃO INÍCIO
          ESCREVA "Vetor de pares cheio"
          PARA k ← 1 ATÉ (poslivre_p — 1) FAÇA
                INÍCIO
                ESCREVA p[k]
                FIM
          poslivre_p ←  1
          FIM
   SE poslivre_i = 6
   ENTÃO INÍCIO
          ESCREVA "Vetor de ímpares cheio"
          PARA k ← 1 ATÉ (poslivre_i — 1) FAÇA
                INÍCIO
                ESCREVA i[k]
                FIM
          poslivre_i ← 1
          FIM
   FIM
SE poslivre_p ≠ 1
ENTÃO INÍCIO
       ESCREVA "Vetor de pares restante"
       PARA k ← 1 ATÉ (poslivre_p — 1) FAÇA
             INÍCIO
             ESCREVA p[k]
             FIM
       FIM
SE poslivre_i ≠ 1
ENTÃO INÍCIO
       ESCREVA "Vetor de ímpares restante"
       PARA k ← 1 ATÉ (poslivre_i — 1) FAÇA
             INÍCIO
             ESCREVA i[k]
             FIM
       FIM
FIM_ALGORITMO.
```

PASCAL SOLUÇÃO:

\EXERC\CAP6\PASCAL\EX21.PAS e \EXERC\CAP6\PASCAL\EX21.EXE

C/C++ SOLUÇÃO:

\EXERC\CAP6\C++\EX21.CPP e \EXERC\CAP6\C++\EX21.EXE

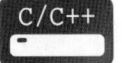

JAVA SOLUÇÃO:

\EXERC\CAP6\JAVA\EX21.java e \EXERC\CAP6\JAVA\EX21.class

22. Faça um programa que simule um controle bancário. Para tanto, devem ser lidos os códigos de dez contas e seus respectivos saldos. Os códigos devem ser armazenados em um vetor de números inteiros (não pode haver mais de uma conta com o mesmo código) e os saldos devem ser armazenados em um vetor de números reais. O saldo deverá ser cadastrado na mesma posição do código. Por exemplo, se a conta 504 foi armazenada na quinta posição do vetor de códigos, seu saldo deverá ficar na quinta posição do vetor de saldos. Depois de fazer a leitura dos valores, deverá aparecer o seguinte menu na tela:

1. Efetuar depósito

2. Efetuar saque

3. Consultar o ativo bancário, ou seja, o somatório dos saldos de todos os clientes

4. Finalizar o programa

- para efetuar depósito, deve-se solicitar o código da conta e o valor a ser depositado. Se a conta não estiver cadastrada, deverá aparecer a mensagem *Conta não encontrada* e voltar ao menu. Se a conta existir, atualizar seu saldo;

- para efetuar saque, deve-se solicitar o código da conta e o valor a ser sacado. Se a conta não estiver cadastrada, deverá aparecer a mensagem *Conta não encontrada* e voltar ao menu. Se a conta existir, verificar se o seu saldo é suficiente para cobrir o saque. (Estamos supondo que a conta não possa ficar com o saldo negativo.) Se o saldo for suficiente, realizar o saque e voltar ao menu. Caso contrário, mostrar a mensagem *Saldo insuficiente* e voltar ao menu;

- para consultar o ativo bancário, deve-se somar o saldo de todas as contas do banco. Depois de mostrar esse valor, voltar ao menu;

- o programa só termina quando for digitada a opção 4 — *Finalizar o programa*.

ALGORITMO SOLUÇÃO:

```
ALGORITMO
    DECLARE conta[10], saldo[10] NUMÉRICO
            i, j, codigo, valor, soma, op NUMÉRICO
            achou LÓGICO
PARA i ← 1 ATÉ 10 FAÇA
        INÍCIO
        achou ← falso
        REPITA
        LEIA conta[i]
        PARA j ← 1 ATÉ (i-1) FAÇA
                INÍCIO
                SE conta[i] = conta[j]
                ENTÃO achou ← verdadeiro
                FIM
        ATÉ achou = falso
        LEIA saldo[i]
        FIM
REPITA
        LEIA op
        achou ← falso
        SE op = 1
        ENTÃO INÍCIO
                LEIA codigo, valor
                PARA i ← 1 ATÉ 10 FAÇA
                        INÍCIO
                        SE codigo = conta[i]
                        ENTÃO INÍCIO
                                saldo[i] ← saldo[i] + valor
                                achou ← verdadeiro
```

```
                      ESCREVA "Depósito efetuado"
                      FIM
            FIM
      SE achou = falso
        ENTÃO ESCREVA "Conta não cadastrada"
      FIM
SE op = 2
ENTÃO INÍCIO
      LEIA codigo, valor
      PARA i ← 1 ATÉ 10 FAÇA
      INÍCIO
            SE codigo = conta[i]
            ENTÃO INÍCIO
                  SE saldo[i] < valor
                  ENTÃO INÍCIO
                        ESCREVA "Saldo insuficiente"
                    FIM
            SENÃO INÍCIO
                  saldo[i] ← saldo[i] - valor
                  ESCREVA "Saque efetuado"
                  FIM
            achou ← verdadeiro
            FIM
      FIM
      SE achou = falso
        ENTÃO ESCREVA "Conta não cadastrada"
      FIM
SE op = 3
ENTÃO INÍCIO
      soma ← 0
      PARA i ← 1 ATÉ 10 FAÇA
            INÍCIO
            soma ← soma + saldo[i]
            FIM
      ESCREVA soma
      FIM
SE (op < 1) OU (op > 4)
  ENTÃO ESCREVA "Opção inválida"
ATÉ op = 4
FIM_ALGORITMO.
```

PASCAL SOLUÇÃO:
\EXERC\CAP6\PASCAL\EX22.PAS e \EXERC\CAP6\PASCAL\EX22.EXE

C/C++ SOLUÇÃO:
\EXERC\CAP6\C++\EX22.CPP e \EXERC\CAP6\C++\EX22.EXE

JAVA SOLUÇÃO:
\EXERC\CAP6\JAVA\EX22.java e \EXERC\CAP6\C++\JAVA\EX22.class

23. Uma empresa possui ônibus com 48 lugares (24 nas janelas e 24 no corredor). Faça um programa que utilize dois vetores para controlar as poltronas ocupadas no corredor e na janela. Considere que 0 representa poltrona desocupada e 1, poltrona ocupada.

Janela	0	1	0	0	...	1	0	0
	1	2	3	4	...	22	23	24

Corredor	0	0	0	1	...	1	0	0
	1	2	3	4	...	22	23	24

Inicialmente, todas as poltronas estarão livres. Depois disso, o programa deverá apresentar as seguintes opções:

- vender passagem;
- mostrar mapa de ocupação do ônibus;
- encerrar.

Quando a opção escolhida for Vender Passagem, deverá ser perguntado se o usuário deseja janela ou corredor e o número da poltrona. O programa deverá, então, dar uma das seguintes mensagens:

- Venda efetivada — se a poltrona solicitada estiver livre, marcando-a como ocupada.
- Poltrona ocupada — se a poltrona solicitada não estiver disponível para venda.
- Ônibus lotado — quando todas as poltronas já estiverem ocupadas.

Quando a opção escolhida for Mostrar Mapa de Ocupação do Ônibus, deverá ser mostrada uma listagem conforme a seguir:

```
JANELA            CORREDOR
1- Ocupada        1- Ocupada
2- Ocupada        2- Livre
3- Livre          3- Livre
4- Livre          4- Ocupada
5- Ocupada        5- Livre
...
```

Quando for escolhida a opção Encerrar, a execução do programa deverá ser finalizada.

ALGORITMO Solução:

```
ALGORITMO
    DECLARE corredor[24], janela[24] NUMÉRICO
            achou LÓGICO
            posicao LITERAL
            i, num NUMÉRICO
PARA i ← 1 ATÉ 24 FAÇA
        INÍCIO
        corredor[i] ← 0
        janela[i] ← 0
        FIM
REPITA
    ESCREVA "1- Vender passagem"
    ESCREVA "2- Mostrar mapa de ocupação do ônibus"
    ESCREVA "3- Encerrar"
    LEIA op
    SE op = 1
    ENTÃO INÍCIO
            achou ← falso
            PARA i ← 1 ATÉ 24 FAÇA
            INÍCIO
            SE corredor[i] = 0 OU janela[i] = 0
                ENTÃO achou ← verdadeiro
            FIM
            SE achou = falso
                ENTÃO ESCREVA "Ônibus lotado"
                SENÃO INÍCIO
                        REPITA
                          LEIA posicao
                        ATÉ posicao = "J" OU posicao = "C"
                        REPITA
                          LEIA num
                        ATÉ num >= 1 E num <= 24
                        SE posicao = "J" E janela[num] = 1
```

```
                              ENTÃO ESCREVA "Poltrona ocupada"
                          SENÃO INÍCIO
                                 ESCREVA "Venda efetivada"
                                 janela[num] ← 1
                                 FIM
                       SE posicao = "C" E corredor[num] = 1
                          ENTÃO ESCREVA "Poltrona ocupada"
                          SENÃO INÍCIO
                                 ESCREVA "Venda efetivada"
                                 corredor[num] ← 1
                                 FIM
             FIM
      SE op = 2
      ENTÃO INÍCIO
             ESCREVA "JANELA CORREDOR"
             PARA i ← 1 ATÉ 24 FAÇA
             INÍCIO
             SE janela[i] = 0
                ENTÃO ESCREVA i, "- Livre"
                SENÃO ESCREVA i, "- Ocupada"
             SE corredor[i] = 0
                ENTÃO ESCREVA i, "- Livre"
                SENÃO ESCREVA i, "- Ocupada"
             FIM
             FIM
   ATÉ op = 3
   FIM_ALGORITMO.
```

PASCAL SOLUÇÃO:

\EXERC\CAP6\PASCAL\EX23.PAS **e** \EXERC\CAP6\PASCAL\EX23.EXE

C/C++ SOLUÇÃO:

\EXERC\CAP6\C++\EX23.CPP **e** \EXERC\CAP6\C++\EX23.EXE

JAVA SOLUÇÃO:

\EXERC\CAP6\JAVA\EX23.java **e** \EXERC\CAP6\JAVA\EX23.class

24. Faça um programa que leia um vetor A de dez posições contendo números inteiros. Determine e mostre, a seguir, quais elementos de A estão repetidos e quantas vezes cada um se repete.

Vetor A	5	4	3	18	5	3	4	18	4	18
	1	2	3	4	5	6	7	8	9	10

Caso sejam digitados valores como os apresentados no vetor A, o programa deverá mostrar ao final as seguintes informações:

■ o número 5 aparece 2 vezes;

■ o número 4 aparece 3 vezes;

■ o número 3 aparece 2 vezes;

■ o número 18 aparece 3 vezes.

ALGORITMO SOLUÇÃO:

```
ALGORITMO
DECLARE a[10], repetidos[10], vezes[10] NUMÉRICO
        i, j, qtde, cont, cont_r NUMÉRICO
PARA i ← 1 ATÉ 10 FAÇA
      INÍCIO
      LEIA a[i]
```

```
            FIM
cont_r ← 1
PARA i ← 1 ATÉ 10 FAÇA
        INÍCIO
            qtde ← 1
            PARA j ← 1 ATÉ 10 FAÇA
                    INÍCIO
                    SE i ≠ j
                    ENTÃO SE a[i] = a[j]
                            ENTÃO qtde ← qtde + 1
                    FIM
            SE qtde > 1
            ENTÃO INÍCIO
                    cont ← 1
                    ENQUANTO (cont < cont_r E (a[i] ≠ repetidos[cont])) FAÇA
                        INÍCIO
                        cont ← cont + 1
                        FIM
                    SE cont = cont_r
                    ENTÃO INÍCIO
                            repetidos[cont_r] ← a[i]
                            vezes[cont_r] ← qtde
                            cont_r ← cont_r + 1
                            FIM
                FIM
        FIM
PARA i ← 1 ATÉ cont_r - 1 FAÇA
ESCREVA "O número ",repetidos[i], " apareceu ",vezes[i]," vezes"
FIM_ALGORITMO.
```

SOLUÇÃO:

`\EXERC\CAP6\PASCAL\EX24.PAS` e `\EXERC\CAP6\PASCAL\EX24.EXE`

C/C++ SOLUÇÃO:

`\EXERC\CAP6\C++\EX24.CPP` e `\EXERC\CAP6\C++\EX24.EXE`

JAVA SOLUÇÃO:

`\EXERC\CAP6\JAVA\EX24.java` e `\EXERC\CAP6\JAVA\EX24.class`

25. Faça um programa que gere os dez primeiros números primos acima de 100 e armazene-os em um vetor. Escreva no final o vetor resultante.

 SOLUÇÃO:

```
ALGORITMO
DECLARE primos[10] NUMÉRICO
        i, qtde, num, divisores NUMÉRICO
num ← 101
qtde ← 1
REPITA
    divisores ←  0
    PARA i ← 1 ATÉ num FAÇA
            INÍCIO
            SE RESTO(num/i) = 0
            ENTÃO divisores ← divisores + 1
```

```
            FIM
    SE divisores <= 2
    ENTÃO INÍCIO
            primos[qtde] ← num
            qtde ← qtde + 1
            FIM
    num ← num + 1
ATÉ qtde = 11
PARA i ← 1 ATÉ 10 FAÇA
        INÍCIO
        ESCREVA primos[i]
        FIM
FIM_ALGORITMO.
```

PASCAL Solução:

\EXERC\CAP6\PASCAL\EX25.PAS e \EXERC\CAP6\PASCAL\EX25.EXE

C/C++ Solução:

\EXERC\CAP6\C++\EX25.CPP e \EXERC\CAP6\C++\EX25.EXE

JAVA Solução:

\EXERC\CAP6\JAVA\EX25.JAVA e \EXERC\CAP6\JAVA\EX25.class

EXERCÍCIOS PROPOSTOS

1. Faça um programa que preencha um vetor com seis elementos numéricos inteiros. Calcule e mostre:
- todos os números pares;
- a quantidade de números pares;
- todos os números ímpares;
- a quantidade de números ímpares.

2. Faça um programa que preencha um vetor com sete números inteiros, calcule e mostre:
- os números múltiplos de 2;
- os números múltiplos de 3;
- os números múltiplos de 2 e de 3.

3. Faça um programa para controlar o estoque de mercadorias de uma empresa. Inicialmente, o programa deverá preencher dois vetores com dez posições cada, onde o primeiro corresponde ao código do produto e o segundo, ao total desse produto em estoque. Logo após, o programa deverá ler um conjunto indeterminado de dados contendo o código de um cliente e o código do produto que ele deseja comprar, juntamente com a quantidade. Código do cliente igual a zero indica fim do programa. O programa deverá verificar:
- se o código do produto solicitado existe. Se existir, tentar atender ao pedido; caso contrário, exibir mensagem *Código inexistente*;
- cada pedido feito por um cliente só pode ser atendido integralmente. Caso isso não seja possível, escrever a mensagem *Não temos estoque suficiente dessa mercadoria*. Se puder atendê-lo, escrever a mensagem *Pedido atendido. Obrigado e volte sempre*;
- efetuar a atualização do estoque somente se o pedido for atendido integralmente;
- no final do programa, escrever os códigos dos produtos com seus respectivos estoques já atualizados.

4. Faça um programa que preencha um vetor com quinze elementos inteiros e verifique a existência de elementos iguais a 30, mostrando as posições em que apareceram.

5. Uma escola deseja saber se existem alunos cursando, simultaneamente, as disciplinas Lógica e Linguagem de Programação. Coloque os números das matrículas dos alunos que cursam Lógica em um vetor, quinze alunos.

Coloque os números das matrículas dos alunos que cursam Linguagem de Programação em outro vetor, dez alunos. Mostre o número das matrículas que aparecem nos dois vetores.

6. Faça um programa que receba o total das vendas de cada vendedor de uma loja e armazene-as em um vetor. Receba também o percentual de comissão a que cada vendedor tem direito e armazene-os em outro vetor. Receba os nomes desses vendedores e armazene-os em um terceiro vetor. Existem apenas dez vendedores na loja. Calcule e mostre:

- um relatório com os nomes dos vendedores e os valores a receber referentes à comissão;
- o total das vendas de todos os vendedores;
- o maior valor a receber e o nome de quem o receberá;
- o menor valor a receber e o nome de quem o receberá.

7. Faça um programa que preencha um vetor com dez números reais, calcule e mostre a quantidade de números negativos e a soma dos números positivos desse vetor.

8. Faça um programa que preencha um vetor com os nomes de sete alunos e carregue outro vetor com a média final desses alunos. Calcule e mostre:

- o nome do aluno com maior média (desconsiderar empates);
- para cada aluno não aprovado, isto é, com média menor que 7, mostrar quanto esse aluno precisa tirar na prova de exame final para ser aprovado. Considerar que a média para aprovação no exame é 5.

9. Faça um programa que preencha três vetores com dez posições cada um: o primeiro vetor, com os nomes de dez produtos; o segundo vetor, com os códigos dos dez produtos; e o terceiro vetor, com os preços dos produtos. Mostre um relatório apenas com o nome, o código, o preço e o novo preço dos produtos que sofrerão aumento.

Sabe-se que os produtos que sofrerão aumento são aqueles que possuem código par ou preço superior a R$ 1.000,00. Sabe-se ainda que, para os produtos que satisfazem as duas condições anteriores, código e preço, o aumento será de 20%; para aqueles que satisfazem apenas a condição de código, o aumento será de 15%; e para aqueles que satisfazem apenas a condição de preço, o aumento será de 10%.

10. Faça um programa que preencha um vetor com dez números inteiros e um segundo vetor com cinco números inteiros, calcule e mostre dois vetores resultantes. O primeiro vetor resultante será composto pela soma de cada número par do primeiro vetor somado a todos os números do segundo vetor. O segundo vetor resultante será composto pela quantidade de divisores que cada número ímpar do primeiro vetor tem no segundo vetor.

11. Faça um programa que receba dez números inteiros e armazene-os em um vetor. Calcule e mostre dois vetores resultantes: o primeiro com os números pares e o segundo, com os números ímpares.

12. Faça um programa que receba cinco números e mostre a saída a seguir:

```
Digite o 1º número 5
Digite o 2º número 3
Digite o 3º número 2
Digite o 4º número 0
Digite o 5º número 2
Os números digitados foram: 5 + 3 + 2 + 0 + 2 = 12
```

13. Faça um programa que receba o nome e a nota de oito alunos e mostre o relatório a seguir:

Digite o nome do 1º aluno: Carlos
Digite a nota do Carlos: 8
Digite o nome do 2º aluno: Pedro
Digite a nota do Pedro: 5
Relatórios de notas
Carlos 8.0
Pedro 5.0
..
..
..
Média da classe = ??

14. Faça um programa que receba o nome e duas notas de seis alunos e mostre o relatório a seguir. Relatório de notas:

ALUNO	1ª PROVA	2ª PROVA	MÉDIA	SITUAÇÃO
Carlos	8,0	9,0	8,5	Aprovado
Pedro	4,0	5,0	4,5	Reprovado

- média da classe = ?
- percentual de alunos aprovados = ?%
- percentual de alunos de exame = ?%
- percentual de alunos reprovados = ?%

15. Faça um programa que receba o nome de oito clientes e armazene-os em um vetor. Em um segundo vetor, armazene a quantidade de DVDs locados em 2011 por cada um dos oito clientes. Sabe-se que, para cada dez locações, o cliente tem direito a uma locação grátis. Faça um programa que mostre o nome de todos os clientes, com a quantidade de locações grátis a que ele tem direito.

16. Faça um programa que receba o nome de cinco produtos e seus respectivos preços. Calcule e mostre:
- a quantidade de produtos com preço inferior a R$ 50,00;
- o nome dos produtos com preço entre R$ 50,00 e R$ 100,00;
- a média dos preços dos produtos com preço superior a R$ 100,00.

17. Faça um programa que preencha dois vetores de dez posições cada, determine e mostre um terceiro contendo os elementos dos dois vetores anteriores ordenados de maneira decrescente.

18. Faça um programa que preencha um vetor com quinze números, determine e mostre:
- o maior número e a posição por ele ocupada no vetor;
- o menor número e a posição por ele ocupada no vetor.

19. Faça um programa que leia dois vetores de dez posições e faça a multiplicação dos elementos de mesmo índice, colocando o resultado em um terceiro vetor. Mostre o vetor resultante.

20. Faça um programa que leia um vetor com dez posições para números inteiros e mostre somente os números positivos.

21. Faça um programa que leia um vetor com dez posições para números inteiros. Crie um segundo vetor, substituindo os valores nulos por 1. Mostre os dois vetores.

22. Faça um programa que leia um vetor A de dez posições. Em seguida, compacte o vetor, retirando os valores nulos e negativos. Armazene esse resultado no vetor B. Mostre o vetor B. (Lembre-se: o vetor B pode não ser completamente preenchido.)

23. Faça um programa que leia dois vetores (A e B) com cinco posições para números inteiros. O programa deve, então, subtrair o primeiro elemento de A do último de B, acumulando o valor, subtrair o segundo elemento de A do penúltimo de B, acumulando o valor e assim por diante. Ao final, mostre o resultado de todas as subtrações realizadas.

24. Faça um programa que leia um vetor com quinze posições para números inteiros. Crie, a seguir, um vetor resultante que contenha todos os números primos do vetor digitado. Escreva o vetor resultante.

25. Faça um programa que leia um vetor com quinze posições para números inteiros. Depois da leitura, divida todos os seus elementos pelo maior valor do vetor. Mostre o vetor após os cálculos.

7.1 Matriz em algoritmos

7.1.1 Definição de matriz

Uma matriz é uma variável composta homogênea multidimensional. Ela é formada por uma sequência de variáveis, todas do mesmo tipo, com o mesmo identificador (mesmo nome), e alocadas sequencialmente na memória. Uma vez que as variáveis têm o mesmo nome, o que as distingue são índices que referenciam sua localização dentro da estrutura. Uma variável do tipo matriz precisa de um índice para cada uma de suas dimensões.

7.1.2 Declaração de matriz

Um algoritmo pode declarar uma matriz, conforme descrito a seguir.

```
DECLARE nome[dimensão1, dimensão2, dimensão3, ..., dimensãoN] tipo
```

onde:
`nome`: é o nome da variável do tipo matriz;
`dimensão1`: é a quantidade de elementos da 1ª dimensão (muitas vezes, chamada linha);
`dimensão2`: é a quantidade de elementos da 2ª dimensão (muitas vezes, denominada coluna);
`dimensão3`: é a quantidade de elementos da 3ª dimensão (muitas vezes, chamada profundidade);
`dimensãoN`: é a quantidade de elementos da enésima dimensão;
`tipo`: é o tipo de dados dos elementos da matriz.

7.1.3 Exemplos de matriz

O exemplo a seguir define uma matriz bidimensional, onde o tamanho da 1ª dimensão (linha) é 3 e o da 2ª dimensão (coluna) é 5.

```
DECLARE X[3,5] NUMÉRICO
```

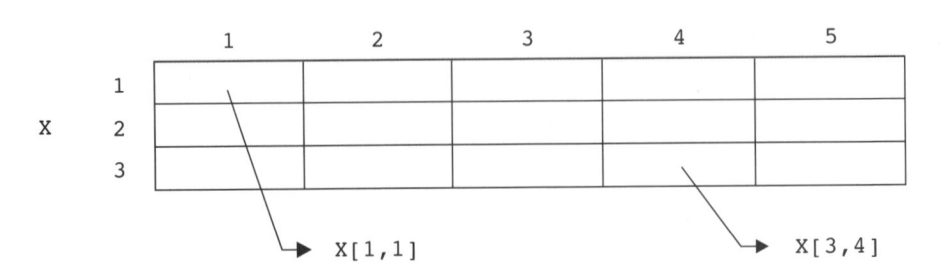

O exemplo que se segue define uma matriz tridimensional, onde o tamanho da 1ª dimensão (linha) é 4; o da 2ª dimensão (coluna), 6; e o da 3ª dimensão (profundidade), 3.

```
DECLARE X[4,6,3] NUMÉRICO
```

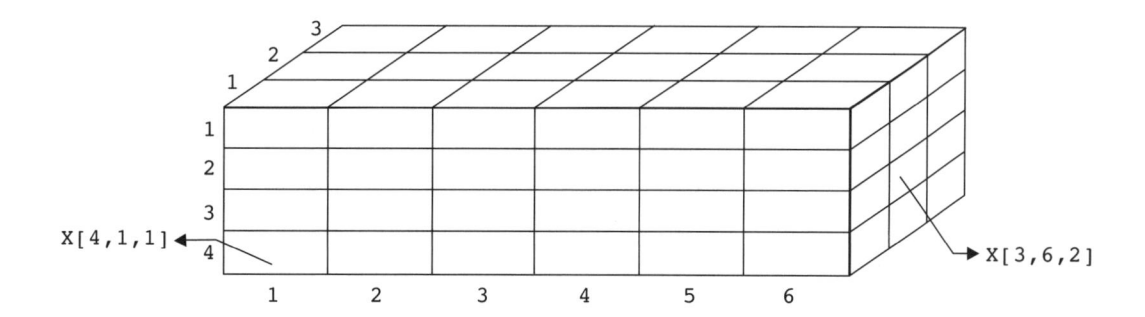

7.1.4 Atribuindo valores a uma matriz

Cada elemento de uma matriz pode armazenar um valor. Para fazer esse armazenamento, é necessário executar uma atribuição, informando o número da posição desejada em cada dimensão.

Exemplo 1:

```
declare mat[5,4] numérico
mat[2,4] ← 45
mat[3,1] ← -8
mat[1,3] ← 10
```

No exemplo 1, a declaração da matriz mat informa que ela tem 2 dimensões. A primeira dimensão, que representa as linhas, tem tamanho 5; a segunda dimensão de mat tem tamanho 4. Ou seja, para cada linha há 4 colunas, permitindo, assim, que a matriz tenha espaço para armazenar 20 valores numéricos. A representação gráfica da matriz mat e as três atribuições podem ser vistas a seguir.

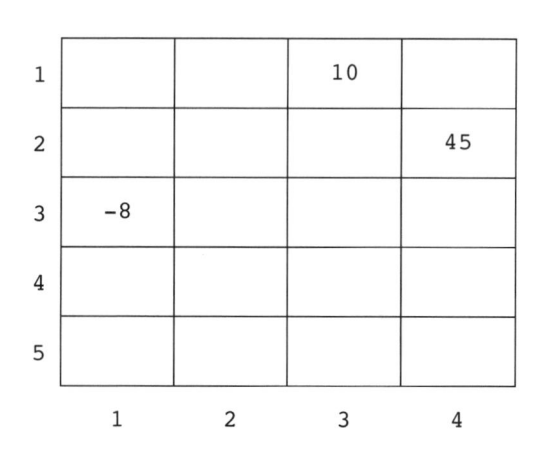

Exemplo 2:

```
declare m[4,5,3] literal
m[3,4,1] ← "E"
m[4,5,3] ← "g"
m[1,2,2] ← "A"
```

No exemplo 2, a declaração da matriz m informa que ela tem 3 dimensões. A primeira dimensão, que representa as linhas, tem tamanho 4; a segunda dimensão, que representa as colunas, tem tamanho 5; e a terceira dimensão, que representa a profundidade, tem tamanho 3. Assim, a matriz m tem espaço para armazenar 60 valores literais. A representação gráfica da matriz m e as três atribuições podem ser vistas a seguir.

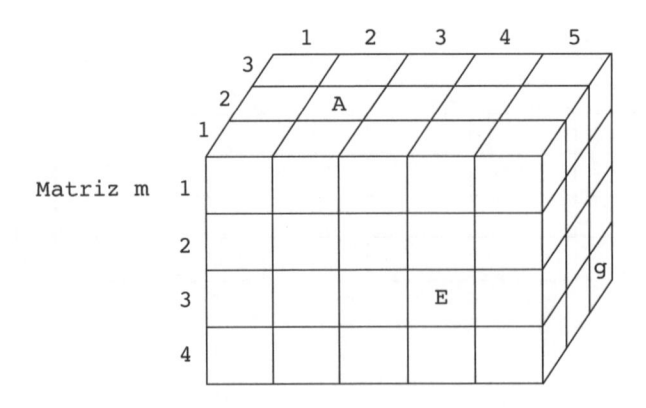

7.1.5 Preenchendo uma matriz

Para preencher uma matriz é necessário identificar todas as suas posições. Isso exige a utilização de um índice para cada uma de suas dimensões.

No exemplo a seguir, é mostrada uma matriz bidimensional com três linhas e cinco colunas. Observe que os valores assumidos pela variável i estão dentro do intervalo de 1 a 3, ou seja, exatamente o número das linhas da matriz. Por essa razão, a variável i é utilizada para indicar a primeira dimensão, dentro dos colchetes. Para cada valor assumido por i, a variável j assume os valores no intervalo de 1 a 5, ou seja, exatamente o número das colunas. Portanto, a variável j é utilizada para indicar a 2ª dimensão, dentro dos colchetes.

```
PARA i ← 1 ATÉ 3 FAÇA
INÍCIO
    PARA j ← 1 ATÉ 5 FAÇA
    INÍCIO
        ESCREVA "Digite o número da linha ",i, " e coluna: ", j
        LEIA X[i,j]
    FIM
FIM
```

Simulação:

MEMÓRIA		TELA
i	j	
1	1	Digite o número da linha 1 e coluna 1: 12
	2	Digite o número da linha 1 e coluna 2: 9
	3	Digite o número da linha 1 e coluna 3: 3
	4	Digite o número da linha 1 e coluna 4: 7
	5	Digite o número da linha 1 e coluna 5: −23
2	1	Digite o número da linha 2 e coluna 1: 15
	2	Digite o número da linha 2 e coluna 2: 4
	3	Digite o número da linha 2 e coluna 3: 2
	4	Digite o número da linha 2 e coluna 4: 34
	5	Digite o número da linha 2 e coluna 5: −4
3	1	Digite o número da linha 3 e coluna 1: 3
	2	Digite o número da linha 3 e coluna 2: 45
	3	Digite o número da linha 3 e coluna 3: 3
	4	Digite o número da linha 3 e coluna 4: 0
	5	Digite o número da linha 3 e coluna 5: −3

Assim, podemos imaginar os elementos dispostos em uma estrutura bidimensional, como uma tabela.

		1	2	3	4	5
	1	12	9	3	7	−23
X	2	15	4	2	34	−4
	3	3	45	3	0	−3

Já no exemplo que se segue, é preenchida uma matriz tridimensional com quatro linhas, três colunas e profundidade dois. Observe que os valores da variável i estão dentro do intervalo de 1 a 4, ou seja, exatamente o número das linhas da matriz. Para cada valor assumido por i, os valores da variável j se movimentam de 1 a 3, ou seja, as três colunas que cada linha possui. Por fim, os valores da variável k se alternam entre 1 e 2, exatamente os valores da profundidade.

```
PARA i ← 1 ATÉ 4 FAÇA
INÍCIO
    PARA j ← 1 ATÉ 3 FAÇA
    INÍCIO
        PARA k ← 1 ATÉ 2 FAÇA
            INÍCIO
                ESCREVA "Digite o número da linha ",i, " coluna ", j, " e profundidade
                    ↪ ", k, ":"
                LEIA X[i,j,k]
            FIM
    FIM
FIM
```

Simulação:

MEMÓRIA			TELA
i	j	k	
1	1	1	Digite o número da linha 1 coluna 1 e profundidade 1: 2
		2	Digite o número da linha 1 coluna 1 e profundidade 2: 5
	2	1	Digite o número da linha 1 coluna 2 e profundidade 1: −1
		2	Digite o número da linha 1 coluna 2 e profundidade 2: 0
	3	1	Digite o número da linha 1 coluna 3 e profundidade 1: 15
		2	Digite o número da linha 1 coluna 3 e profundidade 2: 8
2	1	1	Digite o número da linha 2 coluna 1 e profundidade 1: −25
		2	Digite o número da linha 2 coluna 1 e profundidade 2: 3
	2	1	Digite o número da linha 2 coluna 2 e profundidade 1: 6
		2	Digite o número da linha 2 coluna 2 e profundidade 2: 9
	3	1	Digite o número da linha 2 coluna 3 e profundidade 1: 7
		2	Digite o número da linha 2 coluna 3 e profundidade 2: 11
3	1	1	Digite o número da linha 3 coluna 1 e profundidade 1: 23
		2	Digite o número da linha 3 coluna 1 e profundidade 2: −2
	2	1	Digite o número da linha 3 coluna 2 e profundidade 1: −5
		2	Digite o número da linha 3 coluna 2 e profundidade 2: 46
	3	1	Digite o número da linha 3 coluna 3 e profundidade 1: 19
		2	Digite o número da linha 3 coluna 3 e profundidade 2: 1
4	1	1	Digite o número da linha 4 coluna 1 e profundidade 1: 14
		2	Digite o número da linha 4 coluna 1 e profundidade 2: 27
	2	1	Digite o número da linha 4 coluna 2 e profundidade 1: 5
		2	Digite o número da linha 4 coluna 2 e profundidade 2: 4
	3	1	Digite o número da linha 4 coluna 3 e profundidade 1: 10
		2	Digite o número da linha 4 coluna 3 e profundidade 2: 65

Assim, podemos imaginar os elementos dispostos em uma estrutura tridimensional, como um cubo.

Matriz x

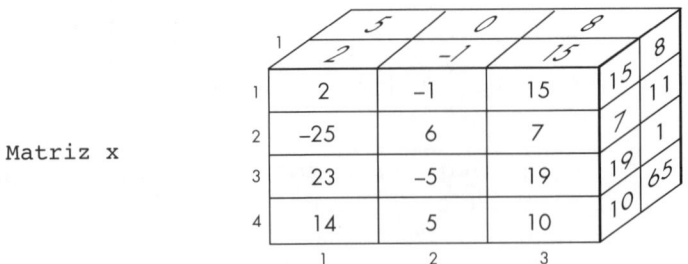

7.1.6 Mostrando os elementos de uma matriz

Para mostrar os elementos de uma matriz é preciso identificar suas posições. Como acontece com todas as operações realizadas com matrizes, é necessária a utilização de um índice para cada dimensão da matriz.

No exemplo a seguir, uma matriz bidimensional com três linhas e cinco colunas é apresentada. Observe que a variável i assume valores sequenciais no intervalo de 1 a 3, ou seja, exatamente as linhas da matriz. Para cada valor assumido por i, a variável j assume valores sequenciais de 1 a 5, ou seja, as cinco colunas que cada linha possui.

```
PARA i ← 1 ATÉ 3 FAÇA
INÍCIO
    PARA j ← 1 ATÉ 5 FAÇA
    INÍCIO
        ESCREVA X[i,j]
    FIM
FIM
```

7.1.7 Percorrendo uma matriz

Vimos anteriormente, nos tópicos 7.1.5 e 7.1.6, formas para preencher toda uma matriz e a fim de mostrar todas as posições de uma matriz. Em tais operações, foi preciso passar por todas as posições da matriz, ou seja, foi necessário percorrer a matriz.

Uma das formas mais simples de percorrer uma matriz pode ser por meio do uso de uma estrutura de repetição para cada dimensão da matriz. A disposição de tais estruturas de repetição define a forma como a matriz será percorrida.

A seguir, apresentaremos duas formas para percorrer uma mesma matriz, chamada x, contendo 3 linhas e 4 colunas.

Matriz x

	1	2	3	4
1	4	5	1	10
2	16	11	76	8
3	9	54	32	89

Forma 1: precisamos percorrer a matriz, de tal forma que seja possível mostrar todos os elementos gravados em cada linha. Para isso, utilizaremos duas estruturas de repetição, conforme mostrado a seguir (a numeração à esquerda não faz parte do algoritmo, servirá apenas para facilitar a explicação).

```
1. PARA i ← 1 ATÉ 3 FAÇA
2. INÍCIO
3.     ESCREVA "Elementos da linha ", i
4.     PARA j ← 1 ATÉ 4 FAÇA
5.     INÍCIO
6.         ESCREVA x[i,j]
7.     FIM
8. FIM
```

A primeira estrutura de repetição (linha 1) é controlada pela variável i, que poderá assumir valores dentro do intervalo de 1 a 3. Cada vez que essa estrutura PARA for executada, encontrará a segunda estrutura de repetição (linha 4), controlada pela variável j, que assumirá os valores dentro do intervalo de 1 a 4. Assim, cada valor assumido pela variável i estará associado a 4 valores da variável j.

Esse arranjo resolve o problema de mostrar os elementos, separando-os por linhas, já que a variável i ficará com valor fixo, enquanto a variável j assumirá valores de 1 a 4, ou seja, formará todos os pares possíveis de índices. Se i estiver valendo 1, serão mostrados todos os elementos da linha 1, já que serão formados os seguintes pares: x[1,1], x[1,2], x[1,3] e x[1,4]. Depois, a variável i assume o valor 2 e novamente a j terá seus valores variando de 1 a 4. Com isso, será possível percorrer toda a linha 2 por meio da formação dos pares x[2,1], x[2,2], x[2,3] e x[2,4]. Esse processo se repetirá para os demais valores possíveis de i. A tabela a seguir mostra uma simulação de execução do algoritmo. Nessa simulação, é importante observar como as variáveis i e j têm seus valores alterados.

Simulação:

MEMÓRIA		TELA
i	j	
1		Elementos da linha 1
1	1	4
1	2	5
1	3	1
1	4	10
2		Elementos da linha 2
2	1	16
2	2	11
2	3	76
2	4	8
3		Elementos da linha 3
3	1	9
3	2	54
3	3	32
3	4	89

A figura a seguir dá uma outra visão da forma utilizada para percorrer a matriz. A direção das setas indica a mudança no valor das variáveis i e j e o caminho utilizado para percorrer a matriz.

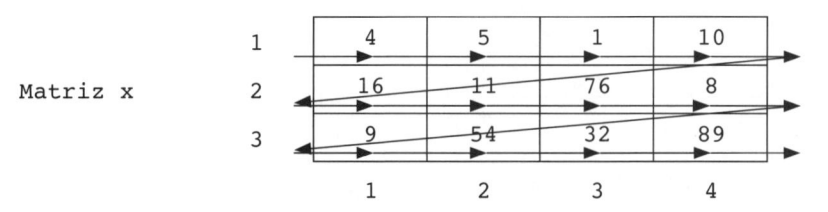

Matriz x

Forma 2: precisamos percorrer a matriz, de tal forma que seja possível mostrar todos os elementos gravados em cada coluna. Para isso, utilizaremos duas estruturas de repetição, conforme mostrado a seguir (a numeração à esquerda não faz parte do algoritmo, servirá apenas para facilitar a explicação).

```
1. PARA i ←1 ATÉ 4 FAÇA
2. INÍCIO
3.    ESCREVA "Elementos da coluna ", i
4.    PARA j ← 1 ATÉ 3 FAÇA
5.    INÍCIO
6.       ESCREVA x[j, i]
7.    FIM
8. FIM
```

A primeira estrutura de repetição (linha 1) é controlada pela variável i, que poderá assumir valores dentro do intervalo de 1 a 4. Cada vez que essa estrutura PARA for executada, encontrará a segunda estrutura de repetição (linha 4), controlada pela variável j, que assumirá os valores dentro do intervalo de 1 a 3. Assim, cada valor assumido pela variável i estará associado a 3 valores da variável j. Esse arranjo resolve o problema de mostrar os elementos, separando-os por colunas, já que a variável i ficará com valor fixo enquanto a variável j assumirá valores de 1 a 3, ou seja, formará todos os pares possíveis de índices. Se i estiver valendo 1, serão mostrados todos os elementos da coluna 1, já que serão formados os seguintes pares: x[1,1], x[2,1] e x[3,1]. Depois, a variável i assumirá o valor 2 e novamente j terá seus valores variando de 1 a 3. Com isso, será possível percorrer toda a coluna 2, por meio da formação dos pares x[1,2], x[2,2] e x[3,2]. Esse processo se repetirá para os demais valores possíveis de i. A tabela a seguir mostra uma simulação de execução do algoritmo. Nessa simulação é importante observar como as variáveis i e j têm seus valores alterados.

Simulação:

MEMÓRIA		TELA
i	j	
1		Elementos da coluna 1
1	1	4
1	2	16
1	3	9
2		Elementos da coluna 2
2	1	5
2	2	11
2	3	54
3		Elementos da coluna 3
3	1	1
3	2	76
3	3	32
4		Elementos da coluna 4
4	1	10
4	2	8
4	3	89

A figura a seguir dá outra visão da forma utilizada para percorrer a matriz. A direção das setas indica a mudança no valor das variáveis i e j e o caminho utilizado para percorrer a matriz.

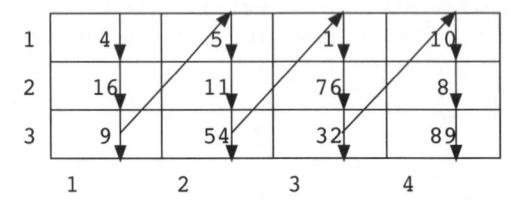

Matriz x

Pelas formas de percorrer uma matriz, apresentadas anteriormente, podemos observar alguns pontos que merecem atenção:

- a mudança dos valores das varáveis i e j, que controlam as estruturas de repetição, permite a formação de todos os possíveis pares de linha e coluna existentes na matriz.

- a mudança do valor da variável i, utilizada no PARA externo, acontece mais lentamente que a mudança da variável j, utilizada no PARA interno. Logo, foi a variável i quem indicou como seria o percurso: na primeira forma apresentada, i variou de 1 a 3 e foi usada na primeira posição dentro do colchetes, isso mostrou que o percurso seria horizontal, porque o índice da linha ficava parado enquanto j assumia todas as colunas possíveis para aquela linha. Já na segunda forma apresentada, i variou de 1 a 4 e foi usada na segunda posição dentro dos colchetes, indicando que o percurso seria vertical, pois o índice da coluna ficava parado enquanto j assumia todas as linhas possíveis para aquela coluna.

7.2 Matriz em PASCAL

7.2.1 Definição de matriz

As variáveis compostas homogêneas multidimensionais (ou, simplesmente, matrizes) são conhecidas na linguagem PASCAL como `ARRAY`. Uma estrutura do tipo `ARRAY` é uma sequência de variáveis com o mesmo identificador (mesmo nome) e alocadas sequencialmente na memória. Todas as variáveis que compõem uma `ARRAY` devem ser do mesmo tipo.

Uma vez que as variáveis recebem o mesmo nome, o que as distingue são os índices que referenciam sua posição em cada dimensão da estrutura. Assim, se a matriz for bidimensional necessitará de dois índices, se for tridimensional necessitará de três índices, e assim por diante.

7.2.2 Declaração de matriz

```
VAR nome_da_variável: ARRAY[inicio1..fim1, inicio2..fim2,
                      inicioN..fimN] OF tipo_dos_dados;
```

onde:

`nome_da_variável`: é o nome da variável do tipo matriz;

`inicio1`: é o índice inicial da primeira dimensão da matriz;

`fim1`: é o índice final da primeira dimensão da matriz;

`inicio2`: é o índice inicial da segunda dimensão da matriz;

`fim2`: é o índice final da segunda dimensão da matriz;

`inicioN`: é o índice inicial da n-ésima dimensão da matriz;

`fimN`: é o índice final da n-ésima dimensão da matriz;

`tipo_dos_dados`: é o tipo básico dos dados que serão armazenados na matriz.

É importante salientar que o valor do `índice_inicial` deve ser maior ou igual ao valor do `índice_final`, para cada dimensão. As posições são identificadas com valores dentro desse intervalo.

Além disso, é importante destacar que os índices também podem ser representados por valores alfabéticos. Com isso, é permitido o uso de caracteres para representar o início e o fim de cada dimensão. O exemplo a seguir ilustra essa possibilidade. Como se pode ver, a matriz terá 5 linhas (de C a G) e 4 colunas (de L a O).

```
VAR matriz: ARRAY ['C'..'G', 'L'..'O'] OF REAL;
```

⊗ ⊖ ⊕   **Observação**

Os valores que indicam o `índice_inicial` e o `índice_final` devem representar valores fixos (literais[1] ou constantes), não podendo ser substituídos por variáveis.

7.2.3 Exemplos de matriz

```
VAR X: ARRAY[1..2,1..6] OF REAL;
```

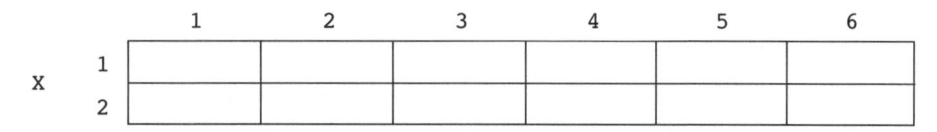

```
VAR MAT: ARRAY[2..5,3..6] OF CHAR;
```

---

1   Literal é um valor fixo, definido quando se escreve o programa. Por exemplo: `x:=10.3;` onde 10.3 é um literal. `vet: array [3..7, 4..9] of integer;` onde 3, 7, 4 e 9, escritos dentro dos colchetes, são literais.

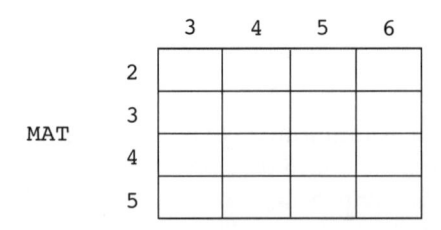

```
VAR Y: ARRAY[1..2,1..4,1..3] OF REAL;
```

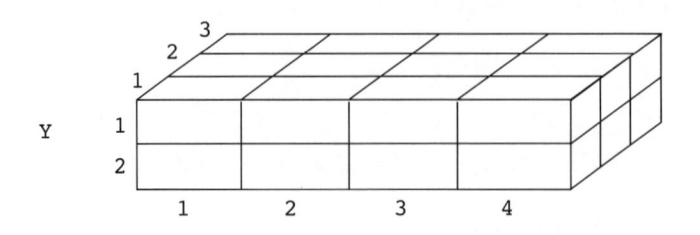

```
VAR MAT: ARRAY['A'..'D', 'F'..'J'] OF INTEGER;
```

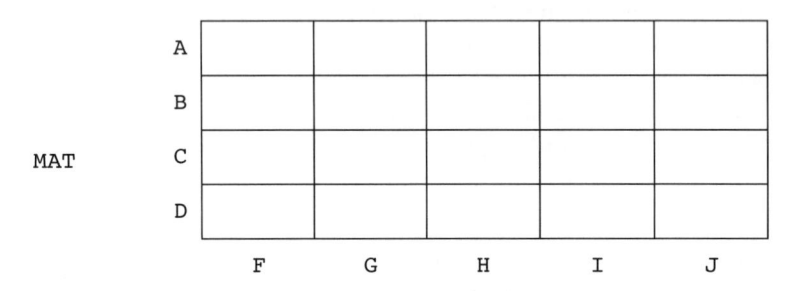

```
CONST inicio1 = 3;
CONST fim1 = 6;
CONST inicio2 = 8;
CONST fim2 = 10;
VAR MATRIZ: ARRAY[inicio1..fim1, inicio2..fim2] OF INTEGER;
```

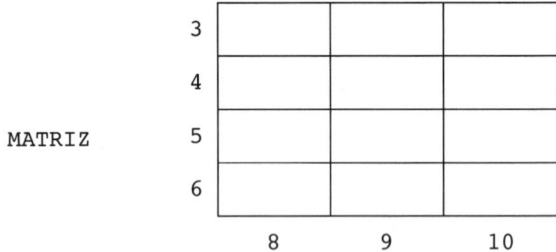

7.2.4 Atribuindo valores a uma matriz

Atribuir valor à matriz significa armazenar uma informação em um de seus elementos, identificado de forma única por meio de seus índices.

```
X[1,4] := 5;
```
→ Atribui o valor 5 à posição identificada pelos índices 1 (linha) e 4 (coluna).

`MAT[4,5] :='D';` → Atribui a letra D à posição identificada pelos índices 4 (linha) e 5 (coluna).

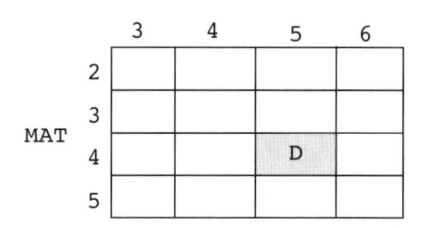

`Y[1,4,2] := 12;` → Atribui o valor 12 à posição identificada pelos índices 1 (linha), 4 (coluna) e 2 (profundidade).

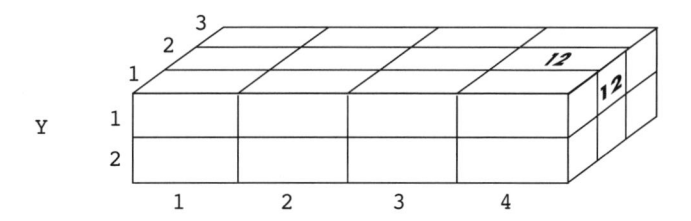

`MAT['C','H'] := 20;` → Atribui o valor 20 à posição identificada pelos índices C (linha) e H (coluna).

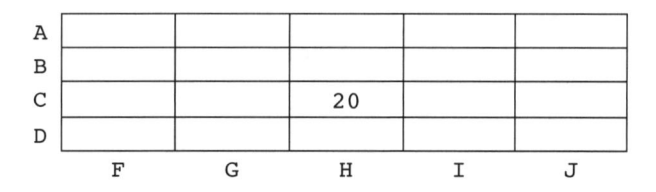

7.2.5 Preenchendo uma matriz

Preencher uma matriz significa percorrer todos os seus elementos, atribuindo-lhes um valor. Esse valor pode ser recebido do usuário, pelo teclado, ou pode ser gerado pelo programa.

Exemplo 1:

```
FOR i:= 1 TO 7 DO
 BEGIN
   FOR j:=1 TO 3 DO
   BEGIN
      READLN(X[i,j]);
   END;
 END;
```

Exemplo 2:

```
FOR i:='C' TO 'G' DO
 BEGIN
   FOR j:= 'L' TO 'O' DO
   BEGIN
      READLN(MAT[i,j]);
   END;
END;
```

O exemplo 1 apresentou duas estruturas de repetição FOR para garantir que a variável i assumisse todos os valores possíveis para linha (de 1 a 7) e a variável j assumisse todos os valores possíveis para coluna (de 1 a 3) da matriz x. Já o exemplo 2 utilizou duas estruturas de repetição FOR para garantir que a variável i assumisse todos os valores possíveis para linha (de C a G) e a variável j assumisse todos os valores possíveis para coluna (de L a O) da matriz MAT. Assim, para cada execução das estruturas de repetição, uma posição diferente da matriz é preenchida com um valor digitado pelo usuário por meio do comando READLN.

7.2.6 Mostrando os elementos de uma matriz

Pode-se também percorrer todos os elementos da matriz, acessando seu conteúdo. Para mostrar os valores armazenados em uma matriz, veremos, a seguir, alguns trechos de programas.

Exemplo 1:

```
...
VAR X:ARRAY[1..10,1..6] OF REAL;
...
FOR i:=1 TO 10 DO
   BEGIN
        FOR j:= 1 TO 6 DO
             BEGIN
                  WRITELN(X[i,j]);
             END;
   END;
```

Exemplo 2:

```
...
VAR MAT:ARRAY['C..'G','L'..'O'] OF REAL;
...
FOR i:='C' TO 'G' DO
   BEGIN
        FOR j:= 'L' TO 'O' DO
        BEGIN
             WRITELN(MAT[i, j]);
        END;
   END;
```

O exemplo 1 usou duas estruturas de repetição FOR para garantir que a variável i assumisse todos os valores possíveis para linha (de 1 a 10) e a variável j assumisse todos os valores possíveis para coluna (de 1 a 6) da matriz x. Já o exemplo 2 utilizou duas estruturas de repetição FOR para garantir que a variável i assumisse todos os valores possíveis para linha (de C a G) e a variável j assumisse todos os valores possíveis para coluna (de L a O) da matriz MAT. Assim, para cada execução das estruturas de repetição, uma posição diferente da matriz é acessada e seu valor mostrado por meio do comando WRITELN.

7.2.7 Percorrendo uma matriz

Vimos anteriormente, nos tópicos 7.2.5 e 7.2.6, formas para preencher toda uma matriz e para mostrar todas as posições de uma matriz. Em tais operações, foi necessário passar por todas as posições da matriz, ou seja, foi preciso percorrer a matriz.

Uma das formas mais simples de percorrer uma matriz pode ser por meio do uso de uma estrutura de repetição para cada dimensão da matriz. A disposição de tais estruturas de repetição define a forma como a matriz será percorrida.

A seguir, apresentaremos duas formas para percorrer uma mesma matriz, chamada x, contendo 3 linhas e 4 colunas.

	1	4	5	1	10
Matriz x	2	16	11	76	8
	3	9	54	32	89
		1	2	3	4

Forma 1: precisamos percorrer a matriz, de tal forma que seja possível mostrar todos os elementos gravados em cada linha. Para isso, utilizaremos duas estruturas de repetição, conforme mostrado a seguir (a numeração à esquerda não faz parte do programa, servirá apenas para facilitar a explicação).

```
1. FOR i := 1 TO 3 DO
2. BEGIN
3.    WRITELN( 'Elementos da linha ', i);
4.    FOR j := 1 TO 4 DO
5.    BEGIN
6.        WRITELN(x[i,j]);
7.    END;
8. END;
```

A primeira estrutura de repetição (linha 1) é controlada pela variável i, que poderá assumir valores dentro do intervalo de 1 a 3. Cada execução da estrutura FOR encontrará a segunda estrutura de repetição (linha 4), controlada pela variável j, que assumirá os valores dentro do intervalo de 1 a 4. Assim, cada valor assumido pela variável i estará associado a 4 valores da variável j.

Esse arranjo resolve o problema de mostrar os elementos, separando-os por linhas, já que a variável i ficará com valor fixo enquanto a variável j assumirá valores de 1 a 4, ou seja, formará todos os pares possíveis de índices. Se i estiver valendo 1, serão mostrados todos os elementos da primeira linha, já que serão formados os seguintes pares: x[1,1], x[1,2], x[1,3] e x[1,4]. Depois, a variável i assume o valor 2 e novamente a j terá seus valores variando de 1 a 4. Com isso, será possível percorrer toda a segunda linha, por meio da formação dos pares x[2,1], x[2,2], x[2,3] e x[2,4]. Esse processo se repetirá para os demais valores possíveis de i. A tabela a seguir mostra uma simulação de execução do programa. Nessa simulação é importante observar como as variáveis i e j têm seus valores alterados.

Simulação:

MEMÓRIA		TELA
i	j	
1		Elementos da linha 1
1	1	4
1	2	5
1	3	1
1	4	10
2		Elementos da linha 2
2	1	16
2	2	11
2	3	76
2	4	8
3		Elementos da linha 3
3	1	9
3	2	54
3	3	32
3	4	89

A figura a seguir dá outra visão da forma utilizada para percorrer a matriz. A direção das setas indica a mudança no valor das variáveis i e j e o caminho utilizado para percorrer a matriz.

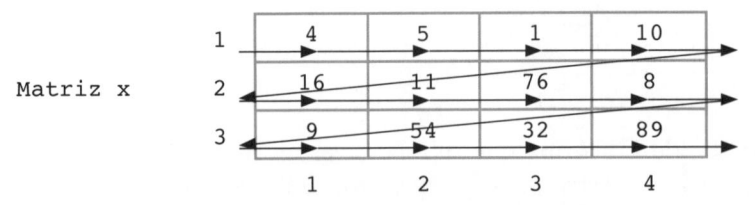

Forma 2: precisamos percorrer a matriz, de tal forma que seja possível mostrar todos os elementos gravados em cada coluna. Para isso, utilizaremos duas estruturas de repetição, conforme mostrado a seguir (a numeração à esquerda não faz parte do programa, servirá apenas para facilitar a explicação).

```
1. FOR i := 1 TO 4 DO
2. BEGIN
3.    WRITELN('Elementos da coluna ', i);
4.    FOR j := 1 TO 3 DO
5.    BEGIN
6.        WRITELN(x[j,i]);
7.    END;
8. END;
```

A primeira estrutura de repetição (linha 1) é controlada pela variável i, que poderá assumir valores dentro do intervalo de 1 a 4. Cada execução da estrutura FOR encontrará a segunda estrutura de repetição (linha 4), controlada pela variável j, que assumirá os valores dentro do intervalo de 1 a 3. Assim, cada valor assumido pela variável i estará associado a 3 valores da variável j. Esse arranjo resolve o problema de mostrar os elementos, separando-os por colunas, já que a variável i ficará com valor fixo enquanto a variável j assumirá valores de 1 a 3, ou seja, formará todos os pares possíveis de índices. Se i estiver valendo 1, serão mostrados todos os elementos da primeira coluna, já que serão formados os seguintes pares: x[1,1], x[2,1] e x[3,1]. Depois, a variável i assumirá o valor 2 e novamente j terá seus valores variando de 1 a 3. Com isso, será possível percorrer toda a segunda coluna, por meio da formação dos pares x[1,2], x[2,2] e x[3,2]. Esse processo se repetirá para os demais valores possíveis de i. A tabela a seguir mostra uma simulação de execução do programa. Nessa simulação, é importante observar como as variáveis i e j têm seus valores alterados.

Simulação:

MEMÓRIA		TELA
i	j	
1		Elementos da coluna 1
1	1	4
1	2	16
1	3	9
2		Elementos da coluna 2
2	1	5
2	2	11
2	3	54
3		Elementos da coluna 3
3	1	1
3	2	76
3	3	32
4		Elementos da coluna 4
4	1	10
4	2	8
4	3	89

A figura a seguir dá outra visão da forma utilizada para percorrer a matriz. A direção das setas indica a mudança no valor das variáveis i e j e o caminho utilizado para percorrer a matriz.

Pelas formas de percorrer uma matriz apresentadas anteriormente, podemos observar alguns pontos que merecem atenção:

- a mudança dos valores das varáveis i e j, que controlam as estruturas de repetição, permite a formação de todos os possíveis pares de linha e coluna existentes na matriz.

- a mudança do valor da variável i, utilizada no FOR externo, acontece mais lentamente que a mudança da variável j, utilizada no FOR interno. Logo, foi a variável i que indicou como seria o percurso: na primeira forma apresentada, i variou de 1 a 3 e foi usada na primeira posição dentro do colchetes, isso mostrou que o percurso seria horizontal, porque o índice da linha ficava parado enquanto j assumia todas as colunas possíveis para aquela linha. Já na segunda forma apresentada, i variou de 1 a 4 e foi usada na segunda posição dentro dos colchetes, indicando que o percurso seria vertical, pois o índice da coluna ficava parado enquanto j assumia todas as linhas possíveis para aquela coluna.

7.3 Matriz em C/C++

7.3.1 Definição de matriz

Uma matriz pode ser definida como um conjunto de variáveis de mesmo tipo e identificadas pelo mesmo nome. Essas variáveis são diferenciadas por meio da especificação de suas posições dentro dessa estrutura.

A linguagem C/C++ permite a declaração de matrizes unidimensionais (mais conhecidas como *vetores* — descritos no capítulo anterior), bidimensionais e multidimensionais. O padrão ANSI prevê até 12 dimensões. Entretanto, o limite de dimensões fica por conta da quantidade de recursos computacionais disponíveis. Apesar disso, as matrizes mais utilizadas possuem duas dimensões. Para cada dimensão deve ser utilizado um índice.

Os índices usados na linguagem C/C++, para identificar as posições de uma matriz, começam sempre em 0 (zero) e vão até o tamanho da dimensão menos uma unidade. Os índices de uma matriz em C/C++ devem sempre ser representados por um dos tipos inteiros disponíveis na linguagem.

7.3.2 Declaração de matriz

```
tipo_dos_dados nome_variável [dimensão1] [dimensão2] [...] [dimensãoN];
```

onde:

tipo_dos_dados: é o tipo dos dados que serão armazenados na matriz;

nome_variável: é o nome dado à variável do tipo matriz;

[dimensão1]: representa o tamanho da 1ª dimensão da matriz;

[dimensão2]: representa o tamanho da 2ª dimensão da matriz;

[dimensãoN]: representa o tamanho da n-ésima dimensão da matriz.

Em C/C++, a indicação do tamanho das dimensões de uma matriz deve ser feita por um valor inteiro fixo (representado por um literal[2] ou uma constante). Se houver necessidade de definir o tamanho do vetor em tempo de execução, deve-se fazê-lo por meio de ponteiros (o Capítulo 8 apresentará o conceito de ponteiro).

---

2 Literal é um valor fixo, definido quando se escreve o programa. Por exemplo: double x=10.3; onde 10.3 é um literal. char mat [2][5]; onde 2 e 5, escritos dentro dos colchetes, são literais.

7.3.3 Exemplos de matriz

Da mesma maneira como ocorre com os vetores, os índices das dimensões das matrizes começam sempre em 0 (zero).

A seguir, são apresentadas algumas formas de criação de matrizes.

Exemplo 1:

```
float X[2][6];
```

Na declaração do exemplo 1, criou-se uma variável chamada x contendo duas linhas (de 0 a 1) com seis colunas cada (de 0 a 5), capaz de armazenar números reais, como pode ser observado a seguir.

Exemplo 2:

```
char MAT [4][3];
```

A declaração do exemplo 2 criou uma variável chamada MAT contendo quatro linhas (de 0 a 3) com três colunas cada (de 0 a 2), capaz de armazenar caracteres, como pode ser observado a seguir.

Exemplo 3:

```
float Y[2][4][3];
```

A declaração do exemplo 3 criou uma variável chamada Y contendo duas linhas (de 0 a 1) com quatro colunas cada (de 0 a 3) e profundidade três (de 0 a 2), capaz de armazenar números reais, como pode ser observado a seguir.

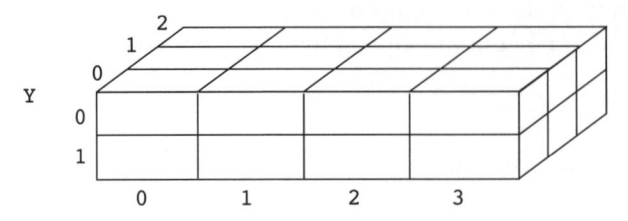

7.3.4 Atribuindo valores a uma matriz

Atribuir valor a uma matriz significa armazenar informação em seus elementos, identificados de forma única por meio de seus índices.

```
X[1][4] = 5;    → Atribui o valor 5 à posição identificada pelos índices 1 (2ª linha) e 4 (5ª coluna).
```

| MAT[3][2] = 'D'; | → Atribui a letra D à posição identificada pelos índices 3 (4ª linha) e 2 (3ª coluna). |

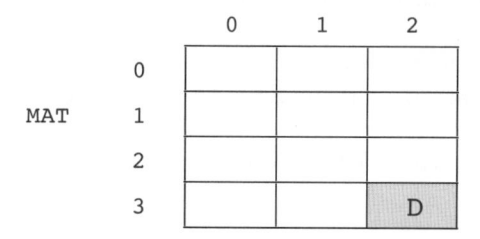

| Y[0][3][1] = 12; | → Atribui o valor 12 à posição identificada pelos índices 0 (1ª linha), 3 (4ª coluna) e 1 (2ª profundidade). |

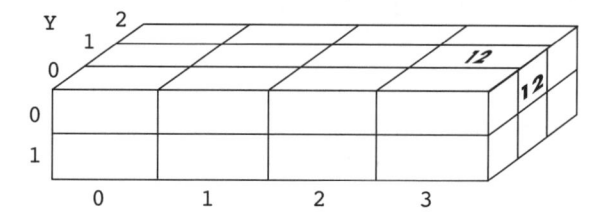

7.3.5 Preenchendo uma matriz

Preencher uma matriz significa percorrer todos os seus elementos, atribuindo-lhes um valor. Esse valor pode ser recebido do usuário, por meio do teclado, ou pode ser gerado pelo programa.

No exemplo que se segue, todos os elementos de uma matriz bidimensional são percorridos, atribuindo-lhes valores digitados pelo usuário e capturados pelo comando scanf.

```
for (i=0;i<7;i++)
   {
     for (j=0;j<3;j++)
         scanf("%d%*c", &MAT[i][j]);
   }
```

Como a matriz possui 7 linhas e 3 colunas, o exemplo apresentou duas estruturas de repetição for para garantir que a variável i assumisse todos os valores possíveis para linha (de 0 a 6) e a variável j assumisse todos os valores possíveis para coluna (de 0 a 2) da matriz MAT. Assim, para cada execução das estruturas de repetição, uma posição diferente da matriz foi preenchida por um valor digitado pelo usuário por meio do comando scanf.

7.3.6 Mostrando os elementos de uma matriz

Pode-se também percorrer todos os elementos de uma matriz acessando seu conteúdo. Para mostrar os valores armazenados dentro de uma matriz, supondo que ela tenha sido declarada como float X[10][6], podem-se executar os comandos a seguir.

```
for (i=0;i<10;i++)
   { for (j=0;j<6;j++)
          printf("%f", X[i][j]);
   }
```

Como a matriz possui dez linhas e seis colunas, o exemplo usou duas estruturas de repetição for para garantir que a variável i assumisse todos os valores possíveis para linha (de 0 a 9) e a variável j assumisse todos os valores possíveis para coluna (de 0 a 5) da matriz X. Assim, para cada execução das estruturas de repetição, uma posição diferente da matriz foi acessada e seu conteúdo mostrado por meio do comando printf.

7.3.7 Percorrendo uma matriz

Vimos anteriormente, nos tópicos 7.3.5 e 7.3.6, formas para preencher toda uma matriz e para mostrar todas as posições de uma matriz. Em tais operações, foi necessário passar por todas as posições, ou seja, foi preciso percorrer a matriz.

Uma das formas mais simples de percorrer uma matriz pode ser por meio do uso de uma estrutura de repetição para cada dimensão da matriz. A disposição de tais estruturas de repetição define a forma como a matriz será percorrida.

A seguir, apresentaremos duas formas para percorrer uma mesma matriz, chamada x, contendo 3 linhas e 4 colunas.

	0	4	5	1	10
Matriz x	1	16	11	76	8
	2	9	54	32	89
		0	1	2	3

Forma 1: precisamos percorrer a matriz, de tal forma que seja possível mostrar todos os elementos gravados em cada linha. Para isso, utilizaremos duas estruturas de repetição, conforme mostrado a seguir (a numeração à esquerda não faz parte do programa, servirá apenas para facilitar a explicação).

```
1. for(i=0;i<3;i++)
2. {
3.      printf("Elementos da linha %d", i);
4.      for(j=0;j<4;j++)
5.      {
6.          printf("%d", x[i,j]);
7.      }
8. }
```

A primeira estrutura de repetição (linha 1) é controlada pela variável i, que poderá assumir valores dentro do intervalo de 0 a 2. Cada execução da estrutura for encontrará a segunda estrutura de repetição (linha 4), controlada pela variável j, que assumirá os valores dentro do intervalo de 0 a 3. Assim, cada valor assumido pela variável i estará associado a 4 valores da variável j.

Esse arranjo resolve o problema de mostrar os elementos, separando-os por linhas, já que a variável i ficará com valor fixo enquanto a variável j assumirá valores de 0 a 3, ou seja, formará todos os pares possíveis de índices. Se i estiver valendo 0, serão mostrados todos os elementos da primeira linha, já que serão formados os seguintes pares: x[0,0], x[0,1], x[0,2] e x[0,3]. Depois, a variável i assume o valor 1 e novamente a j terá seus valores variando de 0 a 3. Com isso, será possível percorrer toda a segunda linha, por meio da formação dos pares x[1,0], x[1,1], x[1,2] e x[1,3]. Esse processo se repetirá para os demais valores possíveis de i. A tabela a seguir mostra uma simulação de execução do programa. Nessa simulação é importante observar como as variáveis i e j têm seus valores alterados.

Simulação:

MEMÓRIA		TELA
i	j	
0		Elementos da linha 0
0	0	4
0	1	5
0	2	1
0	3	10
1		Elementos da linha 1
1	0	16

MEMÓRIA		TELA
1	1	11
1	2	76
1	3	8
2		Elementos da linha 2
2	0	9
2	1	54
2	2	32
2	3	89

A figura a seguir dá outra visão da forma utilizada para percorrer a matriz. A direção das setas indica a mudança no valor das variáveis i e j e o caminho utilizado para percorrer a matriz.

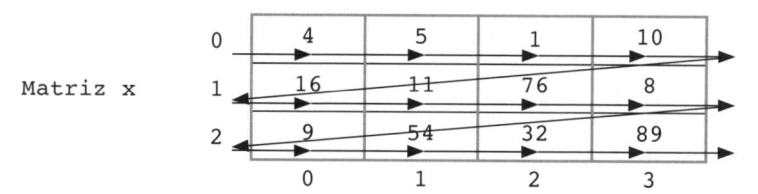

Forma 2: precisamos percorrer a matriz, de tal forma que seja possível mostrar todos os elementos gravados em cada coluna. Para isso, utilizaremos duas estruturas de repetição, conforme mostrado a seguir (a numeração à esquerda não faz parte do programa, servirá apenas para facilitar a explicação).

```
1. for (i=0;i<4;i++)
2. {
3.     printf("Elementos da coluna %d", i);
4.     for (j=0;j<3;j++)
5.     {
6.             printf("%d", x[j, i]);
7.     }
8. }
```

A primeira estrutura de repetição (linha 1) é controlada pela variável i, que poderá assumir valores dentro do intervalo de 0 a 3. Cada execução dessa estrutura for encontrará a segunda estrutura de repetição (linha 4), controlada pela variável j, que assumirá os valores dentro do intervalo de 0 a 2. Assim, cada valor assumido pela variável i estará associado a 3 valores da variável j. Esse arranjo resolve o problema de mostrar os elementos, separando-os por colunas, já que a variável i ficará com valor fixo enquanto a variável j assumirá valores de 0 a 2, ou seja, formará todos os pares possíveis de índices. Se i estiver valendo 0, serão mostrados todos os elementos da primeira coluna, já que serão formados os seguintes pares: x[0,0], x[1,0] e x[2,0]. Depois, a variável i assumirá o valor 1 e novamente j terá seus valores variando de 0 a 2. Com isso, será possível percorrer toda a segunda coluna, por meio da formação dos pares x[0,1], x[1,1] e x[2,1]. Esse processo se repetirá para os demais valores possíveis de i. A tabela a seguir mostra uma simulação de execução do programa. Nessa simulação, é importante observar como as variáveis i e j têm seus valores alterados.

Simulação:

MEMÓRIA		TELA
i	j	
0		Elementos da coluna 0
0	0	4
0	1	16
0	2	9
1		Elementos da coluna 1
1	0	5

MEMÓRIA		TELA
1	1	11
1	2	54
2		Elementos da coluna 2
2	0	1
2	1	76
2	2	32
3		Elementos da coluna 3
3	0	10
3	1	8
3	2	89

A figura a seguir dá outra visão da forma utilizada para percorrer a matriz. A direção das setas indica a mudança no valor das variáveis i e j e o caminho utilizado para percorrer a matriz.

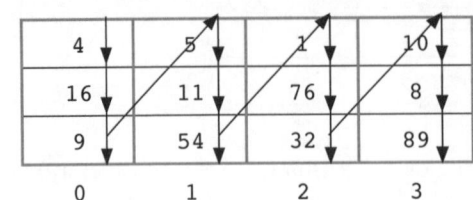

Pelas formas de percorrer uma matriz apresentadas anteriormente, podemos observar alguns pontos que merecem atenção:

- a mudança dos valores das varáveis i e j, que controlam as estruturas de repetição, permite a formação de todos os possíveis pares de linha e coluna existentes na matriz.

- a mudança do valor da variável i, utilizada no for externo, acontece mais lentamente que a mudança da variável j, utilizada no for interno. Logo, foi a variável i que indicou como seria o percurso: na primeira forma apresentada, i variou de 0 a 2 e foi usada na primeira posição dentro do colchetes, isso mostrou que o percurso seria horizontal, porque o índice da linha ficava parado enquanto j assumia todas as colunas possíveis para aquela linha. Já na segunda forma apresentada, i variou de 0 a 3 e foi usada na segunda posição dentro dos colchetes, indicando que o percurso seria vertical, pois o índice da coluna ficava parado enquanto j assumia todas as linhas possíveis para aquela coluna.

7.4 Matriz em JAVA

7.4.1 Definição de matriz

Uma matriz pode ser definida como um conjunto de variáveis de mesmo tipo e identificadas pelo mesmo nome. Essas variáveis são diferenciadas por meio da especificação de suas posições dentro dessa estrutura.

A linguagem JAVA permite a declaração de matrizes unidimensionais (mais conhecidas como *vetores* — descritos no capítulo anterior), bidimensionais e multidimensionais. As matrizes mais utilizadas possuem duas dimensões. Para cada dimensão deve ser adotado um índice.

Os índices utilizados na linguagem JAVA para identificar as posições de uma matriz começam sempre em 0 (zero) e vão até o tamanho da dimensão menos uma unidade. Os índices de uma matriz em JAVA devem sempre ser representados por um dos tipos inteiros disponíveis na linguagem.

7.4.2 Declaração de matriz

Matrizes em JAVA são definidas pela existência de colchetes vazios antes ou depois do nome da variável, no momento da declaração. Logo depois, deve ser feita a definição do tamanho de cada dimensão da matriz.

Em JAVA, a indicação do tamanho das dimensões da matriz pode ser feita por um valor inteiro fixo (representado por um literal[3] ou uma constante) ou por uma variável, cujo valor é definido em tempo de execução.

---

3 Literal é um valor fixo, definido quando se escreve o programa. Por exemplo: `double x=10.3;` onde 10.3 é um literal. `char mat [][]= new char[3][7];` onde 3 e 7, escritos dentro dos colchetes, são literais.

Para utilizar uma matriz em JAVA, é preciso seguir dois passos:

1º PASSO: DECLARAR UMA VARIÁVEL QUE FARÁ REFERÊNCIA AOS ELEMENTOS

```
tipo_dos_dados nome_variável[][][]...[];
```

Os pares de colchetes vazios após o nome da variável definem que a variável será uma estrutura multidimensional.

2º PASSO: DEFINIR O TAMANHO DAS DIMENSÕES DA MATRIZ

```
nome_variável = new tipo_dos_dados [dimensão1][dimensão2][dimensão3]...[dimensãoN];
```

onde:

`tipo_dos_dados`: é o tipo de dados que poderá ser armazenado na sequência de variáveis que formam a matriz;

`nome_variável`: é o nome dado à variável do tipo matriz;

`[dimensão1]`: representa o tamanho da primeira dimensão da matriz;

`[dimensão2]`: representa o tamanho da segunda dimensão da matriz;

`[dimensãoN]`: representa o tamanho da n-ésima dimensão da matriz.

7.4.3 Exemplos de matriz

Nos exemplos a seguir, são utilizadas duas linhas de comando: a primeira declara uma matriz, e a segunda define o tamanho das dimensões.

É importante ressaltar que, em JAVA, os pares de colchetes podem aparecer todos antes do nome da variável ou depois do nome da variável ou, ainda, alguns antes e outros posteriormente. Assim, todos os exemplos a seguir são válidos.

Exemplo 1:

```
float X[][];
X = new float[2][6];
```

A declaração anterior criou uma variável chamada X contendo duas linhas (0 a 1) com seis colunas cada (0 a 5), capazes de armazenar números reais, como pode ser observado a seguir.

Exemplo 2:

```
char [][]MAT;
MAT = new char[4][3];
```

A declaração anterior criou uma variável chamada MAT contendo quatro linhas (0 a 3) com três colunas cada (0 a 2), capazes de armazenar caracteres, como pode ser observado a seguir.

Exemplo 3:

```
int [][]Y[];
Y = new int[2][4][3];
```

A declaração anterior criou uma variável chamada Y contendo duas linhas (0 a 1) com quatro colunas (0 a 3) e três profundidades (0 a 2), capazes de armazenar números inteiros, como pode ser observado a seguir.

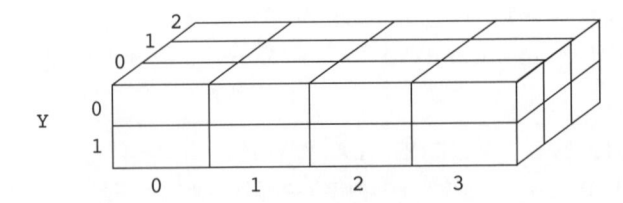

Além das formas descritas nos exemplos anteriores, a linguagem JAVA também permite que os dois passos necessários para utilização de uma matriz (declaração e dimensionamento) sejam realizados em apenas uma linha de comando. Assim, nos exemplos apresentados a seguir, utilizou-se uma forma condensada de criação de matriz, onde a declaração e o dimensionamento são feitos utilizando-se uma única linha.

Exemplo 4:

```
float X[][] = new float[2][6];
```

A declaração anterior criou uma variável chamada X contendo duas linhas (0 a 1) com seis colunas cada (0 a 5), capazes de armazenar números reais, como pode ser observado a seguir.

Exemplo 5:

```
char [][]MAT = new char[4][3];
```

A declaração anterior criou uma variável chamada MAT contendo quatro linhas (0 a 3) com três colunas cada (0 a 2), capazes de armazenar caracteres, como pode ser observado a seguir.

Exemplo 6:

```
int [][]Y[] = new int[2][4][3];
```

A declaração anterior criou uma variável chamada Y contendo duas linhas (0 a 1) com quatro colunas (0 a 3) e três profundidades (0 a 2), capazes de armazenar números inteiros, como pode ser observado a seguir.

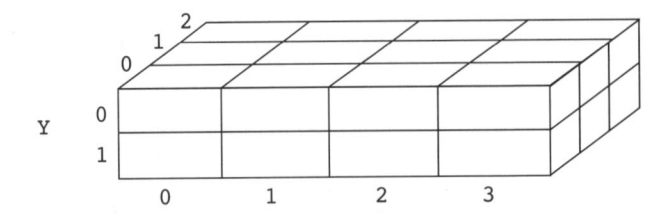

É importante lembrar, também, que o tamanho das dimensões não precisa ser feito em um mesmo momento. Os exemplos que seguem mostram essa flexibilidade.

Exemplo 7:

Nesse exemplo (a numeração das linhas foi utilizada apenas para facilitar a explicação), foi definido pela linha 1 que a variável Y é uma matriz bidimensional. A linha 2 estabelece que o tamanho da primeira dimensão é 2, ou seja, essa matriz tem duas linhas, identificadas pelos índices 0 e 1. Na linha 3, foi definido o tamanho da linha 0, que passou a ter 5 colunas. Já a linha 4 define o tamanho da linha 1, que passou a ter 2 colunas.

```
1. int Y[][];
2. Y = new int[2][];
3. Y[0] = new int[5];
4. Y[1] = new int[2];
```

Uma representação dessa matriz poderia ser:

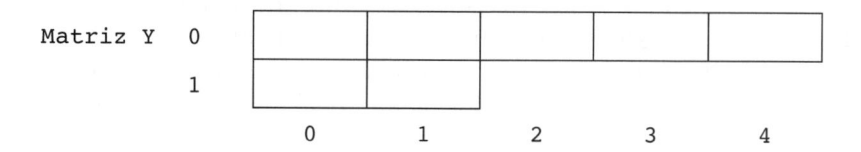

7.4.4 Atribuindo valores a uma matriz

Atribuir valor a uma matriz significa armazenar uma informação em um de seus elementos, identificado de forma única por meio de seus índices.

`X[1][4]=5;`   → Atribui o valor 5 à posição identificada pelos índices 1 (2ª linha) e 4 (5ª coluna).

`MAT[3][2] = 'D';`   → Atribui a letra D à posição identificada pelos índices 3 (4ª linha) e 2 (3ª coluna).

`Y[0][3][1] = 12;`   → Atribui o valor 12 à posição identificada pelos índices 0 (1ª linha), 3 (4ª coluna) e 1 (2ª profundidade).

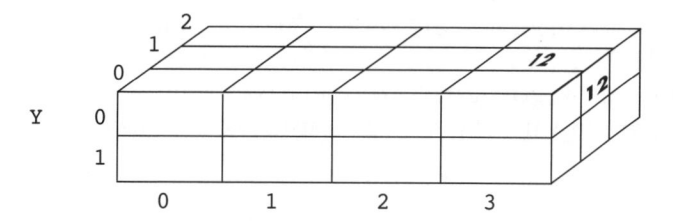

7.4.5 Preenchendo uma matriz

Preencher uma matriz significa percorrer todos os seus elementos, atribuindo-lhes um valor. Esse valor pode ser recebido do usuário, por meio do teclado, ou pode ser gerado pelo programa.

Nos exemplos a seguir, todos os elementos de uma matriz bidimensional são acessados e a eles são atribuídos valores inteiros, digitados pelo usuário.

Exemplo 1:

```
int X[][] = new int[7][3];
Scanner e = new Scanner(System.in);
for (i=0;i<7;i++)
    {
      for (j=0;j<3;j++)
          X[i][j] = e.nextInt();
    }
```

Como a matriz possui 7 linhas e 3 colunas, o exemplo apresentou duas estruturas de repetição `for` para garantir que a variável `i` assumisse todos os valores possíveis para linha (de 0 a 6) e a variável `j` assumisse todos os valores possíveis para coluna (de 0 a 2) da matriz `x`. Assim, para cada execução das estruturas de repetição, uma posição diferente da matriz foi preenchida por um valor digitado pelo usuário por meio do método `nextInt()` da classe `Scanner`.

Exemplo 2:

```
1.  int MAT[][];
2.  MAT = new int[3][];
3.  MAT[0]= new int[2];
4.  MAT[1]= new int[5];
5.  MAT[2]= new int[3];
6.  Scanner e = new Scanner(System.in);
7.  for (i=0;i<MAT.length;i++)
8.  {
9.      for (j=0;j<MAT[i].length;j++)
10.          X[i][j] = e.nextInt();
11. }
```

No exemplo 2, onde a numeração não faz parte do código e é utilizada apenas para explicação, usamos uma matriz cujas linhas têm tamanhos diferentes.

A linha 1 indicou que `MAT` é uma matriz bidimensional. A linha 2 definiu que a quantidade de linhas de `MAT` é 3, mas não estabeleceu a quantidade de colunas. A linha 3 determinou que o tamanho da linha 0 de `MAT` é 2. A linha 4 definiu que o tamanho da linha 1 de `MAT` é 5. A linha 5 estipulou que o tamanho da linha 2 de `MAT` é 3.

Dessa variação de tamanho de linhas surge a necessidade de ter algum recurso para recuperar, quando for preciso, o tamanho de cada dimensão de uma `Array` (vetor ou matriz). Esse recurso é o atributo `length`.

Na linha 7, podemos ver o uso de `MAT.length`, que significa o tamanho da primeira dimensão de `MAT`, ou seja, a quantidade de linhas, que é 3.

Na linha 9, podemos ver `MAT[i].length`, que significa o tamanho da linha `i` de `MAT`. Quando `i` estiver valendo 0, esse tamanho será 2; quando `i` estiver valendo 1, esse tamanho será 5; e quando `i` estiver valendo 2, esse tamanho será 3.

Com as duas estruturas de repetição `for`, pode-se garantir que a variável `i` assuma todos os valores possíveis para cada linha (de 0 a 2) e a variável `j` assuma todos os valores possíveis para coluna, respeitando os dimensionamentos feitos. Assim, para cada execução das estruturas de repetição, uma posição diferente da matriz foi preenchida por um valor digitado pelo usuário, por meio do método `nextInt()` da classe `Scanner`.

7.4.6 Mostrando os elementos de uma matriz

Pode-se, também, percorrer todos os elementos da matriz, acessando seu conteúdo.

Exemplo 1:

```
for (i=0; i<10; i++)
  {
        for (j=0; j<6; j++)
               System.out.println(X[i][j]);
  }
```

No exemplo 1 foram mostrados todos os elementos de uma matriz contendo dez linhas e seis colunas. Observe que são usados dois índices, i e j. Esses índices estão atrelados a estruturas de repetição que mantêm a variação de ambos dentro de intervalos permitidos. Ou seja, o índice i, que representa as linhas, varia de 0 a 9 e o índice j, que representa as colunas, varia de 0 a 5.

Exemplo 2:

```
1. for (i=0;i<MAT.length;i++)
2. {
3.    for (j=0;j<MAT[i].length;j++)
4.           System.out.println(MAT[i][j]);
5. }
```

No exemplo 2, também foram mostrados todos os elementos de uma matriz. Contudo, em virtude do uso do atributo length (apresentado em detalhes na Seção 7.4.5), as linhas dessa matriz podem ter tamanhos diferentes.

Na linha 1, podemos ver o uso de MAT.length, que significa o tamanho da primeira dimensão de MAT, ou seja, a quantidade de linhas. Na linha 3, podemos ver MAT[i].length, que significa o tamanho da linha i de MAT.

Com as duas estruturas de repetição for, pode-se garantir que a variável i assuma todos os valores possíveis para linha e a variável j assuma todos os valores possíveis para coluna, respeitando os dimensionamentos feitos. Assim, para cada execução das estruturas de repetição, uma posição diferente da matriz foi acessada e seu valor mostrado por meio do método println() da classe System.

7.4.7 Percorrendo uma matriz

Vimos anteriormente, nos tópicos 7.4.5 e 7.4.6, formas para preencher toda uma matriz e para mostrar todas as posições de uma matriz. Em tais operações, foi necessário passar por todas as posições, ou seja, foi preciso percorrer a matriz.

Uma das formas mais simples de percorrer uma matriz pode ser por meio do uso de uma estrutura de repetição para cada dimensão da matriz. A ordem de disposição de tais estruturas de repetição define a forma como a matriz será percorrida.

A seguir, apresentaremos duas formas para percorrer uma mesma matriz, chamada x, contendo 3 linhas e 4 colunas.

		0	1	2	3
	0	4	5	1	10
Matriz x	1	16	11	76	8
	2	9	54	32	89

Forma 1: precisamos percorrer a matriz, de tal forma que seja possível mostrar todos os elementos gravados em cada linha. Para isso, utilizaremos duas estruturas de repetição, conforme mostrado a seguir (a numeração à esquerda não faz parte do programa, servirá apenas para facilitar a explicação).

```
1. for(i=0;i<3;i++)
2. {
3.     System.out.println("Elementos da linha " + i);
4.     for(j=0;j<4;j++)
5.     {
6.             System.out.println(x[i,j]);
7.     }
8. }
```

A primeira estrutura de repetição (linha 1) é controlada pela variável i, que poderá assumir valores dentro do intervalo de 0 a 2. Cada execução da estrutura for encontrará a segunda estrutura de repetição (linha 4), controlada pela variável j, que assumirá os valores dentro do intervalo de 0 a 3. Assim, cada valor assumido pela variável i estará associado a 4 valores da variável j.

Esse arranjo resolve o problema de mostrar os elementos, separando-os por linhas, já que a variável i ficará com valor fixo enquanto a variável j assumirá valores de 0 a 3, ou seja, formará todos os pares possíveis de índices. Se i estiver valendo 0, serão mostrados todos os elementos da primeira linha, já que serão formados os seguintes pares: x[0,0], x[0,1], x[0,2] e x[0,3]. Depois, a variável i assume o valor 1 e novamente a j terá seus valores variando de 0 a 3. Com isso, será possível percorrer toda a segunda linha, por meio da formação dos pares x[1,0], x[1,1], x[1,2] e x[1,3]. Esse processo se repetirá para os demais valores possíveis de i. A tabela a seguir mostra uma simulação de execução do programa. Nessa simulação, é importante observar como as variáveis i e j têm seus valores alterados.

Simulação:

MEMÓRIA		TELA
i	j	
0		Elementos da linha 0
0	0	4
0	1	5
0	2	1
0	3	10
1		Elementos da linha 1
1	0	16
1	1	11
1	2	76
1	3	8
2		Elementos da linha 2
2	0	9
2	1	54
2	2	32
2	3	89

A figura a seguir dá outra visão da forma utilizada para percorrer a matriz. A direção das setas indica a mudança no valor das variáveis i e j e o caminho utilizado para percorrer a matriz.

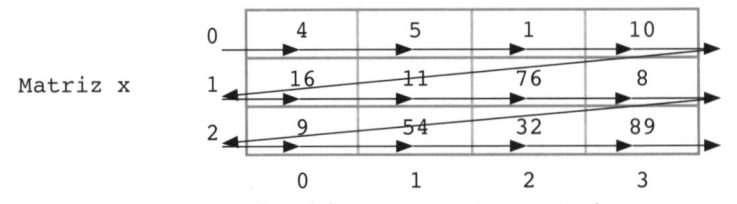

Forma 2: precisamos percorrer a matriz, de tal forma que seja possível mostrar todos os elementos gravados em cada coluna. Para isso, utilizaremos duas estruturas de repetição, conforme mostrado a seguir (a numeração à esquerda não faz parte do programa, servirá apenas para facilitar a explicação).

```
1. for (i=0;i<4;i++)
2. {
3.    System.out.println("Elementos da coluna " + i);
4.    for (j=0;j<3;j++)
5.    {
6.            System.out.println(x[j,i]);
7.    }
8. }
```

A primeira estrutura de repetição (linha 1) é controlada pela variável i, que poderá assumir valores dentro do intervalo de 0 a 3. Cada execução da estrutura encontrará a segunda estrutura de repetição (linha 4), controlada pela variável j, que assumirá os valores dentro do intervalo de 0 a 2. Assim, cada valor assumido pela variável i estará associado a 3 valores da variável j. Esse arranjo resolve o problema de mostrar os elementos, separando-os por colunas, já que a variável i ficará com valor fixo enquanto a variável j assumirá valores de 0 a 2, ou seja, formará todos os pares possíveis de índices. Se i estiver valendo 0, serão mostrados todos os elementos da primeira coluna, já que serão formados os seguintes pares: x[0,0], x[1,0] e x[2,0]. Depois, a variável i assumirá o valor 1 e novamente j terá seus valores variando de 0 a 2. Com isso, será possível percorrer toda a segunda coluna, por meio da formação dos pares x[0,1], x[1,1] e x[2,1]. Esse processo se repetirá para os demais valores possíveis de i. A tabela a seguir mostra uma simulação de execução do algoritmo. Nessa simulação é importante observar como as variáveis i e j têm seus valores alterados.

Simulação:

MEMÓRIA		TELA
i	j	
0		Elementos da coluna 0
0	0	4
0	1	16
0	2	9
1		Elementos da coluna 1
1	0	5
1	1	11
1	2	54
2		Elementos da coluna 2
2	0	1
2	1	76
2	2	32
3		Elementos da coluna 3
3	0	10
3	1	8
3	2	89

A figura a seguir dá outra visão da forma utilizada para percorrer a matriz. A direção das setas indica a mudança no valor das variáveis i e j e o caminho utilizado para percorrer a matriz.

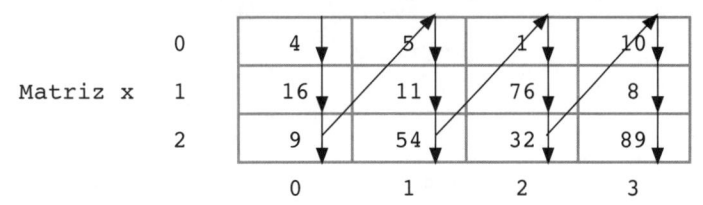

Pelas formas de percorrer uma matriz apresentadas anteriormente, podemos observar alguns pontos que merecem atenção:

- a mudança dos valores das varáveis i e j, que controlam as estruturas de repetição, permite a formação de todos os possíveis pares de linha e coluna existentes na matriz.

■ a mudança do valor da variável i, utilizada no for externo, acontece mais lentamente que a mudança da variável j, utilizada no for interno. Logo, foi a variável i que indicou como seria o percurso: na primeira forma apresentada, i variou de 0 a 2 e foi usada na primeira posição dentro do colchetes, isso indicou que o percurso seria horizontal, pois o índice da linha ficava parado, enquanto j assumia todas as colunas possíveis para aquela linha. Já na segunda forma apresentada, i variou de 0 a 3 e foi usada na segunda posição dentro dos colchetes, indicando que o percurso seria vertical, porque o índice da coluna ficava parado, enquanto j assumia todas as linhas possíveis para aquela coluna.

EXERCÍCIOS RESOLVIDOS

1. Faça um programa que preencha uma matriz M (2 × 2), calcule e mostre a matriz R, resultante da multiplicação dos elementos de M pelo seu maior elemento.

ALGORITMO SOLUÇÃO:

```
ALGORITMO
    DECLARE mat[2,2], resultado[2,2], i, j, maior NUMÉRICO
PARA i ← 1 ATÉ 2 FAÇA
        INÍCIO
        PARA j ← 1 ATÉ 2 FAÇA
                INÍCIO
                    LEIA mat[i,j]
                FIM
        FIM
maior ← mat[1,1]
PARA i ← 1 ATÉ 2 FAÇA
        INÍCIO
        PARA j ← 1 ATÉ 2 FAÇA
                INÍCIO
                SE mat[i,j] > maior
                ENTÃO maior ← mat[i,j]
                FIM
        FIM
PARA i ← 1 ATÉ 2 FAÇA
    INÍCIO
    PARA j ← 1 ATÉ 2 FAÇA
        INÍCIO
                resultado[i,j] ← maior * mat[i,j]
        FIM
    FIM
PARA i ← 1 ATÉ 2 FAÇA
    INÍCIO
    PARA j ← 1 ATÉ 2 FAÇA
        INÍCIO
                ESCREVA resultado[i,j]
        FIM
    FIM
FIM_ALGORITMO.
```

PASCAL SOLUÇÃO:
\EXERC\CAP7\PASCAL\EX1.PAS e \EXERC\CAP7\PASCAL\EX1.EXE

C/C++ SOLUÇÃO:
\EXERC\CAP7\C++\EX1.CPP e \EXERC\CAP7\C++\EX1.EXE

JAVA SOLUÇÃO:
\EXERC\CAP7\JAVA\EX1.java e \EXERC\CAP7\JAVA\EX1.class

2. Faça um programa que preencha uma matriz 10 × 3 com as notas de dez alunos em três provas. O programa deverá mostrar um relatório com o número dos alunos (número da linha) e a prova em que cada aluno obteve menor nota. Ao final do relatório, deverá mostrar quantos alunos tiveram menor nota em cada uma das provas: na prova 1, na prova 2 e na prova 3.

ALGORITMO SOLUÇÃO:

```
ALGORITMO
DECLARE notas[10,3],q1, q2, q3, menor, p_menor, i, j NUMÉRICO
PARA i ← 1 ATÉ 10 FAÇA
        INÍCIO
        PARA j ← 1 ATÉ 3 FAÇA
                INÍCIO
                   LEIA notas[i,j]
                FIM
        FIM
q1 ← 0
q2 ← 0
q3 ← 0
PARA i ← 1 ATÉ 10 FAÇA
        INÍCIO
           ESCREVA i
           menor ← notas[i,1]
           p_menor ← 1
           PARA j ← 1 ATÉ 3 FAÇA
                INÍCIO
                   SE notas[i, j] < menor
                      ENTÃO INÍCIO
                              menor ← notas[i, j]
                              p_menor ← j
                            FIM
                FIM
           ESCREVA p_menor
           SE p_menor = 1
              ENTÃO q1 ← q1 + 1
           SE p_menor = 2
              ENTÃO q2 ← q2 + 1
           SE p_menor = 3
              ENTÃO q3 ← q3 + 1
        FIM
ESCREVA q1, q2, q3
FIM_ALGORITMO.
```

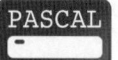

PASCAL SOLUÇÃO:
\EXERC\CAP7\PASCAL\EX2.PAS e \EXERC\CAP7\PASCAL\EX2.EXE

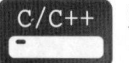

C/C++ SOLUÇÃO:
\EXERC\CAP7\C++\EX2.CPP e \EXERC\CAP7\C++\EX2.EXE

JAVA SOLUÇÃO:
\EXERC\CAP7\JAVA\EX2.java e \EXERC\CAP7\JAVA\EX2.class

3. Faça um programa que preencha:

- um vetor com oito posições, contendo nomes de lojas;
- outro vetor com quatro posições, com nomes de produtos;
- uma matriz com os preços de todos os produtos em cada loja.

O programa deverá mostrar todas as relações (nome do produto — nome da loja) em que o preço não ultrapasse R$ 120,00.

ALGORITMO Solução:

```
ALGORITMO
    DECLARE lojas[8],produtos[4] LITERAL
            preços[4,8], i, j NUMÉRICO
    PARA j ← 1 ATÉ 8 FAÇA
          INÍCIO
            LEIA lojas[j]
          FIM
    PARA i ← 1 ATÉ 4 FAÇA
          INÍCIO
            LEIA produtos[i]
          FIM
    PARA i ← 1 ATÉ 4 FAÇA
          INÍCIO
          PARA j ← 1 ATÉ 8 FAÇA
                  INÍCIO
                    LEIA preços[i, j]
                  FIM
          FIM
    PARA i ← 1 ATÉ 4 FAÇA
          INÍCIO
          PARA j ← 1 ATÉ 8 FAÇA
                  INÍCIO
                    SE preços[i, j] < 120
                        ENTÃO ESCREVA produtos[i], lojas[j]
                  FIM
          FIM
    FIM_ALGORITMO.
```

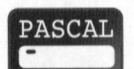 Solução:

```
\EXERC\CAP7\PASCAL\EX3.PAS e \EXERC\CAP7\PASCAL\EX3.EXE
```

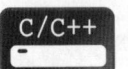 Solução:

```
\EXERC\CAP7\C++\EX3.CPP e \EXERC\CAP7\C++\EX3.EXE
```

 Solução:

```
\EXERC\CAP7\JAVA\EX3.java e \EXERC\CAP7\JAVA\EX3.class
```

4. Crie um programa que preencha uma matriz 10×20 com números inteiros e some cada uma das linhas, armazenando o resultado das somas em um vetor. A seguir, o programa deverá multiplicar cada elemento da matriz pela soma da linha correspondente e mostrar a matriz resultante.

ALGORITMO Solução:

```
ALGORITMO
    DECLARE mat[10,20], soma[10], i, j NUMÉRICO
PARA i ← 1 ATÉ 10 FAÇA
INÍCIO
        PARA j ← 1 ATÉ 20 FAÇA
              INÍCIO
                LEIA mat[i, j]
              FIM
FIM
```

```
PARA i ← 1 ATÉ 10 FAÇA
      INÍCIO
      soma[i] ← 0
      PARA j ← 1 ATÉ 20 FAÇA
            INÍCIO
               soma[i] ← soma[i] + mat[i, j]
            FIM
      FIM
PARA i ← 1 ATÉ 10 FAÇA
      INÍCIO
      PARA j ← 1 ATÉ 20 FAÇA
            INÍCIO
               mat[i, j] ← mat[i, j] * soma[i]
            FIM
      FIM
PARA i ← 1 ATÉ 10 FAÇA
      INÍCIO
      PARA j ← 1 ATÉ 20 FAÇA
            INÍCIO
               ESCREVA mat[i, j]
            FIM
      FIM
FIM_ALGORITMO.
```

PASCAL Solução:

\EXERC\CAP7\PASCAL\EX4.PAS **e** \EXERC\CAP7\PASCAL\EX4.EXE

C/C++ Solução:

\EXERC\CAP7\C++\EX4.CPP **e** \EXERC\CAP7\C++\EX4.EXE

JAVA Solução:

\EXERC\CAP7\JAVA\EX4.java **e** \EXERC\CAP7\JAVA\EX4.class

5. Na teoria dos sistemas, define-se o elemento MINMAX de uma matriz como o maior elemento da linha em que se encontra o menor elemento da matriz. Elabore um programa que carregue uma matriz 4 × 7 com números reais, calcule e mostre seu MINMAX e sua posição (linha e coluna).

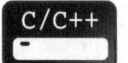 Solução:

```
ALGORITMO
    DECLARE mat[4,7], menor, maior, i, j, l_menor, col NUMÉRICO
PARA i ← 1 ATÉ 4 FAÇA
    INÍCIO
    PARA j ← 1 ATÉ 7 FAÇA
        INÍCIO
           LEIA mat[i, j]
        FIM
    FIM
menor ← mat[1, 1]
l_menor ← 1
PARA i ← 1 ATÉ 4 FAÇA
      INÍCIO
      PARA j ← 1 ATÉ 7 FAÇA
            INÍCIO
               SE mat[i, j] < menor
```

```
                        ENTÃO INÍCIO
                               menor ← mat[i, j]
                               l_menor ← i
                           FIM
               FIM
          FIM
maior ← mat[l_menor, 1]
col ← 1
PARA j ← 1 ATÉ 7 FAÇA
       INÍCIO
       SE mat[l_menor, j] > maior
              ENTÃO INÍCIO
                        maior ← mat[l_menor, j]
                        col ← j
                     FIM
       FIM
ESCREVA maior, l_menor, col
FIM_ALGORITMO.
```

PASCAL SOLUÇÃO:

`\EXERC\CAP7\PASCAL\EX5.PAS` **e** `\EXERC\CAP7\PASCAL\EX5.EXE`

C/C++ SOLUÇÃO:

`\EXERC\CAP7\C++\EX5.CPP` **e** `\EXERC\CAP7\C++\EX5.EXE`

JAVA SOLUÇÃO:

`EXERC\CAP7\JAVA\EX5.java` **e** `\EXERC\CAP7\JAVA\EX5.class`

6. Crie um programa que preencha uma primeira matriz de ordem 4×5 e uma segunda matriz 5×2. O programa deverá, também, calcular e mostrar a matriz resultante do produto matricial das duas matrizes anteriores, armazenando-o em uma terceira matriz de ordem 4×2.

ALGORITMO SOLUÇÃO:

```
ALGORITMO
    DECLARE a[4, 5],b[5, 2],c[4, 2] NUMÉRICO
            i, j, k, soma, mult NUMÉRICO
PARA i ← 1 ATÉ 4 FAÇA
   INÍCIO
       PARA j ← 1 ATÉ 5 FAÇA
             INÍCIO
                LEIA a[i, j]
             FIM
   FIM
PARA i ← 1 ATÉ 5 FAÇA
   INÍCIO
   PARA j ← 1 ATÉ 2 FAÇA
          INÍCIO
             LEIA b[i, j]
          FIM
   FIM
soma ← 0
PARA i ← 1 ATÉ 4 FAÇA
   INÍCIO
   PARA k ← 1 ATÉ 2 FAÇA
```

```
            INÍCIO
            PARA j ← 1 ATÉ 5 FAÇA
                    INÍCIO
                    mult ← a[i, j] * b[j, k]
                    soma ← soma + mult
                    FIM
            c[i, k] ← soma
            soma ← 0
            FIM
      FIM
PARA i ← 1 ATÉ 4 FAÇA
        INÍCIO
        PARA j ← 1 ATÉ 2 FAÇA
                INÍCIO
                ESCREVA c[i, j]
                FIM
        FIM
FIM_ALGORITMO.
```

PASCAL <u>Solução:</u>

`\EXERC\CAP7\PASCAL\EX6.PAS` e `\EXERC\CAP7\PASCAL\EX6.EXE`

C/C++ <u>Solução:</u>

`\EXERC\CAP7\C++\EX6.CPP` e `\EXERC\CAP7\C++\EX6.EXE`

JAVA <u>Solução:</u>

`\EXERC\CAP7\JAVA\EX6.java` e `\EXERC\CAP7\JAVA\EX6.class`

7. Um elemento `Aij` de uma matriz é dito ponto de sela da matriz A se, e somente se, `Aij` for, ao mesmo tempo, o menor elemento da linha `i` e o maior elemento da coluna `j`. Faça um programa que carregue uma matriz de ordem 5×7, verifique se a matriz possui ponto de sela e, se possuir, mostre seu valor e sua localização.

 <u>Solução:</u>

```
ALGORITMO
DECLARE mat[5,7] NUMÉRICO
        i, j, maior, menor, linha, coluna, cont NUMÉRICO
PARA i ← 1 ATÉ 5 FAÇA
        INÍCIO
        PARA j ← 1 ATÉ 7 FAÇA
                INÍCIO
                LEIA mat[i, j]
                FIM
        FIM
cont ← 0
PARA i ← 1 ATÉ 5 FAÇA
        INÍCIO
                menor ← mat[i, 1]
                linha ← i
                coluna ← 0
                PARA j ← 1 ATÉ 7 FAÇA
                    INÍCIO
                        SE mat[i,j] < menor
                            ENTÃO INÍCIO
                                    menor ← mat[i, j]
                                    linha ← i
```

```
                            coluna ← j
                         FIM
              FIM
        maior ← mat[1, coluna]
        PARA j ← 1 ATÉ 5 FAÇA
           INÍCIO
           SE mat[j,coluna] > maior
           ENTÃO INÍCIO
                   maior ← mat[j, coluna]
                   FIM
           FIM
        SE menor = maior
        ENTÃO INÍCIO
                ESCREVA "Ponto de sela = ", maior, " na posição", linha, coluna
                cont ← cont + 1
                FIM
        FIM
SE cont = 0
ENTÃO ESCREVA "Não existe ponto de sela nesta matriz"
FIM_ALGORITMO.
```

PASCAL Solução:

\EXERC\CAP7\PASCAL\EX7.PAS e \EXERC\CAP7\PASCAL\EX7.EXE

C/C++ Solução:

\EXERC\CAP7\C++\EX7.CPP e \EXERC\CAP7\C++\EX7.EXE

JAVA Solução:

\EXERC\CAP7\JAVA\EX7.java e \EXERC\CAP7\JAVA\EX7.class

8. Elabore um programa que preencha uma matriz 6 × 4 com números inteiros, calcule e mostre quantos elementos dessa matriz são maiores que 30 e, em seguida, monte uma segunda matriz com os elementos diferentes de 30. No lugar do número 30, da segunda matriz, coloque o número zero.

 Solução:

```
ALGORITMO
    DECLARE mat1[6,4], mat2[6,4], i, j, qtde NUMÉRICO
PARA i ← 1 ATÉ 6 FAÇA
    INÍCIO
    PARA j ← 1 ATÉ 4 FAÇA
         INÍCIO
           LEIA mat1[i, j]
         FIM
    FIM
qtde ← 0
PARA i ← 1 ATÉ 6 FAÇA
    INÍCIO
    PARA j ← 1 ATÉ 4 FAÇA
         INÍCIO
           SE mat1[i, j] > 30
              ENTÃO qtde ← qtde + 1
         FIM
    FIM
PARA i ← 1 ATÉ 6 FAÇA
```

```
        INÍCIO
        PARA j ← 1 ATÉ 4 FAÇA
                INÍCIO
                    SE mat1[i, j] = 30
                        ENTÃO mat2[i, j] ← 0
                        SENÃO mat2[i, j] ← mat1[i, j]
                FIM
        FIM
ESCREVA qtde
PARA i ← 1 ATÉ 6 FAÇA
    INÍCIO
    PARA j ← 1 ATÉ 4 FAÇA
            INÍCIO
                ESCREVA mat2[i, j]
            FIM
    FIM
FIM_ALGORITMO.
```

PASCAL Solução:

\EXERC\CAP7\PASCAL\EX8.PAS e \EXERC\CAP7\PASCAL\EX8.EXE

C/C++ Solução:

\EXERC\CAP7\C++\EX8.CPP e \EXERC\CAP7\C++\EX8.EXE

JAVA Solução:

\EXERC\CAP7\JAVA\EX8.java e \EXERC\CAP7\JAVA\EX8.class

9. Crie um programa que preencha uma matriz 15 × 5 com números inteiros, calcule e mostre quais elementos da matriz se repetem e quantas vezes cada um se repete.

ALGORITMO Solução:

```
ALGORITMO
DECLARE mat[15,5], rep[15,5], vezes[15,5] NUMÉRICO
        i, j, k, l, lin, lin2, col, x, num, qtde, achou NUMÉRICO
PARA i ← 1 ATÉ 15 FAÇA
        INÍCIO
        PARA j ← 1 ATÉ 5 FAÇA
                INÍCIO
                    LEIA mat[i,j]
                FIM
        FIM
lin ← 1
col ← 1
PARA i ← 1 ATÉ 15 FAÇA
        INÍCIO
        PARA j ← 1 ATÉ 5 FAÇA
                INÍCIO
                qtde ← 1
                num ← mat[i,j]
                PARA k ← 1 ATÉ 15 FAÇA
                    INÍCIO
                    PARA l ← 1 ATÉ 5 FAÇA
                            INÍCIO
                            SE i <> k OU j <> l
```

```
                              ENTÃO SE mat[k,l] = num
                                      ENTÃO qtde ← qtde + 1
                              FIM
                 FIM
            SE qtde > 1
            ENTÃO INÍCIO
                    achou ← 0
                    SE col = 1
                    ENTÃO lin2 ← lin-1
                    SENÃO lin2 ← lin
                    PARA k ← 1 ATÉ lin2 FAÇA
                            INÍCIO
                            SE (k < lin2)
                            ENTÃO x ← 5
                            SENÃO x ← col-1
                            PARA l ← 1 ATÉ x FAÇA
                                    INÍCIO
                                    SE num = rep[k,l]
                                    ENTÃO achou ← 1
                                    FIM
                            FIM
                    SE achou = 0
                    ENTÃO INÍCIO
                            rep[lin,col] ← num
                            vezes[lin,col] ← qtde
                            col ← col + 1
                            SE col > 5
                            ENTÃO INÍCIO
                                    lin ← lin + 1
                                    col ← 1
                                    FIM
                            FIM
                    FIM
             FIM
         FIM
      FIM
PARA i ← 1 ATÉ lin FAÇA
      INÍCIO
      SE i < lin
      ENTÃO x ← 5
      SENÃO x ← col-1
      PARA j ← 1 ATÉ x FAÇA
            INÍCIO
            ESCREVA "O número ",rep[i,j], " repetiu ",vezes[i,j],"
               vezes"
            FIM
      FIM
FIM_ALGORITMO.
```

PASCAL <u>Solução:</u>

`\EXERC\CAP7\PASCAL\EX9.PAS` e `\EXERC\CAP7\PASCAL\EX9.EXE`

C/C++ <u>Solução:</u>

`\EXERC\CAP7\C++\EX9.CPP` e `\EXERC\CAP7\C++\EX9.EXE`

JAVA <u>Solução:</u>

`\EXERC\CAP7\JAVA\EX9.java` e `\EXERC\CAP7\JAVA\EX9.class`

10. Elabore um programa que preencha uma matriz 10×10 com números inteiros, execute as trocas especificadas a seguir e mostre a matriz resultante:

- a linha 2 com a linha 8;
- a coluna 4 com a coluna 10;
- a diagonal principal com a diagonal secundária;
- a linha 5 com a coluna 10.

ALGORITMO Solução:

```
ALGORITMO
    DECLARE mat[10,10], aux, i, j NUMÉRICO
PARA i ← 1 ATÉ 10 FAÇA
    INÍCIO
    PARA j ← 1 ATÉ 10 FAÇA
            INÍCIO
               LEIA mat[i, j]
            FIM
    FIM
PARA i ← 1 ATÉ 10 FAÇA
    INÍCIO
            aux ← mat[2, i]
            mat[2,i] ← mat[8,i]
            mat[8, i] ← aux
    FIM
PARA i ← 1 ATÉ 10 FAÇA
    INÍCIO
            aux ← mat[i, 4]
            mat[i, 4] ← mat[i,10]
            mat[i, 10] ← aux
    FIM
j ← 10
PARA i ← 1 ATÉ 10 FAÇA
    INÍCIO
            aux ← mat[i, i]
            mat[i, i] ← mat[i, j]
            mat[i, j] ← aux
            j ← j - 1
    FIM
PARA j ← 1 ATÉ 10 FAÇA
        INÍCIO
            aux ← mat[5, j]
            mat[5, j] ← mat[j,10]
            mat[j, 10] ← aux
    FIM
PARA i ← 1 ATÉ 10 FAÇA
    INÍCIO
    PARA j ← 1 ATÉ 10 FAÇA
            INÍCIO
               ESCREVA mat[i, j]
            FIM
    FIM
FIM_ALGORITMO.
```

PASCAL Solução:
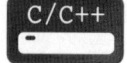

`\EXERC\CAP7\PASCAL\EX10.PAS` e `\EXERC\CAP7\PASCAL\EX10.EXE`

C/C++ Solução:

`\EXERC\CAP7\C++\EX10.CPP` e `\EXERC\CAP7\C++\EX10.EXE`

11. Crie um programa que preencha uma matriz 8×8 com números inteiros e mostre uma mensagem dizendo se a matriz digitada é simétrica. Uma matriz só pode ser considerada simétrica se `A[i,j]` = `A[j,i]`.

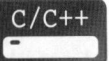 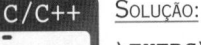 Solução:

```
ALGORITMO
    DECLARE mat[8,8], i, j NUMÉRICO
            simetria LÓGICO
PARA i ← 1 ATÉ 8 FAÇA
        INÍCIO
        PARA j ← 1 ATÉ 8 FAÇA
                INÍCIO
                   LEIA mat[i, j]
                FIM
        FIM
simetria ← verdadeiro
PARA i ← 1 ATÉ 8 FAÇA
        INÍCIO
        PARA j ← 1 ATÉ 8 FAÇA
                INÍCIO
                SE mat[i, j] ≠ mat[j, i]
                    ENTÃO simetria ← falso
                FIM
        FIM
SE simetria = verdadeiro
    ENTÃO ESCREVA "Matriz Simétrica"
    SENÃO ESCREVA "Matriz Assimétrica"
FIM_ALGORITMO.
```

12. Elabore um programa que preencha uma matriz 4×4 com números inteiros e verifique se essa matriz forma o chamado quadrado mágico. Um quadrado mágico é formado quando a soma dos elementos de cada linha é igual à soma dos elementos de cada coluna dessa linha, é igual à soma dos elementos da diagonal principal e, também, é igual à soma dos elementos da diagonal secundária.

 Solução:

```
ALGORITMO
    DECLARE mat[4,4] NUMÉRICO
            soma_linha[4] NUMÉRICO
            soma_coluna[4] NUMÉRICO
            soma_diagp, soma_diags, i, j, compara NUMÉRICO
            q_magico LÓGICO
    PARA i ← 1 ATÉ 4 FAÇA
            INÍCIO
            PARA j ← 1 ATÉ 4 FAÇA
```

```
                    INÍCIO
                        LEIA mat[i,j]
                    FIM
            FIM
PARA i ← 1 ATÉ 4 FAÇA
    INÍCIO
    soma_linha[i] ← 0
    PARA j ← 1 ATÉ 4 FAÇA
            INÍCIO
                soma_linha[i] ← soma_linha[i] + mat[i,j]
            FIM
    FIM
PARA i ← 1 ATÉ 4 FAÇA
    INÍCIO
    soma_coluna[i] ← 0
    PARA j ← 1 ATÉ 4 FAÇA
            INÍCIO
                soma_coluna[i] ← soma_coluna[i] + mat[j,i]
            FIM
    FIM
soma_diagp ← 0
PARA i ← 1 ATÉ 4 FAÇA
    INÍCIO
            soma_diagp ← soma_diagp + mat[i,i]
    FIM
soma_diags ← 0
j ← 4
PARA i ← 1 ATÉ 4 FAÇA
    INÍCIO
            soma_diags ← soma_diags + mat[i,j]
            j ← j - 1
    FIM
q_magico ← verdadeiro
PARA i ← 1 ATÉ 4 FAÇA
INÍCIO
PARA j ← 1 ATÉ 4 FAÇA
            INÍCIO
            SE soma_linha[i] ≠ soma_coluna[j]
                    ENTÃO q_magico ← falso
            FIM
FIM
PARA i ← 1 ATÉ 4 FAÇA
    INÍCIO
            SE soma_linha[i] ≠ soma_diagp
            ENTÃO q_magico ← falso
    FIM
PARA i ← 1 ATÉ 4 FAÇA
    INÍCIO
            SE soma_linha[i] ≠ soma_diags
            ENTÃO q_magico ← falso
    FIM
SE q_magico = verdadeiro
    ENTÃO ESCREVA "Forma quadrado mágico"
    SENÃO ESCREVA "Não forma quadrado mágico"
FIM_ALGORITMO.
```

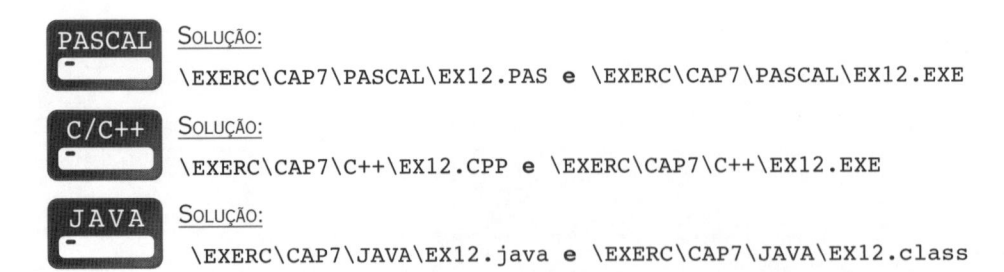

13. Faça um programa que preencha:

- um vetor com os nomes de cinco produtos;
- uma matriz 5×4 com os preços dos cinco produtos em quatro lojas diferentes;
- outro vetor com o custo do transporte dos cinco produtos.

O programa deverá preencher uma segunda matriz 5×4 com os valores dos impostos de cada produto, de acordo com a tabela a seguir.

PREÇO	% DE IMPOSTO
Até R$ 50,00	5
Entre R$ 50,00 e R$ 100,00 (inclusive)	10
Acima de R$ 100,00	20

O programa deverá mostrar, ainda, um relatório com o nome do produto, o número da loja onde o produto é encontrado, o valor do imposto a pagar, o custo de transporte, o preço e o preço final (preço acrescido do valor do imposto e do custo do transporte).

ALGORITMO Solução:

```
ALGORITMO
DECLARE nome[5] LITERAL
        preco, imp[5,4], custo[5], i, j, final NUMÉRICO
NUMÉRICO PARA i ← 1 ATÉ 5 FAÇA
        INÍCIO
          LEIA nome[i]
        FIM
PARA i ← 1 ATÉ 5 FAÇA
        INÍCIO
        PARA j ← 1 ATÉ 4 FAÇA
          INÍCIO
            LEIA preco[i,j]
          FIM
        FIM
PARA i ← 1 ATÉ 5 FAÇA
        INÍCIO
          LEIA custo[i]
        FIM
PARA i ← 1 ATÉ 5 FAÇA
        INÍCIO
        PARA j ← 1 ATÉ 4 FAÇA
          INÍCIO
            SE preco[i,j] ≤  50
              ENTÃO imp[i,j] ← preco[i,j] * 5 / 100
```

```
                SENÃO SE preco[i,j] > 50 E preco[i,j] <= 100
                    ENTÃO imp[i,j] ← preco[i,j]*10/100
                    SENÃO imp[i,j] ← preco[i,j]*15/100
            FIM
        FIM
PARA i ← 1 ATÉ 5 FAÇA
        INÍCIO
        ESCREVA "Nome do produto ",nome[i]
        ESCREVA "Custo = ", custo[i]
        PARA j ← 1 ATÉ 4 FAÇA
            INÍCIO
            final ← preco[i,j] + imp[i,j] + custo[i]
            ESCREVA "Imposto na loja ", j," = ", imp[i,j]
            ESCREVA "Preço na loja ", j, " = ", preco[i,j]
            ESCREVA "Preço final na loja ",j, " = ", final
            FIM
        FIM
FIM_ALGORITMO.
```

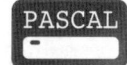

SOLUÇÃO:

\EXERC\CAP7\PASCAL\EX13.PAS **e** \EXERC\CAP7\PASCAL\EX13.EXE

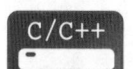

SOLUÇÃO:

\EXERC\CAP7\C++\EX13.CPP **e** \EXERC\CAP7\C++\EX13.EXE

SOLUÇÃO:

\EXERC\CAP7\JAVA\EX13.java **e** \EXERC\CAP7\JAVA\EX13.class

14. Faça um programa que receba:

- um vetor com o nome de cinco cidades diferentes;

- uma matriz 5×5 com a distância entre as cidades, e na diagonal principal deve ser colocada automaticamente a distância zero, ou seja, não deve ser permitida a digitação;

- o consumo de combustível de um veículo, ou seja, quantos quilômetros esse veículo percorre com um litro de combustível.

O programa deverá calcular e mostrar:

- os percursos que não ultrapassam 250 quilômetros (os percursos são compostos pelos nomes das cidades de origem e pelos nomes das cidades de destino);

- todos os percursos (nome da cidade de origem e nome da cidade de destino), junto com a quantidade de combustível necessária para o veículo percorrê-los.

ALGORITMO SOLUÇÃO:

```
ALGORITMO
DECLARE cidade[5] LITERAL
        distancia[5,5], i, j, consumo, qtde NUMÉRICO
NUMÉRICO PARA i ← 1 ATÉ 5 FAÇA
        INÍCIO
            LEIA cidade[i]
        FIM
PARA i ← 1 ATÉ 5 FAÇA
        INÍCIO
            PARA j ← 1 ATÉ 5 FAÇA
                INÍCIO
                    SE i = j
```

```
                            ENTÃO distancia[i, j] ← 0
                            SENÃO LEIA distancia[i, j]
                  FIM
         FIM
  PARA i ← 1 ATÉ 5 FAÇA
         INÍCIO
         PARA j ← 1 ATÉ 5 FAÇA
            INÍCIO
                  SE distancia[i, j] <= 250 E distancia[i, j] > 0
                     ENTÃO ESCREVA "Distancia: ", distancia[i, j], " entre ", cidade[i],
                     " e ", cidade[j]
            FIM
         FIM
  LEIA consumo
  PARA i ← 1 ATÉ 5 FAÇA
         INÍCIO
         PARA j ← 1 ATÉ 5 FAÇA
            INÍCIO
                  SE i ≠ j
                     ENTÃO INÍCIO
                           qtde ← distancia[i, j] / consumo
                           ESCREVA "Consumo entre ", cidade[i], " e ", cidade[j], " =
                           ", qtde
                           FIM
            FIM
         FIM
  FIM_ALGORITMO.
```

PASCAL SOLUÇÃO:

`\EXERC\CAP7\PASCAL\EX14.PAS` e `\EXERC\CAP7\PASCAL\EX14.EXE`

C/C++ SOLUÇÃO:

`\EXERC\CAP7\C++\EX14.CPP` e `\EXERC\CAP7\C++\EX14.EXE`

JAVA SOLUÇÃO:

`\EXERC\CAP7\JAVA\EX14.java` e `\EXERC\CAP7\JAVA\EX14.class`

15. Elabore um programa que preencha:

- um vetor com cinco números inteiros;
- outro vetor com dez números inteiros;
- uma matriz 4×3, também com números inteiros.

O programa deverá calcular e mostrar:

- o maior elemento do primeiro vetor multiplicado pelo menor elemento do segundo vetor. O resultado dessa multiplicação, adicionado aos elementos digitados na matriz, dará origem a uma segunda matriz (resultante);
- a soma dos elementos pares de cada linha da matriz resultante;
- a quantidade de elementos entre 1 e 5 em cada coluna da matriz resultante.

ALGORITMO SOLUÇÃO:

```
ALGORITMO
DECLARE vet1[5], vet2[10], mat[4,3], mat_result[4,3] NUMÉRICO
        i, j, maior, menor, mult, soma, qtde NUMÉRICO
PARA i ← 1 ATÉ 5 FAÇA
```

```
        INÍCIO
          LEIA vet1[i]
        FIM
PARA i ← 1 ATÉ 10 FAÇA
        INÍCIO
          LEIA vet2[i]
        FIM
PARA i ← 1 ATÉ 4 FAÇA
        INÍCIO
        PARA j ← 1 ATÉ 3 FAÇA
          INÍCIO
             LEIA mat[i,j]
          FIM
        FIM
maior ← vet1[1]
PARA i ← 1 ATÉ 5 FAÇA
        INÍCIO
          SE vet1[i] > maior
             ENTÃO maior ← vet1[i]
        FIM
menor ← vet2[1]
PARA i ← 1 ATÉ 10 FAÇA
        INÍCIO
          SE vet2[i] < menor
             ENTÃO menor ← vet2[i]
        FIM
mult ← maior * menor
PARA i ← 1 ATÉ 4 FAÇA
        INÍCIO
        PARA j ← 1 ATÉ 3 FAÇA
          INÍCIO
             mat_result[i, j] ← mat[i, j] + mult
          FIM
        FIM
ESCREVA "Matriz resultante"
PARA i ← 1 ATÉ 4 FAÇA
        INÍCIO
        PARA j ← 1 ATÉ 3 FAÇA
          INÍCIO
             ESCREVA mat_result[i,j]
          FIM
        FIM
PARA i ← 1 ATÉ 4 FAÇA
        INÍCIO
          soma ← 0
          PARA j ← 1 ATÉ 3 FAÇA
             INÍCIO
               SE RESTO(mat_result[i,j]/2) = 0
               ENTÃO soma ← soma + mat_result[i,j]
             FIM
          ESCREVA "Soma dos elementos pares da linha ", i, " da matriz resultante = ",
          soma
        FIM
PARA j ← 1 ATÉ 3 FAÇA
        INÍCIO
          qtde ← 0
          PARA i ← 1 ATÉ 4 FAÇA
             INÍCIO
```

```
                    SE mat_result[i,j] > 1 E mat_result[i,j] < 5
                        ENTÃO qtde ← qtde + 1
                FIM
            ESCREVA "Total de números entre 1 e 5 na coluna ", j, " da matriz resultante
            = ",qtde
        FIM
FIM_ALGORITMO.
```

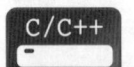

SOLUÇÃO:

`\EXERC\CAP7\PASCAL\EX15.PAS` **e** `\EXERC\CAP7\PASCAL\EX15.EXE`

SOLUÇÃO:

`\EXERC\CAP7\C++\EX15.CPP` **e** `\EXERC\CAP7\C++\EX15.EXE`

JAVA SOLUÇÃO:

`\EXERC\CAP7\JAVA\EX15.java` **e** `\EXERC\CAP7\JAVA\EX15.class`

16. Faça um programa que preencha uma matriz 7×7 de números inteiros e crie dois vetores com sete posições cada um que contenham, respectivamente, o maior elemento de cada uma das linhas e o menor elemento de cada uma das colunas. Escreva a matriz e os dois vetores gerados.

ALGORITMO SOLUÇÃO:

```
ALGORITMO
DECLARE mat[7,7], vet1[7], vet2[7] NUMÉRICO
        i, j, maior, menor NUMÉRICO
PARA i ← 1 ATÉ 7 FAÇA
        INÍCIO
        PARA j ← 1 ATÉ 7 FAÇA
                INÍCIO
                    LEIA mat[i, j]
                FIM
        FIM
PARA i ← 1 ATÉ 7 FAÇA
        INÍCIO
                maior ← mat[i,1]
                PARA j ← 2 ATÉ 7 FAÇA
                INÍCIO
                  SE (mat[i, j] > maior)
                        ENTÃO maior ← mat[i, j]
                FIM
                vet1[i] ← maior
        FIM
PARA i ← 1 ATÉ 7 FAÇA
        INÍCIO
                menor ← mat[1,i]
                PARA j ← 2 ATÉ 7 FAÇA
                    INÍCIO
                    SE (mat[j, i] < menor)
                    ENTÃO menor ← mat[j, i]
                    FIM
                vet2[i] ← menor
        FIM
PARA i ← 1 ATÉ 7 FAÇA
        INÍCIO
        PARA j ← 1 ATÉ 7 FAÇA
                INÍCIO
                    ESCREVA mat[i, j]
                FIM
        FIM
```

```
PARA i ← 1 ATÉ 7 FAÇA
      INÍCIO
            ESCREVA vet1[i]
      FIM
PARA i ← 1 ATÉ 7 FAÇA
      INÍCIO
            ESCREVA vet2[i]
      FIM
FIM_ALGORITMO.
```

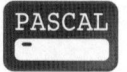 Solução:

\EXERC\CAP7\PASCAL\EX16.PAS **e** \EXERC\CAP7\PASCAL\EX16.EXE

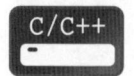 Solução:

\EXERC\CAP7\C++\EX16.CPP **e** \EXERC\CAP7\C++\EX16.EXE

 Solução:

\EXERC\CAP7\JAVA\EX16.java **e** \EXERC\CAP7\JAVA\EX16.class

17. Faça um programa que utilize uma matriz 5×5 a qual aceite três tipos de valores: múltiplos de 5, múltiplos de 11 e múltiplos de 13. Devem ser lidos apenas valores maiores que zero. Após a leitura, os números devem ser distribuídos da seguinte maneira:

- os múltiplos de 5 devem ocupar a diagonal principal;
- os múltiplos de 11 devem ficar acima da diagonal principal;
- os múltiplos de 13 devem ficar abaixo da diagonal principal.

Como alguns números podem ser múltiplos de 5, de 11 e também de 13 (por exemplo, 55 é múltiplo de 5 e de 11; 65 é múltiplo de 5 e de 13), deve-se, primeiro, verificar se o número digitado é múltiplo de 5. Caso não seja, deve-se verificar se é múltiplo de 11. Caso não seja, deve-se verificar se é múltiplo de 13. Caso não seja, o programa deverá mostrar a mensagem Número inválido (por exemplo, o número 55 deverá ser considerado múltiplo de 5, pois esta é a comparação que será feita primeiro).

Segue-se um exemplo.

5	44	11	33	55
26	15	77	99	88
39	13	10	121	22
52	78	65	40	132
91	117	104	143	25

Esse programa deverá observar as seguintes situações:

- quando o usuário digitar um múltiplo de 5 e não houver mais espaço na diagonal principal, deverá mostrar a mensagem *Diagonal totalmente preenchida*;
- quando o usuário digitar um múltiplo de 11 e não houver mais espaço disponível na matriz, deverá mostrar a mensagem *Não existe espaço acima da diagonal principal*;
- quando o usuário digitar um múltiplo de 13 e não houver mais espaço disponível na matriz, deverá mostrar a mensagem *Não existe espaço abaixo da diagonal principal*;
- quando a matriz estiver totalmente preenchida, deverá mostrar todos os elementos da matriz, junto com suas posições (linha e coluna).

ⒶⓁⒼⓄⓇⒾⓉⓂⓄ Solução:

```
ALGORITMO
DECLARE mat[5, 5] NUMÉRICO
        i, j, dp, lin_ac, col_ac, lin_ab NUMÉRICO
        col_ab, num, r, cont_dp, cont_ac, cont_ab NUMÉRICO
   dp ← 1
   lin_ac ← 1
   col_ac ← 2
   lin_ab ← 2
   col_ab ← 1
   cont_dp ← 0
   cont_ac ← 0
   cont_ab ← 0
   ENQUANTO cont_ac < 10 OU cont_ab < 10 OU cont_dp < 5 FAÇA
   INÍCIO
       LEIA num
       r ← RESTO (num/5)
       SE r = 0
       ENTÃO INÍCIO
             SE cont_dp < 5
             ENTÃO INÍCIO
                   mat[dp,dp] ← num dp ← dp + 1
                   cont_dp ← cont_dp + 1
                   FIM
             SENÃO ESCREVA "Não existe mais espaço para múltiplos de 5"
             FIM
   SENÃO INÍCIO
   r ← RESTO (num/11)
   SE r = 0
   ENTÃO INÍCIO
         SE cont_ac < 10
         ENTÃO INÍCIO
               mat[lin_ac,col_ac] ← num
               col_ac ← col_ac + 1
               SE col_ac > 5
               ENTÃO INÍCIO
                     lin_ac ← lin_ac + 1
                     col_ac ← lin_ac + 1
                     FIM
               cont_ac ← cont_ac + 1
               FIM
         SENÃO ESCREVA "Não existe mais espaço para múltiplos de 11"
         FIM
   SENÃO INÍCIO
         r ← RESTO (num/13)
         SE r = 0
         ENTÃO INÍCIO
               SE cont_ab < 10
               ENTÃO INÍCIO
                     mat[lin_ab,col_ab] ← num
                     col_ab ← col_ab + 1
                     SE col_ab >= lin_ab
                     ENTÃO INÍCIO
                           lin_ab ← lin_ab + 1
                           col_ab ← 1
                           FIM
```

```
                                   cont_ab ← cont_ab + 1
                              FIM
                              SENÃO ESCREVA "Não existe mais espaço para
                                            múltiplos de 11"
                    FIM
              SENÃO INÍCIO
                     r ← RESTO (num/13)
                   SE r = 0
                   ENTÃO INÍCIO
                         SE cont_ab < 10
                           ENTÃO INÍCIO
                                 mat[lin_ab,col_ab] ← num
                                 col_ab ← col_ab + 1
                                 SE col_ab >= lin_ab
                                  ENTÃO INÍCIO
                                        lin_ab ← lin_ab + 1
                                        col_ab ← 1
                                        FIM
                                 cont_ab ← cont_ab + 1
                                 FIM
                         SENÃO ESCREVA "Não existe mais espaço para
                                       múltiplos de 13"
                     FIM
              SENÃO ESCREVA "Digite um número múltiplo de 5 ou
                            de 11 ou de 13"
                    FIM
        FIM
FIM
PARA i ← 1 ATÉ 5 FAÇA
INÍCIO
PARA j ← 1 ATÉ 5 FAÇA
   INÍCIO
       ESCREVA mat[i,j]
   FIM
FIM
FIM_ALGORITMO.
```

PASCAL   <u>Solução:</u>

\EXERC\CAP7\PASCAL\EX17.PAS **e** \EXERC\CAP7\PASCAL\EX17.EXE

C/C++   <u>Solução:</u>

\EXERC\CAP7\C++\EX17.CPP **e** \EXERC\CAP7\C++\EX17.EXE

JAVA   <u>Solução:</u>

\EXERC\CAP7\JAVA\EX17.java **e** \EXERC\CAP7\JAVA\EX17.class

18. Crie um programa que leia um vetor vet contendo 18 elementos. A seguir, o programa deverá distribuir esses elementos em uma matriz 3 × 6 e, no final, mostrar a matriz gerada.

Veja a seguir um exemplo do que seu programa deverá fazer.

vet

3	25	1	58	97	43	65	32	27	19	10	6	88	13	34	57	89	87

mat

3	25	1	58	97	43
65	32	27	19	10	6
88	13	34	57	89	87

ALGORITMO SOLUÇÃO:

```
ALGORITMO
DECLARE vet [18], mat [3,6], i, j, lin, col NUMÉRICO
PARA i ← 1 ATÉ 18 FAÇA
        INÍCIO
            LEIA vet[i]
        FIM
lin ← 1
col ← 1
PARA i ← 1 ATÉ 18 FAÇA
        INÍCIO
            mat[lin,col] ← vet[i]
            col ← col + 1
            SE col > 6
                    ENTÃO INÍCIO
                            lin ← lin + 1
                            col ← 1
                        FIM
        FIM
PARA i ← 1 ATÉ 3 FAÇA
        INÍCIO
            PARA j ← 1 ATÉ 6 FAÇA
                INÍCIO
                    ESCREVA "Elemento ", i , " — ", j , mat[i,j]
                FIM
        FIM
FIM_ALGORITMO.
```

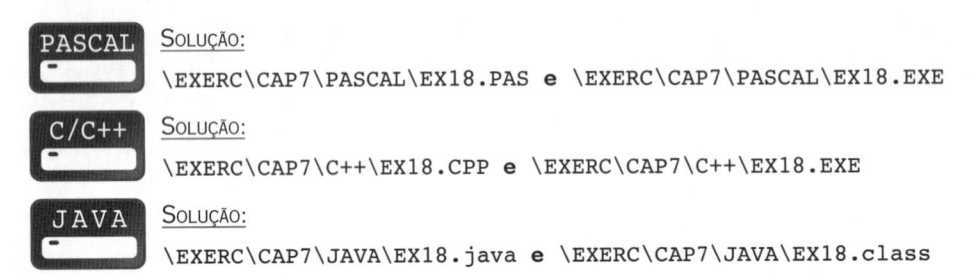

PASCAL SOLUÇÃO:

\EXERC\CAP7\PASCAL\EX18.PAS e \EXERC\CAP7\PASCAL\EX18.EXE

C/C++ SOLUÇÃO:

\EXERC\CAP7\C++\EX18.CPP e \EXERC\CAP7\C++\EX18.EXE

JAVA SOLUÇÃO:

\EXERC\CAP7\JAVA\EX18.java e \EXERC\CAP7\JAVA\EX18.class

19. Faça um programa que utilize uma matriz com dimensões máximas de cinco linhas e quatro colunas. Solicite que sejam digitados os números que serão armazenados na matriz da seguinte maneira:

■ se o número digitado for par, deve ser armazenado em uma linha de índice par;

■ se o número digitado for ímpar, deve ser armazenado em uma linha de índice ímpar;

■ as linhas devem ser preenchidas de cima para baixo (por exemplo, os números pares digitados devem ser armazenados inicialmente na primeira linha par; quando essa linha estiver totalmente preenchida, deve ser utilizada a segunda linha par e assim sucessivamente; o mesmo procedimento deve ser adotado para os números ímpares);

■ quando não couberem mais números pares ou ímpares, o programa deverá mostrar uma mensagem ao usuário;

■ quando a matriz estiver totalmente preenchida, o programa deverá encerrar a leitura dos números e mostrar todos os elementos armazenados na matriz.

ALGORITMO SOLUÇÃO:

```
ALGORITMO
DECLARE mat[5,4], i, j, num, r NUMÉRICO
        lin_p, col_p, lin_i, col_i, tot NUMÉRICO
lin_p ← 2
col_p ← 1
lin_i ← 1
col_i ← 1
tot ← 0
REPITA
SE tot ≠ 20
   ENTÃO INÍCIO
           LEIA num
           r ← RESTO (num/2)
            SE r = 0
            ENTÃO INÍCIO
                    SE lin_p > 4
                    ENTÃO ESCREVA "Sem espaço para números pares"
                    SENÃO INÍCIO
                            mat[lin_p,col_p] ← num
                            col_p ← col_p + 1
                            SE col_p > 4
                            ENTÃO INÍCIO
                            lin_p ← lin_p + 2 col_p ← 1
                                    FIM
                        FIM
                FIM
           SENÃO INÍCIO
                    SE lin_i > 5
                    ENTÃO ESCREVA "Sem espaço para números ímpares"
                    SENÃO INÍCIO
                    mat[lin_i,col_i] ← num
                    col_i ← col_i + 1
                    SE col_i > 4
                    ENTÃO INÍCIO
                        lin_i ← lin_i + 2
                        col_i ← 1
                        FIM
                    FIM
                FIM
   tot ← tot + 1
FIM
   ATÉ tot = 20
   ESCREVA "Matriz totalmente preenchida"
        PARA i ← 1 ATÉ 5 FAÇA
        INÍCIO
        PARA j ← 1 ATÉ 4 FAÇA
           INÍCIO
                ESCREVA mat[i,j]
           FIM
        FIM
FIM_ALGORITMO.
```

PASCAL SOLUÇÃO:

\EXERC\CAP7\PASCAL\EX19.PAS **e** \EXERC\CAP7\PASCAL\EX19.EXE

C/C++ SOLUÇÃO:

\EXERC\CAP7\C++\EX19.CPP **e** \EXERC\CAP7\C++\EX19.EXE

JAVA SOLUÇÃO:

\EXERC\CAP7\JAVA\EX19.java **e** \EXERC\CAP7\JAVA\EX19.class

20. Crie um programa que utilize uma matriz com dimensões máximas de cinco linhas e quatro colunas e solicite que sejam digitados os números (desordenadamente), armazenando-os, ordenadamente, na matriz.

Observe o exemplo que se segue.

Supondo que sejam digitados os seguintes números: 10 – 1 – 2 – 20 – 30 – 17 – 98 – 65 – 24 – 12 – 5 – 8 – 73 – 55 – 31 – 100 – 120 – 110 – 114 – 130, estes deverão ser armazenados na matriz da seguinte maneira:

1	2	5	8
10	12	17	20
24	30	31	55
65	73	98	100
110	114	120	130

ALGORITMO Solução:

```
ALGORITMO
DECLARE num[5,4] NUMÉRICO
        num_aux, i, j, k, l, m, n, lin, col NUMÉRICO
PARA i ← 1 ATÉ 5 FAÇA
INÍCIO
PARA j ← 1 ATÉ 4 FAÇA
INÍCIO
LEIA num_aux
IF i = 1 E j = 1
    ENTÃO num[i, j] ← num_aux
    SENÃO INICIO
          k ← 1
          l ← 1
          ENQUANTO num[k, l] < num_aux E (k ≠ i OU l ≠ j) FAÇA
          INÍCIO
          l ← l + 1
          SE l > 4
          ENTÃO INÍCIO
                k ← k + 1
                l ← 1
                FIM
       FIM
       m ← i;
       n ← j;
       ENQUANTO m ≠ k OU n ≠ l FAÇA
       INÍCIO
       SE n-1 < 1 ENTÃO
       INÍCIO
            lin ← m-1
            col ← 4
       FIM
       SENÃO INÍCIO
             lin ← m
             col ← n-1
             FIM
       num[m][n] ← num[lin][col]
       n ← n-1
       SE n < 1
       ENTÃO INÍCIO
             n ← 4
             m ← m-1
             FIM
       FIM
       num[k][l] ← num_aux
       FIM
    FIM
```

```
FIM
PARA i ← 1 ATÉ 5 FAÇA
INÍCIO
PARA j ← 1 ATÉ 4 FAÇA
INÍCIO
ESCREVA "Elemento da posição ", i, "-", j, " = ", num[i][j]
FIM
FIM
FIM_ALGORITMO.
```

PASCAL SOLUÇÃO:

`\EXERC\CAP7\PASCAL\EX20.PAS` **e** `\EXERC\CAP7\PASCAL\EX20.EXE`

C/C++ SOLUÇÃO:

`\EXERC\CAP7\C++\EX20.CPP` **e** `\EXERC\CAP7\C++\EX20.EXE`

JAVA SOLUÇÃO:

`\EXERC\CAP7\JAVA\EX20.java` **e** `\EXERC\CAP7\JAVA\EX20.class`

21. Crie um programa que utilize uma matriz com as dimensões fornecidas pelo usuário e execute as solicitações a seguir.

Para realizar essa tarefa, a matriz deverá ser obrigatoriamente quadrada (número igual de linhas e colunas). Sendo assim, solicite que seja informada a dimensão da matriz.

Posteriormente, o programa deverá realizar a leitura dos elementos que vão compor a matriz. Por fim, deverá somar e mostrar os elementos que estão abaixo da diagonal secundária.

Veja o exemplo.

Imagine que sejam informados números, conforme apresentado nesta matriz.

20	10	1	8
17	42	11	98
19	45	32	87
12	36	65	25

O resultado do problema seria: 98 + 32 + 87 + 36 + 65 + 25 = 343

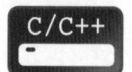 SOLUÇÃO:

```
ALGORITMO
    DECLARE num[100,100],dim, l, c, soma, cont NUMÉRICO
    REPITA
        ESCREVA "Digite a dimensão da matriz (quadrada) - no máximo 100"
        LEIA dim
    ATÉ dim >= 1 E dim <= 100
    l ← 1
    c ← 1
    ENQUANTO l ≤ dim FAÇA
    INÍCIO
        ENQUANTO c ≤ dim FAÇA
        INÍCIO
            LEIA num[l,c]
            c ← c + 1
        FIM
```

```
            l ← l + 1
            c ← 1
    FIM
    soma ← 0
    cont ← 0
    l ← 2
    c ← dim
    ENQUANTO l ≤  dim FAÇA
    INÍCIO
        ENQUANTO c ≥  dim-cont FAÇA
        INÍCIO
            ESCREVA num[l,c]
            soma ← soma + num[l,c]
            c ← c - 1
        FIM
        cont ← cont + 1
        l ← l + 1
        c ← dim
    FIM
    ESCREVA soma
FIM_ALGORITMO.
```

PASCAL
SOLUÇÃO:

\EXERC\CAP7\PASCAL\EX21.PAS **e** \EXERC\CAP7\PASCAL\EX21.EXE

C/C++
SOLUÇÃO:

\EXERC\CAP7\C++\EX21.CPP **e** \EXERC\CAP7\C++\EX21.EXE

JAVA
SOLUÇÃO:

\EXERC\CAP7\JAVA\EX21.java **e** \EXERC\CAP7\JAVA\EX21.class

22. Faça um programa que receba o estoque atual de três produtos, armazenados em quatro armazéns, e coloque esses dados em uma matriz 5 × 3. Considerando que a última linha dessa matriz contenha o custo de cada produto, o programa deverá calcular e mostrar:

- a quantidade de itens quadrados em cada armazém;
- qual armazém possui maior estoque do produto 2;
- qual armazém possui menor estoque;
- qual o custo total de cada produto;
- qual o custo total de cada armazém.

Devem ser desconsiderados empates.

ALGORITMO SOLUÇÃO:

```
ALGORITMO
DECLARE prod[5,3], tot_arm, maior_e NUMÉRICO
        menor_e, custo_p, custo_a, i, j, ind_a NUMÉRICO
PARA i ← 1 ATÉ 4 FAÇA
INÍCIO
        PARA j ← 1 ATÉ 3 FAÇA
        INÍCIO
           LEIA prod[i,j]
        FIM
FIM
PARA i ← 1 ATÉ 3 FAÇA
```

```
            INÍCIO
            LEIA prod[5,i]
            FIM
PARA i ← 1 ATÉ 4 FAÇA
            INÍCIO
            tot_arm ← 0
            PARA j ← 1 ATÉ 3 FAÇA
               INÍCIO
                  tot_arm ← tot_arm + prod[i,j]
               FIM
            ESCREVA "O total de itens no armazém ",i, " = ",tot_arm
            SE i=1
                  ENTÃO INÍCIO
                           menor_e ← tot_arm
                           ind_a ← i
                           ind_a ← i
                           FIM
                        SENÃO INÍCIO
                              SE tot_arm < menor_e
                                 ENTÃO INÍCIO
                                       menor_e ← tot_arm
                                       ind_a ← i
                                       FIM
                           FIM
            FIM
ESCREVA "Armazém com menor estoque", ind_a
PARA i ← 1 ATÉ 4 FAÇA
         INÍCIO
            SE i = 1
               ENTÃO INÍCIO
                     maior_e ← prod[i,2]
                     ind_a ← i
                     FIM
            SENÃO INÍCIO
                  SE prod[i,2] > maior_e
                  ENTÃO INÍCIO
                           maior_e ← prod[i,2]
                           ind_a ← i
                        FIM
            FIM
         FIM
ESCREVA "O maior estoque do produto 2 está no armazém" ,ind_a
PARA j ← 1 ATÉ 3 FAÇA
         INÍCIO
            custo_p ← 0
            PARA i ← 1 ATÉ 4 FAÇA
               INÍCIO
                     custo_p ← custo_p + prod[i,j]
               FIM
            custo_p ← custo_p * prod[5,j]
            ESCREVA "O custo total do produto ", j , " = ",custo_p
         FIM
PARA i ← 1 ATÉ 4 FAÇA
INÍCIO
            custo_a ← 0
            PARA j ← 1 ATÉ 3 FAÇA
               INÍCIO
                     custo_a ← custo_a + (prod[i,j] * prod[5,j])
               FIM
            ESCREVA "O custo total do armazém ", i ," = ", custo_a
FIM
FIM_ALGORITMO.
```

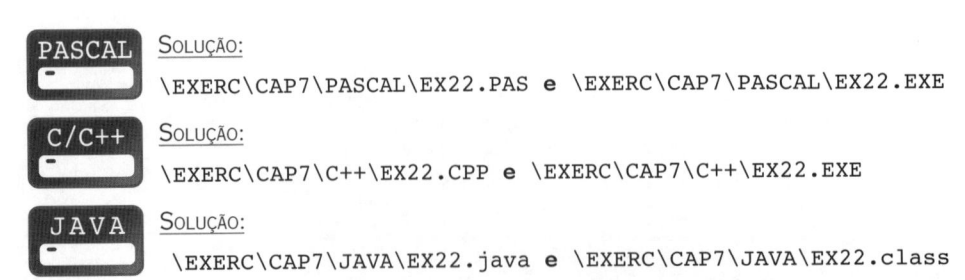

PASCAL <u>Solução:</u>
\EXERC\CAP7\PASCAL\EX22.PAS **e** \EXERC\CAP7\PASCAL\EX22.EXE

C/C++ <u>Solução:</u>
\EXERC\CAP7\C++\EX22.CPP **e** \EXERC\CAP7\C++\EX22.EXE

JAVA <u>Solução:</u>
\EXERC\CAP7\JAVA\EX22.java **e** \EXERC\CAP7\JAVA\EX22.class

23. Crie um programa que receba as vendas semanais (de um mês) de cinco vendedores de uma loja e armazene essas vendas em uma matriz. O programa deverá calcular e mostrar:

- o total de vendas do mês de cada vendedor;
- o total de vendas de cada semana (todos os vendedores juntos);
- o total de vendas do mês.

ALGORITMO <u>Solução:</u>

```
ALGORITMO
DECLARE vendas[4,5], tot_ven, tot_sem, tot_geral, i, j NUMÉRICO
PARA i ← 1 ATÉ 4 FAÇA
        INÍCIO
            PARA j ← 1 ATÉ 5 FAÇA
                    INÍCIO
                        LEIA vendas[i, j]
                    FIM
        FIM
PARA i ← 1 ATÉ 5 FAÇA
        INÍCIO
            tot_ven ← 0
            PARA j ← 1 ATÉ 4 FAÇA
                    INÍCIO
                        tot_ven ← tot_ven + vendas[j, i]
                    FIM
                    ESCREVA tot_ven
         FIM
PARA i ← 1 ATÉ 4 FAÇA
        INÍCIO
            tot_sem ← 0
            PARA j ← 1 ATÉ 5 FAÇA
                    INÍCIO
                        tot_sem ← tot_sem + vendas[i, j]
                    FIM
            ESCREVA tot_sem
        FIM
tot_geral ← 0
PARA i ← 1 ATÉ 4 FAÇA
        INÍCIO
            PARA j ← 1 ATÉ 5 FAÇA
                    INÍCIO
                        tot_geral ← tot_geral + vendas[i, j]
                    FIM
        FIM
ESCREVA tot_geral
FIM_ALGORITMO.
```

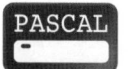

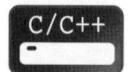

24. Uma escola deseja controlar as médias das disciplinas que seus alunos cursam. Sabe-se que nessa escola existem três turmas, com oito alunos cada uma, e cada aluno cursa quatro disciplinas. Crie um programa que armazene essas médias em uma matriz $3 \times 8 \times 4$. Depois da leitura, ele deverá calcular e mostrar:

■ a média geral de cada aluno;

■ a média de cada turma.

ALGORITMO Solução:

```
ALGORITMO
DECLARE medias[3][8][4], i, j, k, media_aluno, media_turma NUMÉRICO
PARA i ← 1 ATÉ 3 FAÇA
    INÍCIO
        PARA j ← 1 ATÉ 8 FAÇA
            INÍCIO
                PARA k ← 1 ATÉ 4 FAÇA
                    INÍCIO
                        LEIA medias[i][j][k]
                    FIM
            FIM
    FIM
PARA i ← 1 ATÉ 3 FAÇA
    INÍCIO
        PARA j ← 1 ATÉ 8 FAÇA
            INÍCIO
                media_aluno ← 0
                PARA k ← 1 ATÉ 4 FAÇA
                INÍCIO
                    media_aluno ← media_aluno + medias[i][j][k]
                FIM
                media_aluno ← media_aluno / 4
                ESCREVA "A média do aluno ", j, " na turma ", i, " = ", media_aluno
            FIM
    FIM
PARA i ← 1 ATÉ 3 FAÇA
    INÍCIO
        media_turma ← 0
        PARA j ← 1 ATÉ 8 FAÇA
            INÍCIO
                PARA k ← 1 ATÉ 4 FAÇA
                INÍCIO
                    media_turma ← media_turma + medias[i][j][k]
                FIM
            FIM
        media_turma ← media_turma / (8 * 4)
        ESCREVA "A média da turma ", i, " = ", media_turma
    FIM
FIM_ALGORITMO.
```

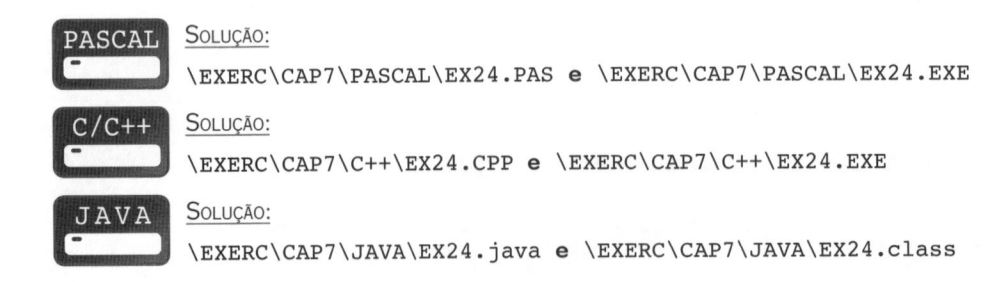

25. Elabore um programa que receba as vendas de cinco produtos em três lojas diferentes, e em dois meses consecutivos. O programa deverá armazenar essas vendas em duas matrizes 5 × 3. O bimestre é uma matriz 5 × 3, resultado da soma das duas matrizes anteriores. Deverá ainda calcular e mostrar:

- as vendas de cada produto, em cada loja, no bimestre;
- a maior venda do bimestre;
- o total vendido, por loja, no bimestre;
- o total vendido de cada produto no bimestre.

ALGORITMO Solução:

```
ALGORITMO
DECLARE mes1[5,3], mes2[5,3], bim[5,3] NUMÉRICO
        i, j, tot_prod, tot_loja, maior NUMÉRICO
PARA i ← 1 ATÉ 5 FAÇA
        INÍCIO
        PARA j ← 1 ATÉ 3 FAÇA
            INÍCIO
                LEIA mes1[i,j]
            FIM
        FIM
PARA i ← 1 ATÉ 5 FAÇA
        INÍCIO
                PARA j ← 1 ATÉ 3 FAÇA
                INÍCIO
                    LEIA mes2[i,j]
                FIM
        FIM
PARA i ← 1 ATÉ 5 FAÇA
        INÍCIO
                PARA j ← 1 ATÉ 3 FAÇA
                    INÍCIO
                        bim[i,i] ← mes1[i,j] + mes2[i,j]
                        ESCREVA bim[i,j]
                        SE i=1 E j=1
                            ENTÃO maior ← bim[i,j]
                            SENÃO SE bim[i,j] > maior
                                ENTÃO maior ← bim[i,j]
                    FIM
        FIM
ESCREVA maior
PARA i ← 1 ATÉ 3 FAÇA
        INÍCIO
            tot_loja ← 0
            PARA j ← 1 ATÉ 5 FAÇA
                INÍCIO
                tot_loja ← tot_loja + bim[j,i]
                FIM
        ESCREVA tot_loja
        FIM
```

```
PARA i ← 1 ATÉ 5 FAÇA
INÍCIO
    tot_prod ← 0
    PARA j ← 1 ATÉ 3 FAÇA
    INÍCIO
    tot_prod ← tot_prod + bim[i,j]
    FIM
ESCREVA tot_prod
FIM
FIM_ALGORITMO.
```

PASCAL SOLUÇÃO:

\EXERC\CAP7\PASCAL\EX25.PAS **e** \EXERC\CAP7\PASCAL\EX25.EXE

C/C++ SOLUÇÃO:

\EXERC\CAP7\C++\EX25.CPP **e** \EXERC\CAP7\C++\EX25.EXE

JAVA SOLUÇÃO:

\EXERC\CAP7\JAVA\EX25.JAVA **e** \EXERC\CAP7\JAVA\EX25.class

EXERCÍCIOS PROPOSTOS

1. Faça um programa que preencha uma matriz 3 × 5 com números inteiros, calcule e mostre a quantidade de elementos entre 15 e 20.

2. Crie um programa que preencha uma matriz 2 × 4 com números inteiros, calcule e mostre:
- a quantidade de elementos entre 12 e 20 em cada linha;
- a média dos elementos pares da matriz.

3. Elabore um programa que preencha uma matriz 6 × 3, calcule e mostre:
- o maior elemento da matriz e sua respectiva posição, ou seja, linha e coluna;
- o menor elemento da matriz e sua respectiva posição, ou seja, linha e coluna.

4. Faça um programa que receba:
- as notas de 15 alunos em cinco provas diferentes e armazene-as em uma matriz 15 × 5;
- os nomes dos 15 alunos e armazene-os em um vetor de 15 posições.

O programa deverá calcular e mostrar:
- para cada aluno, o nome, a média aritmética das cinco provas e a situação (aprovado, reprovado ou exame);
- a média da classe.

5. Elabore um programa que preencha uma matriz 12 × 4 com os valores das vendas de uma loja, em que cada linha representa um mês do ano e cada coluna representa uma semana do mês. O programa deverá calcular e mostrar:
- o total vendido em cada mês do ano, mostrando o nome do mês por extenso;
- o total vendido em cada semana durante todo o ano;
- o total vendido pela loja no ano.

6. Faça um programa que preencha uma matriz 20 × 10 com números inteiros, e some cada uma das colunas, armazenando o resultado da soma em um vetor. A seguir, o programa deverá multiplicar cada elemento da matriz pela soma da coluna e mostrar a matriz resultante.

7. Elabore um programa que preencha uma matriz M de ordem 4 × 6 e uma segunda matriz N de ordem 6 × 4, calcule e imprima a soma das linhas de M com as colunas de N.

8. Crie um programa que preencha duas matrizes 3 × 8 com números inteiros, calcule e mostre:

- a soma das duas matrizes, resultando em uma terceira matriz também de ordem 3 × 8;
- a diferença das duas matrizes, resultando em uma quarta matriz também de ordem 3 × 8.

9. Faça um programa que preencha uma matriz 3 × 3 com números reais e outro valor numérico digitado pelo usuário. O programa deverá calcular e mostrar a matriz resultante da multiplicação do número digitado por cada elemento da matriz.

10. Crie um programa que preencha uma matriz 5 × 5 com números inteiros, calcule e mostre a soma:

- dos elementos da linha 4;
- dos elementos da coluna 2;
- dos elementos da diagonal principal;
- dos elementos da diagonal secundária;
- de todos os elementos da matriz.

11. Elabore um programa que: receba a idade de oito alunos e armazene-as em um vetor; armazene o código de cinco disciplinas em outro vetor; armazene em uma matriz a quantidade de provas que cada aluno fez em cada disciplina.

12. O programa deverá calcular e mostrar:

- a quantidade de alunos com idade entre 18 e 25 anos que fizeram mais de duas provas em determinada disciplina cujo código é digitado pelo usuário. O usuário poderá digitar um código não cadastrado; nesse caso, o programa deverá mostrar uma mensagem de erro;
- uma listagem contendo o código dos alunos que fizeram menos que três provas em determinada disciplina, seguido do código da disciplina;
- a média de idade dos alunos que não fizeram nenhuma prova em alguma disciplina. Cuidado para não contar duas vezes o mesmo aluno.

13. Elabore um programa que: preencha uma matriz 6 × 4; recalcule a matriz digitada, onde cada linha deverá ser multiplicada pelo maior elemento da linha em questão; mostre a matriz resultante.

14. Faça um programa que preencha uma matriz 2 × 3, calcule e mostre a quantidade de elementos da matriz que não pertencem ao intervalo [5,15].

15. Crie um programa que preencha uma matriz 12 × 13 e divida todos os elementos de cada linha pelo maior elemento em módulo daquela linha. O programa deverá escrever a matriz lida e a modificada.

16. Elabore um programa que preencha uma matriz 5 × 5 e crie dois vetores de cinco posições cada um, que contenham, respectivamente, as somas das linhas e das colunas da matriz. O programa deverá escrever a matriz e os vetores criados.

17. Faça um programa que preencha e mostre a média dos elementos da diagonal principal de uma matriz 10 × 10.

18. Crie um programa que preencha uma matriz 5 × 5 de números reais, calcule e mostre a soma dos elementos da diagonal secundária.

19. Faça um programa que preencha uma matriz 8 × 6 de inteiros, calcule e mostre a média dos elementos das linhas pares da matriz.

20. Elabore um programa que preencha uma matriz 5 × 5 com números reais e encontre o maior valor da matriz. A seguir, o programa deverá multiplicar cada elemento da diagonal principal pelo maior valor encontrado e mostrar a matriz resultante após as multiplicações.

21. Faça um programa que preencha uma matriz 5 × 5 de números reais. A seguir, o programa deverá multiplicar cada linha pelo elemento da diagonal principal daquela linha e mostrar a matriz após as multiplicações.

22. Crie um programa que preencha uma matriz 6 × 10, some as colunas individualmente e acumule as somas na 7ª linha da matriz. O programa deverá mostrar o resultado de cada coluna.

23. Faça um programa que preencha uma matriz 3 × 4, calcule e mostre:

- a quantidade de elementos pares;
- a soma dos elementos ímpares;
- a média de todos os elementos.

24. Elabore um programa que preencha uma matriz 4 × 5, calcule e mostre um vetor com cinco posições, onde cada posição contém a soma dos elementos de cada coluna da matriz. O programa deverá mostrar apenas os elementos do vetor maiores que dez. Se não existir nenhum elemento maior que dez, deverá mostrar uma mensagem.

25. Crie um programa que:

- receba o preço de dez produtos e armazene-os em um vetor;
- receba a quantidade estocada de cada um desses produtos, em cinco armazéns diferentes, utilizando uma matriz 5 × 10.

O programa deverá calcular e mostrar:

- a quantidade de produtos estocados em cada um dos armazéns;
- a quantidade de cada um dos produtos estocados, em todos os armazéns juntos;
- o preço do produto que possui maior estoque em um único armazém;
- o menor estoque armazenado;
- o custo de cada armazém.

8 Sub-rotina

8.1 Sub-rotinas (programação modularizada)

Sub-rotinas, também chamadas subprogramas, são blocos de instruções que realizam tarefas específicas. O código de uma sub-rotina é carregado uma vez e pode ser executado quantas vezes forem necessárias. Como o problema pode ser subdividido em pequenas tarefas, os programas tendem a ficar menores e mais organizados.

Os programas, em geral, são executados linearmente, uma linha após a outra, até o fim. Entretanto, quando são utilizadas sub-rotinas, é possível a realização de desvios na execução dos programas. Esses desvios são efetuados quando uma função é chamada pelo programa principal. Observe o exemplo a seguir (a numeração das linhas à esquerda está sendo utilizada apenas para facilitar a explicação).

```
1.  ALGORITMO
2.  DECLARE sal, aum, novo_sal NUMÉRICO
3.  LEIA sal
4.  aum ← calculo (sal)
5.  novo_sal ← sal + aum
6.  ESCREVA "Novo salário é", novo_sal
7.  FIM_ALGORITMO.

8.  SUB-ROTINA calculo (sal NUMÉRICO) // passagem de parâmetro por valor
9.    DECLARE perc, valor NUMÉRICO
10.   LEIA perc
11.   valor ← sal * perc / 100
12.   RETORNE valor
13. FIM_SUB_ROTINA calculo
```

O algoritmo apresentado tem como objetivo receber o valor atual do salário de um funcionário e calcular o novo salário. Para resolver esse problema, utilizou-se o programa principal (representado pelo bloco de instruções entre as linhas 1 e 7) e uma sub-rotina (representada pelo bloco de instruções entre as linhas 8 e 13).

O programa principal é executado linearmente até a linha 4. Nesse ponto, existe uma chamada à sub-rotina calculo (que recebe como parâmetro o valor do salário inicial) e o programa principal fica temporariamente suspenso. A ordem de execução das instruções é, então, desviada para a linha 8, onde começa a sub-rotina calculo. A execução só volta ao programa principal quando o comando RETORNE for executado (linha 12). Esse comando é responsável, também, por devolver ao programa principal um valor calculado dentro da sub-rotina (nesse exemplo, foi devolvido o conteúdo da variável valor). A execução do programa principal é retomada exatamente no ponto em que foi interrompida; dessa maneira, o valor devolvido pela sub-rotina é atribuído à variável aum (linha 4). A partir daí, o programa volta a ser executado linearmente até o fim (linha 7).

O exemplo apresentado mostra a utilização de uma sub-rotina que recebe um parâmetro (o valor atual do salário) e que, ao final, retorna um valor (aumento que será dado ao salário) para quem a chamou. Porém, as sub-rotinas podem não receber parâmetros nem retornar valor.

Outro ponto que precisa ser destacado é que, dentro das sub-rotinas, pode ocorrer declaração de variáveis, chamadas variáveis locais. Elas recebem esse nome porque podem ser utilizadas apenas dentro da sub-rotina. Quando a execução desta chega ao fim, essas variáveis são destruídas e seus conteúdos são perdidos.

Variáveis declaradas fora de qualquer sub-rotina são chamadas globais. Elas recebem esse nome porque qualquer ponto do programa, incluindo as sub-rotinas, pode utilizá-las. São destruídas quando a execução do programa chega ao fim.

> **Observação**
>
> Não se aconselha a utilização excessiva de variáveis globais, por tornar difícil a manutenção e a busca por erros nos programas.

No algoritmo usado como exemplo anteriormente, tem-se 3 variáveis globais, declaradas na linha 2 e denominadas `sal`, `aum` e `novo_sal`. Na linha 9, existe a declaração de 2 variáveis locais da sub-rotina `calculo`. São elas: `perc` e `valor`.

É importante salientar que, na linha 4, onde a sub-rotina `calculo` é chamada, a variável `sal` está sendo passada como parâmetro e, na linha 8, cabeçalho da sub-rotina `calculo`, uma variável, que pode ou não ter o mesmo nome, está recebendo o valor do parâmetro.

O parâmetro pode ser passado por valor e, então, a variável do cabeçalho se comportará como uma variável local da sub-rotina.

O parâmetro pode ser passado por referência e, então, a variável do cabeçalho se comportará como uma variável global.

A passagem de parâmetros por valor ou por referência depende da sintaxe de cada linguagem e as próximas seções demonstrarão essas especificidades.

Exemplo de variáveis locais e globais:

```
1. ALGORITMO
2. DECLARE X, Y NUMÉRICO         //      variáveis globais
3. X ← 1
4. Y ← 2
5. ESCREVA "VALORES INICIAIS"
6. ESCREVA "X = ",X," e Y = ",Y
7. S1                        // chamada da sub-rotina S1, sem parâmetros
8. ESCREVA "VALORES DEPOIS DA EXECUÇÃO DA SUB-ROTINA S1"
9. ESCREVA "X = ",X," e Y = ",Y
10. S2(X,Y)      //chamada da sub-rotina S2, com parâmetros por valor
11. ESCREVA "VALORES DEPOIS DA EXECUÇÃO DA SUB-ROTINA S2"
12. ESCREVA "X = ",X," e Y = ",Y
13. S3(X,Y)      // chamada da sub-rotina S3, com parâmetros por referência
14. ESCREVA "VALORES DEPOIS DA EXECUÇÃO DA SUB-ROTINA S3"
15. ESCREVA "X = ",X," e Y = ",Y
16. FIM_ALGORITMO.

17. SUB_ROTINA S1
18. // sub-rotina sem parâmetros e sem retorno
19. DECLARE X, Y, Z NUMÉRICO // variáveis locais da sub-rotina S1
20. X ← 8
21. Y ← 10
22. Z ← 5
23. ESCREVA "VALORES IMPRESSOS DENTRO DA SUB-ROTINA S1"
24. ESCREVA "X = ",X
```

```
25. ESCREVA "Y = ",Y
26. ESCREVA "Z = ",Z
27. FIM_SUB_ROTINA S1

28. SUB_ROTINA S2 (X,Y NUMÉRICO)
29. // sub-rotina com parâmetro por valor e sem retorno
30. DECLARE Z NUMÉRICO              // variável local da sub-rotina S2
31. X ← X + 2
32. Y ← Y * 2
33. Z ← X + Y
34. ESCREVA "VALORES IMPRESSOS DENTRO DA SUB-ROTINA S2"
35. ESCREVA "X = ",X
36. ESCREVA "Y = ",Y
37. ESCREVA "Z = ",Z
38. FIM_SUB_ROTINA S2

39. SUB_ROTINA S3 (X,Y NUMÉRICO)
40. // sub-rotina com parâmetro por referência e sem retorno
41. DECLARE A NUMÉRICO              // variável local da sub-rotina S3
42. A ← X + Y
43. X ← X - 1
44. Y ← Y - 2
45. ESCREVA "VALORES IMPRESSOS DENTRO DA SUB-ROTINA S3"
46. ESCREVA "X = ",X
47. ESCREVA "Y = ",Y
48. ESCREVA "A = ",A
49. FIM_SUB_ROTINA S3
```

O algoritmo anterior gera a saída a seguir:

VARIÁVEIS											Linha executada	Saída na tela
globais		locais da sub-rotina s1			locais da sub--rotina s2			locais da sub-rotina s3				
X	Y	X	Y	Z	X	Y	Z	X	Y	A		
1											3	
	2										4	
											5	VALORES INICIAIS
											6	X = 1 e Y = 2
											7	
											17	
		8									20	
			10								21	
				5							22	
											23	VALORES IMPRESSOS DENTRO DA SUB-ROTINA S1
											24	X = 8
											25	Y = 10
											26	Z = 5
											8	VALORES DEPOIS DA EXECUÇÃO DA SUB-ROTINA S1
											9	X = 1 e Y = 2
											10	
					1	2					28	
					3						31	
						4					32	
							7				33	
											34	VALORES IMPRESSOS DENTRO DA SUB-ROTINA S2

VARIÁVEIS				Linha executada	Saída na tela
globais	locais da sub-rotina s1	locais da sub-rotina s2	locais da sub-rotina s3		
				35	X = 3
				36	Y = 4
				37	Z = 7
				11	VALORES DEPOIS DA EXECUÇÃO DA SUB-ROTINA S2
				12	X = 1 e Y = 2
				13	
		1	2	39	
			3	42	
0			0	43	
	0		0	44	
				45	VALORES IMPRESSOS DENTRO DA SUB-ROTINA S3
				46	X = 0
				47	Y = 0
				48	A = 3
				14	VALORES DEPOIS DA EXECUÇÃO DA SUB-ROTINA S3
				15	X = 0 e Y = 0

8.2 Sub-rotinas em PASCAL (*procedures, functions e units*)

A linguagem PASCAL possibilita a modularização por meio de *procedures* (procedimentos), *functions* (funções) e *units* (unidades). As sub-rotinas do tipo *procedures* (procedimentos) e *functions* (funções) devem ter seus códigos descritos antes do BEGIN do programa principal. Apenas as *units* (unidades) apresentam sintaxe diferenciada e descrita na Seção 8.2.7.

As variáveis globais, ou seja, aquelas que são reconhecidas por todas as partes do programa, devem ser declaradas antes do BEGIN do programa principal. As variáveis locais devem ser declaradas dentro das sub-rotinas e são reconhecidas apenas na sub-rotina onde foram declaradas.

A seguir, um programa exemplo que soma dois números digitados pelo usuário será utilizado para demonstrar os diferentes tipos de sub-rotinas.

8.2.1 *Procedures* sem passagem de parâmetros

As *procedures* (procedimentos) são rotinas chamadas pelo programa principal para executar alguma operação específica, mas não retornam valor para quem as chamou. Possuem a seguinte sintaxe:

```
PROCEDURE nome_da_procedure;
declaração_de_variáveis_locais;
BEGIN
    comandos;
END;
```

Quando o programa encontra uma linha contendo o nome da *procedure*, o fluxo da execução é desviado para as linhas contidas dentro dela. Essa execução só retornará ao fluxo normal quando a execução da *procedure* chegar ao fim.

A seguir, é apresentado um exemplo de *procedure* sem parâmetros (a numeração das linhas não faz parte do programa) com a utilização de variáveis globais.

```
1.      PROGRAM EXEMPLO;
2.      USES CRT;
3.      VAR A, B, S : INTEGER; {variáveis globais}
4.      PROCEDURE SOMAR;
5.      BEGIN
```

```
6.        S := A + B;
7.        END;

8.        BEGIN                {início do programa principal}
9.        CLRSCR;
10.       WRITELN('Digite o primeiro número: ');
11.       READLN(A);
12.       WRITELN('Digite o segundo número: ');
13.       READLN(B);
14.       SOMAR;              {chamada da sub-rotina SOMAR}
15.       WRITELN('Soma = ',S);
16.       READLN;
17.       END.
```

O programa começa sua execução no BEGIN principal, representado no exemplo anterior pela linha 8. Posteriormente, executa as linhas 9 a 14. Na linha 14, existe a chamada a uma *procedure*. O programa principal é desviado para a *procedure*, denominada SOMAR. Assim, o fluxo de execução do programa vai para a linha 4, executando toda a *procedure*, ou seja, da linha 4 à 7. Em seguida, ele retorna à linha 15, exatamente abaixo da linha onde ocorreu o desvio. Executa as linhas 15, 16 e 17 e o programa é encerrado.

A seguir, é apresentado um exemplo de *procedure* sem parâmetros (a numeração das linhas não faz parte do programa) com a utilização de variáveis locais.

```
1.        PROGRAM EXEMPLO;
2.        USES CRT;
3.        PROCEDURE SOMAR;
4.        VAR A, B, S: INTEGER;   {variáveis locais da sub-rotina SOMAR}
5.        BEGIN
6.        WRITELN('Digite o primeiro número: ');
7.        READLN(A);
8.        WRITELN('Digite o segundo número: ');
9.        READLN(B);
10.       S := A + B;
11.       WRITELN('Soma = ',S);
12.       END;

13.       BEGIN                {início do programa principal}
14.       CLRSCR;
15.       SOMAR;              {chamada da sub-rotina SOMAR}
16.       READLN;
17.       END.
```

O programa começa sua execução no BEGIN principal, representado no exemplo anterior pela linha 13. Posteriormente, executa as linhas 14 e 15. Na linha 15, existe a chamada a uma *procedure*. O programa principal é desviado para a *procedure*, denominada SOMAR. Assim, o fluxo de execução do programa vai para a linha 3, executando toda a *procedure*, ou seja, as linhas 4 à 12. Em seguida, ele retorna à linha 16, exatamente abaixo da linha onde ocorreu o desvio. Executa as linhas 16 e 17 e o programa é encerrado.

8.2.2 *Procedures* com passagem de parâmetros por valor

Pode-se utilizar *procedure* com passagem de parâmetros, ou seja, no momento em que a execução da *procedure* é solicitada, alguns valores lhe são fornecidos. Observe a sintaxe:

```
PROCEDURE nome_da_procedure(parâmetros:tipo_dos_dados);
declaração_de_variáveis_locais;
BEGIN
   comandos;
END;
```

A seguir, é mostrado um exemplo de *procedure* com passagem de parâmetros por valor, ou seja, os parâmetros são variáveis locais da sub-rotina (a numeração das linhas não faz parte do programa).

```
1.      PROGRAM EXEMPLO;
2.      USES CRT;
3.      VAR A, B: INTEGER;   {variáveis globais}
4.      PROCEDURE SOMAR(X,Y: INTEGER);
5.      VAR S: INTEGER;          {variável local da sub-rotina SOMAR}
6.      BEGIN
7.      S := X + Y;
8.      WRITELN('Soma = ',S);
9.      END;

10.     BEGIN          {início do programa principal}
11.     CLRSCR;
12.     WRITELN('Digite o primeiro número: ');
13.     READLN(A);
14.     WRITELN('Digite o segundo número: ');
15.     READLN(B);
16.     SOMAR(A,B);              {chamada da sub-rotina SOMAR}
17.     READLN;
18.     END.
```

O programa começa sua execução no BEGIN principal, representado no exemplo anterior pela linha 10. Posteriormente, executa as linhas 11 a 16. Na linha 16, existe a chamada a uma *procedure*. O programa principal é desviado para a *procedure*, denominada SOMAR, que possui as variáveis A e B como parâmetros. Assim, o fluxo de execução do programa vai para a linha 4, executando toda a *procedure*, ou seja, as linhas 5 a 9. O primeiro parâmetro é a variável A e será passada para a variável X. O segundo parâmetro é a variável B e será passada para a variável Y. Em seguida, ele retorna à linha 17, exatamente abaixo da linha onde ocorreu o desvio. Executa as linhas 17 e 18 e o programa é encerrado.

A linguagem PASCAL não permite a passagem de vetores e matrizes como parâmetros da mesma forma em que são passados parâmetros de tipos primitivos (INTEGER, REAL, STRING e CHAR). Para passar um vetor ou uma matriz como parâmetro é necessário definir um novo tipo.

Exemplo de vetor passado como parâmetro para uma sub-rotina:

```
PROGRAM VETOR;
USES CRT;
TYPE X = ARRAY[1..5] OF INTEGER;
VAR I:INTEGER;
    W:X;
PROCEDURE MOSTRAR(Y:X);
BEGIN
   WRITELN('MOSTRANDO O VETOR NA SUB-ROTINA');
   FOR I:=1 TO 5 DO
   BEGIN
   WRITELN(Y[I]);
   END;
END;

BEGIN          {BEGIN DO PROGRAMA PRINCIPAL}
CLRSCR;
WRITELN('DIGITANDO OS NÚMEROS DO VETOR ');
FOR I:=1 TO 5 DO
BEGIN
   READLN(W[I]);
```

```
END;
MOSTRAR(W);        {CHAMADA DA SUB-ROTINA MOSTRAR}
READLN;
END.
```

8.2.3 *Procedures* com passagem de parâmetros por referência

Pode-se utilizar *procedure* com passagem de parâmetros, ou seja, no momento em que a execução da *procedure* é solicitada, alguns valores lhe são fornecidos. Observe a sintaxe:

```
PROCEDURE nome_da_procedure(VAR parâmetros:tipo_dos_dados);
declaração_de_variáveis_locais;
BEGIN
    comandos;
END;
```

A seguir, é mostrado um exemplo de *procedure* com passagem de parâmetros por referência, ou seja, os parâmetros se comportam como variáveis globais (a numeração das linhas não faz parte do programa).

```
1.      PROGRAM EXEMPLO;
2.      USES CRT;
3.      VAR A, B: INTEGER;    {variáveis globais}
4.      PROCEDURE SOMAR(VAR X,Y: INTEGER);
5.      VAR S: INTEGER;        {variável local da sub-rotina SOMAR}
6.      BEGIN
7.      S := X + Y;
8.      WRITELN('Soma = ',S);
9.      END;

10.     BEGIN              {início do programa principal}
11.     CLRSCR;
12.     WRITELN('Digite o primeiro número: ');
13.     READLN(A);
14.     WRITELN('Digite o segundo número: ');
15.     READLN(B);
16.     SOMAR(A,B);                {chamada da sub-rotina SOMAR}
17.     READLN;
18.     END.
```

O programa começa sua execução no BEGIN principal, representado no exemplo anterior pela linha 10. Posteriormente, executa as linhas 11 a 16. Na linha 16, existe a chamada a uma *procedure*. O programa principal é desviado para a procedure, denominada SOMAR, que possui as variáveis A e B como parâmetros. Assim, o fluxo de execução do programa vai para a linha 4, executando toda a *procedure*, ou seja, as linhas 5 a 9. O primeiro parâmetro é a variável A e será passada para a variável X. O segundo parâmetro é a variável B e será passada para a variável Y. Como os parâmetros foram passados por referência e isso é identificado pela presença da palavra VAR no cabeçalho da procedure, qualquer alteração nos valores de X ou de Y será também refletida nas variáveis A e B, respectivamente. Em seguida, ele retorna à linha 17, exatamente abaixo da linha onde ocorreu o desvio. Executa as linhas 17 e 18 e o programa é encerrado.

8.2.4 *Function* sem passagem de parâmetros

Uma *function* (função) tem o mesmo objetivo que uma *procedure*, ou seja, desviar a execução do programa principal para realizar uma tarefa específica, com uma única diferença: uma *function* sempre retorna um valor. A sintaxe de uma *function* é:

```
FUNCTION nome_da_function : tipo_de_dado_do_valor_retornado;
declaração_de_variáveis_locais;
BEGIN
    comandos;
END;
```

É importante ressaltar que, para que ocorra o retorno de algum valor para quem chamou a *function*, deve-se atribuir tal valor a uma variável cujo nome seja igual ao dado à *function*.

A chamada à *function* acontece atribuindo seu nome a uma variável ou a uma condição, que receberá o retorno produzido. A seguir, é apresentado um exemplo (a numeração das linhas não faz parte do programa).

```
1.      PROGRAM EXEMPLO;
2.      USES CRT;
3.      VAR A, B, S : INTEGER; {variáveis globais}
4.      FUNCTION SOMAR: INTEGER;
5.      BEGIN
6.      SOMAR := A + B;
7.      END;

8.      BEGIN              {início do programa principal}
9.      CLRSCR;
10.     WRITELN('Digite o primeiro número: ');
11.     READLN(A);
12.     WRITELN('Digite o segundo número: ');
13.     READLN(B);
14.     S := SOMAR;                {chamada da sub-rotina SOMAR}
15.     WRITELN('Soma = ',S);
16.     READLN;
17.     END.
```

O programa começa sua execução no BEGIN principal, representado no exemplo anterior pela linha 8. Posteriormente, executa as linhas 9 a 14. Na linha 14, existe a chamada a uma *function*. O programa principal é desviado para a *function*, denominada SOMAR. Assim, o fluxo de execução do programa vai para a linha 4, executando toda a *function*, ou seja, da linha 4 à 7. Em seguida, ele retorna à linha 14, atribuindo o valor retornado à variável S. Por fim, executa as linhas 15, 16 e 17, e o programa é encerrado.

8.2.5 *Function* com passagem de parâmetros por valor

Uma *function* pode receber parâmetros no momento em que é chamada. Os valores informados são copiados, sequencialmente, em variáveis descritas em seu cabeçalho. A sintaxe correta é a seguinte:

```
FUNCTION nome_da_function(parâmetros:tipo_dos_dados):tipo_de_dado_do valor_retornado;
declaração_de_variáveis_locais;
BEGIN
    comandos;
END;
```

A chamada a uma *function* acontece atribuindo seu nome a uma variável ou a uma condição, que receberá o retorno ao término de sua execução. No momento da chamada, são informados, também, os parâmetros que deverão ser levados para a *function*. A seguir, é apresentado um exemplo de *function* com passagem de parâmetros por valor, ou seja, os parâmetros são variáveis locais da sub-rotina (a numeração das linhas não faz parte do programa).

```
1.      PROGRAM EXEMPLO;
2.      USES CRT;
3.      VAR A, B, S : INTEGER; {variáveis globais}
4.      FUNCTION SOMAR(X,Y: INTEGER): INTEGER;
5.      BEGIN
6.      SOMAR := X + Y;
7.      END;

8.      BEGIN                {início do programa principal}
9.      CLRSCR;
10.     WRITELN('Digite o primeiro número: ');
11.     READLN(A);
12.     WRITELN('Digite o segundo número: ');
13.     READLN(B);
14.     S := SOMAR(A,B);         {chamada da sub-rotina SOMAR}
15.     WRITELN('Soma = ',S);
16.     READLN;
17.     END.
```

O programa começa sua execução no BEGIN principal, representado no exemplo anterior pela linha 8. Posteriormente, executa as linhas 9 a 14. Na linha 14, existe a chamada a uma *function*. O programa principal é desviado para a *function*, denominada SOMAR. Assim, o fluxo de execução do programa vai para a linha 4, executando toda a *function*, ou seja, da linha 4 à 7. O primeiro parâmetro é a variável A e será passada para a variável X. O segundo parâmetro é a variável B e será passada para a variável Y. Em seguida, ele retorna à linha 14, atribuindo o valor retornado à variável S. Por fim, executa as linhas 15, 16 e 17 e o programa é encerrado.

8.2.6 *Function* com passagem de parâmetros por referência

Uma *function* pode receber parâmetros no momento em que é chamada. Os valores informados são copiados, sequencialmente, em variáveis descritas em seu cabeçalho. A sintaxe correta é a seguinte:

```
FUNCTION nome_da_function(VAR parâmetros:tipo_dos_dados):tipo_de_dado do_valor_retornado;
declaração_de_variáveis_locais;
BEGIN
    comandos;
END;
```

A chamada a uma *function* acontece atribuindo seu nome a uma variável ou a uma condição, que receberá o retorno ao término de sua execução. No momento da chamada, são informados, também, os parâmetros que deverão ser levados para a *function*. A seguir, é apresentado um exemplo de *function* com passagem de parâmetros por referência, ou seja, os parâmetros se comportam como variáveis globais (a numeração das linhas não faz parte do programa).

```
1.      PROGRAM EXEMPLO;
2.      USES CRT;
3.      VAR A, B, S : INTEGER; {variáveis globais}
4.      FUNCTION SOMAR(VAR X,Y: INTEGER): INTEGER;
5.      BEGIN
6.      SOMAR := X + Y;
7.      END;

8.      BEGIN                {início do programa principal}
9.      CLRSCR;
```

```
10.    WRITELN('Digite o primeiro número: ');
11.    READLN(A);
12.    WRITELN('Digite o segundo número: ');
13.    READLN(B);
14.    S := SOMAR(A,B);        {chamada da sub-rotina SOMAR}
15.    WRITELN('Soma = ',S);
16.    READLN;
17.    END.
```

O programa começa sua execução no BEGIN principal, representado no exemplo anterior pela linha 8. Posteriormente, executa as linhas 9 a 14. Na linha 14, existe a chamada a uma *function*. O programa principal é desviado para a *function*, denominada SOMAR. Assim, o fluxo de execução do programa vai para a linha 4, executando toda a *function*, ou seja, da linha 4 à 7. O primeiro parâmetro é a variável A e será passada para a variável X. O segundo parâmetro é a variável B e será passada para a variável Y. Como os parâmetros foram passados por referência e isso é identificado pela presença da palavra VAR no cabeçalho da function, qualquer alteração nos valores de X ou de Y será também refletida nas variáveis A e B, respectivamente. Em seguida, ele retorna à linha 14, atribuindo o valor retornado à variável S. Por fim, executa as linhas 15, 16 e 17 e o programa é encerrado.

8.2.7 *Units*

Uma *unit* é um arquivo (.PAS), que pode conter várias *procedures* e *functions*, e, depois de compilado, torna-se uma biblioteca (.TPU), que pode ser chamada por outros programas por meio do comando USES. A sintaxe de uma *unit* é a seguinte.

```
UNIT nome_da_unit;        {o nome da unit deve ser o nome do arquivo}
INTERFACE
    Cabeçalho das procedures e das functions;
IMPLEMENTATION
    Implementação das procedures e das functions;
END;
```

Exemplo de unit:

```
unit calcula;            {esse arquivo deve ser salvo como CALCULA.PAS}
interface
    procedure somar(a,b: integer);
    function multiplicar(a,b,c: integer): integer;
implementation
    procedure somar(a,b:integer);
    var s: integer;
    begin
    s := a + b;
    writeln('Soma = ',s);
    end;
    function multiplicar(a,b,c:integer):integer;
    begin
    multiplicar := a * b * c;
    end;
end.
```

Para criar uma *unit*, ou seja, uma biblioteca, é necessário abrir um novo arquivo, digitar os códigos da biblioteca, como mostra o exemplo anterior, e salvar o arquivo com o mesmo nome da *unit*. Esse arquivo será .PAS. Em seguida, no menu COMPILE, altere o destino da compilação para DISK. Assim, depois que a *unit* for compilada e não apresentar mais erros, será gerado o arquivo .TPU que é a biblioteca propriamente dita.

Exemplo de programa que utiliza uma *unit* (biblioteca):

```
program sub_rotina;
uses crt, calcula;           {utilização das bibliotecas CRT e CALCULA}
var x,y,z,mult: integer;     {variáveis globais}
begin
clrscr;
writeln('Digite o valor de x');
readln(x);
writeln('Digite o valor de y');
readln(y);
{chamada da sub-rotina SOMAR que está na biblioteca calcula}
somar(x,y);
writeln('Digite o valor de z');
readln(z);
{chamada da sub-rotina MULTIPLICAR que está na biblioteca calcula}
mult:=multiplicar(x,y,z);
writeln('Multiplicação = ',mult);
readln;
end.
```

8.3 Sub-rotinas em C/C++ (funções)

Um importante recurso apresentado nas linguagens de programação é a modularização, na qual um programa pode ser particionado em sub-rotinas bastante específicas. A linguagem C/C++ possibilita a modularização por meio de funções.

Um programa escrito na linguagem C/C++ tem, no mínimo, uma função chamada `main`, por onde a execução começa. Existem também muitas outras funções predefinidas na linguagem C/C++, por exemplo: `ceil()`, `strcmp()`, `strcpy()` etc. Essas funções são adicionadas aos programas pela diretiva `#include`, no momento da 'linkedição'.

Além disso, o usuário também pode criar quantas funções quiser, dependendo do problema que estiver sendo resolvido pelo programa. As funções às vezes precisam receber valores externos, chamados parâmetros, e também podem devolver algum valor produzido para o ambiente externo, denominado retorno.

Os parâmetros são representados por uma lista de variáveis colocadas dentro de parênteses, logo após o nome da função. Caso haja retorno, a última linha da função deverá incluir o comando `return`, seguido do valor ou variável que será devolvido a quem chamou a função. O tipo do valor retornado deverá ser exatamente igual ao tipo informado antes do nome da função. Caso não haja retorno, o tipo informado antes do nome da função será `void`. Os tipos de funções são apresentados em detalhes a seguir.

As variáveis globais, ou seja, reconhecidas por todas as partes do programa, devem ser declaradas fora de todas as funções, inclusive fora da função `main`. As variáveis locais devem ser declaradas dentro das sub-rotinas e são reconhecidas apenas na sub-rotina onde foram declaradas.

A seguir, um programa exemplo, que soma dois números digitados pelo usuário, será utilizado para demonstrar os diferentes tipos de sub-rotinas.

8.3.1 Funções sem passagem de parâmetros e sem retorno

O tipo mais simples de função é aquele que não recebe nenhuma informação no momento de sua chamada e que também não repassa nenhum valor para quem a chamou. A seguir, é apresentado um exemplo de função sem parâmetros e sem retorno (a numeração das linhas não faz parte do programa) com a utilização de variáveis globais.

```
1.    #include <stdio.h>
2.    int a, b, s;    // variáveis globais
3.    void soma()
4.    {
5.       printf("\nDigite o primeiro número: ");
6.       scanf("%d%*c",&a);
7.       printf("\nDigite o segundo número: ");
8.       scanf("%d%*c",&b);
9.       s = a + b;
10.      printf("\nSoma = %d",s);
11.   }
12.   int main()
13.   {
14.      soma();
15.      getchar();
16.      return 0;
17.   }
```

Como já comentado na seção 8.3, a execução de programa escrito em C/C++ sempre começa pela função main. No exemplo, a execução se inicia na linha 12. Na linha 14, existe uma chamada à função soma. Nesse ponto, o fluxo da execução é desviado para a linha 3. Depois, são executadas as linhas 4 até 11. Quando a execução atinge a linha 11, a marca de final da função é encontrada. Nesse momento, o fluxo da execução retorna para a linha 15, exatamente abaixo de onde ocorreu o desvio para a função soma. Na linha 17 está a marca de finalização da função main. Assim, a execução do programa é concluída.

Devemos destacar que, no momento em que a função soma foi chamada, na linha 14, nenhum valor ou variável foi colocado entre parênteses, indicando que não houve passagem de parâmetros. Além disso, dentro da função soma não foi utilizado o comando return, sinalizando que ela não retornou valor para quem a chamou. Por essa razão, seu tipo é void.

A seguir, é apresentado um exemplo de função sem parâmetros e sem retorno (a numeração das linhas não faz parte do programa) com a utilização de variáveis locais.

```
1.    #include <stdio.h>
2.    void soma()
3.    {
4.       int a, b, s;    // variáveis locais da sub-rotina soma
5.       printf("\nDigite o primeiro número: ");
6.       scanf("%d%*c",&a);
7.       printf("\nDigite o segundo número: ");
8.       scanf("%d%*c",&b);
9.       s = a + b;
10.      printf("\nSoma = %d",s);
11.   }
12.   int main()
13.   {
14.   soma();
15.      getchar();
16.      return 0;
17.   }
```

No exemplo anterior, a execução se inicia na linha 12. Na linha 14, existe uma chamada à função soma. Nesse ponto, o fluxo da execução é desviado para a linha 2. Depois, são executadas as linhas 2 até 11. Quando a execução atinge a linha 11, a marca de final da função é encontrada. Nesse momento, o fluxo da execução retorna para a linha 15, exatamente abaixo de onde ocorreu o desvio para a função soma. Na linha 17 está a marca de finalização da função main. Assim, a execução do programa é concluída.

8.3.2 Funções com passagem de parâmetros e sem retorno

O segundo tipo de função é representado por aquelas que recebem valores no momento em que são chamadas (parâmetros), mas que, no final, não devolvem valor para quem as chamou (retorno). A seguir, é mostrado um exemplo (a numeração das linhas não faz parte do programa, servindo apenas para facilitar a explicação).

```
1.      #include <stdio.h>
2.      void soma(int a, int b)
3.      {
4.        int s;          // variável local da sub-rotina soma
5.        s = a + b;
6.        printf("\nSoma = %d",s);
7.      }
8.      int main()
9.      {
10.       int a, b;              // variáveis locais da sub-rotina main
11.       printf("\nDigite o primeiro número: ");
12.       scanf("%d%*c",&a);
13.       printf("\nDigite o segundo número: ");
14.       scanf("%d%*c",&b);
15.       soma(a,b);
16.       getchar();
17.       return 0;
18.     }
```

No exemplo anterior, a execução se inicia na linha 8 e as linhas 9 a 15 são executadas. Na linha 15, existe uma chamada à função soma. Nesse ponto, o fluxo da execução é desviado para a linha 2. Depois, são executadas as linhas 2 até 7. Quando a execução atinge a linha 7, a marca de final da função é encontrada. Nesse momento, o fluxo da execução retorna para a linha 16, exatamente abaixo de onde ocorreu o desvio para a função soma. Na linha 18 está a marca de finalização da função main. Assim, a execução do programa é concluída.

Devemos destacar que, no momento em que a função soma foi chamada, na linha 15, duas variáveis foram colocadas entre parênteses, indicando que houve passagem de parâmetros. Os valores dessas variáveis são copiados para as variáveis a e b, descritas no cabeçalho da função, na linha 2, sendo assim variáveis locais da função soma. Além disso, dentro da função soma não foi utilizado o comando return, indicando que ela não retornou valor para quem a chamou. Por essa razão, seu tipo foi definido como void.

8.3.3 Funções sem passagem de parâmetros e com retorno

O terceiro tipo de função é representado por aquelas que não recebem valores no momento em que são chamadas (parâmetros), mas que, no final, devolvem um valor para quem as chamou (retorno). A seguir, é apresentado um exemplo (a numeração das linhas não faz parte do programa, servindo apenas para facilitar a explicação).

```
1.      #include <stdio.h>
2.      int soma()
3.      {
4.        int a, b, s;     // variáveis locais da sub-rotina soma
5.        printf("\nDigite o primeiro número: ");
6.        scanf("%d%*c",&a);
7.        printf("\nDigite o segundo número: ");
8.        scanf("%d%*c",&b);
9.        s = a + b;
10.       return s;               // retorno da sub-rotina soma
11.     }
```

```
12.    int main()
13.    {
14.      int s;          // variável local da sub-rotina main
15.      s = soma();     // chamada da sub-rotina soma
16.      printf("\nSoma = %d",s);
17.      getchar();
18.      return 0;
19.    }
```

No exemplo anterior, a execução se inicia na linha 12 e as linhas 13 a 15 são executadas. Na linha 15, existe uma chamada à função soma. Nesse ponto, o fluxo da execução é desviado para a linha 2. Depois, são executadas as linhas 2 até 10. Quando a execução atinge a linha 10, a marca de retorno da função é encontrada. Nesse momento, o fluxo da execução retorna para a linha 15, atribuindo o valor retornado à variável s. Por fim, executa as linhas 16 a 19. Na linha 19 está a marca de finalização da função main. Assim, a execução do programa é concluída.

Devemos destacar que, no momento em que a função soma foi chamada, na linha 15, nenhum valor ou variável foi colocado entre parênteses, o que indica que não houve passagem de parâmetros. Além disso, dentro da função soma, foi utilizado o comando return s, significando que o valor da variável s foi devolvido a quem a chamou. Por essa razão, o tipo da função é int, exatamente igual ao tipo do valor retornado.

8.3.4 Funções com passagem de parâmetros e com retorno

O quarto tipo de função é representado por aquelas que recebem valores no momento em que são chamadas (parâmetros) e que, no final, devolvem um valor para quem as chamou (retorno). A seguir, é apresentado um exemplo (a numeração das linhas não faz parte do programa, servindo apenas para facilitar a explicação).

```
1.    #include <stdio.h>
2.    int soma(int a, int b)
3.    {
4.      return a + b;
5.    }
6.    int main()
7.    {
8.      int a, b, s;
9.      printf("\nDigite o primeiro número: ");
10.     scanf("%d%*c",&a);
11.     printf("\nDigite o segundo número: ");
12.     scanf("%d%*c",&b);
13.     s = soma(a,b);
14.     printf("\nSoma = %d",s);
15.     getchar();
16.     return 0;
17.   }
```

No exemplo anterior, a execução iniciou na linha 6. A partir daí, são executadas sequencialmente as linhas 7 a 13. Nas linhas 10 e 12, dois valores são recebidos e armazenados nas variáveis a e b. Chegando à linha 13, o fluxo de execução é desviado para a função soma, levando para lá os valores das variáveis a e b. Serão, então, executadas as linhas 2 a 4. Ao chegar à linha 4, o comando return é encontrado. Isso indica que a execução da função chegou ao fim e que o valor da operação a + b será devolvido para quem a chamou. O fluxo de execução retorna à função main, na linha 13, e o valor retornado é atribuído à variável s. Depois disso, as linhas 14 a 17 são executadas e o programa chega ao fim.

Devemos destacar que, no momento em que a função soma foi chamada, na linha 13, duas variáveis foram colocadas entre parênteses, indicando que houve passagem de parâmetros. Assim, os valores dessas variáveis são copiados, respectivamente, para as variáveis a e b, descritas no cabeçalho da função, na linha 2. Além disso, dentro da função soma foi utilizado o comando return a + b, sinalizando que o valor da operação `a + b` será devolvido a quem a chamou. Por essa razão, o tipo da função é exatamente igual ao tipo do valor retornado, ou seja, `int`.

Observação

Em qualquer programa, podemos escrever funções antes ou depois da função `main`. Se optarmos por escrevê-las antes, nenhum cuidado especial será necessário. Porém, se optarmos por escrevê-las abaixo da função `main`, deveremos fazer uso dos protótipos de função. Protótipo de uma função é uma linha exatamente igual ao cabeçalho da função (terminando com um ponto e vírgula) que sempre deverá ser escrita antes da função `main`. Essa linha é responsável por informar ao compilador quais outras funções serão encontradas ao término da `main`. Observe o exemplo a seguir.

```
1.      #include <stdio.h>
2.      int soma(int a, int b); // esta linha descreve o protótipo da função
3.      int main()
4.      {
5.          int a, b, s;
6.          printf("\nDigite o primeiro número: ");
7.          scanf("%d%*c",&a);
8.          printf("\nDigite o segundo número: ");
9.          scanf("%d%*c",&b);
10.         s = soma(a,b);
11.         printf("\nSoma = %d",s);
12.         getchar();
13.         return 0;
14.     }
15.     int soma(int a, int b)
16.     {
17.     return a + b;
18.     }
```

8.3.5 Passagem de parâmetros por valor

Passagem de parâmetros por valor significa que a função trabalhará com cópias dos valores passados no momento de sua chamada. Para entender melhor esse processo, observe o programa a seguir (a numeração das linhas não faz parte do programa, servindo apenas para facilitar a explicação).

```
1. #include <stdio.h>
2. int soma_dobro(int a, int b);
3. int main()
4. {
5.     int x, y, res;
6.     printf("\nDigite o primeiro número: ");
7.     scanf("%d%*c",&x);
8.     printf("\nDigite o segundo número: ");
9.     scanf("%d%*c",&y);
10.    res = soma_dobro(x,y);
11.    printf("\nA soma do dobro dos números %d e %d = %d",x,y,res);
12.    getchar();
13.    return 0;
14. }
15. int soma_dobro(int a, int b)
16. {
```

```
17.    int soma;
18.    a = 2 * a;
19.    b = 2 * b;
20.    soma = a + b;
21.    return soma;
22. }
```

Na Figura 8.1 é feita uma representação gráfica de como se dá uma passagem de parâmetros por valor, apresentada no programa anterior. Estamos supondo que os valores armazenados nas variáveis x e y, por meio da execução das linhas 7 e 9, tenham sido, respectivamente, 5 e 3. Quando a linha 10 é executada, esses valores são copiados para as variáveis a e b (pertencentes à função soma_dobro). Depois disso, os valores de a e b são multiplicados por 2, nas linhas 18 e 19, e depois, na linha 20, é realizada a soma. O resultado dessa soma é devolvido à função main pela execução da linha 21, onde o valor calculado recai sobre a variável res (retorno à linha 10).

Figura 8.1   Representação gráfica da passagem de parâmetros por valor.

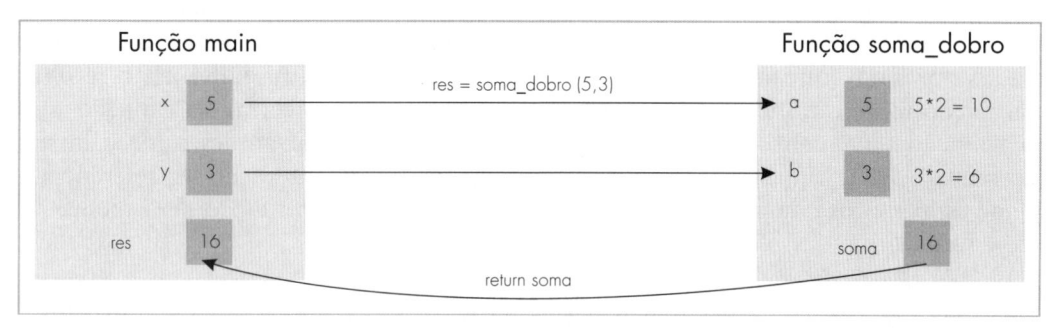

No momento em que a função soma_dobro chega ao fim, as variáveis a, b e soma são destruídas e, portanto, as alterações realizadas pelas multiplicações por 2 são perdidas, ou seja, x continua valendo 5 e y continua valendo 3.

8.3.6 Passagem de parâmetros por referência

Passagem de parâmetros por referência significa que os parâmetros passados para uma função correspondem a endereços de memória ocupados por variáveis. Dessa maneira, toda vez que for necessário acessar determinado valor, isso será feito por meio de referência, ou seja, apontamento ao seu endereço.

```
1.     #include <stdio.h>
2.     int soma_dobro(int *a, int *b);
3.     int main()
4.     {
5.     int x, y, res;
6.     printf("\nDigite o primeiro número: ");
7.     scanf("%d%*c",&x);
8.     printf("\nDigite o segundo número: ");
9.     scanf("%d%*c",&y);
10.    res = soma_dobro(&x,&y);
11.    printf("\nA soma dos números %d e %d = %d",x,y,res);
12.    getchar();
13.    return 0;
14.    }
15.    int soma_dobro(int *a, int *b)
16.    {
17.    int soma;
18.    *a = 2*(*a);
```

```
19.     *b = 2*(*b);
20.     soma = *a + *b;
21.     return soma;
22.     }
```

A Figura 8.2 representa graficamente o que acontece durante a execução do programa apresentado, onde ocorre a passagem de parâmetros por referência à função soma_dobro.

Nas linhas 7 e 9 são lidos, respectivamente, os valores para as variáveis x e y (como exemplo, supomos que tenham sido digitados os valores 5 e 3). Entretanto, quando a função soma_dobro é chamada, na linha 10, são passados como parâmetros para a função os endereços de memória ocupados pelas variáveis x e y (isso é feito pelo operador & que obtém o endereço de memória de uma variável), ou seja, pelo nosso exemplo, os valores 800 (endereço ocupado por x) e 300 (endereço ocupado por y). Dessa maneira, os valores que recaem sobre as variáveis a e b (da função) são, respectivamente, 800 e 300 (isso é correto, uma vez que a e b são ponteiros para int).

Nas linhas 18 e 19, os valores 5 e 3 são multiplicados por 2. Nesse momento, ocorre a 'referência' aos endereços de memória 800 e 300, para que sejam obtidos os valores iniciais e, após a realização das multiplicações, os valores sejam alterados. Dessa forma, no endereço 800 passamos a ter o valor 10, e no endereço 300 passamos a ter o valor 6. Na linha 20, é realizada a soma dos valores que estão nos endereços especificados por a e b (que já foram multiplicados por 2). Por fim, na linha 21, o resultado da soma é devolvido à função main, recaindo sobre a variável res (linha 10) e encerrando a função soma_dobro.

Quando a função soma_dobro chega ao fim, as variáveis a, b e soma são destruídas. Entretanto, as alterações decorrentes das multiplicações feitas são mantidas, pois cada alteração fez referência a endereços de memória que estavam fora da área destinada à função. Assim, após a função soma_dobro, o valor de x será 10 e o de y será 6.

Figura 8.2 Representação gráfica da passagem de parâmetros por referência.

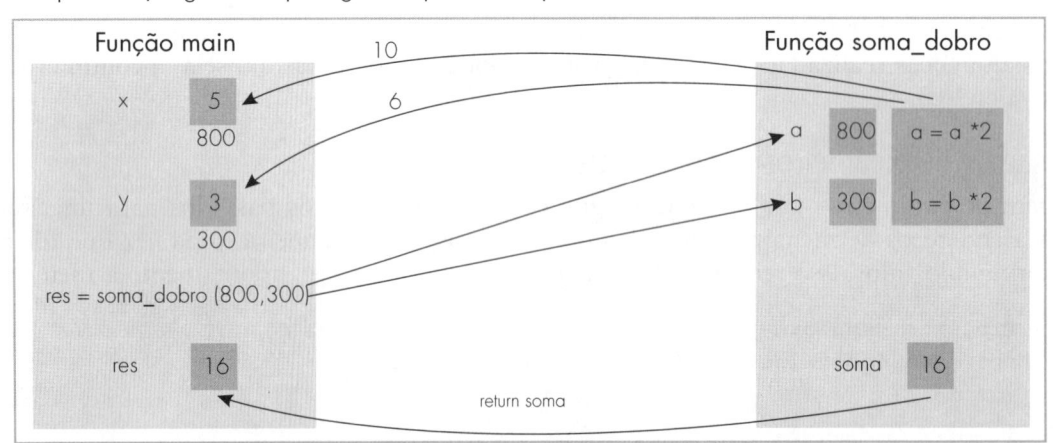

Observação

A linguagem C/C++ não permite que vetores e matrizes sejam passados na íntegra como parâmetro para uma função. Para resolver esse problema, deve-se passar apenas o endereço da posição inicial do vetor ou da matriz. Esse endereço é obtido utilizando-se o nome do vetor (ou da matriz) sem o índice entre colchetes. Isso quer dizer que é possível passar um vetor para uma função somente se essa passagem for por referência. Observe o exemplo (a numeração das linhas não faz parte do programa, servindo apenas para facilitar a explicação).

```
1. #include <stdio.h>
2. void soma_linhas(float m[][5], float v[])
3. {
```

```
4.  int i, j;
5.  for (i = 0;i < 3;i++)
6.  {
7.    for (j = 0;j < 5;j++)
8.    {
9.      v[i] = v[i] + m[i][j];
10.   }
11. }
12.}
13.int main()
14.{
15. int i, j;
16. float mat[3][5], vet[3];
17. for (i = 0;i < 3;i++)
18. {
19.  vet[i] = 0;
20.  for (j = 0;j < 5;j++)
21.  {
22.    printf("\nDigite o elemento %d - %d:",i,j);
23.    scanf("%f%*c",&mat[i][j]);
24.  }
25. }
26.soma_linhas(mat, vet);
27.for (i = 0;i < 3;i++)
28.{
29.    printf("\nSoma da linha %d = %f",i,vet[i]);
30.}
31.getchar();
32.return 0;
33.}
```

A execução desse programa começa na linha 13, com a função main. Na função main, são declaradas algumas variáveis, dentre elas, mat e vet. A variável mat representa uma matriz bidimensional com 3 linhas e 5 colunas para armazenar números reais. A variável vet representa um vetor com 3 posições para armazenar a soma dos números de cada linha da matriz mat. Da linha 17 à 25, a matriz mat é preenchida com números inseridos pelo usuário. Aproveitando essas estruturas de repetição, o vetor vet tem todas as suas posições inicializadas com zero, na linha 19.

Duas linhas merecem atenção especial: 26 e 2. A linha 26 está chamando a função soma_linhas, passando como parâmetros a matriz mat e o vetor vet. Observe, entretanto, que essas duas variáveis não estão acompanhadas de colchetes ([ ]). Assim, quando o nome de uma matriz ou vetor for utilizado sem apresentar colchetes contendo um índice, isso significa que estamos usando o endereço de memória ocupado pela posição 0 do vetor ou pela posição 0X0 da matriz.

Como endereços de memória só podem ser atribuídos a ponteiros, observe a linha 2, onde está o cabeçalho da função soma_linhas. Nela, pode-se ver que a função recebe dois parâmetros: m[ ][5] e v[ ]. Assim, toda vez que encontrar um vetor com colchetes vazios ou uma matriz com os colchetes da primeira dimensão vazios, entenda que eles são variáveis ponteiros que guardam os endereços iniciais das variáveis.

A partir daí, o programa consegue percorrer o vetor e a matriz normalmente, da linha 5 à 11. Quando a função soma_linhas chegar ao fim, o fluxo de execução retornará para a linha 27 e o vetor vet, que entrou na função soma_linhas contendo zero em todas as suas posições, voltará com o somatório dos números de cada linha da matriz mat. Esses valores serão mostrados nas linhas 27 à 29. O programa, então, é finalizado.

8.3.7 Sub-rotinas em arquivos separados (bibliotecas)

Na linguagem C/C++ existem algumas bibliotecas já implementadas e dentro destas existem inúmeras funções. Por exemplo, na biblioteca `stdio.h`, existem as funções `scanf`, `getchar`, `printf`, entre outras. Assim, nesta seção, discutiremos a possibilidade de criar bibliotecas próprias com uma ou várias funções.

Para criar uma biblioteca é necessário gerar um novo arquivo e dentro dele pôr o código de todas as funções que farão parte dessa biblioteca. Esse arquivo deve ser salvo com extensão `.h` e deve ser compilado normalmente.

O exemplo a seguir é uma biblioteca denominada `rotinas.h` e possui três sub-rotinas.

```c
#include <stdio.h>
void sub_rotina1()
{
    printf("mostrando uma mensangem");
}
void sub_rotina2()
{
    int a,b,c;
    printf("Digite o valor de a: ");
    scanf("%d%*c",&a);
    printf("Digite o valor de b: ");
    scanf("%d%*c",&b);
    c = a - b;
    printf("Resultado = %d",c);
}
int sub_rotina3(int x,int y)
{
    int res;
    res = x * y;
    return res;
}
```

O código a seguir mostra um programa que faz uso da biblioteca criada anteriormente.

```c
1.      #include <stdio.h>
2.      #include "c:\teste\rotinas.h"
3.      int main()
4.      {
5.      int num1, num2, res;
6.      sub_rotina1();
7.      sub_rotina2();
8.      printf("Digite um número: ");
9.      scanf("%d%*c",&num1);
10.     printf("Digite outro número: ");
11.     scanf("%d%*c",&num2);
12.     res = sub_rotina3(num1, num2);
13.     printf("resultado = %d",res);
14.     getchar();
15.     return 0;
16.     }
```

Quando uma nova biblioteca for utilizada em um programa e seu arquivo estiver salvo no diretório-padrão das bibliotecas da linguagem C/C++, basta chamá-la por meio da diretiva `#include <biblioteca.h>`. Quando a nova biblioteca está em outro diretório, sua chamada deve obedecer à seguinte sintaxe: `#include "caminho\nome_da_biblioteca.h"`, como mostra a linha 2 do código dado anteriormente.

8.4 Sub-rotinas em JAVA (métodos)

JAVA é uma linguagem que dá suporte ao paradigma orientado a objeto. Assim, todos os programas devem fazer uso de classes. Uma classe pode ser entendida como um tipo de dado capaz de armazenar diversas informações e também várias funções para manipular adequadamente essas informações. Seguindo o paradigma orientado a objetos, essas informações são chamadas **atributos**, e as funções, **métodos**.

Como acontece com todas as linguagens de programação, o usuário poderá utilizar métodos de classes já existentes (o Capítulo 9 abordará, por exemplo, vários métodos especificamente criados para trabalhar com cadeias de caracteres), como também poderá criar quantos métodos forem necessários para a resolução do problema. O capítulo 12 apresenta uma introdução à programação orientada a objetos.

Cada método pode receber diversos valores, os parâmetros, e pode devolver um valor, o retorno. Dessa maneira, quando se especifica um método, deve-se deixar claro qual será o tipo de retorno e quais são os parâmetros necessários para a sua execução. A chamada a um método normalmente requer que seja informado o objeto ou a classe que o executará. A sintaxe para chamada de um método é apresentada a seguir.

```
[retorno = ]nomeDoObjeto.nomeDoMétodo([ listaDeParametros ]);
```

ou

```
[retorno = ]nomeDaClasse.nomeDoMétodo([ listaDeParametros ]);
```

Observe que o retorno e a listaDeParametros aparecem entre colchetes, indicando que são opcionais.

A seguir, são apresentados vários exemplos de métodos. É importante observar que, em todos eles, aparecerão as palavras `public` e `static`. Essas palavras são chamadas modificadores, ou seja, definem características complementares aos métodos. Outros modificadores são: `private`, `protected`, `abstract` e `final`.

O modificador `public` quer dizer que o método poderá ser chamado por qualquer classe, e o modificador `static` indica que esse método existirá e poderá ser executado mesmo se nenhum objeto da classe onde estiver inserido for criado.

Os parâmetros são representados por uma lista de variáveis colocadas dentro de parênteses, logo após o nome do método. Caso haja retorno, a última linha do método deverá incluir o comando `return`, seguido do valor ou variável que será devolvido a quem chamou o método. O tipo do valor retornado deverá ser exatamente igual ao tipo informado antes do nome do método. Caso não haja retorno, deverá ser digitada a palavra `void`. Os tipos de métodos são apresentados em detalhes a seguir.

As variáveis globais, ou seja, aquelas que são reconhecidas por todas as partes do programa, devem ser declaradas fora de todos os métodos, inclusive fora do método `main`. As variáveis locais devem ser declaradas dentro dos métodos e são reconhecidas apenas no método onde foram declaradas.

A seguir, um programa exemplo que soma dois números digitados pelo usuário será utilizado para demonstrar os diferentes tipos de métodos.

8.4.1 Métodos sem passagem de parâmetros e sem retorno

O tipo mais simples de método é aquele que não recebe nenhuma informação no momento de sua chamada e também não repassa nenhum valor para quem o chamou. A seguir, é apresentado um exemplo de método sem parâmetros e sem retorno (a numeração das linhas não faz parte do programa) com a utilização de variáveis globais.

```
1.      import java.util.Scanner;
2.      public class Exemplo
3.      {
4.        static int a, b, s;  // variáveis globais
5.        public static void main(String args[])
6.        {
7.         soma();                       // chamada do método soma()
8.        }
9.        public static void soma()
10.       {
11.         Scanner e = new Scanner(System.in);
12.         System.out.println("Digite o primeiro número: ");
```

```
13.        a = e.nextInt();
14.        System.out.println("Digite o segundo número: ");
15.        b = e.nextInt();
16.        s = a + b;
17.        System.out.println("Soma = " + s);
18.      }
19.    }
```

Como acontece nos programas escritos na linguagem C/C++, a execução de um programa JAVA também começa pelo método main. No exemplo, a execução iniciou na linha 5. Na linha 7, existe uma chamada ao método soma. Nesse ponto, o fluxo da execução é desviado para a linha 9. Depois, são executadas as linhas 10 a 18. Quando a execução atingir a linha 18, a marca de final de método será encontrada. Nesse momento, o fluxo da execução retorna para a linha 8, exatamente abaixo de onde ocorreu o desvio para o método. Nessa linha está a marca de finalização do método main. Desse modo, a execução do programa é concluída.

Devemos destacar que, no momento em que o método soma foi chamado, na linha 7, nenhum valor ou variável foi colocado entre parênteses, o que indica que não houve passagem de parâmetros. Além disso, dentro do método soma não foi utilizado o comando return, sinalizando que ele não retornou valor para quem o chamou. Por essa razão, seu tipo é void.

A seguir, é apresentado um exemplo de método sem parâmetros e sem retorno (a numeração das linhas não faz parte do programa) com a utilização de variáveis locais.

```
1. import java.util.Scanner;
2. public class Exemplo
3. {
4.   public static void main(String args[])
5.   {
6.     soma();                    // chamada do método soma()
7.   }
8.   public static void soma()
9.   {
10.     int a, b, s;      // variáveis locais
11.     Scanner e = new Scanner(System.in);
12.     System.out.println("Digite o primeiro número: ");
13.     a = e.nextInt();
14.     System.out.println("Digite o segundo número: ");
15.     b = e.nextInt();
16.     s = a + b;
17.     System.out.println("Soma = " + s);
18.   }
19. }
```

No exemplo anterior, a execução iniciou na linha 4. Na linha 6, existe uma chamada ao método soma. Nesse ponto, o fluxo da execução é desviado para a linha 8. Depois, são executadas as linhas 9 a 17. Quando a execução atingir a linha 18, a marca de final de método será encontrada. Nesse momento, o fluxo da execução retorna para a linha 7, exatamente abaixo de onde ocorreu o desvio para o método. Nessa linha está a marca de finalização do método main. Desse modo, a execução do programa é concluída.

Devemos destacar que, no momento em que o método soma foi chamado, na linha 6, nenhum valor ou variável foi colocado entre parênteses, o que indica que não houve passagem de parâmetros. Além disso, dentro do método soma não foi utilizado o comando return, sinalizando que ele não retornou valor para quem o chamou. Por essa razão, seu tipo é void.

8.4.2 Métodos com passagem de parâmetros e sem retorno

O segundo tipo de método é representado por aqueles que recebem valores no momento em que são chamados (parâmetros), mas que, no final, não devolvem valor para quem os chamou (retorno). A seguir, é apresentado um exemplo (a numeração das linhas não faz parte do programa, servindo apenas para facilitar a explicação).

```
1. import java.util.Scanner;
2. public class Exemplo
3. {
4.   public static void main(String args[])
5.   {
6.    int a, b;          // variáveis locais do método main
7.    Scanner e = new Scanner(System.in);
8.    System.out.println("Digite o primeiro número: ");
9.    a = e.nextInt();
10.    System.out.println("Digite o segundo número: ");
11.    b = e.nextInt();
12.    soma(a,b);          // chamada do método soma()
13.   }
14   public static void soma(int a,int b)
15.   {
16.    int s;             // variável local do método soma()
17.    s = a + b;
18.    System.out.println("Soma = " + s);
19.   }
20. }
```

Como acontece nos programas escritos na linguagem C/C++, a execução de um programa JAVA também começa pelo método main. No exemplo, a execução teve início na linha 4. A partir daí, são executadas sequencialmente as linhas 5 a 12. Nas linhas 9 e 11, dois valores são recebidos e armazenados nas variáveis a e b. Chegando à linha 12, o fluxo de execução é desviado para o método soma, na linha 14, levando para lá os valores das variáveis a e b. Serão, então, executadas as linhas 14 a 19, onde está a marca de encerramento do método. O fluxo de execução retorna ao método main, na linha 13, imediatamente abaixo do ponto de chamada ao método soma. Desse modo, a execução do programa é concluída.

Devemos destacar que, no momento em que o método soma foi chamado, na linha 12, duas variáveis foram colocadas entre parênteses, o que significa que houve passagem de parâmetros. Os valores dessas variáveis são copiados para as variáveis a e b, descritas no cabeçalho do método, na linha 14. Além disso, dentro do método soma não foi utilizado o comando return, indicando que ele não retornou valor para quem o chamou. Por essa razão, seu tipo foi definido como void.

8.4.3 Métodos sem passagem de parâmetros e com retorno

O terceiro tipo de método é representado por aqueles que não recebem valores no momento em que são chamados (parâmetros), mas que, no final, devolvem um valor para quem os chamou (retorno). A seguir, é apresentado um exemplo (a numeração das linhas não faz parte do programa, servindo apenas para facilitar a explicação).

```
1.      import java.util.Scanner;
2.      public class Exemplo
3.      {
4.        public static void main(String args[])
5.        {
6.         int s;                  // variável local do método main
7.         s = soma();             // chamada do método soma()
```

```
8.         System .out.println("Soma = " + s);
9.        }
10.      public static int soma()
11.      {
12.       int a, b, s;                 // variáveis locais do método soma()
13.       Scanner e = new Scanner(System.in);
14.       System.out.println("Digite o primeiro número: ");
15.       a = e.nextInt();
16.       System.out.println("Digite o segundo número: ");
17.       b = e.nextInt();
18.       s = a + b;
19.       return s;
20.      }
21.     }
```

No exemplo anterior, a execução iniciou na linha 4 e, sequencialmente, as linhas 5, 6 e 7 foram executadas. Na linha 7, existe uma chamada ao método soma. Nesse ponto, o fluxo da execução é desviado para a linha 10. Depois, são executadas as linhas 11 a 18. Quando a execução atingir a linha 19, o comando return é encontrado. Isso significa que a execução do método chegou ao fim e que o conteúdo da variável s será devolvido para quem o chamou. O fluxo de execução retorna ao método main, na linha 7, e o valor retornado é atribuído à variável s. Depois disso, as linhas 8 e 9 são executadas e o programa chega ao fim.

Devemos destacar que, no momento em que o método soma foi chamado, na linha 7, nenhum valor ou variável foi colocado entre parênteses, sinalizando que não houve passagem de parâmetros. Além disso, dentro do método soma foi utilizado o comando return s, o que indica que o valor da variável s será devolvido a quem o chamou. Por essa razão, o tipo do método é int, exatamente igual ao tipo do valor retornado.

8.4.4 Métodos com passagem de parâmetros e com retorno

O quarto tipo de método é representado por aqueles que recebem valores no momento em que são chamados (parâmetros) e que, no final, devolvem um valor para quem os chamou (retorno). A seguir, é apresentado um exemplo (a numeração das linhas não faz parte do programa, servindo apenas para facilitar a explicação).

```
1. import java.util.Scanner;
2. public class Exemplo
3. {
4.   public static void main(String args[])
5.   {
6.    int a, b, s;                      // variáveis locais do método main
7.    Scanner e = new Scanner(System.in);
8.    System.out.println("Digite o primeiro número: ");
9.    a = e.nextInt();
10.   System.out.println("Digite o segundo número: ");
11.   b = e.nextInt();
12.   s = soma(a,b);                    // chamada do método soma()
13.   System .out.println("Soma = " + s);
14.  }
15.  public static int soma(int a,int b)
16.  {
17.    return a + b;
18.  }
19. }
```

No exemplo anterior, a execução teve início na linha 4. A partir daí, são executadas, sequencialmente, as linhas 5, 6, 7, 8, 9, 10 e 11. Nas linhas 9 e 11, dois valores são recebidos e armazenados nas variáveis a e b. Chegando à linha 12, o fluxo de execução é desviado para o método soma, levando para lá os valores das variáveis a e b. Serão, então, executadas as linhas 15, 16 e 17. Ao chegar à linha 17, o comando return é encontrado. Isso significa que a execução do método chegou ao fim e que o valor da operação a + b será devolvido para quem o chamou. O fluxo de execução retorna ao método main, na linha 12, e o valor retornado é atribuído à variável s. Depois disso, as linhas 13 e 14 são executadas e o programa chega ao fim.

Devemos destacar que, no momento em que o método soma foi chamado, na linha 12, duas variáveis foram colocadas entre parênteses, indicando que houve passagem de parâmetros. Assim, os valores dessas variáveis são copiados, respectivamente, para as variáveis a e b, descritas no cabeçalho do método, na linha 15. Além disso, dentro do método soma foi utilizado o comando return a + b, o que significa que um valor foi devolvido a quem o chamou. Por essa razão, o tipo do método é int, exatamente igual ao tipo do valor retornado.

8.4.5 Passagem de parâmetros por valor e por referência

Uma peculiaridade da linguagem JAVA é que todas as variáveis que não forem de tipos primitivos serão consideradas referência. Isso quer dizer que a variável contém apenas o endereço de memória onde a informação completa foi gravada.

Assim, toda vez que um tipo primitivo for passado como parâmetro, essa passagem será feita por valor, ou seja, será criada uma cópia completa da informação dentro do método. Toda vez que um tipo não primitivo for passado como parâmetro, a passagem será por referência, isto é, será feita uma cópia apenas do endereço onde a informação está gravada. As seções 8.3.5 e 8.3.6, apresentadas anteriormente, descrevem em detalhe esses dois tipos de passagem de parâmetros. Os princípios lá descritos são os mesmos em todas as linguagens de programação.

Observação

Na linguagem JAVA, vetores e matrizes não são considerados tipos primitivos e, assim, são passados como parâmetros por meio de referência. Observe o exemplo (a numeração das linhas não faz parte do programa, servindo apenas para facilitar a explicação).

```
1.  import java.util.Scanner;
2.    public class Exemplo
3.    {
4.       public static void main(String args[])
5.       { Scanner e;
6.         int i, j;
7.         float mat[][], vet[];
8.         mat = new float[3][5];
9.         vet = new float[3];
10.        e = new Scanner(System.in);
11.        for (i=0;i<3;i++)
12.        { vet[i] = 0;
13.          for (j=0;j<5;j++)
14.          { System.out.println("Digite o elemento " + i + "-" + j + " : ");
15.            mat[i][j] = e.nextFloat();
16.          }
17.        }
18.        soma_linhas(mat, vet);
19.        for (i=0; i<3; i++)
20.        { System.out.println ("Soma da linha " + i + " =  " + vet[i]);
21.        }
22.        }
```

```
23.      public static void soma_linhas(float m[][], float v[])
24.      { int i, j;
25.        for (i=0;i<3;i++)
26.        { for (j=0;j<5;j++)
27.        { v[i] = v[i] + m[i][j];
28.        }
29.        }
30.      }
31.    }
```

A execução desse programa começa na linha 4 com o método `main`. Nesse método, são declaradas algumas variáveis, dentre elas, `mat` e `vet`. A variável `mat` representa uma matriz bidimensional com 3 linhas e 5 colunas para armazenar números reais. A variável `vet` representa um vetor com 3 posições para armazenar a soma dos números de cada linha da matriz `mat`. Da linha 11 à 17, a matriz `mat` é preenchida com números digitados pelo usuário. Aproveitando essas estruturas de repetição, o vetor `vet` tem todas as suas posições inicializadas com zero, na linha 12.

Duas linhas merecem atenção especial, a 18 e a 23. A linha 18 está chamando o método `soma_linhas`, passando como parâmetros a matriz `mat` e o vetor `vet`. Observe, entretanto, que essas duas variáveis não estão acompanhadas de colchetes. Isso significa que, quando o nome de uma matriz ou vetor for usado sem apresentar colchetes contendo um índice, estamos usando o endereço de memória ocupado pela posição 0 do vetor ou pela posição 0X0 da matriz.

Como endereços de memória só podem ser atribuídos a ponteiros, observe a linha 23, onde está o cabeçalho do método `soma_linhas`. Nela, pode-se ver que o método está preparado para receber dois valores que serão atribuídos a `m[][]` e `v[]`. Assim, toda vez que encontrar um vetor e matriz com colchetes vazios, entenda que eles são variáveis ponteiros que guardam os endereços iniciais das variáveis.

A partir daí, o programa consegue percorrer o vetor e a matriz normalmente, da linha 25 à 29. Quando o método `soma_linhas` chegar ao fim, o fluxo de execução retornará à linha 19, e o vetor `vet`, que entrou no método `soma_linhas` contendo zero em todas as suas posições, voltará com o somatório dos números de cada linha da matriz `mat`. Esses valores serão mostrados nas linhas 19 à 21. O programa, então, é finalizado na linha 22, quando o método `main` chega ao fim.

8.4.6 Métodos em arquivos separados

Na linguagem JAVA existe a possibilidade de criar métodos em arquivos separados do método `main`, o que torna possível a reutilização dos códigos. O exemplo a seguir é um arquivo salvo como `rotinas.java` e este foi compilado normalmente.

```java
import java.util.Scanner;
public class rotinas
{
    public static void mensagem()
    {
        System.out.println("Mostra uma mensagem");
    }
    public static int soma()
    {
        int a, b, c;
        Scanner dado;
        dado = new Scanner(System.in);
        System.out.println("Digite o valor de a: ");
        a = dado.nextInt();
        System.out.println("Digite o valor de b: ");
```

```
            b = dado.nextInt();
            c = a + b;
            return c;
        }
    }
```

O exemplo a seguir é um programa JAVA que utiliza os métodos implementados em `rotinas.java`, por isso, na primeira linha de código, existe a importação do arquivo que tem os métodos implementados.

```
import sub_rotinas.rotinas;
public class principal
{
public static void main(String args[])
{
    int r;
    rotinas.mensagem();
    r = rotinas.soma();
    System.out.println("soma = "+r);
}
}
```

EXERCÍCIOS RESOLVIDOS

1. Faça um programa contendo uma sub-rotina que retorne 1 se o número digitado for positivo ou 0 se for negativo.

ALGORITMO Solução:

```
ALGORITMO
DECLARE num, x NUMÉRICO
LEIA num
x ← verifica(num)
SE x = 0
ENTÃO ESCREVA "Número positivo"
SENÃO ESCREVA "Número negativo"
FIM_ALGORITMO.

SUB-ROTINA verifica(num NUMÉRICO)
 DECLARE res NUMÉRICO
 SE num >= 0
 ENTÃO res ←  1
 SENÃO res ←  0
 RETORNE res
FIM_SUB_ROTINA verifica
```

PASCAL Solução:

\EXERC\CAP8\PASCAL\EX1.PAS **e** \EXERC\CAP8\PASCAL\EX1.EXE

C/C++ 1ª Solução: FUNÇÃO ANTES DA **main()**

\EXERC\CAP8\C++\EX1_A.CPP **e** \EXERC\CAP8\C++\EX1_A.EXE

2ª Solução: FUNÇÃO DEPOIS DA **main()**

\EXERC\CAP8\C++\EX1_B.CPP **e** \EXERC\CAP8\C++\EX1_B.EXE

2. Faça um programa contendo uma sub-rotina que receba dois números positivos por parâmetro e retorne a soma dos N números inteiros existentes entre eles.

 SOLUÇÃO:

```
ALGORITMO
DECLARE num1, num2, s NUMÉRICO
LEIA num1, num2
s ← somar(num1, num2)
ESCREVA "soma = ", s
FIM_ALGORITMO.


SUB-ROTINA somar(num1, num2 NUMÉRICO)
 DECLARE i, s NUMÉRICO
 s ← 0
 PARA i ← num1+1 ATÉ num2-1 FAÇA
    INÍCIO
        s ← s + i
    FIM
RETORNE s
FIM_SUB_ROTINA somar
```

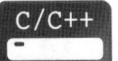

3. Faça um programa contendo uma sub-rotina que receba três números inteiros *a*, *b* e *c*, sendo *a* maior que 1. A sub-rotina deverá somar todos os inteiros entre *b* e *c* que sejam divisíveis por *a* (inclusive *b* e *c*) e retornar o resultado para ser impresso.

SOLUÇÃO:

```
ALGORITMO
DECLARE a, b, c, result NUMÉRICO
REPITA
LEIA a
ATÉ a>1
LEIA b,c
result ← divisores(a, b, c)
ESCREVA "Soma dos inteiros = ", result
FIM_ALGORITMO.
SUB-ROTINA divisores(a, b, c NUMÉRICO)
  DECLARE i, s, r NUMÉRICO
   s ← 0
```

```
        PARA i ←  b ATÉ c FAÇA
           INÍCIO
              r ←  RESTO (i / a)
              SE r = 0
              ENTÃO s ←  s + i
          FIM
        RETORNE s
    FIM_SUB_ROTINA divisores
```

PASCAL Solução:

\EXERC\CAP8\PASCAL\EX3.PAS **e** \EXERC\CAP8\PASCAL\EX3.EXE

C/C++ 1ª Solução: FUNÇÃO ANTES DA **main()**

\EXERC\CAP8\C++\EX3_A.CPP **e** \EXERC\CAP8\C++\EX3_A.EXE

2ª Solução: FUNÇÃO DEPOIS DA **main()**

\EXERC\CAP8\C++\EX3_B.CPP **e** \EXERC\CAP8\C++\EX3_B.EXE

JAVA Solução:

\EXERC\CAP8\JAVA\EX3.java **e** \EXERC\CAP8\JAVA\EX3.class

4. Faça uma sub-rotina que receba um único valor representando segundos. Essa sub-rotina deverá convertê-lo para horas, minutos e segundos. Todas as variáveis devem ser passadas como parâmetro, não havendo variáveis globais.

ALGORITMO Solução:

```
ALGORITMO
DECLARE seg NUMÉRICO
LEIA seg
transformacao(seg);
FIM_ALGORITMO.
SUB-ROTINA transformacao(segundos NUMÉRICO)
 DECLARE h, m, s, r NUMÉRICO
 h ←  segundos / 3600
 r ← RESTO(segundos / 3600)
 m ← r / 60
 s = RESTO(r / 60)
 ESCREVA h, m, s
FIM_SUB_ROTINA transformacao
```

PASCAL Solução:

\EXERC\CAP8\PASCAL\EX4.PAS **e** \EXERC\CAP8\PASCAL\EX4.EXE

C/C++ 1ª Solução: FUNÇÃO ANTES DA **main()**

\EXERC\CAP8\C++\EX4_A.CPP **e** \EXERC\CAP8\C++\EX4_A.EXE

2ª Solução: FUNÇÃO DEPOIS DA **main()**

\EXERC\CAP8\C++\EX4_B.CPP **e** \EXERC\CAP8\C++\EX4_B.EXE

JAVA Solução:

\EXERC\CAP8\JAVA\EX4.java **e** \EXERC\CAP8\JAVA\EX4.class

5. Crie um programa que receba os valores antigo e atual de um produto. Chame uma sub-rotina que determine o percentual de acréscimo entre esses valores. O resultado deverá ser mostrado no programa principal.

ALGORITMO Solução:

```
ALGORITMO
DECLARE precoantigo, precoatual, acrescimo NUMÉRICO
LEIA precoantigo
LEIA precoatual
acrescimo ← calculo_reajuste(precoantigo, precoatual)
ESCREVA acrescimo
FIM_ALGORITMO.

SUB-ROTINA calculo_reajuste(PA, PN NUMÉRICO)
 DECLARE result NUMÉRICO
 result ← (100 * PN — 100 * PA) / PA
 RETORNE result
FIM_SUB_ROTINA calculo_reajuste
```

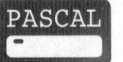 **PASCAL** Solução:
\EXERC\CAP8\PASCAL\EX5.PAS e \EXERC\CAP8\PASCAL\EX5.EXE

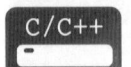 **C/C++** Solução:
\EXERC\CAP8\C++\EX5.CPP e \EXERC\CAP8\C++\EX5.EXE

 **JAVA** Solução:
\EXERC\CAP8\JAVA\EX5.java e \EXERC\CAP8\JAVA\EX5.class

6. Faça uma sub-rotina que receba como parâmetro um inteiro no intervalo de 1 a 9 e mostre a seguinte tabela de multiplicação (no exemplo, n = 9):

1								
2	4							
3	6	9						
4	8	12	16					
5	10	15	20	25				
6	12	18	24	30	36			
7	14	21	28	35	42	49		
8	16	24	32	40	48	56	64	
9	18	27	36	45	54	63	72	81

ALGORITMO Solução:

```
ALGORITMO
DECLARE num NUMÉRICO
REPITA
  LEIA num
ATÉ (num >= 1) E (num <= 9)
multiplicacao(num)
FIM_ALGORITMO.

SUB-ROTINA multiplicacao(n NUMÉRICO)
  DECLARE i, j NUMÉRICO
  PARA i ←  1 ATÉ n FAÇA
    INÍCIO
       PARA j ←  1 ATÉ i FAÇA
          INÍCIO
             ESCREVA i * j
```

```
        FIM
    FIM
FIM_SUB_ROTINA multiplicacao
```

PASCAL Solução:

\EXERC\CAP8\PASCAL\EX6.PAS **e** \EXERC\CAP8\PASCAL\EX6.EXE

C/C++ 1ª Solução: FUNÇÃO ANTES DA main()

\EXERC\CAP8\C++\EX6_A.CPP **e** \EXERC\CAP8\C++\EX6_A.EXE

2ª Solução: FUNÇÃO DEPOIS DA main()

\EXERC\CAP8\C++\EX6_B.CPP **e** \EXERC\CAP8\C++\EX6_B.EXE

JAVA Solução:

\EXERC\CAP8\JAVA\EX6.java **e** \EXERC\CAP8\JAVA\EX6.class

7. Elabore um programa contendo uma sub-rotina que receba as três notas de um aluno como parâmetros e uma letra. Se a letra for A, a sub-rotina deverá calcular a média aritmética das notas do aluno; se for P, deverá calcular a média ponderada, com pesos 5, 3 e 2. A média calculada deverá ser devolvida ao programa principal para, então, ser mostrada.

ALGORITMO Solução:

```
ALGORITMO
DECLARE nota1, nota2, nota3, m NUMÉRICO
        letra LITERAL
LEIA nota1
LEIA nota2
LEIA nota3
REPITA
  LEIA letra
ATÉ (letra = "A") OU (letra = "P")
m ← calcula_media(nota1, nota2, nota3, letra)
SE letra = "A"
ENTÃO ESCREVA "A média aritmética " , m
SENÃO ESCREVA "A média ponderada ", m
FIM_ALGORITMO.

SUB-ROTINA calcula_media(n1, n2, n3 NUMÉRICO, l LITERAL)
  DECLARE media NUMÉRICO
  SE l = "A"
    ENTÃO  media ←  (n1+n2+n3)/3
    SENÃO  media ←(n1*5+n2*3+n3*2)/(5+3+2)
  RETORNE media
FIM_SUB_ROTINA calcula_media
```

PASCAL Solução:

\EXERC\CAP8\PASCAL\EX7.PAS **e** \EXERC\CAP8\PASCAL\EX7.EXE

C/C++ 1ª Solução – FUNÇÃO ANTES DA main()

\EXERC\CAP8\C++\EX7_A.CPP **e** \EXERC\CAP8\C++\EX7_A.EXE

2ª Solução – FUNÇÃO DEPOIS DA main()

\EXERC\CAP8\C++\EX7_B.CPP **e** \EXERC\CAP8\C++\EX7_B.EXE

JAVA Solução:

\EXERC\CAP8\JAVA\EX7.java **e** \EXERC\CAP8\JAVA\EX7.class

8. Crie uma sub-rotina que receba como parâmetro a hora de início e a hora de término de um jogo, ambas subdivididas em dois valores distintos: horas e minutos. A sub-rotina deverá retornar a duração expressa em minutos, considerando que o tempo máximo de duração de um jogo é de 24 horas e que ele pode começar em um dia e terminar no outro.

ALGORITMO SOLUÇÃO:

```
ALGORITMO
DECLARE hora_i, min_i, hora_f, min_f, minutos NUMÉRICO
LEIA hora_i, min_i
LEIA hora_f, min_f
minutos ← calculo(hora_i, min_i, hora_f, min_f)
ESCREVA minutos
FIM_ALGORITMO.

SUB-ROTINA calculo(h_i, m_i, h_f, m_f NUMÉRICO)
 DECLARE tot_h, tot_m, total NUMÉRICO
 SE m_f < m_i
 ENTÃO INÍCIO
       m_f ← m_f + 60
       h_f ← h_f - 1
       FIM
 SE h_f < h_i
 ENTÃO INÍCIO
       h_f ← h_f + 24
       FIM
 tot_m ← m_f - m_i
 tot_h ← h_f - h_i
 total ← tot_h * 60 + tot_m
 RETORNE total
FIM_SUB_ROTINA calculo
```

PASCAL SOLUÇÃO:

\EXERC\CAP8\PASCAL\EX8.PAS e \EXERC\CAP8\PASCAL\EX8.EXE

C/C++ 1ª SOLUÇÃO – FUNÇÃO ANTES DA main()

\EXERC\CAP8\C++\EX8_A.CPP e \EXERC\CAP8\C++\EX8_A.EXE

2ª SOLUÇÃO – FUNÇÃO DEPOIS DA main()

\EXERC\CAP8\C++\EX8_B.CPP e \EXERC\CAP8\C++\EX8_B.EXE

JAVA SOLUÇÃO:

\EXERC\CAP8\JAVA\EX8.java e \EXERC\CAP8\JAVA\EX8.class

9. Faça uma sub-rotina que leia cinco valores inteiros, determine e mostre o maior e o menor deles.

ALGORITMO SOLUÇÃO:

```
ALGORITMO
maior_menor;
FIM_ALGORITMO.

SUB-ROTINA maior_menor
DECLARE i, num, maior, menor NUMÉRICO
PARA i ← 1 ATÉ 5 FAÇA
```

```
   INÍCIO
      ESCREVA "Digite o ", i, "º número: "
      LEIA num
      SE i = 1
      ENTÃO INÍCIO
         maior ← num
         menor ← num
            FIM
   SENÃO INÍCIO
         SE num > maior
         ENTÃO maior ← num
         SE num < menor
         ENTÃO menor ← num
         FIM
   FIM
   ESCREVA "O maior número digitado foi: ",maior
   ESCREVA "O menor número digitado foi: ",menor
   FIM_SUB_ROTINA maior_menor
```

PASCAL   Solução:

\EXERC\CAP8\PASCAL\EX9.PAS **e** \EXERC\CAP8\PASCAL\EX9.EXE

C/C++   1ª Solução – função antes da `main()`

\EXERC\CAP8\C++\EX9_A.CPP **e** \EXERC\CAP8\C++\EX9_A.EXE

2ª Solução – função depois da `main()`

\EXERC\CAP8\C++\EX9_B.CPP **e** \EXERC\CAP8\C++\EX9_B.EXE

JAVA   Solução:

\EXERC\CAP8\JAVA\EX9.java **e** \EXERC\CAP8\JAVA\EX9.class

10. Crie uma sub-rotina que receba como parâmetro um valor inteiro e positivo N e retorne o valor de S, obtido pelo seguinte cálculo:

```
S = 1 + 1/1! + 1/2! + 1/3! + ... + 1/N!
```

ALGORITMO Solução:

```
ALGORITMO
DECLARE num, s NUMÉRICO
LEIA num
s ← sequencia(num)
ESCREVA s
FIM_ALGORITMO.

SUB-ROTINA sequencia(n NUMÉRICO)
 DECLARE a, b, f, seq NUMÉRICO
 seq ← 1
 PARA a ←  1 ATÉ n FAÇA
   INÍCIO
      f ←  1
      PARA b ← 1 ATÉ a FAÇA
         INÍCIO
            f ←  f * b
         FIM
```

```
    seq ← seq + 1 / f
    FIM
 RETORNE seq
FIM_SUB_ROTINA sequencia
```

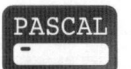 Solução:

\EXERC\CAP8\PASCAL\EX10.PAS e \EXERC\CAP8\PASCAL\EX10.EXE

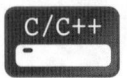 1ª Solução — FUNÇÃO ANTES DA main()

\EXERC\CAP8\C++\EX10_A.CPP e \EXERC\CAP8\C++\EX10_A.EXE

2ª solução — FUNÇÃO DEPOIS DA main()

\EXERC\CAP8\C++\EX10_B.CPP e \EXERC\CAP8\C++\EX10_B.EXE

 Solução:

\EXERC\CAP8\JAVA\EX10.java e \EXERC\CAP8\JAVA\EX10.class

11. Foi realizada uma pesquisa sobre algumas características físicas de cinco habitantes de uma região. Foram coletados os seguintes dados de cada habitante: sexo, cor dos olhos (A — azuis; ou C — castanhos), cor dos cabelos (L — louros; P — pretos; ou C — castanhos) e idade. Faça um programa que apresente as sub-rotinas a seguir:

- Que leia esses dados, armazenando-os em vetores.
- Que determine e devolva ao programa principal a média de idade das pessoas com olhos castanhos e cabelos pretos.
- Que determine e devolva ao programa principal a maior idade entre os habitantes.
- Que determine e devolva ao programa principal a quantidade de indivíduos do sexo feminino com idade entre 18 e 35 anos (inclusive) e que tenham olhos azuis e cabelos louros.

ALGORITMO Solução:

```
ALGORITMO
DECLARE sexo[5], olhos[5], cabelos[5] LITERAL
        idade[5], x, i, q, m NUMÉRICO
leitura (sexo, olhos, cabelos, idade)
m ← media_idade(olhos, cabelos, idade)
ESCREVA m
i ← maior_idade(sexo, olhos, cabelos, idade)
ESCREVA  i
q ← qt_individuos(sexo, olhos, cabelos, idade)
ESCREVA q
FIM_ALGORITMO.

SUB-ROTINA leitura(sexo[5], olhos[5], cabelos[5] LITERAL,
        idade[5] NUMÉRICO)
  DECLARE x NUMÉRICO
  PARA x ← 1 ATÉ 5 FAÇA
  INÍCIO
  REPITA
     LEIA sexo[x]
  ATÉ (sexo[x] = "F") OU (sexo[x] = "M")
  REPITA
     LEIA olhos[x]
  ATÉ (olhos[x] = "C") OU (olhos[x] = "A")
```

```
      REPITA
      LEIA cabelos[x]
      ATÉ (cabelos[x] = "C" OU cabelos[x] = "L" OU cabelos[x] = "P")
      LEIA idade[x]
      FIM
FIM_SUB_ROTINA leitura

SUB-ROTINA media_idade (olhos[5], cabelos[5] LITERAL,
          idade[5] NUMÉRICO)
   DECLARE i, cont, soma, media NUMÉRICO
   soma ← 0
   cont ← 0
   PARA i ← 1 ATÉ 5 FAÇA
   INÍCIO
      SE (olhos[i] = "C") E (cabelos[i] = "P")
      ENTÃO INÍCIO
            soma ← soma + idade[i]
            cont ← cont + 1
            FIM
   FIM
   SE cont = 0
   ENTÃO media ← 0
   SENÃO media ← soma / cont
   RETORNE media
FIM_SUB-ROTINA media_idade

SUB-ROTINA maior_idade (idade[5] NUMÉRICO)
DECLARE i, maior NUMÉRICO
PARA i ← 1 ATÉ 5 FAÇA
INÍCIO
SE i = 1
  ENTÃO maior ← idade[i]
  SENÃO INÍCIO
        SE (idade[i] > maior)
        ENTÃO maior ← idade[i]
        FIM
FIM
RETORNE maior
FIM_SUB_ROTINA maior_idade
SUB-ROTINA qt_individuos(sexo[5],olhos[5],cabelos[5] LITERAL,
                         idade[5] NUMÉRICO)
   DECLARE i, qtd NUMÉRICO
qtd ← 0
   PARA i ← 1 ATÉ 5 FAÇA
   INÍCIO
   SE sexo[i] = "F" E idade[i] >= 18 E idade[i] <= 35 E
    olhos[i] = "A" E cabelos[i] = "L"
   ENTÃO qtd ← qtd + 1
   FIM
RETORNE qtd
FIM_SUB_ROTINA qt_individuos
```

PASCAL SOLUÇÃO:

\EXERC\CAP8\PASCAL\EX11.PAS **e** \EXERC\CAP8\PASCAL\EX11.EXE

 **C/C++** SOLUÇÃO:

\EXERC\CAP8\C++\EX11.CPP **e** \EXERC\CAP8\C++\EX11.EXE

 Solução:

```
\EXERC\CAP8\JAVA\EX11.java e \EXERC\CAP8\JAVA\EX11.class
```

12. Elabore uma sub-rotina que retorne um vetor com os três primeiros números perfeitos. Sabe-se que um número é perfeito quando é igual à soma de seus divisores (exceto ele mesmo). Exemplo: os divisores de 6 são 1, 2 e 3, e 1 + 2 + 3 = 6, logo 6 é perfeito.

ALGORITMO Solução:

```
ALGORITMO
DECLARE vet[3], i NUMÉRICO
perfeitos(vet)
PARA i ← 1 ATÉ 3 FAÇA
  INÍCIO
    ESCREVA vet[i]
  FIM
FIM_ALGORITMO.
SUB-ROTINA perfeitos(v[3] NUMÉRICO)
 DECLARE a, r, num, soma, cont NUMÉRICO
 cont ← 0
 num ← 1
 ENQUANTO (cont < 3) FAÇA
  INÍCIO
  soma ← 0
  PARA a ← 1 ATÉ num-1 FAÇA
    INÍCIO
        r ← RESTO(num / a)
        SE r = 0
        ENTÃO soma ← soma + a
    FIM
 SE soma = num
 ENTÃO INÍCIO
        v[cont + 1] ← num
        cont ← cont + 1
    FIM
 num ← num + 1
 FIM
FIM_SUB_ROTINA perfeitos
```

PASCAL Solução:

```
\EXERC\CAP8\PASCAL\EX12.PAS e \EXERC\CAP8\PASCAL\EX12.EXE
```

C/C++ Solução:

```
\EXERC\CAP8\C++\EX12.CPP e \EXERC\CAP8\C++\EX12.EXE
```

JAVA Solução:

```
\EXERC\CAP8\JAVA\EX12.java e \EXERC\CAP8\JAVA\EX12.class
```

13. Faça uma sub-rotina que receba um vetor A de dez elementos inteiros como parâmetro. Ao final dessa função, deverá ter sido gerado um vetor B contendo o fatorial de cada elemento de A. O vetor B deverá ser mostrado no programa principal.

ALGORITMO Solução:

```
ALGORITMO
DECLARE x, vet1[10], vet2[10] NUMÉRICO
PARA x ← 1 ATÉ 10 FAÇA
```

```
     INÍCIO
      LEIA vet1[x]
     FIM
     fatoriais(vet1, vet2)
     PARA x ← 1 ATÉ 10 FAÇA
     INÍCIO
          ESCREVA vet2[x]
     FIM
FIM_ALGORITMO.


SUB-ROTINA fatoriais(a[10], b[10] NUMÉRICO)
  DECLARE i, j , f NUMÉRICO
  PARA i ← 1 ATÉ 10 FAÇA
    INÍCIO
       SE (a[i] = 0) OU (a[i] = 1)
       ENTÃO b[i] ← 1
       SENÃO INÍCIO
             b[i] ← 1
             PARA j ← 1 ATÉ a[i] FAÇA
             INÍCIO
             b[i] ←  b[i] * j
             FIM
             FIM
     FIM
FIM SUB_ROTINA fatoriais
```

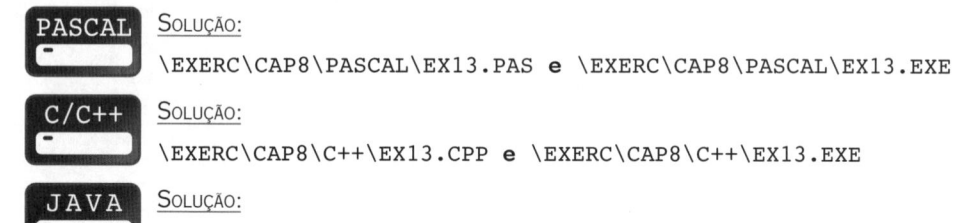

PASCAL — <u>Solução:</u>

\EXERC\CAP8\PASCAL\EX13.PAS **e** \EXERC\CAP8\PASCAL\EX13.EXE

C/C++ — <u>Solução:</u>

\EXERC\CAP8\C++\EX13.CPP **e** \EXERC\CAP8\C++\EX13.EXE

JAVA — <u>Solução:</u>

\EXERC\CAP8\JAVA\EX13.java **e** \EXERC\CAP8\JAVA\EX13.class

14. Crie uma sub-rotina que receba como parâmetro dois vetores de dez elementos inteiros positivos e mostre o vetor união dos dois primeiros.

ALGORITMO <u>Solução:</u>

```
ALGORITMO
DECLARE x, vet1[10], vet2[10], vet3[20], cont NUMÉRICO
PARA x ← 1 ATÉ 10 FAÇA
   INÍCIO
      REPITA
         LEIA vet1[x]
      ATÉ vet1[x] >= 0
   FIM
PARA x ← 1 ATÉ 10 FAÇA
INÍCIO
   REPITA
      LEIA vet2[x]
   ATÉ vet2[x] >= 0
FIM
cont ← uniao(vet1,vet2,vet3)
x ← 1
```

```
ENQUANTO x < cont FAÇA
INÍCIO
   ESCREVA vet3[x]
FIM
FIM_ALGORITMO.

SUB-ROTINA uniao(a[10], b[10], u[20] NUMÉRICO)
 DECLARE i, j, k, cont NUMÉRICO
 k = 1
  PARA i ← 1 ATÉ 10 FAÇA
      INÍCIO
        cont ←   1
        ENQUANTO cont < k E a[i] ≠ u[cont] FAÇA
        INÍCIO
          cont ←   cont + 1
        FIM
        SE cont = k
        ENTÃO INÍCIO
             u[k] ← a[i]
             k ← k + 1
             FIM
      FIM
PARA i ← 1 ATÉ 10 FAÇA INÍCIO
       cont ←   1
      ENQUANTO cont < k E b[i] ≠ u[cont] FAÇA
      INÍCIO
        cont ← cont + 1
      FIM
   SE cont = k
   ENTÃO INÍCIO
          u[k] ←   b[i]
          k ←   k + 1
          FIM
   FIM
   RETORNE k
   FIM_SUB_ROTINA uniao
```

PASCAL
SOLUÇÃO:
\EXERC\CAP8\PASCAL\EX14.PAS e \EXERC\CAP8\PASCAL\EX14.EXE

C/C++
SOLUÇÃO:
\EXERC\CAP8\C++\EX14.CPP e \EXERC\CAP8\C++\EX14.EXE

JAVA
SOLUÇÃO:
\EXERC\CAP8\JAVA\EX14.java e \EXERC\CAP8\JAVA\EX14.class

15. Faça uma sub-rotina que receba como parâmetro um vetor A com cinco números reais e retorne esses números ordenados de forma crescente.

ALGORITMO SOLUÇÃO:

```
ALGORITMO
DECLARE x, vet[5] NUMÉRICO
PARA x ←  1 ATÉ 5 FAÇA
   INÍCIO
       LEIA vet[x]
   FIM
ordena(vet)
```

```
PARA x ← 1 ATÉ 5 FAÇA
   INÍCIO
      ESCREVA vet[x]
   FIM
FIM_ALGORITMO.

SUB-ROTINA ordena(v[5] NUMÉRICO)
 DECLARE i, j, aux NUMÉRICO
 PARA i ← 1 ATÉ 5 FAÇA
   INÍCIO
      PARA j ← 1 ATÉ 4 FAÇA
         INÍCIO
            SE (v[j] > v[j+1])
               ENTÃO INÍCIO
                     aux ← v[j]
                     v[j] ← v[j+1]
                     v[j+1] ← aux
                  FIM
         FIM
   FIM
FIM SUB_ROTINA ordena
```

PASCAL Solução:

```
\EXERC\CAP8\PASCAL\EX15.PAS e \EXERC\CAP8\PASCAL\EX15.EXE
```

C/C++ Solução:

```
\EXERC\CAP8\C++\EX15.CPP e \EXERC\CAP8\C++\EX15.EXE
```

JAVA Solução:

```
\EXERC\CAP8\JAVA\EX15.java e \EXERC\CAP8\JAVA\EX15.class
```

16. Crie uma sub-rotina que receba dois vetores A e B de dez elementos inteiros como parâmetro. A sub-rotina deverá determinar e mostrar um vetor C que contenha os elementos de A e B em ordem decrescente. O vetor C deverá ser mostrado no programa principal.

 Solução:

```
ALGORITMO
DECLARE x, vet1[10], vet2[10], vet3[20] NUMÉRICO
PARA x ← 1 ATÉ 10 FAÇA
   INÍCIO
      LEIA vet1[x]
   FIM
PARA x ← 1 ATÉ 10 FAÇA
   INÍCIO
      LEIA vet2[x]
   FIM
ordena_todos(vet1,vet2,vet3)
PARA x ← 1 ATÉ 20 FAÇA
   INÍCIO
      ESCREVA vet3[x]
   FIM
FIM_ALGORITMO.
```

```
SUB-ROTINA ordena_todos(a[10], b[10], c[20] NUMÉRICO)
  DECLARE i, j, k, cont NUMÉRICO
k ← 1
PARA i ← 1 ATÉ 10 FAÇA
INÍCIO
  cont ←  1
      ENQUANTO cont < k E a[i] < c[cont] FAÇA
      INÍCIO
         cont ←  cont + 1
      FIM
  SE cont = k
     ENTÃO INÍCIO
            c[k] ←  a[i]
            k ← k + 1
            FIM
    SENÃO INÍCIO
            PARA j ← k-1 ATÉ cont PASSO -1 FAÇA
            INÍCIO
            c[j+1] ←  c[j]
            FIM
            c[cont] ← a[i]
            k ← k + 1
            FIM
   FIM
PARA i ← 1 ATÉ 10 FAÇA
INÍCIO
      cont ←  1
      ENQUANTO cont < k E b[i] < c[cont] FAÇA
      INÍCIO
         cont ←  cont + 1
      FIM
      SE cont = k
      ENTÃO INÍCIO
            c[k] ← b[i]
            k ← k + 1
            FIM
      SENÃO INÍCIO
            PARA j ←  k-1 ATÉ cont PASSO -1 FAÇA
            INÍCIO
            c[j+1] ←  c[j]
            FIM
            c[cont] ←  b[i]
            k ←  k + 1
            FIM
   FIM
   FIM_SUB_ROTINA ordena_todos
```

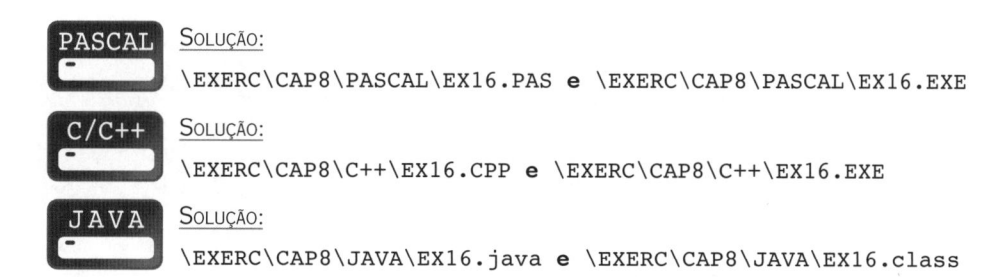

17. Faça uma sub-rotina que receba como parâmetro uma matriz A(5,5) e retorne a soma de seus elementos.

ALGORITMO Solução:

```
ALGORITMO
DECLARE x, y, s, matriz[5,5] NUMÉRICO
PARA x ← 1 ATÉ 5 FAÇA
  INÍCIO
     PARA y ← 1 ATÉ 5 FAÇA
        INÍCIO
           LEIA matriz[x,y]
        FIM
  FIM
s ← soma_matriz(matriz)
ESCREVA s
FIM_ALGORITMO.
SUB-ROTINA soma_matriz(m[5,5] NUMÉRICO)
 DECLARE i, j, soma NUMÉRICO
 soma ← 0
 PARA i ← 1 ATÉ 5 FAÇA
   INÍCIO
      PARA j ← 1 ATÉ 5 FAÇA
        INÍCIO
           soma ← soma + m[i, j]
        FIM
   FIM
 RETORNE soma
FIM SUB-ROTINA soma_matriz
```

18. Crie uma sub-rotina que receba como parâmetro uma matriz A(6,6) e retorne o menor elemento de sua diagonal secundária.

ALGORITMO Solução:

```
ALGORITMO
DECLARE x, y, menor, matriz[6,6] NUMÉRICO
PARA x ← 1 ATÉ 6 FAÇA
  INÍCIO
```

```
          PARA y ← 1 ATÉ 6 FAÇA
             INÍCIO
                LEIA matriz[x,y]
             FIM
     FIM
menor ← menor_elemento(matriz)
ESCREVA menor
FIM_ALGORITMO.


SUB-ROTINA menor_elemento(m[6,6] NUMÉRICO)
 DECLARE i, j, me NUMÉRICO
 me ← m[1,6]
 j ← 5
 PARA i ← 2 ATÉ 6 FAÇA
    INÍCIO
       SE m[i,j] < me
          ENTÃO me ← m[i,j]
       j ← j − 1
    FIM
RETORNE me
FIM_SUB_ROTINA menor_elemento
```

PASCAL <u>Solução:</u>
\EXERC\CAP8\PASCAL\EX18.PAS **e** \EXERC\CAP8\PASCAL\EX18.EXE

C/C++ <u>Solução:</u>
\EXERC\CAP8\C++\EX18.CPP **e** \EXERC\CAP8\C++\EX18.EXE

JAVA <u>Solução:</u>
\EXERC\CAP8\JAVA\EX18.java **e** \EXERC\CAP8\JAVA\EX18.class

19. Elabore uma sub-rotina que receba como parâmetro uma matriz A(6,6) e multiplique cada linha pelo elemento da diagonal principal da linha. A sub-rotina deverá retornar a matriz alterada para ser mostrada no programa principal.

ALGORITMO <u>Solução:</u>

```
ALGORITMO
DECLARE x, y, matriz[6,6] NUMÉRICO
PARA x ←  1 ATÉ 6 FAÇA
   INÍCIO
      PARA y ←  1 ATÉ 6 FAÇA
         INÍCIO
            LEIA matriz[x,y]
         FIM
   FIM
multiplica_matriz(matriz)
PARA x ← 1 ATÉ 6 FAÇA
   INÍCIO
      PARA y ← 1 ATÉ 6 FAÇA
         INÍCIO
            ESCREVA matriz[x,y]
```

```
        FIM
    FIM
FIM_ALGORITMO.


SUB-ROTINA multiplica_matriz(m[6,6] NUMÉRICO)
 DECLARE i, j, v NUMÉRICO
 PARA i ← 1 ATÉ 6 FAÇA
    INÍCIO
        v ←  m[i,i]
        PARA j ← 1 ATÉ 6 FAÇA
          INÍCIO
              m[i][j] ←  m[i][j] * v
          FIM
    FIM
FIM_SUB_ROTINA multiplica_matriz
```

PASCAL SOLUÇÃO:

\EXERC\CAP8\PASCAL\EX19.PAS e \EXERC\CAP8\PASCAL\EX19.EXE

C/C++ SOLUÇÃO:

\EXERC\CAP8\C++\EX19.CPP e \EXERC\CAP8\C++\EX19.EXE

JAVA SOLUÇÃO:

\EXERC\CAP8\JAVA\EX19.java e \EXERC\CAP8\JAVA\EX19.class

20. Crie uma sub-rotina que receba como parâmetro uma matriz A(12,12) e retorne a média aritmética dos elementos abaixo da diagonal principal.

 SOLUÇÃO:

```
ALGORITMO
DECLARE x, y, matriz[12,12], m NUMÉRICO
PARA x ← 1 ATÉ 12 FAÇA
   INÍCIO
      PARA y ← 1 ATÉ 12 FAÇA
         INÍCIO
            LEIA matriz[x,y]
         FIM
   FIM
 m ← media_aritmetica(matriz)
  ESCREVA m
FIM_ALGORITMO.


SUB-ROTINA media_aritmetica(m[12,12] NUMÉRICO)
  DECLARE i, j, cont, soma, media NUMÉRICO
  soma ← 0
  cont ←  0
  PARA i ←  2 ATÉ 12 FAÇA
    INÍCIO
       PARA j ←  12 ATÉ (14 - i ) PASSO -1 FAÇA
          INÍCIO
             soma ←  soma + m[i,j]
             cont ←  cont + 1
```

```
        FIM
    FIM
media ←  soma/cont
 RETORNE media
FIM_SUB_ROTINA media_aritmetica
```

PASCAL Solução:

\EXERC\CAP8\PASCAL\EX20.PAS e \EXERC\CAP8\PASCAL\EX20.EXE

C/C++ Solução:

\EXERC\CAP8\C++\EX20.CPP e \EXERC\CAP8\C++\EX20.EXE

JAVA Solução:

\EXERC\CAP8\JAVA\EX20.java e \EXERC\CAP8\JAVA\EX20.class

21. Escreva um algoritmo que leia um número não determinado de pares de valores x,y (x obrigatoriamente deve ser menor que y), todos inteiros e positivos, um par de cada vez. Para cada par, chame uma sub-rotina que determine a soma dos números primos entre x e y (inclusive). O algoritmo deverá mostrar os valores de x e de y, seguidos pelo somatório calculado. A leitura dos pares terminará quando os valores digitados para x e y forem iguais.

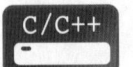 Solução:

```
ALGORITMO
DECLARE x, y, soma NUMÉRICO
LEIA x
LEIA y
ENQUANTO x ≠ y FAÇA
INÍCIO
    soma ←  primos(x, y)
    ESCREVA soma
    LEIA x
    LEIA y
FIM
FIM_ALGORITMO.

SUB-ROTINA primos(x, y NUMÉRICO)
  DECLARE i, j, r, cont, somatorio NUMÉRICO
  somatorio ←  0
  PARA i ←  x ATÉ y FAÇA
    INÍCIO
        cont ←  0
        PARA j ←  1 ATÉ i FAÇA
            INÍCIO
                r ←  RESTO(i / j)
                SE r = 0
                    ENTÃO cont ←   cont + 1
            FIM
        SE cont <= 2
            somatorio ←   somatorio + i
    FIM
  RETORNE somatorio
FIM_SUB_ROTINA primos
```

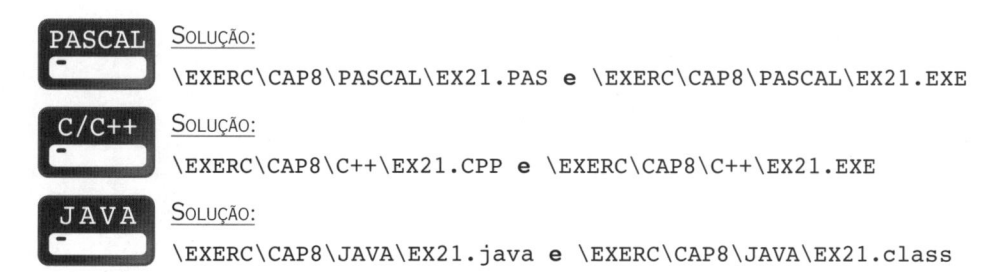

PASCAL — SOLUÇÃO:
\EXERC\CAP8\PASCAL\EX21.PAS e \EXERC\CAP8\PASCAL\EX21.EXE

C/C++ — SOLUÇÃO:
\EXERC\CAP8\C++\EX21.CPP e \EXERC\CAP8\C++\EX21.EXE

JAVA — SOLUÇÃO:
\EXERC\CAP8\JAVA\EX21.java e \EXERC\CAP8\JAVA\EX21.class

22. Crie um programa que carregue um vetor com oito números inteiros, calcule e mostre dois vetores resultantes. O primeiro vetor resultante deverá conter os números positivos e o segundo, os números negativos. Cada vetor resultante terá **no máximo** oito posições, e nem todas serão obrigatoriamente utilizadas.

ALGORITMO SOLUÇÃO:

```
ALGORITMO
DECLARE vet1[8], vet2[8], vet3[8], i, cont1, cont2 NUMÉRICO
PARA i ← 1 ATÉ 8 FAÇA
   INÍCIO
      LEIA vet1[i]
   FIM
cont1 ←  pares(vet1, vet2)
SE cont1 = 1
ENTÃO ESCREVA "NENHUM PAR FOI DIGITADO"
SENÃO
PARA i ← 1 ATÉ cont1 - 1 FAÇA
   INÍCIO
      ESCREVA vet2[i]
   FIM
cont2 ← impares(vet1, vet3)
SE cont2 = 1
ENTÃO ESCREVA "NENHUM ÍMPAR FOI DIGITADO"
SENÃO
PARA i ← 1 ATÉ cont2 - 1 FAÇA
   INÍCIO
      ESCREVA vet3[i]
   FIM
FIM_ALGORITMO.

SUB-ROTINA pares(v1[8], v2[8] NUMÉRICO)
 DECLARE i, r, cont NUMÉRICO
 cont ←  1
 PARA i ← 1 ATÉ 8 FAÇA
    INÍCIO
       r ← RESTO(v1[i] / 2)
       SE r = 0
       ENTÃO INÍCIO
             v2[cont] ← v1[i]
             cont ← cont + 1
             FIM
    FIM
 RETORNE cont
FIM_SUB_ROTINA pares
```

```
SUB-ROTINA impares(v1[8], v2[8] NUMÉRICO)
 DECLARE i, r, cont NUMÉRICO
 cont ←  1
 PARA i ←  1 ATÉ 8 FAÇA
    INÍCIO
        r ←  RESTO(v1[i] / 2)
        SE r = 1
        ENTÃO INÍCIO
              v2[cont] ←  v1[i]
              cont ←  cont + 1
              FIM
    FIM
 RETORNE cont
FIM_SUB_ROTINA impares
```

PASCAL Solução:

\EXERC\CAP8\PASCAL\EX22.PAS **e** \EXERC\CAP8\PASCAL\EX22.EXE

C/C++ Solução:

\EXERC\CAP8\C++\EX22.CPP **e** \EXERC\CAP8\C++\EX22.EXE

JAVA Solução:

\EXERC\CAP8\JAVA\EX22.java **e** \EXERC\CAP8\JAVA\EX22.class

23. Crie um programa que carregue uma matriz 3X4 com números reais. Utilize uma função para copiar todos os valores da matriz para um vetor de 12 posições. Esse vetor deverá ser mostrado no programa principal.

ALGORITMO Solução:

```
ALGORITMO
DECLARE mat[3,4], vet[12], i, j NUMÉRICO
PARA i ← 1 ATÉ 3 FAÇA
   INÍCIO
       PARA i ← 1 ATÉ 4 FAÇA
          INÍCIO
             LEIA mat[i,j]
          FIM
   FIM
gera_vetor(mat, vet)
PARA i ← 1 ATÉ 12 FAÇA
   INÍCIO
      ESCREVA vet[i]
   FIM
FIM_ALGORITMO.

SUB_ROTINA gera_vetor(m[3,4], v[12] NUMÉRICO)
 DECLARE i, j, k NUMÉRICO
 k ← 1
 PARA i ← 1 ATÉ 3 FAÇA
    INÍCIO
        PARA j ← 1 ATÉ 4 FAÇA
           INÍCIO
              v[k] ← m[i,j] k ← k+1
           FIM
    FIM
 FIM_SUB_ROTINA gera_vetor
```

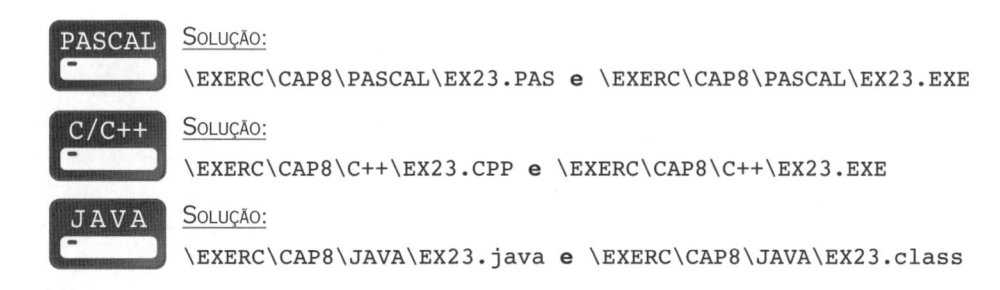

24. Faça um programa contendo uma sub-rotina que receba dois valores numéricos e um símbolo. Esse símbolo representará a operação que se deseja efetuar com os números. Se o símbolo for +, deverá ser realizada uma adição, e, se for *, deverá ser efetuada uma multiplicação. O resultado deverá ser mostrado no programa principal.

ALGORITMO SOLUÇÃO:

```
ALGORITMO
DECLARE num1, num2, res NUMÉRICO
        op LITERAL
LEIA num1
LEIA num2
REPITA
   LEIA op
ATÉ op = '+' OU op = '*'
res ← calculo(num1, num2, op)
ESCREVA res
FIM_ALGORITMO.

SUB-ROTINA calculo(n1, n2 NUMÉRICO, simbolo LITERAL)
 DECLARE result NUMÉRICO
 SE simbolo = '+'
 ENTÃO result ←  n1 + n2
 SENAO result ←  n1 * n2
 RETORNE result
 FIM_SUB_ROTINA calculo
```

25. Crie uma sub-rotina que receba como parâmetro um vetor A de 25 números inteiros e substitua todos os valores negativos de A por zero. O vetor resultante deverá ser mostrado no programa principal.

ALGORITMO SOLUÇÃO:

```
ALGORITMO
DECLARE vetor[25], i NUMÉRICO
PARA i ← 1 ATÉ 25 FAÇA
   INÍCIO
```

```
      LEIA vetor[i]
   FIM
substituicao(vetor)
PARA i ← 1 ATÉ 25 FAÇA
   INÍCIO
      ESCREVA vetor[i]
   FIM
FIM_ALGORITMO.


SUB-ROTINA substituicao(vet[25] NUMÉRICO)
DECLARE z NUMÉRICO
PARA z ←   1 ATÉ 25 FAÇA
   INÍCIO
      SE vet[z] < 0
      ENTÃO vet[z] ← 0
   FIM
FIM_SUB_ROTINA substituicao
```

PASCAL SOLUÇÃO:

\EXERC\CAP8\PASCAL\EX25.PAS **e** \EXERC\CAP8\PASCAL\EX25.EXE

C/C++ SOLUÇÃO:

\EXERC\CAP8\C++\EX25.CPP **e** \EXERC\CAP8\C++\EX25.EXE

JAVA SOLUÇÃO:

\EXERC\CAP8\JAVA\EX25.java **e** \EXERC\CAP8\JAVA\EX25.class

EXERCÍCIOS PROPOSTOS

1. Faça uma sub-rotina que receba um número inteiro e positivo N como parâmetro e retorne a soma dos números inteiros existentes entre o número 1 e N (inclusive).

2. Crie uma sub-rotina que receba três números inteiros como parâmetros, representando horas, minutos e segundos, e os converta em segundos. Exemplo: 2h, 40min e 10s correspondem a 9.610 segundos.

3. Elabore uma sub-rotina que receba dois números como parâmetros e retorne 0, se o primeiro número for divisível pelo segundo número. Caso contrário, deverá retornar o próximo divisor.

4. Faça uma sub-rotina que receba como parâmetro o raio de uma esfera, calcule e mostre no programa principal o seu volume: $v = 4/3 * R^3$.

5. Faça uma sub-rotina que receba um valor inteiro e verifique se ele é positivo ou negativo.

6. Crie uma sub-rotina que receba como parâmetro a altura (alt) e o sexo de uma pessoa e retorne seu peso ideal. Para homens, deverá calcular o peso ideal usando a fórmula: peso ideal = 72.7 *alt – 58; para mulheres: peso ideal = 62.1 *alt – 44.7.

7. Elabore uma sub-rotina que leia um número não determinado de valores positivos e retorne a média aritmética desses valores. Terminar a entrada de dados com o valor zero.

8. Faça uma sub-rotina que receba um valor inteiro e positivo, calcule e mostre seu fatorial.

9. Crie uma sub-rotina que receba como parâmetro um valor inteiro e positivo e retorne a soma dos divisores desse valor.

10. Elabore uma sub-rotina que receba como parâmetro um valor N (inteiro e maior ou igual a 1) e determine o valor da sequência S, descrita a seguir:

```
   S = 1 +  1/2  +  1/3...
```

Observação

A quantidade de parcelas que compõe S é igual a N.

11. Faça uma sub-rotina que receba como parâmetro um valor inteiro e positivo N, indicando a quantidade de parcelas de uma soma S, calculada pela fórmula:

```
S = 2/4 + 5/5 + 10/6 + 17/7 + 26/8 + ... + (n² + 1)/(n + 3)
```

12. Crie uma sub-rotina que receba como parâmetro dois valores X e Z, calcule e retorne X^z sem utilizar funções ou operadores de potência prontos.

13. Foi realizada uma pesquisa entre 15 habitantes de uma região. Os dados coletados de cada habitante foram: idade, sexo, salário e número de filhos.

Faça uma sub-rotina que leia esses dados armazenando-os em vetores. Depois, crie sub-rotinas que recebam esses vetores como parâmetro e retornem a média de salário entre os habitantes, a menor e a maior idade do grupo e a quantidade de mulheres com três filhos que recebem até R$ 500,00 (utilize uma sub-rotina para cada cálculo).

14. Faça uma sub-rotina que receba um vetor X de 30 elementos inteiros como parâmetro e retorne dois vetores A e B. O vetor A deve conter os elementos de X que sejam maiores que zero e o vetor B, os elementos menores ou iguais a zero.

15. Elabore uma sub-rotina que receba um vetor X de 15 números inteiros como parâmetro e retorne a quantidade de valores pares em X.

16. Faça uma sub-rotina que receba um vetor X de 20 de números reais como parâmetro e retorne a soma dos elementos de X.

17. Elabore uma sub-rotina que calcule o máximo divisor comum (MDC) de dois números recebidos como parâmetros.

18. Crie uma sub-rotina que gere e mostre os três primeiros números primos acima de 100.

19. Faça uma sub-rotina que receba como parâmetro dois vetores de dez números inteiros, determine e mostre o vetor intersecção entre eles.

20. A prefeitura de uma cidade fez uma pesquisa entre seus habitantes, coletando dados sobre o salário e o número de filhos. Faça uma sub-rotina que leia esses dados para um número não determinado de pessoas e retorne a média de salário da população, a média do número de filhos, o maior salário e o percentual de pessoas com salário inferior a R$ 380,00.

21. Faça uma sub-rotina que receba uma matriz 10X10 e determine o maior elemento acima da diagonal principal. Esse valor deverá ser mostrado no programa principal.

22. Criar um programa que:

- utilize uma sub-rotina para receber os elementos de uma matriz 10X5 de números reais;
- utilize uma sub-rotina para calcular a soma de todos os elementos localizados abaixo da sexta linha dessa matriz;

Os resultados deverão ser mostrados no programa principal.

23. Crie um programa que receba três valores (obrigatoriamente maiores que zero), representando as medidas dos três lados de um triângulo.

Elabore sub-rotinas para:

- determinar se esses lados formam um triângulo (sabe-se que, para ser triângulo, a medida de um lado qualquer deve ser inferior ou igual à soma das medidas dos outros dois).
- determinar e mostrar o tipo de triângulo (equilátero, isósceles ou escaleno), caso as medidas formem um triângulo.

Todas as mensagens deverão ser mostradas no programa principal.

24. Faça um programa que receba a temperatura média de cada mês do ano e armazene-as em um vetor. O programa deverá calcular e mostrar a maior e a menor temperatura do ano, junto com o mês em que elas ocorreram (o mês deverá ser mostrado por extenso: 1 = janeiro; 2 = fevereiro; ...).

Observação
Não se preocupe com empates. Cada cálculo deve ser realizado e mostrado em uma sub-rotina.

25. Crie um programa que receba o número dos 10 alunos de uma sala, armazenando-os em um vetor, junto com as notas obtidas ao longo do semestre (foram realizadas quatro avaliações). Elabore sub-rotinas para:
- determinar e mostrar a média aritmética de todos os alunos;
- indicar os números dos alunos que deverão fazer recuperação, ou seja, aqueles com média inferior a 6.

Observação
Todas as mensagens deverão ser mostradas no programa principal.

9 Manipulando cadeias de caracteres

9.1 Manipulando cadeias de caracteres em PASCAL

As cadeias de caracteres em PASCAL são representadas pelo tipo de dado conhecido como STRING. Uma STRING em PASCAL é uma sequência de símbolos delimitada por apóstrofos. Quando um apóstrofo fizer parte da STRING, deverá aparecer duplicado.

Quando uma variável é declarada como do tipo STRING, é possível definir seu tamanho máximo. Quando a definição do tamanho for omitida, a STRING assumirá o tamanho máximo permitido de 255 caracteres.

Exemplos de variáveis do tipo STRING:

```
VAR NOME: STRING[20];      A variável NOME poderá armazenar até 20 caracteres.
VAR SEXO: STRING[3];       A variável SEXO poderá armazenar até três caracteres.
VAR CURSO: STRING;         A variável CURSO não tem tamanho predefinido, logo, poderá armazenar
                           até 255 caracteres.
NOME := 'Maria';           O conteúdo da variável NOME é Maria.
CURSO := 'D''ÁGUA';        O conteúdo da variável CURSO é D'ÁGUA. Observe a duplicação do apóstrofo.
```

> **Observação**
>
> Na linguagem PASCAL a primeira posição de uma cadeia de caracteres é a posição um.

9.1.1 Inicializando cadeias de caracteres

As variáveis que armazenam as cadeias de caracteres podem ser inicializadas automaticamente pelo programa ou podem receber um valor por meio do teclado. A seguir, exemplificamos alguns casos.

a) Inicialização por meio da atribuição

```
VAR cadeia:STRING;
cadeia := 'Programa';
```

A variável cadeia recebe um valor constante, a palavra Programa.

b) Inicialização por meio do teclado

```
VAR cadeia:STRING;
READLN(cadeia);
```

O comando READLN armazena dentro da variável cadeia todos os símbolos digitados até a ocorrência do ENTER.

9.1.2 Copiando cadeias de caracteres

```
cadeia2 := COPY (cadeia1, posição, número);
```

A função COPY copia da cadeia1, a partir da posição dada, o número de caracteres estipulados. Os caracteres copiados serão armazenados na cadeia2.

```
cadeia1:= cadeia2;
```

O conteúdo da variável cadeia2, que é uma variável do tipo STRING, será copiado para a variável cadeia1, que também é do tipo STRING.

Outros exemplos da função COPY podem ser encontrados em: \EXEMPLOS\CAP9\PASCAL\EXEMP1.PAS e \EXEMPLOS\CAP9\PASCAL\EXEMP2.PAS.

9.1.3 Concatenando cadeias de caracteres

```
cadeia3 := CONCAT(cadeia1,cadeia2); ou cadeia3 := cadeia1+cadeia2;
```

A função CONCAT concatena a cadeia de caracteres cadeia1 e a cadeia de caracteres cadeia2, ou seja, junta os conteúdos das cadeias de caracteres cadeia1 e cadeia2. A cadeia de caracteres resultante da concatenação é armazenada na cadeia3. A concatenação pode ser feita também pelo sinal de +.

Outros exemplos de concatenação de cadeias podem ser encontrados em: \EXEMPLOS\CAP9\PASCAL\EXEMP3.PAS.

9.1.4 Comparando cadeias de caracteres

A comparação entre cadeias de caracteres é feita pelo sinal de igual, lembrando que letras maiúsculas são diferentes de letras minúsculas.

```
IF cadeia1 = cadeia2
THEN WRITELN('Cadeias iguais')
ELSE WRITELN('Cadeias diferentes');

IF cadeia1 = 'AULA'
THEN WRITELN('A variável cadeia1 contém os caracteres AULA')
ELSE WRITELN('A variável cadeia1 contém outros caracteres');
```

Outros exemplos de comparação de cadeias de caracteres podem ser encontrados em: \EXEMPLOS\CAP9\PASCAL\EXEMP4.PAS e \EXEMPLOS\CAP9\PASCAL\EXEMP5.PAS.

9.1.5 Descobrindo o número de caracteres de uma cadeia

```
tamanho := LENGTH(cadeia);
```

A função LENGTH retorna, para a variável tamanho, o número de caracteres da cadeia. A variável tamanho pode ser do tipo Integer ou Real.

Um exemplo da função LENGTH pode ser encontrado em: \EXEMPLOS\CAP9\PASCAL\EXEMP6.PAS.

9.1.6 Verificando a posição de uma cadeia de caracteres dentro de outra cadeia de caracteres

```
posi := POS(cadeia1,cadeia2);
```

A função POS retorna, para a variável posi, a posição inicial em que a cadeia1 aparece dentro da cadeia2.

A primeira posição da uma cadeia é a posição um. Se a cadeia1 não aparece dentro da cadeia2, a função pos retornará zero.

Um exemplo da função POS pode ser encontrado em: \EXEMPLOS\CAP9\PASCAL\EXEMP7.PAS.

9.1.7 Apagando caracteres de uma cadeia de caracteres

```
DELETE(cadeia, posição, número);
```

A função DELETE apaga da variável cadeia o número de caracteres estipulados, a partir da posição informada.

Um exemplo da função DELETE pode ser encontrado em:
\EXEMPLOS\CAP9\PASCAL\EXEMP8.PAS.

9.1.8 Inserindo caracteres em uma cadeia de caracteres

```
INSERT(cadeia1, cadeia2, posição);
```

A função INSERT insere a cadeia1 na cadeia2, a partir da posição dada.

Um exemplo da função INSERT pode ser encontrado em:
\EXEMPLOS\CAP9\PASCAL\EXEMP9.PAS.

9.1.9 Alterando os caracteres de uma cadeia de caracteres

Não há uma função específica para alterar os caracteres de uma cadeia. Assim, a alteração requererá que os caracteres sejam acessados individualmente para receber os novos valores. O acesso é obtido por meio de um índice cujo valor começa em 1 e vai sendo incrementado até o final da cadeia. Logo, se desejar alterar o primeiro caractere da cadeia, bastará escrever CADEIA[1] := 'A'; e será feita a alteração do primeiro caractere para A.

Outros exemplos da alteração de caracteres de uma cadeia podem ser encontrados em:
\EXEMPLOS\CAP9\ PASCAL\EXEMP10.PAS e \EXEMPLOS\CAP9\PASCAL\EXEMP11.PAS.

9.1.10 Descobrindo um caractere a partir do seu valor ASCII

```
carac := CHR(número);
```

A função CHR retorna para a variável carac, o caractere ASCII que é representado pelo número.

Um exemplo da função CHR pode ser encontrado em
\EXEMPLOS\CAP9\PASCAL\EXEMP12.PAS.

9.1.11 Descobrindo o valor ASCII de um caractere

```
valor := ORD(caractere);
```

A função ORD retorna, para a variável valor, o valor numérico que representa o caractere na tabela ASCII.

Um exemplo da função ORD pode ser encontrado em
\EXEMPLOS\CAP9\PASCAL\EXEMP13.PAS.

9.1.12 Descobrindo o caractere sucessor

```
carac := SUCC(caractere);
```

A função SUCC retorna, para a variável carac, o caractere sucessor do caractere na tabela ASCII.

Um exemplo da função SUCC pode ser encontrado em:
\EXEMPLOS\CAP9\PASCAL\EXEMP14.PAS.

9.1.13 Descobrindo o caractere antecessor ou predecessor

```
carac := PRED(caractere);
```

A função PRED retorna, para a variável carac, o caractere antecessor ou predecessor do caractere na tabela ASCII.

Um exemplo da função PRED pode ser encontrado em:
\EXEMPLOS\CAP9\PASCAL\EXEMP15.PAS.

9.1.14 Convertendo caracteres para maiúsculo

```
UPCASE(caractere[posição]);
```

A função UPCASE converte o caractere da posição especificada para maiúsculo.

```
STRUPPER(cadeia_de_caracteres);
```

A função STRUPPER converte a cadeia_de_caracteres para maiúsculo. Essa função exige a utilização da biblioteca STRINGS.

Observação

Em ambas as conversões, as letras acentuadas e o ç não são convertidos.

Exemplos das funções UPCASE e STRUPPER podem ser encontrados em:
\EXEMPLOS\CAP9\PASCAL\ EXEMP16.PAS e \EXEMPLOS\CAP9\PASCAL\EXEMP17.PAS.

9.1.15 Convertendo caracteres para minúsculo

Não existe uma função correspondente à função UPCASE para converter caracteres de maiúsculo para minúsculo. Assim, a conversão é obtida somente por meio de cadeias de caracteres.

```
STRLOWER(cadeia_de_caracteres);
```

A função STRLOWER converte a cadeia_de_caracteres para minúsculo. Essa função exige a utilização da biblioteca STRINGS.

Observação

Em ambas as conversões, as letras acentuadas e o ç não são convertidos.

9.1.16 Convertendo um valor numérico em caracteres

```
STR(valor_numérico, cadeia_de_caracteres);
```

A função STR converte o valor_numérico para a cadeia_de_caracteres.

Um exemplo da função STR pode ser encontrado em:
\EXEMPLOS\CAP9\PASCAL\EXEMP18.PAS.

9.1.17 Convertendo caracteres em valor numérico

```
VAL(cadeia_de_caracteres, valor_numérico, erro);
```

A função VAL converte o conteúdo de cadeia_de_caracteres para o valor_numérico. Se ocorrer algum erro durante a conversão, a variável erro receberá um valor diferente de zero.

Um exemplo da função VAL pode ser encontrado em:
\EXEMPLOS\CAP9\PASCAL\EXEMP19.PAS.

9.2 Manipulando cadeias de caracteres em C/C++

A linguagem C não possui um tipo de dado similar à STRING da linguagem PASCAL. Em vez disso, para armazenar uma cadeia de caracteres, utiliza vetores (matrizes unidimensionais), nos quais cada posição representa um caractere. A linguagem C++ possui o tipo String, mas seu estudo está fora do escopo deste livro.

É importante ressaltar que os compiladores da linguagem C/C++ identificam o fim de uma cadeia por meio do caractere nulo, ou seja, por meio de '\0'. Sendo assim, deve-se declarar sempre o vetor com uma posição a mais para armazenar o caractere nulo (esse caractere não precisa ser armazenado manualmente; isso é feito automaticamente quando ocorre a leitura de uma string ou quando ocorre uma atribuição). Por exemplo, para armazenar a palavra CADEIA, deve-se declarar um vetor do tipo `char` com sete posições (que ocuparão posições contíguas na memória).

```
char palavra[7];
```

índice	...	0	1	2	3	4	5	6	...
valor	...	C	A	D	E	I	A	\0	...
posição memória	...	863	864	865	866	867	868	869	...

Como se pode observar na tabela, a variável `palavra`, quando é declarada, pode ocupar qualquer posição disponível na memória; entretanto, todas as posições do vetor ocupam espaços de memória adjacentes, e cada caractere ocupa 1 byte. Por isso, pelo exemplo, se a letra C estiver armazenada na posição de memória de endereço 863 (e esse endereço equivale a 1 byte), a letra A deverá ocupar o endereço 864 e assim por diante.

Os caracteres armazenados em uma cadeia devem estar entre aspas e, quando apóstrofos, aspas ou barras invertidas fizerem parte da cadeia de caracteres, deverão ter uma barra invertida antecedendo-os.

Exemplos de variáveis do tipo cadeia de caracteres:

```
char NOME[21];     A variável NOME poderá armazenar até vinte caracteres.
char SEXO[4];      A variável SEXO poderá armazenar até três caracteres.
char CURSO;        A variável CURSO poderá armazenar apenas um caractere.
```

Para manipular as cadeias de caracteres na linguagem C, devem-se utilizar funções específicas, e estas fazem parte da biblioteca `string.h`.

9.2.1 Inicializando cadeias de caracteres

As variáveis que armazenam cadeias de caracteres podem ser inicializadas automaticamente pelo programa ou podem receber um valor por meio do teclado. A seguir, exemplificamos alguns casos.

a) Inicialização no momento da declaração

```
char nome[ ] = {'P', 'r', 'o', 'g', 'r', 'a', 'm', 'a', '\0'};
```

ou

```
char nome[ ] = "Programa";
```

No primeiro caso, a variável `nome` recebeu as letras separadamente (inclusive o caractere nulo). Por isso, cada uma das letras estava entre apóstrofos (' ') — esta é a maneira de identificar um caractere isoladamente.

No segundo caso, a variável `nome` foi inicializada com uma palavra, recebendo automaticamente o caractere nulo. Por isso, a palavra Programa estava entre aspas (" ") — esta é a maneira de identificar uma cadeia de caracteres.

Em ambos os casos, não houve necessidade de expressar o número de posições dentro dos colchetes, pois esse número é definido automaticamente em função da inicialização.

Os exemplos a seguir mostram como armazenar uma barra invertida e um apóstrofo em cadeias sem gerar erros de compilação.

```
char local[]="c:\\exemplos\\arquivo.txt";
char texto[]="curso d\'água";
```

No primeiro caso, a variável `local` receberá a cadeia `c:\exemplos\arquivo.txt`. No segundo caso, a variável `texto` receberá a cadeia `curso d'água`.

b) Inicialização por meio da atribuição (depois da declaração)

```
char vet1[10], vet2[5];
strcpy(vet1, "Programa");
```

ou

```
strcpy (vet1, vet2);
```

No primeiro caso, a variável `vet1` recebe um valor constante (a palavra Programa). No segundo caso, o conteúdo da variável `vet2` é copiado na variável `vet1`.

c) Inicialização por meio do teclado

```
char vet[10];
scanf("%s%*c",&vet);
```

O comando `scanf` consegue armazenar valores vindos do teclado. No caso de uma cadeia de caracteres, esse comando consegue armazenar todos os símbolos digitados até a ocorrência do primeiro espaço em branco. Por exemplo, se for digitado o nome Maria da Silva, a variável `vet` armazenará apenas Maria (o que vem depois do espaço em branco é perdido). Para resolver esse problema, utiliza-se a função `gets`.

```
gets(vet);
```

A função `gets` armazena na variável `vet` todos os símbolos digitados até a ocorrência do ENTER.

9.2.2 Copiando cadeias de caracteres

```
strcpy(str1, str2);
```

A função `strcpy` copia a cadeia `str2` para a cadeia `str1`. Essa função exige a utilização da biblioteca `string.h`.

```
strncpy(str1, str2, n);
```

A função `strncpy` copia os n primeiros caracteres da cadeia `str2` para a cadeia `str1`. Essa função exige a utilização da biblioteca `string.h`.

Exemplos das funções `strcpy` e `strncpy` podem ser encontrados em: \EXEMPLOS\CAP9\C++\EXEMP1.CPP e \EXEMPLOS\CAP9\C++\EXEMP2.CPP.

9.2.3 Concatenando cadeias de caracteres

```
strcat(cadeia1,cadeia2);
```

A função `strcat` concatena a `cadeia2` à `cadeia1`. Essa função exige a utilização da biblioteca `string.h`.

```
strncat(cadeia1,cadeia2, n);
```

A função `strncat` concatena os n primeiros caracteres da `cadeia2` à `cadeia1`. Essa função exige a utilização da biblioteca `string.h`.

Exemplos das funções strcat e strncat podem ser encontrados em: \EXEMPLOS\CAP9\C++\EXEMP3.CPP.

9.2.4 Comparando cadeias de caracteres

```
resultado = strcmp(cadeia1, cadeia2);
```

A função `strcmp` compara duas cadeias de caracteres e retorna um número inteiro, que poderá ser:

- zero se as duas cadeias forem iguais;
- um número menor que zero se a `cadeia1` for alfabeticamente menor que a `cadeia2`;
- um número maior que zero se a `cadeia1` for alfabeticamente maior que a `cadeia2`.

Essa função considera letras maiúsculas símbolos diferentes de letras minúsculas.

```
resultado = stricmp(cadeia1, cadeia2);
resultado = strcmpi(cadeia1, cadeia2);
```

As funções `stricmp` e `strcmpi` comparam duas cadeias de caracteres e retornam um número inteiro, que poderá ser:

- zero se as duas cadeias forem iguais;
- um número menor que zero se a `cadeia1` for alfabeticamente menor que a `cadeia2`;
- um número maior que zero se a `cadeia1` for alfabeticamente maior que a `cadeia2`.

Essas funções consideram letras maiúsculas e minúsculas símbolos iguais e não fazem parte do padrão ANSI.

```
resultado = strncmp(cadeia1, cadeia2, n);
```

A função `strncmp` compara duas cadeias de caracteres da primeira posição, ou seja, da posição zero até a posição `n` ou até encontrar alguma diferença, e retorna um número inteiro, que poderá ser:

- zero se as duas cadeias forem iguais;
- um número menor que zero se a `cadeia1` for alfabeticamente menor que a `cadeia2`;
- um número maior que zero se a `cadeia1` for alfabeticamente maior que a `cadeia2`.

Essa função considera letras maiúsculas símbolos diferentes de letras minúsculas.

```
resultado = strnicmp(cadeia1, cadeia2, n);
resultado = strncmpi(cadeia1, cadeia2, n);
```

As funções `strnicmp` e `strncmpi` comparam duas cadeias de caracteres da primeira posição, ou seja, da posição zero até a posição n, ou até encontrar alguma diferença, e retornam um número inteiro, que poderá ser:

- zero se as duas cadeias forem iguais;
- um número menor que zero se a `cadeia1` for alfabeticamente menor que a `cadeia2`;
- um número maior que zero se a `cadeia1` for alfabeticamente maior que a `cadeia2`.

Essas funções consideram letras maiúsculas e minúsculas símbolos iguais e não fazem parte do padrão ANSI.

As funções `strcmp`, `stricmp`, `strcmpi`, `strncmp`, `strnicmp` e `strncmpi` exigem o uso da biblioteca `string.h`.

Exemplos das funções de comparação de cadeias podem ser encontrados em: \EXEMPLOS\CAP9\C++\ EXEMP4.CPP e \EXEMPLOS\CAP9\C++\EXEMP5.CPP.

9.2.5 Descobrindo o número de caracteres de uma cadeia

```
tamanho = strlen(cadeia);
```

A função `strlen` retorna para a variável `tamanho` o número de caracteres da `cadeia`. Essa função exige a utilização da biblioteca `string.h`.

Um exemplo da função strlen pode ser encontrado em: \EXEMPLOS\CAP9\C++\EXEMP6.CPP.

 **Observação**

O caractere que indica final de cadeia de caracteres, '\0', não entra no total de caracteres da cadeia.

9.2.6 Verificando a posição de uma cadeia de caracteres dentro de outra cadeia de caracteres

```
posi = strchr(str1, ch);
```

A função `strchr` retorna para a variável `posi` um ponteiro com a posição da cadeia `str1`, em que o caractere `ch` é encontrado pela primeira vez. Se o caractere `ch` não for encontrado na cadeia `str1`, a variável `posi` receberá `null`. Essa função exige a utilização da biblioteca `string.h`.

```
posi = strrchr(str1, ch);
```

A função `strrchr` retorna para a variável `posi` um ponteiro com a posição da cadeia `str1`, em que o caractere `ch` é encontrado pela última vez. Se o caractere `ch` não for encontrado na cadeia `str1`, a variável `posi` receberá `null`. Essa função exige a utilização da biblioteca `string.h`.

```
posi = strstr(str1, str2);
```

A função `strstr` retorna para a variável `posi` um ponteiro com a posição da cadeia `str1`, na qual a cadeia `str2` é encontrada pela primeira vez. Se a cadeia `str2` não for encontrada na cadeia `str1`, a variável `posi` receberá `null`. Essa função exige a utilização da biblioteca `string.h`.

Essas funções fazem distinção entre letras maiúsculas e minúsculas.

Exemplos das funções `strchr`, `strstr` e `strrchr` podem ser encontrados em:
\EXEMPLOS\CAP9\C++\ EXEMP7.CPP.

9.2.7 Apagando caracteres de uma cadeia de caracteres

Não existe uma função pronta para apagar caracteres de uma cadeia na linguagem C/C++, mas com alguma programação isso é possível.

Um exemplo de programação que apaga caracteres de uma cadeia pode ser encontrado em:
\EXEMPLOS\ CAP9\C++\EXEMP8.CPP.

9.2.8 Inserindo caracteres em uma cadeia de caracteres

Não existe uma função pronta para inserir caracteres em uma cadeia na linguagem C/C++, mas com alguma programação isso é possível.

Um exemplo de programação que insere caracteres em uma cadeia pode ser encontrado em:
\EXEMPLOS\CAP9\C++\EXEMP9.CPP.

9.2.9 Alterando os caracteres de uma cadeia de caracteres

```
strset(str1, ch);
```

A função `strset` substitui todos os caracteres da cadeia `str1` pelo caractere `ch`. Essa função exige a utilização da biblioteca `string.h` e não faz parte do padrão ANSI.

```
strnset(str1, ch, n);
```

A função `strnset` substitui os n primeiros caracteres da cadeia `str1` pelo caractere `ch`. Essa função exige a utilização da biblioteca `string.h` e não faz parte do padrão ANSI.

```
strrev(str1);
```

A função `strrev` inverte todos os caracteres da cadeia `str1`. Essa função exige a utilização da biblioteca `string.h` e não faz parte do padrão ANSI.

Além das funções anteriores, os caracteres de uma cadeia podem ser acessados por sua posição. Assim, se desejar alterar o primeiro caractere da cadeia, basta escrever `CADEIA[0] = 'A'`, e será feita a alteração.

Exemplos de alterações de caracteres de cadeias podem ser encontrados em:
\EXEMPLOS\CAP9\C++\ EXEMP10.CPP, \EXEMPLOS\CAP9\C++\EXEMP11.CPP e
\EXEMPLOS\CAP9\C++\EXEMP12.CPP.

9.2.10 Descobrindo um caractere a partir do seu valor ASCII

```
caractere = int(número);
```

A função `int` retorna para a variável `caractere` o caractere `ASCII`, que é representado pelo `número`.

Um programa que descobre um caractere a partir de seu valor ASCII pode ser encontrado em: \EXEMPLOS\CAP9\C++\EXEMP13.CPP.

9.2.11   Descobrindo o valor ASCII de um caractere

```
valor = toascii(caractere);
```

A função `toascii` retorna para a variável `valor` o valor numérico que representa o `caractere` na tabela `ASCII`. Essa função exige a utilização da biblioteca `ctype.h`.

Um programa que descobre o valor numérico de um caractere na tabela ASCII pode ser encontrado em: \EXEMPLOS\CAP9\C++\EXEMP14.CPP.

9.2.12   Descobrindo o caractere sucessor

Não existe uma função específica para descobrir o caractere sucessor, mas, somando uma unidade ao caractere, o sucessor será obtido.

Um exemplo pode ser encontrado em: \EXEMPLOS\CAP9\C++\EXEMP15.CPP.

9.2.13   Descobrindo o caractere antecessor ou predecessor

Não existe uma função específica para descobrir o caractere antecessor, mas, retirando uma unidade do caractere, o antecessor será obtido.

Um exemplo pode ser encontrado em: \EXEMPLOS\CAP9\C++\EXEMP16.CPP.

9.2.14   Convertendo caracteres para maiúsculo

```
cadeia[posição] = toupper(cadeia[posição]);
```

A função `toupper` converte o caractere da `cadeia` da `posição` especificada para maiúsculo. Essa função exige a utilização da biblioteca `ctype.h`.

```
strupr(cadeia);
```

A função `strupr` converte todos os caracteres da `cadeia` para maiúsculo. Essa função exige a utilização da biblioteca `string.h` e não faz parte do padrão ANSI.

Exemplos das funções `toupper` e `strupr` podem ser encontrados em: \EXEMPLOS\CAP9\C++\ EXEMP17.CPP.

Observação

Em ambas as conversões, as letras acentuadas e o ç não são convertidos.

9.2.15   Convertendo caracteres para minúsculo

```
cadeia[posição] = tolower(cadeia[posição]);
```

A função `tolower` converte o caractere da `cadeia` da `posição` especificada para minúsculo. Essa função exige a utilização da biblioteca `ctype.h`.

```
strlwr(cadeia);
```

A função `strlwr` converte todos os caracteres da `cadeia` para minúsculo. Essa função exige a utilização da biblioteca `string.h` e não faz parte do padrão ANSI.

Exemplos das funções `tolower` e `strlwr` podem ser encontrados em: \EXEMPLOS\CAP9\C++\ EXEMP18.CPP.

Observação

Em ambas as conversões, as letras acentuadas e o ç não são convertidos.

9.2.16 Convertendo um valor numérico em caractere

```
itoa(valor_numérico_inteiro, cadeia_de_caracteres, base);
```

A função `itoa` converte o `valor_numérico_inteiro` para a `cadeia_de_caracteres`, utilizando a base especificada. Essa função exige a utilização da biblioteca `stdlib.h`. Nessa função, o `valor_numérico_inteiro` deve estar armazenado em uma variável do tipo `int`. A variável que armazenará a conversão, `cadeia_de_caracteres`, deverá suportar o tamanho do número, incluindo o caractere de final da cadeia, ou seja, \0, e a base numérica de conversão deverá estar entre 2 e 36. O retorno dessa função pode ser de até 17 bytes.

```
ltoa(valor_numérico_inteiro, cadeia_de_caracteres, base);
```

A função `ltoa` converte o `valor_numérico_inteiro` para a `cadeia_de_caracteres` utilizando a base especificada. Essa função exige a utilização da biblioteca `stdlib.h`. Nessa função, o `valor_numérico_inteiro` deve estar armazenado em uma variável do tipo `long`. A variável que armazenará a conversão, `cadeia_de_caracteres`, deverá suportar o tamanho do número, incluindo o caractere de final da cadeia, ou seja, \0, e a base numérica de conversão deverá estar entre 2 e 36. O retorno dessa função pode ser de até 33 bytes.

```
ultoa(valor_numérico_inteiro, cadeia_de_caracteres, base);
```

A função `ultoa` converte o `valor_numérico_inteiro` para a `cadeia_de_caracteres`, utilizando a base especificada. Essa função exige a utilização da biblioteca `stdlib.h`. Nessa função, o `valor_numérico_inteiro` deve estar armazenado em uma variável do tipo `unsigned long`. A variável que armazenará a conversão, `cadeia_de_caracteres`, deverá suportar o tamanho do número, incluindo o caractere de final da cadeia, ou seja, \0, e a base numérica de conversão deverá estar entre 2 e 36. O retorno dessa função pode ser de até 33 bytes.

```
texto = ecvt(valor_numérico_real,
             quantidade_de_dígitos_significativos,
             quantidade_de_dígitos_decimais,
             sinal);
```

A função `ecvt` converte o `valor_numérico_real` e atribui a conversão à variável `texto` utilizando a `quantidade_de_dígitos_significativos` especificada, ou seja, todos os números digitados serão contados e os espaços à direita serão completados com zeros até atingir a `quantidade_de_dígitos_significativos` especificada. Essa função atribui à variável `quantidade_de_dígitos_decimais` a quantidade de dígitos decimais anteriores à conversão. Atribui também à variável `sinal` zero se o número a ser convertido for positivo, ou um, se for negativo. Essa função exige a utilização da biblioteca `stdlib.h`. Nessa função, o valor numérico deverá estar armazenado em uma variável do tipo `double`. A variável que armazenará a conversão deverá suportar o tamanho do número, incluindo o caractere de final da cadeia, ou seja, \0. Essa função não trabalha com aproximações.

```
texto = fcvt(valor_numérico_real,
             quantidade_de_dígitos_significativos,
             quantidade_de_dígitos_decimais,
             sinal);
```

A função `fcvt` converte o `valor_numérico_real` e atribui a conversão à variável `texto` utilizando a `quantidade_de_dígitos_significativos` especificada, ou seja, os dígitos fracionários serão contados e os espaços à direita serão completados com zeros até atingir a `quantidade_de_dígitos_significativos`. Essa função atribui à variável `quantidade_de_dígitos_decimais` a quantia de dígitos decimais anteriores à conversão e à variável `sinal` zero se o número a ser convertido for positivo, ou um, se for negativo. Essa função exige a utilização da biblioteca `stdlib.h`. Nessa função, o `valor_numérico_real` deve estar armazenado em uma variável do tipo `double`. A variável que armazenará a conversão deverá suportar o tamanho do número, incluindo o caractere de final da cadeia, ou seja, \0. Essa função trabalha com aproximações.

Exemplos de conversões de valores numéricos para caracteres podem ser encontrados em: \EXEMPLOS\ CAP9\C++\EXEMP19.CPP e \EXEMPLOS\CAP9\C++\EXEMP20.CPP. As funções descritas nesta seção não fazem parte do padrão ANSI.

9.2.17   Convertendo caracteres em valor numérico

```
numero = atoi(cadeia_de_caracteres);
```

A função `atoi` converte a `cadeia_de_caracteres` para um valor numérico inteiro, ou seja, a parte fracionária será desprezada. A variável `numero` deve ser do tipo `int` e a função `atoi` exige a utilização da biblioteca `stdlib.h`.

```
numero = atol(cadeia_de_caracteres);
```

A função `atol` converte a `cadeia_de_caracteres` para um valor numérico inteiro, ou seja, a parte fracionária será desprezada. A variável `numero` deve ser do tipo `long` e a função `atol` exige a utilização da biblioteca `stdlib.h`.

```
numero = atof(cadeia_de_caracteres);
```

A função `atof` converte a `cadeia_de_caracteres` para um valor numérico real. A variável `numero` deve ser do tipo `float` e a função `atof` exige a utilização da biblioteca `stdlib.h`.

```
numero = strtod(cadeia_de_caracteres, &erro);
```

A função `strtod` converte a `cadeia_de_caracteres` para um valor numérico real. A variável `numero` deve ser do tipo `double`. A variável `erro` receberá um valor diferente de `null` se algum erro ocorrer na conversão; logo, essa variável deve ser um ponteiro do tipo `char`. A função `strtod` exige a utilização da biblioteca `stdlib.h`.

```
numero = strtol(cadeia_de_caracteres, &erro, base);
```

A função `strtol` converte a `cadeia_de_caracteres` para um valor numérico inteiro, ou seja, a parte fracionária será desprezada. A variável `numero` deve ser do tipo `long`. A variável `erro` receberá um valor diferente de `null` se algum erro ocorrer na conversão; logo, essa variável deve ser um ponteiro do tipo `char`. A variável `base` permite que a base de conversão seja escolhida, ou seja, uma base numérica entre 2 e 36. A função `strtol` exige a utilização da biblioteca `stdlib.h`.

Exemplos de conversões de cadeias de caracteres em valores numéricos podem ser encontrados em: \EXEMPLOS\CAP9\C++\EXEMP21.CPP.

9.3   Manipulando cadeias de caracteres em JAVA

As cadeias de caracteres em JAVA podem ser armazenadas em objetos da classe `String` e da classe `StringBuffer`. As cadeias de caracteres devem estar entre aspas, enquanto os caracteres devem estar entre apóstrofos.

Exemplos:

`String nome;`	A variável `nome` poderá armazenar uma cadeia de caracteres.
`char letra;`	A variável `letra` poderá armazenar um único caractere.
`StringBuffer texto;`	A variável `texto` poderá armazenar uma cadeia de caracteres que, inicialmente, tem tamanho 16, expansível de acordo com a necessidade.

Para armazenar apóstrofos na cadeia de caracteres, basta colocá-los entre contrabarras.

Por exemplo, para escrever CURSO D'ÁGUA, faça: `System.out.println("CURSO D\'ÁGUA")`.

A manipulação de cadeias de caracteres na linguagem JAVA utiliza o pacote de classes `java.lang`. Alguns métodos das classes desse pacote são descritos a seguir. Esse pacote de classes contém funcionalidades básicas da linguagem JAVA e, por isso, dispensa o uso de `import`.

9.3.1   Inicializando cadeias de caracteres

As variáveis que armazenam cadeias de caracteres podem ser inicializadas automaticamente pelo programa ou podem receber um valor por meio do teclado. A seguir, exemplificamos alguns casos.

a) Inicialização no momento da declaração

```
String texto1 = new String();
```

No exemplo anterior, o objeto `texto1` foi instanciado e seu conteúdo será vazio.

```
String texto2 = new String("PROGRAMA");
```

No exemplo anterior, o objeto `texto2` foi instanciado e seu conteúdo será o conjunto de caracteres PROGRAMA. Um conjunto de caracteres é sempre acompanhado por aspas.

```
char texto [] = {'c','o','m','p','u','t','a','d','o','r'};
String texto3 = new String (texto);
```

No exemplo anterior, a variável `texto` recebeu as letras separadamente. Por isso, cada uma das letras estava acompanhada por apóstrofos — esta é a maneira de identificar um caractere isoladamente. Em seguida, o objeto `texto3` foi instanciado e seu conteúdo será o conjunto de caracteres `computador`.

```
String texto4 = new String (texto,7,3);
```

No exemplo anterior, o objeto `texto4` foi instanciado e seu conteúdo será o conjunto de caracteres da variável `texto`, a partir da sétima posição e com três caracteres, ou seja, se `texto` contém a cadeia computador, `texto4` receberá apenas "dor".

```
StringBuffer texto5 = new StringBuffer();
```

No exemplo anterior, o objeto `texto5` foi instanciado, seu conteúdo será vazio e sua capacidade inicial será de 16 caracteres.

```
StringBuffer texto6 = new StringBuffer(10);
```

No exemplo anterior, o objeto `texto6` foi instanciado, seu conteúdo será vazio e sua capacidade inicial será de 10 caracteres.

```
StringBuffer texto7 = new StringBuffer("valor");
```

No exemplo anterior, o objeto `texto7` foi instanciado e seu conteúdo será "valor".

b) Inicialização por meio da atribuição (depois da declaração)

```
String texto1 = new String();
texto1 = "aula";
String texto2 = new String();
String texto3 = new String("programa");
texto2 = texto3;
```

No primeiro caso, o objeto `texto1` recebe um valor constante, a cadeia de caracteres `aula`. No segundo caso, o objeto `texto2` terá o mesmo conteúdo de `texto3`, ou seja, "programa".

c) Inicialização por meio do teclado

```
String cadeia = new String();
Scanner entrada;
entrada = new Scanner(System.in);
System.out.println("Digite uma cadeia de caracteres: ");
cadeia = entrada.next();
```

O método `next` consegue armazenar valores vindos do teclado. No caso de uma cadeia de caracteres, esse método consegue armazenar todos os símbolos digitados até a ocorrência do primeiro espaço em branco. Por exemplo, se for digitado o nome Maria da Silva, a variável `cadeia` armazenará apenas Maria (o que vem depois do espaço em branco é perdido). Para resolver esse problema, utiliza-se o método `nextLine()`.

```
String cadeia = new String();
StringBuffer nome = new StringBuffer();
```

```
Scanner entrada;
entrada = new Scanner(System.in);
System.out.println("Digite uma cadeia de caracteres: ");
cadeia = entrada.nextLine();
nome.append(cadeia);
```

Os objetos da classe `StringBuffer` não podem ser carregados pelo teclado com os métodos da classe `Scanner`. Assim, o conteúdo do teclado deve ser carregado em um objeto da classe `String` pelo método `nextLine()` e posteriormente atribuído a um objeto da classe `StringBuffer`.

9.3.2 Copiando cadeias de caracteres

```
str1=str2;
```

A variável `str1`, que é do tipo `String`, terá o mesmo conteúdo da variável `str2`, que também é do tipo `String`.

```
str1 = str2.substring(posição_inicial);
```

O método `substring` copia o conteúdo da variável `str2`, a partir da `posição_inicial` até o fim da cadeia, para a variável `str1`.

```
str1 = str2.substring(posição_inicial, posição_final);
```

O método `substring` copia o conteúdo da variável `str2`, a partir da `posição_inicial` até `posição_final - 1` da cadeia, para a variável `str1`.

```
str1.append(str2);
```

O método `append` acrescenta o conteúdo da variável `str2` ao final da variável `str1`, e `str1` e `str2` devem ser do tipo `StringBuffer`.

```
str1.append(str2, posição_inicial, posição_final);
```

O método `append` acrescenta o conteúdo da variável `str2`, a partir da `posição_inicial` até a posição_final − 1, ao final da variável `str1`, sendo que `str1` e `str2` devem ser do tipo `StringBuffer`.

Exemplos de cópias de caracteres podem ser encontrados em:
\EXEMPLOS\CAP9\JAVA\EXEMP1.java.

9.3.3 Concatenando cadeias de caracteres

```
str1 = str2 + str3 + ....+ strN;
```

A concatenação de cadeias de caracteres pode ser feita com o sinal de +. A `str1` receberá a concatenação das cadeias `str2`, `str3`,... e `strN`.

```
str1 = str2.concat(str3);
```

O método `concat` concatena a cadeia `str2` com a cadeia `str3` e atribui essa concatenação à cadeia `str1`.

Exemplos de concatenação de cadeias de caracteres podem ser encontrados em:
\EXEMPLOS\CAP9\JAVA\EXEMP2.java.

9.3.4 Comparando cadeias de caracteres

```
cadeia1.equals(cadeia2)
```

O método `equals` compara duas cadeias de caracteres e retorna `true` se elas forem iguais, ou `false` se forem diferentes. Esse método considera letras maiúsculas símbolos diferentes de letras minúsculas.

```
cadeia1.equalsIgnoreCase(cadeia2)
```

O método `equalsIgnoreCase` compara duas cadeias de caracteres e retorna `true` se elas forem iguais, ou `false` se forem diferentes. Esse método considera letras maiúsculas e minúsculas símbolos iguais.

```
resultado = cadeia1.compareTo(cadeia2);
```

O método `compareTo` compara duas cadeias de caracteres e retorna um número inteiro, que poderá ser:

- zero, se as duas cadeias forem iguais;
- um número menor que zero, se a `cadeia1` for alfabeticamente menor que a `cadeia2`;
- um número maior que zero, se a `cadeia1` for alfabeticamente maior que a `cadeia2`.

Esse método considera letras maiúsculas símbolos diferentes de letras minúsculas.

```
cadeia1.regionMatches(true ou false, inicial_cadeia1, cadeia2, inicial_cadeia2, quantidade)
```

O método `regionMatches` compara partes de duas cadeias de caracteres e retorna `true` se elas forem iguais, ou `false` se forem diferentes. A sequência de parâmetros significa:

- O `true` quando se deseja que a diferença entre letras maiúsculas e minúsculas seja ignorada, e o `false` quando se deseja que a diferença seja mantida.
- O `inicial_cadeia1` é a posição inicial da `cadeia1` em que a comparação será iniciada.
- A `cadeia2` é a cadeia que será comparada com a `cadeia1`.
- O `inicial_cadeia2` é a posição inicial da `cadeia2` em que a comparação será iniciada.
- A `quantidade` é a quantidade de caracteres que serão comparados.

```
cadeia1.startsWith(cadeia2)
cadeia1.startsWith(cadeia2, posição)
```

O método `startsWith` compara se a `cadeia1` começa com os mesmos caracteres da `cadeia2`. Quando a posição é especificada, a comparação é iniciada a partir da especificação. Esse método considera letras maiúsculas símbolos diferentes de letras minúsculas. Esse método retorna `true` ou `false`.

```
cadeia1.endsWith(cadeia2)
```

O método `endsWith` compara se a `cadeia1` termina com os mesmos caracteres da `cadeia2`. Esse método considera letras maiúsculas símbolos diferentes de letras minúsculas. Esse método retorna `true` ou `false`.

Exemplos com comparações entre cadeias de caracteres podem ser encontrados em: \EXEMPLOS\CAP9\ JAVA\EXEMP3.java.

9.3.5 Descobrindo o número de caracteres de uma cadeia

```
tamanho = cadeia.length();
```

O método `length` retorna para a variável `tamanho` o número de caracteres da `cadeia`.

Um exemplo do método `length` pode ser encontrado em: \EXEMPLOS\CAP9\JAVA\EXEMP4.java.

9.3.6 Verificando a posição de uma cadeia de caracteres dentro de outra cadeia de caracteres

```
posi = cadeia1.indexOf(cadeia2);
```

O método `indexOf` retorna a posição a partir da qual a `cadeia2` aparece pela primeira vez na `cadeia1`. A comparação começará da posição zero da `cadeia1` até encontrar a primeira ocorrência. Se a `cadeia2` não existir na `cadeia1`, o retorno será -1.

```
posi = cadeia1.indexOf(cadeia2, posição);
```

O método `indexOf` retorna a posição a partir da qual a `cadeia2` aparece pela primeira vez na `cadeia1`. A comparação começará da posição especificada da `cadeia1` até encontrar a primeira ocorrência. Se a `cadeia2` não existir na `cadeia1`, o retorno será -1.

```
posi = cadeia1.lastIndexOf(cadeia2);
```

O método `lastIndexOf` retorna a posição a partir da qual a `cadeia2` aparece pela última vez na `cadeia1`. Se a `cadeia2` não existir na `cadeia1`, o retorno será -1.

```
    posi = cadeia1.lastIndexOf(cadeia2, posição);
```

O método `lastIndexOf` retorna à posição a partir da qual a `cadeia2` aparece pela última vez na `cadeia1`. A comparação começará da `posição` especificada da `cadeia1`. Se a `cadeia2` não existir na `cadeia1`, o retorno será –1.

Esses métodos fazem distinção entre letras maiúsculas e minúsculas.

Exemplos dos métodos `indexOf` e `lastIndexOf` podem ser encontrados em:
\EXEMPLOS\CAP9\JAVA\ EXEMP5.java.

9.3.7 Apagando caracteres de uma cadeia de caracteres

Para apagar o conteúdo de uma cadeia de caracteres, é necessário utilizar objetos da classe `StringBuffer`, ou seja, objetos que armazenam cadeias de caracteres cujo tamanho de memória ocupado pode variar de acordo com a necessidade.

```
    cadeia.delete(posição_inicial, posição_final);
```

O método `delete` apaga os caracteres existentes da `posição_inicial` até a `posição_final-1` da cadeia.

Um exemplo do método `delete` pode ser encontrado em:
\EXEMPLOS\CAP9\JAVA\EXEMP6.java.

9.3.8 Inserindo caracteres em uma cadeia de caracteres

Para inserir conteúdo em uma cadeia de caracteres, é necessário utilizar objetos da classe `String Buffer`, ou seja, objetos que armazenam cadeias de caracteres cujo tamanho de memória ocupado pode variar de acordo com a necessidade.

```
    cadeia1.insert(posição, cadeia2);
```

O método `insert` insere os caracteres da `cadeia2`, na `cadeia1`, a partir da `posição` especificada.

Um exemplo do método insert pode ser encontrado em:
\EXEMPLOS\CAP9\JAVA\EXEMP7.java.

9.3.9 Alterando os caracteres de uma cadeia de caracteres

```
    str1.replace(str2, str3);
```

O método `replace` procura todas as ocorrências de `str2`, dentro da cadeia `str1`, substituindo-as por `str3`.

```
    str1.replaceAll(str2, str3);
```

O método `replaceAll` procura todas as ocorrências de `str2`, dentro da cadeia `str1`, substituindo-as por `str3`. Não existe diferença entre os métodos `replace` e `replaceAll`.

```
    str1.replaceFirst(str2, str3);
```

O método `replaceFirst` procura a primeira ocorrência de `str2`, dentro da cadeia `str1`, substituindo-a por `str3`.

```
    str1.split("separador");
```

O método `split` separa o conteúdo da cadeia `str1` em várias cadeias, utilizando o `separador` para determinar onde começa e termina cada nova cadeia gerada.

```
    str1.trim();
```

O método `trim` retira os espaços em branco do início e do fim da cadeia `str1`.

```
    char novo[] = texto.toCharArray();
```

O método `toCharArray` coloca cada caractere da cadeia `texto` em uma posição de um vetor do tipo `char`.

```
caractere = texto.charAt(posição);
```

O método `charAt` retorna para a variável `caractere` o caractere da `posição` especificada da cadeia `texto`.

```
texto.setCharAt(posição, caractere);
```

O método `setCharAt` substitui o caractere da posição especificada da cadeia `texto` por `caractere`.

```
texto.reverse();
```

O método `reverse` inverte os caracteres da cadeia `texto`.

Exemplos dos métodos `replace`, `replaceAll`, `replaceFirst`, `split`, `trim`, `toCharArray`, `charAt`, `setCharAt` e `reverse` podem ser encontrados em:

\EXEMPLOS\CAP9\JAVA\EXEMP8.java
\EXEMPLOS\CAP9\JAVA\EXEMP9.java
\EXEMPLOS\CAP9\JAVA\EXEMP10.java

9.3.10 Descobrindo um caractere a partir do seu valor ASCII

```
caractere = char(número);
```

O método `char` retorna, para a variável `caractere`, o caractere `ASCII` correspondente ao número.

Um exemplo do método `char` pode ser encontrado em:
\EXEMPLOS\CAP9\JAVA\EXEMP11.java.

9.3.11 Descobrindo o valor ASCII de um caractere

```
numero = int(caractere);
```

O método `int` retorna, para a variável `numero`, o valor numérico que representa o `caractere` na tabela `ASCII`.

Um exemplo do método `int` pode ser encontrado em:
\EXEMPLOS\CAP9\JAVA\EXEMP12.java.

9.3.12 Descobrindo o caractere sucessor

Não existe um método específico para descobrir o caractere sucessor, mas, somando uma unidade ao caractere, obtém-se o seu sucessor.

Um exemplo pode ser encontrado em:
\EXEMPLOS\CAP9\JAVA\EXEMP13.java.

9.3.13 Descobrindo o caractere antecessor ou predecessor

Não existe um método específico para descobrir o caractere antecessor, mas, retirando uma unidade do caractere, obtém-se o seu antecessor.

Um exemplo pode ser encontrado em:
\EXEMPLOS\CAP9\JAVA\EXEMP14.java.

9.3.14 Convertendo caracteres para maiúsculo

```
cadeia.toUpperCase();
```

O método `toUpperCase` converte todos os caracteres da `cadeia` para maiúsculo.

Um exemplo do método `toUpperCase` pode ser encontrado em:
\EXEMPLOS\CAP9\JAVA\EXEMP15.java.

9.3.15 Convertendo caracteres para minúsculo

```
cadeia.toLowerCase();
```

O método `toLowerCase` converte todos os caracteres da `cadeia` para minúsculo.

Um exemplo do método `toLowerCase` pode ser encontrado em: \EXEMPLOS\CAP9\JAVA\EXEMP16.java.

9.3.16 Convertendo um valor numérico em caractere

```
cadeia = String.valueOf(valor_numérico);
```

O método `String.valueOf` converte o `valor_numérico` para uma cadeia de caracteres e armazena essa conversão em `cadeia`. A variável `cadeia` deve ser do tipo `String`.

O método `String.valueOf` consegue converter números apenas para cadeias de caracteres. Para converter para apenas um caractere, é necessário utilizar o método `Character.forDigit`.

```
caractere = Character.forDigit(valor_numérico, base);
```

O método `Character.forDigit` converte o `valor_numérico` para um caractere utilizando a `base` numérica especificada e armazena essa conversão em `caractere`. A variável `caractere` deve ser do tipo `char`.

Exemplos dos métodos String.valueOf e Character.forDigit podem ser encontrados em: \EXEMPLOS\CAP9\JAVA\EXEMP17.java.

9.3.17 Convertendo caracteres em valor numérico

```
numero = Integer.parseInt(cadeia);
```

O método `Integer.parseInt()` converte a `cadeia` para um valor numérico inteiro. A variável `numero` deve ser do tipo `int`.

```
numero = Long.parseLong(cadeia);
```

O método `Long.parseLong()` converte a `cadeia` para um valor numérico inteiro. A variável `numero` deve ser do tipo `long`.

```
numero = Float.parseFloat(cadeia);
```

O método `Float.parseFloat()` converte a `cadeia` para um valor numérico real. A variável `numero` deve ser do tipo `float`.

```
numero = Double.parseDouble(cadeia);
```

O método `Double.parseDouble()` converte a `cadeia` para um valor numérico real. A variável `numero` deve ser do tipo `double`.

```
numero = Character.digit(caractere, base);
```

O método `Character.digit()` converte o `caractere` para um valor numérico inteiro, utilizando a base numérica especificada em `base`. A variável `numero` deve ser do tipo `int`.

Exemplos de conversões de caracteres para valores numéricos podem ser encontrados em: \EXEMPLOS\ CAP9\JAVA\EXEMP18.java.

EXERCÍCIOS RESOLVIDOS

1. Faça um programa que receba uma frase, calcule e mostre a quantidade de vogais da frase digitada. O programa deverá contar vogais maiúsculas e minúsculas.

SOLUÇÃO:

- Digitar uma frase.
- Pegar o tamanho da frase.
- Percorrer a frase, pegando caractere por caractere.
- Comparar cada caractere com as vogais (maiúsculas e minúsculas).
- Quando encontrar uma vogal, acrescentar um na quantidade.

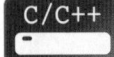

SOLUÇÃO:

`\EXERC\CAP9\PASCAL\EX1.PAS e \EXERC\CAP9\PASCAL\EX1.EXE`

SOLUÇÃO:

`\EXERC\CAP9\C++\EX1.CPP e \EXERC\CAP9\C++\EX1.EXE`

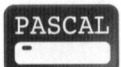

SOLUÇÃO:

`\EXERC\CAP9\JAVA\EX1.java e \EXERC\CAP9\JAVA\EX1.class`

2. Faça um programa que receba uma frase, calcule e mostre a quantidade de consoantes da frase digitada. O programa deverá contar consoantes maiúsculas e minúsculas.

SOLUÇÃO:

- Digitar uma frase.
- Pegar o tamanho da frase.
- Percorrer a frase, pegando caractere por caractere.
- Comparar cada caractere com as consoantes (maiúsculas e minúsculas).
- Quando encontrar uma consoante, acrescentar um na quantidade.

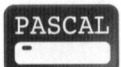

SOLUÇÃO:

`\EXERC\CAP9\PASCAL\EX2.PAS e \EXERC\CAP9\PASCAL\EX2.EXE`

SOLUÇÃO:

`\EXERC\CAP9\C++\EX2.CPP e \EXERC\CAP9\C++\EX2.EXE`

SOLUÇÃO:

`\EXERC\CAP9\JAVA\EX2.java e \EXERC\CAP9\JAVA\EX2.class`

3. Faça um programa que receba uma frase, calcule e mostre a quantidade de palavras da frase digitada.

SOLUÇÃO:

- Digitar uma frase.
- Pegar o tamanho da frase.
- Percorrer a frase, pegando caractere por caractere.
- Comparar cada caractere com espaço em branco.
- Quando encontrar um espaço, acrescentar um na quantidade.
- Como após a última palavra não tem espaço, acrescentar um na quantidade.

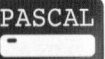

SOLUÇÃO:

`\EXERC\CAP9\PASCAL\EX3.PAS e \EXERC\CAP9\PASCAL\EX3.EXE`

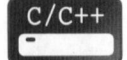

SOLUÇÃO:

`\EXERC\CAP9\C++\EX3.CPP e \EXERC\CAP9\C++\EX3.EXE`

SOLUÇÃO:

`EXERC\CAP9\JAVA\EX3.java e \EXERC\CAP9\JAVA\EX3.class`

4. Faça um programa que receba uma frase e mostre as letras que se repetem, junto com o número de repetições.

Exemplo: A PROVA FOI ADIADA

- A letra A apareceu 5 vezes.
- A letra O apareceu 2 vezes.

- A letra I apareceu 2 vezes.
- A letra D apareceu 2 vezes.

SOLUÇÃO:

- Digitar uma frase.
- Pegar o tamanho da frase digitada.
- Percorrer a frase, pegando caractere por caractere.
- Verificar se é a primeira vez que esse caractere aparece na frase.
- Caso seja a primeira vez, atribuir um ao contador de aparições.
- Caso contrário, incrementar o contador de aparições em uma unidade.
- Mostrar todas as letras que apareceram mais de uma vez (que se repetiram), junto com o total de repetições.

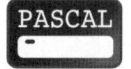 SOLUÇÃO:

\EXERC\CAP9\PASCAL\EX4.PAS e \EXERC\CAP9\PASCAL\EX4.EXE

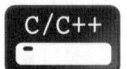 SOLUÇÃO:

\EXERC\CAP9\C++\EX4.CPP e \EXERC\CAP9\C++\EX4.EXE

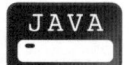 SOLUÇÃO:

\EXERC\CAP9\JAVA\EX4.java e \EXERC\CAP9\JAVA\EX4.class

5. Faça um programa para criptografar uma frase dada pelo usuário (a criptografia troca as vogais da frase por *).

Exemplo:
Frase: EU ESTOU NA ESCOLA
Saída: ** * ST** N* *SC*L*

SOLUÇÃO:

- Digitar uma frase.
- Pegar o tamanho da frase.
- Percorrer a frase, comparando cada caractere com as vogais.
- Quando encontrar uma vogal, substituí-la por um asterisco.

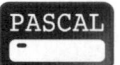 SOLUÇÃO:

\EXERC\CAP9\PASCAL\EX5.PAS e \EXERC\CAP9\PASCAL\EX5.EXE

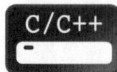 SOLUÇÃO:

\EXERC\CAP9\C++\EX5.CPP e \EXERC\CAP9\C++\EX5.EXE

 SOLUÇÃO:

\EXERC\CAP9\JAVA\EX5.java e \EXERC\CAP9\JAVA\EX5.class

6. Faça um programa que receba duas frases e gere uma terceira que represente a combinação das palavras das duas frases recebidas.

Exemplo:
Frase 1: Hoje está um belo dia
Frase 2: Talvez chova amanhã
Saída: Hoje talvez está chova um amanhã belo dia

SOLUÇÃO:

- Digitar duas frases.
- Pegar o tamanho das frases digitadas.
- Percorrer a primeira frase, pegando caractere por caractere, até chegar a um espaço em branco ou ao fim da frase.

- Quando encontrar o espaço em branco ou o fim da primeira frase, foi obtida uma palavra completa. Concatená-la à nova frase.

- Percorrer a segunda frase, pegando caractere por caractere, até chegar a um espaço em branco ou ao fim da frase.

- Quando encontrar o espaço em branco ou o fim da segunda frase, foi obtida uma palavra completa. Concatená-la à nova frase.

- Repetir os procedimentos anteriores, percorrendo as duas frases digitadas até o final.

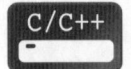 SOLUÇÃO:

`\EXERC\CAP9\PASCAL\EX6.PAS` e `\EXERC\CAP9\PASCAL\EX6.EXE`

 SOLUÇÃO:

`\EXERC\CAP9\C++\EX6.CPP` e `\EXERC\CAP9\C++\EX6.EXE`

JAVA SOLUÇÃO:

`\EXERC\CAP9\JAVA\EX6.java` e `\EXERC\CAP9\JAVA\EX6.class`

7. Faça um programa que receba uma frase e coloque as palavras da frase em ordem alfabética.

Exemplo:

Entrada: A informática está em constante evolução

Saída: A constante em está evolução informática

SOLUÇÃO:

- Digitar uma frase.

- Pegar o tamanho da frase digitada.

- Percorrer a frase, pegando caractere por caractere.

- Cada vez que encontrar um espaço em branco ou o fim da frase, foi obtida uma palavra completa.

- Se a nova frase (onde as palavras ficarão em ordem alfabética) estiver vazia, copiar nela a palavra obtida.

- Caso contrário, percorrer a nova frase até encontrar a posição adequada para colocar a palavra extraída da frase digitada.

- Caso a palavra extraída da frase digitada seja alfabeticamente maior que todas as palavras que já estão armazenadas na nova frase, concatenar essa palavra ao final da nova frase.

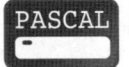 SOLUÇÃO:

`\EXERC\CAP9\PASCAL\EX7.PAS` e `\EXERC\CAP9\PASCAL\EX7.EXE`

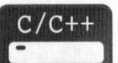 SOLUÇÃO:

`\EXERC\CAP9\C++\EX7.CPP` e `\EXERC\CAP9\C++\EX7.EXE`

 SOLUÇÃO:

`\EXERC\CAP9\JAVA\EX7.java` e `\EXERC\CAP9\JAVA\EX7.class`

8. Faça um programa que receba uma frase, calcule e mostre a quantidade de vezes que a palavra AULA aparece na frase digitada.

SOLUÇÃO:

- Digitar uma frase.

- Pegar o tamanho da frase digitada.

- Percorrer a frase, pegando caractere por caractere.

- Cada vez que encontrar um espaço em branco ou o fim da frase, foi obtida uma palavra completa.

- Se a palavra completa for igual à cadeia AULA, acrescentar um no contador.

 SOLUÇÃO:

    \EXERC\CAP9\PASCAL\EX8.PAS e \EXERC\CAP9\PASCAL\EX8.EXE

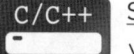 SOLUÇÃO:

    \EXERC\CAP9\C++\EX8.CPP e \EXERC\CAP9\C++\EX8.EXE

 SOLUÇÃO:

    \EXERC\CAP9\JAVA\EX8.java e \EXERC\CAP9\JAVA\EX8.class

9. Faça um programa que receba uma frase e uma palavra, calcule e mostre a quantidade de vezes que a palavra digitada aparece na frase.

Exemplo:
Frase: EU ESTOU NA ESCOLA E A ESCOLA É LEGAL.

Palavra: ESCOLA
Resposta: A palavra ESCOLA apareceu 2 vezes na frase.

SOLUÇÃO:

- Digitar uma frase.

- Pegar o tamanho da frase digitada.

- Percorrer a frase, pegando caractere por caractere.

- Cada vez que encontrar um espaço em branco ou o fim da frase, foi obtida uma palavra completa.

- Se a palavra completa for igual à palavra digitada, acrescentar um no contador.

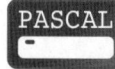 SOLUÇÃO:

    \EXERC\CAP9\PASCAL\EX9.PAS e \EXERC\CAP9\PASCAL\EX9.EXE

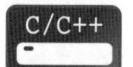 SOLUÇÃO:

    \EXERC\CAP9\C++\EX9.CPP e \EXERC\CAP9\C++\EX9.EXE

 SOLUÇÃO:

    \EXERC\CAP9\JAVA\EX9.java e \EXERC\CAP9\JAVA\EX9.class

10. Faça um programa que receba uma frase e troque a palavra ALUNO por ESTUDANTE e a palavra ESCOLA por UNIVERSIDADE.

Exemplo: EU SOU ALUNO DA ESCOLA
Saída: EU SOU ESTUDANTE DA UNIVERSIDADE

SOLUÇÃO:

- Digitar uma frase.

- Pegar o tamanho da frase digitada.

- Percorrer a frase, pegando caractere por caractere.

- Cada vez que encontrar um espaço em branco ou o fim da frase, foi obtida uma palavra completa.

- Se a palavra completa for igual à cadeia ALUNO, esta deverá ser removida da frase digitada e no seu lugar deverá ser inserida a cadeia ESTUDANTE.

- Percorrer a frase, pegando caractere por caractere.

- Cada vez que encontrar um espaço em branco ou o fim da frase, foi obtida uma palavra completa.

■ Se a palavra completa for igual à cadeia ESCOLA, esta deverá ser removida da frase digitada e no seu lugar deverá ser inserida a cadeia UNIVERSIDADE.

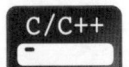

SOLUÇÃO:

\EXERC\CAP9\PASCAL\EX10.PAS e \EXERC\CAP9\PASCAL\EX10.EXE

SOLUÇÃO:

\EXERC\CAP9\C++\EX10.CPP e \EXERC\CAP9\C++\EX10.EXE

SOLUÇÃO:

\EXERC\CAP9\JAVA\EX10.java e \EXERC\CAP9\JAVA\EX10.class

11. Faça um programa que receba uma frase e, a cada ocorrência da palavra TECLADO, insira o texto OU MOUSE.

Exemplo:

Frase: PODE-SE UTILIZAR O TECLADO PARA ENTRADA DE DADOS.
Resposta: PODE-SE UTILIZAR O TECLADO OU MOUSE PARA ENTRADA DE DADOS.

SOLUÇÃO:

■ Digitar uma frase.

■ Pegar o tamanho da frase digitada.

■ Percorrer a frase, pegando caractere por caractere.

■ Cada vez que encontrar um espaço em branco ou o fim da frase, foi obtida uma palavra completa.

■ Se a palavra completa for igual à cadeia TECLADO, deverá ser inserida (concatenada) após sua ocorrência a cadeia OU MOUSE.

SOLUÇÃO:

\EXERC\CAP9\PASCAL\EX11.PAS e \EXERC\CAP9\PASCAL\EX11.EXE

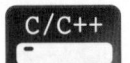

SOLUÇÃO:

\EXERC\CAP9\C++\EX11.CPP e \EXERC\CAP9\C++\EX11.EXE

SOLUÇÃO:

\EXERC\CAP9\JAVA\EX11.java e \EXERC\CAP9\JAVA\EX11.class

12. Faça um programa para criptografar uma frase dada pelo usuário, ou seja, a criptografia deverá inverter a frase.

Exemplo:

Frase: EU ESTOU NA ESCOLA
Saída: ALOCSE AN UOTSE UE

SOLUÇÃO:

■ Digitar uma frase.

■ Pegar o tamanho da frase digitada.

■ Percorrer a frase do último caractere ao primeiro, copiando-o para a nova cadeia.

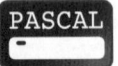

SOLUÇÃO:

\EXERC\CAP9\PASCAL\EX12.PAS e \EXERC\CAP9\PASCAL\EX12.EXE

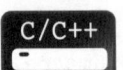

SOLUÇÃO:

\EXERC\CAP9\C++\EX12.CPP e \EXERC\CAP9\C++\EX12.EXE

 SOLUÇÃO:

\EXERC\CAP9\JAVA\EX12.java e \EXERC\CAP9\JAVA\EX12.class

13. Faça um programa para criptografar uma frase dada pelo usuário, ou seja, a criptografia deverá inverter cada palavra da frase.

Exemplo:

Frase: EU ESTOU NA ESCOLA
Saída: UE UOTSE AN ALOCSE

SOLUÇÃO:

- Digitar uma frase.
- Pegar o tamanho da frase digitada.
- Percorrer a frase, pegando caractere por caractere.
- Cada vez que encontrar um espaço em branco ou o fim da frase, foi obtida uma palavra completa.
- Pegar o tamanho da palavra completa.
- Percorrer a palavra completa do último caractere ao primeiro, copiando-o para a nova palavra.
- Concatenar a nova palavra completa na nova frase.

 SOLUÇÃO:

\EXERC\CAP9\PASCAL\EX13.PAS e \EXERC\CAP9\PASCAL\EX13.EXE

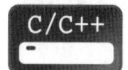 SOLUÇÃO:

\EXERC\CAP9\C++\EX13.CPP e \EXERC\CAP9\C++\EX13.EXE

 SOLUÇÃO:

\EXERC\CAP9\JAVA\EX13.java e \EXERC\CAP9\JAVA\EX13.class

14. Faça um programa que receba uma frase com letras minúsculas e converta a primeira letra de cada palavra da frase para maiúscula.

Exemplo:

Entrada: fazer exercícios faz bem.

Saída: Fazer Exercícios Faz Bem.

SOLUÇÃO:

- Digitar uma frase.
- Pegar o tamanho da frase digitada.
- Converter o primeiro caractere da frase para maiúsculo.
- Percorrer a frase, pegando caractere por caractere.
- Cada vez que encontrar um espaço em branco, converter o próximo caractere para maiúsculo.

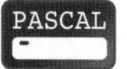 SOLUÇÃO:

\EXERC\CAP9\PASCAL\EX14.PAS e \EXERC\CAP9\PASCAL\EX14.EXE

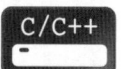 SOLUÇÃO:

\EXERC\CAP9\C++\EX14.CPP e \EXERC\CAP9\C++\EX14.EXE

 SOLUÇÃO:

\EXERC\CAP9\JAVA\EX14.java e \EXERC\CAP9\JAVA\EX14.class

15. Faça um programa que receba um nome e gere como saída o nome digitado e seu login. Lembre-se de respeitar as letras minúsculas e maiúsculas, já que o login será sempre com letras minúsculas. A regra para geração do login é: a primeira letra do nome e, caso exista apenas um sobrenome, deve-se acrescentá-lo; caso existam dois sobrenomes, deve-se gerar a primeira letra do nome, mais a primeira letra do primeiro sobrenome, seguido do último sobrenome; caso existam três ou mais sobrenomes, deve-se proceder como na situação anterior, considerando o nome, o primeiro sobrenome e o último sobrenome.

Exemplos:

Nome: Pedro Hansdorf
Login: phansdorf

Nome: Robson Soares Silva
Login: rssilva

Nome: Jaqueline Oliveira Fernandes Espanhola
Login: joespanhola

SOLUÇÃO:

- Digitar um nome.
- Converter todas as letras do nome digitado para minúsculas.
- Inicializar o login (nova cadeia) com a primeira letra do primeiro nome.
- Verificar se o nome digitado tem apenas um espaço em branco. Caso tenha, concatenar (juntar) ao login os caracteres da posição posterior ao espaço até o fim do nome digitado.
- Se o nome tiver mais de um espaço em branco, procurar o primeiro espaço e concatenar (juntar) ao login o caractere da posição posterior à posição do espaço; procurar o último espaço e concatenar (juntar) ao login os caracteres da posição posterior a esse último espaço até o fim do nome digitado.

 SOLUÇÃO:

\EXERC\CAP9\PASCAL\EX15.PAS e \EXERC\CAP9\PASCAL\EX15.EXE

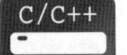 SOLUÇÃO:

\EXERC\CAP9\C++\EX15.CPP e \EXERC\CAP9\C++\EX15.EXE

 SOLUÇÃO:

\EXERC\CAP9\JAVA\EX15.java e \EXERC\CAP9\JAVA\EX15.class

16. Faça um programa que receba uma palavra e verifique se ela constitui um palíndromo, ou seja, se a palavra escrita do fim para o começo fica igual à palavra escrita do começo para o fim.

Exemplos:

ARARA

ANA

MIRIM

SOLUÇÃO:

- Digitar uma palavra.
- Gerar uma nova palavra, que será a palavra digitada invertida.
- Comparar a palavra digitada com a palavra invertida.
- Se as palavras forem iguais, trata-se de palíndromo; caso contrário, não se trata de palíndromo.

 SOLUÇÃO:

\EXERC\CAP9\PASCAL\EX16.PAS e \EXERC\CAP9\PASCAL\EX16.EXE

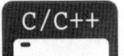 SOLUÇÃO:

\EXERC\CAP9\C++\EX16.CPP e \EXERC\CAP9\C++\EX16.EXE

 SOLUÇÃO:

\EXERC\CAP9\JAVA\EX16.java e \EXERC\CAP9\JAVA\EX16.class

17. Faça um programa que receba uma frase e uma palavra. Caso a frase contenha a palavra ESCOLA, deverá substituí-la pela palavra digitada.

Exemplo:

Frase: EU MORO PERTO DE UMA ESCOLA. MAS ESSA ESCOLA NÃO É A MELHOR.
Palavra: PADARIA
Resposta: EU MORO PERTO DE UMA PADARIA. MAS ESSA PADARIA NÃO É A MELHOR.

S̲o̲l̲u̲ç̲ã̲o̲:

- Digitar uma frase.
- Digitar a palavra que substituirá a palavra ESCOLA.
- Converter a palavra e a frase digitadas para letras maiúsculas.
- Pegar o tamanho da frase.
- Percorrer a frase, pegando caractere por caractere.
- Cada vez que encontrar um espaço em branco ou o fim da frase, foi obtida uma nova palavra.
- Comparar a nova palavra com a palavra ESCOLA.
- Quando encontrar a palavra ESCOLA, apagá-la e no seu lugar inserir a palavra digitada.
- Depois de substituir, atualizar o tamanho da frase a ser percorrida.

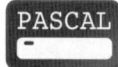 S̲o̲l̲u̲ç̲ã̲o̲:
\EXERC\CAP9\PASCAL\EX17.PAS e \EXERC\CAP9\PASCAL\EX17.EXE

 S̲o̲l̲u̲ç̲ã̲o̲:
\EXERC\CAP9\C++\EX17.CPP e \EXERC\CAP9\C++\EX17.EXE

 S̲o̲l̲u̲ç̲ã̲o̲:
\EXERC\CAP9\JAVA\EX17.java e \EXERC\CAP9\JAVA\EX17.class

18. Faça um programa que se comporte como vírus, ou seja, que duplique cada uma das palavras digitadas pelo usuário.

Exemplo:

Frase: EU ESTOU NA ESCOLA
Saída: EU EU ESTOU ESTOU NA NA ESCOLA ESCOLA

S̲o̲l̲u̲ç̲ã̲o̲:

- Digitar uma frase.
- Pegar o tamanho da frase.
- Percorrer a frase, pegando caractere por caractere.
- Comparar cada caractere com espaço em branco.
- Quando encontrar espaço ou o fim da frase, foi encontrado o fim de uma palavra. Copiar a palavra encontrada.
- Inserir a palavra encontrada na frase duas vezes.

 S̲o̲l̲u̲ç̲ã̲o̲:
\EXERC\CAP9\PASCAL\EX18.PAS e \EXERC\CAP9\PASCAL\EX18.EXE

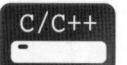 S̲o̲l̲u̲ç̲ã̲o̲:
\EXERC\CAP9\C++\EX18.CPP e \EXERC\CAP9\C++\EX18.EXE

 S̲o̲l̲u̲ç̲ã̲o̲:
\EXERC\CAP9\JAVA\EX18.java e \EXERC\CAP9\JAVA\EX18.class

19. Faça um programa que receba uma frase. Caso na frase apareça o nome de um mês do ano por extenso, deverá substituí-lo pelo seu número correspondente, como no exemplo.

Exemplo:
Frase: NO MÊS DE JANEIRO FAZ CALOR.
Nova frase: NO MÊS 01 FAZ CALOR.

SOLUÇÃO:

- Digitar uma frase.
- Pegar o tamanho da frase.
- Percorrer a frase, pegando caractere por caractere.
- Cada vez que encontrar um espaço em branco ou o fim da frase, foi obtida uma nova palavra.
- Comparar a nova palavra com o nome dos meses do ano. Se houver coincidência, substituir o nome do mês pelo seu número correspondente.
- Depois de substituir, atualizar o tamanho da frase a ser percorrida.

 SOLUÇÃO:

\EXERC\CAP9\PASCAL\EX19.PAS e \EXERC\CAP9\PASCAL\EX19.EXE

 SOLUÇÃO:

\EXERC\CAP9\C++\EX19.CPP e \EXERC\CAP9\C++\EX19.EXE

 SOLUÇÃO:

\EXERC\CAP9\JAVA\EX19.java e \EXERC\CAP9\JAVA\EX19.class

20. Faça um programa que receba o nome completo de uma pessoa e mostre os nomes intermediários entre o primeiro nome e o último sobrenome abreviados.

Exemplo:

Nome: Maria Silva Costa
Saída: Maria S. Costa

Nome: João Carlos Gomes Marques
Saída: João C. G. Marques

SOLUÇÃO:

- Digitar um nome.
- Pegar o tamanho do nome.
- Percorrer o nome, pegando caractere por caractere.
- Comparar cada caractere com espaço em branco.
- Quando encontrar o primeiro espaço em branco, foi encontrado o fim do primeiro nome.
- Copiar a palavra obtida, pois o primeiro nome não será abreviado.
- Percorrer a cadeia, pegando caractere por caractere, do final para o começo.
- Comparar cada caractere com espaço em branco, para achar a posição inicial do último nome, pois este também não será abreviado.
- Percorrer a cadeia do final do primeiro nome até a posição inicial do último nome.
- Após encontrar um espaço, pegar o caractere seguinte, juntar ao novo nome e acrescentar um ponto e um espaço.
- Juntar a primeira palavra com as abreviaturas e depois com a última palavra.

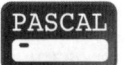 SOLUÇÃO:

`\EXERC\CAP9\PASCAL\EX20.PAS e \EXERC\CAP9\PASCAL\EX20.EXE`

 SOLUÇÃO:

`\EXERC\CAP9\C++\EX20.CPP e \EXERC\CAP9\C++\EX20.EXE`

 SOLUÇÃO:

`\EXERC\CAP9\JAVA\EX20.java e \EXERC\CAP9\JAVA\EX20.class`

21. Faça um programa que receba o nome completo de uma pessoa e reescreva-o de acordo com o exemplo a seguir.

Exemplo:

Nome: Maria Silva Costa
Saída: Costa, M. S.

Nome: João Carlos Gomes Marques
Saída: Marques, J. C. G.

SOLUÇÃO:

- Digitar um nome.
- Pegar o tamanho do nome.
- Percorrer o nome, pegando caractere por caractere, do final da frase para o começo dela.
- Comparar cada caractere com espaço em branco.
- Quando encontrar o primeiro espaço em branco, foi encontrado o começo do último nome. Copiar o último nome, pois este deverá ser o primeiro.
- Juntar ao novo nome uma vírgula e um espaço em branco.
- Juntar ao novo nome a primeira letra do nome digitado com um ponto e um espaço em branco.
- Percorrer a frase, pegando caractere por caractere, do início do nome até a posição inicial da última palavra.
- Comparar cada caractere com espaço em branco e, quando encontrar, juntar ao novo nome a letra da próxima posição, com um ponto e um espaço em branco.

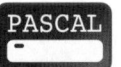 SOLUÇÃO:

`\EXERC\CAP9\PASCAL\EX21.PAS e \EXERC\CAP9\PASCAL\EX21.EXE`

 SOLUÇÃO:

`\EXERC\CAP9\C++\EX21.CPP e \EXERC\CAP9\C++\EX21.EXE`

 SOLUÇÃO:

`\EXERC\CAP9\JAVA\EX21.java e \EXERC\CAP9\JAVA\EX21.class`

22. Faça um programa que receba um nome e gere um login e uma senha. O login deverá ser composto pela primeira letra de cada nome em letras maiúsculas e as mesmas letras minúsculas; a senha será composta pela representação ASCII de cada letra do login.

Exemplo:

Nome: Ana Beatriz Costa
Login: ABCabc
Senha: 656667979899

SOLUÇÃO:

- Digitar um nome.
- Pegar o tamanho do nome.

- Colocar no login a primeira letra do primeiro nome em maiúsculo.

- Percorrer todo o nome, caractere por caractere, e cada vez que encontrar um espaço em branco, acrescentar ao login, em letra maiúscula, o caractere da posição seguinte.

- Fazer uma cópia do login atual, converter os caracteres da cópia para letras minúsculas e concatenar (juntar) ao login.

- Percorrer todas as posições do login gerado e compor a senha, convertendo cada caractere encontrado para a sua representação na tabela ASCII.

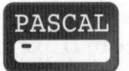 SOLUÇÃO:

\EXERC\CAP9\PASCAL\EX22.PAS **e** \EXERC\CAP9\PASCAL\EX22.EXE

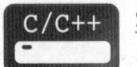 SOLUÇÃO:

\EXERC\CAP9\C++\EX22.CPP **e** \EXERC\CAP9\C++\EX22.EXE

 SOLUÇÃO:

\EXERC\CAP9\JAVA\EX22.java **e** \EXERC\CAP9\JAVA\EX22.class

23. Faça um programa para criptografar uma frase em que cada caractere deverá ser substituído pelo caractere que está três posições à sua frente na tabela ASCII. Os três últimos caracteres da tabela ASCII deverão ser substituídos pelos três primeiros.

Exemplo:

BONECO ZABUMBA
ERQHFR CDEXPED

SOLUÇÃO:

- Digitar uma frase.

- Pegar o tamanho da frase.

- Percorrer toda a frase, convertendo cada caractere para ASCII, acrescentando três e convertendo novamente para caractere.

- Copiar o novo caractere para a frase criptografada.

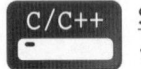 SOLUÇÃO:

\EXERC\CAP9\PASCAL\EX23.PAS **e** \EXERC\CAP9\PASCAL\EX23.EXE

 SOLUÇÃO:

\EXERC\CAP9\C++\EX23.CPP **e** \EXERC\CAP9\C++\EX23.EXE

SOLUÇÃO:

\EXERC\CAP9\JAVA\EX23.java **e** \EXERC\CAP9\JAVA\EX23.class

24. Faça um programa que receba um verbo regular terminado em AR e mostre sua conjugação no presente.

Exemplo:

Verbo: andar

Eu ando

Tu andas

Ele anda

Ela anda

Nós andamos

Vós andaisEles andam

Elas andam

<u>Solução:</u>

■ Digitar um verbo terminado em AR.

■ Pegar o tamanho do verbo.

■ Gerar uma palavra que será o verbo digitado com os dois últimos caracteres excluídos.

■ Mostrar o conjugação acrescentando o, as, a, amos, ais e am à palavra gerada.

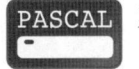 <u>Solução:</u>

\EXERC\CAP9\PASCAL\EX24.PAS e \EXERC\CAP9\PASCAL\EX24.EXE

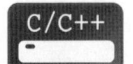 <u>Solução:</u>

\EXERC\CAP9\C++\EX24.CPP e \EXERC\CAP9\C++\EX24.EXE

 <u>Solução:</u>

\EXERC\CAP9\JAVA\EX24.java e \EXERC\CAP9\JAVA\EX24.class

25. Faça um programa que receba uma frase e conte quantos verbos existem nela, considerando que os verbos terminam em R.

<u>Solução:</u>

■ Digitar uma frase.

■ Pegar o tamanho da frase.

■ Percorrer a frase, analisando caractere por caractere.

■ Quando encontrar um espaço ou o final da frase, analisar o caractere anterior e, se este for a letra R, acrescentar um no contador.

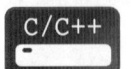 <u>Solução:</u>

\EXERC\CAP9\PASCAL\EX25.PAS e \EXERC\CAP9\PASCAL\EX25.EXE

 <u>Solução:</u>

\EXERC\CAP9\C++\EX25.CPP e \EXERC\CAP9\C++\EX25.EXE

<u>Solução:</u>

\EXERC\CAP9\JAVA\EX25.java e \EXERC\CAP9\JAVA\EX25.class

EXERCÍCIOS PROPOSTOS

1. Faça um programa para criptografar uma frase dada pelo usuário. Na criptografia, a frase deverá ser invertida e as consoantes deverão ser trocadas por #.

Exemplo:

Frase: EU ESTOU NA ESCOLA
Saída: A#O##E A# UO##E UE

2. Faça um programa que receba uma frase e mostre cada palavra dela em uma linha separada.

Exemplo:

Frase: COMPUTADORES SÃO MÁQUINAS POTENTES
Saída:
COMPUTADORES
SÃO
MÁQUINAS
POTENTES

3. Faça um programa que receba uma frase e gere uma nova, retirando os espaços excedentes no início e no fim da frase e entre suas palavras.

4. Faça um programa que receba uma frase, calcule e mostre a quantidade de palavras da frase digitada. Antes de contar a quantidade de palavras da frase, esta deverá passar pelas seguintes correções:

a) Eliminação de espaços no início da frase.

b) Eliminação de espaços no fim da frase.

c) Eliminação de espaços duplicados entre palavras.

5. Faça um programa que receba duas cadeias de caracteres e verifique se a primeira cadeia digitada é permutação da segunda cadeia, ou seja, se todos os caracteres da primeira cadeia estão presentes na segunda cadeia, mesmo que em posições diferentes.

Exemplo:

"abccde" é uma permutação de "cbadce", mas não é de "abcdef" nem de "abcde"

6. Faça um programa que receba uma frase e gere uma nova frase, duplicando cada caractere da frase digitada.

Exemplo:

Frase: PROGRAMAR É BOM

Saída: PPRROOGGRRAAMMAARR ÉÉ BBOOMM

7. Faça um programa que receba uma frase e mostre quantas letras diferentes ela contém.

8. Faça um programa que receba uma frase e um caractere e verifique se o caractere digitado é encontrado na frase ou não e, se for encontrado, quantas vezes isso acontece.

9. Faça um programa que receba uma frase e um caractere e verifique em que posição da frase o caractere digitado aparece pela primeira vez.

10. Faça um programa que receba uma frase e um caractere e verifique em que posição da frase o caractere digitado aparece pela última vez.

11. Faça um programa que receba uma frase e mostre quantas vezes cada palavra aparece na frase digitada.

12. Faça um programa que receba uma data no formato DD/MM/AAAA e a mostre com o mês por extenso: DD/mês por extenso/AAAA

13. Faça um programa que receba uma cadeia de caracteres e o número de repetições (limitado a 5) e gere uma nova cadeia.

Exemplo:

Cadeia = Ui!

Número = 3

Nova cadeia = Ui! Ui! Ui!

14. Faça um programa que receba uma frase e converta as vogais de suas palavras para maiúsculo e as consoantes para minúsculo.

15. Faça um programa que receba uma frase e, cada vez que aparecer nela um algarismo entre 0 e 9, substitua-o, escrevendo-o por extenso.

Exemplo:

Frase: EU ESTOU NA POLTRONA 5.

Saída: EU ESTOU NA POLTRONA CINCO.

16. Faça um programa que receba uma frase e mostre quantas letras, quantos números e quantos espaços existem nela.

17. Faça um programa que receba uma frase e, a cada duas palavras dela, realize uma criptografia, ou seja: a primeira letra da primeira palavra da frase concatenada com a última letra da segunda palavra, concatenada com a segunda letra da primeira palavra e com a penúltima letra da segunda palavra e assim por diante. No caso de quantidade de palavras ímpares, a última palavra deve simplesmente ser invertida.

Exemplos:

Frase: Aula com bola
Saída: Amuolca alob

Frase: Casa com janelas coloridas
Saída: Cmaosca jsaandeilraosloc

18. Faça um programa que criptografe cada palavra de uma frase, substituindo por ? a última metade de seus caracteres.
Exemplo:

A aula é boa mas poderia ser mais curta.
? au?? ? b?? m?? pod???? s?? ma?? cu???.

19. Faça um programa que receba uma frase e faça a criptografia dela, substituindo as vogais pelos seguintes números: a = 1, e = 2, i = 3, o = 4 e u = 5.

20. Faça um programa que receba uma frase e faça a criptografia dela, utilizando a representação ASCII de cada caractere mais um espaço, e depois proceda à sua descriptografia.

21. Faça um programa que receba uma frase e realize a criptografia dela, trocando a primeira e a última palavra de lugar.

Exemplo:

Frase: ESTRELAS E LUA ESTÃO NO CÉU
Saída: CÉU E LUA ESTÃO NO ESTRELAS

22. Considere uma string composta por várias subsequências, por exemplo, *cccaaaabbbbxddddddddaaannn*. A menor subsequência é a da letra *x*, com apenas um elemento; a maior subsequência é a da letra *d*, com nove elementos. Faça um programa para ler uma string e mostrar qual é a letra que ocorre na **maior** subsequência e o tamanho dessa subsequência.

Exemplo:

Entrada: aaabbbbaaa
Saída: maior b, tamanho 4

23. A busca por subcadeias dentro de grandes cadeias de caracteres é um problema clássico na computação, especificamente em bancos de dados. Faça um programa que receba uma cadeia de caracteres e uma subcadeia, determine e mostre quantas vezes a subcadeia aparece dentro da cadeia.

⊗ ⊖ ⊕   **Observação**

O tamanho da subcadeia obrigatoriamente deve ser menor que o da cadeia.
Exemplos:

Entradas:
Cadeia = aaaassdffffghssiiii
Subcadeia = ss
Saída: a subcadeia aparece 2 vez(es) na cadeia

Entradas:
Cadeia = xxxxxaauuuyyyydrtsss
Subcadeia = yydrts
Saída: a subcadeia aparece 1 vez(es) na cadeia.

> Entradas:
> Cadeia = fffffhuiojjjjkkkkkssjh
> Subcadeia = fdkjfdfjdiiiioooooopppppwwqertttesss
> Erro! Tamanho incorreto. Digite outra subcadeia.
> Subcadeia = dsh
> Saída: a subcadeia não está contida na cadeia.

24. Faça um programa que receba um verbo regular terminado em ER e mostre sua conjugação no presente. Exemplo:

verbo: vender
Eu vendo
Tu vendes
Ele vende
Ela vende
Nós vendemos
Vós vendeis
Eles vendem
Elas vendem

25. Faça um programa que receba uma frase e faça a criptografia, retirando das palavras suas vogais. O programa deverá armazenar essas vogais e suas posições originais em vetores, mostrar a frase criptografada e posteriormente descriptografá-la.

CAPÍTULO 10 Registro

10.1 Definição de registros

Em todos os capítulos anteriores, as variáveis utilizadas nos programas conseguem armazenar apenas um tipo de dado, definido no momento em que foram declaradas. Além de facilitar o uso das estruturas de controle de um programa, as variáveis servem, também, para representar entidades identificadas no problema real que será resolvido computacionalmente.

Nesses casos, é bastante comum a necessidade de armazenar, dentro de uma mesma variável, diferentes tipos de dados. É aí que entram em cena os registros.

Registros conseguem agregar vários dados acerca de uma mesma entidade. Com isso, os programadores podem gerar novos tipos de dados, não se limitando apenas à utilização dos tipos de dados primitivos fornecidos pelas linguagens de programação.

Cada dado contido em um registro é chamado campo. Os campos podem ser de diferentes tipos primitivos ou, ainda, podem representar outros registros. É por essa razão que os registros são conhecidos, também, como variáveis compostas heterogêneas.

10.2 Declaração de registros em algoritmos

A declaração de uma variável registro é o primeiro passo para a sua utilização. Isso significa especificar o nome de seus campos com seus respectivos tipos.

Como acontece com qualquer outro tipo de dado, uma variável registro pode ser simples, um vetor ou uma matriz. A sintaxe correta para a declaração de uma variável registro é mostrada a seguir.

```
DECLARE nome_da_variável_registro REGISTRO (nome_campo1 TIPO_DO_CAMPO1,
    nome_campo2 TIPO_DO_CAMPO2, ..., nome_campoN TIPO_DO_CAMPOn)
```

Exemplo 1:

```
DECLARE conta REGISTRO (num, saldo NUMÉRICO, nome LITERAL)
```

No exemplo 1, foi declarada uma variável chamada conta. Essa variável é um registro composto por três campos: num e saldo, capazes de armazenar valores numéricos, e nome, capaz de armazenar um valor literal. A seguir, é mostrada uma representação gráfica da variável conta.

num	
Variável conta saldo	
nome	

Exemplo 2:

```
DECLARE conta[3] REGISTRO (num, saldo NUMÉRICO, nome LITERAL)
```

No exemplo 2, foi declarada uma variável chamada conta. Essa variável é um vetor de três posições (de 1 a 3). Em cada posição será armazenado um registro, composto por três campos: num e saldo, capazes de armazenar valores numéricos, e nome, capaz de armazenar um valor literal. A seguir, é mostrada uma representação gráfica do vetor conta.

	1		2		3	
Vetor conta	num		num		num	
	saldo		saldo		saldo	
	nome		nome		nome	

10.2.1 Acesso aos campos de um registro em algoritmo

O uso de um registro é possível pelo acesso individual a seus campos, quer seja para gravar quer seja para recuperar um dado. O acesso a determinado campo de registro é feito informando-se o nome da variável, seguido por um ponto e pelo nome do campo desejado. A seguir, é mostrada a forma geral a ser utilizada.

```
nome_da_variável_do_tipo_registro.nome_do_campo
```

A seguir, serão apresentados alguns trechos de algoritmos, exemplificando o uso de registros (a numeração das linhas serve apenas para auxiliar a explicação).

Exemplo 1:

```
1.  DECLARE conta REGISTRO (numero, saldo NUMÉRICO, titular LITERAL)
2.  ESCREVA "Digite o número da conta: "
3.  LEIA conta.numero
4.  ESCREVA "Digite o nome do titular da conta: "
5.  LEIA conta.titular
6.  ESCREVA "Digite o saldo da conta: "
7.  LEIA conta.saldo
```

No exemplo 1, observa-se a criação de uma variável registro chamada conta (linha 1). Na declaração, foi definido que conta possuirá 3 campos: numero e saldo, que poderão armazenar valores numéricos, e titular, que poderá armazenar valores literais. Nas linhas 3, 5 e 7, o camando LEIA permite que sejam atribuídos valores aos campos numero, titular e saldo. Observe que, nessas três linhas, os campos só puderam ser acessados porque foram precedidos pelo nome da variável conta.

Exemplo 2:

```
1.  DECLARE funcionario[4] REGISTRO (nome LITERAL, salario NUMÉRICO)
2.          i NUMÉRICO
3.  PARA i ← 1 ATÉ 4 FAÇA
4.     INÍCIO
5.        ESCREVA "Digite o nome do funcionário ", i, ": "
6.        LEIA funcionario[i].numero
7.        ESCREVA "Digite o salário do funcionário ", i, ": "
8.        LEIA funcionario[i].salario
9.     FIM
```

O exemplo 2 apresenta a criação e o uso de um vetor de quatro posições. Cada posição tem capacidade para armazenar os campos nome e salario, definidos no registro. Assim como acontece com qualquer vetor, as posições devem ser acessadas com o uso de um índice. No exemplo 2, esse índice é a variável i, controlada pelo PARA, que permite sua variação de 1 até 4 (o tamanho do vetor).

Após a execução de todas as iterações do PARA, o vetor estará completamente preenchido. A seguir, mostramos uma ilustração de como o vetor funcionario ficaria.

	1		2		3		4	
Vetor funcionario	nome	João	nome	Maria	nome	Pedro	nome	Lúcia
	salario	1000,00	salario	5000,00	salario	1800,00	salario	2700,00

Exemplo 3:

```
1.   PARA i ← 1 ATÉ 4 FAÇA
2.      INÍCIO
3.         ESCREVA "Funcionário que ocupa a posição ", i, " no vetor: "
4.         ESCREVA "Nome: ", funcionario[i].nome
5.         ESCREVA "Salário: ", funcionario[i].salario
6.      FIM
```

O exemplo 3 faz uso de um vetor de quatro posições, chamado funcionario. A estrutura de repetição PARA, iniciada na linha 1, permite que as quatro posições do vetor sejam percorridas e os dados encontrados sejam mostrados. A seguir, pode-se ver uma simulação da execução desse pedaço de algoritmo, considerando que o vetor tenha sido preenchido como ilustrado no exemplo 2.

Memória	Tela
i	
1	Funcionário que ocupa a posição 1 no vetor:
	Nome: João
	Salário: 1000,00
2	Funcionário que ocupa a posição 2 no vetor:
	Nome: Maria
	Salário: 5000,00
3	Funcionário que ocupa a posição 3 no vetor:
	Nome: Pedro
	Salário: 1800,00
4	Funcionário que ocupa a posição 4 no vetor:
	Nome: Lúcia
	Salário: 2700,00

10.3 Declaração de registros em PASCAL

Em PASCAL, a utilização de registros requer dois passos: a definição da estrutura do registro, em que se utilizam as palavras reservadas TYPE e RECORD, e a declaração da variável registro, que segue a sintaxe de declaração de qualquer variável.

```
TYPE nome_da_variável_registro = RECORD
                        campo1:tipo1;
                        campo2:tipo2;
                           ...
                        campoN:tipoN;
                        END;
VAR  nome_da_variável:  nome_da_variável_registro;
```

Exemplo 1:

```
TYPE  REGISTRO  =  RECORD
                num  :   INTEGER;
                nome  :   STRING[35];
                saldo  :   REAL;
                END;
VAR   conta:  REGISTRO;
```

No exemplo 1, um registro chamado REGISTRO foi definido. Isso significa que o programa poderá utilizar um novo tipo de dado. Depois disso, a variável conta foi declarada como um tipo REGISTRO. Portanto, conta terá espaço para armazenar num, nome e saldo.

Exemplo 2:

```
TYPE  EXEMPLO  =  RECORD
                  num : INTEGER;
                  nome : STRING[35];
                  saldo : REAL; END;
VAR  conta:  ARRAY[1..15]  OF  EXEMPLO;
```

No exemplo 2, um registro chamado EXEMPLO foi definido. Isso significa que o programa poderá utilizar um novo tipo de dado. Depois disso, a variável conta foi declarada como um vetor de 15 posições. Cada posição será um registro EXEMPLO. Portanto, cada posição do vetor conta terá espaço para armazenar num, nome e saldo.

10.3.1 Acesso aos campos de um registro em PASCAL

O uso de um registro é possível pelo acesso individual a seus campos, quer seja para gravar quer seja para recuperar um dado. O acesso a determinado campo de registro é feito informando-se o nome da variável, seguido por um ponto e pelo nome do campo desejado.

A forma geral a ser utilizada é descrita da seguinte forma:

```
nome_da_variável_do_tipo_registro.nome_do_campo
```

A seguir, serão apresentados alguns trechos de programas, exemplificando o uso de registros (a numeração das linhas servem apenas para auxiliar a explicação).

Exemplo 1:

```
1.    TYPE BANCO = RECORD
2.             numero: INTEGER;
3.             saldo: REAL;
4.             titular: STRING[35];
5.          END;
6.    ...
7.    VAR conta: BANCO;
8.    ...
9.    WRITELN('Digite o número da conta: ');
10.   READLN(conta.numero);
11.   WRITELN('Digite o nome do titular da conta: ');
12.   READLN(conta.titular);
13.   WRITELN('Digite o saldo da conta: ');
14.   READLN(conta.saldo);
```

No exemplo 1, pode-se ver, da linha 1 à 5, a criação de um registro, chamado BANCO. Esse registro agrupa três tipos de dados, denominados campos do registro: o número, que é um inteiro; o saldo, que é um número real; e o titular, que é uma cadeia de caracteres. Na linha 7, é criada uma variável conta do tipo BANCO. Isso implica que os três campos do registro estão contidos nessa variável. Nas linhas 10, 12 e 14, o camando READLN permite que sejam atribuídos valores aos campos numero, titular e saldo. Observe que nessas três linhas os campos só puderam ser acessados porque foram precedidos pelo nome da variável conta.

Exemplo 2:

```
1.    ...
2.    TYPE EMPRESA = RECORD
3.             nome: LITERAL;
4.             salario: REAL;
```

```
5.                END;
6.  ...
7.  VAR funcionarios: ARRAY [1..4] OF EMPRESA;
8.  ...
9.  FOR i := 1 TO 4 DO
10.    BEGIN
11.       WRITELN('Digite o nome do funcionário ', i, ': ');
12.       READLN(funcionarios[i].nome);
13.       WRITELN('Digite o salário do funcionário ', i, ': ');
14.       READLN(funcionarios[i].salario);
15.    END;
16. ...
```

O exemplo 2 apresenta a criação (linha 7) e uso de um vetor de quatro posições. Cada posição tem capacidade para armazenar os campos nome e salario definidos no registro EMPRESA (da linha 2 à 5). Assim como acontece com qualquer vetor, as posições devem ser acessadas com o uso de um índice. No exemplo 2, esse índice é a variável i, controlada pelo FOR, que permite sua variação de 1 até 4 (o tamanho do vetor).

Após a execução de todas as iterações do FOR, o vetor estará completamente preenchido. A seguir, mostramos uma ilustração de como o vetor ficaria.

Vetor funcionarios	1		2		3		4	
	nome	João	nome	Maria	nome	Pedro	nome	Lúcia
	salario	1000,00	salario	5000,00	salario	1800,00	salario	2700,00

Exemplo 3:

```
1.  ...
2.  FOR i:= 1 TO 4 DO
3.     BEGIN
4.        WRITELN('"Funcionário que ocupa a posição ', i, ' no vetor: ');
5.        WRITELN('Nome: ', funcionarios[i].nome);
6.        WRITELN('Salário: ', funcionarios[i].salario:6:2);
7.     END;
8.  ...
```

O exemplo 3 faz uso de um vetor de quatro posições, chamado funcionarios. A estrutura de repetição FOR, iniciada na linha 2, permite que as quatro posições do vetor sejam percorridas e os dados encontrados sejam mostrados. A seguir, pode-se ver uma simulação da execução desse pedaço de programa, considerando-se que o vetor tenha sido preenchido como ilustrado no exemplo 2.

Memória	Tela
i	
1	Funcionário que ocupa a posição 1 no vetor:
	Nome: João
	Salário: 1000,00
2	Funcionário que ocupa a posição 2 no vetor:
	Nome: Maria
	Salário: 5000,00
3	Funcionário que ocupa a posição 3 no vetor:
	Nome: Pedro
	Salário: 1800,00
4	Funcionário que ocupa a posição 4 no vetor:
	Nome: Lúcia
	Salário: 2700,00

10.4 Declaração de registros em C/C++

Os registros em C/C++, chamados de estruturas, são definidos por meio da utilização da palavra reservada `struct`, conforme apresentado a seguir.

```
struct  nome_da_estrutura
  { tipo campo1;
    tipo campo2;
    ...
    tipo  campoN;
};
```

A partir da estrutura definida, o programa poderá considerar que existe um novo tipo de dado a ser utilizado chamado `nome_da_estrutura`. Esse novo tipo de dado é capaz de armazenar várias informações cujos tipos podem ser diferentes. Essas informações são denominadas *membros da estrutura*.

Exemplo 1:

```
struct  ESTRUTURA
      {  int  num;
         char titular[35];
         float saldo;
};
```

No exemplo 1, uma estrutura chamada `ESTRUTURA` foi definida. Isso significa que o programa poderá utilizar um novo tipo de dado. Variáveis declaradas que fazem uso desse tipo poderão armazenar três valores: num, `titular` e `saldo`.

Uma observação importante é que a `struct` só poderá ser utilizada dentro do bloco onde for definida. Por exemplo, uma `struct` descrita dentro das chaves que delimitam a função `main` só poderá ser usada por variáveis que também estejam dentro desse bloco. Para permitir que qualquer parte do seu programa entenda e utilize uma `struct`, sua definição deverá ser feita fora da função `main`, de preferência logo abaixo de todos os `#include`.

Para que um programa em C/C++ utilize uma `struct`, é necessária a declaração de variáveis desse tipo, da seguinte forma:

```
nome_da_estrutura nome_da_variável;
```

Considerando que estruturas representam novos tipos de dados, todas as operações e declarações realizadas com os tipos predefinidos da linguagem também poderão ser realizadas com as estruturas. Dessa maneira, além de variáveis simples, vetores e matrizes podem ser declaradas como `struct`.

Exemplo 1:

```
1. #include <stdio.h>
2. ...
3. int main()
4. {
5.     struct  EXEMPLO
6.            {  int  membro1;
7.               char membro2[50];
8.            };
9.     ...
10.    EXEMPLO  var;
11.    ...
12. }
```

No exemplo 1, pode-se ver, da linha 5 à 8, a criação de uma estrutura chamada EXEMPLO dentro da função main. Isso implica que todas as variáveis que precisarem ser desse tipo também deverão ser declaradas dentro do main. Exemplo disso é a variável var, declarada na linha 10. Como ela está fazendo uso do tipo EXEMPLO, possui dois valores: membro1 e membro2. A seguir, mostramos uma representação gráfica da variável var.

| Variável var | membro1 | |
| | membro2 | |

Exemplo 2:

```
1. #include <stdio.h>
2. ...
3. struct  BANCO
4.              {  int  num;
5.                 char titular[35];
6.                 float saldo;
7.              };
8. ...
9. int main()
10.{
11.     ...
12.    BANCO  conta;
13.    ...
14. }
```

No exemplo 2, temos, da linha 3 à 7, um exemplo de estrutura criada fora da função main. Isso significa que ela poderá ser usada em qualquer parte do programa, não ficando restrita a algum bloco de chaves. Na linha 12, temos a declaração da variável conta, fazendo uso do tipo BANCO. Assim, conta tem três valores: num, titular e saldo. A seguir, mostramos uma representação gráfica da variável conta.

Variável conta	num	
	titular	
	saldo	

Exemplo 3:

```
1. #include <stdio.h>
2. ...
3. struct  BANCO
4.              {  int  num;
5.                 char titular[35];
6.                 float saldo;
7.              };
8. ...
9. int main()
10.{
11.     ...
12    BANCO  contas[4][3];
13.    ...
14. }
```

No exemplo 3, temos, da linha 3 à 7, um exemplo de estrutura criada fora da função main. Isso significa que ela poderá ser usada em qualquer parte do programa, não ficando restrita a algum bloco de chaves. Na linha 12, temos a declaração da variável contas, fazendo uso do tipo BANCO. Observe que contas é uma matriz com 4 linhas e 3 colunas. Cada posição dessa matriz terá espaço para armazenar três valores: `num`, `titular` e `saldo`. A seguir mostramos uma representação gráfica da matriz `contas`.

		0		1		2	
Variável contas	0	num		num		num	
		titular		titular		titular	
		saldo		saldo		saldo	
	1	num		num		num	
		titular		titular		titular	
		saldo		saldo		saldo	
	2	num		num		num	
		titular		titular		titular	
		saldo		saldo		saldo	
	3	num		num		num	
		titular		titular		titular	
		saldo		saldo		saldo	

Em alguns momentos, é possível fazer a declaração da variável com a definição da estrutura, no mesmo bloco de comandos. Observe o exemplo 4, a seguir.

Exemplo 4:

```
1. #include <stdio.h>
2. ...
3. int main()
4. {
5.    struct
6.       { int  codigo;
7.        char descricao[50];
8.       } materiais[40];
9.    ...
10.}
```

Alguns pontos merecem ser destacados no exemplo 4. A declaração da estrutura acontece da linha 5 à 8. Contudo, essa estrutura não recebeu um nome (veja que simplesmente foi usada a palavra `struct`). Por essa razão, todas as variáveis que necessitam fazer uso desse tipo devem ser declaradas no mesmo bloco que a `struct`, como foi o caso do vetor de 40 posições, chamado `materiais`. Depois que esse bloco for finalizado, nenhuma outra variável poderá ser associada a essa estrutura, já que, em virtude de não lhe ter sido atribuído um nome, ela não poderá ser referenciada.

10.4.1 Acesso a membros de estruturas

O uso de uma `struct` é possível por meio do acesso individual a seus membros, quer seja para gravar quer seja para recuperar um dado. O acesso a determinado membro da estrutura é feito informando-se o nome da variável, seguido por um ponto e pelo nome do membro desejado.

A forma geral a ser utilizada é descrita abaixo:

```
nome_da_variável_do_tipo_estrutura.nome_do_membro
```

A seguir, serão apresentados alguns trechos de programas, exemplificando o uso de estruturas (a numeração das linhas servem apenas para auxiliar a explicação).

Exemplo 1:

```
1.  #include <stdio.h>
2.  ...
3.  int main()
4.  {
```

```
5.      struct BANCO {
6.              int numero;
7.              float saldo;
8.              char titular[35];
9.              };
10. ...
11. BANCO conta;
12. ...
13. printf("Digite o número da conta: ");
14. scanf("%d%*c", conta.numero);
15. printf("Digite o nome do titular da conta: ");
16. gets(conta.titular);
17. printf("Digite o saldo da conta: ");
18. scanf("%f%*c", conta.saldo);
19. ...
```

No exemplo 1, pode-se ver, da linha 5 à 9, a criação de uma estrutura, chamado BANCO. Essa estrutura agrupa três tipos de dados: o numero, que é um inteiro; o saldo, que é um número real; e o titular, que é uma cadeia de caracteres. Na linha 11, é criada uma variável conta do tipo BANCO. Isso implica que os três membros da estrutura estão contidos nessa variável. Nas linhas 14, 16 e 18, os comandos de leitura scanf e gets permitem que sejam atribuídos valores aos membros numero, titular e saldo. Observe que, nessas três linhas, os membros da estrutura só puderam ser acessados porque foram precedidos pelo nome da variável conta.

Exemplo 2:

```
1. #include <stdio.h>
2. ...
3. struct EMPRESA
4.    { char nome[50];
5.      float salario;
6.      };
7. ...
8. int main()
9. {
10.  EMPRESA funcionarios[4];
11.  ...
12.  for (i=0; i<4; i++)
13.  {
14.     printf("Digite o nome do funcionário %d : ", i);
15.     gets(funcionarios[i].nome);
16.     printf("Digite o salário do funcionário %d : ", i);
17.     scanf("%f%*c", funcionarios[i].salario);
18.  }
19.  ...
20. }
```

O exemplo 2 apresenta a criação (linha 10) e o uso de um vetor de quatro posições. Cada posição desse vetor tem capacidade para armazenar os membros nome e salario, definidos na estrutura EMPRESA (da linha 3 à 6). Assim, como acontece com qualquer vetor, as posições devem ser acessadas com o uso de um índice. No exemplo 2, esse índice é a variável i, controlada pelo for, que permite sua variação de 0 até 3 (posições definidas para vetor funcionarios).

Após a execução de todos as iterações do for, o vetor estará completamente preenchido. A seguir, mostramos uma ilustração de como o vetor ficaria.

Vetor funcionarios	0		1		2		3	
	nome	João	nome	Maria	nome	Pedro	nome	Lúcia
	salario	1000,00	salario	5000,00	salario	1800,00	salario	2700,00

Exemplo 3:

```
1. ...
2. for( i=0; i<4; i++)
3. {
4.   printf("Funcionário que ocupa a posição %d no vetor:", i);
5.   printf("Nome: %s", funcionarios[i].nome);
6.   printf("Salário: %6.2f", funcionarios[i].salario);
7. }
8. ...
```

O exemplo 3 faz uso de um vetor de quatro posições, chamado `funcionarios`. A estrutura de repetição `for`, iniciada na linha 2, permite que as quatro posições do vetor sejam percorridas e os dados encontrados sejam mostrados. A seguir, pode-se ver uma simulação da execução desse pedaço de programa, considerando-se que o vetor tenha sido preenchido como ilustrado no exemplo 2.

Memória	Tela
i	
0	Funcionário que ocupa a posição 0 no vetor:
	Nome: João
	Salário: 1000,00
1	Funcionário que ocupa a posição 1 no vetor:
	Nome: Maria
	Salário: 5000,00
2	Funcionário que ocupa a posição 2 no vetor:
	Nome: Pedro
	Salário: 1800,00
3	Funcionário que ocupa a posição 3 no vetor:
	Nome: Lúcia
	Salário: 2700,00

10.5 Declaração de registros em JAVA

Registros em JAVA são representados por classes definidas pelo usuário, em que os campos são chamados variáveis de instância ou atributos.

Formato geral:

```
[modificador_de_acesso] class Registro {
  [modificador_de_acesso] tipo atributo1;
  [modificador_de_acesso] tipo atributo2;
  ...
  [modificador_de_acesso] tipo atributoN;
  [modificador_de_acesso] tipo método1([parâmetros]) {
  ...
  }
  [modificador_de_acesso] tipo método2([parâmetros]) {
  ...
  }
  ...
```

```
    [modificador_de_acesso] tipo métodoN([parâmetros]) {
       ...
    }
}
```

Além de conter os atributos, uma classe pode também conter métodos, ou seja, funções para manipular esses atributos.

O formato geral de classe apresentado anteriormente mostra que é possível estabelecer critérios de acessibilidade à classe, aos atributos e aos métodos. São eles:

a) acesso público, representado pela palavra `public`, indicando que a classe pode ser usada por qualquer outra classe;

b) acesso protegido, representado pela palavra `protected`, indicando que uma classe poderá ser usada pelas suas descendentes;

c) acesso privado, representado pela palavra `private`, indicando que a classe poderá ser usada apenas dentro da classe onde ela foi definida (uma classe dentro da outra);

d) acesso de pacote, representado pela ausência de um modificador, indicando que a classe poderá ser usada por qualquer outra classe que pertença ao mesmo pacote (mesma pasta).

O estudo aprofundado sobre modificadores de acesso não faz parte dos objetivos deste livro. Sugere-se, para isso, leitura de livros específicos sobre linguagem JAVA.

Uma forma de tornar mais fácil a manutenção e a busca por erros em programas é fazer com que todos os atributos de uma classe tenham visibilidade *private*. Isso significa que eles não poderão ser acessados diretamente por outras classes. Somente métodos específicos poderão manipular tais atributos. Assim, se alguma operação precisar ser alterada ou modificada, basta mexer no método responsável por tal operação. Normalmente, métodos que alteram valores de atributos são chamados de *setters*, e métodos que obtêm o valor dos atributos são chamados *getters*.

Exemplo 1:

```
1. private  class  Produto
2. {  private  int  num;
3.     private  String  titular;
4.     private  float  valor;
5.     public  void  setNum(int  n) {
6.        num  =  n;
7.     }
8.     public  int  getNum() {
9.        return  num;
10.    }
11.    public  void  setTitular(String  n) {
12.       titular  =  n;
13.    }
14.    public  String  getTitular() {
15.       return  titular;
16.    }
17.    public  void  setValor(float  v) {
18.       valor  =  v;
19.    }
20.    public  float  getValor() {
21.       return  valor;
22.    }
23.}
```

No exemplo 1, uma classe `Produto` foi definida. Isso significa que um novo tipo de dado foi criado. Nas linhas 2, 3 e 4, são definidos os atributos da classe `Produto`. Isso quer dizer que todas as variáveis declaradas desse tipo poderão armazenar três valores: num, titular e valor. Da linha 5 à 22, são definidos os métodos da classe, ou seja, as operações (ou funções) que cada variável desse tipo poderá realizar.

Como os atributos da classe são private, apenas as linhas de código que estiverem dentro dessa classe poderão acessá-los. Assim, para permitir que esses atributos sejam utilizados em outras classes, foram criados métodos (observe que todos são public) responsáveis por acessar (*getters*) e alterar (*setters*) os valores dos campos. Sendo assim, por exemplo, se for preciso alterar o atributo valor, deve-se chamar o método setValor(), passando o novo valor como parâmetro. Já, se for necessário acessar o conteúdo armazenado no atributo valor, deve-se utilizar o retorno do método getValor().

10.5.1 Declaração de variáveis do tipo registro em JAVA

É importante ressaltar que, para o programa utilizar uma classe definida pelo usuário, é necessária a declaração de variáveis do tipo abaixo:

```
nome_da_classe   nome_da_variável;
```

Considerando que classes representam novos tipos de dados, todas as operações e declarações realizadas com os tipos predefinidos da linguagem também poderão ser realizadas com as classes. Dessa maneira, além de variáveis simples, vetores e matrizes, podem ser declarados como class.

Exemplo 1:

```
Produto   var;
```

No exemplo, a variável var é criada como uma referência ao Produto, ou seja, a variável var conterá o endereço de um objeto Produto. Isso significa que, logo após a declaração, o conteúdo de var é null porque ela está referenciando um objeto ainda não criado.

Sendo assim, para que o objeto passe a existir (ou seja, tenha um espaço reservado na memória para si) e possa ser utilizado, o programa deverá executar o método construtor da classe.

Método construtor é uma rotina que toda classe possui. Esse método pode estar claramente escrito ou não. Quando não estiver escrito, será executado o construtor padrão, que simplesmente faz alocação de memória. Quando estiver escrito, deverá possuir o mesmo nome que a classe e não poderá ter tipo de retorno definido (nem mesmo void). Por exemplo, se quiséssemos incrementar a classe Produto descrita anteriormente, poderíamos definir um construtor para ela. Observe como ficaria a seguir. O construtor é o método que aparece escrito da linha 5 à 10.

```
1. private  class  Produto
2. {  private  int  num;
3.     private  String  nome;
4.     private float  valor;
5. public  Produto()
6. {  System.out.println("Inicializando  os  atributos");
7.     num = 0;
8.     nome  =  "";
9.     valor=  0;
10.}
11.public  void  setNum(int  n)
12.{  num = n;
13.}
14.public  int  getNum()
15.{  return  num;
16.}
17.public  void  setNome(String  n)
18.{  nome  =  n;
19.}
20.public  String  getNome()
21.{  return  nome;
22.}
```

```
23.public void setValor(float v)
24.{ valor = v;
25.}
26.public float getValor()
27.{ return valor;
28.}
29.}
```

Na linha 5, encontra-se o cabeçalho do construtor com as seguintes características: visibilidade pública, nenhum tipo de retorno definido e nome igual ao da classe. Além disso, se desejássemos, poderíamos informar entre parênteses uma lista de parâmetros, como pode acontecer com qualquer método. Assim, toda vez que um objeto da classe `Produto` for criado, as linhas 5, 6, 7, 8, 9 e 10 serão executadas, ou seja, todos os produtos começarão com os atributos `num` e `valor` contendo zero e com o atributo `nome` contendo uma cadeia de caracteres vazia.

A chamada a um construtor deve ser feita seguindo a sintaxe:

```
var = new Produto();
```

A partir dessa linha, o conteúdo de `var` deixou de ser `null` e realmente passou a ser referência para um objeto `Produto`, ou seja, `var` contém o endereço inicial do espaço de memória ocupado por um objeto.

As linhas de declaração e de criação de um objeto podem ser unificadas da seguinte maneira:

```
Produto var = new Produto ();
```

Exemplo 2:

Assim como acontece com os outros tipos de dados, uma variável pode representar um vetor ou uma matriz multidimensional. Para isso, será necessário: 1) criar a variável, informando que ela representará um vetor ou uma matriz; 2) definir o tamanho do vetor ou da matriz; 3) criar cada objeto do vetor ou da matriz antes de utilizá-lo. Observe o exemplo a seguir (a numeração das linhas à esquerda não faz parte do programa).

```
1. ...
2. Produto exemplo[][];
3. exemplo = new Produto[3][6];
4. for(int i=0;i<3;i++)
5.     for (int j=0;j<6;j++)
6.       exemplo[i][j] = new Produto();
7.     ...
```

Na linha 2 foi feita a declaração da variável `exemplo`, informando que ela será a referência para uma matriz bidimensional. Na linha 3, a variável `exemplo` foi dimensionada, ou seja, a partir desse momento o programa sabe que ela conterá três linhas e seis colunas. Cada posição dessa matriz armazenará o endereço de um objeto da classe `Produto`. Enquanto os objetos não forem criados pelo método construtor, as posições da matriz conterão `null`. As linhas 4 e 5 são responsáveis por duas estruturas de repetição que permitem percorrer toda a matriz `exemplo`. Assim, toda vez que a linha 6 é executada, um novo objeto é criado na memória e seu endereço é armazenado na variável `exemplo`, nas posições definidas pelos índices `i` e `j`.

10.5.2 Acesso a membros de classes

Em JAVA, atributos e métodos são considerados membros de classes. Esses membros podem ser definidos com ou sem o modificador `static`. Criar um membro `static` significa que ele pertence à classe e, portanto, sua utilização não está condicionada à criação de objetos (que acontece quando o método construtor é executado). Quando um atributo é definido como `static`, isso significa que ele terá apenas um valor que será compartilhado por todos os objetos dessa classe. Para acessar um membro de uma classe, deve-se seguir a sintaxe:

```
nomeDoObjeto.nomeDoAtributo
```

ou

```
nomeDoObjeto.nomeDoMétodo()
```

Especificamente para membros static, o acesso pode ser feito por meio do nome da classe, conforme descrito a seguir.

```
nomeDaClasse.nomeDoAtributo
```

ou

```
nomeDaClasse.nomeDoMétodo()
```

Exemplo 1:

```
1. public class Exemplo1
2. {
3. private static class Produto
4. { public int num;
5.    public String nome;
6.    public float valor;
7. }
8. public static void main(String args[])
9. { Produto p;
10.    p = new Produto();
11.    p.num = 1;
12.    p.nome = "geladeira";
13.    p.valor = 800;
14.    System.out.println("Código: " + p.num);
15.    System.out.println("Descrição: " + p.nome);
16.    System.out.println("Valor: " + p.valor);
17. }
18.}
```

No exemplo, a classe Exemplo1 tem dentro de si a definição da classe Produto, da linha 3 à 7. A classe Produto foi definida como private, ou seja, somente as linhas de comando que estiverem dentro da classe Exemplo1 poderão utilizá-la. Além disso, como o método main() é static, ele só pode utilizar variáveis e classes que tenham sido declaradas dentro dele ou que sejam static. Por essa razão, a classe Produto também foi definida como static.

Analisando mais detalhadamente a classe Produto, podemos observar que seus atributos num, nome e valor foram todos definidos como public, nas linhas 4, 5 e 6. Isso quer dizer que quem conseguir acesso à classe Produto poderá acessá-los diretamente. Contudo, nessas mesmas linhas não foi utilizado o modificador static, o que quer dizer que os atributos só poderão ser usados depois da criação de um objeto Produto. Essa criação acontece na linha 10, onde a variável p recebe o endereço de memória de um novo objeto. A partir daí, da linha 11 à 16, os atributos, que são públicos, são manipulados diretamente. Observe, entretanto, que as linhas que manipulam os atributos da classe Produto estão sempre fazendo uso do objeto p criado na linha 10.

Exemplo 2:

Conteúdo do arquivo **Produto.java**

```
1. public class Produto
2. { private   int num;
3.    private   String nome;
4.    private   float valor;
5.    public void setNum(int n)
6.    { num =n;
7.    }
```

```
8.    public int getNum()
9.    { return num;
10.   }
11.   public void setNome(String n)
12.   { nome = n;
13.   }
14.   public String getNome()
15.   { return nome;
16.   }
17.   public void setValor(float v)
18.   { valor = v;
19.   }
20.   public float getValor()
21.   { return valor;
22.   }
23.}
```

Conteúdo do arquivo **Exemplo2.java**

```
1. public class Exemplo2
2. {
3.   public static void main(String args[])
4.   { Produto p = new Produto();
5.       p.setNum(1);
6.       p.setNome("geladeira");
7.       p.setValor(800);
8.       System.out.println("Código: " + p.getNum());
9.       System.out.println("Descrição: " + p.getNome());
10.      System.out.println("Valor: " + p.getValor());
11.  }
12.}
```

O exemplo 2 faz uso de dois arquivos que devem estar na mesma pasta (neste livro, não abordaremos a utilização de package). O primeiro arquivo chama-se Produto.java e o segundo arquivo denomina-se Exemplo2.java.

Vamos começar analisando mais detalhadamente a classe Produto. Observe que ela é public, ou seja, pode ser usada por qualquer aplicação. Porém, seus atributos não podem ser acessados diretamente, uma vez que foram definidos como private nas linhas 2, 3 e 4. Por essa razão, da linha 5 à 22, foram criados métodos public capazes de alterar (setters) e de capturar (getters) o valor de cada atributo.

Observando agora a classe Exemplo2, verificamos que um objeto Produto foi criado na linha 4. A partir daí, da linha 5 à 7, foi possível chamar os métodos para alterar o valor dos atributos. Da linha 8 à 10, foi possível chamar os métodos para obter o valor dos atributos e mostrá-los na tela. Observe, entretanto, que para chamar algum método da classe produto, foi sempre necessário fazer referência à variável p, criada na linha 4.

Exemplo 3:

Conteúdo do arquivo **Produto.java**

```
1.   public class Produto
2.   { private int num;
3.       private String nome;
4.       private float valor;
5.       public void setNum(int n)
6.       { num =     n;
```

```
7.        }
8.        public  int  getNum()
9.        {  return  num;
10.       }
11.       public  void  setNome(String  n)
12.       {  nome  =  n;
13.       }
14.       public  String  getNome()
15.       {  return  nome;
16.       }
17.       public  void  setValor(float  v)
18.       {  valor  =  v;
19.       }
20.       public  float  getValor()
21.       {  return  valor;
22.       }
23. }
```

Conteúdo do arquivo **Exemplo3.java**

```
1. public  class  Exemplo3
2. {
3.   public  static  void  main(String  args[])
4.     {  Produto  p[]  =  new  Produto[4];
5.        int  j;
6.        for  (j=0;j<3;j++)
7.          {
8.            p[j]  =  new  Produto();
9.            p[j].setNum(j+1);
10.           p[j].setNome("Produto  "+ (j+1));
11.           p[j].setValor((j+1)*100);
12.         }
13.       for  (j=0;j<3;j++)
14.         { System.out.println("Dados do produto na posição: " + j);
15.           System.out.println("Código: "  + p[j].getNum());
16.           System.out.println("Descrição: "  + p[j].getNome());
17.           System.out.println("Valor: "  + p[j].getValor());
18.         }
19.     }
20.  }
```

O exemplo 3 faz uso de dois arquivos, que devem estar na mesma pasta (neste livro, não abordaremos a utilização de package). O primeiro arquivo se chama Produto.java e o segundo arquivo, Exemplo3.java.

Vamos começar analisando mais detalhadamente a classe Produto. Observe que ela é public, ou seja, pode ser usada por qualquer aplicação. Porém, seus atributos não podem ser acessados diretamente, uma vez que foram definidos como private nas linhas 2, 3 e 4. Por essa razão, da linha 5 à 22 foram criados métodos public capazes de alterar (setters) e de capturar (getters) o valor de cada atributo.

Observando agora a classe Exemplo3, verificamos que um objeto Produto foi criado na linha 4, informando que se trata de um vetor com quatro posições. Assim, devem ser criados quatro objetos Produto que terão seus endereços armazenados no vetor p.

A linha 8 está contida em uma estrutura de repetição, especialmente criada para percorrer todas as posições do vetor p. Assim, essa linha será executada quatro vezes. Em cada execução, um novo objeto Produto é criado e seu endereço é guardado em uma posição de p. Depois que o objeto é criado, ele pode chamar os métodos para alteração do valor de seus atributos, conforme pode ser visto nas linhas 9, 10 e

11. Nas linhas 15, 16 e 17, são chamados os métodos para capturar o valor dos atributos e, então, mostrá--los na tela. Observe, entretanto, que as linhas que chamam algum método da classe `Produto` estão sempre fazendo uso de um objeto do vetor `p`, acessado por meio do índice `j`.

A seguir, exemplificamos a execução das estruturas de repetição escritas no método `main`, da classe `Exemplo3.java`.

A primeira estrutura de repetição, escrita da linha 6 à 12, aloca espaços de memória para guardar informações dos produtos, como exemplificado na tabela a seguir.

Vetor p	0		1		2		3	
	num	1	num	2	num	3	num	4
	nome	Produto 1	nome	Produto 2	nome	Produto 3	nome	Produto 4
	valor	100.00	valor	200.00	valor	300.00	valor	400.00

A segunda estrutura de repetição, escrita da linha 13 à 18, mostra o conteúdo dos atributos de todos os objetos `Produto` do vetor `p`. A seguir, mostramos uma simulação de execução, considerando o exemplo de vetor apresentado anteriormente.

Memória	Tela
j	
0	Dados do produto na posição: 0
	Código: 1
	Descrição: Produto 1
	Valor: 100.00
1	Dados do produto na posição: 1
	Código: 2
	Descrição: Produto 2
	Valor: 200.00
2	Dados do produto na posição: 2
	Código: 3
	Descrição: Produto 3
	Valor: 300.00
3	Dados do produto na posição: 3
	Código: 4
	Descrição: Produto 4
	Valor: 400.00

EXERCÍCIOS RESOLVIDOS

1. Faça um programa que realize o cadastro de contas bancárias com as seguintes informações: número da conta, nome do cliente e saldo. O banco permitirá o cadastramento de apenas 15 contas e não poderá haver mais que uma conta com o mesmo número. Crie o menu de opções a seguir.

Menu de opções:

1. Cadastrar contas.
2. Visualizar todas as contas de determinado cliente.
3. Excluir a conta com menor saldo (supondo a não existência de saldos iguais).
4. Sair.

ⒶⓁⒼⓄⓇⒾⓉⓂⓄ Solução:

```
ALGORITMO
DECLARE conta[15] REGISTRO (num, saldo NUMÉRICO, nome LITERAL)
        i, op, posi, achou, num_conta,menor_saldo NUMÉRICO
        nome_cliente LITERAL
PARA i ← 1 ATÉ 15 FAÇA INÍCIO
  conta[i].num ← 0
  conta[i].nome ← "
  conta[i].saldo ← 0
FIM
posi ← 1
REPITA

   ESCREVA "Menu de Opções"
   ESCREVA "1 — Cadastrar contas"
   ESCREVA "2 — Visualizar todas as contas de determinado cliente"
   ESCREVA "3 — Excluir conta de menor saldo"
   ESCREVA "4 — Sair" ESCREVA "Digite sua opção"
   LEIA op
   SE op < 1 OU op > 4
       ENTÃO ESCREVA "Opção nválida"
   SE op = 1
       ENTÃO INÍCIO
               SE  posi  > 15
                   ENTÃO ESCREVA "Todas as contas já foram cadastradas !"
                   SENÃO INÍCIO
                           achou ←     0
                           ESCREVA "Digite o número da conta a ser incluída"
                           LEIA num_conta
                           PARA i ← 1 ATÉ posi - 1 FAÇA
                             INÍCIO
                               SE num_conta = conta[i].num
                                   ENTÃO achou ← 1
                             FIM
                           SE  achou  = 1
                               ENTÃO ESCREVA "Já existe conta cadastrada com
                               ↪ esse número"
                               SENÃO INÍCIO
                                       conta[posi]  ← num_conta
                                       ESCREVA "Digite o nome do cliente"
                                       LEIA conta[posi].nome
                                       ESCREVA "Digite o saldo do cliente"
                                       LEIA conta[posi].saldo
                                       ESCREVA "Conta cadastrada com sucesso"
                                       posi ← posi + 1
                                     FIM
                         FIM
               FIM
   SE  op  = 2
       ENTÃO  INÍCIO
               ESCREVA "Digite o nome do cliente a ser consultado"
               LEIA  nome_cliente
               achou ←     0
               PARA i ← 1  ATÉ posi - 1 FAÇA
                 INÍCIO
                   SE conta[i].nome = nome_cliente
```

```
                        ENTÃO INÍCIO
                            ESCREVA conta[i].num, conta[i].saldo
                            achou ← 1
                            FIM
                FIM
                SE achou = 0
                    ENTÃO  ESCREVA "Não existe conta cadastrada para este cliente"
            FIM
    SE  op = 3
        ENTÃO  INÍCIO
            SE  posi = 1
                ENTÃO  "Nenhuma  conta  foi  cadastrada"
                SENÃO  INÍCIO
                        menor_saldo ← conta[1].saldo
                        achou ← 1
                        i ← 2
                        ENQUANTO i < posi FAÇA
                            INÍCIO
                                SE conta[i].saldo  <  menor_saldo
                                    ENTÃO INÍCIO
                                            menor_saldo ← conta[i]. saldo
                                            achou ← i
                                        FIM
                                i ← i + 1
                            FIM
                        PARA i ← achou ATÉ posi - 1 FAÇA
                            INÍCIO
                                conta[i-1].num ← conta[i].num
                                conta[i-1].nome ← conta[i].nome
                                conta[i-1].saldo ← conta[i].saldo
                            FIM
                        ESCREVA "Conta excluída com sucesso"
                        posi ← posi — 1
                FIM
            FIM
    ATÉ op = 4
    FIM_ALGORITMO.
```

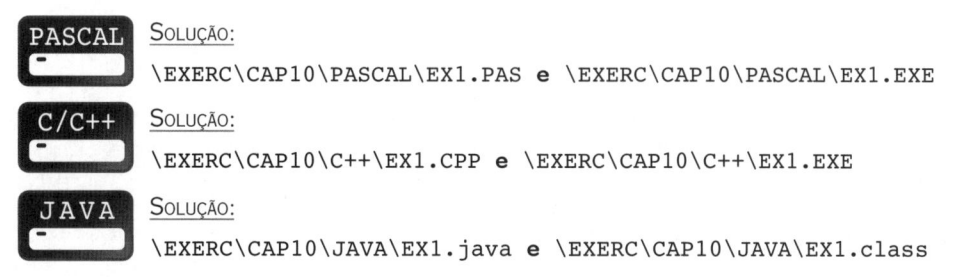

PASCAL   Solução:

\EXERC\CAP10\PASCAL\EX1.PAS **e** \EXERC\CAP10\PASCAL\EX1.EXE

C/C++   Solução:

\EXERC\CAP10\C++\EX1.CPP **e** \EXERC\CAP10\C++\EX1.EXE

JAVA   Solução:

\EXERC\CAP10\JAVA\EX1.java **e** \EXERC\CAP10\JAVA\EX1.class

2. Uma empresa prestadora de serviços armazena informações sobre os serviços prestados. Sabe-se que a empresa pode realizar no máximo três serviços diariamente. É de interesse de sua direção manter um histórico mensal (30 dias) sobre os serviços prestados.

A empresa realiza quatro tipos de serviços: 1) pintura; 2) jardinagem; 3) faxina e 4) reforma em geral. Cada serviço realizado deve ser cadastrado com as seguintes informações: número do serviço, valor do serviço, código do serviço e código do cliente.

Cadastre os quatro tipos de serviços (código e descrição) que a empresa poderá realizar. Para isso, utilize um vetor de quatro posições.

O programa deverá mostrar o seguinte menu de opções:
1. Cadastrar os tipos de serviços.
2. Cadastrar os serviços prestados.
3. Mostrar os serviços prestados em determinado dia.
4. Mostrar os serviços prestados dentro de um intervalo de valor.
5. Mostrar um relatório geral (separado por dia), que exiba, inclusive, a descrição do tipo do serviço.
6. Finalizar.

Para a opção 1: deve-se cadastrar os tipos de serviços oferecidos pela empresa, com código e descrição.

Para a opção 2: deve-se considerar que deverão ser cadastrados os serviços prestados ao longo do mês. Em cada dia podem ser cadastrados, no máximo, três serviços prestados.

Utilize uma matriz capaz de armazenar em cada posição todas as informações referentes a um serviço prestado. Cada linha representa um dia do mês. Dessa maneira, considere a matriz com dimensão 30 × 3.

Solicite o dia em que o serviço foi prestado e as demais informações.

Lembre-se de que a empresa só pode prestar os serviços que já tenham sido cadastrados no vetor de tipo de serviços.

Caso o usuário digite um código de tipo de serviço inválido, o programa deverá mostrar uma mensagem de erro.

Quando o usuário tentar cadastrar mais de três serviços prestados em um mesmo dia, também deverá mostrar uma mensagem de erro.

Para a opção 3: o programa deverá receber o dia que se deseja consultar e mostrar os respectivos serviços prestados.

Para a opção 4: o programa deverá receber o valor mínimo e o valor máximo e mostrar os serviços prestados que estiverem nesse intervalo.

Para a opção 5: o programa deverá mostrar todos os serviços prestados, conforme o exemplo a seguir.

DIA 01

Nº do serviço	Valor do serviço	Código do serviço	Descrição	Código do cliente
100	R$ 200,00	1	Pintura	1
150	R$ 100,00	3	Faxina	5

DIA 02

Nº do serviço	Valor do serviço	Código do serviço	Descrição	Código do cliente
301	R$ 600,00	4	Reforma em geral	3
280	R$ 352,00	1	Pintura	2

[A][L][G][O][R][I][T][M][O] SOLUÇÃO:

```
ALGORITMO
DECLARE  tipos[4] REGISTRO (cod NUMÉRICO, desc LITERAL)
         serv[30,3] REGISTRO (num, valor, cod_serv, cod_cliente NUMÉRICO)
         i, j, op, codigo_serv, achou, conta_tipo NUMÉRICO
         dia, codigo_cliente, valor_serv, num_serv, valida NUMÉRICO
         valor_inicial, valor_final, k NUMÉRICO
         desc_serv  LITERAL
conta_tipo ← 1
PARA i ← 1 ATÉ 30 FAÇA
   INÍCIO
     PARA j ← 1 ATÉ 3 FAÇA
       INÍCIO
         serv[i, j].num ← 0
         serv[i,j].valor ← 0
         serv[i,j].cod_serv ← 0
         serv[i,j].cod_cliente ← 0
```

```
        FIM
    FIM
REPITA
    ESCREVA "Menu  de  Opções"
    ESCREVA "1 - Cadastrar os tipos de serviços"
    ESCREVA "2 - Cadastrar os serviços prestados"
    ESCREVA "3 - Mostrar os serviços prestados em determinado dia"
    ESCREVA "4 - Mostrar os serviços prestados dentro de um  intervalo de valor"
    ESCREVA "5 - Mostrar um relatório geral, separado por dia"
    ESCREVA "6 - Finalizar"
    ESCREVA  "Digite  sua  opção"
    LEIA  op
    SE  op  <  1  OU  op  >  6
        ENTÃO  ESCREVA  "Opção  Inválida"
    SE  op  =  1
        ENTÃO INÍCIO
            SE  conta_tipo  >  4
                ENTÃO ESCREVA "Cadastro de tipos de serviço lotado."
                SENÃO INÍCIO
                    ESCREVA "Digite o codigo do serviço a ser cadastrado"
                    LEIA codigo_serv
                    achou ← 0
                    PARA i ← 1 ATÉ conta_tipo - 1 FAÇA
                        INÍCIO
                            SE tipos[i].cod = codigo_serv
                                ENTÃO achou ← i
                        FIM
                    SE  achou  =  0
                        ENTÃO ESCREVA "Já existe tipo de serviço cadastrado com
                        ↪ esse codigo"
                        SENÃO INÍCIO
                            ESCREVA "Digite a descrição do tipo de serviço a
                            ↪ ser cadastrado"
                            LEIA desc_serv
                            tipos[conta_tipo].cod ← codigo_serv
                            tipos[conta_tipo].desc ← desc_serv
                            ESCREVA "Tipo de serviço cadastrado com sucesso"
                            conta_tipo ← conta_tipo + 1

                        FIM
                    FIM

        FIM
    SE op = 2
        ENTÃO INÍCIO
            ESCREVA "Digite o dia em que deseja cadastrar o serviço prestado"
            LEIA dia
            achou ← 0
            PARA j ← 1 ATÉ 3 FAÇA
                INÍCIO
                    SE serv[dia, j] num = 0
                        ENTÃO achou ← j
                FIM
            SE achou = 0
                ENTÃO ESCREVA "Todos os serviços prestados neste dia já foram
                ↪ cadastrados"
                SENÃO INÍCIO
                        ESCREVA "Digite o código do serviço a ser cadastrado"
                        LEIA codigo_serv
```

```
                            valida ← 0
                            PARA i ← 1 ATÉ conta_tipo - 1 FAÇA
                               INÍCIO
                                   SE tipos[i].cod = codigo_serv
                                        ENTÃO valida ← 1
                                FIM
                            SE valida = 0
                                ENTÃO ESCREVA "Código de serviço inválido"
                                SENÃO  INÍCIO
                                        ESCREVA "Digite o número do serviço"
                                        LEIA  num_serv
                                        ESCREVA "Digite o valor do serviço"
                                        LEIA  valor_serv
                                        ESCREVA "Digite o código do cliente"
                                        LEIA  codigo_cliente
                                        serv[dia, achou].num  ← num_serv
                                        serv[dia, achou].valor ← valor_serv
                                        serv[dia, achou].cod_serv ← codigo_serv
                                        serv[dia, achou].cod_cliente ← codigo_cliente
                                        ESCREVA  "Serviço prestado cadastrado com
                                        ↳ sucesso"
                                       FIM
                           FIM
              FIM
     SE  op  =  3
          ENTÃO INÍCIO
                  ESCREVA "Digite o dia em que deseja consultar os serviços prestados"
                  LEIA dia
                  achou ← 0
                  PARA j ← 1 ATÉ 3 FAÇA
                     INÍCIO
                         SE serv[dia, j].num ≠ 0
                             ENTÃO achou ← 1
                      FIM
                  SE achou  =  0
                      ENTÃO ESCREVA "Nenhum serviço foi prestado neste dia"
                      SENÃO INÍCIO
                             ESCREVA  "Serviços prestados no dia", dia
                             PARA j ← 1 ATÉ 3 FAÇA
                                INÍCIO
                                    SE serv[dia, j].num ≠ 0
                                        ENTÃO INÍCIO
                                                ESCREVA serv[dia, j].num, serv[dia, j].valor
                                                ESCREVA serv[dia, j].cod_serv
                                                PARA i ← 1 ATÉ conta_tipo - 1 FAÇA
                                                   INÍCIO
                                                       SE tipos[i].cod = serv[dia, j].cod_serv
                                                           ENTÃO ESCREVA tipos[i].desc
                                                    FIM
                                                ESCREVA serv[dia, j]. cod_cliente
                                              FIM
                                FIM
                            FIM
               FIM
     SE op = 4
         ENTÃO INÍCIO
                 ESCREVA "Digite o valor inicial"
                 LEIA valor_inicial
```

```
                ESCREVA "Digite o valor final"
                LEIA valor_final
                achou ← 0
                PARA i ← 1 ATÉ 30 FAÇA
                  INÍCIO
                    PARA j ← 1 ATÉ 3 FAÇA
                      INÍCIO
                        SE serv[i,j].valor>=valor_inicial E serv[i,j]. valor<=valor_final
                          ENTÃO INÍCIO
                                    achou ← 1
                                    ESCREVA serv[i, j].num, serv[i, j].valor
                                    ESCREVA serv[i, j].cod_serv
                                    PARA k ← 1 ATÉ conta_tipo - 1 FAÇA
                                      INÍCIO
                                        SE tipos[k].cod = serv[i, j].cod_serv
                                           ENTÃO ESCREVA tipos[k].desc
                                      FIM
                                    ESCREVA serv[i, j].cod_cliente
                                 FIM
                    FIM
                  FIM
              SE achou = 0
                 ENTÃO ESCREVA "Nenhum serviço prestado está entre os valores citados"
            FIM
      SE op = 5
        ENTÃO INÍCIO
                achou ← 0
                PARA i ← 1 ATÉ 30 FAÇA
                  INÍCIO
                    ESCREVA  "Dia  ", i
                    PARA j ← 1 ATÉ 3 FAÇA
                      INÍCIO
                        SE serv[i,j].num ≠ 0
                          ENTÃO INÍCIO
                                    achou ← 1
                                    ESCREVA serv[i,j].num, serv[i,j].valor
                                    ESCREVA serv[i,j].cod_serv
                                    PARA k ← 1 ATÉ conta_tipo — 1 FAÇA
                                      INÍCIO
                                        SE tipos[k].cod = serv [i,j].cod_serv
                                           ENTÃO ESCREVA  tipos[k].desc
                                      FIM
                                    ESCREVA serv[i, j].cod_cliente
                                 FIM
                    FIM
                  FIM
              SE achou  =  0
                 ENTÃO ESCREVA "Nenhum serviço prestado foi cadastrado"
            FIM
ATÉ op = 6
FIM_ALGORITMO.
```

PASCAL
SOLUÇÃO:
\EXERC\CAP10\PASCAL\EX2.PAS **e** \EXERC\CAP10\PASCAL\EX2.EXE

C/C++
SOLUÇÃO:
\EXERC\CAP10\C++\EX2.CPP **e** \EXERC\CAP10\C++\EX2.EXE

JAVA
SOLUÇÃO:
\EXERC\CAP10\JAVA\EX2.java **e** \EXERC\CAP10\JAVA\EX2.class

3. Faça um programa que utilize os registros a seguir.

CLIENTES	DOCUMENTOS
cod_cli	num_doc
nome	cod_cli
fone	data_venc
endereco	data_pag
	valor
	juros

Sabe-se que um documento só pode ser cadastrado para um cliente que já exista. Considere que podem existir, no máximo, 15 clientes e 30 documentos. Crie um vetor para clientes e outro para documentos. Crie um menu para a realização de cada uma das operações especificadas a seguir.

a) *Cadastrar clientes* — não pode existir mais que um cliente com o mesmo código.

b) *Cadastrar documentos* — ao cadastrar um documento, se a data de pagamento for maior que a data de vencimento, calcular o campo 'juros' do registro documentos (5% sobre o valor original do documento).

c) *Excluir clientes* — um cliente só poderá ser excluído se não existir nenhum documento associado a ele.

d) *Excluir documentos individuais* — por meio de seu número. Caso o documento não exista, o programa deverá mostrar a mensagem *Documento não encontrado*.

e) *Excluir documentos por cliente* — o programa deverá informar o código do cliente e excluir todos os seus documentos. Caso o cliente não exista, deverá mostrar a mensagem *Cliente não encontrado*.

f) *Excluir documentos por período* — o programa deverá informar a data inicial e a data final e excluir todos os documentos que possuam data de vencimento nesse período.

g) *Alterar as informações sobre os clientes* — só não pode ser alterado o código do cliente.

h) *Mostrar o total de documentos de determinado cliente.*

i) Sair.

Quando forem excluídos clientes ou documentos, os vetores deverão ser reorganizados, ou seja, todas as posições não preenchidas dos vetores deverão ficar no final. Exemplo: se for necessário excluir o número 8 do vetor a seguir, tanto o 9 quanto o 1 deverão ser movidos uma casa para a esquerda e a última posição deverá ficar livre para uma nova inclusão.

Vetor inicial

12	5	8	9	1

Vetor modificado com uma
posição livre ao final

12	5	9	1	

ᴀʟɢᴏʀɪᴛᴍᴏ Sᴏʟᴜçãᴏ:

```
ALGORITMO
DECLARE clientes[15] REGISTRO (cod_cli NUMÉRICO, nome, fone, ende LITERAL)
        docs[30] REGISTRO (num_doc, cod_cli, dv, mv, av, dp, mp, ap, valor, juros NUMÉRICO)
        posi, op, i, cliente_livre, doc_livre NUMÉRICO
        achou, achou2, codigo, numero, diav, mesv, anov NUMÉRICO
        diap, mesp, anop, valor, juros, total NUMÉRICO
        nome, fone, ende LITERAL
cliente_livre ← 1
doc_livre ← 1
REPITA
   ESCREVA "Menu de Opções"
   ESCREVA "1 - Cadastrar clientes"
   ESCREVA "2 - Cadastrar documentos"
   ESCREVA "3 — Excluir clientes"
   ESCREVA "4 — Excluir documentos individuais"
   ESCREVA "5 — Excluir documentos por cliente"
   ESCREVA "6 — Excluir documentos por período"
   ESCREVA "7 — Alterar clientes"
   ESCREVA "8 — Totalizar documentos"
   ESCREVA "9 — Sair"
   ESCREVA "Digite sua opção"
   LEIA op
   SE op < 1 OU op > 9
      ENTÃO ESCREVA "Opção inválida"
   SE op = 1
      ENTÃO INÍCIO
            SE cliente_livre > 15
               ENTÃO ESCREVA "Cadastro de clientes lotado"
               SENÃO INÍCIO
                     ESCREVA "Digite o código do cliente a ser cadastrado"
                     LEIA código
                     achou ← 0
                     PARA i ← 1 ATÉ cliente_livre - 1 FAÇA
                        INÍCIO
                           SE clientes[i].cod_cli = codigo
                              ENTÃO achou ← 1
                        FIM
                     SE achou = 1
                        ENTÃO ESCREVA "Já existe cliente cadastrado com esse código"
                        SENÃO INÍCIO
                              ESCREVA "Digite o nome do cliente"
                              LEIA nome
                              ESCREVA "Digite o telefone do cliente"
                              LEIA fone
                              ESCREVA "Digite o endereço do cliente"
                              LEIA ende
                              clientes[cliente_livre].cod_cli ← código
                              clientes[cliente_livre].nome ← nome
                              clientes[cliente_livre].fone ← fone
                              clientes[cliente_livre].ende ← ende
                              ESCREVA "Cliente cadastrado com sucesso"
                              cliente_livre ← cliente_livre + 1
                              FIM
                     FIM
            FIM
   SE op = 2
      ENTÃO INÍCIO
            SE doc_livre > 30
               ENTÃO ESCREVA "Cadastro de documentos lotado"
```

```
        SENÃO INÍCIO
                ESCREVA "Digite o número do documento a ser cadastrado"
                LEIA numero
                achou ← 0
                PARA i ← 1 ATÉ doc_livre — 1 FAÇA
                  INÍCIO
                     SE docs[i].num_doc = numero
                         ENTÃO achou ← 1
                  FIM
                SE achou = 1
                     ENTÃO ESCREVA "Já existe um documento cadastrado com esse código"
                     SENÃO INÍCIO
                             ESCREVA "Digite o código do cliente dono do documento"
                             LEIA código
                             achou ← 0
                             PARA i ← 1 ATÉ cliente_livre - 1 FAÇA
                               INÍCIO
                                  SE clientes[i].cod_cli = código
                                      ENTÃO achou ← 1
                               FIM
                             SE achou = 0
                                ENTÃO ESCREVA "Não existe cliente cadastrado com esse código"
                                SENÃO
                                   INÍCIO
                                      ESCREVA "Digite a data do vencimento do documento"
                                      LEIA diav, mesv,anov
                                      ESCREVA "Digite a data do pagamento do documento"
                                      LEIA diap, mesp, anop
                                      ESCREVA "Digite o valor do documento"
                                      LEIA valor
                                      SE anop > anov
                                         ENTÃO juros ← valor * 5/100
                                         SENÃO
                                            SE anop = anov
                                               ENTÃO SE mesp > mesv
                                                          ENTÃO juros ← valor * 5/100
                                                          SENÃO
                                                             SE mesp = mesv
                                                                ENTÃO
                                                                   SE diap > diav
                                                                      ENTÃO juros ← valor * 5/100
                                                                      SENÃO juros ←0
                                      docs[doc_livre].num_doc ← numero
                                      docs[doc_livre].cod_cli ← codigo
                                      docs[doc_livre].dv ← diav
                                      docs[doc_livre].mv ← mesv
                                      docs[doc_livre].av ← anov
                                      docs[doc_livre].dp ← diap
                                      docs[doc_livre].mp ← mesp
                                      docs[doc_livre].ap ← anop
                                      docs[doc_livre].valor ← valor
                                      docs[doc_livre].juros ← juros
                                        ESCREVA "Documento cadastrado com sucesso"
                                      doc_livre ← doc_livre + 1
                                   FIM
                         FIM
                FIM
        FIM
SE op = 3
    ENTÃO INÍCIO
            ESCREVA "Digite o código do cliente a ser excluído"
            LEIA codigo
```

```
            achou ← 0
            PARA i ← 1 ATÉ cliente_livre — 1 FAÇA
             INÍCIO
                SE clientes[i].cod_cli = codigo
                    ENTÃO INÍCIO
                            achou ← 1
                            posi ← i
                         FIM
            FIM
        SE achou = 0
            ENTÃO ESCREVA "Não existe cliente cadastrado com esse código"
            SENÃO INÍCIO
                    achou ← 0
                    PARA i ← 1 ATÉ doc_livre — 1 FAÇA
                       INÍCIO
                          SE docs[i].cod_cli = codigo
                             ENTÃO achou ← 1
                       FIM
                    SE achou = 1
                       ENTÃO ESCREVA "Este cliente não pode ser excluído, possui  documento"
                       SENÃO INÍCIO
                             PARA i ← posi ATÉ cliente_livre - 2 FAÇA
                                INÍCIO
                                  clientes[i].cod_cli ← clientes[i+1]. cod_cli
                                  clientes[i].nome ← clientes[i+1].nome
                                  clientes[i].fone ← clientes[i+1].fone
                                  clientes[i].ende ← clientes[i+1].ende
                                FIM
                             cliente_livre ← cliente_livre — 1
                             ESCREVA "Cliente excluído com sucesso"
                          FIM
                FIM
            FIM
    SE op = 4
      ENTÃO INÍCIO
            ESCREVA "Digite o número do documento a ser excluído"
            LEIA numero
            achou ← 0
            PARA i ← 1 ATÉ doc_livre FAÇA
                INÍCIO
                   SE docs[i].num_doc = numero
                      ENTÃO INÍCIO
                            achou ← 1
                            posi ← i
                         FIM
            FIM
            SE achou = 0
                ENTÃO ESCREVA "Não existe documento cadastrado com esse número"
                SENÃO INÍCIO
                        PARA i ← posi ATÉ doc_livre - 2 FAÇA
                           INÍCIO
                              docs[i].num_doc ← docs[i+1].num_doc
                              docs[i].cod_cli ← docs[i+1].cod_cli
                              docs[i].dv ← docs[i+1].dv
                              docs[i].mv ← docs[i+1].mv
                              docs[i].av ← docs[i+1].av
                              docs[i].dp ← docs[i+1].dp
                              docs[i].mp ← docs[i+1].mp
                              docs[i].ap ← docs[i+1].ap
                              docs[i].valor ← docs[i+1].valor
                              docs[i].juros ← docs[i+1].juros
                           FIM
```

```
                              ESCREVA  "Documento  excluído  com  sucesso"
                              doc_livre ← doc_livre - 1
                    FIM
          FIM
SE op = 5
    ENTÃO INÍCIO
              ESCREVA "Digite o código do cliente do qual deseja excluir os documentos"
              LEIA codigo
              achou ← 0
              PARA i ← 1 ATÉ cliente_livre — 1 FAÇA
                 INÍCIO
                    SE clientes[i].cod_cli = codigo
                       ENTÃO achou ← 1
                 FIM
              SE achou = 0
                 ENTÃO ESCREVA "Não existe cliente cadastrado com esse código"
                 SENÃO INÍCIO
                         SE doc_livre = 1
                            ENTÃO ESCREVA "Não existe nenhum documento cadastrado"
                            SENÃO INÍCIO
                                    k ← 1
                                    achou ← 0
                                    ENQUANTO k < doc_livre FAÇA
                                       INÍCIO
                                          SE codigo = docs[k].cod_cli
                                             ENTÃO INÍCIO
                                                     PARA i ← k ATÉ doc_livre - 2 FAÇA
                                                        INÍCIO
                                                           achou ← 1
                                                           docs[i].num_doc ← docs[i+1].num_doc
                                                           docs[i].cod_cli ← docs[i+1].cod_cli
                                                           docs[i].dv ← docs[i+1].dv
                                                           docs[i].mv ← docs[i+1].mv
                                                           docs[i].av ← docs[i+1].av
                                                           docs[i].dp ← docs[i+1].dp
                                                           docs[i].mp ← docs[i+1].mp
                                                           docs[i].ap ← docs[i+1].ap
                                                           docs[i].valor ← docs[i+1].valor
                                                           docs[i].juros ← docs[i+1].juros
                                                        FIM
                                                     doc_livre ← doc_livre — 1
                                                   FIM
                                             SENÃO k ← k + 1
                                       FIM
                                    SE achou = 1
                                       ENTÃO ESCREVA "Documentos excluídos com sucesso"
                                       SENÃO ESCREVA "Não existe documento para este cliente"
                                  FIM
                         FIM
          FIM
SE op = 6
    ENTÃO INÍCIO
              ESCREVA "Digite a data inicial dos documentos que serão excluídos"
              LEIA dia_inicial, mes_inicial, ano_inicial
              ESCREVA "Digite a data final dos documentos que serão excluídos"
              LEIA dia_final, mes_final, ano_final
              achou2 ← 0
              ENQUANTO i < doc_livre FAÇA
                 INÍCIO
                    achou ← 0
                    SE docs[i].av > ano_inicial E docs[i].av < ano_final
```

```
                 ENTÃO INÍCIO
                     posi ←i
                     achou ← 1
                 FIM
              SENÃO INÍCIO
                     SE docs[i].av = ano_inicial
                         ENTÃO INÍCIO
                              SE docs[i].mv > mês_inicial
                                  ENTÃO INÍCIO
                                        posi ← i
                                        achou ← 1
                                  FIM
                              SENÃO INÍCIO
                                     SE docs[i].mv = mês_inicial
                                         ENTÃO INÍCIO
                                              SE docs[i].dv >= dia_ inicial
                                                  ENTÃO INÍCIO
                                                       posi ← i
                                                       achou ← 1
                                                  FIM
                                         FIM
                              FIM
                         FIM
                     SENÃO INÍCIO
                         SE docs[i].av = ano_final
                             ENTÃO INÍCIO
                                  SE docs[i].mv < mês_final
                                      ENTÃO INÍCIO
                                            posi ←i
                                            achou ← 1
                                      FIM
                                  SENÃO INÍCIO
                                        SE docs[i].mv = mês_final
                                            ENTÃO INÍCIO
                                                 SE docs[i].dv < dia_final
                                                 ENTÃO INÍCIO
                                                       posi←1
                                                       achou ← 1
                                                       FIM
                                            FIM
                                  FIM
                             FIM
                         FIM
                     FIM
FIM
SE achou = 1 ENTÃO
    INÍCIO
       achou2 ← 1
       PARA j ← posi ATÉ doc_livre - 2 FAÇA
          INÍCIO
             docs[j].num_doc ← docs[j+1].num_doc
             docs[j].cod_cli ← docs[j+1].cod_cli
             docs[j].dv ← docs[j+1].dv
             docs[j].mv ← docs[j+1].mv
             docs[j].av ← docs[j+1].av
             docs[j].dp ← docs[j+1].dp
             docs[j].mp ← docs[j+1].mp
             docs[j].ap ← docs[j+1].ap
             docs[j].valor ← docs[j+1].valor
             docs[j].juros ← docs[j+1].juros
          FIM
       doc_livre ← doc_livre - 1
```

```
                  FIM
               SENÃO i ← i + 1
           FIM
       SE achou2 = 0
           ENTÃO ESCREVA "Não existe documento cadastrado neste período"
           SENÃO ESCREVA"Documentos do período excluídos com sucesso"
FIM
 SE op = 7
     ENTÃO INÍCIO
             ESCREVA "Digite o código do cliente a ser alterado"
             LEIA código
             achou ← 0
             PARA i ← 1 ATÉ cliente_livre - 1 FAÇA
               INÍCIO
                  SE clientes[i].cod_cli = codigo
                     ENTÃO INÍCIO
                             achou ← 1
                             posi ← i
                           FIM
               FIM
           SE achou = 0
             ENTÃO ESCREVA "Não existe cliente cadastrado com esse código para ser alterado"
             SENÃO INÍCIO
                     ESCREVA "Digite o novo nome do cliente"
                     LEIA nome
                     ESCREVA "Digite o novo telefone do cliente"
                     LEIA fone
                     ESCREVA "Digite o novo endereço do cliente"
                     LEIA ende
                     clientes[posi].nome ← nome
                     clientes[posi].fone ← fone
                     clientes[posi].ende ← ende
                     ESCREVA "Cliente alterado com sucesso"
                   FIM
           FIM
SE op = 8
     ENTÃO INÍCIO
             ESCREVA "Digite o código do cliente do qual deseja totalizar os documentos"
             LEIA código
             achou ← 0
             PARA i ← 1 ATÉ cliente_livre - 1 FAÇA
               INÍCIO
                  SE clientes[i].cod_cli = codigo
                     ENTÃO achou ← 1
               FIM
           SE achou = 0
              ENTÃO ESCREVA "Não existe cliente cadastrado com esse código"
              SENÃO INÍCIO
                     total ← 0
                     PARA i ← 1 ATÉ doc_livre - 1 FAÇA
                        INÍCIO
                           SE docs[i].cod_cli = codigo
                              ENTÃO INÍCIO
                                      total ← total + docs[i].valor
                                      total ← total + docs[i].juros
                                    FIM
                        FIM
                     ESCREVA "Total dos documentos do cliente de código ", codigo," = ", total
                   FIM
           FIM
        FIM
    ATÉ op = 9
    FIM_ALGORITMO.
```

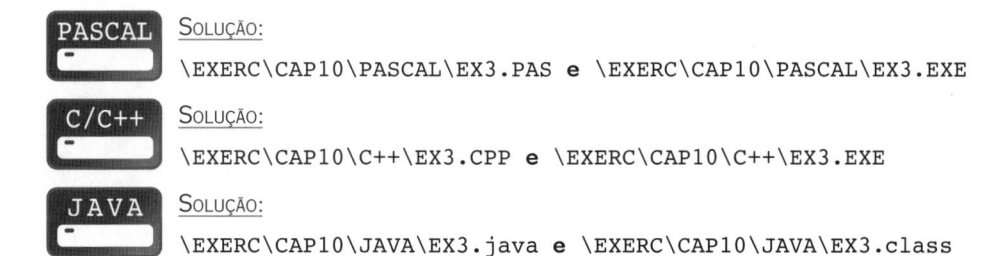

PASCAL

SOLUÇÃO:

`\EXERC\CAP10\PASCAL\EX3.PAS` **e** `\EXERC\CAP10\PASCAL\EX3.EXE`

C/C++

SOLUÇÃO:

`\EXERC\CAP10\C++\EX3.CPP` **e** `\EXERC\CAP10\C++\EX3.EXE`

JAVA

SOLUÇÃO:

`\EXERC\CAP10\JAVA\EX3.java` **e** `\EXERC\CAP10\JAVA\EX3.class`

4. Faça um programa que efetue reserva de passagens aéreas de determinada companhia. O programa deverá ler os números dos aviões e o número de lugares disponíveis em cada um. Utilize um vetor de quatro posições, no qual cada posição representa um avião, e outro vetor também de quatro posições para armazenar os lugares disponíveis.

O programa deverá mostrar o seguinte menu de opções:

1. Cadastrar o número dos aviões.

2. Cadastrar o número de lugares disponíveis em cada avião.

3. Reservar passagem.

4. Consultar por avião.

5. Consultar por passageiro.

6. Finalizar.

Imagine que poderão ser registradas até 60 reservas e que cada uma deverá possuir o número do avião e o nome do passageiro.

Para realizar a opção 1, deverá ser solicitado ao usuário o número dos quatro aviões disponíveis.

Para realizar a opção 2, deverá ser solicitado ao usuário o número de lugares disponíveis em cada avião cadastrado na opção 1.

Para realizar a opção 3, deverá ser verificado se o número do avião digitado é válido. Posteriormente, checar se, no avião escolhido, ainda existe lugar disponível. Caso exista, o programa deverá diminuir o total de vagas e mostrar a mensagem *Reserva confirmada*. Caso contrário, deverá mostrar a mensagem *Voo lotado*. Observe que não podem ser feitas mais de 60 reservas.

Para realizar a opção 4, deverá ser solicitado o número do avião desejado e, posteriormente, deverão ser exibidas todas as suas reservas.

Para realizar a opção 5, deverá ser solicitado o nome do passageiro e, posteriormente, deverão ser exibidas todas as reservas feitas em seu nome.

A opção 6 encerra o programa.

ALGORITMO SOLUÇÃO:

```
ALGORITMO
DECLARE  avi[4], lug[4] NUMÉRICO
         reservas[60] REGISTRO (num_avi NUMÉRICO, nome LITERAL)
         i, pos_livre, op, achou, numero, posi NUMÉRICO
         nome LITERAL
PARA i ← 1 ATÉ 4 FAÇA
   INÍCIO
      avi[i] ← 0
      lug[i] ← 0
   FIM
PARA i ← 1 ATÉ 60 FAÇA
   INÍCIO
      reservas[i].num_avi ← 0
      reservas[i].nome ← "
   FIM
pos_livre ← 1
REPITA
```

```
ESCREVA  "Menu  de  Opções"
ESCREVA  "1  —  Cadastrar  os  números  dos  aviões"
ESCREVA  "2  —  Cadastrar  os  lugares  disponíveis  em  cada  avião"
ESCREVA  "3  —  Reservar  passagem"
ESCREVA  "4  —  Consultar  pelo  número  do  avião"
ESCREVA  "5  —  Consultar  pelo  nome  do  passageiro"
ESCREVA  "6  —  Finalizar"
ESCREVA  "Digite  a  opção  desejada"
LEIA  op
SE op  =  1
    ENTÃO INÍCIO
            PARA i ← 1 ATÉ 4 FAÇA
               INÍCIO
                 ESCREVA "Digite o número do ", i, "º  avião"
                 LEIA avi[i]
               FIM
          FIM
SE op = 2
    ENTÃO INÍCIO
            PARA i ← 1 ATÉ 4 FAÇA
               INÍCIO
                  ESCREVA "Digite o número de lugares disponíveis no ", i, "º  avião"
                  LEIA lug[i]
               FIM
          FIM
SE op = 3
    ENTÃO INÍCIO
            ESCREVA "Digite o número do avião no qual deseja efetuar a reserva"
            LEIA  numero
            SE  pos_livre > 60
                ENTÃO ESCREVA "Reservas em todos os aviões esgotadas"
                SENÃO INÍCIO
                       achou ← 0
                       PARA i ← 1  ATÉ 4 FAÇA
                        INÍCIO
                        SE avi[i] = numero
                           ENTÃO INÍCIO
                                    achou ←  1
                                    posi ← i
                                 FIM
                         FIM
                       SE achou = 0
                          ENTÃO ESCREVA "Este avião não existe"
                          SENÃO SE lug[posi] = 0
                                   ENTÃO ESCREVA "Avião lotado"
                                   SENÃO INÍCIO
                                          ESCREVA "Digite o nome do passageiro"
                                          LEIA nome
                                          reservas[pos_livre].num_avi ← numero
                                          reservas[pos_livre].nome ← nome
                                          ESCREVA "Reserva efetuada com sucesso"
                                          pos_livre ← pos_livre + 1
                                          lug[posi] ← lug[posi] - 1
                                         FIM
                      FIM
            FIM
SE op = 4
    ENTÃO INÍCIO
            ESCREVA "Digite o número do avião para consultar as reservas"
            LEIA numero
            achou ←  0
```

```
                    PARA i ← 1 ATÉ 4 FAÇA
                        INÍCIO
                            SE avi[i] = numero
                                ENTÃO achou ← 1
                        FIM
                    SE achou = 0
                        ENTÃO ESCREVA "Este avião não existe  "
                        SENÃO INÍCIO
                                achou ← 0
                                PARA i ← 1 ATÉ (pos_livre — 1) FAÇA
                                    INÍCIO
                                        SE reservas[i].num_avi = numero
                                            ENTÃO INÍCIO
                                                        ESCREVA reservas[i].nome
                                                        achou ← 1
                                                    FIM
                                    FIM
                                SE achou = 0
                                    ENTÃO ESCREVA "Nenhuma reserva está cadastrada para este avião"
                            FIM
                SE op = 5
                    ENTÃO INÍCIO
                            ESCREVA "Digite o nome do passageiro para consultar as reservas"
                            LEIA nome
                            achou ← 0
                            PARA i ← 1 ATÉ (pos_livre — 1) FAÇA
                                INÍCIO
                                    SE reservas[i].nome = nome
                                        ENTÃO INÍCIO
                                                    ESCREVA reservas[i].num_avi
                                                    achou ← 1
                                                FIM
                                FIM
                            SE achou = 0
                                ENTÃO ESCREVA "Nenhuma reserva está cadastrada para este nome"
                        FIM
        ATÉ op = 6
        FIM_ALGORITMO.
```

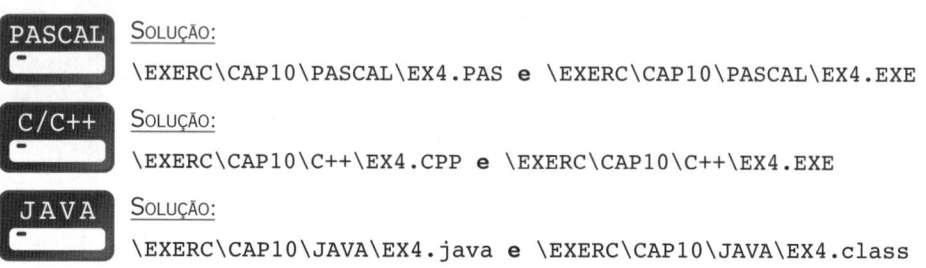

PASCAL

SOLUÇÃO:

\EXERC\CAP10\PASCAL\EX4.PAS **e** \EXERC\CAP10\PASCAL\EX4.EXE

C/C++

SOLUÇÃO:

\EXERC\CAP10\C++\EX4.CPP **e** \EXERC\CAP10\C++\EX4.EXE

JAVA

SOLUÇÃO:

\EXERC\CAP10\JAVA\EX4.java **e** \EXERC\CAP10\JAVA\EX4.class

5. Uma empresa possui 18 funcionários, sobre os quais se tem estas informações: nome, número de horas trabalhadas no mês, turno de trabalho (pode ser M — matutino; V — vespertino; ou N — noturno), categoria (pode ser O — operário; ou G — gerente) e valor da hora trabalhada. Sabendo-se que essa empresa deseja informatizar sua folha de pagamento, faça um programa que leia o nome, o número de horas trabalhadas no mês, o turno e a categoria dos funcionários, não permitindo que sejam informados turnos e categorias inexistentes. O programa deverá calcular o valor da hora trabalhada, conforme a tabela a seguir, adotando o valor de R$ 550,00 para o salário-mínimo.

Categoria	Turno	Valor da hora trabalhada
G	N	18% do salário-mínimo
G	M ou V	15% do salário-mínimo
O	N	13% do salário-mínimo
O	M ou V	10% do salário-mínimo

O programa deverá calcular o salário inicial dos funcionários, com base no valor da hora e no número de horas trabalhadas. Todos recebem um auxílio-alimentação, de acordo com o seu salário inicial, conforme a tabela a seguir.

Salário inicial	Auxílio-alimentação
≤ R$ 550,00	20% do salário inicial
> R$ 550,00 e < R$ 800,00	15% do salário inicial
≥ R$ 800,00	5% do salário inicial

O programa deverá mostrar o nome, o número de horas trabalhadas, o valor da hora trabalhada, o salário inicial, o auxílio-alimentação e o salário final (salário inicial + auxílio-alimentação) de todos os funcionários. Ele deverá apresentar o seguinte menu de opções:
1. Cadastrar funcionários.
2. Mostrar folha de pagamento.
3. Sair.

ALGORITMO Solução:

```
ALGORITMO
DECLARE  func[18] REGISTRO (num_horas_trab, valor_hora NUMÉRICO,
                      nome, turno, cat LITERAL)
         i, pos_livre, op, sal_minimo, sal_inicial, aux_alim, sal_final NUMÉRICO
PARA i ← 1 ATÉ 18 FAÇA
   INÍCIO
      func[i].num_horas_trab ← 0
      func[i].valor_hora ← 0
      func[i].nome ← "
      func[i].turno ← "
      func[i].cat ← "
   FIM
pos_livre ← 1
REPITA
   ESCREVA "Menu  de  Opções"
   ESCREVA "1 — Cadastrar  funcionários"
   ESCREVA "2 — Mostrar  folha  de  pagamento"
   ESCREVA "3 — Sair"
   ESCREVA "Digite a opção desejada"
   LEIA op
   SE op < 1 OU op > 3
      ENTÃO ESCREVA "Opção Inválida"
   SE op = 1
      ENTÃO INÍCIO
            SE pos_livre > 18
               ENTÃO ESCREVA "Cadastro de funcionários lotado"
               SENÃO INÍCIO
                     sal_minimo ← 550
                     ESCREVA "Digite o nome do funcionário que deseja incluir"
                     LEIA func[pos_livre].nome
                     ESCREVA "Digite o número de horas trabalhadas"
                     LEIA func[pos_livre].num_horas_trab
                     ESCREVA "Digite o turno de trabalho"
```

```
                               REPITA
                                 LEIA  func[pos_livre].turno
                               ATÉ func[pos_livre].turno = "M" OU func[pos_livre].turno= "V" OU
                               ↪ func[pos_livre].turno = "N"
                               ESCREVA  "Digite a categoria"
                               REPITA
                                 LEIA  func[pos_livre].cat
                               ATÉ func[pos_livre].cat = "O" OU func[pos_livre].cat = "G"
                               SE func[pos_livre].cat = "G"
                                  ENTÃO SE func[pos_livre].turno = "N"
                                            ENTÃO func[pos_livre].valor_hora ← sal_minimo * 18/100
                                            SENÃO func[pos_livre].valor_hora ← sal_minimo * 15/100
                               SE func[pos_livre].cat = "O"
                                 ENTÃO SE func[pos_livre].turno = "N"
                                            ENTÃO func[pos_livre].valor_hora ← sal_minimo * 13/100
                                            SENÃO func[pos_livre].valor_hora ← sal_minimo * 10/100
                               ESCREVA "Funcionário cadastrado com sucesso"
                               pos_livre ← pos_livre + 1
                           FIM
              FIM
  SE op = 2
     ENTÃO INÍCIO
                ESCREVA  "Folha de Pagamento"
              SE  pos_livre = 1
                 ENTÃO ESCREVA "Não existe funcionário cadastrado"
                 SENÃO INÍCIO
                      PARA i ← 1 ATÉ (pos_livre – 1) FAÇA
                         INÍCIO
                            ESCREVA func[i].nome, func[i].num_horas_trab, func[i].valor_hora
                            sal_inicial ← func[i].num_horas_trab * func[i].valor_hora
                            ESCREVA  sal_inicial
                            SE sal_inicial ≤ 550
                               ENTÃO  aux_alim  ← sal_inicial  *  20/100
                               SENÃO  SE sal_inicial < 800
                                          ENTÃO aux_alim ← sal_inicial * 15/100
                                          SENÃO aux_alim ← sal_inicial * 5/100
                            ESCREVA aux_alim
                            sal_final ← sal_inicial + aux_alim
                            ESCREVA  sal_final
                         FIM
                      FIM
              FIM
  ATÉ  op  =  3
  FIM_ALGORITMO.
```

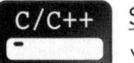 SOLUÇÃO:

`\EXERC\CAP10\PASCAL\EX5.PAS` e `\EXERC\CAP10\PASCAL\EX5.EXE`

C/C++ SOLUÇÃO:

`\EXERC\CAP10\C++\EX5.CPP` e `\EXERC\CAP10\C++\EX5.EXE`

 JAVA SOLUÇÃO:

`\EXERC\CAP10\JAVA\EX5.java` e `\EXERC\CAP10\JAVA\EX5.class`

6. Uma empresa contratou 15 funcionários temporários. De acordo com o valor das vendas mensais, os funcionários ganham pontos que determinarão seus salários ao fim de cada mês. Sabe-se que eles trabalharão nos meses de novembro de 2011 a janeiro de 2012. Faça um programa que:

a) Cadastre os nomes dos funcionários e suas respectivas vendas mensais.

b) Calcule e mostre a pontuação geral de cada funcionário nos três meses. Sabe-se que R$ 100,00 equivalem a 1 ponto.

c) Calcule e mostre a pontuação geral de todos os funcionários a cada mês.

d) Determine e mostre a maior pontuação atingida nos três meses, mostrando o nome do funcionário. Deverão ser desconsiderados empates.

e) Determine e mostre o valor total vendido.

ALGORITMO Solução:

```
ALGORITMO
    DECLARE func[15] REGISTRO (nome LITERAL, venda_nov, venda_dez, venda_jan NUMÉRICO)
            i, pontos, maior, pos_maior, mes, valor_total NUMÉRICO
    ESCREVA "CADASTRANDO OS FUNCIONÁRIOS"
    PARA i ← 1 ATÉ 15 FAÇA
        INÍCIO
            ESCREVA "Digite o nome do ",i, " º funcionário"
             LEIA func[i].nome
            ESCREVA "Digite o valor vendido no mês de novembro pelo ",i, " º funcionário"
            LEIA func[i].venda_nov
            ESCREVA "Digite o valor vendido no mês de dezembro pelo ",i, " º funcionário"
            LEIA func[i].venda_dez
            ESCREVA "Digite o valor vendido no mês de janeiro pelo ",i, " º funcionário"
            LEIA func[i].venda_jan
        FIM
    ESCREVA "MOSTRANDO AS PONTUAÇÕES MENSAIS DE CADA FUNCIONÁRIO"
    PARA i ← 1 ATÉ 15 FAÇA
        INÍCIO
            ESCREVA "Funcionário: ", func[i].nome
            pontos ← func[i].venda_nov/100
            ESCREVA "Pontos de novembro = ", pontos
            pontos ← func[i].venda_dez/100
            ESCREVA "Pontos de dezembro = ", pontos
            pontos ← func[i].venda_jan/100
            ESCREVA "Pontos de janeiro = ", pontos
            pontos ← func[i].venda_nov/100 + func[i].venda_dez/100 + func[i].venda_jan/100
            ESCREVA "Total de pontos = ", pontos
        FIM
    ESCREVA "MOSTRANDO A PONTUAÇÃO TOTAL DO MÊS DE NOVEMBRO"
    pontos ← 0
    PARA i ← 1 ATÉ 15 FAÇA INÍCIO
        pontos ← pontos + func[i].venda_nov/100
    FIM
    ESCREVA pontos
    ESCREVA "MOSTRANDO A PONTUAÇÃO TOTAL DO MÊS DE DEZEMBRO"
    pontos ← 0
    PARA i ← 1 ATÉ 15 FAÇA INÍCIO
        pontos ← pontos + func[i].venda_dez/100
    FIM
    ESCREVA  pontos
    ESCREVA "MOSTRANDO A PONTUAÇÃO TOTAL DO MÊS DE JANEIRO"
    pontos ← 0
    PARA i ← 1 ATÉ 15 FAÇA
        INÍCIO
            pontos ← pontos + func[i].venda_jan/100
        FIM
    ESCREVA pontos
    ESCREVA "MOSTRANDO A MAIOR PONTUAÇÃO"
    maior ← 0
    PARA i ← 1 ATÉ 15 FAÇA
        INÍCIO
            SE func[i].venda_nov/100 > maior
                ENTÃO INÍCIO
                        maior ← func[i].venda_nov/100
```

```
                    pos_maior ← i
                    mes ← 1
               FIM
        SE func[i].venda_dez/100 > maior
            ENTÃO INÍCIO
                    maior ← func[i].venda_dez/100
                    pos_maior ← i
                    mes ← 2
               FIM
        SE func[i].venda_jan/100 > maior
            ENTÃO INÍCIO
                    maior ← func[i].venda_jan/100
                    pos_maior ← i
                    mes ← 3
               FIM
      FIM
  ESCREVA "Funcionário:  ",  func[pos_maior].nome
  ESCREVA  "Maior  pontuação:  ",  maior
  SE mes = 1
     ENTÃO ESCREVA "No mês de novembro"
  SE mes = 2
     ENTÃO ESCREVA "No mês de dezembro"
  SE mes = 3
     ENTÃO ESCREVA "No mês de janeiro"
  ESCREVA "MOSTRANDO O VALOR TOTAL VENDIDO"
  pontos ← 0
  PARA i ← 1 ATÉ 15 FAÇA
     INÍCIO
       pontos ← pontos + func[i].venda_nov + func[i].venda_dez + func[i]. venda_jan
     FIM
  ESCREVA "Total vendido = ", pontos
  FIM_ALGORITMO.
```

 SOLUÇÃO:

\EXERC\CAP10\PASCAL\EX6.PAS **e** \EXERC\CAP10\PASCAL\EX6.EXE

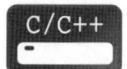 SOLUÇÃO:

\EXERC\CAP10\C++\EX6.CPP **e** \EXERC\CAP10\C++\EX6.EXE

 SOLUÇÃO:

\EXERC\CAP10\JAVA\EX6.java **e** \EXERC\CAP10\JAVA\EX6.class

7. Crie um programa para ler o código, o sexo (M — masculino; F — feminino) e o número de horas-aula ministradas pelos professores de uma escola durante um mês. Sabe-se que um professor ganha R$ 60,50 hora-aula e que a escola possui dez professores. Após a leitura, o programa deverá mostrar:

a) Uma listagem contendo o código, o salário bruto, o desconto e o salário líquido de todos o professores.

b) A média aritmética dos salários brutos dos professores do sexo masculino.

c) A média aritmética dos salários brutos dos professores do sexo feminino.

Os descontos devem ser assim calculados:

Sexo	Até 70 horas/aula ao mês	Mais que 70 horas/aula ao mês
Masculino	10%	8%
Feminino	7%	5%

ALGORITMO Solução:

```
ALGORITMO
DECLARE prof[10] REGISTRO (cod, num_aula UMÉRICO, sexo LITERAL)
        i, sal_bruto, desc, sal_liq, ma_masc, ma_fem NUMÉRICO
        soma_masc, soma_fem, qt_masc, qt_fem NUMÉRICO
soma_masc ← 0
soma_fem ← 0
qt_masc ← 0
qt_fem ← 0
ESCREVA "Digitando os dados dos 10 professores"
PARA i ← 1 ATÉ 10 FAÇA
    INÍCIO
        ESCREVA i, " o professor"
        ESCREVA "Digite o código"
        LEIA prof[i].cod
        ESCREVA "Digite o número de aulas"
        LEIA prof[i].num_aula
        ESCREVA "Digite o sexo"
        LEIA prof[i].sexo
    FIM
ESCREVA "Mostrando a listagem com os salários dos professores"
PARA i ← 1 ATÉ 10 FAÇA
    INÍCIO
        ESCREVA prof[i].cod
        sal_bruto ← 60.50 * prof[i].num_aula
        ESCREVA sal_bruto
        SE prof[i].sexo = "F"
            ENTÃO INÍCIO
                    SE prof[i].num_aula ≤ 70
                        ENTÃO desc ← sal_bruto * 7/100
                        SENÃO desc ← sal_bruto * 5/100
                  FIM
            SENÃO INÍCIO
                    SE prof[i].num_aula ≤ 70
                        ENTÃO desc ← sal_bruto * 10/100
                        SENÃO desc ← sal_bruto * 8/100
                  FIM
        ESCREVA desc
        sal_liq ← sal_bruto − desc
        ESCREVA sal_liq
        SE prof[i].sexo = "F"
            ENTÃO INÍCIO
                    soma_fem ← soma_fem + sal_bruto
                    qt_fem ← qt_fem + 1
                  FIM
            SENÃO INÍCIO
                    soma_masc ← soma_masc + sal_bruto
                    qt_masc ← qt_masc + 1
                  FIM
    FIM
    SE qt_fem = 0
        ENTÃO ma_fem ← 0
        SENÃO ma_fem ← soma_fem / qt_fem
    SE qt_masc = 0
        ENTÃO ma_masc ← 0
        SENÃO ma_masc ← soma_masc / qt_masc
    ESCREVA "Média dos salários brutos dos professores do sexo feminino = ",ma_fem
    ESCREVA "Média dos salários brutos dos professores do sexo masculino = ",ma_masc
FIM_ALGORITMO.
```

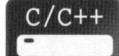 SOLUÇÃO:

`\EXERC\CAP10\PASCAL\EX7.PAS` **e** `\EXERC\CAP10\PASCAL\EX7.EXE`

 SOLUÇÃO:

`\EXERC\CAP10\C++\EX7.CPP` **e** `\EXERC\CAP10\C++\EX7.EXE`

SOLUÇÃO:

`\EXERC\CAP10\JAVA\EX7.java` **e** `\EXERC\CAP10\JAVA\EX7.class`

8. Veja os campos de alguns registros:

Professor (número de registro, nome, cod_título, total h/a semanal)

Título (cod_título, descrição, valor hora/aula)

Elabore um programa que:

- Crie uma rotina para cadastrar os títulos. Sabe-se que nessa escola existem cinco títulos.
- Crie uma rotina para cadastrar os professores. Sabe-se que nessa escola trabalham 14 professores, e cada um deve estar associado a um título previamente cadastrado.
- Crie uma rotina para mostrar a relação de professores, conforme o layout a seguir.

Nº do registro	Nome	Título (descrição)	Valor hora/ aula	Total H/A	Total geral
111	João da Silva	Mestre	R$ 60,50	10	R$ 605,00
113	Maria Oliveira	Especialista	R$ 40,00	8	R$ 320,00

ALGORITMO SOLUÇÃO:

```
ALGORITMO
DECLARE prof[14] REGISTRO (reg, cod_titulo, total_semanal NUMÉRICO, nome LITERAL)
        titulo[5] REGISTRO (cod_titulo, valor NUMÉRICO, desc LITERAL)
        i, j, total_geral, achou NUMÉRICO
ESCREVA "Cadastrando os 5 títulos"
PARA j ← 1 ATÉ 5 FAÇA
   INÍCIO
      ESCREVA "Digite o código do ", j , "º título: "
      LEIA titulo[j].cod_titulo
      ESCREVA "Digite a descrição do ", j , " º título: "
      LEIA titulo[j].desc
      ESCREVA "Digite o valor da hora aula do ", j , "º título: "
      LEIA titulo[j].valor
   FIM
ESCREVA "Cadastrando os 14 professores"
PARA i ← 1 ATÉ 14 FAÇA
   INÍCIO
      ESCREVA "Digite o registro do ", i , "º professor: "
      LEIA prof[i].reg
      ESCREVA "Digite o título do ", i , "º professor: "
      LEIA prof[i].cod_titulo
      achou ← 0
      ENQUANTO achou = 0 FAÇA
         INÍCIO
            PARA j ← 1 ATÉ 5 FAÇA
               INÍCIO
                  SE titulo[j].cod_titulo = prof[i].cod_titulo
                     ENTÃO achou ← 1
               FIM
            SE achou = 0
               ENTÃO INÍCIO
                     ESCREVA "Título não cadastrado, digite novo título: "
```

```
                            LEIA prof[i].cod_titulo
                    FIM
          FIM
       ESCREVA "Digite a carga horária semanal do ", i , "º professor: "
       LEIA  prof[i].total_semanal
       ESCREVA "Digite o nome do ", i , " professor: "
       LEIA prof[i].nome
     FIM
  ESCREVA "Mostrando a relação de professores"
  PARA i ← 1 ATÉ 14 FAÇA
    INÍCIO
       ESCREVA prof[i].reg, prof[i].nome
       PARA j ← 1 ATÉ 5 FAÇA
          INÍCIO
            SE prof[i].cod_titulo = titulo[j].cod_titulo
              ENTÃO INÍCIO
                    ESCREVA titulo[j].desc, titulo[j].valor
                    total_geral ← titulo[j].valor * prof[i].total_semanal
                    ESCREVA prof[i].total_semanal, total_geral
                    FIM
          FIM
     FIM
FIM_ALGORITMO.
```

PASCAL
SOLUÇÃO:
\EXERC\CAP10\PASCAL\EX8.PAS e \EXERC\CAP10\PASCAL\EX8.EXE

C/C++
SOLUÇÃO:
\EXERC\CAP10\C++\EX8.CPP e \EXERC\CAP10\C++\EX8.EXE

JAVA
SOLUÇÃO:
\EXERC\CAP10\JAVA\EX8.java e \EXERC\CAP10\JAVA\EX8.class

9. Crie um pequeno sistema para controle automatizado de estoque com os seguintes registros:

Clientes	Notas	Itens_notas	Produtos
Cod_cliente	Numero_NF	Numero_NF	Cod_produto
Endereco	Cod_cliente	Cod_produto	Descricao
Telefone	Total_geral	Quantidade	Unidade
		Preco_venda	Preco_unitario
			Qtdade_estoque

O sistema deverá conter os seguintes módulos: CADASTROS, MOVIMENTAÇÕES, CONSULTAS, além de uma opção para SAÍDA.

1. O módulo CADASTROS deverá fazer a manutenção das informações sobre clientes e produtos (seis produtos e três clientes):
   a) Manutenção de CLIENTES — **inclusão,** tomando cuidado para não cadastrar dois clientes com o mesmo código; **alteração,** o único campo que não pode ser alterado é o código; **exclusão,** tomando cuidado para não permitir a exclusão de clientes que possuam nota fiscal.
   b) Manutenção de PRODUTOS — **inclusão,** tomando cuidado para não cadastrar dois produtos com o mesmo código; **alteração,** o único campo que não pode ser alterado é o código; **exclusão,** tomando cuidado para não permitir a exclusão de produtos pertencentes a alguma nota fiscal.
2. O módulo MOVIMENTAÇÕES deverá permitir a **digitação** de notas fiscais de saída, de acordo com as especificações a seguir, supondo que poderão ser gravadas até cinco notas fiscais contendo dois itens em cada uma:

a) Não cadastrar duas notas com o mesmo número.

b) Uma nota só pode ser emitida a um cliente que já exista.

c) Todos os produtos da nota devem estar previamente cadastrados; caso contrário, emitir mensagem de erro.

d) Não cadastrar duas vezes um produto na mesma nota.

e) Quando um produto for confirmado, baixar sua quantidade em estoque e gravar um registro em ITENS_NO-TAS.

3. O módulo CONSULTAS deverá permitir as **consultas** descritas a seguir:

a) Todos os produtos com preços entre dois valores digitados pelo usuário.

b) Todas as notas e os itens da nota de um cliente escolhido pelo usuário.

c) Todas as notas e os itens da nota com total geral superior a um valor escolhido pelo usuário.

ALGORITMO SOLUÇÃO:

```
ALGORITMO
DECLARE cliente[3] REGISTRO (cod_cliente NUMÉRICO, ende, fone LITERAL)
        produto[6] REGISTRO (cod_produto, preco_unit, qtde_est NUMÉRICO, desc, unid
        ↳LITERAL)
        nota[5] REGISTRO (numero_nf, cod_cliente, total NUMÉRICO)
        itens_nota[10] REGISTRO (numero_nf, cod_prod, qtde, preco_vend NUMÉRICO)
        i, j, k, h, cont, achou, op1, op2, posi, codigo_cli NUMÉRICO
        livre_cliente, livre_produto, livre_nota NUMÉRICO
        livre_item, codigo, pre, qtde NUMÉRICO
        valor, valor_inicial, valor_final NUMÉRICO
        endere, telefone, desc, unidade, resp LITERAL
livre_cliente ← 1
livre_produto ← 1
livre_nota ← 1
livre_item ← 1
REPITA
 ESCREVA "Menu de Opções"
 ESCREVA "1 — Cadastros"
 ESCREVA "2 — Movimentações"
 ESCREVA "3 — Consultas"
 ESCREVA "4 — Sair"
 ESCREVA "Digite sua opção"
 LEIA op1
 SE op1 < 1 OU op1 > 4
    ENTÃO ESCREVA "Opção inválida, digite novamente"
 SE op1 = 1
    ENTÃO
     INÍCIO
      REPITA
        ESCREVA "Sub-menu de Opções"
        ESCREVA "1 - Incluir clientes"
        ESCREVA "2 - Alterar clientes"
        ESCREVA "3 - Excluir clientes"
        ESCREVA "4 - Incluir produtos"
        ESCREVA "5 - Alterar produtos"
        ESCREVA "6 - Excluir produtos"
        ESCREVA "7 - Sair"
        ESCREVA "Digite sua opção"
        LEIA op2
        SE op2 < 1 OU op2 > 7
          ENTÃO ESCREVA "Opção inválida, digite novamente"
          SE op2 = 1
           ENTÃO
            INÍCIO
              ESCREVA "Inclusão de Clientes"
              SE livre_cliente = 4
```

```
            ENTÃO ESCREVA "Cadastro de clientes lotado"
                SENÃO
                 INÍCIO
                 ESCREVA "Digite o código do cliente a ser incluído"
                  LEIA código
                  achou ← 0
                  PARA i ← 1 ATÉ 3 FAÇA
                   INÍCIO
                    SE cliente[i].cod_cliente = codigo
                       ENTÃO achou ← 1
                   FIM
                  SE achou = 1
                  ENTÃO ESCREVA "Já existe cliente com este código"
                    SENÃO
                     INÍCIO
                       ESCREVA "Digite o endereço do cliente"
                       LEIA endere
                       ESCREVA "Digite o telefone do cliente"
                       LEIA telefone
                       cliente[livre_cliente].cod_cliente ← código
                       cliente[livre_cliente].ende ← endere
                       cliente[livre_cliente].fone ← telefone
                       ESCREVA "Cliente cadastrado com sucesso!"
                       livre_cliente ← livre_cliente + 1
                     FIM
                FIM
        FIM
    SE op2 = 2
     ENTÃO
      INÍCIO
       ESCREVA "Alteração de Clientes"
       SE livre_cliente = 1
        ENTÃO ESCREVA "Cadastro  de  clientes  vazio"
        SENÃO
         INÍCIO
           ESCREVA "Digite o código do cliente a ser alterado"
           LEIA código
           achou ← 0
           PARA i ← 1 ATÉ 3 FAÇA
           INÍCIO
           SE cliente[i].cod_cliente = código
            ENTÃO
             INÍCIO
               achou ← 1
               posi ← i
             FIM
           FIM
           SE achou = 0
            ENTÃO ESCREVA "Não existe cliente com esse código"
            SENÃO
             INÍCIO
               ESCREVA "Digite o novo endereço do cliente"
               LEIA endere
               ESCREVA "Digite o novo telefone do cliente"
               LEIA telefone
               cliente[posi].ende ← endere
               cliente[posi].fone ← telefone
               ESCREVA "Cliente alterado com sucesso!"
             FIM
         FIM
     FIM
```

```
SE op2 = 3
  ENTÃO
    INÍCIO
      ESCREVA "Exclusão de Clientes"
      SE livre_cliente = 1
        ENTÃO ESCREVA "Cadastro de clientes vazio"
        SENÃO
          INÍCIO
            ESCREVA "Digite o código do cliente a ser excluído"
            LEIA código
              achou ← 0
              PARA i ← 1 ATÉ 3 FAÇA
                INÍCIO
                  SE cliente[i].cod_cliente = codigo
                    ENTÃO
                      INÍCIO
                        achou ← 1
                        posi ← i
                      FIM
                FIM
              SE achou = 0
                ENTÃO ESCREVA "Não existe cliente com este código"
                SENÃO
                  INÍCIO
                    achou ← 0
                    PARA j ← 1 ATÉ (livre_nota - 1) FAÇA
                      INÍCIO
                        SE nota[j].cod_cliente = codigo
                          ENTÃO achou ← 1
                      FIM
                    SE achou = 1
                      ENTÃO ESCREVA "Cliente possui notas. Não pode ser excluído."
                      SENÃO
                        INÍCIO
                          PARA j ← posi ATÉ (livre_cliente-2)FAÇA
                            INÍCIO
                              cliente[j].cod_cliente ← cliente[j+1].cod_cliente
                              cliente[j].ende ← cliente[j+1].ende
                              cliente[j].fone ←    cliente[j+1].fone
                            FIM
                          ESCREVA "Cliente excluído com sucesso!"
                          livre_cliente ← livre_cliente − 1
                        FIM
                  FIM
          FIM
    FIM
SE op2 = 4
  ENTÃO
    INÍCIO
      ESCREVA "Inclusão  de  Produtos"
      SE livre_produto = 7
        ENTÃO ESCREVA "Cadastro de produtos lotado"
        SENÃO
          INÍCIO
            ESCREVA "Digite o código do produto a ser incluído"
            LEIA código
            achou ← 0
            PARA i ← 1 ATÉ 6 FAÇA
              INÍCIO
                SE produto[i].cod_produto = código
```

```
                    ENTÃO achou ← 1
               FIM
          SE achou =  1
          ENTÃO ESCREVA "Já existe produto com este código"
          SENÃO
           INÍCIO
            ESCREVA  "Digite  a  descrição  do  produto"
            LEIA  desc
            ESCREVA  "Digite  a  unidade  do  produto"
            LEIA  unidade
            ESCREVA "Digite o preço unitário do produto"
            LEIA  pre
            ESCREVA "Digite a quantidade em estoque do produto"
            LEIA  qtde
            produto[livre_produto].cod_produto ← código
            produto[livre_produto].desc ← desc
            produto[livre_produto].unid ← unidade
            produto[livre_produto].preco_unit ← pre
            produto[livre_produto].qtde_est ← qtde
            ESCREVA  "Produto cadastrado com sucesso!"
            livre_produto ← livre_produto + 1
           FIM
        FIM
     FIM
  SE op2 = 5
     ENTÃO
     INÍCIO
      ESCREVA  "Alteração  de  produtos"
      SE livre_produto = 1
       ENTÃO ESCREVA  "Cadastro  de  produtos  vazio"
       SENÃO
        INÍCIO
         ESCREVA "Digite o código do produto a ser alterado"
         LEIA código
         achou ← 0
         PARA i ← 1 ATÉ 6 FAÇA
          INÍCIO
           SE produto[i].cod_produto = código
            ENTÃO
             INÍCIO
              achou ← 1
              posi ← i
             FIM
          FIM
         SE achou = 0
          ENTÃO ESCREVA "Não existe produto com este código"
          SENÃO
          INÍCIO
           ESCREVA "Digite a nova descrição do produto"
           LEIA  desc
           ESCREVA "Digite a nova unidade do produto"
           LEIA unidade
           ESCREVA "Digite o novo preço unitário"
           LEIA  pre
           ESCREVA "Digite a nova quantidade em estoque"
           LEIA qtde
           produto[livre_produto].desc ← desc
           produto[livre_produto].unid ← unidade
           produto[livre_produto].preco_unit ← pre
           produto[livre_produto].qtde_est ← qtde
           ESCREVA "Produto alterado com sucesso!"
```

```
                  FIM
              FIM
          FIM
      SE op2 = 6
        ENTÃO
          INÍCIO
            ESCREVA "Exclusão de produtos"
            SE livre_produto = 1
              ENTÃO ESCREVA "Cadastro de produtos vazio"
              SENÃO
                INÍCIO
                  ESCREVA "Digite o código do produto a ser excluído"
                  LEIA código
                  achou ← 0
                  PARA i ← 1 ATÉ 6 FAÇA
                    INÍCIO
                      SE produto[i].cod_produto = código
                        ENTÃO
                          INÍCIO
                            achou ← 1
                            posi ← i
                          FIM
                    FIM
                  SE achou = 0
                    ENTÃO ESCREVA "Não existe produto com este código"
                    SENÃO
                      INÍCIO
                        achou ← 0
                        PARA j ← 1 ATÉ (livre_item — 1) FAÇA
                          INÍCIO
                            SE itens_nota[j].cod_prod  =  codigo
                              ENTÃO achou ← 1
                          FIM
                        SE achou  =  1
                        ENTÃO ESCREVA "Não pode excluir produto. Faz parte de alguma nota"
                          SENÃO
                            INÍCIO
                              PARA j←posi ATÉ (livre_produto - 2) FAÇA
                                INÍCIO
                                  produto[j].cod_produto ← produto[j+1].cod_produto
                                  produto[j].desc ← produto[j+1].desc
                                  produto[j].unid ← produto[j+1].unid
                                produto[j].preco_unit ← produto[j+1].preco_unit
                                  produto[j].qtde_est ←  produto[j+1].qtde_est
                                FIM
                              ESCREVA "Produto excluído com sucesso!"
                              livre_produto ← livre_produto — 1
                            FIM
                      FIM
                FIM
          FIM
      ATÉ  op2  =  7
      FIM
SE op1 = 2
  ENTÃO
    INÍCIO
      ESCREVA  "Cadastro  de  notas  de  saída"
      ESCREVA  "Digite  o  número  da  nota"
      LEIA num_nota
      SE livre_nota = 6
        ENTÃO ESCREVA "Cadastro de notas lotado"
```

```
          SENÃO
           INÍCIO
            achou ← 0
            PARA i ← 1 ATÉ livre_nota - 1 FAÇA
              INÍCIO
                SE nota[i].numero_nf = num_nota
                  ENTÃO achou ← 1
              FIM
            SE achou = 1
            ENTÃO ESCREVA "Já existe nota fiscal cadastrada com esse número"
              SENÃO
                INÍCIO
                  ESCREVA "Digite o código do cliente"
                  LEIA codigo_cli
                  achou ← 0
                  ENQUANTO achou = 0 FAÇA
                    INÍCIO
                      PARA i ←  1 ATÉ livre_cliente - 1 FAÇA
                        INÍCIO
                          SE cliente[i].cod_cliente = codigo_cli
                            ENTÃO achou ← 1
                        FIM
                      SE achou = 0
                        ENTÃO
                          INÍCIO
                            ESCREVA "Este cliente não está cadastrado"
                            ESCREVA "Digite outro cliente"
                            LEIA codigo_cli
                          FIM
                    FIM
                  cont ← 0
                  resp ← 's'
                  ENQUANTO (cont < 2) E (resp = 's') FAÇA
                  INÍCIO
                    ESCREVA "Digite o código do produto"
                    LEIA código
                    achou ← 0
                    PARA k ← 1 ATÉ livre_produto - 1 FAÇA
                      INÍCIO
                        SE produto[k].cod_produto = código
                          ENTÃO
                            INÍCIO
                              SE produto[k].qtde_est = 0
                                ENTÃO achou ← 2
                                SENÃO
                                  INÍCIO
                                    achou ← 1
                                    posi ← k
                                    PARA h ← 1 ATÉ livre_item - 1 FAÇA
                                      INÍCIO
                                        SE itens_nota[h].numero_nf = num_nota E
                                           itens_nota[h].cod_prod = código
                                          ENTÃO
                                          INÍCIO
                                            ESCREVA "Produto já existe nesta nota"
                                            achou ← 0
                                          FIM
                                      FIM
                                  FIM
                            FIM
                      FIM
```

```
            SE achou = 0
              ENTÃO
                INÍCIO
                  ESCREVA "Este produto não está cadastrado"
                FIM
            SE achou = 2
              ENTÃO
                INÍCIO
                  ESCREVA "Este produto está com estoque zerado"
                FIM
            SE achou = 1
              ENTÃO
                INÍCIO
                  ESCREVA "Digite a quantidade"
                  LEIA qtde
                  ENQUANTO qtde > produto[posi].qtde_est FAÇA
                    INÍCIO
                      ESCREVA "Estoque insuficiente"
                      ESCREVA "Digite outra quantidade"
                      LEIA qtde
                    FIM
                  nota[livre_nota].numero_nf ← num_nota
                  nota[livre_nota].cod_cliente ← codigo_cli
                  nota[livre_nota].total ← nota[livre_nota].total + (qtde *
                  ➥ produto[posi].preco_unit)
                  itens_nota[livre_item].numero_nf ← num_nota
                  itens_nota[livre_item].cod_prod ← codigo
                  itens_nota[livre_item].qtde ← qtde
                  itens_nota[livre_item].preco_vend ← qtde * produto[posi].preco_unit
                  livre_item ← livre_item + 1
                  ESCREVA "Produto incluído na nota com sucesso!"
                  produto[posi].qtde_est ← produto[posi].qtde_est - qtde
                  cont ← cont + 1
                FIM
              SE cont < 2
                ENTÃO
                  INÍCIO
                    ESCREVA "Deseja cadastrar outro produto nesta nota?"
                    ESCREVA "s - sim ou n — não"
                    LEIA resp
                  FIM
          FIM
      SE cont >= 1
            ENTÃO
              INÍCIO
                livre_nota ← livre_nota + 1
                ESCREVA "Nota cadastrada com sucesso!"
              FIM
        FIM
       FIM
     FIM
SE op1 = 3
  ENTÃO
    INÍCIO
      REPITA
      ESCREVA "Submenu  de  opções"
      ESCREVA "1 - Consultar todos os produtos com preços entre dois valores"
      ESCREVA "2 - Consultar todas as notas de um cliente"
      ESCREVA "3 - Consultar todas as notas com total superior a um determinado valor"
      ESCREVA "4 - Sair "
      ESCREVA "Digite sua opção"
      LEIA op2
      SE op2 < 1  OU  op2 > 4
```

```
            ENTÃO ESCREVA "Opção inválida, digite novamente"
        SE op2 = 1
          ENTÃO
            INÍCIO
              ESCREVA "Consultar todos os produtos com preços entre dois valores"
              ESCREVA "Digite o valor inicial"
              LEIA  valor_inicial
              ESCREVA "Digite o valor final"
              LEIA valor_final
              SE livre_produto = 1
                ENTÃO ESCREVA "Nenhum produto está cadastrado"
                SENÃO
                  INÍCIO
                    achou ← 0
                    PARA i ← 1 ATÉ livre_produto - 1 FAÇA
                      INÍCIO
                        SE produto[i].preco_unit >= valor_inicial E
                           produto[i].preco_unit <= valor_final
                        ENTÃO
                          INÍCIO
                            achou ← 1
                            ESCREVA produto[i].cod_produto
                            ESCREVA produto[i].desc
                          FIM
                      FIM
                    SE achou  =  0
                      ENTÃO ESCREVA "Nenhum produto foi cadastrado com estes preços"
                  FIM
            FIM
SE op2 = 2
  ENTÃO
    INÍCIO
      ESCREVA "Consultar todas as notas e itens da nota de um cliente"
      ESCREVA "Digite o código do cliente"
      LEIA código
      SE livre_cliente = 1
        ENTÃO ESCREVA "Não existe cliente cadastrado"
        SENÃO
          INÍCIO
            achou ← 0
            PARA i ← 1 ATÉ livre_cliente - 1 FAÇA
              INÍCIO
                SE cliente[i].cod_cliente = codigo
                  ENTÃO achou ← 1
              FIM
            SE achou = 0
              ENTÃO ESCREVA "Este cliente não está cadastrado"
              SENÃO
                INÍCIO
                  SE livre_nota = 1
                    ENTÃO ESCREVA "Nenhuma nota cadastrada"
                    SENÃO
                      INÍCIO
                        achou ← 0
                        PARA i ← 1 ATÉ livre_nota - 1 FAÇA
                          INÍCIO
                            SE nota[i].cod_cliente = codigo
                              ENTÃO
                                INÍCIO
                                  achou ← 1
                                  ESCREVA nota[i].numero_nf
```

```
                              ESCREVA nota[i].total
                              PARA j ← 1 ATÉ livre_item - 1 FAÇA
                               INÍCIO
                                SE itens_nota[j].numero_nf = nota[i].numero_nf
                                   ENTÃO
                                    INÍCIO
                                      ESCREVA itens_nota[j].cod_prod
                                      ESCREVA itens_nota[j].qtde
                                      ESCREVA itens_nota[j].preco_vend
                                    FIM
                               FIM
                            FIM
                      FIM
                   SE achou = 0
                     ENTÃO ESCREVA "Nenhuma nota cadastrada"
               FIM
             FIM
         FIM
      FIM
   SE op2 = 3
   ENTÃO
    INÍCIO
       ESCREVA "Consultar todas as notas e itens da nota com total superior a um valor"
       ESCREVA "Digite o valor"
       LEIA valor
       SE livre_nota = 1
         ENTÃO ESCREVA "Não existe nota cadastrada"
         SENÃO
          INÍCIO
            achou ← 0
            PARA i ← 1 ATÉ livre_nota - 1 FAÇA
             INÍCIO
              SE nota[i].total > valor
                 ENTÃO
                  INÍCIO
                    achou ← 1
                    ESCREVA nota[i].numero_nf
                    ESCREVA nota[i].total
                    PARA  j ← 1 ATÉ livre_item - 1 FAÇA
                     INÍCIO
                      SE itens_nota[j].numero_nf = nota[i].numero_nf
                         ENTÃO
                          INÍCIO
                            ESCREVA itens_nota[j].cod_prod
                            ESCREVA itens_nota[j].qtde
                            ESCREVA itens_nota[j].preco_vend
                          FIM
                     FIM
                  FIM
             FIM
           SE achou = 0
             ENTÃO ESCREVA "Nenhuma nota cadastrada"
          FIM
       FIM
      ATÉ op2 = 4
   FIM
  ATÉ op1 = 4
FIM_ALGORITMO.
```

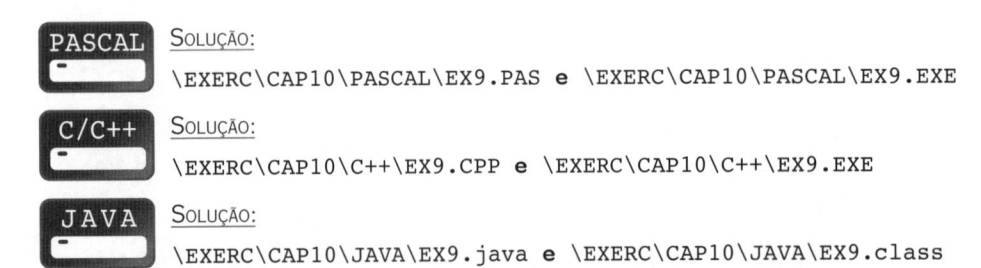

PASCAL SOLUÇÃO:

\EXERC\CAP10\PASCAL\EX9.PAS e \EXERC\CAP10\PASCAL\EX9.EXE

C/C++ SOLUÇÃO:

\EXERC\CAP10\C++\EX9.CPP e \EXERC\CAP10\C++\EX9.EXE

JAVA SOLUÇÃO:

\EXERC\CAP10\JAVA\EX9.java e \EXERC\CAP10\JAVA\EX9.class

10. Uma empresa do ramo de material esportivo deseja ter um controle automatizado dos funcionários que trabalham em cada uma de suas filiais. Sabe-se que essa empresa possui quatro filiais com quatro vendedores e um gerente em cada uma delas. Todos devem ser cadastrados como funcionários.

Faça um programa que realize esse controle, com as seguintes rotinas:

a) Cadastrar filial, observando que não podem existir duas filiais com o mesmo número.

b) Cadastrar funcionário, observando que: 1) não podem existir dois funcionários com o mesmo número; 2) cada funcionário deve ser cadastrado em uma filial; e 3) cada filial pode ter apenas um gerente e no máximo quatro vendedores;

c) Criar uma consulta a todas as filiais, mostrando o nome do gerente e dos vendedores, o valor total gasto com pagamento de salários por filial e o valor gasto com pagamento de salário geral.

Filial	Funcionário
Numero_filial	Numero_filial
Nome_filial	Codigo_funcionario
	Nome_funcionario
	Cargo
	Salario

ALGORITMO SOLUÇÃO:

```
ALGORITMO
DECLARE filial[4] REGISTRO (numero_filial NUMÉRICO nome_filial LITERAL)
        func[20] REGISTRO (numero_filial, cod_func, salario NUMÉRICO
                        cargo, nome_func LITERAL)
        i, j, livre_filial, livre_func NUMÉRICO total_geral, total_filial NUMÉRICO
        sal, cont, filial, op, achou, numero NUMÉRICO cargo, nome LITERAL
livre_func ← 1
livre_filial ← 1
total_geral ← 0
REPITA
 ESCREVA "Menu de Opções"
 ESCREVA "1 — Cadastrar filial"
 ESCREVA "2 — Cadastrar funcionário"
 ESCREVA "3 — Consultar filiais"
 ESCREVA "4 — Sair"
 ESCREVA "Digite a opção desejada"
 LEIA op
 SE op = 1
  ENTÃO INÍCIO
         ESCREVA "Cadastro de filiais"
         SE livre_filial = 5
           ENTÃO ESCREVA "Cadastro de filiais lotado"
           SENÃO INÍCIO
                  ESCREVA "Digite o número da filial"
                  LEIA numero
                  achou ← 0
                  PARA i ← 1 ATÉ livre_filial — 1 FAÇA
```

```
                        INÍCIO
                          SE filial[i].numero_filial = numero
                            ENTÃO achou ← 1
                        FIM
                      SE achou = 1
                      ENTÃO ESCREVA "Já existe filial cadastrada com este número"
                      SENÃO INÍCIO
                              ESCREVA "Digite o nome da filial"
                              LEIA nome
                              filial[livre_filial].numero_filial ← numero
                              filial[livre_filial].nome_filial ← nome
                              ESCREVA "Filial cadastrada com sucesso!"
                              livre_filial ← livre_filial + 1
                            FIM
                FIM
            FIM
SE op = 2
  ENTÃO INÍCIO
          ESCREVA "Cadastro de funcionários"
          SE livre_func = 21
            ENTÃO ESCREVA "Cadastro de funcionários lotado"
            SENÃO INÍCIO
                  ESCREVA "Digite o número do funcionário a ser cadastrado"
                  LEIA numero
                  achou ← 0
                  PARA i ← 1 ATÉ livre_func — 1 FAÇA
                    INÍCIO
                      SE func[i].cod_func = numero
                        ENTÃO achou ← 1
                    FIM
                  SE achou = 1
                  ENTÃO ESCREVA "Já existe funcionário cadastrado com este código"
                  SENÃO INÍCIO
                          ESCREVA "Digite o número da filial deste funcionário"
                          LEIA filial
                          achou ← 0
                          PARA i ← 1 ATÉ livre_filial — 1 FAÇA
                            INÍCIO
                              SE filial[i].numero_filial = filial
                                ENTÃO achou ← 1
                            FIM
                          SE achou = 0
                          ENTÃO ESCREVA "Esta filial não está cadastrada"
                          SENÃO INÍCIO
                                  cont ← 0
                                  PARA i ← 1 ATÉ livre_func — 1 FAÇA
                                    INÍCIO
                                      SE func[i].numero_filial = filial
                                        ENTÃO cont ← cont + 1
                                    FIM
                                  SE cont = 5
                                  ENTÃO ESCREVA "Esta filial está com todos os funcionários"
                                  SENÃO
                                    INÍCIO
                                      ESCREVA "Digite o cargo do funcionário"
                                      LEIA cargo
                                      SE cargo = "Gerente"
                                       ENTÃO
                                         INÍCIO
                                           cont ← 0
                                           PARA i ← 1 ATÉ livre_func — 1 FAÇA
```

```
                                        INÍCIO
                                          SE func[i].numero_filial = filial E
                                               func[i].cargo = cargo
                                             ENTÃO cont ← cont + 1
                                        FIM
                                        SE cont = 1
                                          ENTÃO ESCREVA "Filial já possui gerente"
                                          SENÃO cont ← 0
                                     FIM
                                 SE cargo = "Vendedor"
                                   ENTÃO
                                     INÍCIO
                                       cont ← 0
                                       PARA i ← 1 ATÉ livre_func — 1 FAÇA
                                         INÍCIO
                                           SE func[i].numero_filial = filial E
                                                func[i].cargo = cargo
                                              ENTÃO cont ← cont + 1
                                         FIM
                                         SE cont = 4
                                           ENTÃO ESCREVA "Filial já tem 4 vendedores"
                                           SENÃO cont ← 0
                                         FIM
                                         SE cont = 0
                                           ENTÃO
                                             INÍCIO
                                               ESCREVA "Digite o salário"
                                               LEIA sal
                                               ESCREVA "Digite o nome do funcionário"
                                               LEIA nome
                                               func[livre_func].numero_filial ← filial
                                               func[livre_func].cod_func ← numero
                                               func[livre_func].salario ← sal
                                               func[livre_func].cargo ← cargo
                                               func[livre_func].nome_func ← nome
                                               ESCREVA "Funcionário cadastrado com sucesso!"
                                               livre_func ← livre_func + 1
                                            FIM
                                   FIM
                               FIM
                           FIM
                     FIM
             FIM
SE op = 3
  ENTÃO INÍCIO
          SE livre_filial = 1
            ENTÃO ESCREVA "Cadastro de filiais vazio"
            SENÃO SE livre_func = 1
                    ENTÃO ESCREVA "Cadastro de funcionários vazio"
                    SENÃO INÍCIO
                          PARA i ← 1 ATÉ livre_filial — 1 FAÇA
                            INÍCIO
                              ESCREVA "Número da filial: ", filial[i].numero_filial
                              ESCREVA "Nome da filial: ", filial[i].nome_filial
                              total_filial ← 0
                              PARA j ← 1 ATÉ livre_func — 1 FAÇA
                                INÍCIO
                                  SE func[j].numero_filial = filial[i].numero_filial
                                     ENTÃO
                                     INÍCIO
                                       ESCREVA "Funcionário: ", func[j].nome_func
```

```
                                        ESCREVA "Cargo: ", func[j].cargo
                                        total_filial ← total_filial + func[j]. salario
                                   FIM
                              FIM
                              ESCREVA "Total de salário da filial = ", total_filial
                              total_geral ← total_geral + total_filial
                         FIM
                         ESCREVA "Total dos salários de todas as filiais = ", total_geral
                    FIM
               FIM
ATÉ  op  =  4
     FIM_ALGORITMO.
```

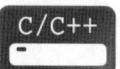

S̲o̲l̲u̲ç̲ã̲o̲:

\EXERC\CAP10\PASCAL\EX10.PAS **e** \EXERC\CAP10\PASCAL\EX10.EXE

C/C++

S̲o̲l̲u̲ç̲ã̲o̲:

\EXERC\CAP10\C++\EX10.CPP **e** \EXERC\CAP10\C++\EX10.EXE

S̲o̲l̲u̲ç̲ã̲o̲:

\EXERC\CAP10\JAVA\EX10.java **e** \EXERC\CAP10\JAVA\EX10.class

11. Crie um controle de matrícula anual de alunos em uma escola. Sabe-se que nessa escola é permitida a matrícula por disciplinas (o aluno monta seu horário). Esse controle deverá armazenar as informações pertinentes apenas a um ano. A escola oferece, a cada ano, seis disciplinas; sabe-se que existem dez alunos e que cada um pode matricular-se em, no máximo, três disciplinas a cada ano.

As informações devem estar estruturadas conforme os registros a seguir:

- Aluno (código do aluno, nome do aluno, série).
- Matrícula (código do aluno, código da disciplina, total de faltas, nota final).
- Disciplina (código da disciplina, descrição, carga horária).

O programa deverá seguir estas especificações:

- Cadastrar todas as disciplinas que poderão ser oferecidas no ano (não devem ser permitidas duas disciplinas com o mesmo código).
- Cadastrar alunos (não devem ser permitidos dois alunos com o mesmo código e os valores válidos para a série vão de 5 a 9).
- Realizar a matrícula do aluno (nesse momento, o aluno está apenas se inscrevendo na disciplina que ainda não foi cursada. Dessa maneira, os campos 'total de faltas' e 'nota final' não deverão ser preenchidos).
- Lançamento dos resultados finais (a secretaria, ao final do ano letivo, informa o código do aluno e o código da disciplina e preenche os campos 'total de faltas' e 'nota final' que estavam vazios).
- Criar uma consulta a todos os alunos reprovados nas disciplinas (a reprovação ocorrerá se a nota for menor que 7 ou se o total de faltas ultrapassar 25% da carga horária da disciplina).
- Criar uma rotina que mostre o nome das disciplinas cursadas por determinado aluno, junto com o total de faltas, a nota final e o resultado (aprovado ou reprovado).

ᴬᴸᴳᴼᴿᴵᵀᴹᴼ S̲o̲l̲u̲ç̲ã̲o̲:

```
ALGORITMO
DECLARE alunos[10] REGISTRO (cod_a, serie NÚMERICO nome LITERAL)
         disciplinas[6] REGISTRO (cod_d, carga_hor NUMÉRICO descr LITERAL)
         matriculas[30] REGISTRO (cod_a, cod_d, faltas, nota NUMÉRICO)
         cont_a, cont_d, cont_m, cont, alu_aux,  NUMÉRICO
         dis_aux,  achou,  i,  j,  k,  op,  perc NUMÉRICO
cont_a ← 1
cont_d ← 1
```

```
cont_m ← 1
REPITA
 ESCREVA "1-Cadastrar disciplinas"
 ESCREVA "2-Cadastrar alunos"
 ESCREVA "3-Realizar matrículas"
 ESCREVA "4-Lançar notas e faltas"
 ESCREVA "5-Consultar  alunos  reprovados"
 ESCREVA "6-Mostrar disciplinas cursadas por aluno"
 ESCREVA "7-Finalizar"
 ESCREVA "Digite sua opção: "
 LEIA op
 SE op = 1
  ENTÃO INÍCIO
           SE cont_d <= 6
              ENTÃO INÍCIO
                    LEIA dis_aux
                    i ← 1
                    ENQUANTO i < cont_d E dis_aux ≠ disciplinas[i].cod_d FAÇA
                     INÍCIO
                        i ← i + 1
                     FIM
                    SE i < cont_d
                       ENTÃO ESCREVA "Disciplina já cadastrada!"
                       SENÃO INÍCIO
                             disciplinas[cont_d].cod_d ← dis_aux
                             LEIA disciplinas[cont_d].descr
                             LEIA disciplinas[cont_d].carga_hor
                             cont_d ← cont_d + 1
                          FIM
                 FIM
              SENÃO ESCREVA "Já foram cadastradas as 6 disciplinas!"
         FIM
  SE op = 2
   ENTÃO INÍCIO
           SE cont_a <= 10
              ENTÃO INÍCIO
                    LEIA alu_aux
                    i ← 1
                    ENQUANTO i < cont_a E alu_aux ≠ alunos[i].cod_a FAÇA
                       INÍCIO
                          i ← i + 1
                       FIM
                    SE i < cont_a
                       ENTÃO ESCREVA "Aluno já cadastrado!"
                       SENÃO INÍCIO
                             alunos[cont_a].cod_a ← alu_aux
                             LEIA alunos[cont_a].nome
                             REPITA
                                LEIA alunos[cont_a].serie
                             ATÉ alunos[cont_a].serie >= 5 E alunos[cont_a].serie <= 9
                             cont_a ← cont_a + 1
                             FIM
                 FIM
              SENÃO ESCREVA "Já foram cadastrados os 10 alunos!"
           FIM
    SE op = 3
     ENTÃO INÍCIO
             SE cont_m <= 30
                ENTÃO INÍCIO
                      LEIA alu_aux
```

```
                 i ← 1
                 ENQUANTO i < cont_a  E  alunos[i].cod_a ≠ alu_aux FAÇA
                  INÍCIO
                   i ← i + 1
                  FIM
                 SE i = cont_a
                   ENTÃO ESCREVA  "Aluno não cadastrado!"
                   SENÃO INÍCIO
                         cont ← 0
                         PARA i ← 1 ATÉ cont_m - 1 FAÇA
                          INÍCIO
                            SE matriculas[i].cod_a = alu_aux
                              ENTÃO cont ← cont + 1
                          FIM
                         SE cont >= 3
                          ENTÃO ESCREVA "Aluno já matriculado em 3 disciplinas"
                          SENÃO
                           INÍCIO
                             LEIA dis_aux
                             j ← 1
                             ENQUANTO j < cont_d E disciplinas[j].cod_d ≠ dis_aux FAÇA
                              INÍCIO
                                j ← j + 1
                              FIM
                             SE j = cont_d
                              ENTÃO INÍCIO
                                    ESCREVA "Disciplina não cadastrada!"
                                    achou ← 1
                                   FIM
                             SENÃO INÍCIO
                                    j ← 1
                                    achou ← 0
                                    ENQUANTO j < cont_m E achou = 0 FAÇA
                                     INÍCIO
                                       SE matriculas[j].cod_a = alu_aux E
                                          matriculas[j].cod_d = dis_aux
                                         ENTÃO achou ← 1
                                       j ← j + 1
                                     FIM
                                    SE achou = 1
                                    ENTÃO ESCREVA "Aluno já matriculado nesta disciplina"
                                    SENÃO INÍCIO
                                          matriculas[cont_m].cod_a ← alu_aux
                                          matriculas[cont_m].cod_d ← dis_aux
                                          matriculas[cont_m].faltas ← 0
                                          matriculas[cont_m].nota ← 0
                                          cont_m = cont_m + 1
                                         FIM
                                   FIM
                           FIM
                     FIM
                 FIM
             SENÃO ESCREVA "Não existe espaço para mais matrículas!"
        FIM
SE op = 4
  ENTÃO INÍCIO
        LEIA alu_aux
        i ← 1
```

```
            ENQUANTO i < cont_a E alunos[i].cod_a ≠ alu_aux FAÇA
              INÍCIO
                i ← i + 1
              FIM
           SE i = cont_a
            ENTÃO ESCREVA "Não existe aluno com este código!"
            SENÃO INÍCIO
                   LEIA dis_aux
                   i ← 1
                   ENQUANTO i < cont_d  E  disciplinas[i].cod_d ≠ dis_aux FAÇA
                     INÍCIO
                       i ← i + 1
                     FIM
                   SE i = cont_d
                    ENTÃO ESCREVA "Não existe disciplina com este código!"
                    SENÃO INÍCIO
                           i ← 1
                           ENQUANTO i < cont_m E (matriculas[i].cod_a ≠ alu_aux OU
                                        ↳ matriculas[i].cod_d ≠ dis_aux) FAÇA
                             INÍCIO
                               i ← i + 1
                             FIM
                           SE i = cont_m
                            ENTÃO ESCREVA "Matrícula inválida!"
                            SENÃO INÍCIO
                                   LEIA matriculas[i].faltas
                                   LEIA matriculas[i].nota
                                  FIM
                          FIM
                  FIM
           FIM
     SE op = 5
       ENTÃO INÍCIO
             PARA i ← 1 ATÉ cont_m - 1 FAÇA
                INÍCIO
                  j ← 1
                  ENQUANTO j < cont_d E matriculas[i].cod_d ≠ disciplinas[j]. cod_d FAÇA
                    INÍCIO
                      j ← j + 1
                    FIM
                  perc ← disciplinas[j].carga_hor * 25 / 100
                  SE matriculas[i].faltas > perc  OU  matriculas[i].nota < 7
                   ENTÃO
                    INÍCIO
                      k ← 1
                      ENQUANTO k < cont_a E matriculas[i].cod_a ≠ alunos[k].cod_a FAÇA
                        INÍCIO
                          k ← k + 1
                        FIM
                      ESCREVA alunos[k].nome
                      ESCREVA disciplinas[j].descr
                      ESCREVA matriculas[i].faltas
                      ESCREVA matriculas[i].nota
                    FIM
                FIM
             FIM
     SE op = 6
       ENTÃO INÍCIO
             LEIA alu_aux
             i ← 1
             ENQUANTO i < cont_a E alunos[i].cod_a ≠ alu_aux FAÇA
```

```
            INÍCIO
              i ← i + 1
            FIM
          SE i = cont_a
          ENTÃO ESCREVA "Este aluno não está cadastrado!"
          SENÃO INÍCIO
                ESCREVA alunos[i].nome
                PARA i ← 1 ATÉ cont_m - 1 FAÇA
                  INÍCIO
                    SE matriculas[i].cod_a = alu_aux
                      ENTÃO
                        INÍCIO
                          j ← 1
                          ENQUANTO j < cont_d  E  disciplinas[j].cod_d ≠
                                              matriculas[i].cod_d FAÇA
                            INÍCIO
                              j ← j + 1
                            FIM
                          ESCREVA disciplinas[j].descr
                          ESCREVA matriculas[i].faltas
                          ESCREVA matriculas[i].nota
                          perc ← disciplinas[j].carga_hor * 25 / 100
                          SE matriculas[i].faltas > perc OU matriculas[i].nota < 7
                            ENTÃO ESCREVA "Reprovado"
                            SENÃO ESCREVA "Aprovado"
                        FIM
                  FIM
                FIM
        FIM
ATÉ op = 7
FIM_ALGORITMO.
```

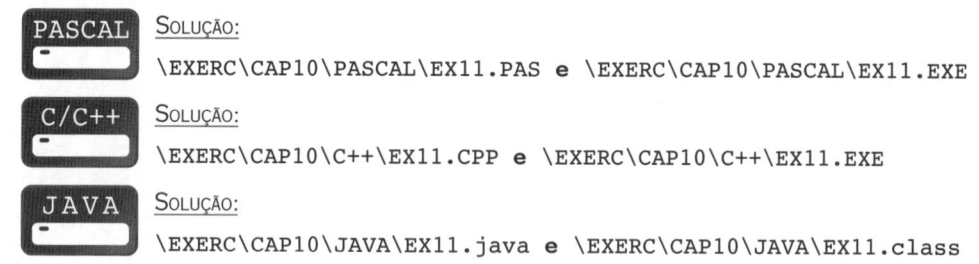

PASCAL — Solução:

\EXERC\CAP10\PASCAL\EX11.PAS e \EXERC\CAP10\PASCAL\EX11.EXE

C/C++ — Solução:

\EXERC\CAP10\C++\EX11.CPP e \EXERC\CAP10\C++\EX11.EXE

JAVA — Solução:

\EXERC\CAP10\JAVA\EX11.java e \EXERC\CAP10\JAVA\EX11.class

12. Faça um programa que receba a hora de início e de término de um jogo. Os valores deverão ser expressos em quantidade de horas e de minutos; e também apenas em minutos e apenas em segundos. Considere que o tempo máximo de duração de um jogo é de 24 horas e que ele pode começar em um dia e terminar no outro.

ALGORITMO Solução:

```
ALGORITMO
DECLARE inicio, fim REGISTRO (hora, minuto NUMÉRICO)
        min, seg, hora_total, min_total NUMÉRICO
REPITA
  LEIA inicio.hora
ATÉ inicio.hora >= 0 E inicio.hora <= 23
REPITA
  LEIA inicio.minuto
ATÉ inicio.minuto >= 0 E inicio.minuto <= 59
REPITA
```

```
   LEIA fim.hora
ATÉ fim.hora >= 0 E fim.hora <= 23
REPITA
   LEIA fim.minuto
ATÉ fim.minuto >= 0 E fim.minuto <= 59
SE fim.minuto < inicio.minuto
   ENTÃO INÍCIO
         fim.minuto ← fim.minuto + 60
         fim.hora ← fim.hora — 1
      FIM
SE fim.hora < inicio.hora
   ENTÃO INÍCIO
         fim.hora ← fim.hora + 24
      FIM
hora_total ← fim.hora — inicio.hora
min_total ← fim.minuto — inicio.minuto
ESCREVA hora_total, min_total
min ← hora_total * 60 + min_total
ESCREVA  min
seg ← min * 60
ESCREVA  seg
FIM_ALGORITMO.
```

PASCAL

S̲o̲l̲u̲ç̲ã̲o̲:

\EXERC\CAP10\PASCAL\EX12.PAS **e** \EXERC\CAP10\PASCAL\EX12.EXE

C/C++

S̲o̲l̲u̲ç̲ã̲o̲:

 \EXERC\CAP10\C++\EX12.CPP **e** \EXERC\CAP10\C++\EX12.EXE

JAVA

S̲o̲l̲u̲ç̲ã̲o̲:

\EXERC\CAP10\JAVA\EX12.java **e** \EXERC\CAP10\JAVA\EX12.class

13. Crie um programa que manipule uma lista contendo informações sobre dez pacientes (nome do paciente, nome do médico, data de nascimento e sexo). Esse programa deverá implementar as seguintes rotinas:

1. Cadastrar pacientes.

2. Mostrar pacientes em ordem de cadastramento.

3. Mostrar pacientes em ordem crescente (ordenar pelo nome).

4. Mostrar pacientes em ordem decrescente (ordenar pelo nome).

5. Excluir pacientes individualmente.

6. Excluir pacientes por médico.

- Os elementos poderão ser inseridos sem qualquer ordenação (deve ser utilizado um vetor; não poderão ser cadastrados mais de dez pacientes).

- Quando a lista for mostrada em ordem crescente ou decrescente, deve ser utilizada alguma maneira para não destruir a ordem original de cadastramento.

- Para realizar a exclusão de pacientes individualmente, deve ser informado o nome do paciente que se deseja remover.

- Para realizar a exclusão de pacientes por médico, deve ser informado o nome do médico cujos pacientes serão excluídos da lista.

`ALGORITMO` Solução:

```
ALGORITMO
DECLARE pacientes[10], pac_cres[10], pac_decres[10] REGISTRO (nome, nome_med, data_nasc, sexo
                                                     ↪ LITERAL)
        cont, cont_p, i, j, op NUMÉRICO
        pac_aux, med_aux LITERAL
cont_p ← 1
REPITA
 ESCREVA "1-Cadastrar paciente"
 ESCREVA "2-Mostrar pacientes em ordem de cadastramento"
 ESCREVA "3-Mostrar pacientes em ordem crescente"
 ESCREVA "4-Mostrar pacientes em ordem decrescente"
 ESCREVA "5-Excluir pacientes individualmente"
 ESCREVA "6-Excluir pacientes por médico"
 ESCREVA "7-Finalizar"
 ESCREVA "Digite sua opção:"
 LEIA op
 SE op = 1
  ENTÃO
   INÍCIO
     SE cont_p <= 10
       ENTÃO
        INÍCIO
          LEIA pac_aux
          i ← 1
          ENQUANTO i < cont_p E pacientes[i].nome ≠ pac_aux FAÇA
           INÍCIO
            i ← i + 1
           FIM
          SE i < cont_p
           ENTÃO ESCREVA "Paciente já cadastrado!"
           SENÃO
             INÍCIO
               pacientes[cont_p].nome ← pac_aux;
               LEIA pacientes[cont_p].nome_med
               LEIA pacientes[cont_p].data_nasc
               LEIA pacientes[cont_p].sexo
               i ← 1
               ENQUANTO i < cont_p E pacientes[cont_p].nome > pac_cres[i].nome FAÇA
                 INÍCIO
                  i ← i + 1
                 FIM
               SE i = cont_p
                 ENTÃO pac_cres[cont_p] ← pacientes[cont_p]
                 SENÃO
                   INÍCIO
                     j ← cont_p - 1
                     ENQUANTO j >= i FAÇA
                       INÍCIO
                         pac_cres[j+1] ← pac_cres[j]
                         j ← j − 1
                       FIM
                     pac_cres[i] ← pacientes[cont_p]
                   FIM
               i ← 1
               ENQUANTO i < cont_p E pacientes[cont_p].nome < pac_decres[i].nome FAÇA
                 INÍCIO
                  i ← i + 1
                 FIM
               SE i = cont_p
                 ENTÃO pac_decres[cont_p] ← pacientes[cont_p]
                 SENÃO INÍCIO
```

```
                                  j ← cont_p - 1
                                  ENQUANTO j >= i FAÇA
                                     INÍCIO
                                        pac_decres[j+1] ← pac_decres[j]
                                        j ← j - 1
                                     FIM
                                  pac_decres[i] ← pacientes[cont_p]
                               FIM
                         cont_p ← cont_p + 1
                      FIM
               FIM
           SENÃO ESCREVA "Já foram cadastrados 10 pacientes!"
     FIM
     SE op = 2
        ENTÃO INÍCIO
               PARA i ← 1 ATÉ cont_p - 1 FAÇA
                  INÍCIO
                     ESCREVA pacientes[i].nome
                     ESCREVA pacientes[i].nome_med
                     ESCREVA pacientes[i].data_nasc
                     ESCREVA pacientes[i].sexo
                  FIM
               FIM
     SE op = 3
        ENTÃO INÍCIO
               PARA i ← 1 ATÉ cont_p - 1 FAÇA
                  INÍCIO
                     ESCREVA pac_cres[i].nome
                     ESCREVA pac_cres[i].nome_med
                     ESCREVA pac_cres[i].data_nasc
                     ESCREVA pac_cres[i].sexo
                  FIM
               FIM
     SE op = 4
        ENTÃO INÍCIO
               PARA i ← 1 ATÉ cont_p - 1 FAÇA
                  INÍCIO
                     ESCREVA pac_decres[i].nome
                     ESCREVA pac_decres[i].nome_med
                     ESCREVA pac_decres[i].data_nasc
                     ESCREVA pac_decres[i].sexo
                  FIM
               FIM
     SE op = 5
        ENTÃO INÍCIO
               LEIA pac_aux
               i ← 1
               ENQUANTO i < cont_p E pacientes[i].nome ≠ pac_aux FAÇA
                  INÍCIO
                     i ← i + 1
                  FIM
               SE i = cont_p
                  ENTÃO ESCREVA "Paciente não cadastrado!"
                  SENÃO INÍCIO
                        ESCREVA "Paciente excluído com sucesso!"
                        PARA j ← i ATÉ cont_p - 2 FAÇA
                           INÍCIO
                              pacientes[j] ← pacientes[j+1]
                           FIM
                        i ← 1
                        ENQUANTO i < cont_p E pac_cres[i].nome ≠ pac_aux FAÇA
```

```
                        INÍCIO
                           i ← i + 1
                        FIM
                     SE i = cont_p
                        ENTÃO ESCREVA "Paciente não cadastrado!"
                        SENÃO INÍCIO
                              PARA j ← i ATÉ cont_p - 2 FAÇA
                                 INÍCIO
                                    pac_cres[j] = pac_cres[j+1]
                                 FIM
                           FIM
                     i ← 1
                     ENQUANTO i < cont_p E pac_decres[i].nome ≠ pac_aux FAÇA
                        INÍCIO
                           i ← i + 1
                        FIM
                     SE i = cont_p
                        ENTÃO ESCREVA "Paciente não cadastrado!"
                        SENÃO INÍCIO
                              PARA j ← i ATÉ cont_p - 2 FAÇA
                                 INÍCIO
                                    pac_decres[j] ← pac_decres[j+1]
                                 FIM
                              cont_p ← cont_p - 1
                              FIM
               FIM
     FIM
SE op = 6
   ENTÃO INÍCIO
         LEIA med_aux
         i ← 1
         cont ← cont_p
         ENQUANTO i < cont FAÇA
            INÍCIO
               SE pacientes[i].nome_med = med_aux
                  ENTÃO INÍCIO
                        PARA j ← i ATÉ cont - 2 FAÇA
                           INÍCIO
                              pacientes[j] ← pacientes[j+1]
                           FIM
                        cont ← cont — 1
                     FIM
               SENÃO i ← i + 1
            FIM
         SE i = cont_p
            ENTÃO ESCREVA "Médico não cadastrado!"
            SENÃO INÍCIO
                  ESCREVA "Pacientes excluídos com sucesso!"
                  i ← 1
                  cont ← cont_p
                  ENQUANTO i < cont FAÇA
                     INÍCIO
                        SE pac_cres[i].nome_med = med_aux
                           ENTÃO INÍCIO
                                 PARA j ← i ATÉ cont - 2 FAÇA
                                    INÍCIO
                                       pac_cres[j] ← pac_cres[j+1]
                                    FIM
                                 cont ← cont — 1
                              FIM
                           SENÃO  i ← i + 1
                     FIM
                  i ← 1
```

```
                         cont ← cont_p
                         ENQUANTO i < cont FAÇA
                            INÍCIO
                               SE pac_decres[i].nome_med = med_aux
                                  ENTÃO INÍCIO
                                              PARA j ← i ATÉ cont - 2 FAÇA
                                                 INÍCIO
                                                    pac_decres[j] ← pac_decres[j+1]
                                                 FIM
                                              cont ← cont − 1
                                           FIM
                                  SENÃO i ← i + 1
                            FIM
                         cont_p ← cont
                      FIM
                FIM
         ATÉ op = 7
         FIM_ALGORITMO.
```

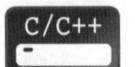 SOLUÇÃO:

`\EXERC\CAP10\PASCAL\EX13.PAS` **e** `\EXERC\CAP10\PASCAL\EX13.EXE`

 SOLUÇÃO:

`\EXERC\CAP10\C++\EX13.CPP` **e** `\EXERC\CAP10\C++\EX13.EXE`

JAVA SOLUÇÃO:

`\EXERC\CAP10\JAVA\EX13.java` **e** `\EXERC\CAP10\JAVA\EX13.class`

14. Uma empresa patrocinadora de regatas deseja ter controle preciso sobre os participantes e os resultados, a fim de realizar adequadamente o pagamento dos prêmios. Dessa maneira, precisa cadastrar algumas informações, conforme apresentado a seguir:

Regata (número da regata, data, hora de início, código do barco vencedor).
Barco/Regata (número da regata, número do barco participante, hora de chegada).
Barco (número do barco, nome do barco, ano de fabricação).

Crie um programa que realize as seguintes rotinas:

- Cadastrar os barcos, não permitindo dois barcos com o mesmo número (deve ser definido espaço para seis barcos).
- Cadastrar as regatas, não permitindo duas regatas com o mesmo número (deve ser definido espaço para três regatas).
- Cadastrar os participantes (não permitindo cadastrar mais de uma vez um barco para a mesma regata, levando-se em consideração que em cada regata podem participar no máximo quatro barcos).
- Mostrar uma relação das regatas realizadas, junto com o nome do barco vencedor.
- Mostrar uma relação de todos os barcos que participaram de determinada regata, indicando o tempo que levaram para chegar ao fim da regata (considere que todas as regatas duram no máximo 24 horas).

ALGORITMO SOLUÇÃO:

```
ALGORITMO
DECLARE barcos[6] REGISTRO (num_b, ano_f NUMÉRICO nome LITERAL)
        regatas[3] REGISTRO (num_r, cod_venc, hora_i NUMÉRICO data LITERAL)
        barco_reg[12] REGISTRO (num_r, num_b, hora_c NUMÉRICO)
        i, j, k, cont_b, cont_r, cont_rb, cont, reg_aux, bar_aux, op NUMÉRICO
cont_b ← 1
cont_r ← 1
cont_rb ← 1
```

```
REPITA
  ESCREVA "1-Cadastrar barco"
  ESCREVA "2-Cadastrar regata"
  ESCREVA "3-Cadastrar participantes"
  ESCREVA "4-Cadastrar barco vencedor"
  ESCREVA "5-Mostrar regatas com seus vencedores"
  ESCREVA "6-Mostrar participantes de uma regata"
  ESCREVA "7-Finalizar"
  ESCREVA "Digite sua opção: "
  LEIA op
  SE op = 1
    ENTÃO INÍCIO
          SE cont_b <= 6
              ENTÃO INÍCIO
                    LEIA bar_aux
                    i ← 1
                    ENQUANTO i < cont_b  E  barcos[i].num_b ≠ bar_aux FAÇA
                      INÍCIO
                        i ← i + 1
                      FIM
                    SE i < cont_b
                      ENTÃO ESCREVA "Barco já cadastrado!"
                      SENÃO INÍCIO
                              barcos[cont_b].num_b ← bar_aux
                              LEIA barcos[cont_b].nome
                              LEIA barcos[cont_b].ano_f
                              cont_b ← cont_b + 1
                              ESCREVA "Barco cadastrado com sucesso!"
                            FIM
                    FIM
              SENÃO ESCREVA  "Já  foram  cadastrados  6  barcos!"
          FIM
  SE op = 2
    ENTÃO INÍCIO
          SE cont_r <= 3
              ENTÃO INÍCIO
                    LEIA reg_aux
                    i ← 1
                    ENQUANTO i < cont_r  E  regatas[i].num_r ≠ reg_aux FAÇA
                      INÍCIO
                        i ← i + 1
                      FIM
                    SE i < cont_r
                      ENTÃO ESCREVA "Regata já cadastrada!"
                      SENÃO INÍCIO
                              regatas[cont_r].num_r ← reg_aux
                              LEIA regatas[cont_r].data
                              LEIA regatas[cont_r].hora_i
                              regatas[cont_r].cod_venc ← 0
                              cont_r ← cont_r + 1
                            FIM
                    FIM
              SENÃO ESCREVA "Já foram cadastradas 3 regatas!"
          FIM
  SE op = 3
    ENTÃO INÍCIO
          LEIA reg_aux
          i ← 1
          ENQUANTO i < cont_r  E  regatas[i].num_r ≠ reg_aux FAÇA
            INÍCIO
              i ← i + 1
            FIM
          SE i = cont_r
            ENTÃO ESCREVA "Regata não cadastrada!"
```

```
            SENÃO INÍCIO
                    cont ← 0
                    PARA i ← 1 ATÉ cont_rb - 1 FAÇA
                       INÍCIO
                          SE barco_reg[i].num_r = reg_aux
                             ENTÃO cont ← cont + 1
                       FIM
                    SE cont = 4
                       ENTÃO ESCREVA "Já foram cadastrados 4 participantes nesta regata!"
                       SENÃO INÍCIO
                               LEIA bar_aux
                               i ← 1
                               ENQUANTO i < cont_b E barcos[i].num_b ≠ bar_aux FAÇA
                                INÍCIO
                                   i ← i + 1
                                FIM
                               SE i = cont_b
                                  ENTÃO ESCREVA "Barco não cadastrado!"
                                  SENÃO INÍCIO
                                            i ← 1
                                            ENQUANTO i < cont_rb FAÇA
                                            INÍCIO
                                               SE bar_aux = barco_reg[i].num_b E
                                                  barco_reg[i].num_r = reg_ aux
                                               ENTÃO i ← cont_rb + 1
                                               SENÃO i ← i + 1
                                            FIM
                                            SE i > cont_rb
                                               ENTÃO ESCREVA "Este barco já está participando desta
                                               ↪ regata!"
                                               SENÃO INÍCIO
                                                       barco_reg[cont_rb].num_r ← reg_aux
                                                       barco_reg[cont_rb].num_b ← bar_aux
                                                       LEIA barco_reg[cont_rb].hora_c
                                                       cont_rb ← cont_rb + 1
                                                       FIM
                                     FIM
                          FIM
                   FIM
           FIM
     SE op = 4
        ENTÃO INÍCIO
               LEIA reg_aux
               i ← 0
               ENQUANTO i < cont_r E regatas[i].num_r ≠ reg_aux FAÇA
                INÍCIO
                   i ← i + 1
                FIM
               SE i = cont_r
                  ENTÃO ESCREVA "Regata não cadastrada!"
                  SENÃO INÍCIO
                          LEIA bar_aux
                          j ← 1
                          ENQUANTO j < cont_b E barco_reg[j].num_b ≠ bar_aux FAÇA
                           INÍCIO
                              j ← j + 1
                           FIM
                          SE j = cont_b
                             ENTÃO ESCREVA "Este barco não participou desta regata!"
                             SENÃO regatas[i].cod_venc ← bar_aux
                   FIM
          FIM
```

```
        SE op = 5
           ENTÃO INÍCIO
                   PARA i ← 1 ATÉ cont_r - 1 FAÇA
                     INÍCIO
                        ESCREVA regatas[i].num_r, regatas[i].data
                        SE regatas[i].cod_venc = 0
                           ENTÃO ESCREVA "Ainda não foi cadastrado o barco vencedor!"
                           SENÃO INÍCIO
                                 j ← 1
                                 ENQUANTO j < cont_b  E  regatas[i].cod_venc ≠ barcos[j]. num_b FAÇA
                                   INÍCIO
                                      j ← j + 1
                                   FIM
                                 SE j = cont_b
                                    ENTÃO ESCREVA "Barco vencedor não cadastrado!"
                                    SENÃO ESCREVA barcos[j].nome
                              FIM
                  FIM
             FIM
      SE op = 6
        ENTÃO INÍCIO
                LEIA reg_aux
                i ← 1
                ENQUANTO i < cont_r  E  regatas[i].num_r ≠ reg_aux FAÇA
                   INÍCIO
                      i ← i + 1
                   FIM
                SE i = cont_r
                   ENTÃO ESCREVA "Regata não cadastrada!"
                   SENÃO INÍCIO
                           ESCREVA regatas[i].num_r, regatas[i].data
                           PARA j ← 1 ATÉ cont_rb - 1 FAÇA
                             INÍCIO
                                SE barco_reg[j].num_r = reg_aux
                                   ENTÃO INÍCIO
                                           k ← 1
                                           ENQUANTO k < cont_b E
                                                    barcos[k].num_b ≠ barco_reg[j]. num_b FAÇA
                                             INÍCIO
                                                k ← k + 1
                                             FIM
                                           SE k < cont_b
                                              ENTÃO ESCREVA barcos[k].num_b, barcos[k].ano_f
                                        FIM
                             FIM
                        FIM
             FIM
    ATÉ op = 7
    FIM_ALGORITMO.
```

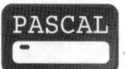

SOLUÇÃO:

\EXERC\CAP10\PASCAL\EX14.PAS e \EXERC\CAP10\PASCAL\EX14.EXE

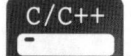

C/C++

SOLUÇÃO:

\EXERC\CAP10\C++\EX14.CPP e \EXERC\CAP10\C++\EX14.EXE

JAVA

SOLUÇÃO:

\EXERC\CAP10\JAVA\EX14.java e \EXERC\CAP10\JAVA\EX14.class

15. Uma pizzaria será informatizada e surgiu a necessidade de um controle eficaz do sistema de entrega em domicílio. Dessa maneira, serão utilizadas as informações a seguir:

- Clientes (número do telefone, nome do cliente, endereço, complemento, CEP).
- Pizzas (código da pizza, nome da pizza, valor).
- Pedido (número do pedido, número do telefone, código da pizza, código do motoqueiro, situação).

Para simplificar, será considerado que:

1. Existem cinco clientes cadastrados.
2. Existem três pizzas cadastradas.
3. Podem existir seis pedidos.
4. O cliente é identificado pelo número de telefone.
5. O campo 'situação do pedido' refere-se às fases pelas quais o pedido passa até chegar à residência do cliente (1 — em preparo; 2 — a caminho; 3 — entregue).

Faça um programa para realizar as seguintes tarefas:

- Criar uma rotina para o cadastramento das pizzas. Não pode haver mais que uma pizza com o mesmo código.
- Criar uma rotina para o cadastramento dos clientes. Não pode haver mais que um cliente com o mesmo número de telefone.
- Criar uma rotina para o cadastramento dos pedidos, supondo-se que o cliente e a pizza envolvidos já tenham sido cadastrados. Quando o pedido é cadastrado, o campo 'situação' recebe o valor 1 e o campo 'código do motoqueiro' recebe o valor zero.
- Criar uma rotina que faça o despacho da pizza, definindo o campo 'situação' para 2 e atribuindo o código do motoqueiro (que pode ser qualquer valor entre 1 e 5, inclusive).
- Criar uma rotina que faça o recebimento da pizza, alterando o campo 'situação' para 3.
- Mostrar o total gasto com pizzas por cliente.
- Mostrar todas as pizzas com determinada situação.
- Mostrar o código do motoqueiro que mais fez entregas.

ALGORITMO SOLUÇÃO:

```
ALGORITMO
DECLARE clientes[5] REGISTRO (fone, nome_cli, endereco, comple, cep LITERAL)
        pizzas[3] REGISTRO (cod_piz, valor NUMÉRICO nome_piz LITERAL)
        pedidos[6] REGISTRO (num_ped, cod_piz, cod_mot, situacao NUMÉRICO fone LITERAL)
        cont_piz, cont_ped, cont_cli NUMÉRICO
        i, j, k, op, ped_aux, piz_aux, total_mot[5], maior, sit_aux NUMÉRICO
        total_cli[5] NUMÉRICO
        fone_aux LITERAL
cont_piz ← 1
cont_ped ← 1
cont_cli ← 1
REPITA
  ESCREVA "1-Cadastro de cliente"
  ESCREVA "2-Cadastro de pizza"
  ESCREVA "3-Cadastro de pedido"
  ESCREVA "4-Despachar pizza"
  ESCREVA "5-Receber pizza"
  ESCREVA "6-Mostrar total gasto por cliente"
  ESCREVA "7-Mostrar todos os pedidos com determinada situação
  ESCREVA "8-Mostrar motoqueiro que fez mais entregas
  ESCREVA "9-Finalizar"
  ESCREVA "Digite sua opção:  "
  LEIA op
  SE op = 1
    ENTÃO INÍCIO
          SE cont_cli <= 5
```

```
            ENTÃO INÍCIO
                    LEIA fone_aux
                    i ← 1
                    ENQUANTO i < cont_cli E clientes[i].fone ≠ fone_aux FAÇA
                     INÍCIO
                         i ← i + 1
                     FIM
                    SE i < cont_cli
                       ENTÃO ESCREVA "Cliente já cadastrado!"
                       SENÃO INÍCIO
                               clientes[cont_cli].fone ← fone_aux
                               LEIA clientes[cont_cli].nome_cli
                               LEIA clientes[cont_cli].endereco
                               LEIA clientes[cont_cli].comple
                               LEIA clientes[cont_cli].cep
                               cont_cli ← cont_cli + 1
                           FIM
                FIM
          SENÃO ESCREVA "Já foram cadastrados 5 clientes!"
       FIM
SE op = 2
  ENTÃO INÍCIO
          SE cont_piz <= 3
            ENTÃO INÍCIO
                    LEIA piz_aux
                    i ← 1
                    ENQUANTO i < cont_piz  E  pizzas[i].cod_piz ≠ piz_aux FAÇA
                       INÍCIO
                         i ← i + 1
                       FIM
                    SE i < cont_piz
                       ENTÃO ESCREVA "Pizza já cadastrada!"
                       SENÃO INÍCIO
                               pizzas[cont_piz].cod_piz ← piz_aux
                               LEIA pizzas[cont_piz].nome_piz
                               LEIA pizzas[cont_piz].valor
                               cont_piz ← cont_piz + 1
                           FIM
                FIM
          SENÃO ESCREVA "Já foram cadastradas 3 pizzas!"
       FIM
SE op = 3
  ENTÃO INÍCIO
          SE cont_ped <= 6
            ENTÃO INÍCIO
                    LEIA ped_aux
                    i ← 1
                    ENQUANTO i < cont_ped  E  pedidos[i].num_ped ≠ ped_aux FAÇA
                       INÍCIO
                       i ← i + 1
                       FIM
                    SE i < cont_ped
                       ENTÃO ESCREVA "Pedido já cadastrado!"
                       SENÃO INÍCIO
                               LEIA pedidos[cont_ped].fone
                               i ← 1
                               ENQUANTO i < cont_cli  E  clientes[i].fone ≠ pedidos[cont_ped].
                                                              ↪ fone FAÇA
                               INÍCIO
                                 i ← i + 1
                               FIM
                               SE i = cont_cli
                                  ENTÃO ESCREVA "Cliente não cadastrado!"
```

```
                                              SENÃO
                                              INÍCIO
                                                LEIA pedidos[cont_ped].cod_piz
                                                i ← 1
                                                ENQUANTO i < cont_piz  E
                                                pizzas[i].cod_piz ≠ pedidos[cont_ped].cod_piz FAÇA
                                                INÍCIO
                                                  i ← i + 1
                                                FIM
                                                SE i > cont_piz
                                                 ENTÃO ESCREVA "Pizza não cadastrada!"
                                                 SENÃO
                                                  INÍCIO
                                                    pedidos[cont_ped].num_ped ← ped_aux
                                                    pedidos[cont_ped].cod_mot ← 0
                                                    pedidos[cont_ped].situacao ← 1
                                                    cont_ped ← cont_ped + 1
                                                  FIM
                                              FIM
                                            FIM
                                  FIM
                      SENÃO ESCREVA "Já foram cadastrados 6 pedidos!"
              FIM
      SE op = 4
        ENTÃO INÍCIO
              LEIA ped_aux
              i ← 1
              ENQUANTO i < cont_ped  E  pedidos[i].num_ped ≠ ped_aux FAÇA
                 INÍCIO
                   i ← i + 1
                 FIM
              SE i = cont_ped
                ENTÃO ESCREVA "Pedido não cadastrado!"
                SENÃO INÍCIO
                        SE pedidos[i].situacao ≠ 1
                          ENTÃO ESCREVA "Pedido já foi despachado!"
                          SENÃO INÍCIO
                                  REPITA
                                    LEIA pedidos[i].cod_mot
                                  ATÉ pedidos[i].cod_mot >= 1 E pedidos[i].cod_mot <= 5
                                  pedidos[i].situacao ← 2
                                FIM
                      FIM
            FIM
      SE op = 5
        ENTÃO INÍCIO
              LEIA ped_aux
              i ← 1
              ENQUANTO i < cont_ped E pedidos[i].num_ped ≠ ped_aux FAÇA
                INÍCIO
                  i ← i + 1
                FIM
              SE i = cont_ped
                ENTÃO ESCREVA "Pedido não cadastrado!"
                SENÃO INÍCIO
                        SE pedidos[i].situacao = 1
                          ENTÃO ESCREVA "Pedido ainda não foi despachado!"
                          SENÃO SE pedidos[i].situacao = 3
                                  ENTÃO ESCREVA "Pedido já foi entregue!"
                                  SENÃO pedidos[i].situacao ← 3
                      FIM
          FIM
```

```
         SE op = 6
           ENTÃO INÍCIO
                   PARA i ← 1 ATÉ 5 FAÇA
                      INÍCIO
                         total_cli[i] ← 0
                      FIM
                   PARA i ← 1 ATÉ cont_ped - 1 FAÇA
                      INÍCIO
                         j ← 1
                         ENQUANTO  j < cont_cli  E  clientes[j].fone ≠ pedidos[i].fone FAÇA
                            INÍCIO
                               j ← j + 1
                            FIM
                         k ← 1
                         ENQUANTO k < cont_piz E pizzas[k].cod_piz ≠ pedidos[i].cod_piz FAÇA
                            INÍCIO
                               k ← k + 1
                            FIM
                         total_cli[j] ← total_cli[j] + pizzas[k].valor
                      FIM
                   PARA i ← 1 ATÉ cont_cli - 1 FAÇA
                      INÍCIO
                         ESCREVA clientes[i].nome_cli
                         ESCREVA total_cli[i]
                      FIM
              FIM
SE op = 7
   ENTÃO INÍCIO
          SE cont_ped = 0
             ENTÃO ESCREVA "Nenhum pedido foi cadastrado!"
             SENÃO INÍCIO
                    LEIA sit_aux
                    SE sit_aux ≠ 1  E  sit_aux ≠ 2  E  sit_aux ≠ 3
                       ENTÃO ESCREVA "Situação inexistente!"
                       SENÃO INÍCIO
                              j ← 0
                              PARA i ← 1  ATÉ cont_ped - 1 FAÇA
                                 INÍCIO
                                    SE pedidos[i].situacao = sit_aux
                                       ENTÃO INÍCIO
                                              ESCREVA pedidos[i].num_ped
                                              j ← 1
                                              ENQUANTO j < cont_piz E
                                                  pizzas[j].cod_piz ≠ pedidos[i].cod_ piz FAÇA
                                                 INÍCIO
                                                    j ← j + 1
                                                 FIM
                                              ESCREVA pizzas[j].nome_piz
                                           FIM
                                 FIM
                              SE j = 0
                                 ENTÃO ESCREVA "Nenhum pedido nesta situação"
                           FIM
                    FIM
          FIM
SE op = 8 ENTÃO
   INÍCIO
      PARA i ← 1 ATÉ 5 FAÇA
         INÍCIO
            total_mot[i] ← 0
         FIM
```

```
      PARA i ← 1 ATÉ cont_ped - 1 FAÇA
         INÍCIO
            total_mot[pedidos[i].cod_mot] ← total_mot[pedidos[i].cod_mot] + 1
         FIM
      PARA i ← 1 ATÉ 5 FAÇA
         INÍCIO
            SE i = 1
               ENTÃO INÍCIO
                     maior ← total_mot[i]
                     j ← i
                  FIM
               SENÃO INÍCIO
                     SE total_mot[i] > maior
                        ENTÃO INÍCIO
                              maior ← total_mot[i]
                              j ← i
                           FIM
                  FIM
         FIM
      SE maior = 0
         ENTÃO ESCREVA "Nenhuma entrega foi realizada"
         SENÃO INÍCIO
               ESCREVA "O motoqueiro ", j, " fez mais entregas"
               ESCREVA "Total geral de entregas: ", maior
            FIM
FIM ATÉ op = 9
FIM_ALGORITMO.
```

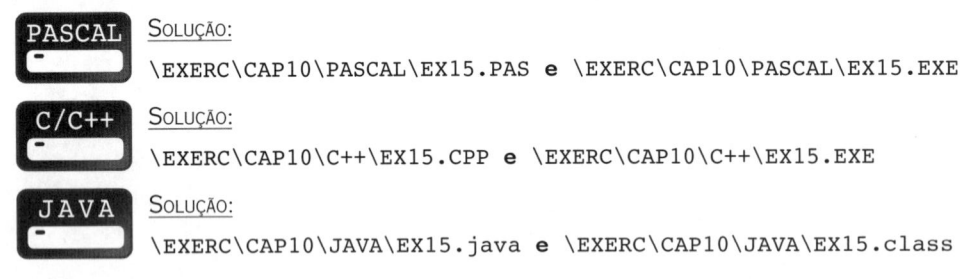

PASCAL SOLUÇÃO:

\EXERC\CAP10\PASCAL\EX15.PAS **e** \EXERC\CAP10\PASCAL\EX15.EXE

C/C++ SOLUÇÃO:

\EXERC\CAP10\C++\EX15.CPP **e** \EXERC\CAP10\C++\EX15.EXE

JAVA SOLUÇÃO:

\EXERC\CAP10\JAVA\EX15.java **e** \EXERC\CAP10\JAVA\EX15.class

16. Faça um programa que solucione o problema de preenchimento de vagas nos cursos de uma universidade. Cada aluno que prestou vestibular na universidade originou um registro com os seguintes campos: número de inscrição, idade, pontuação alcançada (de 0 a 5.000) e código do curso pretendido.

A universidade oferece seis cursos, com 40 vagas cada. O problema consiste em distribuir os candidatos entre os cursos, de acordo com a nota final e com a opção apresentada pelo candidato. Em caso de empate, será atendido primeiro o candidato com maior idade.

Sabe-se que o final da leitura dos dados será determinado pelo campo de inscrição negativo. Durante a leitura, os dados deverão ser repassados aos vetores (um vetor para cada curso).

Como existe limite de vagas e não há ordem na leitura, o programa deverá criar vetores ordenados de maneira decrescente pela pontuação. Assim, aqueles que não conseguiram as 40 melhores pontuações serão descartados.

O programa deverá mostrar a lista de alunos que foram aprovados em cada curso.

ALGORITMO SOLUÇÃO:

```
ALGORITMO
DECLARE cand[6,40] REGISTRO (num_insc, idade, pontos, cod_curso NUMÉRICO)
        cont[6], i, j, k, insc_aux, idade_aux NUMÉRICO
        pontos_aux, curso_aux NUMÉRICO
PARA i ← 1 ATÉ 6 FAÇA
        INÍCIO
```

```
            cont[i] ← 40
          FIM
LEIA insc_aux
ENQUANTO  insc_aux > 0 FAÇA
INÍCIO
LEIA idade_aux
REPITA
    LEIA pontos_aux
ATÉ pontos_aux >= 0 E pontos_aux <= 5000
REPITA
    LEIA curso_aux
ATÉ curso_aux >= 1 E curso_aux <= 6
i ← curso_aux
SE cont[i] = 40
ENTÃO INÍCIO
          cand[i,40].num_insc ← insc_
          aux cand[i,40].idade ← idade_aux
          cand[i,40].pontos ← pontos_aux
          cand[i,40].cod_curso ← curso_aux
          cont[i] ← cont[i] - 1
       FIM
SENÃO INÍCIO
       j ←  40
       ENQUANTO cand[i,j].pontos < pontos_aux E j > cont[i] FAÇA
         INÍCIO
            j ←  j - 1
         FIM
       SE cont[i] <= 0
       ENTÃO INÍCIO
            PARA k ← 40 ATÉ j+1 PASSO -1 FAÇA
              INÍCIO
                cand[i,k] ← cand[i,k-1]
              FIM
            cand[i,j+1].num_insc ← insc_aux
            cand[i,j+1].idade ← idade_aux
            cand[i,j+1].pontos ← pontos_aux
            cand[i,j+1].cod_curso ← curso_aux
            cont[i] ← cont[i] - 1
            FIM
          SENÃO SE j = cont[i]
               ENTÃO INÍCIO
                    cand[i,j].num_insc ← insc_aux
                    cand[i,j].idade ← idade_aux;
                    cand[i,j].pontos ← pontos_aux
                    cand[i,j].cod_curso ← curso_aux
                    cont[i] ← cont[i] - 1
                    FIM
               SENÃO INÍCIO
                    ENQUANTO cand[i,j].pontos = pontos_aux E cand[i,j].idade
                       ↪ < idade_aux E j >  cont[i] FAÇA
                      INÍCIO
                         j ←  j - 1
                      FIM
                    SE j >= cont[i]
                    ENTÃO INÍCIO
                        PARA k ← cont[i] ATÉ j-1 FAÇA
```

```
                          INÍCIO
                             cand[i,k] ←   cand[i,k+1]
                            FIM
                        cand[i,j].num_insc ← insc_aux
                        cand[i,j].idade ← idade_aux
                        cand[i,j].pontos ← pontos_aux
                        cand[i,j].cod_curso ← curso_aux
                        cont[i] ← cont[i] - 1
                        FIM
                 SENÃO INÍCIO
                        cand[i,j].num_insc ← insc_aux
                        cand[i,j].idade ← idade_aux
                        cand[i,j].pontos ← pontos_aux
                        cand[i,j].cod_curso ← curso_aux
                        cont[i] ← cont[i] - 1
                        FIM
               FIM
         FIM
      LEIA insc_aux
      FIM
   PARA i ← 1 ATÉ 6 FAÇA
      INÍCIO
      SE cont[i] ≠  40
      ENTÃO INÍCIO
           ESCREVA "Lista de aprovados no curso",i
           SE cont[i] <= 0
           ENTÃO INÍCIO
                PARA j ←  1 ATÉ 40 FAÇA
                   INÍCIO
                     ESCREVA cand[i][j].num_insc
                     ESCREVA cand[i][j].idade
                     ESCREVA cand[i][j].pontos
                   FIM
                FIM
           SE cont[i] > 0
           ENTÃO INÍCIO
                PARA  j ← cont[i]+1 ATÉ 40 FAÇA
                   INÍCIO
                     ESCREVA cand[i][j].num_insc
                     ESCREVA cand[i][j].idade
                     ESCREVA cand[i][j].pontos
                   FIM
                FIM
           FIM
      FIM
   FIM_ALGORITMO.
```

PASCAL

SOLUÇÃO:

\EXERC\CAP10\PASCAL\EX16.PAS **e** \EXERC\CAP10\PASCAL\EX16.EXE

C/C++

SOLUÇÃO:

\EXERC\CAP10\C++\EX16.CPP **e** \EXERC\CAP10\C++\EX16.EXE

JAVA

SOLUÇÃO:

\EXERC\CAP10\JAVA\EX16.java **e** \EXERC\CAP10\JAVA\EX16.class

17. Faça um programa que gerencie uma locadora de DVDs. Como se trata de uma locadora nova, ela não deve ter mais que dez clientes. Os dados sobre cada cliente são: código, nome, sexo, data de nascimento, RG, CPF, endereço, cidade, estado, número total de locações já feitas e número dos DVDs que estão locados atualmente. O código do cliente é o seu número no registro na locadora. O programa deverá:

a) Criar uma rotina que inclua um novo cliente. O número total de DVDs já locados e os locados atualmente deve ser zero.

b) Criar uma rotina que mostre os clientes cadastrados.

c) Criar uma rotina que remova um cliente, desde que ele não esteja com DVDs locados no momento.

d) Criar uma rotina que faça a locação de novos DVDs a um cliente, desde que ele não tenha nenhum em seu poder. Deve-se entrar com o código do cliente e solicitar o número do DVD que deseja locar (nesse momento, o campo 'DVDs locados atualmente' deve ser atualizado).

e) Criar uma rotina para devolução de DVDs. Deve-se solicitar o código do cliente e, se for encontrado, perguntar quantos DVDs estão sendo devolvidos (o cliente não pode devolver mais DVDs do que o valor do campo 'número de DVDs locados atualmente'). Quando efetivar a devolução, os campos 'DVDs locados atualmente' e 'total de DVDs já locados' devem ser atualizados.

f) Mostrar os clientes que estão com DVDs locados.

ALGORITMO SOLUÇÃO:

```
ALGORITMO
DECLARE clientes[10] REGISTRO (cod, dvd_loc, tot_dvd_loc NUMÉRICO
       nome, sexo, data_nas, RG, CPF, endereco, cidade, estado LITERAL)
       cont_c, i, j, cod_aux, qtd, op NUMÉRICO
cont_c ← 1
REPITA
  ESCREVA  "1-Cadastrar cliente"
  ESCREVA  "2-Mostrar clientes"
  ESCREVA  "3-Remover cliente"
  ESCREVA  "4-Devolução de DVD"
  ESCREVA  "5-Efetuar locação"
  ESCREVA  "6-Mostrar clientes com DVDs locados"
  ESCREVA  "7-Finalizar"
  ESCREVA "Digite sua opção:"
  LEIA op
  SE op = 1
    ENTÃO INÍCIO
            SE cont_c <= 10
              ENTÃO INÍCIO
                     LEIA cod_aux
                     i ← 1
                     ENQUANTO i < cont_c E clientes[i].cod ≠ cod_aux FAÇA
                       INÍCIO
                          i ← i + 1
                       FIM
                     SE i < cont_c
                        ENTÃO ESCREVA "Cliente já cadastrado!"
                        SENÃO INÍCIO
                                clientes[cont_c].cod ← cod_aux
                                LEIA clientes[cont_c].nome
                                LEIA clientes[cont_c].sexo
                                LEIA clientes[cont_c].data_nas
                                LEIA clientes[cont_c].RG
                                LEIA clientes[cont_c].CPF
                                LEIA clientes[cont_c].endereco
                                LEIA clientes[cont_c].cidade
                                LEIA clientes[cont_c].estado
                                clientes[cont_c].dvd_loc ← 0
                                clientes[cont_c].tot_dvd_loc ← 0
                                cont_c ← cont_c + 1
                                ESCREVA "Cliente cadastrado com sucesso!"
                            FIM
                 FIM
            SENÃO ESCREVA "10 clientes já foram cadastrados!"
         FIM
```

```
SE op = 2
  ENTÃO INÍCIO
        PARA i ← 1 ATÉ cont_c - 1 FAÇA
          INÍCIO
              ESCREVA clientes[i].cod
              ESCREVA clientes[i].nome
              ESCREVA clientes[i].sexo
              ESCREVA clientes[i].data_nas
              ESCREVA clientes[i].RG
              ESCREVA clientes[i].CPF
              ESCREVA clientes[i].endereco
              ESCREVA clientes[i].cidade
              ESCREVA clientes[i].estado
              ESCREVA clientes[i].dvd_loc
              ESCREVA clientes[i].tot_dvd_loc
          FIM
      FIM
SE op = 3
  ENTÃO INÍCIO
        LEIA cod_aux
        i ← 1
        ENQUANTO  i < cont_c  E  clientes[i].cod ≠ cod_aux FAÇA
        INÍCIO
           i ← i + 1
        FIM
        SE i < cont_c
          ENTÃO INÍCIO
                  SE clientes[i].dvd_loc > 0
                    ENTÃO ESCREVA "Cliente não pode ser excluído, possui DVDs locados!"
                    SENÃO INÍCIO
                          PARA j ← i+1 ATÉ cont_c - 1 FAÇA
                            INÍCIO
                               clientes[j-1] ← clientes[j]
                            FIM
                          cont_c ← cont_c — 1
                          ESCREVA "Cliente removido com sucesso!"
                        FIM
              FIM
          SENÃO ESCREVA "Cliente não cadastrado!"
      FIM
  SE op = 4
    ENTÃO INÍCIO
        LEIA cod_aux
        i ← 1
        ENQUANTO i < cont_c E clientes[i].cod ≠ cod_aux FAÇA
        INÍCIO
           i ← i + 1
        FIM
        SE i < cont_c
          ENTÃO INÍCIO
                  SE clientes[i].dvd_loc = 0
                    ENTÃO ESCREVA "Este cliente não possui DVDs locados"
                    SENÃO INÍCIO
                          REPITA
                            LEIA qtd
                            SE qtd > clientes[i].dvd_loc
                              ENTÃO INÍCIO
                                    ESCREVA "Cliente possui apenas", clientes[i].dvd_
                                    ↳ loc, "locados"
                                    ESCREVA "Digite a quantidade correta"
                                    LEIA qtd
                                  FIM
```

```
                                    ATÉ qtd <= clientes[i].dvd_loc
                                    clientes[i].dvd_loc ← clientes[i].fitas_dvd — qtd
                                    ESCREVA "Devolução efetuada com sucesso"
                             FIM
                    FIM
            SENÃO ESCREVA "Cliente não cadastrado!"
        FIM
  SE op = 5
    ENTÃO INÍCIO
            LEIA cod_aux
            i ← 1
            ENQUANTO i < cont_c E clientes[i].cod ≠ cod_aux FAÇA
              INÍCIO
                 i ← i + 1
              FIM
            SE i < cont_c
              ENTÃO INÍCIO
                      SE clientes[i].dvd_loc > 0
                        ENTÃO INÍCIO
                                ESCREVA "Este cliente não pode fazer novas locações, pois possui
                                ↪ DVDs em seu poder"
                             FIM
                        SENÃO INÍCIO
                                LEIA qtd
                                clientes[i].dvd_loc ← qtd
                                clientes[i].tot_dvd_loc ← clientes[i].tot_dvd_loc + qtd
                                ESCREVA "Locação efetuada com sucesso!"
                             FIM
                    FIM
            SENÃO ESCREVA "Cliente não cadastrado!"
        FIM
  SE op = 6
    ENTÃO INÍCIO
            PARA i ← 1 ATÉ cont_c - 1 FAÇA
              INÍCIO
                SE clientes[i].dvd_loc > 0
                  ENTÃO INÍCIO
                          ESCREVA clientes[i].cod
                          ESCREVA clientes[i].nome
                          ESCREVA clientes[i].sexo
                          ESCREVA clientes[i].data_nas
                          ESCREVA clientes[i].RG
                          ESCREVA clientes[i].CPF
                          ESCREVA clientes[i].endereco
                          ESCREVA clientes[i].cidade
                          ESCREVA clientes[i].estado
                          ESCREVA clientes[i].dvd_loc
                          ESCREVA clientes[i].tot_dvd_loc
                       FIM
              FIM
        FIM
    FIM
  ATÉ op = 7
FIM_ALGORITMO.
```

Solução:

`\EXERC\CAP10\PASCAL\EX17.PAS` **e** `\EXERC\CAP10\PASCAL\EX17.EXE`

Solução:

`\EXERC\CAP10\C++\EX17.CPP` **e** `\EXERC\CAP10\C++\EX17.EXE`

Solução:

`\EXERC\CAP10\JAVA\EX17.java` **e** `\EXERC\CAP10\JAVA\EX17.class`

18. Considere que um médico armazena algumas informações sobre seus 20 pacientes (nome, idade, sexo, altura e peso). Crie um programa que leia essas informações e determine:

- o nome da pessoa mais pesada;
- o nome e a idade das pessoas que estejam acima de seu peso ideal;
- os nomes das pessoas que estejam abaixo de seu peso ideal, mostrando ainda o peso que essas pessoas deverão alcançar para atingir esse peso ideal.

Utilize esses cálculos para determinar o peso ideal:

Homens: $(72,7 * \text{altura}) - 58$

Mulheres: $(62,1 * \text{altura}) - 44,7$

ALGORITMO SOLUÇÃO:

```
ALGORITMO
DECLARE pac[20] REGISTRO (nome, sexo LITERAL idade, altura, peso NUMÉRICO)
        op, i, j, cont_p, maior_peso, peso_ideal, dif NUMÉRICO
       nome_aux[30]  LITERAL cont_p ← 1
REPITA
   ESCREVA "1- Cadastrar paciente"
   ESCREVA "2- Determinar paciente mais pesado"
   ESCREVA "3- Mostrar pacientes acima do peso ideal"
   ESCREVA "4- Mostrar pacientes abaixo do peso ideal"
   ESCREVA "5- Finalizar"
   ESCREVA "Digite sua opção: "
   LEIA op
   SE op = 1
     ENTÃO INÍCIO
             SE cont_p <= 20
               ENTÃO INÍCIO
                      ESCREVA "Digite o nome do paciente: "
                      LEIA pac[cont_p].nome
                      REPITA
                        ESCREVA "Digite o sexo do paciente (M ou F): "
                        LEIA pac[cont_p].sexo
                      ATÉ pac[cont_p].sexo = "F" OU pac[cont_p].sexo = "M"
                      ESCREVA "Digite a idade do paciente: "
                      LEIA pac[cont_p].idade
                      ESCREVA "Digite a altura do paciente (em metros): "
                      LEIA pac[cont_p].altura
                      ESCREVA "Digite o peso do paciente (em Kg): "
                      LEIA pac[cont_p].peso
                      cont_p ←  cont_p + 1
                      ESCREVA "Paciente cadastrado com sucesso!"
                     FIM
               SENÃO ESCREVA "Já foram cadastrados 20 pacientes!"
           FIM
   SE op = 2
     ENTÃO INÍCIO
             SE cont_p = 1
               ENTÃO ESCREVA "Nenhum paciente foi cadastrado"
               SENÃO INÍCIO
                      PARA i ← 1 ATÉ cont_p - 1 FAÇA
                        INÍCIO
                          SE i = 1
                            ENTÃO INÍCIO
                                    maior_peso ← pac[i].peso
                                    nome_aux ← pac[i].nome
                                  FIM
                            SENÃO INÍCIO
                                    SE pac[i].peso > maior_peso
```

```
                            ENTÃO INÍCIO
                                   maior_peso ← pac[i].peso
                                   nome_aux ← pac[i].nome
                                FIM
                    FIM
            FIM
            ESCREVA "Nome do paciente mais pesado: ", nome_aux
            ESCREVA "Peso: ", maior_peso
         FIM
     FIM
SE op = 3
   ENTÃO INÍCIO
         SE cont_p = 1
            ENTÃO ESCREVA "Nenhum paciente foi cadastrado"
            SENÃO INÍCIO
                  j ← 0
                  PARA i  ←  1 ATÉ cont_p — 1 FAÇA
                     INÍCIO
                        SE  pac[i].sexo  =  "F"
                           ENTÃO peso_ideal ← (62.1 * pac[i].altura) - 44.7
                           SENÃO peso_ideal ← (72.7 * pac[i].altura) -  58
                        SE pac[i].peso > peso_ideal
                           ENTÃO INÍCIO
                                 j ← 1
                                 dif ← pac[i].peso — peso_ideal
                                 ESCREVA "Nome do paciente: ", pac[i].nome
                                 ESCREVA "Sexo do paciente: ", pac[i].sexo
                                 ESCREVA "Idade do paciente: ", pac[i].idade
                                 ESCREVA "Altura do paciente (em metros): ", pac[i].altura
                                 ESCREVA "Peso do paciente (em  Kg):", pac[i].peso
                                 ESCREVA "Precisa emagrecer", dif, " Kg para atingir seu
                                 ↪ peso ideal"
                              FIM
                    FIM
                  SE  j = 0
                    ENTÃO ESCREVA "Nenhuma pessoa está acima do peso ideal"
               FIM
   FIM
SE op = 4
   ENTÃO INÍCIO
         SE cont_p = 1
            ENTÃO ESCREVA "Nenhum paciente foi cadastrado"
            SENÃO INÍCIO
                  j ← 0
                  PARA i ← 1 ATÉ cont_p — 1 FAÇA
                     INÍCIO
                        SE pac[i].sexo = "F"
                           ENTÃO peso_ideal ← (62.1 * pac[i].altura) - 44.7
                           SENÃO peso_ideal ← (72.7 * pac[i].altura) — 58
                        SE pac[i].peso < peso_ideal
                           ENTÃO INÍCIO
                                 j ← 1
                                 dif ← peso_ideal - pac[i].peso
                                 ESCREVA "Nome do paciente: ", pac[i].nome
                                 ESCREVA "Sexo do paciente: ", pac[i].sexo
                                 ESCREVA "Idade do paciente: ", pac[i].idade
                                 ESCREVA "Altura  do  paciente  (em metros): ", pac[i].
                                 ↪ altura
                                 ESCREVA "Peso do paciente (em Kg): ", pac[i].peso
                                 ESCREVA "Precisa adquirir", dif, " Kg para  atingir  seu
                                 ↪ peso ideal"
```

```
                              FIM
                    FIM
                SE j = 0
                    ENTÃO ESCREVA "Nenhuma pessoa está abaixo do peso ideal"
        FIM

        FIM ATÉ op = 5
FIM_ALGORITMO.
```

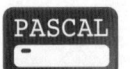 SOLUÇÃO:

\EXERC\CAP10\PASCAL\EX18.PAS **e** \EXERC\CAP10\PASCAL\EX18.EXE

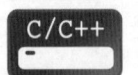 SOLUÇÃO:

\EXERC\CAP10\C++\EX18.CPP **e** \EXERC\CAP10\C++\EX18.EXE

 SOLUÇÃO:

\EXERC\CAP10\JAVA\EX18.java **e** \EXERC\CAP10\JAVA\EX18.class

19. Faça um programa que controle o estoque de uma loja de brinquedos. Atualmente, no estoque há 40 itens, cada um contendo código, descrição, preço de compra, preço de venda, quantidade em estoque e estoque mínimo. O programa deverá:

- Criar uma rotina para cadastrar os produtos.

- Criar uma rotina para mostrar o valor do lucro obtido com a venda de determinado produto e o percentual que esse valor representa.

- Criar uma rotina que mostre os produtos com quantidade em estoque abaixo do estoque mínimo permitido.

ALGORITMO SOLUÇÃO:

```
ALGORITMO
DECLARE brinquedos[40] REGISTRO (cod, qtd_est, est_min, p_compra, p_venda NÚMERICO
        descr LITERAL)
          i, cont_b, op, cod_aux, lucro, perc, achou NUMÉRICO
cont_b ← 1
REPITA
  ESCREVA "1-Cadastrar brinquedo"
  ESCREVA "2-Mostrar lucro"
  ESCREVA "3-Mostrar produtos com estoque abaixo do estoque mínimo"
  ESCREVA "4-Finalizar"
  ESCREVA "Digite sua opção "
  LEIA op
  SE op = 1
    ENTÃO INÍCIO
          SE  cont_b >  40
              ENTÃO ESCREVA "Já foram cadastrados os 40 brinquedos!"
              SENÃO INÍCIO
                    LEIA cod_aux
                    i ← 1
                    ENQUANTO i < cont_b E brinquedos[i].cod ≠ cod_aux FAÇA
                      INÍCIO
                        i ← i + 1
                      FIM
                    SE  i  <  cont_b
                        ENTÃO ESCREVA "Já existe brinquedo com este código!"
                        SENÃO INÍCIO
                                brinquedos[cont_b].cod ← cod_aux
```

```
                                  LEIA brinquedos[cont_b].descr
                                  LEIA brinquedos[cont_b].qtd_est
                                  LEIA brinquedos[cont_b].est_min
                                  LEIA brinquedos[cont_b].p_compra
                                  LEIA brinquedos[cont_b].p_venda
                                  cont_b ← cont_b + 1
                                  ESCREVA "Brinquedo cadastrado com sucesso"
                            FIM
                   FIM
          FIM
     SE op = 2
       ENTÃO INÍCIO
              LEIA cod_aux
              i ← 1
              ENQUANTO i < cont_b E brinquedos[i].cod ≠ cod_aux FAÇA
                 INÍCIO
                   i ← i + 1
                 FIM
              SE i < cont_b
                 ENTÃO INÍCIO
                       lucro ← brinquedos[i].p_venda - brinquedos[i].p_compra
                       perc ← lucro / brinquedos[i].p_compra * 100
                       ESCREVA lucro, perc
                     FIM
                 SENÃO ESCREVA "Brinquedo não cadastrado!"
            FIM
   SE  op  =  3
      ENTÃO  INÍCIO
              achou ← 0
              PARA i ← 1 ATÉ cont_b - 1 FAÇA
                 INÍCIO
                   SE  brinquedos[i].qtd_est < brinquedos[i].est_min
                      ENTÃO INÍCIO
                            achou ← 1
                            ESCREVA brinquedos[i].cod
                            ESCREVA  brinquedos[i].descr
                            ESCREVA  brinquedos[i].qtd_est
                            ESCREVA  brinquedos[i].est_min
                          FIM
            FIM
    SE achou  =  0
       ENTÃO ESCREVA "Nenhum brinquedo está com estoque abaixo do estoque mínimo"
   FIM
ATÉ op = 4
FIM_ALGORITMO.
```

PASCAL SOLUÇÃO:
\EXERC\CAP10\PASCAL\EX19.PAS e \EXERC\CAP10\PASCAL\EX19.EXE

C/C++ SOLUÇÃO:
\EXERC\CAP10\C++\EX19.CPP e \EXERC\CAP10\C++\EX19.EXE

JAVA SOLUÇÃO:
\EXERC\CAP10\JAVA\EX19.java e \EXERC\CAP10\JAVA\EX19.class

20. A prefeitura de uma cidade fez uma pesquisa entre seus habitantes, coletando dados sobre o salário, idade, sexo e número de filhos.

Crie um programa que leia os dados de um número indeterminado de pessoas e, ao final, mostre:

a) a média de idade das mulheres com salário inferior a R$ 700,00;

b) a média de salário da população;

c) a média do número de filhos;

d) o maior salário;

e) a menor idade.

A leitura terminará quando for digitada idade igual a zero.

ALGORITMO SOLUÇÃO:

```
ALGORITMO
DECLARE pessoa REGISTRO (idade, filhos, salario NUMÉRICO sexo LITERAL)
         media_id, media_sa1, media_sa2, media_fi, maior_sa NUMÉRICO
           soma_sa1, soma_sa2, soma_fi NUMÉRICO menor_id, cont1, cont2 NUMÉRICO
soma_sa1 ← 0
soma_sa2 ← 0
soma_fi ← 0
cont1 ← 0
cont2 ← 0
menor_id ← 0
maior_sa ← 0
LEIA pessoa.idade
ENQUANTO pessoa.idade > 0 FAÇA
   INÍCIO
       LEIA pessoa.salario
       LEIA pessoa.sexo
       LEIA pessoa.filhos
       soma_sa1 ← soma_sa1 + pessoa.salario
       cont1 ← cont1 + 1
       soma_fi ←   soma_fi + pessoa.filhos
       SE pessoa.sexo = "F" E pessoa.salario < 700
           ENTÃO INÍCIO
                     soma_sa2 ← soma_sa2 + pessoa.salario
                     cont2 ← cont2 + 1
                 FIM
       SE cont1  =  1
           ENTÃO maior_sa ← pessoa.salario
           SENÃO SE pessoa.salario > maior_sa
                   ENTÃO maior_sa ← pessoa.salario
       SE cont1 = 1
           ENTÃO menor_id ← pessoa.idade
           SENÃO SE pessoa.idade < menor_id
                   ENTÃO menor_id ← pessoa.idade
           LEIA pessoa.idade
   FIM
   SE cont2 > 0
       ENTÃO media_sa2 ← soma_sa2 / cont2
       SENÃO media_sa2 ← 0
   ESCREVA media_sa2
   SE cont1 > 0
       ENTÃO INÍCIO
                 media_sa1 ← soma_sa1 / cont1
                 media_fi ← soma_fi / cont1
             FIM
       SENÃO INÍCIO
                   media_sal ← 0
                   media_fi ← 0
             FIM
   ESCREVA media_sa1
   ESCREVA media_fi
   ESCREVA maior_sa
   ESCREVA menor_id
FIM_ALGORITMO.
```

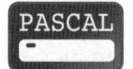

SOLUÇÃO:

`\EXERC\CAP10\PASCAL\EX20.PAS` **e** `\EXERC\CAP10\PASCAL\EX20.EXE`

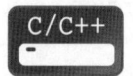

SOLUÇÃO:

`\EXERC\CAP10\C++\EX20.CPP` **e** `\EXERC\CAP10\C++\EX20.EXE`

SOLUÇÃO:

`\EXERC\CAP10\JAVA\EX20.java` **e** `\EXERC\CAP10\JAVA\EX20.class`

EXERCÍCIOS PROPOSTOS

1. Uma empresa deseja controlar as vendas realizadas por seus vendedores a cada mês, durante um ano inteiro. Sabe-se que nessa empresa existem quatro vendedores.

É importante que esse controle seja automatizado, porque muitas consultas devem ser respondidas imediatamente. O gerente necessita de um meio para cadastrar as vendas de todos os vendedores e, depois, precisa ver um menu contendo as seguintes opções:

1. Cadastrar vendedor.
2. Cadastrar venda.
3. Consultar as vendas de um funcionário em determinado mês.
4. Consultar o total das vendas de determinado vendedor.
5. Mostrar o número do vendedor que mais vendeu em determinado mês.
6. Mostrar o número do mês com mais vendas.
7. Finalizar o programa.

Na opção 1: devem ser cadastrados vendedores, e não pode haver dois vendedores com o mesmo código.

Na opção 2: devem ser cadastradas vendas, informado o código do vendedor e o mês das vendas, mas não podem existir duas vendas para o mesmo vendedor no mesmo mês.

Na opção 3: deve ser informado o número do vendedor e o número do mês que se deseja consultar, para, então, descobrir e mostrar esse valor.

Na opção 4: deve ser informado o número do vendedor desejado, calculado e mostrado o total de suas vendas.

Na opção 5: deve ser informado o número do mês que se deseja pesquisar, para então descobrir e mostrar o número do vendedor que mais vendeu nesse mês.

Na opção 6: deve ser descoberto e mostrado o mês com maior venda.

Na opção 7: o programa termina.

2. A prefeitura de uma cidade fez uma pesquisa entre seus habitantes, coletando dados sobre salário, idade e número de filhos. Faça um programa que leia esses dados de 20 pessoas, calcule e mostre:

- a média de salário da população;
- a média do número de filhos;
- o maior salário;
- o percentual de mulheres com salário superior a R$ 1.000,00.

3. Foi realizada uma pesquisa sobre algumas características físicas de 50 habitantes de certa região. De cada habitante foram coletados os seguintes dados: sexo, altura, idade e cor dos olhos (A – azuis; V – verdes; ou C – castanhos).

Faça um programa que leia esses dados, armazene-os em um registro do tipo vetor e determine:

- a média de idade das pessoas com olhos castanhos e altura superior a 1,60 m;
- a maior idade entre os habitantes;
- a quantidade de indivíduos do sexo feminino com idade entre 20 e 45 anos (inclusive) ou que tenham olhos verdes e altura inferior a 1,70 m;
- o percentual de homens.

4. Foi realizada uma pesquisa entre 20 habitantes de uma cidade. De cada habitante foram coletados estes dados: idade, sexo, renda familiar e número de filhos. Faça um programa que leia esses dados, armazenando-os em um vetor, calcule e mostre a média de salário entre os habitantes, a menor e a maior idade do grupo e a quantidade de mulheres com mais de dois filhos e com renda familiar inferior a R$ 600,00.

5. Faça um programa que leia o código, a descrição, o valor unitário e a quantidade em estoque dos 50 produtos comercializados por uma papelaria. Essas informações devem ser armazenadas em um registro do tipo vetor em ordem crescente de código. Depois da leitura, o programa deverá:

- realizar uma rotina que permita alterar a descrição, o valor unitário e a quantidade em estoque de determinado produto, que deverá ser localizado por meio da informação de seu código;

- realizar uma rotina que mostre todos os produtos cuja descrição comece com determinada letra (informada pelo usuário);

- mostrar todos os produtos com quantidade em estoque inferior a cinco unidades.

6. Leia as informações a seguir:

Cliente	Conta_bancária
Número do cliente	Número da conta
Nome	Número do cliente
Telefone	Saldo
Endereço	

Crie um programa que faça o cadastramento de contas, verificando se o número do cliente titular da conta já foi previamente cadastrado. Se existir, deverá permitir a inclusão. Caso contrário, deverá mostrar a mensagem *Cliente não cadastrado* e abrir uma tela que permita o cadastramento. O programa deverá mostrar, ao final, todas as contas cadastradas.

7. Considere que exista um registro com os seguintes atributos: `codigo_cliente` e `nome_cliente` e outro registro com os seguintes atributos: `Nº_conta`, `valor_compra`, `codigo_cliente`. Faça um programa que:

- inclua clientes, não permitindo que dois clientes possuam o mesmo código;

- inclua contas, verificando se o código do cliente informado já está cadastrado. Caso não esteja, não deverá permitir a inclusão;

- remova determinado cliente. Antes de executar a remoção, deverá verificar se ele não está vinculado a alguma conta. Se possuir, deverá mostrar a mensagem *Exclusão não permitida*. Caso contrário, deverá proceder à exclusão.

8. Foi feita uma estatística em 15 estados brasileiros para coletar dados sobre acidentes de trânsito. Em cada estado foram observados os seguintes aspectos:

- nome do estado;

- número de veículos que circularam nesse estado (em 2012);

- número de acidentes de trânsito (em 2012).

Crie um programa que permita conhecer:

- o maior e o menor índice de acidentes de trânsito e o nome dos estados em que eles ocorreram;

- o percentual de veículos em cada estado;

- a média de acidentes em cada um dos estados.

9. Um funcionário recebe um salário fixo mais 6% de comissão sobre suas vendas. Crie um algoritmo que leia o salário do funcionário, o valor total de suas vendas, calcule a comissão e o salário final. O programa deverá mostrar todos os valores calculados.

10. Uma empresa armazena informações sobre as contas a receber de seus clientes. Cada uma dessas contas tem as seguintes informações: número do documento, código do cliente, data de vencimento, data de pagamento, valor da conta e juros. Faça um programa para cadastrar um documento. Se a data de pagamento for maior que a de vencimento, o programa deverá calcular o campo 'juros' da tabela documentos (a cada dia de atraso, deve-se aplicar 0,02% de multa). O programa deverá ler informações sobre 15 documentos e, depois, mostrar todos os documentos lidos e o total geral a receber (valor das contas + juros) e a média dos juros.

11. Faça um programa que utilize as informações a seguir:

Médicos	Pacientes	Consultas
Cod_medico	Cod_pac	Num_prontuario
Nome	Nome_pac	Data_consulta
Endereco	Endereco	Diagnostico
Salario	Idade	Cod_medico
		Cod_paciente

O programa deverá:

a) criar uma rotina para realizar inclusões e alterações no cadastro de pacientes e de médicos;

b) criar uma rotina para excluir um médico (lembre-se: se existir alguma consulta realizada por esse médico, ele não poderá ser excluído);

c) criar uma rotina para mostrar todas as consultas realizadas em uma data qualquer escolhida pelo usuário (lembre-se de mostrar também o nome do médico e o nome do paciente envolvido na consulta).

12. Observe os registros a seguir:

Cliente	Recebimentos
Cod_cli	Num_doc
Nome	Valor_doc
Endereco	Data_emissao
Fone	Data_vencimento
	Cod_cli

Faça um programa que:

a) inclua recebimentos (o programa deve verificar se o cliente já se encontra cadastrado);

b) altere o cadastro de clientes (o usuário deve informar o código do cliente que será alterado);

c) mostre todos os recebimentos com data de vencimento dentro de um período qualquer. Não esqueça de mostrar também o nome do cliente e o total de dias em atraso (quando não houver atraso, o programa deverá mostrar zero);

d) considere que poderão ser cadastrados no máximo três recebimentos para cada cliente.

13. Considere as informações a seguir:

- Estilista (código do estilista, nome do estilista, salário).
- Roupa (código da roupa, descrição da roupa, código do estilista, código da estação, ano).
- Estação (código da estação, nome da estação).

Sabe-se que nessa indústria de confecção existem três estilistas. Faça um programa que:

a) crie uma rotina para cadastrá-los;

b) crie uma rotina para cadastrar as estações climáticas (sabendo que são duas: primavera-verão e outono--inverno);

c) crie uma rotina para cadastrar as roupas (lembre-se de que estilista e estação devem ter sido previamente cadastrados) — no máximo dez roupas por estação;

d) crie um relatório que mostre todas as roupas de determinada estação (informando, inclusive, o nome do estilista que a desenhou).

14. Utilize as informações a seguir para criar um controle automatizado de uma clínica médica. Sabe-se que essa clínica deseja ter um controle semanal (de segunda a sexta-feira) das consultas realizadas. A cada dia, cada médico pode realizar, no máximo, duas consultas. Considere que serão cadastrados três médicos e cinco pacientes.

```
Paciente(cod_pac,  nome,  endereço,  fone)
Médico(cod_med,  nome,  fone,  endereço)
Consulta(num_consulta,  dia  semana,  hora,  cod_med,  cod_pac)
```

O programa deverá criar rotinas para:

a) cadastrar os pacientes, não permitindo dois pacientes com o mesmo código;

b) cadastrar os médicos, não permitindo dois médicos com o mesmo código;

c) cadastrar as consultas, obedecendo às especificações apresentadas;

d) pesquisar as consultas de determinado médico em certo dia da semana (segunda a sexta-feira);

e) mostrar um relatório contendo todas as consultas realizadas em um dia.

15. Um restaurante deseja criar um controle de qualidade sobre os pratos que oferece a seus clientes. Dessa maneira, quer cadastrar algumas informações sobre as receitas, os ingredientes e os cozinheiros. As informações necessárias são descritas a seguir:

```
Receita(codigo da receita, nome da receita, total de calorias a cada 100g, codigo_ co-
zinheiro)
Ingredientes (codigo do ingrediente, descricao)
Ingredientes/Receita(codigo do ingrediente, codigo da receita,
quantidade,  unidade  de  medida)
```

Crie um programa que:

- cadastre os cozinheiros (existem apenas três nesse restaurante);

- cadastre os ingredientes (existem no máximo 15);

- cadastre as receitas (existem 20 receitas que utilizam no máximo três ingredientes cada);

- mostre todas as receitas de determinado cozinheiro;

- mostre todas as receitas cujo total de calorias esteja dentro de um intervalo especificado;

- mostre o total de receitas elaboradas por cada um dos cozinheiros.

16. O acervo de uma biblioteca precisa ser informatizado. Para tanto, as principais informações das obras foram assim estruturadas:

```
Obra(numero do tombo, numero do exemplar, data compra)
Tombo(numero do tombo, nome da obra, nome do autor, nome da editora, codigo da area)
```

Sabe-se que existem 20 tombos e, para cada um, há no máximo três exemplares.

Defina vetores de registro para armazenar tais informações.

Defina o menu de opções a seguir:

1. Cadastrar tombos.
2. Cadastrar obras.
3. Mostrar obras por área.
4. Mostrar obras por autor.
5. Mostrar obras por editora.
6. Encerrar o programa.

Existem três áreas: 1 — exatas; 2 — humanas e sociais; e 3 — biomédicas.

17. Um banco está informatizando seus controles de clientes e contas. Sobre cada cliente dispõe-se dos seguintes dados: nome, idade, endereço, número de suas contas (15 no máximo) e CPF_CNPJ. As contas válidas têm número diferente de zero. Cada conta possui um só cliente. As informações das contas são as seguintes: número da conta, cliente e saldo atual. (Se existem 12 clientes com quatro contas no máximo, então devem existir 48 contas.)

Crie um programa que:

a) cadastre os clientes e suas contas;

b) mostre todas as contas cadastradas;

c) mostre todas as contas de determinado cliente (identificadas pelo código);

d) mostre o somatório das contas de determinado cliente;

e) mostre todas as contas com saldo negativo;

f) mostre o ativo bancário (soma de todos os saldos).

18. Uma loja de eletrodomésticos está fazendo uma promoção entre seus 15 mil clientes. Todos os clientes que gastarem mais de R$ 5.000,00 em compras passarão a ser considerados clientes VIP, tendo 15% de desconto em todas as suas compras posteriores. Esse valor é cumulativo, mas precisa atingir R$ 5.000,00 dentro de seis meses a partir da primeira compra ou será zerado. Faça um programa que:

a) cadastre os clientes dessa loja. Para cada cliente devem ser cadastrados: nome do cliente, CPF, RG, endereço, data da primeira compra, total gasto desde sua primeira compra e um campo que diz se o cliente é VIP ou não. O campo que guarda o total gasto pelo cliente deve sempre iniciar com zero, e o campo em que diz se o cliente é VIP deve começar como FALSO;

b) atualize o total gasto por determinado cliente. Deve-se ler um RG e, caso este seja encontrado na lista de clientes, deve-se entrar com um novo valor que atualizará o campo total gasto por esse cliente. Depois de entrar com o novo total gasto, deve-se fazer um teste para verificar se o valor chegou a R$ 5.000,00. Em caso positivo, o cliente passará a ser VIP. Esse teste só será realizado caso o cliente ainda não seja VIP;

c) teste se o total gasto de cada cliente não VIP deve ser zerado. Se o tempo entre a data da primeira compra de um cliente e a data atual exceder seis meses, o total gasto por esse cliente deverá ser zerado. Lembre-se de que isso só vale para clientes não VIP.

19. Uma empresa de eletrodomésticos está realizando um sorteio de uma Ferrari F-50, do qual participarão todos os que comprarem pelo menos cinco produtos de uma só vez nas lojas autorizadas. Faça um programa que:

a) leia os dados de todos os clientes, como nome, data de nascimento, CPF, RG, cidade em que mora, endereço e quantidade de eletrodomésticos adquiridos pelo cliente. Deve-se incluir um campo para o número do registro, que vai de 1 até 9999;

b) faça o sorteio entre os clientes participantes. Somente os clientes que compraram mais que cinco equipamentos deverão participar. Será sorteado um número, e o cliente que tiver o registro com esse número será o ganhador.

20. Faça um programa contendo os serviços que uma oficina mecânica pode realizar: ordem de serviço (número da OS, data, valor, serviço realizado, cliente).

Leia as informações sobre várias ordens de serviço e determine, ao final, a média dos valores, o nome do cliente que realizou o serviço mais caro, junto com a descrição desse serviço e a data de sua realização.

Arquivo

11.1 Definição de arquivos em algoritmo

Estruturas de dados manipuladas fora do ambiente do programa são conhecidas como *arquivos*. Considera-se como ambiente do programa a memória principal, onde nem sempre é possível ou conveniente manter certas estruturas de dados.

Um arquivo, que é armazenado em um dispositivo de memória secundária, como discos, por exemplo, pode ser lido ou escrito por um programa e é formado por uma coleção de caracteres (arquivo de texto) ou bytes (arquivo binário).

Um sistema de banco de dados é composto por um ou vários arquivos. Cada um desses arquivos possui programas de manutenção, que são: *inclusão, exclusão lógica* ou *exclusão física, alteração, consulta geral, consulta específica* e *relatórios*.

Existem dois tipos de exclusão de registros: a *exclusão física*, em que, após a eliminação de um registro, os demais são deslocados, e a *exclusão lógica*, em que os registros possuem um campo adicional, identificando se estão ativos ou inativos, isto é, se foram excluídos. Nos exemplos apresentados neste capítulo, convencionou-se que, se o registro possuir o campo ATIVO com valor zero, significa que foi excluído.

11.2 Trabalhando com arquivos em PASCAL

11.2.1 Declaração de arquivos

O primeiro passo para trabalhar com arquivos em PASCAL é a criação de novos tipos de dados, utilizando-se o TYPE.

A seguir, mostramos um novo tipo de dado chamado nome_do_registro, onde é definido um registro composto por vários campos, que informará a estrutura dos dados que serão arquivados. O segundo tipo de dado é chamado nome_do_arquivo, que permitirá o arquivamento permanente de variáveis do tipo nome_do_registro.

```
TYPE nome_do_registro = RECORD
                        nome_do_campo1: tipo_do_dado1;
                        nome_do_campo2: tipo_do_dado2;
                        ...
                        nome_do_campoN: tipo_do_dadoN;
                        END;
nome_do_arquivo = FILE OF nome_do_registro;
VAR variavel_do_arquivo : nome_do_arquivo;
    variavel_do_registro : nome_do_registro;
```

Exemplo 1:

No exemplo 1, temos a definição de dois novos tipos de dados (a numeração das linhas não faz parte do programa). O primeiro tipo, `registro`, define as características de um registro, ou seja, informa que ele será composto pelos campos `nome`, `endereco` e `telefone`. Isso pode ser observado da linha 1 à 5. O segundo tipo, `arquivo`, servirá para definir variáveis capazes de referenciar arquivos que armazenam dados no formato `registro`, como mostra a linha 6. Nas linhas 7 e 8, são declaradas variáveis dos tipos definidos anteriormente, ou seja, as informações geradas pelo programa serão armazenadas em `REG`. Posteriormente, a variável `REG` será gravada no arquivo referenciado por `AGENDA`.

```
1. TYPE registro = RECORD
2.                 nome : string[30];
3.                 endereco : string[20];
4.                 telefone : string[10];
5.               END;
6.      arquivo = FILE OF registro;
7. VAR AGENDA : arquivo;
8.      REG : registro;
```

Exemplo 2:

No exemplo 2, também temos a definição de dois novos tipos de dados (a numeração das linhas não faz parte do programa). O primeiro tipo, `carro`, define as características de um registro, ou seja, informa que ele será composto pelos campos `placa`, `marca` e `ano`. Isso pode ser observado da linha 1 à 5. O segundo tipo, `frota`, servirá para definir variáveis capazes de referenciar arquivos que armazenam dados no formato `carro`. Nas linhas 7 e 8, são declaradas variáveis dos tipos definidos anteriormente. Ou seja, as informações geradas pelo programa serão armazenadas em `CARROS`. Posteriormente, a variável `CARROS` será gravada no arquivo referenciado por `DETRAN`.

```
1. TYPE carro = RECORD
2.               placa : string[7];
3.               marca : string[20];
4.               ano : integer;
5.               END;
6.      frota = FILE OF carro;
7. VAR DETRAN : frota;
8.      CARROS : carro;
```

11.2.2 Associando variáveis a arquivos

O comando `ASSIGN` é utilizado para associar nomes de arquivos físicos a variáveis de um programa. Dessa forma, é possível estabelecer uma ligação entre a execução de um programa na memória principal e os dados armazenados na memória secundária, por exemplo, o disco rígido.

O comando `ASSIGN` tem a sintaxe apresentada a seguir.

```
ASSIGN(nome_da_variavel_do_tipo_arquivo , 'caminho do arquivo no disco:\nome do arquivo no disco');
```

Exemplo 1:

```
ASSIGN(AGENDA,'AGENDA.DAT');
```

A variável `AGENDA` permitirá acesso ao arquivo `AGENDA.DAT`. Como não foi especificado um caminho, o arquivo `AGENDA.DAT` deverá estar gravado no mesmo local do arquivo que estiver sendo executado.

Exemplo 2:

```
ASSIGN(DETRAN,'C:\EXEMPLOS\CARROS.DAT');
```

A variável `DETRAN` permitirá acesso ao arquivo `CARROS.DAT`. O arquivo `CARROS.DAT` deverá estar armazenado no caminho `C:\EXEMPLOS`.

11.2.3 Criando um novo arquivo

Na linguagem PASCAL, novos arquivos podem ser criados utilizando-se o comando REWRITE. Se esse comando for usado, fazendo referência a um arquivo já existente, todos os seus dados serão destruídos, pois o comando REWRITE posiciona seu ponteiro no primeiro registro, apagando todo o seu conteúdo. Se o arquivo referenciado não existir, o comando REWRITE forçará sua criação.

A sintaxe correta para o comando REWRITE é apresentada a seguir.

```
REWRITE(nome_da_variavel_do_tipo_arquivo);
```

Exemplo 1:

```
REWRITE(AGENDA);
```

No exemplo 1, foi criado o arquivo associado à variável AGENDA. Se ele já existir, seus dados foram destruídos.

Exemplo 2:

```
REWRITE(DETRAN);
```

No exemplo 2, foi criado o arquivo associado à variável DETRAN. Se ele já existir, seus dados foram destruídos.

11.2.4 Abrindo arquivos já existentes

O comando RESET deverá ser utilizado toda vez que for necessário abrir arquivos. Deve-se posicionar o ponteiro no primeiro registro, sem destruir os dados já existentes no arquivo. A sintaxe desse comando é apresentada a seguir.

```
RESET(nome_da_variavel_do_tipo_arquivo);
```

Exemplo 1:

```
RESET(AGENDA);
```

No exemplo 1, foi aberto o arquivo associado à variável AGENDA, sem destruir os dados já existentes.

Exemplo 2:

```
RESET(DETRAN);
```

No exemplo 2, foi aberto o arquivo associado à variável DETRAN, sem destruir os dados já existentes.

11.2.5 Fechando um arquivo

O comando CLOSE é utilizado para fechar arquivos abertos pelo comando REWRITE ou pelo comando RESET. É importante salientar que todas as atualizações feitas em um arquivo só serão efetivadas quando ele for fechado. Além disso, nenhuma mudança poderá ser feita em um arquivo fechado. Observe a sintaxe a seguir.

```
CLOSE(nome_da_variavel_do_tipo_arquivo);
```

Exemplo 1:

```
CLOSE(AGENDA);
```

No exemplo 1, foi fechado o arquivo associado à variável AGENDA.

Exemplo 2:

```
CLOSE(DETRAN);
```

No exemplo 2, foi fechado o arquivo associado à variável DETRAN.

11.2.6 Lendo dados de um arquivo

Para ler os dados contidos em um arquivo, deve-se executar uma leitura no disco. Em PASCAL, isso pode ser feito por meio do comando READ, que possui a sintaxe a seguir.

```
READ(nome_da_variavel_do_tipo_arquivo, nome_da_variavel_do_tipo_registro);
```

Exemplo 1:

```
READ(AGENDA, REG);
```

No exemplo 1, os dados lidos no arquivo associado à variável AGENDA serão copiados para a variável de programa REG. A partir daí, o programa tratará a variável REG como um registro qualquer.

Exemplo 2:

```
READ(DETRAN, CARROS);
```

No exemplo 2, os dados lidos no arquivo associado à variável DETRAN serão copiados para a variável de programa CARROS. A partir daí, o programa tratará a variável CARROS como um registro qualquer.

11.2.7 Gravando dados em um arquivo

A linguagem PASCAL permite a gravação de dados usando-se o comando WRITE, como mostra a sintaxe a seguir.

```
WRITE(nome_da_variavel_do_tipo_arquivo, nome_da_variavel_do_tipo_registro);
```

Exemplo 1:

```
WRITE(AGENDA, REG);
```

No exemplo 1, os dados contidos na variável de programa REG serão copiados para o arquivo associado à variável AGENDA.

Exemplo 2:

```
WRITE(DETRAN, CARROS);
```

No exemplo 2, os dados contidos na variável de programa CARROS serão copiados para o arquivo associado à variável DETRAN.

11.2.8 Movimentando o ponteiro em um arquivo

O comando SEEK é utilizado para posicionar o ponteiro no registro desejado. O primeiro registro do arquivo é sempre o de número zero. A sintaxe do comando SEEK é apresentada a seguir.

```
SEEK(nome_da_variavel_do_tipo_arquivo, numero_do_registro);
```

Exemplo 1:

```
SEEK(AGENDA, 2);
```

No exemplo 1, o ponteiro do arquivo AGENDA está na segunda posição, ou seja, no início do terceiro registro gravado no arquivo.

Exemplo 2:

```
SEEK(DETRAN, 0);
```

No exemplo 2, o ponteiro do arquivo DETRAN está na posição zero, ou seja, no início do primeiro registro gravado no arquivo.

11.2.9 Obtendo o número de registros de um arquivo

O comando FILESIZE é utilizado para retornar o número de registros existentes em um arquivo. A sintaxe desse comando é mostrada a seguir.

```
FILESIZE(nome_da_variavel_do_tipo_arquivo);
```

Exemplo 1:

```
tamanho := FILESIZE(AGENDA);
```

No exemplo 1, é retornada para a variável tamanho a quantidade de registros gravados no arquivo AGENDA.

Exemplo 2:

```
tamanho := FILESIZE(DETRAN);
```

No exemplo 2, é retornada para a variável `tamanho` a quantidade de registros gravados no arquivo `DETRAN`.

11.2.10 Obtendo a posição do ponteiro em um arquivo

O comando `FILEPOS` é utilizado para retornar o número do registro onde o ponteiro está localizado. A forma correta para utilizar esse comando é:

```
posicao := FILEPOS(nome_da_variavel_do_tipo_arquivo);
```

Exemplo 1:

```
posicao := FILEPOS(AGENDA);
```

No exemplo 1, é retornado para a variável `posicao` o número do registro onde o ponteiro do arquivo `AGENDA` está posicionado.

Exemplo 2:

```
posicao := FILEPOS(DETRAN);
```

No exemplo 2, é retornado para a variável `posicao` o número do registro onde o ponteiro do arquivo `DETRAN` está posicionado.

11.2.11 Verificando o final do arquivo

O comando `NOT EOF` é utilizado para verificar se o ponteiro chegou ao final do arquivo. O retorno desse comando poderá ser verdadeiro, caso o final tenha sido encontrado, ou falso, se acontecer o contrário. A seguir é mostrada a sintaxe do comando `NOT EOF`.

```
WHILE NOT EOF(nome_da_variavel_do_tipo_arquivo) DO
    BEGIN
    comandos;
    END;
```

Exemplo 1:

```
WHILE NOT EOF(DETRAN) DO
    BEGIN
    READ (DETRAN, REG);
    END;
```

O exemplo 1 mostrou como percorrer todos os registros de um arquivo. Observe que, dentro da estrutura de repetição `WHILE`, foi colocado o comando `READ`. Isso quer dizer que, a cada leitura feita no arquivo `DETRAN`, o ponteiro movimenta-se para o registro seguinte. Dessa forma, enquanto forem obtidas informações no arquivo, a repetição continuará. Quando o ponteiro chegar ao final do arquivo `DETRAN`, o `WHILE` será finalizado.

11.3 Trabalhando com arquivos em C/C++

11.3.1 Declaração de arquivos

Um arquivo em C/C++ pode representar diversas coisas, como arquivos em disco, uma impressora, um teclado, ou qualquer dispositivo de entrada ou saída. Este capítulo considera apenas arquivos em disco. Entretanto, ressaltamos que, caso o leitor queira manipular outros dispositivos, a interface é a mesma.

A linguagem C/C++ dá suporte à utilização de arquivos por meio da biblioteca `stdio.h`. Essa biblioteca fornece várias funções para manipulação de arquivos, define novos tipos de dados a serem usados especificamente com arquivos, como o tipo `FILE`. Uma variável do tipo ponteiro para `FILE` é capaz de identificar um arquivo no disco, direcionando para ele todas as operações. Essas variáveis são declaradas como qualquer outro tipo de ponteiro. Observe, a seguir, que podemos ver duas variáveis, `arq` e `pont`, que podem referenciar arquivos em disco.

```
FILE *arq, *pont;
```

Na linguagem C/C++, os dados podem ser gravados em arquivos binários ou de texto. Arquivos de texto podem ser lidos diretamente por qualquer editor de texto. Arquivos binários devem ser lidos por programas especiais, que convertem a cadeia de bits em informações compreensíveis.

11.3.2 Abrindo arquivos

A função `fopen()` abre um arquivo, retornando o ponteiro associado a esse arquivo. A sintaxe correta para sua utilização é:

```
FILE *p;
p = fopen(nome_do_arquivo, modo_de_abertura);
```

onde:

`p` é uma variável que armazenará o endereço inicial de memória ocupado por um arquivo (se, por qualquer motivo, o arquivo não puder ser aberto, a variável `p` receberá o valor `NULL`);

`nome_do_arquivo` representa o nome do arquivo que se deseja abrir, podendo conter, inclusive, o caminho (*path*) da pesquisa;

`modo_de_abertura` representa como o arquivo será aberto. A tabela a seguir descreve todos os modos de abertura.

r	Abre um arquivo de texto onde poderão ser realizadas apenas leituras.
w	Cria um arquivo de texto onde poderão ser realizadas apenas operações de escrita.
a	Anexa novos dados a um arquivo de texto.
rb	Abre um arquivo binário onde poderão ser realizadas apenas leituras.
wb	Cria um arquivo binário onde poderão ser realizadas apenas operações de escrita.
ab	Anexa novos dados a um arquivo binário.
r+	Abre um arquivo de texto onde poderão ser realizadas operações de leitura e de escrita.
w+	Cria um arquivo de texto onde poderão ser realizadas operações de leitura e de escrita.
a+	Anexa novos dados ou cria um arquivo de texto para operações de leitura e de escrita.
rb+	Abre um arquivo binário onde poderão ser realizadas operações de leitura e de escrita.
wb+	Cria um arquivo binário onde poderão ser realizadas operações de leitura e de escrita.
ab+	Anexa novos dados a um arquivo binário para operações de leitura e de escrita.

Exemplo 1:

```
FILE *arq;
arq = fopen("arquivo1.dat","w");
```

No exemplo 1, a função `fopen()` criou um arquivo chamado `arquivo1.dat`, onde poderão ser realizadas operações de escrita (gravação), pois foi utilizado o modo de abertura `w`.

Quando a função `fopen()` é utilizada para abrir um arquivo no modo escrita (`w` e `wb`), duas situações podem ocorrer:

- se o arquivo não existir, ele será criado;

- se o arquivo já existir, ele será sobreposto por um novo arquivo vazio.

Se a função `fopen()` for executada sem problemas, a variável `arq` receberá o endereço de memória ocupado pelo arquivo. Caso algum erro ocorra, a variável `arq` receberá o valor `NULL`. Sendo assim, é recomendável a realização de um teste para verificar se o arquivo foi aberto adequadamente. Observe o Exemplo 2.

Exemplo 2:

```
1. #include <stdio.h>
2. int main()
3. { FILE *arq;
4.   arq = fopen("arquivo1.dat","r");
5.   if (arq == NULL)
6.     { printf("\nOcorreu um erro. O arquivo não foi aberto.");
7.     }
```

```
8.  else
9.    { /* As demais instruções do programa só poderão ser
10.     executadas se o arquivo foi aberto de forma correta.
11.    */
12.    }
13. // continuação do programa
14.return 0;
15.}
```

Na linha 4, a função `fopen()` foi utilizada para abrir um arquivo já existente somente no modo leitura (`r`). Se o arquivo for encontrado e aberto corretamente, a variável `arq` receberá o seu endereço, caso contrário, a variável `arq` receberá `NULL`.

Observações

A função `fopen()` não é capaz de criar pastas, pode apenas criar arquivos quando o modo de abertura escolhido assim o permitir. Caso você não tenha certeza de que a pasta já existe no disco, poderá construí-la antes de tentar abrir o arquivo. Para isso, deverá fazer uso da função `system()`, pertencente à biblioteca `stdlib.h`.

A função `system()` passa uma string como um comando para o processador. Com ela, é possível a realização das mesmas operações em linha de comando de um sistema operacional, como criação de pastas (diretórios), listagem do conteúdo de uma pasta (diretório), renomear arquivo, copiar arquivo, dentre outras.

Exemplo 1:

```
#include <stdlib.h>
int main()
{ system("md C:\\exemplo\\teste");
  return 0;
}
```

No exemplo 1 a função `system()` foi utilizada para criar o caminho `C:\exemplo\teste`. A string passada como parâmetro utilizou o comando `md`, padrão Windows (foi necessária a utilização de duplas barras invertidas para evitar que o compilador fizesse confusão com caracteres de controle, por exemplo, a marca de nova linha `\n` ou de tabulação `\t`).

Exemplo 2:

```
#include <stdlib.h>
int main()
{ system("mkdir -p /home/usuario/exemplo/teste/");
  return 0;
}
```

No exemplo 2, a função `system()` foi utilizada para criar o caminho `/home/usuario/exemplo/teste`. A string passada como parâmetro utilizou o comando `mkdir`, padrão Unix.

11.3.3 Fechando um arquivo

A função `fclose()` fecha um arquivo. Quando ocorrer algum erro durante a execução da função, poderá haver perda de dados ou até mesmo perda do arquivo. O protótipo dessa função é:

```
int fclose(FILE *arq);
```

onde `arq` é a referência para o arquivo (`arq` é o ponteiro obtido quando o arquivo foi aberto).

Quando a função `fclose()` é executada, gera como resultado um número inteiro. Se esse número for igual a zero, significa que o arquivo foi fechado corretamente. Caso contrário, houve erro na operação.

O exemplo a seguir mostra a utilização da função `fclose()` (as linhas à esquerda não fazem parte do programa).

```
1. #include <stdio.h>
2. int main()
3. { FILE *p;
4.  int resposta;
5.  p = fopen("arquivo.txt", "w");
6.  if (p == NULL)
7.   printf("\nErro na abertura");
8.  else { printf("\nSucesso na abertura");
9.        resposta = fclose(p);
10.       if (resposta == 0)
11.         printf("\nSucesso no fechamento");
12.       else printf("\nErro no fechamento");
13.   }
14. return 0;
15.}
```

Na linha 5, a função `fopen()` abriu o arquivo `arquivo.txt` no modo escrita, associando seu endereço à variável p. Se o valor da variável p for diferente de NULL, o arquivo foi aberto corretamente e as operações de escrita poderão ser executadas. Na linha 9, a função `fclose()` usa o endereço guardado na variável p para fechar o arquivo `arquivo.txt`. Se o valor da variável `resposta` for igual a zero o arquivo foi fechado corretamente.

Qualquer problema que ocorra com a execução de um programa poderá corromper, ou seja, danificar os arquivos que estiverem abertos. Assim, é aconselhável que sejam mantidos abertos o menor tempo possível.

11.3.4 Capturando erros durante o uso de arquivos

A função `ferror()` detecta se ocorreu algum erro durante uma operação com arquivos. O protótipo dessa função é:

```
int ferror(FILE *arq);
```

A função `ferror()` retorna um número inteiro e deve ser chamada logo depois da invocação de qualquer outra função de manipulação de arquivo. Se o valor retornado pela função `ferror()` for diferente de zero, significa que ocorreu um erro durante a última operação realizada com o arquivo; caso contrário não ocorreu erro.

Os exemplos apresentados nas próximas seções demonstrarão o emprego da função `ferror()`.

11.3.5 Gravando caracteres em um arquivo

A função `fputc()` escreve um caractere em um arquivo. Sua sintaxe correta é:

```
fputc(char ch, FILE *arq);
```

onde:
`ch` é o caractere que será escrito no arquivo;
`arq` é a referência para o arquivo onde o caractere será escrito.

O exemplo a seguir ilustra a utilização da função `fputc()` (as linhas à esquerda não fazem parte do programa).

```
1. #include <stdio.h>
2. int main()
3. { FILE *p;
4.  char carac;
```

```
5.   p = fopen("C:\\exemplo\\teste\\caract.dat", "a");
6.   if (p == NULL)
7.     printf("\nErro na abertura");
8.   else
9.     { printf("\nDigite um caractere: ");
10.      scanf("%c%*c", &carac);
11.      while (carac != 'f')
12.        { fputc(carac, p);
13.          if (ferror(p))
14.            printf("\nErro na gravação do caractere");
15.          else printf("\nGravação realizada com sucesso");
16.          printf("\nDigite outro caractere: ");
17.          scanf("%c%*c", &carac);
18.        }
19.     }
20.   fclose(p);
21.   return 0;
22.}
```

A linha 9 solicitou que fosse digitado um caractere qualquer. A linha 10 recebeu o caractere digitado, armazenando-o na variável `carac`. Da linha 11 à 18, existe uma estrutura de repetição que permitiu a digitação de inúmeros caracteres. A repetição terminou quando foi digitado o caractere `f`, fazendo referência à finalização. Cada vez que esse bloco de linhas foi executado, a função `fputc()`, na linha 12, gravou o caractere digitado no arquivo referenciado pela variável `p`. A linha 13 utilizou a função `ferror()` para verificar se a gravação ocorreu corretamente. Na linha 20, o arquivo foi fechado.

11.3.6 Lendo caracteres de um arquivo

A função `fgetc()` lê um caractere de um arquivo. Seu protótipo é:

```
int fgetc(FILE *arq);
```

onde:

`arq` é a referência para o arquivo de onde o caractere será lido.

Se a execução da função `fgetc()` for bem-sucedida, gerará como retorno o valor do caractere lido (esse valor poderá ser armazenado em uma variável `int`, já que é o valor `ASCII`, ou em uma variável `char`, exigindo a conversão do valor `ASCII` para o caractere correspondente). Caso ocorra algum erro na leitura, o valor devolvido será `EOF`.

O exemplo a seguir demonstra o uso da função `fgetc()` (a numeração à esquerda das linhas não faz parte do programa).

```
1. #include <stdio.h>
2. int main()
3. { FILE *p;
4.   char carac;
5.   p = fopen("caract.dat", "r");
6.   if (p == NULL)
7.     printf("\nErro na abertura");
8.   else
9.   {
10.     do {
11.       carac = fgetc(p);
12.       if (ferror(p))
13.         printf("\nErro na leitura do caractere");
14.       else
15.         { if (!feof(p))
```

```
16.        { printf("\nLeitura realizada com sucesso");
17.          printf("Caractere lido: %c" , carac);
18.        }
19.      }
20.    } while (!feof(p));
21. }
22.fclose(p);
23.return 0;
24.}
```

Da linha 10 à 20, existe uma estrutura de repetição do-while, que permitiu a leitura dos caracteres gravados no arquivo, acessado por meio da variável p. Na linha 11, a função fgetc() leu um caractere do arquivo referenciado, armazenando-o na variável carac. A linha 12 utilizou a função ferror() para verificar se a leitura se deu corretamente. A linha 15 utilizou a função feof() para verificar se após a leitura o fim do arquivo foi encontrado. Isso foi importante para não mostrar o caractere indicativo de fim de arquivo. A repetição terminará quando for detectado o fim do arquivo. Isso é feito na linha 20, novamente utilizando-se a função feof() — a Seção 11.3.11 apresentará a função feof() em detalhe. Na linha 22, o arquivo foi fechado.

11.3.7 Gravando uma cadeia de caracteres em um arquivo

A função fputs() escreve uma cadeia de caracteres em um arquivo. O protótipo dessa função é:

```
fputs(char *cadeia, FILE *arq);
```

onde:

cadeia armazena a cadeia de caracteres que será escrita no arquivo.

arq é a referência para o arquivo em que a cadeia de caracteres será escrita.

O exemplo a seguir ilustra a utilização da função fputs() (a numeração à esquerda das linhas não faz parte do programa).

```
1. #include <stdio.h>
2. int main()
3. { FILE *p;
4.   char cadeia[30];
5.   p = fopen("C:\\exemplo\\teste\\cadeias.txt", "a");
6.   if (p == NULL)
7.     printf("\nErro na abertura");
8.   else
9.   { printf("\nDigite uma cadeia de caracteres: ");
10.     gets(cadeia);
11.     while (stricmp(cadeia, "fim") != 0)
12.     { fputs(cadeia, p);
13.       if (ferror(p))
14.         printf("\nErro na gravação da cadeia");
15.       else
16.         printf("\nGravação realizada com sucesso");
17.       printf("\nDigite outra cadeia: ");
18.       gets(cadeia);
19.     }
20.   }
21.   fclose(p);
22.   return 0;
23.}
```

A linha 9 solicitou que fosse digitada uma cadeia de caracteres qualquer. A linha 10 recebeu a cadeia digitada, armazenando-a na variável cadeia. Da linha 11 à 19, existe uma estrutura de repetição que permitiu que fossem digitadas inúmeras cadeias. A repetição terminou quando foi digitada a cadeia fim, fazendo referência à finalização. Cada vez que esse bloco de linhas foi executado, a função `fputs()` gravou a cadeia de caracteres digitada no arquivo referenciado pela variável `p`. A linha 13 utilizou a função `ferror()` para verificar se a gravação ocorreu corretamente. Na linha 21, o arquivo foi fechado.

11.3.8 Lendo cadeias de caracteres de um arquivo

A função `fgets()` lê uma cadeia de caracteres armazenada em um arquivo. A cadeia será formada por todos os caracteres existentes, da posição atual do ponteiro do arquivo até uma marca de nova linha ou até que `tam` − 1 caracteres fossem lidos (`tam` é um dos parâmetros utilizados pela função). A sintaxe correta dessa função é:

```
fgets(char *cadeia, int tam, FILE *arq);
```

onde:

`cadeia` armazena a cadeia de caracteres obtida do arquivo;
`tam` indica que a quantidade máxima de caracteres lidos será `tam` - 1;
`arq` é a referência para o arquivo.

O exemplo a seguir ilustra a utilização da função `fgets()` (a numeração à esquerda das linhas não faz parte do programa).

```
1. #include <stdio.h>
2. int main()
3. { FILE *p;
4.   char cadeia[5];
5.   p = fopen("c:\\exemplo\\teste\\cadeias.txt", "r");
6.   if (p == NULL)
7.     printf("\nErro na abertura");
8.   else
9.   { while (!feof(p))
10.    { fgets(cadeia, 5, p);
11.      if (ferror(p))
12.        printf("\nErro na leitura da cadeia");
13.      else
14.        { printf("\nLeitura realizada com sucesso");
15.          printf("Cadeia lida: %s" , cadeia);
16.        }
17.    }
18.  }
19.  getchar();
20.  fclose(p);
21.  return 0;
22.}
```

Da linha 9 à 17, uma estrutura de repetição permitiu que fossem lidas todas as cadeias de caracteres gravadas no arquivo. Na linha 10, a função `fgets()` leu uma cadeia de 5 - 1 caracteres contida no arquivo referenciado por `p`, armazenando-a na variável `cadeia` (cujo tamanho é 5, para ter na última posição a marca de fim de cadeia).

A função `fgets()` fez a leitura até atingir 5 − 1 caracteres ou até encontrar uma marca de nova linha. A linha 11 utilizou a função `ferror()` para verificar se a leitura ocorreu corretamente. A repetição terminou quando foi detectado o fim do arquivo. Isso foi feito na linha 9, por meio da função `feof()`, que será apresentada em detalhes na Seção 11.3.11. Na linha 20, o arquivo foi fechado.

11.3.9 Gravando qualquer tipo de dado em um arquivo

Arquivos em C/C++ não podem ser associados a um tipo primitivo de dados ou a um registro (*struct*). Os arquivos simplesmente armazenam uma sequência de caracteres ou uma sequência de bytes.

Entretanto, em vários momentos, é mais útil e mais prático ler parte do conteúdo de um arquivo e gravar diretamente em uma variável `int` ou `float`, ou, ainda, em uma variável `struct`. Também é importante conseguir pegar o conteúdo de variáveis desses tipos e gravá-lo diretamente em um arquivo.

Quando isso for necessário, o programa deverá trabalhar com arquivos binários. Toda vez que uma operação de leitura ou de escrita for realizada, deverá ser informado o número de bytes que serão lidos ou gravados. Para isso, a função `sizeof()` será utilizada intensamente, uma vez que por meio dela é possível descobrir quantos bytes uma variável (de qualquer tipo, incluindo *struct*) ocupa.

A função `fwrite()` pode escrever qualquer tipo de dado, e não apenas caracteres ou cadeias de caracteres. O protótipo dessa função é:

```
int fwrite(void *mem, size_t qtd_bytes, size_t cont, FILE *arq);
```

onde:

`mem` representa a variável que armazena o conteúdo a ser gravado no arquivo;

`qtd_bytes` representa o total em bytes que será escrito no arquivo;

`cont` representa o número de blocos de tamanho `qtd_bytes` que serão escritos no arquivo;

`arq` é a referência para o arquivo onde as informações serão escritas.

Quando a função `fwrite()` for bem-sucedida, gerará como retorno um valor igual ao número de gravações realizadas (igual ao parâmetro `cont` informado). Se ocorrer algum erro, o valor retornado será menor que `cont`.

O exemplo a seguir ilustra a utilização da função `fwrite()` (a numeração à esquerda das linhas não faz parte do programa).

```
1. #include <stdio.h>
2. int main()
3. { struct cliente
4.    { int numero;
5.      char nome[20];
6.    };
7.  FILE *cli;
8.  struct cliente c;
9.  cli = fopen("c:\\exemplo\\teste\\clientes.dat", "a+");
10. if (cli == NULL)
110  printf("\nErro na abertura do arquivo");
12. else
13.   { printf("\nDigite o número do cliente a ser incluído ");
14.     scanf("%d%*c", &c.numero);
15.     printf("Digite o nome do cliente a ser incluído ");
16.     gets(c.nome);
17.     fwrite(&c, sizeof(struct cliente), 1, cli);
18.     if (ferror(cli))
19.      printf("Erro na gravação ");
20.     else printf("Gravação realizada com sucesso ");
21.     fclose(cli);
22.   }
23. getchar();
24. return 0;
25.}
```

Nesse exemplo, foi descrito como fazer gravações de dados do tipo `cliente`, definido na `struct` da linha 3 à 6. Pode-se observar que, nessa `struct`, existem dois campos, `numero` e `nome`. Na linha 14, foi recebido um valor, armazenando-o em `c.numero`. Na linha 16, foi recebido outro valor, armazenando-o em `c.nome`. Dessa forma, a variável `c` ficou completamente preenchida. Na linha 17, a função `fwrite()` foi executada, ou seja, o conteúdo da variável `c` foi gravado no arquivo referenciado por `cli`. A linha 18 utilizou a função `ferror()` para verificar se a gravação ocorreu corretamente. Na linha 21, o arquivo foi fechado.

Os quatro parâmetros utilizados na função `fwrite()` significam:

`&c` — dados que serão gravados no arquivo;

`sizeof(struct cliente)` — tamanho do bloco de gravação, ou seja, tamanho em bytes ocupados por variáveis do tipo `struct cliente`;

`1` — quantidade de blocos do tamanho de `sizeof(struct cliente)` que serão gravados;

`cli` — referência para o arquivo onde será feita a gravação.

11.3.10 Lendo qualquer tipo de dados de um arquivo

A função `fread()` pode ler qualquer tipo de dados e não apenas caracteres ou cadeias de caracteres. A sintaxe correta para sua utilização é:

```
int fread(void *mem, size_t qtd_bytes, size_t cont, FILE *arq);
```

onde:

`mem` representa a variável que vai receber o conteúdo lido do arquivo;

`qtd_bytes` representa o tamanho do bloco, em bytes, que será lido do arquivo;

`cont` representa o número de blocos (do tamanho especificado pelo parâmetro `qtd_bytes`) que serão lidos;

`arq` é a referência para o arquivo que será lido.

Quando a função `fread()` for bem-sucedida, gerará como retorno um valor igual ao número de leituras realizadas (igual ao parâmetro `cont` informado). Caso contrário, quando ocorrer algum erro ou quando o final do arquivo for encontrado, o valor retornado será menor que `cont`.

O exemplo a seguir ilustra a utilização da função `fread()` (a numeração à esquerda das linhas não faz parte do programa).

```
1.  #include <stdio.h>
2.  int main()
3.  { FILE *cli;
4.    struct cliente
5.    { int numero;
6.      char nome[20];
7.    };
8.    struct cliente c;
9.    cli = fopen("c:\\exemplo\\teste\\clientes.dat", "a+");
10.   if (cli == NULL)
11.    printf("\nErro na abertura do arquivo");
12.   else
13.    { fread(&c, sizeof(struct cliente), 1, cli);
14.     if (ferror(cli))
15.      printf("\nErro na leitura ");
16.     else printf("\nLeitura realizada com sucesso ");
17.     while (!feof(cli))
18.      { printf("\nNúmero do cliente lido: %d", c.numero);
19.        printf("\nNome do cliente lido: %s", c.nome);
20.        fread(&c, sizeof(struct cliente), 1, cli);
21.        if (ferror(cli))
22.         printf("\nErro na leitura ");
23.        else printf("\nLeitura realizada com sucesso ");
24.      }
25.     fclose(cli);
26.    }
27.   getchar();
28.   return 0;
29. }
```

Nesse exemplo, foi descrito como fazer leituras de dados do tipo `struct cliente`. Esse tipo foi definido na `struct` da linha 4 à 7. É possível observar que, nessa `struct`, existem dois campos, `numero` e `nome`. Na linha 13, foi feita a primeira leitura no arquivo, por intermédio da função `fread()`. A linha 14 utilizou a função `ferror()` para verificar se a leitura ocorreu corretamente. Na linha 17, foi iniciada uma estrutura de repetição que possibilitou que todos os dados do arquivo fossem lidos. A cada leitura realizada, os valores recebidos do arquivo foram armazenados na variável `c`. Nas linhas 18 e 19, o conteúdo dos dois campos da variável `c` foi mostrado. A repetição terminou quando foi detectado o fim do arquivo. Isso foi feito na linha 17, por meio da função `feof()`, que será apresentada em detalhes na Seção 11.3.11. Na linha 25, o arquivo foi fechado.

Os quatro parâmetros utilizados na função `fread()` significam:

`&c` — variável que receberá os dados lidos do arquivo;

`sizeof(struct cliente)` — tamanho do bloco de leitura, ou seja, o tamanho em bytes ocupado por variáveis do tipo `struct cliente`;

`1` — quantidade de blocos do tamanho de `sizeof(struct cliente)` que serão lidos.

`cli` — referência para o arquivo onde será feita a leitura.

11.3.11 Encontrando o fim de um arquivo

A função `feof()` descobre se o fim do arquivo foi encontrado. A função `feof()` retorna um número inteiro. Quando esse número for zero significa que o fim do arquivo ainda não foi atingido. Qualquer outro valor significa que o fim do arquivo foi encontrado. O protótipo correto dessa função é:

```
int feof(FILE *arq);
```

onde:

`arq` é a referência para o arquivo a ser analisado.

11.3.12 Voltando o cursor ao início do arquivo

O cursor é um ponteiro que indica a partir de que posição, dentro de um arquivo, uma operação será executada. Por exemplo, quando um arquivo acaba de ser aberto, seu cursor está apontando para a posição zero, ou seja, o cursor está apontando para o primeiro byte do arquivo. Caso seja feita uma leitura com o comando `fread()`, o cursor se movimentará quantos bytes forem lidos.

A função `rewind()` reposiciona o cursor de volta ao início do arquivo. O protótipo dessa função é:

```
void rewind(FILE *arq);
```

Exemplo:

```
1. #include <stdio.h>
2. int main()
3. { FILE *cli;
4.   struct cliente
5.    { int numero;
6.      char nome[20];
7.    };
8.   struct cliente c;
9.   cli = fopen("c:\\exemplo\\teste\\clientes.dat", "a+");
10. if (cli == NULL)
11.   printf("\nErro na abertura do arquivo");
12. else
13.   { fread(&c, sizeof(struct cliente), 1, cli);
14.    if (ferror(cli))
15.      printf("\nErro na leitura ");
16.    else {
17.        printf( "\nLeitura realizada com sucesso ");
18.        printf("\nNúmero do cliente: %d", c.numero);
19.        printf("\nNome do cliente: %s", c.nome);
20.        rewind(cli);
```

```
21.        printf("\nCursor reposicionado no início");
22.        fread(&c, sizeof(struct cliente), 1, cli);
23.        if (ferror(cli))
24.           printf("\nErro na leitura ");
25.        else
26.        { printf("\nLeitura realizada com sucesso ");
27.           printf("\nNúmero do cliente: %d", c.numero);
28.           printf("\nNome do cliente: %s", c.nome);
29.           }
30.     }
31.   fclose(cli);
32.   }
33. getchar();
34. return 0;
35.}
```

Na linha 9, o arquivo `clientes.dat` foi aberto e seu endereço foi atribuído à variável `cli`. Nesse momento, o cursor do arquivo posicionou-se no byte zero do arquivo, início dos dados. Na linha 13 foi feita uma leitura no arquivo pela função `fread()`. Nessa leitura, foram percorridos `sizeof(struct cliente)` bytes. Isso fez com que o cursor do arquivo fosse movimentado essa mesma quantidade de bytes.

Por exemplo: como a variável do tipo `struct cliente` ocupa 22 bytes (2 bytes para o `numero` mais um byte para cada posição de `nome`), o cursor sairá da posição zero e irá até a posição 21.

Nas linhas 18 e 19, foi mostrado o conteúdo lido do arquivo, que foi armazenado na variável `c`. Na linha 20, a função `rewind()` fez o cursor voltar para a posição zero. Dessa forma, quando a função `fread()`, da linha 22, foi executada, leu novamente os dados do início do arquivo. Após cada leitura, a função `ferror()` foi executada para verificar se ocorreu algum erro. Na linha 31, o arquivo foi fechado.

11.3.13 Reposicionando o cursor de um arquivo

O cursor é um ponteiro que indica a partir de que posição, dentro de um arquivo, uma operação será executada. Por exemplo, quando um arquivo acaba de ser aberto, seu cursor está apontando para a posição zero, ou seja, onde está o primeiro byte do arquivo. Caso seja feita uma leitura com o comando `fread()`, o cursor se movimentará tantos bytes quantos forem lidos.

A função `fseek()` é utilizada especialmente para mudar a posição do cursor sem que haja necessidade de leituras ou escritas no arquivo. A sintaxe correta dessa função é:

```
fseek(FILE *arq, long qtd_bytes, int posicao);
```

onde:
`arq` representa o arquivo que será percorrido pela função `fseek`;
`qtd_bytes` representa a quantidade de bytes que o cursor será movimentado a partir de `posicao`;
`posicao` representa o ponto a partir do qual a movimentação será executada, podendo assumir três valores: `SEEK_SET`, `SEEK_CUR`, `SEEK_END`;
`SEEK_SET` — permite a movimentação de `qtd_bytes` a partir da posição inicial do arquivo;
`SEEK_CUR` — permite a movimentação de `qtd_bytes` no arquivo a partir do ponto atual do cursor;
`SEEK_END` — permite a movimentação de `qtd_bytes` a partir da posição final do arquivo.

Exemplo 1:

```
fseek(cli, sizeof(struct cliente) * 2, SEEK_SET);
```

Nesse exemplo, o cursor será movimentado a partir do início em direção ao fim do arquivo. O total de bytes movimentado é a quantidade de bytes necessários para armazenar uma variável do tipo `struct cliente` multiplicado por 2.

Exemplo 2:

```
fseek(cli, sizeof(struct cliente) * cont, SEEK_CUR);
```

Nesse exemplo, o cursor será movimentado da posição corrente em direção ao fim do arquivo. O total de bytes movimentado é a quantidade de bytes necessários para armazenar uma variável do tipo `struct cliente` multiplicado pelo conteúdo da variável `cont`.

Exemplo 3:

```
fseek(cli, sizeof(struct cliente), SEEK_END);
```

Nesse exemplo, o cursor será movimentado a partir do fim em direção ao início do arquivo. O total de bytes movimentado é a quantidade de bytes necessários para armazenar uma variável do tipo `struct cliente`.

11.3.14 Apagando um arquivo

A função `remove()` apaga um arquivo. O protótipo dessa função é:

```
int remove(char *nome_arq);
```

onde:

`nome_arq` indica o nome físico do arquivo que será removido, podendo ser incluído o caminho (*path*).

Se a função `remove()` for executada com êxito, será devolvido o número zero. Caso contrário, será devolvido qualquer outro valor. Além disso, é importante fechar o arquivo antes de removê-lo.

Exemplo:

```
remove("c:\\exemplo\\teste\\clientes.dat");
```

11.3.15 Renomeando um arquivo

A função `rename()` troca o nome de um arquivo. O protótipo da função `rename()` é:

```
int rename(char *nome_atual, char *nome_novo);
```

onde:
`nome_atual` indica o nome físico atual do arquivo, podendo ser incluído o caminho (*path*); `nome_novo` indica o novo nome físico que se pretende dar ao arquivo, podendo ser incluído o caminho (*path*).

Exemplo 1:

```
1. #include <stdio.h>
2. int main()
3.  {int x;
4.  x = rename("c:\\exemplo\\teste\\clientes.dat",
        ↪"c:\\exemplo\\teste\\dados.cli");
5.  if (x == 0)
6.   printf("Sucesso na troca de nome");
7.  else printf("Erro na troca de nome");
8.  getchar();
9.  return 0;
10.}
```

No exemplo 1, o arquivo `clientes.dat` tem seu nome trocado para `dados.cli`. Observe que os caminhos (*path*) dos dois nomes são iguais, ou seja, será feita apenas a troca de nome, mas o arquivo permanecerá no mesmo local. Além disso, a variável x guarda o resultado da execução da função `rename()`. Se x receber valor igual a zero, a troca de nome transcorreu sem problemas; caso contrário, ocorreu erro.

Exemplo 2:

```
1. #include <stdio.h>
2. int main()
3. { int x;
```

```
4.  x = rename("c:\\exemplo\\teste\\clientes.dat", "c:\\atividades\\dados.cli");
5.  if (x == 0)
6.   printf("Sucesso na troca de nome");
7.  else printf("Erro na troca de nome");
8.  getchar();
9.  return 0;
10.}
```

No exemplo 2, o arquivo `clientes.dat` tem seu nome trocado para `dados.cli`. Observe que os caminhos (*path*) dos dois nomes são diferentes, ou seja, além da troca do nome, o arquivo será removido da pasta `c:\\exemplo\\teste` e colocado na pasta `c:\\atividades`. Além disso, a variável `x` guarda o resultado da execução da função `rename()`. Se `x` receber valor igual a zero, a troca de nome transcorreu sem problemas; caso contrário, ocorreu erro.

Observação

É importante verificar se a pasta destino existe, porque a função `rename()` não consegue criar novas pastas. Se a pasta destino não existir a função `rename()` retornará um erro, ou seja, um valor diferente de zero.

11.4 Trabalhando com arquivos em JAVA

Em JAVA, é possível trabalhar com arquivos sem preocupação com o sistema operacional. O acesso a arquivos pode ser de baixo nível, gravando e lendo bytes, ou de nível mais alto, gravando e lendo caracteres ou, ainda, gravando e lendo objetos. Arquivos texto podem ser lidos diretamente; arquivos binários ou contendo objetos devem ser lidos por programas especiais que convertem os dados em informações compreensíveis.

Existem diversas classes em JAVA para controle da entrada e saída de arquivos, todas pertencentes ao pacote `java.io`. Como este livro é destinado a programadores iniciantes, utilizaremos as classes mais simples.

Além disso, é importante saber que todas as operações envolvendo arquivos aqui descritas requerem a verificação de ocorrências de exceções do tipo `IOException`. Por essa razão, todas as linhas que manipularem arquivo devem estar dentro de blocos `try-catch`. Conforme mostrado a seguir (a numeração à esquerda não faz parte do programa).

```
1.  import java.io.*;
2.  public class Exemplo {
3.  public static void main(String args[]) {
4.   String cadeia;
5.   try {
6.     File arq = new File("c:\\exemplo\\teste\\dados.txt");
7.     if (!arq.canRead())
8.      System.out.println("O arquivo não pode ser lido.");
9.     else
10.     { System.out.print("Digite seu nome: ");
11.      FileWriter escritor = new FileWriter(arq, true);
12.      escritor.write(cadeia);
13.      escritor.close();
14.     }
15.    }
16.  catch(IOException e) {
```

```
17.    System.out.println("Erro ao manipular arquivo.");
18.  }
19. }
20.}
```

O tratamento de exceção em manipulação de arquivo é uma excelente alternativa para capturar e tratar problemas que independem da habilidade do programador. Por exemplo, o disco onde o arquivo está gravado pode estar danificado, ou alguma outra aplicação não fechou o arquivo e seus dados foram corrompidos e não podem mais ser lidos etc.

Todas as linhas escritas dentro do bloco `try-catch`, ou seja, da linha 5 à 15, estão sendo controladas. Caso algum problema relacionado a `IO` (abertura, leitura, gravação e fechamento de arquivo) aconteça, a execução do programa é desviada para o bloco `catch`, que vai da linha 16 à 18.

11.4.1 Declaração de arquivos

A primeira classe JAVA que deve ser estudada quando se deseja trabalhar com arquivos é a `File`. Essa classe não consegue manipular o conteúdo de um arquivo por meio de leituras e gravações. Porém, ela fornece meios de associar uma variável a um arquivo físico, ou seja, cria um caminho abstrato entre o programa e o arquivo de dados.

```
File arq = new File("c:\\exemplo\\teste\\dados.txt");
```

No exemplo anterior, o objeto `arq` representa um caminho abstrato fazendo referência ao arquivo da-dos.txt, no caminho (*path*) `c:\\exemplo\\teste`.

Por se tratar de um caminho abstrato, não é exigida a existência física desse arquivo ou diretório. Por isso, antes de tentar realizar qualquer operação no arquivo ou diretório, deve-se empregar outros métodos da classe `File` para algumas verificações importantes. Alguns desses métodos estão descritos a seguir.

1) Verificando se o objeto faz referência a um arquivo ou diretório (pasta) existente

```
...
File arq = new File("c:\\exemplo\\teste\\dados.txt");
if (arq.exists())
 System.out.println("Arquivo ou diretório existente.");
else
 System.out.println("Caminho abstrato não existe fisicamente.");
...
```

2) Verificando se o objeto faz referência a um diretório (pasta)

```
...
File arq = new File("c:\\exemplo\\teste");
if (arq.isDirectory())
 System.out.println("O objeto arq faz referência a um diretório.");
else
 System.out.println("O objeto arq não faz referência a um diretório.");
...
```

3) Verificando se o objeto faz referência a um arquivo

```
...
 File arq = new File("c:\\exemplo\\teste\\dados.txt");
 if (arq.isFile())
  System.out.println("O objeto arq faz referência a um arquivo existente.");
 else
  System.out.println("O objeto arq faz referência a um arquivo inexistente.");
 ...
```

4) Verificando se o objeto faz referência a um arquivo que pode ser lido

```
...
File arq = new File("c:\\exemplo\\teste\\dados.txt");
if (arq.canRead())
   System.out.println("O arquivo pode ser lido.");
else
 System.out.println("O arquivo não pode ser lido.");
...
```

5) Verificando se o objeto faz referência a um arquivo que pode receber gravações

```
...
File arq = new File("c:\\exemplo\\teste\\dados.txt");
if (arq.canWrite())
   System.out.println("O arquivo pode receber gravações.");
else
   System.out.println("O arquivo não pode receber gravações.");
...
```

6) Criando um novo diretório (pasta) a partir do diretório corrente

```
...
File arq = new File("exemplo");
if (arq.mkdir())
    System.out.println("Diretório criado com sucesso.");
else
    System.out.println("Erro na criação do diretório.");
...
```

Nesse caso, será criada a pasta exemplo a partir do local onde o programa estiver gravado.

7) Criando uma hierarquia de diretórios (pastas)

```
...
File arq = new File("c:\\exemplo\\teste");
if (arq.mkdirs())
     System.out.println("Diretório criado com sucesso.");
else System.out.println("Erro na criação do diretório.");
...
```

Nesse caso, será criada a hierarquia de pastas c:\exemplo\teste. É necessário o uso de duplas barras invertidas, para impedir que sejam confundidas com caracteres especiais, como \n ou \t, dentre outros.

8) Alterando o nome de um arquivo

Exemplo 1:

```
...
File arq = new File("c:\\exemplo\\teste\\dados.txt");
File dest = new File("c:\\exemplo\\teste\\arquivo.txt");
if (arq.renameTo(dest))
    System.out.println("Alteração realizada com sucesso.");
else
    System.out.println("Erro na alteração.");
...
```

No exemplo 1, ocorreu apenas a troca do nome do arquivo de dados.txt para arquivo.txt. Contudo, o arquivo permaneceu na mesma pasta (diretório).

Exemplo 2:

```
...
File arq = new File("c:\\exemplo\\teste\\dados.txt");
File dest = new File("c:\\atividade\\teste\\arquivo.txt");
if (arq.renameTo(dest))
   System.out.println("Alteração realizada com sucesso.");
else
   System.out.println("Erro na alteração.");
...
```

No exemplo 2, além da troca de nome do arquivo de dados.txt para arquivo.txt ocorreu, também, a transferência do arquivo da pasta c:\exemplo\teste para c:\atividade\teste. É importante saber que o método renameTo() não tem poder para criar pastas. Assim, se a pasta (diretório) destino não existir, a alteração não será realizada.

9) Descobrindo o tamanho de um arquivo

```
...
File arq = new File("c:\\exemplo\\teste\\dados.txt");
long tamanho;
tamanho = arq.length();
System.out.println("Tamanho do arquivo = " + tamanho);
...
```

O método length() consegue descobrir e atribuir à variável tamanho, que é do tipo long, a quantidade de caracteres gravados no arquivo dados.txt.

10) Descobrindo a hora da última atualização feita no arquivo

```
...
File arq = new File("c:\\exemplo\\teste\\dados.txt");
long atualizacao;
atualizacao = arq.lastModified();
   System.out.println("Última atualização ocorreu em = " + atualizacao);
...
```

O valor retornado pelo método lastModified() é um long que representa a quantidade de milissegundos existentes desde janeiro de 1970 às 00:00:00 até o momento da última atualização.

11) Apagando um arquivo ou diretório

Exemplo 1:

```
...
File arq = new File("c:\\exemplo\\teste\\dados.txt");
if (arq.delete())
    System.out.println("Exclusão realizada com sucesso.");
else
    System.out.println("Erro na exclusão.");
...
```

No exemplo 1, o método delete() removeu do disco o arquivo chamado dados.txt, armazenado em c:\exemplo\teste.

Exemplo 2:

```
...
File arq = new File("c:\\exemplo\\teste");
if (arq.delete())
```

```
    System.out.println("Exclusão realizada com sucesso.");
else
    System.out.println("Erro na exclusão.");
...
```

No exemplo 2, o método `delete()` removeu do disco a pasta teste, contida em `c:\exemplo`.

11.4.2 Gravando caracteres em um arquivo de texto

Depois que o programa consegue estabelecer um caminho abstrato até o arquivo de dados, outras classes deverão ser utilizadas para a gravação e leitura. Em JAVA, a forma mais simples para isso é por meio de arquivos de texto, que poderão ser lidos por qualquer editor de texto.

A classe `FileWriter` define objetos capazes de escrever caracteres em um arquivo. Para isso, essa classe coloca à disposição vários métodos. Alguns são descritos a seguir.

1) Criando um objeto escritor

Exemplo 1:

```
...
File arq = new File("c:\\exemplo\\teste\\dados.txt");
FileWriter escritor = new FileWriter(arq);
...
```

No exemplo 1, inicialmente, foi criado o objeto `arq`, da classe `File`. Depois, foi criado o objeto `escritor`, vinculando-o a `arq`, ou seja, `escritor` conseguirá gravar caracteres no arquivo `dados.txt`.

É importante ressaltar que, uma vez que a variável `arq` é do tipo `File`, métodos de verificação relacionados na Seção 11.4.1 poderão ser utilizados antes da realização de gravações. Isso garante mais segurança à aplicação. Além disso, de acordo com a forma que o objeto `escritor` foi criado no exemplo 1, toda vez que uma gravação for realizada, o conteúdo anteriormente existente no arquivo `dados.txt` será perdido.

Exemplo 2:

```
FileWriter escritor = new FileWriter(("c:\\exemplo\\teste\\dados.txt", true);
```

No exemplo 2, foi criado o objeto `escritor`, vinculando-o a `c:\\exemplo\\teste\\dados.txt`, ou seja, `escritor` conseguirá gravar caracteres no arquivo `dados.txt`. O segundo parâmetro informado, `true`, quer dizer que será permitido o acréscimo de novos caracteres a um arquivo já existente. Se esse parâmetro for suprimido, toda vez que ocorrer uma gravação, os dados anteriormente existentes no arquivo serão destruídos.

Como a indicação física do arquivo foi feita por meio de uma string, os métodos de verificação apresentados na Seção 11.4.1 não poderão ser utilizados.

2) Gravando um caractere em um arquivo de texto

```
...
char caractere = 'x';
File arq = new File("c:\\exemplo\\teste\\dados.txt");
FileWriter escritor = new FileWriter (arq, true);
escritor.write(caractere);
...
```

Nesse exemplo, inicialmente, foi criado o objeto `arq`, da classe `File`. Depois, foi criado o objeto `escritor`, vinculando-o a `arq`, ou seja, `escritor` conseguirá gravar um caractere no arquivo `dados.txt`. O segundo parâmetro informado, `true`, quer dizer que será permitido o acréscimo de novos caracteres a um arquivo já existente. Se esse parâmetro for suprimido, toda vez que ocorrer uma gravação, os dados anteriormente existentes no arquivo serão destruídos. Por fim, o método `write()` do objeto `escritor` grava o conteúdo da variável `caractere` no arquivo `dados.txt`.

3) Acrescentando um caractere a um arquivo de texto

```
...
char caractere = 'x';
File arq = new File("c:\\exemplo\\teste\\dados.txt");
FileWriter escritor = new FileWriter(arq, true);
escritor.append(caractere);
...
```

O método `append()` funciona da mesma forma que o método `write()` quando o parâmetro `true` é fornecido no momento da criação do objeto `escritor` (descrito anteriormente no item 2).

4) Gravando uma cadeia de caracteres em um arquivo de texto

```
...
String cadeia;
cadeia = "exemplo de gravação";
File arq = new File("c:\\exemplo\\teste\\dados.txt");
FileWriter escritor = new FileWriter(arq, true);
escritor.write(cadeia);
...
```

Nesse exemplo, inicialmente, foi criado o objeto `arq`, da classe `File`. Depois, foi criado o objeto `escritor`, vinculando-o a `arq`, ou seja, `escritor` conseguirá gravar a cadeia de caracteres `cadeia` no arquivo `dados.txt`. O segundo parâmetro informado, `true`, quer dizer que será permitido o acréscimo de novas cadeias de caracteres a um arquivo já existente. Se esse parâmetro for suprimido, toda vez que ocorrer uma gravação, os dados anteriormente existentes no arquivo serão destruídos.

5) Fechando um arquivo de texto por meio do objeto de gravação

```
...
File arq = new File("c:\\exemplo\\teste\\dados.txt");
FileWriter escritor = new FileWriter(arq, true);
...
escritor.close();
...
```

Nesse exemplo, o método `close()` fecha o arquivo `dados.txt`. Em outras palavras, o método `close()` interrompe a ligação entre o objeto `escritor` e o arquivo físico `dados.txt`.

Ao término de qualquer operação, o arquivo deve ser fechado. Um arquivo fechado não permitirá a realização de nenhuma operação nos dados.

11.4.3 Lendo caracteres de um arquivo de texto

A classe `FileReader` define objetos capazes de ler caracteres de um arquivo. Para isso, essa classe coloca à disposição vários métodos. Alguns são descritos a seguir.

1) Criando um objeto leitor

Exemplo 1:

```
File arq = new File("c:\\exemplo\\teste\\dados.txt");
FileReader leitor = new FileReader(arq);
```

Nesse exemplo, inicialmente, foi criado o objeto `arq`, da classe `File`. Depois, foi criado o objeto o `leitor`, vinculando-o a `arq`, ou seja, `leitor` conseguirá extrair caracteres do arquivo `arq`.

É importante ressaltar que, uma vez que a variável `arq` é do tipo `File`, os métodos de verificação relacionados na Seção 11.4.1 poderão ser utilizados antes da realização de leituras. Isso garante mais segurança à aplicação.

Exemplo 2:

```
FileReader leitor = new FileReader("c:\\exemplo\\teste\\dados.txt");
```

Nesse exemplo, o objeto `leitor` foi criado, vinculando-o a um caminho especificado, ou seja, `leitor` conseguirá extrair caracteres do arquivo `dados.txt` localizado em `c:\\exemplo\\teste`.

Como a indicação física do arquivo foi feita por meio de uma string, os métodos de verificação apresentados na Seção 11.4.1 não poderão ser utilizados.

2) Lendo um caractere do arquivo de texto

```
...
char carac;
File arq = new File("c:\\exemplo\\teste\\dados.txt");
FileReader leitor = new FileReader(arq);
carac = (char)leitor.read();
System.out.println("Caractere lido do arquivo texto = " + carac);
...
```

Nesse exemplo, inicialmente foi criado o objeto `arq`, da classe `File`. Depois, foi criado o objeto `leitor`, vinculando-o a `arq`, ou seja, `leitor` conseguirá ler um caractere do arquivo `dados.txt`. Por fim, o método `read()` do objeto `leitor` permite a leitura de um caractere do arquivo `dados.txt`, armazenando-o à variável `carac`, que é do tipo `char`.

3) Lendo uma cadeia de caracteres do arquivo de texto

```
...
char cadeia[] = new char[5];
File arq = new File("c:\\exemplo\\teste\\dados.txt");
FileReader leitor = new FileReader(arq);
int t = leitor.read(cadeia);
...
```

Nesse exemplo, inicialmente, foi criado objeto `arq`, da classe `File`. Depois, foi criado o objeto `leitor`, vinculando-o a `arq`. Assim, `leitor` conseguirá ler uma cadeia de caracteres de tamanho igual ao da variável `cadeia` contida no arquivo `dados.txt`. Nesse exemplo, `cadeia` é um vetor de `char` com cinco posições, logo o método `read()`, do objeto `leitor`, tentará ler cinco caracteres do arquivo. A variável `t` receberá a informação de quantos caracteres realmente foram lidos. O valor máximo de `t` é o tamanho da `cadeia`. Se `t` assumir um valor menor que o tamanho da `cadeia`, significa que o fim do arquivo foi encontrado antes da `cadeia` estar completamente preenchida, ficando, portanto, preenchida até a posição `t-1`. Se `t` assumir valor `-1`, significa que o cursor já estava no fim do arquivo e não havia mais caracteres para leitura.

4) Pulando caracteres em arquivo de leitura

```
...
File arq = new File("c:\\exemplo\\teste\\dados.txt");
FileReader leitor = new FileReader(arq);
leitor.skip(tam);
...
```

Nesse exemplo, o método `skip()` recebeu um parâmetro `tam`, que representa um valor inteiro correspondente à quantidade de caracteres que serão pulados dentro do arquivo de texto `dados.txt`. Assim, uma leitura executada depois dessa chamada ao método `skip()` conseguirá capturar os caracteres a partir da posição `tam + 1`.

5) Fechando arquivo de texto por meio do objeto de leitura

```
...
File arq = new File("c:\\exemplo\\teste\\dados.txt");
FileReader leitor = new FileReader(arq);
...
leitor.close();
...
```

Nesse exemplo, o método `close()` fecha o arquivo `dados.txt`. Em outras palavras, o método `close()` interrompe a ligação entre o objeto `leitor` e o arquivo físico `dados.txt`.

Ao término de qualquer operação, o arquivo deve ser fechado. Um arquivo fechado não permitirá a realização de nenhuma operação nos dados.

11.4.4 Gravando bytes em um arquivo binário

Em JAVA, existe a possibilidade de gravar arquivos na forma binária, ou seja, os dados são convertidos de texto para byte e só então são gravados no arquivo de dados.

A classe `FileOutputStream` define objetos capazes de escrever bytes em um arquivo. Para isso, essa classe coloca à disposição vários métodos. Alguns são descritos a seguir.

1) Criando um objeto para gravar em arquivos binários

Exemplo 1:

```
File arq = new File("c:\\exemplo\\teste\\dados.txt");
FileOutputStream escritor = new FileOutputStream(arq);
```

Nesse exemplo, inicialmente, foi criado o objeto `arq`, da classe `File`. Depois, foi criado o objeto `escritor`, vinculando-o a `arq`, ou seja, `escritor` conseguirá gravar bytes no arquivo `dados.txt`.

É importante ressaltar que, uma vez que a variável `arq` é do tipo `File`, os métodos de verificação relacionados na Seção 11.4.1 poderão ser utilizados antes da realização de gravações. Isso garante mais segurança à aplicação. Além disso, de acordo com a forma com que o objeto `escritor` foi criado no exemplo 1, toda vez que uma gravação for realizada, o conteúdo anteriormente existente no arquivo `dados.txt` será perdido.

Exemplo 2:

```
FileOutputStream escritor = new FileOutputStream("c:\\exemplo\\teste\\dados.txt",true);
```

Nesse exemplo, foi criado o objeto `escritor`, vinculando-o a `c:\\exemplo\\teste\\dados.txt`, ou seja, `escritor` conseguirá gravar caracteres no arquivo `dados.txt`. O segundo parâmetro informado, `true`, quer dizer que será permitido o acréscimo de novos bytes a um arquivo já existente. Se esse parâmetro for suprimido, toda vez que ocorrer uma gravação, os dados anteriormente existentes no arquivo serão destruídos.

Como a indicação física do arquivo foi feita por meio de uma string, os métodos de verificação apresentados na Seção 11.4.1 não poderão ser utilizados.

2) Gravando um byte em um arquivo binário

```
...
char caractere = 'x';
File arq = new File("c:\\exemplo\\teste\\dados.txt");
FileOutputStream escritor = new FileOutputStream(arq);
escritor.write(caractere);
...
```

No exemplo, o método `write()`, do objeto `escritor`, consegue gravar o caractere x no arquivo `dados.txt`. É importante ressaltar que esse método deve receber como parâmetro um valor do tipo `byte`. Assim, no momento em que a variável x (do tipo `char`) é passada como parâmetro, acontece a conversão automática desse caractere para o valor `ASCII` equivalente.

3) Gravando uma cadeia de bytes em um arquivo binário

```
...
String cadeia;
cadeia = "exemplo de gravação";
File arq = new File("c:\\exemplo\\teste\\dados.txt");
FileOutputStream escritor = new FileOutputStream(arq, true);
escritor.write(cadeia.getBytes());
...
```

No exemplo, o conteúdo da variável `cadeia` é convertido para `bytes`, pelo método `getBytes()`, e só depois é feita a gravação no arquivo de dados.

Fechando um arquivo binário por meio do objeto de gravação

```
...
File arq = new File("c:\\exemplo\\teste\\dados.txt");
FileOutputStream escritor = new FileOutputStream(arq);
...
escritor.close();
...
```

Nesse exemplo, o método `close()` fecha o arquivo `dados.txt`. Em outras palavras, o método `close()` interrompe a ligação entre o objeto `escritor` e o arquivo físico `dados.txt`.

Ao término de qualquer operação, o arquivo deve ser fechado. Um arquivo fechado não permitirá a realização de nenhuma operação nos dados.

11.4.5 Lendo um arquivo binário

Depois que o programa consegue estabelecer um caminho abstrato até o arquivo de dados, outras classes deverão ser utilizadas para gravação e leitura. A leitura de dados de arquivos binários em JAVA deve ser feita pela classe `FileInputStream`. Essa classe define objetos capazes de ler bytes de um arquivo binário. Para isso, coloca à disposição vários métodos. Alguns são descritos a seguir.

1) Criando um objeto para leitura de arquivo binário

Exemplo 1:

```
File arq = new File("c:\\exemplo\\teste\\dados.txt");
FileInputStream leitor = new FileInputStream(arq);
```

Nesse exemplo, inicialmente, foi criado o objeto `arq`, da classe `File`. Depois, foi criado o objeto `leitor`, vinculando-o a `arq`, ou seja, `leitor` conseguirá extrair bytes do arquivo `dados.txt`.

Exemplo 2:

```
FileInputStream leitor = new FileInputStream("c:\\exemplo\\teste\\dados.txt");
```

Nesse exemplo, o objeto `leitor` foi criado, vinculando-o a um caminho especificado, ou seja, `leitor` conseguirá extrair `bytes` do arquivo `dados.txt` localizado em `c:\\exemplo\\teste`.

Como a indicação física do arquivo foi feita por meio de uma string, os métodos de verificação apresentados na Seção 11.4.1 não poderão ser utilizados.

2) Lendo um byte do arquivo binário

```
...
char carac;
File arq = new File("c:\\exemplo\\teste\\dados.txt");
FileInputStream leitor = new FileInputStream(arq);
carac = (char)leitor.read();
System.out.println("Caractere lido do arquivo de texto = " + carac);
...
```

No exemplo, o método `read()` consegue capturar um `byte` do arquivo `dados.txt`. Esse byte é, então, convertido para o caractere correspondente na tabela `ASCII`, para ser guardado na variável `carac`.

3) Lendo uma cadeia de bytes do arquivo binário

```
...
String caracteres;
byte cadeia[] = new byte[tamanho];
File arq = new File("c:\\exemplo\\teste\\dados.txt");
FileInputStream leitor = new FileInputStream(arq);
leitor.read(cadeia);
caracteres = new String(cadeia);
System.out.println("Cadeia = " + caracteres);
...
```

No exemplo, o método `read()` recebe como parâmetro a variável `cadeia`, que é um vetor capaz de guardar `tamanho` bytes. Isso significa que cada execução do método `read()` será possível capturar `tamanho` bytes do arquivo `dados.txt`, armazenando-os nas posições do vetor `cadeia`. Posteriormente, a variável `caracteres` é criada e seu conteúdo é composto pelo valor contido em cada posição do vetor `cadeia`, convertido para o caractere correspondente na tabela `ASCII`.

4) Fechando o arquivo binário por meio do objeto de leitura

```
...
File arq = new File("c:\\exemplo\\teste\\dados.txt");
FileInputStream leitor = new FileInputStream(arq, true);
...
leitor.close();
...
```

Nesse exemplo, o método `close()` fecha o arquivo `dados.txt`. Em outras palavras, o método `close()` interrompe a ligação entre o objeto `leitor` e o arquivo físico `dados.txt`.

Ao término de qualquer operação, o arquivo deve ser fechado. Um arquivo fechado não permitirá a realização de nenhuma operação nos dados.

11.4.6 Trabalhando com arquivos de acesso aleatório

Quando a quantidade de dados armazenados em um arquivo se torna grande, é necessária a utilização de algum mecanismo que permita acesso aleatório a determinado registro dentro do arquivo, já que a busca sequencial é um processo bastante lento.

A classe `RandomAccessFile` permite a gravação e a recuperação de dados de um arquivo de forma aleatória, colocando à disposição vários métodos. Alguns são descritos a seguir.

1) Criando um objeto para leitura/gravação em arquivo

Exemplo 1:

```
File arq = new File("c:\\exemplo\\teste\\dados.txt");
RandomAccessFile manipulador = new RandomAccessFile(arq, "rw");
```

Nesse exemplo, inicialmente, foi criado o objeto `arq`, da classe `File`. Depois, o objeto `manipulador` foi criado, vinculando-se a `arq` e com permissão para leitura e gravação (`"rw"`), ou seja, `manipulador` conseguirá extrair e gravar dados no arquivo `arq`.

Exemplo 2:

```
RandomAccessFile manipulador = new RandomAccessFile("c:\\exemplo\\ teste\\dados.
↪  txt","r");
```

Nesse exemplo, o objeto `manipulador` foi criado, vinculando-se a um caminho especificado com permissão apenas para leitura (`"r"`), ou seja, `manipulador` conseguirá apenas extrair dados do arquivo `dados.txt` localizado em `c:\exemplo\teste`.

Como foi possível observar nos dois exemplos anteriormente mostrados, toda vez que um objeto `RandomAccessFile` é criado, ele é vinculado a um arquivo de algum modo. Esse modo define as permissões que o objeto terá sobre o arquivo, tais como apenas leitura, leitura e gravação etc. A tabela a seguir mostra os modos de abertura possíveis.

r	Permissão apenas para leitura.
rw	Permissão para leitura e escrita. Se o arquivo não existir, haverá uma tentativa de criá-lo.
rws	Permissão para leitura e escrita. Se o arquivo não existir, haverá uma tentativa de criá-lo. Além disso, requer que toda atualização no conteúdo (incluindo metadados) seja realizada de forma síncrona, ou seja, imediatamente no arquivo.
rwd	Permissão para leitura e escrita. Se o arquivo não existir, haverá uma tentativa de criá-lo. Além disso, requer que toda atualização no conteúdo seja realizada de forma síncrona, ou seja, imediatamente no arquivo.

2) Gravando um byte em um arquivo

```
...
byte numero=valor;
File arq = new File("c:\\exemplo\\teste\\dados.dat");
RandomAccessFile var = new RandomAccessFile(arq, "rw");
var.writeByte(numero);
...
```

No exemplo anterior, o método `writeByte()` grava o conteúdo da variável `numero` no arquivo `dados.dat`, utilizando a quantidade de bytes necessária ao tipo primitivo `byte`.

3) Gravando um short em um arquivo

```
...
short numero=valor;
File arq = new File("c:\\exemplo\\teste\\dados.dat");
RandomAccessFile var = new RandomAccessFile (arq, "rw");
var.writeShort(numero);
...
```

No exemplo anterior, o método `writeShort()` grava o conteúdo da variável `numero` no arquivo `dados.dat`, utilizando a quantidade de `bytes` necessária ao tipo primitivo `short`.

4) Gravando um int em um arquivo

```
...
int numero=valor;
File arq = new File("c:\\exemplo\\teste\\dados.dat");
RandomAccessFile var = new RandomAccessFile (arq, "rw");
var.writeInt(numero);
...
```

No exemplo anterior, o método `writeInt()` grava o conteúdo da variável `numero` no arquivo `dados.dat`, utilizando a quantidade de bytes necessária ao tipo primitivo `int`.

5) Gravando um long em um arquivo

```
...
long numero=valor;
File arq = new File("c:\\exemplo\\teste\\dados.dat");
RandomAccessFile var = new RandomAccessFile (arq, "rw");
var.writeLong(numero);
...
```

No exemplo anterior, o método `writeLong()` grava o conteúdo da variável `numero` no arquivo `dados.dat`, utilizando a quantidade de bytes necessária ao tipo primitivo `long`.

6) Gravando um float em um arquivo

```
...
float numero=valor;
File arq = new File("c:\\exemplo\\teste\\dados.dat");
RandomAccessFile var = new RandomAccessFile (arq, "rw");
var.writeFloat(numero);
...
```

No exemplo anterior, o método `writeFloat()` grava o conteúdo da variável `numero` no arquivo `dados.dat`, utilizando a quantidade de bytes necessária ao tipo primitivo `float`.

7) Gravando um double em um arquivo

```
...
double numero=valor;
File arq = new File("c:\\exemplo\\teste\\dados.dat");
RandomAccessFile var = new RandomAccessFile (arq, "rw");
var.writeDouble(numero);
...
```

No exemplo anterior, o método `writeDouble()` grava o conteúdo da variável `numero` no arquivo `dados.dat`, utilizando a quantidade de bytes necessária ao tipo primitivo `double`.

8) Gravando um boolean em um arquivo

```
...
boolean numero=valor;
File arq = new File("c:\\exemplo\\teste\\dados.dat");
RandomAccessFile var = new RandomAccessFile (arq, "rw");
var.writeBoolean(numero);
...
```

No exemplo anterior, o método `writeBoolean()` grava o conteúdo da variável `numero` no arquivo `dados.dat`, utilizando a quantidade de bytes necessária ao tipo primitivo `boolean`.

9) Gravando um char em um arquivo

```
...
char valor=valor2;
File arq = new File("c:\\exemplo\\teste\\dados.dat");
RandomAccessFile var = new RandomAccessFile (arq, "rw");
var.writeChar(valor);
...
```

No exemplo anterior, o método `writeChar()` grava o conteúdo da variável `valor` no arquivo `dados.dat`, utilizando a quantidade de bytes necessária ao tipo primitivo `char`.

10) Gravando uma String em um arquivo

```
...
String valor=valor2;
File arq = new File("c:\\exemplo\\teste\\dados.dat");
RandomAccessFile var = new RandomAccessFile (arq, "rw");
var.writeChars(valor);
...
```

No exemplo anterior, o método `writeChars()` grava o conteúdo da variável `valor` no arquivo `dados.dat`, utilizando a quantidade de bytes necessária para a cadeia de caracteres armazenada na `String`.

11) Gravando uma String no formato UTF-8 em um arquivo

```
...
String valor=valor2;
File arq = new File("c:\\exemplo\\teste\\dados.txt");
RandomAccessFile var = new RandomAccessFile (arq, "rw");
var.writeUTF(valor);
...
```

No exemplo anterior, o método `writeUTF()` grava o conteúdo da variável `valor` no arquivo `dados.txt`, utilizando a quantidade de bytes necessária para representar a cadeia de caracteres no formato UTF-8.

> ### Observação
>
> Como o tamanho de conteúdos do tipo String pode variar, ao ser executado, o método `writeUTF()` grava, primeiro, um valor numérico do tipo `short` (que ocupa 2 bytes), informando a quantidade de bytes ocupados pela String que será gravada e, só depois, grava o conteúdo da String. O valor numérico gravado será importante posteriormente, em operações de leitura.

12) Lendo um byte de um arquivo

```
...
byte numero;
File arq = new File("c:\\exemplo\\teste\\dados.dat");
RandomAccessFile var = new RandomAccessFile (arq, "r");
numero = var.readByte();
System.out.println("Byte lido do arquivo = " + numero);
...
```

No exemplo anterior, o método `readByte()` percorre, no arquivo `dados.dat`, a quantidade de bytes necessários para representar o tipo primitivo `byte`. O conteúdo obtido é armazenado na variável `numero`.

13) Lendo um short de um arquivo

```
...
short numero;
File arq = new File("c:\\exemplo\\teste\\dados.dat");
RandomAccessFile var = new RandomAccessFile (arq, "r");
numero = var.readShort();
System.out.println("Short lido do arquivo = " + numero);
...
```

No exemplo anterior, o método `readShort()` percorre, no arquivo `dados.dat`, a quantidade de bytes necessários para representar o tipo primitivo `short`. O conteúdo obtido é armazenado na variável `numero`.

14) Lendo um int de um arquivo

```
...
int numero;
File arq = new File("c:\\exemplo\\teste\\dados.dat");
RandomAccessFile var = new RandomAccessFile (arq, "r");
numero = var.readInt();
System.out.println("Int lido do arquivo = " + numero);
...
```

No exemplo anterior, o método `readInt()` percorre, no arquivo `dados.dat`, a quantidade de bytes necessários para representar o tipo primitivo `int`. O conteúdo obtido é armazenado na variável `numero`.

15) Lendo um long de um arquivo

```
...
long numero;
File arq = new File("c:\\exemplo\\teste\\dados.dat");
RandomAccessFile var = new RandomAccessFile (arq,"r");
numero = var.readLong();
System.out.println("Long lido do arquivo = " + numero);
...
```

No exemplo anterior, o método `readLong()` percorre, no arquivo `dados.dat`, a quantidade de bytes necessários para representar o tipo primitivo `long`. O conteúdo obtido é armazenado na variável `numero`.

16) Lendo um float de um arquivo

```
...
float numero;
File arq = new File("c:\\exemplo\\teste\\dados.dat");
RandomAccessFile var = new RandomAccessFile (arq, "r");
numero = var.readFloat();
System.out.println("Float lido do arquivo = " + numero);
...
```

No exemplo anterior, o método `readFloat()` percorre, no arquivo `dados.dat`, a quantidade de bytes necessários para representar o tipo primitivo `float`. O conteúdo obtido é armazenado na variável `numero`.

17) Lendo um double de um arquivo

```
...
double numero;
File arq = new File("c:\\exemplo\\teste\\dados.dat");
RandomAccessFile var = new RandomAccessFile (arq, "r");
numero = var.readDouble();
System.out.println("Double lido do arquivo = " + numero);
...
```

No exemplo anterior, o método `readDouble()` percorre, no arquivo `dados.dat`, a quantidade de bytes necessários para representar o tipo primitivo `double`. O conteúdo obtido é armazenado na variável `numero`.

18) Lendo um boolean de um arquivo

```
...
boolean valor;
File arq = new File("c:\\exemplo\\teste\\dados.txt");
RandomAccessFile var = new RandomAccessFile (arq, "r");
valor = var.readBoolean();
System.out.println("Boolean lido do arquivo = " + valor);
...
```

No exemplo anterior, o método `readBoolean()` percorre, no arquivo `dados.dat`, a quantidade de bytes necessários para representar o tipo primitivo `boolean`. O conteúdo obtido é armazenado na variável `valor`.

19) Lendo um char de um arquivo

```
...
char valor;
File arq = new File("c:\\exemplo\\teste\\dados.dat");
RandomAccessFile var = new RandomAccessFile (arq, "r");
valor = var.readChar();
System.out.println("Char lido do arquivo = " + valor);
...
```

No exemplo anterior, o método `readChar()` percorre, no arquivo `dados.dat`, a quantidade de bytes necessários para representar o tipo primitivo `char`. O conteúdo obtido é armazenado na variável `valor`.

20) Lendo uma String de um arquivo

```
...
String valor;
File arq = new File("c:\\exemplo\\teste\\dados.dat");
```

```
RandomAccessFile var = new RandomAccessFile (arq, "r");
valor = var.readUTF();
System.out.println("String lida do arquivo = " + valor);
...
```

No exemplo anterior, o método `readUTF()` percorre, no arquivo `dados.dat`, a quantidade de bytes necessários para representar uma cadeia de caracteres no formato UTF-8. O conteúdo obtido é armazenado na variável valor.

Observação

O método `readUTF()` consegue apenas ler cadeias de string gravadas por meio do método `writeUTF()`. Se a gravação foi feita pelo método `writeChars()`, a leitura deverá ser feita usando-se os recursos de leitura de arquivo de texto descrito anteriormente.

Como o tamanho de conteúdos do tipo String pode variar, ao ser executado, o método `readUTF()` lê o conteúdo gravado nos próximos 2 bytes do arquivo, a partir da posição do atual do cursor. Nestes 2 bytes está gravado um valor numérico do tipo `short`, que indica a quantidade de bytes que compõem a String a ser lida. Assim, o método `readUTF()` sabe exatamente a quantidade de bytes que deverá ler para capturar a String toda.

---

21) Lendo uma linha de um arquivo

```
...
String valor;
File arq = new File("c:\\exemplo\\teste\\dados.txt");
RandomAccessFile var = new RandomAccessFile (arq, "r");
valor = var.readLine();
System.out.println("Linha lida do arquivo = " + valor);
...
```

No exemplo anterior, o método `readLine()` percorre o arquivo de texto, chamado `dados.txt`, da posição atual até encontrar uma marca de fim de linha ou até encontrar o fim do arquivo. O conteúdo obtido é armazenado na variável `valor`.

O fim de um arquivo manipulado por um objeto `RandomAccessFile` é detectado por meio de uma exceção (`EOFException`).

22) Descobrindo a posição do cursor no arquivo

```
...
File arq = new File("c:\\exemplo\\teste\\dados.dat");
RandomAccessFile var = new RandomAccessFile(arq, "r");
...
System.out.println("Posição atual do cursor = " + var.getFilePointer());
...
```

No exemplo anterior, o método `getFilePointer()` retorna a posição corrente do cursor dentro do arquivo `dados.dat` (contada a partir do início do arquivo).

23) Reposicionando o cursor do arquivo

```
...
long posicao = valor;
File arq = new File("c:\\exemplo\\teste\\dados.dat");
RandomAccessFile var = new RandomAccessFile (arq, "r");
arq.seek(posicao);
...
```

No exemplo anterior, o método `seek()` posiciona o cursor do arquivo em determinado local. O parâmetro `posicao` determina o tamanho do deslocamento que dever ser feito, a partir do início do arquivo.

24) Descobrindo o tamanho do arquivo

```
...
File arq = new File("c:\\exemplo\\teste\\dados.dat");
RandomAccessFile var = new RandomAccessFile (arq, "r");
...
System.out.println("Tamanho do arquivo = " + var.length());
...
```

No exemplo anterior, o método `length()` retorna o tamanho do arquivo `dados.dat`.

25) Fechando um arquivo de acesso aleatório por meio do objeto de leitura/gravação

```
...
File arq = new File("c:\\exemplo\\teste\\dados.dat");
RandomAccessFile var = new RandomAccessFile(arq, "rw");
...
var.close();
...
```

Nesse exemplo, o método `close()` fecha o arquivo `dados.dat`. Em outras palavras, o método `close()` interrompe a ligação entre o objeto `var` e o arquivo físico `dados.dat`.

Ao término de qualquer operação, o arquivo deve ser fechado. Um arquivo fechado não permitirá a realização de nenhuma operação nos dados.

EXERCÍCIOS RESOLVIDOS

1. Faça um programa para criar um arquivo chamado `ALUNOS.DAT`, no qual cada registro será composto pelos seguintes campos: `numero`, `nome`, `curso`, `nota1`, `nota2`.

ALGORITMO SOLUÇÃO:

- Abrir o arquivo.
- Fechar o arquivo.

 **PASCAL**
1ª SOLUÇÃO – ARQUIVO QUE TRABALHARÁ COM EXCLUSÃO FÍSICA, PORTANTO, SEM O CAMPO ATIVO:

\EXERC\CAP11\PASCAL\EX1_A.PAS **e** \EXERC\CAP11\PASCAL\EX1_A.EXE

2ª SOLUÇÃO – ARQUIVO QUE TRABALHARÁ COM EXCLUSÃO LÓGICA, PORTANTO, COM O CAMPO ATIVO:

\EXERC\CAP11\PASCAL\EX1_B.PAS **e** \EXERC\CAP11\PASCAL\EX1_B.EXE

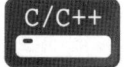 **C/C++**
SOLUÇÃO:

\EXERC\CAP11\C++\EX1.CPP **e** \EXERC\CAP11\C++\EX1.EXE

 **JAVA**
SOLUÇÃO:

\EXERC\CAP11\JAVA\EX1.java **e** \EXERC\CAP11\JAVA\EX1.class

2. Faça um programa para incluir alunos no arquivo criado no Exercício 1, lembrando que não podem existir dois alunos com o mesmo número.

ALGORITMO SOLUÇÃO:

Os passos para a inclusão sequencial de registros em um arquivo são:

- Abrir o arquivo que sofrerá inclusões.
- Digitar os dados que serão incluídos e fazer sua validação.
- Se o arquivo estiver vazio, gravar dados digitados no arquivo.

- Se o arquivo não estiver vazio, percorrer todo o arquivo, do começo ao fim, ou até encontrar o campo-chave igual ao que se deseja incluir.
- Se encontrar o campo-chave igual ao que se deseja incluir, mostrar mensagem Registro Duplicado.
- Se não encontrar o campo-chave igual ao que se deseja incluir, gravar dados digitados no arquivo.
- Fechar o arquivo.

Os passos para a inclusão ordenada de registros em um arquivo são:

- Abrir o arquivo que sofrerá inclusões.
- Digitar os dados que serão incluídos e fazer sua validação.
- Se o arquivo estiver vazio, gravar dados digitados no arquivo.
- Se o arquivo não estiver vazio, percorrer todo o arquivo, do começo ao fim, ou até encontrar o campo-chave igual ao que se deseja incluir.
- Se encontrar o campo-chave igual ao que se está querendo incluir, mostrar mensagem.
- Se não encontrar o campo-chave igual ao que se deseja incluir, ocorrerá o deslocamento de registros para gravar os dados digitados no arquivo na posição ordenada.
- Fechar o arquivo.

1ª Solução — INCLUSÃO SEQUENCIAL — SEM O CAMPO ATIVO:

\EXERC\CAP11\PASCAL\EX2_A.PAS e \EXERC\CAP11\PASCAL\EX2_A.EXE

2ª Solução — INCLUSÃO SEQUENCIAL — COM O CAMPO ATIVO:

\EXERC\CAP11\PASCAL\EX2_B.PAS e \EXERC\CAP11\PASCAL\EX2_B.EXE

3ª Solução — INCLUSÃO ORDENADA — SEM O CAMPO ATIVO:

\EXERC\CAP11\PASCAL\EX2_C.PAS e \EXERC\CAP11\PASCAL\EX2_C.EXE

4ª Solução — INCLUSÃO ORDENADA — COM O CAMPO ATIVO:

\EXERC\CAP11\PASCAL\EX2_D.PAS e \EXERC\CAP11\PASCAL\EX2_D.EXE

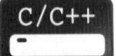

1ª Solução — INCLUSÃO SEQUENCIAL — SEM O CAMPO ATIVO:

\EXERC\CAP11\C++\EX2_A.CPP e \EXERC\CAP11\C++\EX2_A.EXE

2ª Solução — INCLUSÃO SEQUENCIAL — COM O CAMPO ATIVO:

\EXERC\CAP11\C++\EX2_B.CPP e \EXERC\CAP11\C++\EX2_B.EXE

3ª Solução — INCLUSÃO ORDENADA — SEM O CAMPO ATIVO:

\EXERC\CAP11\C++\EX2_C.CPP e \EXERC\CAP11\C++\EX2_C.EXE

4ª Solução — INCLUSÃO ORDENADA — COM O CAMPO ATIVO:

\EXERC\CAP11\C++\EX2_D.CPP e \EXERC\CAP11\C++\EX2_D.EXE

1ª Solução — INCLUSÃO SEQUENCIAL — SEM O CAMPO ATIVO:

\EXERC\CAP11\JAVA\EX2_A.java e \EXERC\CAP11\JAVA\EX2_A.class

2ª Solução — INCLUSÃO SEQUENCIAL — COM O CAMPO ATIVO:

\EXERC\CAP11\JAVA\EX2_B.java e \EXERC\CAP11\JAVA\EX2_B.class

3ª Solução — INCLUSÃO ORDENADA — SEM O CAMPO ATIVO:

\EXERC\CAP11\JAVA\EX2_C.java e \EXERC\CAP11\JAVA\EX2_C.class

4ª Solução — INCLUSÃO ORDENADA — COM O CAMPO ATIVO:

\EXERC\CAP11\JAVA\EX2_D.java e \EXERC\CAP11\JAVA\EX2_D.class

3. Faça um programa para alterar as notas dos alunos do arquivo criado no Exercício 1.

ALGORITMO SOLUÇÃO:

- ■ Abrir o arquivo que sofrerá alterações.
- ■ Digitar o campo-chave do registro que sofrerá alterações.
- ■ Se o arquivo estiver vazio, mostrar mensagem.
- ■ Se o arquivo não estiver vazio, percorrer todo o arquivo, do começo ao fim, ou até encontrar o campo-chave que possui os dados que se deseja alterar.
- ■ Se não encontrar o campo-chave igual ao que se deseja alterar os dados, mostrar mensagem.
- ■ Se encontrar o campo-chave igual ao que se deseja alterar os dados, mostrar os dados do registro que sofrerá alterações, digitar e validar os novos dados, posicionar no registro que sofrerá alterações e gravar.
- ■ Fechar o arquivo.

 **PASCAL**

1ª SOLUÇÃO — SEM O CAMPO ATIVO:

\EXERC\CAP11\PASCAL\EX3_A.PAS e \EXERC\CAP11\PASCAL\EX3_A.EXE

2ª SOLUÇÃO — COM O CAMPO ATIVO:

\EXERC\CAP11\PASCAL\EX3_B.PAS e \EXERC\CAP11\PASCAL\EX3_B.EXE

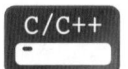 **C/C++**

1ª SOLUÇÃO — SEM O CAMPO ATIVO:

\EXERC\CAP11\C++\EX3_A.CPP e \EXERC\CAP11\C++\EX3_A.EXE

2ª SOLUÇÃO — COM O CAMPO ATIVO:

\EXERC\CAP11\C++\EX3_B.CPP e \EXERC\CAP11\C++\EX3_B.EXE

 **JAVA**

1ª SOLUÇÃO — SEM O CAMPO ATIVO:

\EXERC\CAP11\JAVA\EX3_A.java e \EXERC\CAP11\JAVA\EX3_A.class

2ª SOLUÇÃO — COM O CAMPO ATIVO:

\EXERC\CAP11\JAVA\EX3_B.java e \EXERC\CAP11\JAVA\EX3_B.class

4. Faça um programa para alterar o curso dos alunos do arquivo criado no Exercício 1.

ALGORITMO SOLUÇÃO:

- ■ Abrir o arquivo que sofrerá alterações.
- ■ Digitar o campo-chave do registro que sofrerá alterações.
- ■ Se o arquivo estiver vazio, mostrar mensagem.
- ■ Se o arquivo não estiver vazio, percorrer todo o arquivo, do começo ao fim, ou até encontrar o campo-chave igual ao que se deseja alterar.
- ■ Se não encontrar o campo-chave contendo os dados que se deseja alterar, mostrar mensagem.
- ■ Se encontrar o campo-chave contendo os dados que se deseja alterar, mostrar os dados do registro que sofrerá alterações, digitar e validar os novos dados, posicionar no registro que sofrerá alterações e gravar.
- ■ Fechar o arquivo.

1ª Solução – sem o campo ativo:

\EXERC\CAP11\PASCAL\EX4_A.PAS e \EXERC\CAP11\PASCAL\EX4_A.EXE

2ª Solução – com o campo ativo:

\EXERC\CAP11\PASCAL\EX4_B.PAS e \EXERC\CAP11\PASCAL\EX4_B.EXE

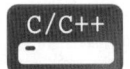

1ª Solução – sem o campo ativo:

\EXERC\CAP11\C++\EX4_A.CPP e \EXERC\CAP11\C++\EX4_A.EXE

2ª Solução – com o campo ativo:

\EXERC\CAP11\C++\EX4_B.CPP e \EXERC\CAP11\C++\EX4_B.EXE

1ª Solução – sem o campo ativo:

\EXERC\CAP11\JAVA\EX4_A.java e \EXERC\CAP11\java\EX4_A.class

2ª Solução – com o campo ativo:

\EXERC\CAP11\JAVA\EX4_B.java e \EXERC\CAP11\JAVA\EX4_B.class

5. Faça um programa para excluir os alunos do arquivo criado no Exercício 1.

ALGORITMO Solução:

Conforme apresentado anteriormente, existem dois tipos de exclusão: física e lógica.
Os passos para a exclusão física de registros em um arquivo são:

- Abrir o arquivo que sofrerá exclusão.
- Digitar o campo-chave do registro que será excluído.
- Se o arquivo estiver vazio, mostrar mensagem.
- Se o arquivo não estiver vazio, percorrer todo o arquivo, do começo ao fim, ou até encontrar o campo-chave que se deseja excluir.
- Se não encontrar o campo-chave que se quer excluir, mostrar mensagem.
- Se encontrar o campo-chave que se quer excluir, ocorrerá o deslocamento de registros para sobrepor o registro que será excluído.
- Fechar o arquivo.

Os passos para a exclusão lógica de registros em um arquivo são:

- Abrir o arquivo que sofrerá exclusão.
- Digitar o campo-chave do registro que será excluído.
- Se o arquivo estiver vazio, selecionar mensagem.
- Se o arquivo não estiver vazio, percorrer todo o arquivo, do começo ao fim, ou até encontrar o campo-chave que se quer excluir.
- Se não encontrar o campo-chave que se quer excluir, mostrar mensagem.
- Se encontrar o campo-chave que se objetiva excluir, o campo de marcação (campo ativo) do registro será marcado como excluído.
- Fechar o arquivo.

1ª Solução – exclusão física – sem o campo ativo:

\EXERC\CAP11\PASCAL\EX5_A.PAS e \EXERC\CAP11\PASCAL\EX5_A.EXE

2ª Solução – exclusão lógica – com o campo ativo:

\EXERC\CAP11\PASCAL\EX5_B.PAS e \EXERC\CAP11\PASCAL\EX5_B.EXE

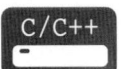

1ª Solução – exclusão física – sem o campo ativo:

\EXERC\CAP11\C++\EX5_A.CPP e \EXERC\CAP11\C++\EX5_A.EXE

2ª SOLUÇÃO – EXCLUSÃO LÓGICA – COM O CAMPO ATIVO:

`\EXERC\CAP11\C++\EX5_B.CPP` **e** `\EXERC\CAP11\C++\EX5_B.EXE`

 1ª SOLUÇÃO – EXCLUSÃO FÍSICA – SEM O CAMPO ATIVO:

`\EXERC\CAP11\JAVA\EX5_A.java` **e** `\EXERC\CAP11\JAVA\EX5_A.class`

2ª SOLUÇÃO – EXCLUSÃO LÓGICA – COM O CAMPO ATIVO:

`\EXERC\CAP11\JAVA\EX5_B.java` **e** `\EXERC\CAP11\JAVA\EX5_B.class`

6. Faça um programa para consultar o número, o nome e a média de todos os alunos cadastrados no arquivo do Exercício 1.

A L G O R I T M O SOLUÇÃO:

Os passos para a consulta geral de registros em um arquivo são:

- Abrir o arquivo que será consultado.
- Se o arquivo estiver vazio, mostrar mensagem.
- Se o arquivo não estiver vazio, percorrer todo o arquivo, do começo ao fim, mostrando todos os campos solicitados de cada um dos registros e calculando o que for necessário — nesse caso, a média.
- Fechar o arquivo.

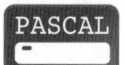 1ª SOLUÇÃO – SEM O CAMPO ATIVO:

`\EXERC\CAP11\PASCAL\EX6_A.PAS` **e** `\EXERC\CAP11\PASCAL\EX6_A.EXE`

2ª SOLUÇÃO – COM O CAMPO ATIVO:

`\EXERC\CAP11\PASCAL\EX6_B.PAS` **e** `\EXERC\CAP11\PASCAL\EX6_B.EXE`

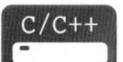 1ª SOLUÇÃO – SEM O CAMPO ATIVO:

`\EXERC\CAP11\C++\EX6_A.CPP` **e** `\EXERC\CAP11\C++\EX6_A.EXE`

2ª SOLUÇÃO – COM O CAMPO ATIVO:

`\EXERC\CAP11\C++\EX6_B.CPP` **e** `\EXERC\CAP11\C++\EX6_B.EXE`

 1ª SOLUÇÃO – SEM O CAMPO ATIVO:

`\EXERC\CAP11\JAVA\EX6_A.java` **e** `\EXERC\CAP11\JAVA\EX6_A.class`

2ª SOLUÇÃO – COM O CAMPO ATIVO:

`\EXERC\CAP11\JAVA\EX6_B.java` **e** `\EXERC\CAP11\JAVA\EX6_B.class`

7. Faça um programa para consultar o número, o nome e a média de todos os alunos cadastrados no arquivo do Exercício 1 e que estejam aprovados, ou seja, com média maior ou igual a 7.

A L G O R I T M O SOLUÇÃO:

Os passos para a consulta de registros em um arquivo são:

- Abrir o arquivo que será consultado.
- Se o arquivo estiver vazio, mostrar mensagem.
- Se o arquivo não estiver vazio, percorrer todo o arquivo, do começo ao fim, calculando a média e, se esta for maior ou igual a 7, mostrando todos os campos solicitados.
- Fechar o arquivo.

 1ª SOLUÇÃO – SEM O CAMPO ATIVO:

`\EXERC\CAP11\PASCAL\EX7_A.PAS` **e** `\EXERC\CAP11\PASCAL\EX7_A.EXE`

2ª Solução — com o campo ativo:

`\EXERC\CAP11\PASCAL\EX7_B.PAS` e `\EXERC\CAP11\PASCAL\EX7_B.EXE`

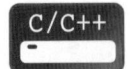 1ª Solução — sem o campo ativo:

`\EXERC\CAP11\C++\EX7_A.CPP` e `\EXERC\CAP11\C++\EX7_A.EXE`

2ª Solução — com o campo ativo:

`\EXERC\CAP11\C++\EX7_B.CPP` e `\EXERC\CAP11\C++\EX7_B.EXE`

 1ª Solução — sem o campo ativo:

`\EXERC\CAP11\JAVA\EX7_A.java` e `\EXERC\CAP11\JAVA\EX7_A.class`

2ª Solução — com o campo ativo:

`\EXERC\CAP11\JAVA\EX7_B.java` e `\EXERC\CAP11\JAVA\EX7_B.class`

8. Faça um programa para consultar o número, o nome e o curso de todos os alunos cadastrados no arquivo do Exercício 1 e que estejam reprovados, ou seja, com média inferior a 3.

ALGORITMO Solução:

Os passos para a consulta de registros em um arquivo são:

- Abrir o arquivo que será consultado.
- Se o arquivo estiver vazio, mostrar mensagem.
- Se o arquivo não estiver vazio, percorrer todo o arquivo, do começo ao fim, calculando a média e, se esta for menor que 3, mostrando todos os campos solicitados.
- Fechar o arquivo.

 1ª Solução — sem o campo ativo:

`\EXERC\CAP11\PASCAL\EX8_A.PAS` e `\EXERC\CAP11\PASCAL\EX8_A.EXE`

2ª Solução — com o campo ativo:

`\EXERC\CAP11\PASCAL\EX8_B.PAS` e `\EXERC\CAP11\PASCAL\EX8_B.EXE`

 1ª Solução — sem o campo ativo:

`\EXERC\CAP11\C++\EX8_A.CPP` e `\EXERC\CAP11\C++\EX8_A.EXE`

2ª Solução — com o campo ativo:

`\EXERC\CAP11\C++\EX8_B.CPP` e `\EXERC\CAP11\C++\EX8_B.EXE`

 1ª Solução — sem o campo ativo:

`\EXERC\CAP11\JAVA\EX8_A.java` e `\EXERC\CAP11\JAVA\EX8_A.class`

2ª Solução — com o campo ativo:

`\EXERC\CAP11\JAVA\EX8_B.java` e `\EXERC\CAP11\JAVA\EX8_B.class`

9. Faça um programa para consultar o nome de todos os alunos cadastrados no arquivo do Exercício 1 e que estejam de exame, ou seja, com média entre 3 (inclusive) e 7.

ALGORITMO Solução:

Os passos para a consulta de registros em um arquivo são:

- Abrir o arquivo que será consultado.
- Se o arquivo estiver vazio, selecionar mensagem.
- Se o arquivo não estiver vazio, percorrer todo o arquivo, do começo ao fim, calculando a média e, se esta for maior ou igual a 3 e menor que 7, mostrando todos os campos solicitados.
- Fechar o arquivo.

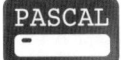

<u>1ª Solução</u> – SEM O CAMPO ATIVO:

\EXERC\CAP11\PASCAL\EX9_A.PAS **e** \EXERC\CAP11\PASCAL\EX9_A.EXE

<u>2ª Solução</u> – COM O CAMPO ATIVO:

\EXERC\CAP11\PASCAL\EX9_B.PAS **e** \EXERC\CAP11\PASCAL\EX9_B.EXE

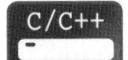

<u>1ª Solução</u> – SEM O CAMPO ATIVO:

\EXERC\CAP11\C++\EX9_A.CPP **e** \EXERC\CAP11\C++\EX9_A.EXE

<u>2ª Solução</u> – COM O CAMPO ATIVO:

\EXERC\CAP11\C++\EX9_B.CPP **e** \EXERC\CAP11\C++\EX9_B.EXE

<u>1ª Solução</u> – SEM O CAMPO ATIVO:

\EXERC\CAP11\JAVA\EX9_A.java **e** \EXERC\CAP11\JAVA\EX9_A.class

<u>2ª Solução</u> – COM O CAMPO ATIVO:

\EXERC\CAP11\JAVA\EX9_B.java **e** \EXERC\CAP11\JAVA\EX9_B.class

10. Faça um programa para consultar o nome de todos os alunos de um curso.

A̲L̲G̲O̲R̲I̲T̲M̲O̲ Solução:

Os passos para a consulta de registros em um arquivo são:

- Abrir o arquivo que será consultado.
- Se o arquivo estiver vazio, mostrar mensagem.
- Se o arquivo não estiver vazio, percorrer todo o arquivo, do começo ao fim. Se o curso gravado no arquivo for igual ao curso solicitado, mostrar todos os campos do registro contido no arquivo.
- Fechar o arquivo.

<u>1ª Solução</u> – SEM O CAMPO ATIVO:

\EXERC\CAP11\PASCAL\EX10_A.PAS **e** \EXERC\CAP11\PASCAL\EX10_A.EXE

<u>2ª Solução</u> – COM O CAMPO ATIVO:

\EXERC\CAP11\PASCAL\EX10_B.PAS **e** \EXERC\CAP11\PASCAL\EX10_B.EXE

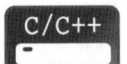

<u>1ª Solução</u> – SEM O CAMPO ATIVO:

\EXERC\CAP11\C++\EX10_A.CPP **e** \EXERC\CAP11\C++\EX10_A.EXE

<u>2ª Solução</u> – COM O CAMPO ATIVO:

\EXERC\CAP11\C++\EX10_B.CPP **e** \EXERC\CAP11\C++\EX10_B.EXE

<u>1ª Solução</u> – SEM O CAMPO ATIVO:

\EXERC\CAP11\JAVA\EX10_A.java **e** \EXERC\CAP11\JAVA\EX10_A.class

<u>2ª Solução</u> – COM O CAMPO ATIVO:

\EXERC\CAP11\JAVA\EX10_B.java **e** \EXERC\CAP11\JAVA\EX10_B.class

11. Faça um programa para criar um arquivo chamado VENDAS.DAT, em que cada registro será composto pelos seguintes campos: codigo_vendedor, nome_vendedor, valor_venda e mes.

A̲L̲G̲O̲R̲I̲T̲M̲O̲ Solução:

- Abrir o arquivo.
- Fechar o arquivo.

<u>1ª Solução</u> – SEM O CAMPO ATIVO:

\EXERC\CAP11\PASCAL\EX11_A.PAS **e** \EXERC\CAP11\PASCAL\EX11_A.EXE

2ª SOLUÇÃO – COM O CAMPO ATIVO:

`\EXERC\CAP11\PASCAL\EX11_B.PAS` e `\EXERC\CAP11\PASCAL\EX11_B.EXE`

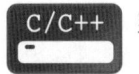

SOLUÇÃO:

`\EXERC\CAP11\C++\EX11.CPP` e `\EXERC\CAP11\C++\EX11.EXE`

SOLUÇÃO:

`\EXERC\CAP11\JAVA\EX11.java` e `\EXERC\CAP11\JAVA\EX11.class`

12. Faça um programa para incluir um vendedor no arquivo criado no Exercício 11, lembrando que não podem existir dois vendedores com o mesmo código e mesmo mês de vendas.

ALGORITMO SOLUÇÃO:

Os passos para a inclusão sequencial de registros em um arquivo são:

- Abrir o arquivo que sofrerá inclusões.
- Digitar os dados que serão incluídos e fazer sua validação.
- Se o arquivo estiver vazio, gravar os dados digitados nele.
- Se o arquivo não estiver vazio, percorrer todo o arquivo, do começo ao fim, ou até encontrar um campo-chave igual ao que se quer incluir.
- Se encontrar o campo-chave igual ao que se almeja incluir, mostrar mensagem.
- Se não encontrar o campo-chave igual ao que se quer incluir, gravar os dados digitados no arquivo.
- Fechar o arquivo.

Os passos para a inclusão ordenada de registros em um arquivo são:

- Abrir o arquivo que sofrerá inclusões.
- Digitar os dados que serão incluídos e fazer sua validação.
- Se o arquivo estiver vazio, gravar os dados digitados nele.
- Se o arquivo não estiver vazio, percorrer todo o arquivo, do começo ao fim, ou até encontrar um campo-chave igual ao que se quer incluir.
- Se encontrar o campo-chave igual ao que se deseja incluir, mostrar mensagem.
- Se não encontrar o campo-chave igual ao que se objetiva incluir, ocorrerá o deslocamento de registros para gravar os dados digitados no arquivo, na posição ordenada.
- Fechar o arquivo.

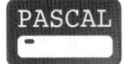

1ª SOLUÇÃO – INCLUSÃO SEQUENCIAL – SEM O CAMPO ATIVO:

`\EXERC\CAP11\PASCAL\EX12_A.PAS` e `\EXERC\CAP11\PASCAL\EX12_A.EXE`

2ª SOLUÇÃO – INCLUSÃO SEQUENCIAL – COM O CAMPO ATIVO:

`\EXERC\CAP11\PASCAL\EX12_B.PAS` e `\EXERC\CAP11\PASCAL\EX12_B.EXE`

3ª SOLUÇÃO – INCLUSÃO ORDENADA – SEM O CAMPO ATIVO:

`\EXERC\CAP11\PASCAL\EX12_C.PAS` e `\EXERC\CAP11\PASCAL\EX12_C.EXE`

4ª SOLUÇÃO – INCLUSÃO ORDENADA – COM O CAMPO ATIVO:

`\EXERC\CAP11\PASCAL\EX12_D.PAS` e `\EXERC\CAP11\PASCAL\EX12_D.EXE`

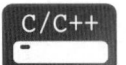

1ª SOLUÇÃO – INCLUSÃO SEQUENCIAL – SEM O CAMPO ATIVO:

`\EXERC\CAP11\C++\EX12_A.CPP` e `\EXERC\CAP11\C++\EX12_A.EXE`

2ª SOLUÇÃO – INCLUSÃO SEQUENCIAL – COM O CAMPO ATIVO:

`\EXERC\CAP11\C++\EX12_B.CPP` e `\EXERC\CAP11\C++\EX12_B.EXE`

3ª SOLUÇÃO — INCLUSÃO ORDENADA — SEM O CAMPO ATIVO:

`\EXERC\CAP11\C++\EX12_C.CPP` **e** `\EXERC\CAP11\C++\EX12_C.EXE`

4ª SOLUÇÃO — INCLUSÃO ORDENADA — COM O CAMPO ATIVO:

`\EXERC\CAP11\C++\EX12_D.CPP` **e** `\EXERC\CAP11\C++\EX12_D.EXE`

 1ª SOLUÇÃO — INCLUSÃO SEQUENCIAL — SEM O CAMPO ATIVO:

`\EXERC\CAP11\JAVA\EX12_A.java` **e** `\EXERC\CAP11\JAVA\EX12_A.class`

2ª SOLUÇÃO — INCLUSÃO SEQUENCIAL — COM O CAMPO ATIVO:

`\EXERC\CAP11\JAVA\EX12_B.java` **e** `\EXERC\CAP11\JAVA\EX12_B.class`

3ª SOLUÇÃO — INCLUSÃO ORDENADA — SEM O CAMPO ATIVO:

`\EXERC\CAP11\JAVA\EX12_C.java` **e** `\EXERC\CAP11\JAVA\EX12_C.class`

4ª SOLUÇÃO — INCLUSÃO ORDENADA — COM O CAMPO ATIVO:

`\EXERC\CAP11\JAVA\EX12_D.java` **e** `\EXERC\CAP11\JAVA\EX12_D.class`

13. Faça um programa para alterar o valor de uma venda no arquivo criado no Exercício 11.

ALGORITMO SOLUÇÃO:

- Abrir o arquivo que sofrerá alterações.
- Digitar o campo-chave do registro que sofrerá alterações.
- Se o arquivo estiver vazio, mostrar mensagem.
- Se o arquivo não estiver vazio, percorrer todo o arquivo, do começo ao fim, ou até encontrar um campo-chave igual ao que se quer alterar.
- Se não encontrar o campo-chave igual ao que se almeja alterar, mostrar mensagem.
- Se encontrar o campo-chave igual ao que se quer alterar, mostrar os dados do registro que sofrerá alterações, digitar e validar os novos dados, posicionar no registro que sofrerá alterações e gravar.
- Fechar o arquivo.

 1ª SOLUÇÃO — SEM O CAMPO ATIVO:

`\EXERC\CAP11\PASCAL\EX13_A.PAS` **e** `\EXERC\CAP11\PASCAL\EX13_A.EXE`

2ª SOLUÇÃO — COM O CAMPO ATIVO:

`\EXERC\CAP11\PASCAL\EX13_B.PAS` **e** `\EXERC\CAP11\PASCAL\EX13_B.EXE`

 1ª SOLUÇÃO — SEM O CAMPO ATIVO:

`\EXERC\CAP11\C++\EX13_A.CPP` **e** `\EXERC\CAP11\C++\EX13_A.EXE`

2ª SOLUÇÃO — COM O CAMPO ATIVO:

`\EXERC\CAP11\C++\EX13_B.CPP` **e** `\EXERC\CAP11\C++\EX13_B.EXE`

 1ª SOLUÇÃO — SEM O CAMPO ATIVO:

`\EXERC\CAP11\JAVA\EX13_A.java` **e** `\EXERC\CAP11\JAVA\EX13_A.class`

2ª SOLUÇÃO — COM O CAMPO ATIVO:

`\EXERC\CAP11\JAVA\EX13_B.java` **e** `\EXERC\CAP11\JAVA\EX13_B.class`

14. Faça um programa para excluir um vendedor no arquivo criado no Exercício 11.

ALGORITMO SOLUÇÃO:

Os passos para a exclusão física de registros em um arquivo são:

- Abrir o arquivo que sofrerá exclusão.
- Digitar o campo-chave do registro que será excluído.

■ Se o arquivo estiver vazio, mostrar mensagem.

■ Se o arquivo não estiver vazio, percorrer todo o arquivo, do começo ao fim, ou até encontrar o campo-chave do registro que se quer excluir.

■ Se não encontrar o campo-chave do registro que se deseja excluir, mostrar mensagem.

■ Se encontrar o campo-chave do registro que se quer excluir, ocorrerá o deslocamento de registros para sobrepor o registro que será excluído.

■ Fechar o arquivo.

Os passos para a exclusão lógica de registros em um arquivo são:

■ Abrir o arquivo que sofrerá exclusão.

■ Digitar o campo-chave do registro que será excluído.

■ Se o arquivo estiver vazio, mostrar mensagem.

■ Se o arquivo não estiver vazio, percorrer todo o arquivo, do começo ao fim, ou até encontrar o campo-chave do registro que se quer excluir.

■ Se não encontrar o campo-chave do registro que se quer excluir, mostrar mensagem.

■ Se encontrar o campo-chave do registro que se deseja excluir, o campo de marcação (campo ativo) do registro será marcado como excluído.

■ Fechar o arquivo.

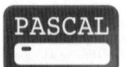

1ª SOLUÇÃO — EXCLUSÃO FÍSICA — SEM O CAMPO ATIVO:

\EXERC\CAP11\PASCAL\EX14_A.PAS e \EXERC\CAP11\PASCAL\EX14_A.EXE

2ª SOLUÇÃO — EXCLUSÃO LÓGICA — COM O CAMPO ATIVO:

\EXERC\CAP11\PASCAL\EX14_B.PAS e \EXERC\CAP11\PASCAL\EX14_B.EXE

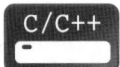

1ª SOLUÇÃO — EXCLUSÃO FÍSICA — SEM O CAMPO ATIVO:

\EXERC\CAP11\C++\EX14_A.CPP e \EXERC\CAP11\C++\EX14_A.EXE

2ª SOLUÇÃO — EXCLUSÃO LÓGICA — COM O CAMPO ATIVO:

\EXERC\CAP11\C++\EX14_B.CPP e \EXERC\CAP11\C++\EX14_B.EXE

1ª SOLUÇÃO — EXCLUSÃO FÍSICA — SEM O CAMPO ATIVO:

\EXERC\CAP11\JAVA\EX14_A.java e \EXERC\CAP11\JAVA\EX14_A.class

2ª SOLUÇÃO — EXCLUSÃO LÓGICA — COM O CAMPO ATIVO:

\EXERC\CAP11\JAVA\EX14_B.java e \EXERC\CAP11\JAVA\EX14_B.class

15. Faça um programa para consultar o valor da venda de um vendedor em determinado mês no arquivo criado no Exercício 11.

ALGORITMO SOLUÇÃO:

Os passos para a consulta de registros em um arquivo são:

■ Abrir o arquivo que será consultado.

■ Se o arquivo estiver vazio, mostrar mensagem.

■ Se o arquivo não estiver vazio, percorrer todo o arquivo, do começo ao fim, mostrando todos os campos solicitados de cada um dos registros se os campos código do vendedor e mês forem iguais aos valores digitados.

■ Fechar o arquivo.

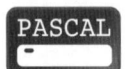

1ª SOLUÇÃO — SEM O CAMPO ATIVO:

\EXERC\CAP11\PASCAL\EX15_A.PAS e \EXERC\CAP11\PASCAL\EX15_A.EXE

2ª S<small>OLUÇÃO</small> — <small>COM O CAMPO ATIVO</small>:

\EXERC\CAP11\PASCAL\EX15_B.PAS **e** \EXERC\CAP11\PASCAL\EX15_B.EXE

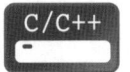

1ª S<small>OLUÇÃO</small> — <small>SEM O CAMPO ATIVO</small>:

\EXERC\CAP11\C++\EX15_A.CPP **e** \EXERC\CAP11\C++\EX15_A.EXE

2ª S<small>OLUÇÃO</small> — <small>COM O CAMPO ATIVO</small>:

\EXERC\CAP11\C++\EX15_B.CPP **e** \EXERC\CAP11\C++\EX15_B.EXE

1ª S<small>OLUÇÃO</small> — <small>SEM O CAMPO ATIVO</small>:

\EXERC\CAP11\JAVA\EX15_A.java **e** \EXERC\CAP11\JAVA\EX15_A.class

2ª S<small>OLUÇÃO</small> — <small>COM O CAMPO ATIVO</small>:

\EXERC\CAP11\JAVA\EX15_B.java **e** \EXERC\CAP11\JAVA\EX15_B.class

16. Faça um programa para consultar o total das vendas de determinado vendedor do arquivo criado no Exercício 11.

A[L][G][O][R][I][T][M][O] S<small>OLUÇÃO</small>:

Os passos para a consulta de registros em um arquivo são:

- Abrir o arquivo que será consultado.
- Se o arquivo estiver vazio, mostrar mensagem.
- Se o arquivo não estiver vazio, percorrer todo o arquivo, do começo ao fim, mostrando todos os campos solicitados de cada um dos registros se o campo código do vendedor for igual ao código digitado, somando os valores das vendas para, no final da leitura, mostrar o total de vendas.
- Fechar o arquivo.

1ª S<small>OLUÇÃO</small> — <small>SEM O CAMPO ATIVO</small>:

\EXERC\CAP11\PASCAL\EX16_A.PAS **e** \EXERC\CAP11\PASCAL\EX16_A.EXE

2ª S<small>OLUÇÃO</small> — <small>COM O CAMPO ATIVO</small>:

\EXERC\CAP11\PASCAL\EX16_B.PAS **e** \EXERC\CAP11\PASCAL\EX16_B.EXE

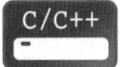

1ª S<small>OLUÇÃO</small> — <small>SEM O CAMPO ATIVO</small>:

\EXERC\CAP11\C++\EX16_A.CPP **e** \EXERC\CAP11\C++\EX16_A.EXE

2ª S<small>OLUÇÃO</small> — <small>COM O CAMPO ATIVO</small>:

\EXERC\CAP11\C++\EX16_B.CPP **e** \EXERC\CAP11\C++\EX16_B.EXE

1ª S<small>OLUÇÃO</small> — <small>SEM O CAMPO ATIVO</small>:

\EXERC\CAP11\JAVA\EX16_A.java **e** \EXERC\CAP11\JAVA\EX16_A.class

2ª S<small>OLUÇÃO</small> — <small>COM O CAMPO ATIVO</small>:

\EXERC\CAP11\JAVA\EX16_B.java **e** \EXERC\CAP11\JAVA\EX16_B.class

17. Faça um programa para consultar o nome e o código do vendedor que mais vendeu em determinado mês no arquivo criado no Exercício 11.

A[L][G][O][R][I][T][M][O] S<small>OLUÇÃO</small>:

Os passos para a consulta de registros em um arquivo são:

- Abrir o arquivo que será consultado.
- Se o arquivo estiver vazio, mostrar mensagem.
- Se o arquivo não estiver vazio, percorrer todo o arquivo, do começo ao fim. Se o mês da venda for igual ao digitado, conferir qual foi a maior venda (armazenando o nome e o código do vendedor em variáveis auxiliares).

- Quando chegar ao final do arquivo, mostrar o nome e o código armazenados nas variáveis auxiliares.
- Fechar o arquivo.

1ª SOLUÇÃO — SEM O CAMPO ATIVO:

\EXERC\CAP11\PASCAL\EX17_A.PAS **e** \EXERC\CAP11\PASCAL\EX17_A.EXE

2ª SOLUÇÃO — COM O CAMPO ATIVO:

\EXERC\CAP11\PASCAL\EX17_B.PAS **e** \EXERC\CAP11\PASCAL\EX17_B.EXE

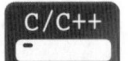

1ª SOLUÇÃO — SEM O CAMPO ATIVO:

\EXERC\CAP11\C++\EX17_A.CPP **e** \EXERC\CAP11\C++\EX17_A.EXE

2ª SOLUÇÃO — COM O CAMPO ATIVO:

\EXERC\CAP11\C++\EX17_B.CPP **e** \EXERC\CAP11\C++\EX17_B.EXE

1ª SOLUÇÃO — SEM O CAMPO ATIVO:

\EXERC\CAP11\JAVA\EX17_A.java **e** \EXERC\CAP11\JAVA\EX17_A.class

2ª SOLUÇÃO — COM O CAMPO ATIVO:

\EXERC\CAP11\JAVA\EX17_B.java **e** \EXERC\CAP11\JAVA\EX17_B.class

18. Faça um programa para consultar no arquivo criado no Exercício 11, o mês com o maior valor de vendas, junto com o nome do vendedor que efetuou tais vendas.

ALGORITMO SOLUÇÃO:

Os passos para a consulta de registros em um arquivo são:

- Abrir o arquivo que será consultado.
- Se o arquivo estiver vazio, mostrar mensagem.
- Se o arquivo não estiver vazio, percorrer todo o arquivo, do começo ao fim, verificando qual a maior venda (armazenando em variáveis auxiliares a maior venda, o nome do vendedor responsável por ela e o mês que ocorreu).
- Quando chegar ao final do arquivo, mostrar os valores das variáveis auxiliares.
- Fechar o arquivo.

1ª SOLUÇÃO — SEM O CAMPO ATIVO:

\EXERC\CAP11\PASCAL\EX18_A.PAS **e** \EXERC\CAP11\PASCAL\EX18_A.EXE

2ª SOLUÇÃO — COM O CAMPO ATIVO:

\EXERC\CAP11\PASCAL\EX18_B.PAS **e** \EXERC\CAP11\PASCAL\EX18_B.EXE

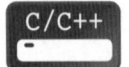

1ª SOLUÇÃO — SEM O CAMPO ATIVO:

\EXERC\CAP11\C++\EX18_A.CPP **e** \EXERC\CAP11\C++\EX18_A.EXE

2ª SOLUÇÃO — COM O CAMPO ATIVO:

\EXERC\CAP11\C++\EX18_B.CPP **e** \EXERC\CAP11\C++\EX18_B.EXE

1ª SOLUÇÃO — SEM O CAMPO ATIVO:

\EXERC\CAP11\JAVA\EX18_A.java **e** \EXERC\CAP11\JAVA\EX18_A.class

2ª SOLUÇÃO — COM O CAMPO ATIVO:

\EXERC\CAP11\JAVA\EX18_B.java **e** \EXERC\CAP11\JAVA\EX18_B.class

19. Faça um programa para criar os arquivos a seguir.

Cliente
Número do cliente
Nome

Conta_bancária
Número da conta
Número do cliente
Saldo

ALGORITMO S̲ọḷụ̣ç̣ạ̃ọ̲:

> ■ Abrir o arquivo (para o arquivo cliente).
>
> ■ Fechar o arquivo (para o arquivo cliente).
>
> ■ Abrir o arquivo (para o arquivo conta_bancária).
>
> ■ Fechar o arquivo (para o arquivo conta_bancária).

PASCAL 1̲ª̲ ̲S̲ọḷụ̣ç̣ạ̃ọ̲ — SEM O CAMPO ATIVO:

\EXERC\CAP11\PASCAL\EX19_A.PAS **e** \EXERC\CAP11\PASCAL\EX19_A.EXE

2̲ª̲ ̲S̲ọḷụ̣ç̣ạ̃ọ̲ — COM O CAMPO ATIVO:

\EXERC\CAP11\PASCAL\EX19_B.PAS **e** \EXERC\CAP11\PASCAL\EX19_B.EXE

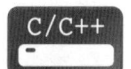

C/C++ S̲ọḷụ̣ç̣ạ̃ọ̲:

\EXERC\CAP11\C++\EX19.CPP **e** \EXERC\CAP11\C++\EX19.EXE

JAVA S̲ọḷụ̣ç̣ạ̃ọ̲:

\EXERC\CAP11\JAVA\EX19.java **e** \EXERC\CAP11\JAVA\EX19.class

20. Faça um programa que inclua clientes no arquivo criado no Exercício 19.

ALGORITMO S̲ọḷụ̣ç̣ạ̃ọ̲:

Os passos para a inclusão sequencial de registros em um arquivo são:

> ■ Abrir o arquivo que sofrerá inclusões.
>
> ■ Digitar os dados que serão incluídos e fazer sua validação.
>
> ■ Se o arquivo estiver vazio, gravar os dados digitados nele.
>
> ■ Se o arquivo não estiver vazio, percorrer todo o arquivo, do começo ao fim, ou até encontrar o campo-chave igual ao que se quer incluir.
>
> ■ Se encontrar o campo-chave igual ao que se deseja incluir, mostrar mensagem.
>
> ■ Se não encontrar o campo-chave igual ao que se quer incluir, gravar dados digitados no arquivo.
>
> ■ Fechar o arquivo.

Os passos para a inclusão ordenada de registros em um arquivo são:

> ■ Abrir o arquivo que sofrerá inclusões.
>
> ■ Digitar os dados que serão incluídos e fazer sua validação.
>
> ■ Se o arquivo estiver vazio, gravar dados digitados nele.
>
> ■ Se o arquivo não estiver vazio, percorrer todo o arquivo, do começo ao fim, ou até encontrar o campo-chave igual ao que se deseja incluir.
>
> ■ Se encontrar o campo-chave igual ao que se quer incluir, mostrar mensagem.
>
> ■ Se não encontrar o campo-chave igual ao que se deseja incluir, ocorrerá o deslocamento de registros para gravar os dados digitados no arquivo, na posição ordenada.
>
> ■ Fechar o arquivo.

 1ª SOLUÇÃO — INCLUSÃO SEQUENCIAL — SEM O CAMPO ATIVO:

`\EXERC\CAP11\PASCAL\EX20_A.PAS` **e** `\EXERC\CAP11\PASCAL\EX20_A.EXE`

2ª SOLUÇÃO — INCLUSÃO SEQUENCIAL — COM O CAMPO ATIVO:

`\EXERC\CAP11\PASCAL\EX20_B.PAS` **e** `\EXERC\CAP11\PASCAL\EX20_B.EXE`

3ª SOLUÇÃO — INCLUSÃO ORDENADA — SEM O CAMPO ATIVO:

`\EXERC\CAP11\PASCAL\EX20_C.PAS` **e** `\EXERC\CAP11\PASCAL\EX20_C.EXE`

4ª SOLUÇÃO — INCLUSÃO ORDENADA — COM O CAMPO ATIVO:

`\EXERC\CAP11\PASCAL\EX20_D.PAS` **e** `\EXERC\CAP11\PASCAL\EX20_D.EXE`

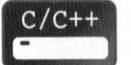 1ª SOLUÇÃO — INCLUSÃO SEQUENCIAL — SEM O CAMPO ATIVO:

`\EXERC\CAP11\C++\EX20_A.CPP` **e** `\EXERC\CAP11\C++\EX20_A.EXE`

2ª SOLUÇÃO — INCLUSÃO SEQUENCIAL — COM O CAMPO ATIVO:

`\EXERC\CAP11\C++\EX20_B.CPP` **e** `\EXERC\CAP11\C++\EX20_B.EXE`

3ª SOLUÇÃO — INCLUSÃO ORDENADA — SEM O CAMPO ATIVO:

`\EXERC\CAP11\C++\EX20_C.CPP` **e** `\EXERC\CAP11\C++\EX20_C.EXE`

4ª SOLUÇÃO — INCLUSÃO ORDENADA — COM O CAMPO ATIVO:

`\EXERC\CAP11\C++\EX20_D.CPP` **e** `\EXERC\CAP11\C++\EX20_D.EXE`

 1ª SOLUÇÃO — INCLUSÃO SEQUENCIAL — SEM O CAMPO ATIVO:

`\EXERC\CAP11\JAVA\EX20_A.java` **e** `\EXERC\CAP11\JAVA\EX20_A.class`

2ª SOLUÇÃO — INCLUSÃO SEQUENCIAL — COM O CAMPO ATIVO:

`\EXERC\CAP11\JAVA\EX20_B.java` **e** `\EXERC\CAP11\JAVA\EX20_B.class`

3ª SOLUÇÃO — INCLUSÃO ORDENADA — SEM O CAMPO ATIVO:

`\EXERC\CAP11\JAVA\EX20_C.java` **e** `\EXERC\CAP11\JAVA\EX20_C.class`

4ª SOLUÇÃO — INCLUSÃO ORDENADA — COM O CAMPO ATIVO:

`\EXERC\CAP11\JAVA\EX20_D.java` **e** `\EXERC\CAP11\JAVA\EX20_D.class`

21. Faça um programa que inclua contas para clientes já cadastrados no Exercício 20.

ALGORITMO SOLUÇÃO:

Os passos para a inclusão sequencial de registros em um arquivo são:

- Abrir o arquivo que sofrerá inclusões.
- Digitar os dados que serão incluídos e fazer sua validação (verificando se o cliente informado foi previamente cadastrado no arquivo de clientes).
- Se o arquivo estiver vazio, gravar dados digitados nele.
- Se o arquivo não estiver vazio, percorrer todo o arquivo, do começo ao fim, ou até encontrar um campo-chave igual ao que se quer incluir.
- Se encontrar o campo-chave igual ao que se quer incluir, mostrar mensagem.
- Se não encontrar o campo-chave igual ao que se quer incluir, gravar dados digitados no arquivo.
- Fechar o arquivo.

Os passos para a inclusão ordenada de registros em um arquivo são:

- Abrir o arquivo que sofrerá inclusões.
- Digitar os dados que serão incluídos e fazer sua validação (verificando se o cliente informado foi previamente cadastrado no arquivo de clientes).

- Se o arquivo estiver vazio, gravar dados digitados nele.

- Se o arquivo não estiver vazio, percorrer todo o arquivo, do começo ao fim, ou até encontrar um campo-chave igual ao que se quer incluir.

- Se encontrar o campo-chave igual ao que se deseja incluir, mostrar mensagem.

- Se não encontrar o campo-chave igual ao que se quer incluir, ocorrerá o deslocamento de registros para gravar os dados digitados no arquivo, na posição ordenada.

- Fechar o arquivo.

1ª SOLUÇÃO – INCLUSÃO SEQUENCIAL – SEM O CAMPO ATIVO:

\EXERC\CAP11\PASCAL\EX21_A.PAS **e** \EXERC\CAP11\PASCAL\EX21_A.EXE

2ª SOLUÇÃO – INCLUSÃO SEQUENCIAL – COM O CAMPO ATIVO:

\EXERC\CAP11\PASCAL\EX21_B.PAS **e** \EXERC\CAP11\PASCAL\EX21_B.EXE

3ª SOLUÇÃO – INCLUSÃO ORDENADA – SEM O CAMPO ATIVO:

\EXERC\CAP11\PASCAL\EX21_C.PAS **e** \EXERC\CAP11\PASCAL\EX21_C.EXE

4ª SOLUÇÃO – INCLUSÃO ORDENADA – COM O CAMPO ATIVO:

\EXERC\CAP11\PASCAL\EX21_D.PAS **e** \EXERC\CAP11\PASCAL\EX21_D.EXE

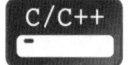

1ª SOLUÇÃO – INCLUSÃO SEQUENCIAL – SEM O CAMPO ATIVO:

\EXERC\CAP11\C++\EX21_A.CPP **e** \EXERC\CAP11\C++\EX21_A.EXE

2ª SOLUÇÃO – INCLUSÃO SEQUENCIAL – COM O CAMPO ATIVO:

\EXERC\CAP11\C++\EX21_B.CPP **e** \EXERC\CAP11\C++\EX21_B.EXE

3ª SOLUÇÃO – INCLUSÃO ORDENADA – SEM O CAMPO ATIVO:

\EXERC\CAP11\C++\EX21_C.CPP **e** \EXERC\CAP11\C++\EX21_C.EXE

4ª SOLUÇÃO – INCLUSÃO ORDENADA – COM O CAMPO ATIVO:

\EXERC\CAP11\C++\EX21_D.CPP **e** \EXERC\CAP11\C++\EX21_D.EXE

1ª SOLUÇÃO – INCLUSÃO SEQUENCIAL – SEM O CAMPO ATIVO:

\EXERC\CAP11\JAVA\EX21_A.java **e** \EXERC\CAP11\JAVA\EX21_A.class

2ª SOLUÇÃO – INCLUSÃO SEQUENCIAL – COM O CAMPO ATIVO:

\EXERC\CAP11\JAVA\EX21_B.java **e** \EXERC\CAP11\JAVA\EX21_B.class

3ª SOLUÇÃO – INCLUSÃO ORDENADA – SEM O CAMPO ATIVO:

\EXERC\CAP11\JAVA\EX21_C.java **e** \EXERC\CAP11\JAVA\EX21_C.class

4ª SOLUÇÃO – INCLUSÃO ORDENADA – COM O CAMPO ATIVO:

\EXERC\CAP11\JAVA\EX21_D.java **e** \EXERC\CAP11\JAVA\EX21_D.class

22. Faça um programa para consultar o saldo de todas as contas de um cliente cadastrado nos exercícios 20 e 21.

ALGORITMO SOLUÇÃO:

- Abrir os arquivos que sofrerão consultas.

- Digitar o código do cliente a ser consultado.

- Se o arquivo de contas não estiver vazio, percorrer todo o arquivo, do começo ao fim, verificando se o código do cliente é igual ao código informado e, neste caso, mostrando os campos solicitados.

- Fechar os arquivos.

PASCAL 1ª SOLUÇÃO — SEM O CAMPO ATIVO:

`\EXERC\CAP11\PASCAL\EX22_A.PAS` **e** `\EXERC\CAP11\PASCAL\EX22_A.EXE`

2ª SOLUÇÃO — COM O CAMPO ATIVO:

`\EXERC\CAP11\PASCAL\EX22_B.PAS` **e** `\EXERC\CAP11\PASCAL\EX22_B.EXE`

C/C++ 1ª SOLUÇÃO — SEM O CAMPO ATIVO:

`\EXERC\CAP11\C++\EX22_A.CPP` **e** `\EXERC\CAP11\C++\EX22_A.EXE`

2ª SOLUÇÃO — COM O CAMPO ATIVO:

`\EXERC\CAP11\C++\EX22_B.CPP` **e** `\EXERC\CAP11\C++\EX22_B.EXE`

JAVA 1ª SOLUÇÃO — SEM O CAMPO ATIVO:

`\EXERC\CAP11\JAVA\EX22_A.java` **e** `\EXERC\CAP11\JAVA\EX22_A.class`

2ª SOLUÇÃO — COM O CAMPO ATIVO:

`\EXERC\CAP11\JAVA\EX22_B.java` **e** `\EXERC\CAP11\JAVA\EX22_B.class`

23. Faça um programa para consultar todos os clientes cujos nomes comecem por uma letra digitada pelo usuário juntamente com suas contas, nos arquivos criados nos exercícios 20 e 21.

ALGORITMO SOLUÇÃO:

- Abrir os arquivos que sofrerão a consulta (clientes e contas).
- Se o arquivo clientes estiver vazio, mostrar mensagem.
- Se o arquivo de clientes não estiver vazio, percorrê-lo do início ao fim e, quando verificar que o nome do cliente começa com a letra digitada, mostrar seus dados e buscar as contas associadas ao cliente.
- Fechar os arquivos.

PASCAL 1ª SOLUÇÃO — SEM O CAMPO ATIVO:

`\EXERC\CAP11\PASCAL\EX23_A.PAS` **e** `\EXERC\CAP11\PASCAL\EX23_A.EXE`

2ª SOLUÇÃO — COM O CAMPO ATIVO:

`\EXERC\CAP11\PASCAL\EX23_B.PAS` **e** `\EXERC\CAP11\PASCAL\EX23_B.EXE`

C/C++ 1ª SOLUÇÃO — SEM O CAMPO ATIVO:

`\EXERC\CAP11\C++\EX23_A.CPP` **e** `\EXERC\CAP11\C++\EX23_A.EXE`

2ª SOLUÇÃO — COM O CAMPO ATIVO:

`\EXERC\CAP11\C++\EX23_B.CPP` **e** `\EXERC\CAP11\C++\EX23_B.EXE`

JAVA 1ª SOLUÇÃO — SEM O CAMPO ATIVO:

`\EXERC\CAP11\JAVA\EX23_A.java` **e** `\EXERC\CAP11\JAVA\EX23_A.class`

2ª SOLUÇÃO — COM O CAMPO ATIVO:

`\EXERC\CAP11\JAVA\EX23_B.java` **e** `\EXERC\CAP11\JAVA\EX23_B.class`

24. Faça um programa que receba um depósito de um cliente, ou seja, atualize o saldo do cliente no arquivo criado no Exercício 21.

ALGORITMO SOLUÇÃO:

- Abrir o arquivo que sofrerá consultas e atualizações.
- Solicitar número da conta que receberá o depósito e o valor que será depositado.
- Se o arquivo contas estiver vazio, mostrar mensagem.
- Se o arquivo não estiver vazio, percorrer todo o arquivo de contas, do começo ao fim, verificando se o número da conta é igual ao número informado.

- Se encontrar a conta, atualizar o saldo. Caso contrário, mostrar mensagem.
- Fechar o arquivo.

1ª SOLUÇÃO – SEM O CAMPO ATIVO:

\EXERC\CAP11\PASCAL\EX24_A.PAS **e** \EXERC\CAP11\PASCAL\EX24_A.EXE

2ª SOLUÇÃO – COM O CAMPO ATIVO:

\EXERC\CAP11\PASCAL\EX24_B.PAS **e** \EXERC\CAP11\PASCAL\EX24_B.EXE

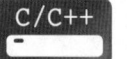

1ª SOLUÇÃO – SEM O CAMPO ATIVO:

\EXERC\CAP11\C++\EX24_A.CPP **e** \EXERC\CAP11\C++\EX24_A.EXE

2ª SOLUÇÃO – COM O CAMPO ATIVO:

\EXERC\CAP11\C++\EX24_B.CPP **e** \EXERC\CAP11\C++\EX24_B.EXE

1ª SOLUÇÃO – SEM O CAMPO ATIVO:

\EXERC\CAP11\JAVA\EX24_A.java **e** \EXERC\CAP11\JAVA\EX24_A.class

2ª SOLUÇÃO – COM O CAMPO ATIVO:

\EXERC\CAP11\JAVA\EX24_B.java **e** \EXERC\CAP11\JAVA\EX24_B.class

25. Faça um programa que receba um saque de um cliente, ou seja, atualize o saldo do cliente no arquivo criado no Exercício 21.

ALGORITMO SOLUÇÃO:

- Abrir o arquivo.
- Solicitar o número da conta que receberá o saque e o valor que será sacado.
- Se o arquivo contas estiver vazio, mostrar mensagem.
- Se o arquivo não estiver vazio, percorrer todo o arquivo de contas, do começo ao fim, verificando se o número da conta é igual ao número informado.
- Se encontrar a conta, atualizar o saldo. Caso contrário, mostrar mensagem.
- Fechar o arquivo.

1ª SOLUÇÃO – SEM O CAMPO ATIVO:

\EXERC\CAP11\PASCAL\EX25_A.PAS **e** \EXERC\CAP11\PASCAL\EX25_A.EXE

2ª SOLUÇÃO – COM O CAMPO ATIVO:

\EXERC\CAP11\PASCAL\EX25_B.PAS **e** \EXERC\CAP11\PASCAL\EX25_B.EXE

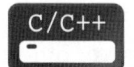

1ª SOLUÇÃO – SEM O CAMPO ATIVO:

\EXERC\CAP11\C++\EX25_A.CPP **e** \EXERC\CAP11\C++\EX25_A.EXE

2ª SOLUÇÃO – COM O CAMPO ATIVO

\EXERC\CAP11\C++\EX25_B.CPP **e** \EXERC\CAP11\C++\EX25_B.EXE

1ª SOLUÇÃO – SEM O CAMPO ATIVO:

\EXERC\CAP11\JAVA\EX25_A.java **e** \EXERC\CAP11\JAVA\EX25_A.class

2ª SOLUÇÃO – COM O CAMPO ATIVO:

\EXERC\CAP11\JAVA\EX25_B.java **e** \EXERC\CAP11\JAVA\EX25_B.class

EXERCÍCIOS PROPOSTOS

1. Faça um programa para criar os arquivos a seguir:

Clientes
Cod_Cli
Nome
Endereco
Nome

Recebimentos
Num_doc
Valor_doc
Data_Emissao
Data_Vencimento
Cod_Cli

2. Faça um programa para cadastrar clientes no arquivo criado no Exercício 1.

3. Faça um programa que inclua recebimentos no arquivo criado no Exercício 1, devendo verificar se o cliente já se encontra cadastrado.

4. Faça um programa que exclua clientes e, consequentemente, todos os seus recebimentos, dos arquivos criados no Exercício 1.

5. Faça um programa que altere o cadastro de clientes do Exercício 1. O usuário deve informar o código do cliente que será alterado.

6. Faça um programa que altere um recebimento de um cliente, ou seja, o usuário informa o número do documento e o número do cliente e faz as alterações desejadas.

7. Faça um programa que mostre todos os recebimentos com data de vencimento dentro de um período qualquer. Não se esqueça de mostrar também o nome do cliente e o total de dias em atraso. Quando não houver atraso, mostrar zero.

8. Faça um programa que mostre todos os recebimentos de determinado cliente.

9. Faça um programa que mostre todos os recebimentos com valor acima de um valor dado pelo usuário.

10. Faça um programa que mostre todos os recebimentos com valor abaixo de um valor dado pelo usuário.

11. Faça um programa que mostre todos os recebimentos com valor entre dois valores dados pelo usuário.

12. Faça um programa para criar os arquivos a seguir:
- Estilista (código do estilista, nome do estilista, salário).
- Roupa (código da roupa, descrição da roupa, código do estilista, código da estação, ano).
- Estação (código da estação, nome da estação).

13. Faça um programa para:
- Cadastrar as estações climáticas, por exemplo, primavera-verão e outono-inverno.
- Cadastrar os estilistas.
- Cadastrar as roupas. Lembre-se de que estilista e estação devem ter sido previamente cadastrados.
- Mostrar um relatório de todas as roupas de determinada estação, informando, inclusive, o nome do estilista que as desenhou.

14. Faça um programa que apresente o seguinte menu de opções:

```
1.      Criar
2.      Incluir
3.      Mostrar
4.      Sair
Digite a opção desejada:
```

Na opção 1: criar um arquivo com os campos: `numero`, `nome`, `nota1` e `nota2`.

Na opção 2: incluir novos registros, onde o valor de número, nome, nota1 e nota2 são fornecidos pelo usuário (não podem ser gravados dois registros com o mesmo número).

Na opção 3: mostrar todos os registros cadastrados, calcular e apresentar a média das notas de cada registro.

15. Faça um programa para criar um arquivo chamado `PRODUTOS.DAT`, em que cada registro será composto pelos seguintes campos: `codigo`, `descricao` e `preco`.

16. Faça um programa para incluir produtos no arquivo criado no Exercício 15, lembrando que não podem existir dois produtos com o mesmo código.

17. Faça um programa para consultar a descrição de todos os produtos que possuem preço superior a R$ 500,00.

18. Faça um programa para aumentar os preços de todos os produtos em 15%.

19. Faça um programa para aumentar os preços dos produtos em R$ 10,00, mas apenas daqueles que já custam mais de R$ 100,00.

20. Faça um programa para consultar todos os produtos cujos nomes comecem pela letra M.

21. Faça um programa para excluir produtos do arquivo criado no Exercício 15.

22. Faça um programa para consultar os produtos com preços inferiores a R$ 15,00.

23. Faça um programa para consultar todos os produtos com nomes iniciados por uma letra digitada pelo usuário e com preços entre dois valores também fornecidos pelo usuário.

24. Faça um programa para excluir todos os produtos com preço superior a R$ 200,00.

25. Faça um programa para conceder um percentual de desconto, informado pelo usuário, aos produtos cujos preços estejam entre dois valores, também informados pelo usuário.

12 Introdução à programação orientada a objetos

Antigamente, os programadores introduziam os programas diretamente na memória do computador e estes eram escritos em linguagem binária, uma linguagem pouco acessível, sem estruturação e de manutenção praticamente impossível.

Depois, vieram as linguagens procedurais ou modulares, de mais alto nível, cujos programas possuíam uma estrutura global com instruções que eram executadas sequencialmente. Esse paradigma trabalha com procedimentos, logo, a estrutura global pode ser dividida em partes menores, de mais fácil entendimento e manutenção. Mas, ainda assim, apresenta o problema de que os tipos de dados e os procedimentos ficam separados e isso exige que cada procedimento manipule corretamente os dados, ou seja, qualquer alteração na representação dos dados exige manutenção em todos os procedimentos que manipulam esses dados, tendo assim a manutenção em cascata.

Por fim, surge o paradigma da programação orientada a objetos (POO) em que qualquer entidade tem características e comportamentos. Esse paradigma possui inúmeras vantagens, dentre elas destacam-se: reutilização de código, confiabilidade, facilidade de manutenção e extensão.

As próximas seções apresentam uma introdução aos principais conceitos da POO e nos exemplos destacam-se as vantagens conseguidas com a sua utilização. O objetivo deste capítulo é fornecer o primeiro contato do leitor com o paradigma orientado a objetos. Para um estudo com maior profundidade, existem vários livros que tratam exclusivamente desses conceitos.

12.1 Classe

No mundo real, podemos agrupar, por exemplo, os animais. Quando realizamos esses agrupamentos, estamos criando CLASSES de animais, conjuntos de tipos de animais que possuem comportamentos e características semelhantes.

Exemplos:

Classe mamífero

Comportamentos:
Produzem leite
São endodérmicos
Características:
Vertebrados
Pelos

Classe carro

Comportamentos:
Gastam combustível
Percorrem distâncias

Características:
     Cor
     Marca
     Modelo

Classe funcionário

   Comportamentos:
        Recebem salários
        Recebem férias
        Recebem décimo terceiro
   Características:
        Sexo
        Salário
        Nome
        Endereço
        Data de nascimento
        Cargo

Assim, uma classe é um tipo abstrato de dados que possui operações e características, na POO denominadas métodos e atributos, respectivamente.

12.1.1 Classe em C++

Uma classe em C++ é uma extensão do registro (*struct*) em C, adicionando-se a possibilidade de definir componentes que são funções (métodos). A sintaxe de uma classe está descrita a seguir:

```
class nome_classe
{
   especificador_de_acesso:
   declaração_dos_atributos;
   declaração_dos_métodos;


};
```

Onde:

`nome_classe:` é o identificador da classe.

`especificador_de_acesso` pode ser `public`, `private` ou `protect`: o `public` permite que atributos e métodos sejam acessados por qualquer classe. O `private` permite que atributos e métodos sejam acessados (visíveis) somente dentro da classe em que foram declarados, o que garante o encapsulamento, vantagem de POO descrita na Seção 12.3. Por definição padrão, os atributos e métodos são `private`. O `protect` funciona como o `private`, mas permite o acesso também pelas classes derivadas, ou seja, pelas denominadas subclasses. Os conceitos de subclasse e superclasse serão abordados a partir da Seção 12.4. Dentro de uma classe é possível ter atributos e métodos definidos com especificadores de acesso diferentes.

`declaração_dos_atributos:` local onde os atributos são definidos com especificador de acesso, tipo e nome.

`declaração_dos_métodos:` local onde os métodos são definidos com especificador de acesso, tipo do retorno, nome e lista de parâmetros.

Exemplos:

```
class Produto
{
        // definição dos atributos valor e tipo
        // que por definição são private
        float valor;
        char tipo;
        // definição do método valorImposto
        // que por definição é private
        float valorImposto(float pre)
};

class Pessoa
{
        // definição dos atributos nome, sexo e ano de nascimento
        // definidos no escopo public
        public:
        char nome[30];
        char sexo;
        int ano;
        // definição do atributo salario
        // definido no escopo private
        private:
        float salario;
        // definição do método calcularAumento
        // definido no escopo private
        private:
        void calcularAumento();

        public:
        // definição dos métodos calcularIdade e calcularFilhos
        // definidos no escopo public
        int calularIdade(int ano);
        void calcularFilhos(char sexo);
};
```

12.1.2 Classe em JAVA

Antes de falarmos da criação de novas classes, é importante salientar que todo programa desenvolvido com a linguagem JAVA, independentemente do paradigma utilizado, é escrito em uma classe. A linguagem JAVA possui também muitas classes internas, sendo estas compostas por vários métodos, por exemplo, a classe *Scanner*, já utilizada anteriormente neste livro.

A sintaxe para a criação de uma classe em JAVA está descrita a seguir:

```
<especificador_de_acesso> class nome_da_classe
{

   <especificador_de_acesso> declaração_dos_atributos;
   <especificador_de_acesso> declaração_dos_métodos;

}
```

Onde:

`nome_da_classe`: é o identificador da classe.

`declaração_dos_atributos`: local onde os atributos são definidos com especificador de acesso, tipo e nome.

`declaração_dos_métodos`: local onde os métodos são definidos com especificador de acesso, tipo do retorno, nome e lista de parâmetros.

O `<identificador_de_acesso>` define a visibilidade de atributos e métodos e os possíveis identificadores são: `private`, `public` e `protected`. O identificador `private` possibilita o acesso a atributos e métodos apenas na classe em que a mesma foi declarada. O identificador `public` permite o acesso de qualquer classe. O identificador `protected` tem as mesmas propriedades do identificador `private`, acrescentando a possibilidade de acesso pelas subclasses.

Exemplos:

```
private class Produto
{
        // definição dos atributos valor e tipo
        // com especificador de acesso private
        private float valor;
        private char tipo;
        // definição do método valorImposto
        // com especificador de acesso private
        private float valorImposto(float pre);
}

public class Pessoa
{
        // definição dos atributos nome, sexo e ano de nascimento
        // com especificador de acesso public
        public String nome;
        public char sexo;
        public int ano;
        // definição dos métodos calcularIdade e calcularFilhos
        // com especificador de acesso public
        public int calularIdade(int ano);
        public void calcularFilhos(char sexo);
};
```

12.2 Objeto

Um objeto é um indivíduo único dentro do conjunto que é a classe. Se voltarmos aos exemplos do mundo real, mencionados na Seção 12.1, é possível exemplificar um objeto da classe mamífero como a VACA MIMOSA, da classe carro como o GOL AZULZINHO DO MEU PAI, e da classe funcionário como JOÃO SILVA. Um objeto é acessado por uma variável cujo tipo é a classe a qual ele pertence.

Quando um programa faz uso de uma variável, ela precisa ser declarada para que espaços de memória sejam alocados e ela seja utilizada no processamento. Com os objetos, existe essa mesma exigência. Os objetos precisam ser declarados e instanciados para que existam e possam ser utilizados.

12.2.1 Instanciando objetos em C++

Em C++, a sintaxe para que um objeto seja criado, ou seja, instanciado, está descrita a seguir:

```
nome_da_classe nome_do_objeto;
```

Exemplo:

```
Produto p;
```

No exemplo anterior, um objeto denominado p, que representa um elemento da classe Produto, foi declarado e instanciado.

Para acessar os atributos do objeto, é necessário seguir a sintaxe abaixo, se o atributo não tiver o especificador de acesso private. Pois, com esse especificador, o acesso ao atributo deverá ser realizado com os métodos getters e setters, discutidos posteriormente na Seção 12.3, que aborda o conceito de encapsulamento.

```
nome_do_objeto.atributo
```

Se desejarmos executar um método que tenha o especificador de acesso public, é necessário seguir a sintaxe abaixo. Caso contrário, o método será acessado diretamente pelo seu nome.

```
nome_do_objeto.nome_do_método(parâmetros)
```

A seguir, um programa orientado a objetos completo na linguagem C++:

```cpp
#include <stdio.h>

class Produto
{
    public:
    // atributos valor e tipo
    float valor;
    char tipo;
    // método que calcula o valor do imposto
      float valorImposto()
      {
            float i;
            if (valor < 500)
                i = valor * 10/100;
            else
                i = valor * 15/100;
            return i;
      }
};

int main()
 {
        Produto p;
        float preco, imp;
        char tipo;
        printf("digite o preço do produto: ");
        scanf("%f%*c",&preco);
        printf("digite o tipo do produto: ");
        scanf("%c%*c",&tipo);
        p.valor = preco;
        p.tipo= tipo;
        printf("\nPreço do produto = %5.2f",p.valor);
        printf("\nTipo do produto = %c",p.tipo);
        imp = p.valorImposto();
        printf("\nImposto = %5.2f",imp);
        getchar();
        return 0;
 }
```

12.2.2 Métodos construtores e destrutores em C++

O método construtor é executado uma única vez para cada objeto e é utilizado para reservar os espaços de memória de acordo com o tipo de cada atributo. Esse método pode receber parâmetros, mas não pode retornar valores. Quando esse método não é explicitamente definido, é executado o construtor-padrão, que apenas aloca espaços de memória.

Quando o método construtor é declarado, ele deve ter o mesmo nome da classe e se torna necessário definir também o método destrutor, que é utilizado para liberar os espaços de memória utilizados pelos atributos. O método destrutor não pode possuir parâmetros e retorno e deve ter o mesmo nome da classe precedido pelo símbolo ~.

A seguir, um programa orientado a objetos com o uso dos métodos construtor e destrutor na linguagem C++:

```
#include <stdio.h>

class Produto
{
   public:
   // atributos valor e tipo
   float valor;
   char tipo;
   // método construtor
   Produto()
   {
         printf("\nExecutando o método construtor");
   }
   // método destrutor
   ~Produto()
   {
         printf("\nExecutando o método destrutor");
   }
   // método que calcula o valor do imposto
     float valorImposto()
     {
         float i;
         if (valor < 500)
           i = valor * 10/100;
         else
           i = valor * 15/100;
         return i;
     }
};

int main()
 {
         Produto p;
         float preco, imp;
         char tipo;
         printf("\n\ndigite o preço do produto: ");
         scanf("%f%*c",&preco);
         printf("\ndigite o tipo do produto: ");
         scanf("%c%*c",&tipo);
         p.valor = preco;
         p.tipo= tipo;
```

```
                    printf("\nPreço do produto = %5.2f",p.valor);
                    printf("\nTipo do produto = %c",p.tipo);
                    imp = p.valorImposto();
                    printf("\nImposto = %5.2f",imp);
                    getchar();
                    return 0;
    }
```

A seguir, um programa orientado a objetos com o uso do método construtor com parâmetros na linguagem C++:

```
#include <stdio.h>

class Produto
{
    public:
    // atributos valor e tipo
    float valor;
    char tipo;
    // método construtor
    Produto(float v, char t)
    {
            printf("\nExecutando o método construtor");
            valor = v;
            tipo = t;
    }
    // método destrutor
    ~Produto()
    {
            printf("\nExecutando o método destrutor");
    }
    // método que calcula o valor do imposto
      float valorImposto()
      {
          float i;
          if (valor < 500)
            i = valor * 10/100;
          else
            i = valor * 15/100;
          return i;
      }
};

int main()
 {
        float preco, imp;
        char tipo;
        printf("\n\ndigite o preço do produto: ");
        scanf("%f%*c",&preco);
        printf("\ndigite o tipo do produto: ");
        scanf("%c%*c",&tipo);
        Produto p(preco,tipo);
        printf("\nPreço do produto = %5.2f",p.valor);
        printf("\nTipo do produto = %c",p.tipo);
        imp = p.valorImposto();
        printf("\nImposto = %5.2f",imp);
        getchar();
        return 0;
    }
```

12.2.3 Instanciando objetos em JAVA

Em JAVA, a sintaxe para que um objeto seja criado e instanciado está descrita a seguir:

```
// criando um objeto
nome_da_classe  nome_do_objeto;
// instanciando um objeto
nome_do_objeto = new nome_da_classe();
```

ou

```
// criando e instanciando um objeto
nome_da_classe  nome_do_objeto = new nome_da_classe();
```

Observe nas linhas acima que, em JAVA, a instanciação não acontece simplesmente com a declaração. É necessária a chamada explícita ao método construtor.

Exemplo 1:

```
Produto p;
p = new Produto();
```

No exemplo 1, a variável p é criada como uma referência ao Produto, ou seja, a variável p conterá o endereço de um objeto Produto. Isso significa que, logo após a declaração, o conteúdo de p é null, porque ela está referenciando um objeto ainda não criado. A partir da segunda linha, o conteúdo de p deixou de ser null e realmente passou a ser referência para um objeto Produto, ou seja, p contém o endereço inicial do espaço de memória ocupado por um objeto.

Considerando que classes representam novos tipos de dados, todas as operações e declarações realizadas com os tipos predefinidos da linguagem também poderão ser feitas com as classes. Dessa maneira, além de variáveis simples, vetores e matrizes também podem fazer uso de classes.

Exemplo 2:

Assim como acontece com os outros tipos de dados, uma variável pode representar um vetor ou uma matriz multidimensional. Para isso, será necessário: 1) criar a variável, informando que ela representará um vetor ou uma matriz; 2) definir o tamanho do vetor ou da matriz; 3) criar cada objeto do vetor ou da matriz antes de utilizá-lo. Observe o exemplo a seguir (a numeração das linhas à esquerda não faz parte do programa):

```
1.  ...
2.  Produto  exemplo[][];
3.  exemplo  =  new  Produto[3][6];
4.  for(int  i=0;i<3;i++)
5.      for (int  j=0;j<6;j++)
6.          exemplo[i][j]  =  new  Produto();
7.      ...
```

Em JAVA, atributos e métodos são considerados membros de classes. Para acessar um membro de uma classe cujo especificador de acesso é do tipo public, deve-se seguir a sintaxe adiante. Para acessar um membro cujo especificador de acesso é do tipo private ou protected, deverão ser utilizados os métodos getters e setters, discutidos posteriormente em detalhe na Seção 12.3, que aborda o conceito de encapsulamento.

```
nome_do_objeto.nome_do_atributo
```

ou

```
nome_do_objeto.nome_do_método()
```

A seguir, um programa orientado a objetos completo na linguagem JAVA:

```java
import java.util.Scanner;

public class Exemplo
{
   //Definindo a classe Produto
   private static class Produto
     {
         public float valor;
         public String tipo;
         public float valorImposto()
           {
                   float i;
                   if (valor < 500)
                      i = valor * 10/100;
                   else
                      i = valor * 15/100;
                   return i;
           }
     }

     public static void main(String args[])
     {
         Scanner dado;
         dado = new Scanner(System.in);
         Produto p = new Produto();
         float preco, imp;
         String tipo;
         System.out.println("digite o preço do produto: ");
         preco = dado.nextFloat();
         System.out.println("digite o tipo do produto: ");
         tipo = dado.next();
         p.valor = preco;
         p.tipo= tipo;
         System.out.println("\nPreço do produto = "+p.valor);
         System.out.println("\nTipo do produto = "+p.tipo);
         imp = p.valorImposto();
         System.out.println("\nImposto = "+imp);
     }
}
```

12.2.4 Métodos construtores e destrutores em JAVA

Método construtor é uma rotina que toda classe possui. Esse método pode estar claramente escrito ou não. Quando não estiver escrito, será executado o construtor-padrão, que simplesmente faz alocação de memória. Quando estiver escrito, deverá possuir o mesmo nome que a classe e não poderá ter tipo de retorno definido (nem mesmo void). Por exemplo, se quiséssemos incrementar a classe produto descrita anteriormente, poderíamos definir um construtor para ela. Observe como ficaria a seguir.

```java
import java.util.Scanner;

public class Exemplo
{
   //Definindo a classe Produto
   private static class Produto
     {
          public float valor;
          public String tipo;
          public  Produto()
          {
          valor = 0;
          tipo = "";
          }
    public float valorImposto()
        {
                float i;
                if (valor < 500)
                   i = valor * 10/100;
                else
                   i = valor * 15/100;
                return i;
        }
     }

    public static void main(String args[])
    {
        Scanner dado;
        dado = new Scanner(System.in);
        Produto p = new Produto();
        float preco, imp;
        String tipo;
        System.out.println("digite o preço do produto: ");
        preco = dado.nextFloat();
        System.out.println("digite o tipo do produto: ");
        tipo = dado.next();
        p.valor = preco;
        p.tipo= tipo;
        System.out.println("\nPreço do produto = "+p.valor);
        System.out.println("\nTipo do produto = "+p.tipo);
        imp = p.valorImposto();
        System.out.println("\nImposto = "+imp);
    }
}
```

O método construtor pode receber parâmetros. A seguir, um programa orientado a objetos com o uso do método construtor com parâmetros sendo utilizados para as inicializações dos atributos:

```java
import java.util.Scanner;

public class Exemplo
{
   //Definindo a classe Produto
```

```
    private static class Produto
      {
          public float valor;
          public String tipo;
          public  Produto(float v, String t)
          {
          valor = v;
          tipo = t;
          }
          public float valorImposto()
          {
                float i;
                if (valor < 500)
                   i = valor * 10/100;
                else
                   i = valor * 15/100;
                return i;
          }
      }

    public static void main(String args[])
    {
        Scanner dado;
        dado = new Scanner(System.in);
        float preco, imp;
        String tipo;
        System.out.println("digite o preço do produto: ");
        preco = dado.nextFloat();
        System.out.println("digite o tipo do produto: ");
        tipo = dado.next();
        Produto p = new Produto(preco,tipo);
        System.out.println("\nPreço do produto = "+p.valor);
        System.out.println("\nTipo do produto = "+p.tipo);
        imp = p.valorImposto();
        System.out.println("\nImposto = "+imp);
    }
}
```

12.3 Encapsulamento

Em uma explicação literal do verbo, encapsular significa guardar algo em local fechado. Do ponto de vista da orientação a objetos, encapsular quer dizer ocultar todos os dados sobre um objeto, bem como detalhes da implementação de seus métodos.

Porém, um objeto encapsulado precisa ser usado por diferentes aplicações. Tais aplicações podem acessar esse objeto por meio de sua interface pública. Sendo assim, se a implementação dos métodos mudar, as mudanças ficarão restritas a essa classe. Os métodos **getters** e **setters** representam bons exemplos dessa interface pública, já que centralizam os acessos aos atributos privados, ou seja, as aplicações externas não visualizam os atributos em si, mas, sim, os métodos públicos liberados.

Encapsular é uma excelente estratégia para manter ocultas as regras de negócio, tornando-as visíveis apenas à classe responsável por elas. Contudo, ainda que as linguagens orientadas a objetos ofereçam recursos para garantir encapsulamento de objetos, seu emprego depende da compreensão de que a equipe de desenvolvedores possui do domínio da aplicação e da maturidade que possuem no uso do paradigma orientado a objetos.

12.3.1 Encapsulamento em C++

Observe a aplicação a seguir, escrita em C++. Para demonstrar o que uma classe consegue enxergar de outra, o exemplo apresentado a seguir é composto por três arquivos: `Aluno.hpp` (da linha 54 à 71), onde está definida a estrutura da classe, indicando os atributos, o cabeçalho dos métodos e seus respectivos especificadores de acesso; o arquivo `Aluno.cpp` (da linha 21 à 53), onde estão descritas as implementações de cada método (declarados em `Aluno.hpp`) e, por fim, o arquivo `Academia.cpp` (da linha 1 à 20), que faz uso de objetos do tipo `Aluno`:

Arquivo **Academia.cpp**

```
1.  #include "Aluno.hpp"
2.  #include <iostream>
3.  using namespace std;
4.  int main() {
5.     Aluno a;
6.     string strAux;
7.     int intAux;
8.     cout << "Digite o nome do novo aluno: ";
9.     cin >> strAux;
10.    a.setNome(strAux);
11.    cout << "Digite a idade do novo aluno: ";
12.    cin >> intAux;
13.    a.setIdade(intAux);
14.    cout << "Ficha cadastral do novo aluno ";
15.    cout << "\nnome: " << a.getNome();
16.    cout << "\nIdade: " << a.getIdade();
17.    cout << "\nData da matricula: " << a.getDataMatricula();
18.    cout << "\nTurma: " << a.getTurma();
19.    return 0;
20. }
```

Arquivo **Aluno.cpp**

```
21. #include "Aluno.hpp"
22. #include <string>

23. void Aluno::defineTurma() {
24. if (idade < 18)
25.    turma = "adolescente";
26. else if (idade < 40)
27.         turma = "jovem";
28.      else if (idade < 60)
29.             turma = "adulto";
30.            else turma = "idoso";
31. }

32. Aluno::Aluno() {
33.    dataMatricula = __DATE__;
34. }

35. void Aluno::setNome(string n) {
36.    nome =n;
37. }
```

```
38. string Aluno::getNome() {
39.     return nome;
40. }

41. void Aluno::setIdade(int i) {
42.     idade = i;
43.     defineTurma();
44. }

45. int Aluno::getIdade() {
46.     return idade;
47. }

48. string Aluno::getTurma() {
49.     return turma;
50. }

51. string Aluno::getDataMatricula() {
52.     return dataMatricula;
53. }
```

Arquivo **Aluno.hpp**

```
54. #include <string>
55. using namespace std;

56. class Aluno {
57. public:
58.     Aluno();
59.     void setNome(string n);
60.     string getNome();
61.     void setIdade(int idade);
62.     int getIdade();
63.     string getTurma();
64.     string getDataMatricula();
65. private:
66.     string nome;
67.     int idade;
68.     string turma;
69.     string dataMatricula;
70.     void defineTurma();
71. };
```

Por simplicidade, a classe `Academia` faz referência a apenas um objeto da classe `Aluno`, por meio da variável a. A instanciação do objeto ocorreu na linha 5.

Vamos começar a análise da aplicação apresentada pelo arquivo `Aluno.hpp`, descrito da linha 54 à 71. Esse arquivo, por ter a extensão .hpp, poderá ser importado por todas as classes que precisarem trabalhar com objetos do tipo Aluno.

No arquivo aluno.hpp definiu-se a existência de quatro atributos: `nome`, `idade`, `turma` e `dataMatricula`. Todos foram criados usando especificador de acesso `private`. O uso especificador `private` nos atributos é uma prática bastante recomendada, já que permite o máximo do encapsulamento, garantindo que tais atributos só serão acessados por linhas de código escritas dentro de uma implementação da classe aluno (como é o caso do arquivo Aluno.cpp).

Contudo, observa-se que nesse arquivo não existe implementação para os métodos, que apenas são declarados. Da linha 58 à 64 podem ser vistas as declarações dos métodos públicos, e na linha 70 pode ser vista a declaração de um método privado.

Agora, podemos analisar o arquivo Aluno.cpp, descrito da linha 21 à 53. Esse arquivo é responsável por implementar todos os métodos declarados em Aluno.hpp.

Como já mencionado, a instanciação de um objeto sempre executa o método construtor da classe. Nesse exemplo, o construtor da classe `Aluno` encontra-se implementado da linha 32 à 34. Nele, ficou estabelecido que cada vez que um novo objeto `Aluno` for criado, o valor do atributo `dataMatricula` será a data obtida do sistema. Ou seja, esse valor é gerado automaticamente pela aplicação, não necessitando de informações externas.

Os métodos públicos permitem que, de alguma forma, dados sejam armazenados nos atributos. Caso contrário, eles estarão tão protegidos que ninguém poderá utilizá-los e algo que não pode ser utilizado acaba sendo inútil. Por essa razão, convencionou-se a criação de métodos `getters` e `setters`.

Os métodos `setters` têm a função de receber algum dado externo e guardá-lo em um atributo. A convenção de nome dos métodos `setters` é a palavra `set` seguida do nome do atributo que terá o valor atualizado. Por exemplo, o método `setNome()`, escrito da linha 35 à 37 recebe uma `string` como parâmetro, vindo de algum ponto externo, e a armazena no atributo `nome`.

Um erro bastante comum, no entanto, é criar métodos `setters` para todos os atributos `private`. Isso nem sempre é necessário. Devemos criar métodos `setters` para aqueles atributos cujos valores dependem de intervenção externa.

Observando os atributos `turma` e `dataMatricula`, percebemos que estes não possuem métodos `setters`, porque seus valores são definidos dentro do próprio arquivo `Aluno.cpp`. O valor do atributo `dataMatricula` é definido no método construtor, quando se obtém a data do próprio sistema. De nenhuma outra forma, o valor de `dataMatricula` será alterado. Já o valor do atributo `turma` é definido em função do valor do atributo `idade`. Observe que o método `setIdade()`, da linha 41 à 44, invoca o método `defineTurma()`. Como a ação de definir turma interessa apenas à classe Aluno, o método `defineTurna()`, da linha 23 à 31, é privado, mostrando que os métodos também podem ser protegidos ao máximo.

Com isso, o método `defineTurna()` não fará parte da interface pública e, consequentente, apenas as linhas de código escritas dentro da própria classe Aluno.cpp poderão invocá-lo. Dessa maneira, ele poderá passar por qualquer tipo de alteração ou, ainda, ser removido (não esquecendo de remover sua declaração do arquivo Aluno.hpp), sem propagar erros para outras classes da aplicação.

Em contrapartida, pode-se sentir necessidade de saber qual o estado de um objeto, ou seja, saber qual o valor de seus atributos. Quando essa necessidade existe, cria-se um método `getter` para cada atributo, que pode ter seu valor externalizado.

12.3.2 Encapsulamento em JAVA

Observe a aplicação a seguir, escrita em JAVA. Para demonstrar o que uma classe consegue enxergar de outra, o exemplo apresentado a seguir é composto por duas classes distintas, escritas em arquivos distintos (a numeração das linhas à esquerda foi usada apenas para facilitar a explicação).

Arquivo **Academia.java**

```
1.  public class Academia {
2.     public static void main(String args[]) {
3.        Scanner entrada = new Scanner(System.in);
4.        Aluno a = new Aluno();
5.        System.out.print("Digite o nome do novo aluno: ");
6.        a.setNome(entrada.nextLine());
7.        System.out.print("Digite a idade do novo aluno: ");
8.        a.setIdade(entrada.nextInt());
9.        System.out.println("Ficha cadastral do novo aluno");
10.       System.out.println("Nome: " + a.getNome());
11.       System.out.println("Idade: " + a.getIdade());
12.       System.out.println("Data da matrícula: " + a.getDataMatricula());
13.       System.out.println("Turma: " + a.getTurma());
14.    }
15. }
```

Arquivo **Aluno.java**

```java
16. import java.util.Date;
17. import java.text.DateFormat;
18. import java.text.SimpleDateFormat;
19. public class Aluno {
20.     private String nome;
21.     private int idade;
22.     private String turma;
23.     private String dataMatricula;

24.     public Aluno() {
25.        DateFormat dateFormat = new SimpleDateFormat("dd/MM/yyyy");
26.        Date date = new Date();
27.        dataMatricula = dateFormat.format(date);
28.     }

29.     public void setNome(String nome) {
30.        this.nome = nome;
31.     }

32.     public String getNome() {
33.        return this.nome;
34.     }

35.     public void setIdade(int idade) {
36.        this.idade = idade;
37.        defineTurma();
38.     }

39.     public int getIdade() {
40.        return this.idade;
41.     }

42.     public String getTurma() {
43.        return this.turma;
44.     }

45.     public String getDataMatricula() {
46.        return this.dataMatricula;
47.     }

48.     private void defineTurma() {
49.        if (this.idade < 18)
50.           this.turma = "adolescente";
51.        else if (this.idade < 40)
52.                this.turma = "jovem";
53.             else if (this.idade < 60)
54.                      this.turma = "adulto";
55.                   else this.turma = "idoso";
56.     }
57. }
```

Por simplicidade, a classe `Academia` faz referência a apenas um objeto da classe `Aluno`, por meio da variável `a`. A instanciação do objeto ocorreu na linha 4.

Vamos começar a análise da aplicação apresentada pela classe `Aluno`, descrita da linha 16 à 57.

Como já mencionado, a instanciação de um objeto sempre executa o método construtor da classe. Nesse exemplo, o construtor da classe `Aluno` está descrito da linha 24 à 28. Nele, ficou estabelecido que cada vez que um novo objeto `Aluno` for criado, o valor do atributo `dataMatricula` será a data obtida do sistema. Ou seja, esse valor é gerado automaticamente pela aplicação, não necessitando de informações externas.

A classe `Aluno` possui quatro atributos: `nome`, `idade`, `turma` e `dataMatricula`. Todos foram criados usando o especificador de acesso `private`. O uso do especificador `private` nos atributos é uma prática bastante recomendada, já que permite o máximo do encapsulamento, garantindo que tais atributos só serão acessados por linhas de código escritas dentro da própria classe `Aluno`.

Contudo, é preciso que, de alguma forma, dados sejam armazenados em tais atributos. Caso contrário, eles estarão tão protegidos que ninguém poderá utilizá-los e algo que não pode ser utilizado acaba sendo inútil. Por essa razão, convencionou-se a criação de métodos `getters` e `setters`.

Os métodos `setters` têm a função de receber algum dado externo e guardá-lo em um atributo. A convenção de nome dos métodos `setters` é a palavra `set` seguida do nome do atributo que terá o valor atualizado. Por exemplo, o método `setNome()`, escrito da linha 29 à 31 recebe uma `String` como parâmetro, vindo de algum ponto externo à classe `Aluno`, e a armazena no atributo `nome`.

Um erro bastante comum, no entanto, é criar métodos `setters` para todos os atributos `private`. Isso nem sempre é necessário. Devemos criar métodos `setters` para aqueles atributos cujos valores dependem de intervenção externa.

Vamos observar os atributos `turma` e `dataMatricula`, declarados, respectivamente, nas linhas 22 e 23. Esses atributos não possuem métodos `setters`, porque seus valores são definidos pela própria classe `Aluno`. O valor do atributo `dataMatricula` é definido no método construtor, quando se obtém a data do próprio sistema. De nenhuma outra forma, o valor de `dataMatricula` será alterado. Já o valor do atributo `turma` é definido em função do valor do atributo `idade`. Observe que o método `setIdade()`, da linha 35 à 38, invoca o método `defineTurma()`. Como a ação de definir turma interessa apenas à classe Aluno, o método `defineTurma()`, da linha 48 à 56, é privado, mostrando que os métodos também podem ser protegidos ao máximo.

Com isso, o método `defineTurna()` não fará parte da interface pública e, consequentemente, apenas as linhas de código escritas dentro da própria classe Aluno poderão invocá-lo. Dessa maneira, ele poderá passar por qualquer tipo de alteração ou, ainda, ser removido, sem propagar erros para outras classes da aplicação.

Em contrapartida, pode-se sentir necessidade de saber qual o estado de um objeto, ou seja, saber qual o valor de seus atributos. Quando essa necessidade existe, cria-se um método `getter` para cada atributo, que pode ter seu valor externalizado.

12.4 Herança

Um dos grandes recursos proporcionados pela Orientação a Objetos é a Herança.

A Herança tenta organizar em classes, chamadas superclasses, todos os atributos e métodos comuns a vários tipos de objetos. Caso alguns objetos possuam particularidades, estas deverão ser descritas em classes chamadas subclasses. Assim, dizemos que subclasses estendem superclasses.

Herança permite implementar relacionamentos do tipo "é um". Por exemplo, analisando o gráfico a seguir, podemos dizer que `Aluno` é um tipo de `Pessoa` e que `Funcionario` também é um tipo de `Pessoa`. Ou seja, tudo que está definido na classe `Pessoa` serve tanto para `Aluno` quanto para `Funcionario`. Porém, o que está definido em `Aluno` não serve para qualquer `Pessoa`, assim como o que está definido em `Funcionario`. Por isso, dizemos que `Pessoa` é a superclasse (ou classe mãe) e que `Aluno` e `Funcionario` são subclasses (ou classes filhas).

Tudo o que estiver definido em uma superclasse (atributos e métodos) é, automaticamente, repassado para as classes filhas, sem que haja necessidade de repetição de código. Essa passagem acontece como uma herança da vida real, em que os filhos sempre herdam algo dos pais (por exemplo: a herança genética, como cor dos olhos e cor dos cabelos, ou herança financeira, como bens móveis e imóveis). Herança permite definir classes em função de outras.

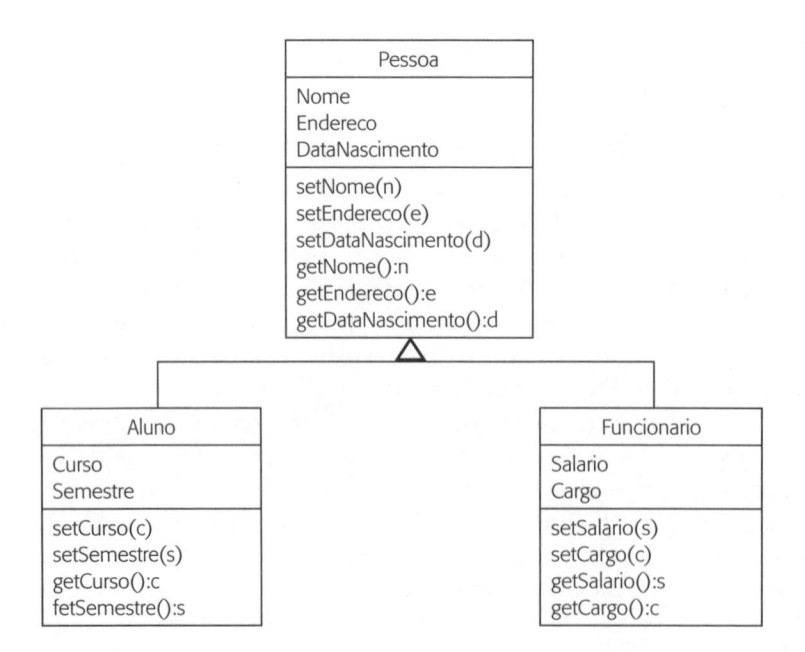

Acima, temos um diagrama contendo três classes relacionadas por meio de herança. Cada caixa representa uma classe e o triângulo representa a ocorrência da herança. A base do triângulo está sempre voltada para as classes filhas.

A classe `Pessoa`, representa o conjunto de todas as pessoas, quer sejam alunos quer funcionários. A classe `Pessoa` é, portanto, a superclasse.

A classe `Aluno` representa as especificidades observadas apenas em alunos. A classe `Aluno` é uma subclasse de `Pessoa`. Isso quer dizer que, quando a classe `Aluno` for instanciada, o objeto criado conterá tudo o que está descrito na classe `Aluno` e herdará tudo o que está descrito na classe `Pessoa`. Assim sendo, um aluno terá `Nome`, `Endereço`, `DataNascimento`, `Curso` e `Semestre`.

A classe `Funcionario` representa as especificidades observadas apenas nos funcionários. A classe `Funcionario` é, portanto, uma subclasse de `Pessoa`. Isso quer dizer que, quando a classe `Funcionario` for instanciada, o objeto criado conterá tudo o que está descrito na classe `Funcionario` e herdará tudo o que está descrito na classe `Pessoa`. Assim sendo, um funcionário terá `Nome`, `Endereço`, `DataNascimento`, `Salario` e `Cargo`.

As classes `Aluno` e `Funcionario` são classes irmãs e não compartilham entre si qualquer informação.

12.4.1 Herança em C++

Apresentamos, a seguir, a implementação das classes descritas do diagrama da Seção 12.4 em C++. Para potencializar a reutilização de código, foi criado um arquivo de cabeçalho para cada classe, sendo eles: `Pessoa.hpp`, `Aluno.hpp` e `Funcionario.hpp`. Em tais arquivos são relacionados os atributos de cada classe e o cabeçalho dos métodos desejados. A implementação dos métodos está descrita nos arquivos `Pessoa.cpp`, `Aluno.cpp` e `Funcionario.cpp`. Além disso, para demonstrar a utilização de tais classes, foi criado o arquivo `Aplicacao.cpp`, contendo o método `main`.

A seguir está a explicação detalhada sobre cada arquivo (a numeração à esquerda das linhas foi usada apenas para facilitar a explicação).

Da linha 1 à 19 está o arquivo `Pessoa.hpp`. Nele, estão declarados todos os atributos e métodos de qualquer tipo de pessoa. Observe, entretanto, que no arquivo `Pessoa.hpp` foram escritos apenas o cabeçalho dos métodos, indicando apenas tipo de retorno, nome do método e lista de parâmetros, como pode ser visto da linha 11 à 17.

Arquivo **Pessoa.hpp**

```
1. #ifndef _Pessoa_H
2. #define _Pessoa_H

3. #include <string>
```

```
4. using namespace std;

5. class Pessoa {
6. private:
7.  string nome;
8.  string endereco;
9.  string dataNascimento;

10. public:
11.     Pessoa();
12.     string getNome();
13.     void setNome(string n);
14.     string getEndereco();
15.     void setEndereco(string e);
16.     string getDataNascimento();
17.     void setDataNascimento(string d);
18. };

19. #endif
```

Da linha 20 à 43 está o arquivo `Pessoa.cpp`. Nele, estão as implementações dos métodos declarados em `Pessoa.hpp`. Observe que no cabeçalho de cada método, entre o tipo de retorno e o nome do método, está a indicação da classe que está sendo implementada. Por exemplo, `void Pessoa::setNome(string n)`, escrito na linha 29, está dizendo que ali começa uma implementação do método `setNome` que está declarado em `Pessoa.hpp`. (Isso acontece com todos os métodos, como pode ser observado nas linhas 23, 26, 29, 32, 35, 38 e 41.)

Arquivo **Pessoa.cpp**

```
20. #include "Pessoa.hpp"
21. #include <iostream>

22. using namespace std;

23. Pessoa::Pessoa() {
24.     cout << "\nExecutando construtor da classe Pessoa";
25. }

26. string Pessoa::getNome() {
27.     return nome;
28. }

29. void Pessoa::setNome(string n) {
30.     nome = n;
31. }

32. string Pessoa::getEndereco() {
33.     return endereco;
34. }

35. void Pessoa::setEndereco(string endereco) {
36.     endereco = endereco;
37. }
```

```
38. string Pessoa::getDataNascimento() {
39.    return dataNascimento;
40. }

41. void Pessoa::setDataNascimento(string d) {
42.    dataNascimento = d;
43. }
```

Da linha 44 à 60 está o arquivo `Aluno.hpp`. Nele, estão declarados todos os atributos e métodos de qualquer tipo de aluno. Observe, entretanto, que no arquivo `Pessoa.hpp` foram escritos apenas o cabeçalho dos métodos, indicando apenas tipo de retorno, nome do método e lista de parâmetros, como pode ser visto da linha 54 à 58.

O relacionamento de herança, que indica que `Aluno` deve herdar as características de `Pessoa`, está definido na linha 49, quando, após o nome da classe filha (no caso, `Aluno`), é colocado o nome da classe mãe. Para que o compilador reconhecesse a classe `Pessoa`, foi necessária a linha 46 (`#include Pessoa.hpp"`).

Arquivo **Aluno.hpp**

```
44. #ifndef _Aluno_H
45. #define _Aluno_H

46. #include "Pessoa.hpp"
47. #include <string>
48. using namespace std;

49. class Aluno: public Pessoa {
50.     private:
51.     string curso;
52.     string semestre;

53.     public:
54.     Aluno();
55.     string getCurso();
56.     void setCurso(string c);
57.     string getSemestre();
58.     void setSemestre(string s);
59. };

60. #endif
```

Da linha 61 à 78 está o arquivo `Aluno.cpp`. Nele, estão as implementações dos métodos declarados em `Aluno.hpp`. Observe que no cabeçalho de cada método, entre o tipo de retorno e o nome do método, está a indicação da classe que está sendo implementada. Por exemplo, `string Aluno::getCurso()`, escrito na linha 67, está dizendo que ali começa uma implementação do método `getCurso`, que está declarado em `Aluno.hpp`. (Isso acontece com todos os métodos, como pode ser observado nas linhas 64, 67, 70, 73 e 76.)

Arquivo **Aluno.cpp**

```
61. #include "Aluno.hpp"
62. #include <iostream>
63. using namespace std;

64. Aluno::Aluno() {
65.     cout << "\nExecutando construtor da classe Aluno";
66. }

67. string Aluno::getCurso() {
68.     return curso;
```

```
69. }

70. void Aluno::setCurso(string c) {
71.     curso = c;
72. }

73. string Aluno::getSemestre() {
74.     return semestre;
75. }

76. void Aluno::setSemestre(string s) {
77.     semestre = s;
78. }
```

Da linha 79 à 95 está o arquivo `Funcionario.hpp`. Nele, estão declarados todos os atributos e métodos de qualquer tipo de funcionário. Observe, entretanto, que no arquivo `Funcionario.hpp` foram escritos apenas o cabeçalho dos métodos, indicando apenas o tipo de retorno, nome do método e lista de parâmetros, como pode ser visto da linha 89 à 93.

O relacionamento de herança, que indica que `Funcionario` deve herdar as características de `Pessoa`, está definido na linha 84, quando após o nome da classe filha (no caso `Funcionario`) é colocado o nome da classe mãe. Para que o compilador reconhecesse a classe `Pessoa`, foi necessária a linha 81 (`#include Pessoa.hpp"`).

Arquivo **Funcionario.hpp**

```
79. #ifndef _Funcionadio_H
80. #define _Funcionario_H

81. #include "Pessoa.hpp"
82. #include <string>

83. using namespace std;

84. class Funcionario: public Pessoa {
85.     private:
86.     float salario;
87.     string cargo;

88.     public:
89.     Funcionario();
90.     float getSalario();
91.     void setSalario(float s);
92.     string getCargo();
93.     void setCargo(string c);
94. };

95. #endif
```

Da linha 96 à 112 está o arquivo `Funcionario.cpp`. Nele, estão as implementações dos métodos declarados em `Funcionario.hpp`. Observe que no cabeçalho de cada método, entre o tipo de retorno e o nome do método, está a indicação da classe que está sendo implementada. Por exemplo, `float Funcionario::getSalario()`, escrito na linha 101, está dizendo que ali começa uma implementação do método `getSalario` que está declarado em `Funcionario.hpp`. (Isso acontece com todos os métodos, como pode ser observado nas linhas 98, 101, 104, 107 e 110.)

Arquivo **Funcionario.cpp**

```
96.   #include "Funcionario.hpp"
97.   #include <iostream>

98.   Funcionario::Funcionario() {
99.      cout << "\nExecutando construtor da classe Funcionario";
100.  }

101.  float Funcionario::getSalario() {
102.     return salario;
103.  }

104.  void Funcionario::setSalario(float s) {
105.     salario = s;
106.  }

107.  string Funcionario::getCargo() {
108.     return cargo;
109.  }

110.  void Funcionario::setCargo(string c) {
111.     cargo = c;
112.  }
```

Da linha 113 à 156 está o arquivo `Aplicacao.cpp`, concebido para demonstrar a criação e utilização de objetos envolvidos em herança.

Como serão usados objetos do tipo `Pessoa`, `Aluno` e `Funcionário`, os respectivos arquivos com a extensão `.hpp` precisaram ser incluídos, por meio das diretivas `#include`, das linhas 113, 114 e 115.

Arquivo **Aplicacao.cpp**

```
113. #include "Pessoa.hpp"
114. #include "Aluno.hpp"
115. #include "Funcionario.hpp"
116. #include <string>
117. #include <iostream>

118. using namespace std;

119. int main() {
120.    cout << "Iniciando o processo de criação de um objeto Pessoa";
121.    Pessoa p;

122.    cout << "\n\nIniciando o processo de criação de um objeto Aluno";
123.    Aluno a;

124.    cout << "\n\nIniciando o processo de criação de um objeto Funcionario";
125.    Funcionario f;

126.    p.setNome("Vanderlei");
127.    p.setEndereco("Rua 15 de novembro, 345");
128.    p.setDataNascimento("12/05/1960");

129.    a.setNome("Maria");
```

```
130.    a.setEndereco("Rua 26 de agosto, 1874");
131.    a.setDataNascimento("31/01/1990");
132.    a.setCurso("Ciência da Computação");
133.    a.setSemestre("4º");

134.    f.setNome("Pedro");
135.    f.setEndereco("Rua 7 de setembro, 3875");
136.    f.setDataNascimento("27/10/1980");
137.    f.setCargo("Arquiteto de software");
138.    f.setSalario(10000);

139.    cout << "\n\nDados cadastrados no objeto p - do tipo Pessoa";
140.    cout << "\nNome: " << p.getNome();
141.    cout << "\nEndereço: " << p.getEndereco();
142.    cout << "\nData de nascimento: " << p.getDataNascimento();

143.    cout << "\n\nDados cadastrados no objeto a - do tipo Aluno";
144.    cout << "\nNome: " << a.getNome();
145.    cout << "\nEndereço: " << a.getEndereco();
146.    cout << "\nData de nascimento: " << a.getDataNascimento();
147.    cout << "\nCurso: " << a.getCurso();
148.    cout << "\nSemestre: " << a.getSemestre();

149.    cout << "\n\nDados cadastrados no objeto f - do tipo Funcionario";
150.    cout << "\nNome: " << f.getNome();
151.    cout << "\nEndereço: " << f.getEndereco();
152.    cout << "\nData de nascimento: " << f.getDataNascimento();
153.    cout << "\nCargo: " << f.getCargo();
154.    cout << "\nSalário: R$ " <<f.getSalario();

155.    return 0;
156. }
```

O resultado da execução do arquivo `Aplicacao.cpp` é apresentado a seguir (os marcadores à esquerda nas linhas foram usados apenas para facilitar a explicação).

■   `Iniciando o processo de criação de um objeto Pessoa.`
Esta mensagem foi gerada pela execução da linha 120 do arquivo `Aplicacao.cpp`.

■   `Executando construtor da classe Pessoa.`
Esta mensagem foi gerada pela execução da linha 121 do arquivo `Aplicacao.cpp`, onde é criado o objeto p, do tipo `Pessoa`. Ao criar esse objeto, o construtor da classe `Pessoa`, da linha 23 à 25, é executado.

■   `Iniciando o processo de criação de um objeto Aluno.`
Esta mensagem foi gerada pela execução da linha 122 do arquivo `Aplicacao.cpp`.

■   `Executando construtor da classe Pessoa.`

■   `Executando construtor da classe Aluno.`
Estas duas mensagens foram geradas pela execução da linha 123 do arquivo `Aplicacao.cpp`, onde é criado o objeto a, do tipo `Aluno`. Como o objeto `Aluno` herda da classe `Pessoa`, ao criar o objeto a, primeiro foi executado o construtor da classe `Pessoa` (da linha 23 à 25) e, depois, foi executado o construtor da classe `Aluno` (da linha 64 à 66).

- ▪ Iniciando o processo de criação de um objeto `Funcionario`.

Esta mensagem foi gerada pela execução da linha 124 do arquivo `Aplicacao.cpp`.

- ▪ Executando construtor da classe `Pessoa`.

- ▪ Executando construtor da classe `Funcionario`.

Estas duas mensagens foram geradas pela execução da linha 125 do arquivo `Aplicacao.cpp`, onde é criado o objeto `f`, do tipo `Funcionario`. Como o objeto `Funcionario` herda da classe `Pessoa`, ao criar o objeto `f`, primeiro foi executado o construtor da classe `Pessoa` (da linha 23 à 25) e, depois, foi executado o construtor da classe `Funcionario` (da linha 98 à 100).

- ▪ Dados cadastrados no objeto p - do tipo `Pessoa`.

Esta linha foi gerada pela execução da linha 139 do arquivo `Aplicacao.cpp`.

- ▪ Nome: Vanderlei

- ▪ Endereço: Rua 15 de novembro, 345

- ▪ Data de nascimento: 12/05/1960

Estas três mensagens foram geradas pela execução da linha 140 à 142 do arquivo `Aplicacao.cpp`, onde foram invocados os métodos `p.getNome()`, `p.getEndereco()`, `p.getDataNascimento()`.

- ▪ Dados cadastrados no objeto a – do tipo `Aluno`.

Esta mensagem foi gerada pela execução da linha 143 do arquivo `Aplicacao.cpp`.

- ▪ Nome: Maria

- ▪ Endereço: Rua 26 de agosto, 1874

- ▪ Data de nascimento: 31/01/1990

- ▪ Curso: Ciência da Computação

- ▪ Semestre: 4º

Estas cinco mensagens foram geradas pela execução da linha 144 à 148 do arquivo `Aplicacao.cpp`, onde foram invocados os métodos `a.getNome()`, `a.getEndereco()`, `a.getDataNascimento()`, que são métodos herdados da classe `Pessoa`, e os métodos `a.getCurso()` e `a.getSemestre()`, que são específicos da classe `Aluno`.

- ▪ Dados cadastrados no objeto f – do tipo `Funcionario`.

Esta mensagem foi gerada pela execução da linha 149 do arquivo `Aplicacao.cpp`.

- ▪ Nome: Pedro

- ▪ Endereço: Rua 7 de setembro, 3875

- ▪ Data de nascimento: 27/10/1980

- ▪ Cargo: Arquiteto de software

- ▪ Salário: R$ 10000

Estas cinco mensagens foram geradas pela execução da linha 150 à 154 do arquivo `Aplicacao.cpp`, onde foram invocados os métodos `f.getNome()`, `f.getEndereco()`, `f.getDataNascimento()`, que são métodos herdados da classe `Pessoa`, e os métodos `f.getCargo()` e `f.getSalario()`, que são específicos da classe `Funcionario`.

12.4.2 Herança em JAVA

Apresentamos, a seguir, a implementação das classes descritas do diagrama da Seção 12.4 em JAVA. Para potencializar a reutilização de código, foi criado um arquivo para cada classe, contendo a declaração dos atributos e a implementação dos métodos desejados. São eles: `Pessoa.java`, `Aluno.java` e `Funcionario.java`. Além disso, para demonstrar a utilização de tais classes, foi criado o arquivo `Aplicacao.java`, contendo o método `main`.

A seguir, está a explicação detalhada sobre cada arquivo (a numeração à esquerda das linhas foi usada apenas para facilitar a explicação).

Da linha 1 à 26 está o arquivo `Pessoa.java`. Nele, estão declarados todos os atributos e implementados todos os métodos de qualquer tipo de pessoa.

Arquivo **Pessoa.java**

```
1. public class Pessoa {
2.     private String nome;
3.     private String endereco;
4.     private String dataNascimento;

5.     public Pessoa() {
6.         System.out.println("Executando construtor da classe Pessoa");
7.     }

8.     public String getNome() {
9.         return nome;
10.    }

11.    public void setNome(String nome) {
12.        this.nome = nome;
13.    }

14.    public String getEndereco() {
15.        return endereco;
16.    }

17.    public void setEndereco(String endereco) {
18.        this.endereco = endereco;
19.    }

20.    public String getDataNascimento() {
21.        return dataNascimento;
22.    }

23.    public void setDataNascimento(String dataNascimento) {
24.        this.dataNascimento = dataNascimento;
25.    }
26. }
```

Da linha 27 à 45 está o arquivo `Aluno.java`. Nele, estão declarados os atributos e implementados os métodos que são específicos para alunos.

O relacionamento de herança, que indica que `Aluno` deve herdar as características de `Pessoa`, está definido na linha 27, quando após o nome da classe `Aluno` é colocado `extends Pessoa`, deixando claro que `Aluno` é uma extensão de `Pessoa`.

Arquivo **Aluno.java**

```
27. public class Aluno extends Pessoa {
28.     private String curso;
29.     private String semestre;

30.     public Aluno() {
31.         System.out.println("Executando construtor da classe Aluno");
32.     }

33.     public String getCurso() {
34.         return curso;
35.     }

36.     public void setCurso(String curso) {
37.         this.curso = curso;
38.     }

39.     public String getSemestre() {
40.         return semestre;
41.     }

42.     public void setSemestre(String semestre) {
43.         this.semestre = semestre;
44. }

45. }
```

Da linha 46 à 64 está o arquivo `Funcionario.java`. Nele, estão declarados os atributos e implementados os métodos que são específicos para funcionários.

O relacionamento de herança, que indica que `Funcionario` deve herdar as características de `Pessoa` está definido na linha 46, quando após o nome da classe `Funcionario` é colocado `extends Pessoa`, deixando claro que `Funcionario` é uma extensão de `Pessoa`.

Arquivo **Funcionario.java**

```
46. public class Funcionario extends Pessoa {
47.     private float salario;
48.     private String cargo;

49.     public Funcionario() {
50.         System.out.println("Executando construtor da classe Funcionario");
51.     }

52.     public float getSalario() {
53.         return salario;
54.     }

55.     public void setSalario(float salario) {
56.         this.salario = salario;
57.     }

58.     public String getCargo() {
59.         return cargo;
60.     }
```

```
61.    public void setCargo(String cargo) {
62.       this.cargo = cargo;
63.    }


64. }
```

Da linha 65 à 103 está o arquivo `Aplicacao.java`, criado para demonstrar a criação e utilização de objetos envolvidos em herança.

Arquivo **Aplicacao.java**

```
65. public class Aplicacao {
66. public static void main(String[] args) {
67.     System.out.println("Iniciando o processo de criação de um objeto Pessoa");
68.     Pessoa p = new Pessoa();

69.     System.out.println("\nIniciando o processo de criação de um objeto Aluno");
70.     Aluno a = new Aluno();

71.     System.out.println("\nIniciando o processo de criação de um objeto Funcionario");
72.     Funcionario f = new Funcionario();

73.     p.setNome("Vanderlei");
74.     p.setEndereco("Rua 15 de novembro, 345");
75.     p.setDataNascimento("12/05/1960");

76.     a.setNome("Maria");
77.     a.setEndereco("Rua 26 de agosto, 1874");
78.     a.setDataNascimento("31/01/1990");
79.     a.setCurso("Ciência da Computação");
80.     a.setSemestre("4º");

81.     f.setNome("Pedro");
82.     f.setEndereco("Rua 7 de setembro, 3875");
83.     f.setDataNascimento("27/10/1980");
84.     f.setCargo("Arquiteto de software");
85.     f.setSalario(10000);

86.     System.out.println("\nDados cadastrados no objeto p - do tipo Pessoa");
87.     System.out.println("Nome: " + p.getNome());
88.     System.out.println("Endereço " + p.getEndereco());
89.     System.out.println("Data de nascimento: " + p.getDataNascimento());

90.     System.out.println("\nDados cadastrados no objeto a - do tipo Aluno");
91.     System.out.println("Nome: " + a.getNome());
92.     System.out.println("Endereço: " + a.getEndereco());
93.     System.out.println("Data de nascimento: " + a.getDataNascimento());
94.     System.out.println("Curso: " + a.getCurso());
95.     System.out.println("Semestre: " + a.getSemestre());

96.     System.out.println("\nDados cadastrados no objeto f - do tipo Funcionario");
97.     System.out.println("Nome: " + f.getNome());
98.     System.out.println("Endereco: " + f.getEndereço());
99.     System.out.println("Data de nascimento: " + f.getDataNascimento());
```

```
100.    System.out.println("Cargo: " + f.getCargo());
101.    System.out.println("Salário: R$ " + f.getSalario());
102.  }
103.  }
```

O resultado da execução do arquivo `Aplicacao.java` está apresentado a seguir (os marcadores à esquerda nas linhas foram usados apenas para facilitar a explicação).

■ `Iniciando o processo de criação de um objeto Pessoa.`

Esta mensagem foi gerada pela execução da linha 67 do arquivo `Aplicacao.java`.

■ `Executando construtor da classe Pessoa.`

Esta mensagem foi gerada pela execução da linha 68 do arquivo `Aplicacao.java`, onde é criado o objeto p, do tipo `Pessoa`. Ao criar esse objeto, o construtor da classe `Pessoa`, da linha 5 à 7, é executado.

■ `Iniciando o processo de criação de um objeto Aluno.`

Esta mensagem foi gerada pela execução da linha 69 do arquivo `Aplicacao.java`.

■ `Executando construtor da classe Pessoa.`

■ `Executando construtor da classe Aluno.`

Estas duas mensagens foram geradas pela execução da linha 70 do arquivo `Aplicacao.java`, onde é criado o objeto a, do tipo `Aluno`. Como o objeto `Aluno` herda da classe `Pessoa`, ao criar o objeto a, primeiro foi executado o construtor da classe `Pessoa` (da linha 5 à 7) e, depois, foi executado o construtor da classe `Aluno` (da linha 30 à 32).

■ `Iniciando o processo de criação de um objeto Funcionario.`

Esta mensagem foi gerada pela execução da linha 71 do arquivo `Aplicacao.java`.

■ `Executando construtor da classe Pessoa.`

■ `Executando construtor da classe Funcionario.`

Estas duas mensagens foram geradas pela execução da linha 72 do arquivo `Aplicacao.java`, onde é criado o objeto f, do tipo `Funcionario`. Como o objeto `Funcionario` herda da classe `Pessoa`, ao criar o objeto f, primeiro foi executado o construtor da classe `Pessoa` (da linha 5 à 7) e, depois, foi executado o construtor da classe `Funcionario` (da linha 49 à 51).

■ `Dados cadastrados no objeto p - do tipo Pessoa.`

Esta linha foi gerada pela execução da linha 86 do arquivo `Aplicacao.java`.

■ `Nome: Vanderlei`

■ `Endereço: Rua 15 de novembro, 345`

■ `Data de nascimento: 12/05/1960`

Estas três mensagens foram geradas pela execução da linha 87 à 89 do arquivo `Aplicacao.java`, onde foram invocados os métodos `p.getNome()`, `p.getEndereco()`, `p.getDataNascimento()`.

■ `Dados cadastrados no objeto a - do tipo Aluno.`

Esta mensagem foi gerada pela execução da linha 90 do arquivo `Aplicacao.java`.

■ `Nome: Maria`

■ `Endereço: Rua 26 de agosto, 1874`

- Data de nascimento: 31/01/1990

- Curso: Ciência da Computação

- Semestre: 4º

Estas cinco mensagens foram geradas pela execução da linha 91 à 95 do arquivo `Aplicacao.java`, onde foram invocados os métodos `a.getNome()`, `a.getEndereco()`, `a.getDataNascimento()`, que são métodos herdados da classe `Pessoa`, e os métodos `a.getCurso()` e `a.getSemestre()`, que são específicos da classe `Aluno`.

- Dados cadastrados no objeto f - do tipo Funcionario.

Esta mensagem foi gerada pela execução da linha 96 do arquivo `Aplicacao.java`.

- Nome: Pedro

- Endereço: Rua 7 de setembro, 3875

- Data de nascimento: 27/10/1980

- Cargo: Arquiteto de software

- Salário: R$ 10000.0

Estas cinco mensagens foram geradas pela execução da linha 97 à 101 do arquivo `Aplicacao.java`, onde foram invocados os métodos `f.getNome()`, `f.getEndereco()`, `f.getDataNascimento()`, que são métodos herdados da classe `Pessoa`, e os métodos `f.getCargo()` e `f.getSalario()`, que são específicos da classe `Funcionario`.

12.5 Polimorfismo

A palavra polimorfismo quer dizer múltiplas formas. Na programação orientada a objetos, polimorfismo se apresenta de diferentes maneiras. Nesta seção, abordaremos o polimorfismo por herança.

Polimorfismo por herança permite que uma classe, em um nível mais genérico (a classe mãe), indique a necessidade de executar determinada operação. Porém, nesse nível mais genérico, essa classe mãe não tem conhecimento (ou dados) suficientes para realizar essa ação. Ficará, portanto, sob responsabilidade das classes filhas implementar a realização de tal ação.

Como a classe genérica não implementa todas as ações de que necessita, ela é chamada classe abstrata, não podendo ser instanciada, mas servindo de molde para as filhas que venham a ser criadas. Já as classes filhas, por sua vez, são chamadas concretas, porque implementam o que é solicitado pela classe mãe.

No diagrama a seguir, pode ser visto que a classe `Funcionario` é considerada abstrata. Essa classe considera que, para todo funcionário, é necessário calcular o salário. Porém, a forma de realizar esse cálculo depende do tipo de funcionário. Sendo assim, a classe `Funcionario` apenas indica que essa ação é necessária, deixando que suas subclasses resolvam o problema.

As classes `Vendedor` e `FreeLancer` são subclasses de `Funcionario` e possuem conhecimento suficiente para realizar a ação de calcular o salário final. Para `Vendedor`, esse cálculo é realizado somando o valor do salário-base com o valor da comissão. Para o `FreeLancer`, esse cálculo é realizado multiplicando-se a quantidade de dias trabalhados pelo valor do dia.

Observe, portanto, que a forma do cálculo muda de acordo com a especialização do funcionário. Isso quer dizer que a ação de calcular o salário final é polimórfica.

A hierarquia de classes apresentada no diagrama a seguir, será implementada em C++ e JAVA nas próximas seções.

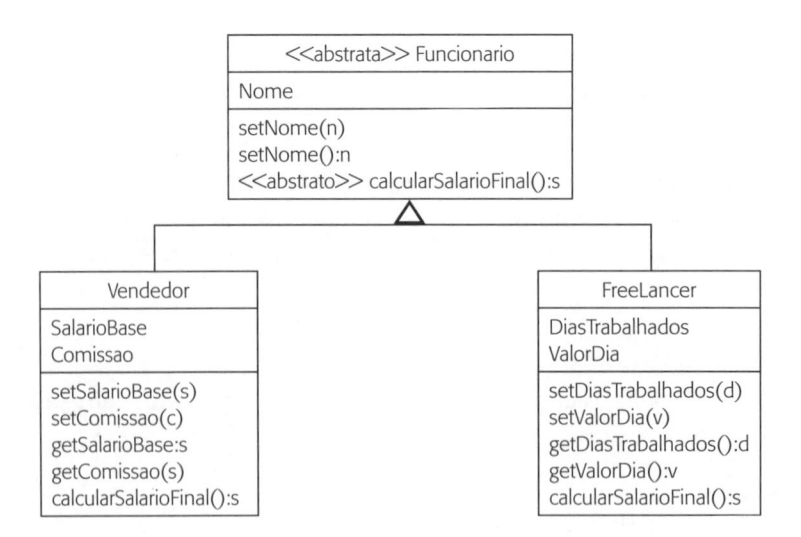

12.5.1 Polimorfismo em C++

O polimorfismo de herança está sendo, aqui, exemplificado por meio do uso das classes `Funcionario` (arquivos `Funcionario.hpp` e `Funcionario.cpp`), `Vendedor` (arquivos `Vendedor.hpp` e `Vendedor.cpp`) e `FreeLancer` (arquivos `FreeLancer.hpp` e `FreeLancer.cpp`). Essas classes estão contidas em arquivos separados, conforme mostrado a seguir.

Vamos olhar atentamente a implementação (a numeração à esquerda das linhas está sendo utilizada apenas para facilitar a explicação).

O arquivo `Funcionario.cpp` contém a implementação de `Funcionario.hpp`. Como já foi comentado, a classe `Funcionario` representa um nível mais genérico, que atende qualquer tipo de `Funcionario`. Assim sendo, ela possui como atributo apenas nome, junto com os métodos `getNome` e `setNome`.

O detalhe mais importante da classe `Funcionario.hpp` está descrito na linha 12, onde está o cabeçalho do método `calcularSalarioFinal()`. Esse método está marcado como virtual. Assim, em `Funcionario.cpp` não haverá implementação dele. Esse método está indicado na classe `Funcionario.hpp` para deixar claro que cada classe filha de `Funcionario` terá uma implementação desse método de acordo com suas necessidades, contudo, a implementação é obrigatória.

Arquivo **Funcionario.hpp**

```
1. #ifndef _Funcionario_H
2. #define _Funcionario_H

3. #include <string>

4. using namespace std;

5. class Funcionario {
6.     private:
7.     string nome;

8.     public:
9.     Funcionario();
10.    string getNome();
11.    void setNome(string n);
12.    virtual float calcularSalarioFinal();
13. };

14. #endif
```

Arquivo **Funcionario.cpp**

```
15. #include "Funcionario.hpp"
16. #include <iostream>

17. using namespace std;

18.    Funcionario::Funcionario() {

19.    }

20.    string Funcionario::getNome() {
21.        return nome;
22.    }

23.    void Funcionario::setNome(string n) {
24.        nome = n;
25.    }

26. float Funcionario::calcularSalarioFinal() {  };
```

O arquivo `Vendedor.cpp` contém a implementação de `Vendedor.hpp`. Conforme descrito na linha 32, `Vendedor` é uma extensão da classe `Funcionario`, ou seja, `Vendedor` é classe filha e `Funcionario` é classe mãe.

Sendo assim, a classe `Vendedor` possui todas as suas especificidades mais a herança recebida de `Funcionario`. Nessa herança, está incluída a obrigatoriedade de implementar o método `calcularSalarioFinal()`. Na linha 42, vê-se a declaração desse método no arquivo `Vendedor.hpp`. Da linha 61 à 63, vê-se a implementação desse método fornecida pela classe `Vendedor.cpp`.

Com essa implementação feita, a classe `Vendedor` passa a ser considerada uma classe concreta e, portanto, poderá ser instanciada quando necessário.

Arquivo **Vendedor.hpp**

```
27. #ifndef _Vendedor_H
28. #define _Vendedor_H

29. #include "Funcionario.hpp"
30. #include <string>

31. using namespace std;

32. class Vendedor: public Funcionario {
33.    private:
34.    float salarioBase;
35.    float comissao;

36.    public:
37.    Vendedor();
38.    float getSalarioBase();
39.    void setSalarioBase(float s);
40.    float getComissao();
41.    void setComissao(float c);
42.    float calcularSalarioFinal();
43. };

44. #endif
```

Arquivo **Vendedor.cpp**

```
45. #include "Vendedor.hpp"
46. #include <iostream>
47. Vendedor::Vendedor() {

48. }

49. float Vendedor::getSalarioBase() {
50.     return salarioBase;
51. }

52. void Vendedor::setSalarioBase(float s) {
53.     salarioBase = s;
54. }

55. float Vendedor::getComissao() {
56.     return comissao;
57. }

58. void Vendedor::setComissao(float c) {
59.     comissao = c;
60. }

61. float Vendedor::calcularSalarioFinal() {
62.     return salarioBase + comissao;
63. }
```

O arquivo `FreeLancer.cpp` contém a implementação de `Freelancer.hpp`. Conforme descrito na linha 69, `FreeLancer` é uma extensão da classe `Funcionario`, ou seja, `FreeLancer` é classe filha e `Funcionario` é classe mãe.

Sendo assim, a classe `FreeLancer` possui todas as suas especificidades mais a herança recebida de `Funcionario`. Nessa herança, está incluída a obrigatoriedade de implementar o método `calcularSalarioFinal()`. Na linha 79, vê-se a declaração desse método no arquivo `Vendedor.hpp`. Da linha 98 à 100, vê-se a implementação desse método fornecida pela classe `FreeLancer.cpp`.

Com essa implementação feita, a classe `FreeLancer` passa a ser considerada uma classe concreta e, portanto, poderá ser instanciada quando necessário.

Arquivo **Freelancer.hpp**

```
64. #ifndef _FreeLancer_H
65. #define _FreeLancer_H

66. #include "Funcionario.hpp"
67. #include <string>

68. using namespace std;

69. class FreeLancer: public Funcionario {
70.     private:
71.     int diasTrabalhados;
72.     float valorDia;
73.     public:
74.     FreeLancer();
75.     int getDiasTrabalhados();
```

```
76.     void setDiasTrabalhados(int d);
77.     float getValorDia();
78.     void setValorDia(float v);
79.     float calcularSalarioFinal();
80. };

81. #endif
```

Arquivo **Freelancer.cpp**

```
82. #include "FreeLancer.hpp"
83. #include <iostream>

84. FreeLancer::FreeLancer() {

85. }

86. int FreeLancer::getDiasTrabalhados() {
87.    return diasTrabalhados;
88. }

89. void FreeLancer::setDiasTrabalhados(int d) {
90.    diasTrabalhados = d;
91. }

92. float FreeLancer::getValorDia() {
93.    return valorDia;
94. }

95. void FreeLancer::setValorDia(float v) {
96.    valorDia = v;
97. }

98. float FreeLancer::calcularSalarioFinal() {
99.    return diasTrabalhados * valorDia;
100. }
```

Por fim, nessa apresentação de um exemplo de polimorfismo, temos a classe `Empresa`, descrita da linha 101 à 122, no arquivo `Empresa.cpp`.

A classe `Empresa` foi criada com a intenção de usar as classes concretas descritas acima e apresentar a manifestação do comportamento polimórfico do método `calcularSalarioFinal()`.

Observe, nas linhas 112 e 113, a criação, respectivamente, da variável v, referência para um objeto do tipo `Vendedor`, e da variável f, referência para um objeto do tipo `FreeLancer` (não há nenhuma instanciação explícita da classe `Funcionario` porque se trata de uma classe abstrata).

Da linha 114 à 116, os atributos do objeto v são inicializados. Da linha 118 à 120, os atributos do objeto f são inicializados.

As linhas 117 e 121 invocam o método `obterSalarioDoFuncionario()`. Na linha 117, esse método recebe como parâmetro o endereço de uma variável do tipo `Vendedor`. Já na linha 121, esse mesmo método recebe como parâmetro o endereço de uma variável do tipo `FreeLancer`.

À primeira vista, poderíamos pensar que isso poderia gerar algum tipo de erro (em tempo de compilação ou em tempo de execução). Contudo, se executarmos esse exemplo, não incorreremos em nenhum tipo de erro.

O motivo de tudo funcionar corretamente está na linha 107, onde vemos o cabeçalho do método `obterSalarioDoFuncionario()`. Observe que, nessa linha, o parâmetro esperado pelo método é um ponteiro para o tipo `Funcionario`. Assim, na invocação desse método, podemos usar qualquer tipo de variável que esteja dentro do conjunto de classes filhas de `Funcionario`, já que uma classe filha pode ser considerada um tipo especial da classe mãe (`Vendedor` é um `Funcionario` e `FreeLancer` também é um `Funcionario`).

E, assim sendo, quando a linha 108 for executada, a aplicação não precisa se preocupar com qual das versões do método `calcularSalarioFinal()` será executada, se aquela escrita na classe `Vendedor` ou a escrita na classe `FreeLancer`. Essa decisão será tomada pelo tipo de referência passada. Como a primeira invocação, ocorrida na linha 117, mandou uma referência para um `Vendedor`, a versão executada foi aquela escrita no arquivo `Vendedor.java`. Já na segunda invocação, ocorrida na linha 121, foi mandada uma referência para um `FreeLancer`, a versão executada foi aquela escrita no arquivo `FreeLancer.java`.

É importante observar que, com essa estratégia, não há necessidade de uso de estruturas condicionais para descobrir qual o tipo de funcionário em questão para poder invocar a versão correta do método. Isso facilita muito a manutenção do código.

Eis aí o polimorfismo de herança: o método é o mesmo, `calcularSalarioFinal()`, porém, dependendo do objeto que o acione, a implementação assume diferentes formas.

Arquivo **Empresa.cpp**

```
101. #include "Funcionario.hpp"
102. #include "Vendedor.hpp"
103. #include "FreeLancer.hpp"
104. #include <string>
105. #include <iostream>

106. using namespace std;

107. float obterSalarioDoFuncionario(Funcionario *funcionario) {
108.     float resposta = funcionario->calcularSalarioFinal();
109.     return resposta;
110. }

111. int main() {
112.     Vendedor v;
113.     FreeLancer f;

114.     v.setNome("Carlos");
115.     v.setSalarioBase(2000);
116.     v.setComissao(3000);
117.     cout << "Salario do vendedor: " << obterSalarioDoFuncionario(&v);
118.     f.setNome("Clara");
119.     f.setDiasTrabalhados(20);
120.     f.setValorDia(150);
121.     cout << "Salario do free lancer: " << obterSalarioDoFuncionario(&f);
122. }
```

12.5.2 Polimorfismo em JAVA

O polimorfismo de herança está sendo, aqui, exemplificado por meio do uso das classes `Funcionario`, `Vendedor` e `FreeLancer`. Essas classes estão contidas em arquivos separados, conforme a seguir.

Vamos olhar atentamente cada arquivo (a numeração à esquerda das linhas está sendo utilizada apenas para facilitar a explicação).

A classe `Funcionario`, está implementada no arquivo `Funcionario.java`, da linha 1 à 12. Como já foi comentado, a classe `Funcionario` representa um nível mais genérico, que atende qualquer tipo de `Funcionario`. Assim sendo, ela possui como atributo apenas nome, em conjunto com os métodos `getNome` e `setNome`.

O detalhe mais importante da classe `Funcionario` está descrito na linha11, onde está o cabeçalho do método `calcularSalarioFinal()`. Esse método não possui corpo, ou seja, após o cabeçalho já se encontra um ponto e vírgula, razão pela qual ele carrega o modificador *abstract* consigo. Esse método está indicado na classe `Funcionario` para deixar claro que cada classe filha de `Funcionario` terá uma implementação desse método, de acordo com suas necessidades, contudo, a implementação é obrigatória.

Arquivo **Funcionario.java**

```
1. public abstract class Funcionario {
2.     private String nome;

3.     public Funcionario() {

4.     }

5.     public String getNome() {
6.         return nome;
7.     }

8.     public void setNome(String nome) {
9.         this.nome = nome;
10.    }

11.    public abstract float calcularSalarioFinal();

12. }
```

A classe `Vendedor` está implementada no arquivo `Vendedor.java`. Conforme descrito na linha 13, `vendedor` é uma extensão da classe `Funcionario`, ou seja, `Vendedor` é classe filha e `Funcionario` é classe mãe.

Sendo assim, a classe `Vendedor` possui todas as suas especificidades mais a herança recebida de `Funcionario`. Nessa herança, está incluída a obrigatoriedade de implementar o método `calcularSalarioFinal()`, que pode ser visto da linha 31 à 34.

Na linha 31, é possível ver a marcação `@Override`, deixando claro que o método a seguir está sobrepondo algo que foi herdado.

Na linha 32 pode-se ver o cabeçalho do método `calcularSalarioFinal()`. Observe que é exatamente igual ao declarado na linha 11 da classe `Funcionario.java`. Com essa implementação feita, a classe `vendedor` passa a ser considerada uma classe concreta e, portanto, poderá ser instanciada quando necessário.

Arquivo **Vendedor.java**

```
13. public class Vendedor extends Funcionario {
14.     private float salarioBase;
15.     private float comissao;

16.     public Vendedor() {
17.         super();
18.     }

19.     public float getSalarioBase() {
20.         return salarioBase;
21.     }

22.     public void setSalarioBase(float salarioBase) {
23.         this.salarioBase = salarioBase;
24.     }

25.     public float getComissao() {
26.         return comissao;
27.     }
```

```
28.    public void setComissao(float comissao) {
29.        this.comissao = comissao;
30.    }

31.    @Override
32.    public float calcularSalarioFinal() {
33.        return salarioBase + comissao;
34.    }

35. }
```

A classe `FreeLancer` está implementada no arquivo `FreeLancer.java`. Conforme descrito na linha 36, `FreeLancer` é uma extensão da classe `Funcionario`, ou seja, `FreeLancer` é classe filha e `Funcionario` é classe mãe.

Sendo assim, a classe `FreeLancer` possui todas as suas especificidades mais a herança recebida de `Funcionario`. Nessa herança, está incluída a obrigatoriedade de implementar o método `calcularSalarioFinal()`, que pode ser visto da linha 53 à 56.

Na linha 53, é possível ver a marcação `@Override`, deixando claro que o método a seguir está sobrepondo algo que foi herdado.

Na linha 54, pode-se ver o cabeçalho do método `calcularSalarioFinal()`. Observe que é exatamente igual ao declarado na linha 11 da classe `Funcionario.java`. Com essa implementação feita, a classe `FreeLancer` passa a ser considerada uma classe concreta e, portanto, poderá ser instanciada quando necessário.

Arquivo **FreeLancer**

```
36. public class FreeLancer extends Funcionario {
37.    private int diasTrabalhados;
38.    private float valorDia;

39.    public FreeLancer() {

40.    }

41.    public int getDiasTrabalhados() {
42.        return diasTrabalhados;
43.    }

44.    public void setDiasTrabalhados(int diasTrabalhados) {
45.        this.diasTrabalhados = diasTrabalhados;
46.    }

47.    public float getValorDia() {
48.        return valorDia;
49.    }

50.    public void setValorDia(float valorDia) {
51.        this.valorDia = valorDia;
52.    }

53.    @Override
54.    public float calcularSalarioFinal() {
55.        return diasTrabalhados * valorDia;
56.    }

57. }
```

Por fim, nessa apresentação de um exemplo de polimorfismo, temos a classe `Empresa`, descrita da linha 58 à 76, no arquivo `Empresa.java`.

A classe `Empresa` foi criada com a intenção de usar as classes concretas descritas acima e apresentar a manifestação do comportamento polimórfico do método `calcularSalarioFinal()`.

Observe, nas linhas 61 e 62, a criação, respectivamente, da variável v, referência para um objeto do tipo `Vendedor`, e da variável f, referência para um objeto do tipo `FreeLancer` (não há nenhuma instanciação explícita da classe `Funcionario`, porque se trata de uma classe abstrata).

Da linha 63 à 65, os atributos do objeto v são inicializados. Da linha 67 à 69, os atributos do objeto f são inicializados.

As linhas 66 e 70 invocam o método `obterSalarioDoFuncionario()`. Na linha 66, esse método recebe como parâmetro uma variável do tipo `Vendedor`. Já na linha 70, esse mesmo método recebe como parâmetro uma variável do tipo `FreeLancer`. À primeira vista, poderíamos pensar que isso poderia gerar algum tipo de erro (em tempo de compilação ou em tempo de execução). Contudo, se executarmos esse exemplo, não incorreremos em nenhum tipo de erro.

O motivo de tudo funcionar corretamente está na linha 72, onde vemos o cabeçalho do método `obterSalarioDoFuncionario()`. Observe que, nessa linha, o parâmetro esperado pelo método é do tipo `Funcionario`. Assim, na invocação desse método, podemos usar qualquer tipo de variável que esteja dentro do conjunto de classes filhas de `Funcionario`, já que uma classe filha pode ser considerada um tipo especial da classe mãe (`Vendedor` é um `Funcionario` e `FreeLancer` também é um `Funcionario`).

E, assim sendo, quando a linha 73 for executada, a aplicação não precisa se preocupar com qual das versões do método `calcularSalarioFinal()` será executada, se aquela escrita na classe `Vendedor` ou a escrita na classe `FreeLancer`. Essa decisão será tomada pelo tipo de referência passada. Como a primeira invocação, ocorrida na linha 66, mandou uma referência para um `Vendedor`, a versão executada foi aquela escrita no arquivo `Vendedor.java`. Já na segunda invocação, ocorrida na linha 70, foi mandada uma referência para um `FreeLancer`, a versão executada foi aquela escrita no arquivo `FreeLancer.java`.

É importante observar que, com essa estratégia, não há necessidade de uso de estruturas condicionais para descobrir qual o tipo de funcionário em questão para poder invocar a versão correta do método. Isso facilita muito a manutenção do código.

Eis aí o polimorfismo de herança: o método é o mesmo, `calcularSalarioFinal()`, porém, dependendo do objeto que o acione, a implementação assume diferentes formas.

Arquivo **Empresa.java**

```
58. import java.util.Scanner;
59. public class Empresa {
60.    public static void main(String args[]) {
61.       Vendedor v = new Vendedor();
62.       FreeLancer f = new FreeLancer();

63.       v.setNome("Carlos");
64.       v.setSalarioBase(2000);
65.       v.setComissao(3000);

66.       System.out.println("Salario vendedor: " + obterSalarioDoFuncionario(v));

67.       f.setNome("Clara");
68.       f.setDiasTrabalhados(20);
69.       f.setValorDia(150);

70.       System.out.println("Salario free lancer: " + obterSalarioDo Funcionario(f));
71.    }
72.    public static float obterSalarioDoFuncionario(Funcionariofuncionario) {
73.       float resposta = funcionario.calcularSalarioFinal();
74.       return resposta;
75.    }

76.}
```

EXERCÍCIOS RESOLVIDOS

1. Defina uma classe chamada TIPO com os seguintes atributos: código do tipo e percentual do tipo. Os percentuais devem seguir a tabela abaixo.

Tipo	% de imposto
1. Alimentação	10
2. Limpeza	20

Defina uma classe chamada PRODUTO com os seguintes atributos: descrição, tipo (que deve existir na classe TIPO), preço e imposto e o método calcular o preço final, ou seja, preço mais imposto. Faça um programa que carregue os dados de um produto e mostre seu preço final.

Resolução em C++:

Arquivo `Tipo.hpp`

```cpp
#ifndef _Tipo_H
#define _Tipo_H
using namespace std;
class Tipo
{
    public:
            Tipo();
            void setCodigo(int c);
            int getCodigo();
            void setPercentual(float p);
            float getPercentual();
    private:
            int codigo;
            float percentual;
};
#endif
```

Arquivo `Tipo.cpp`

```cpp
#include "Tipo.hpp"

using namespace std;

Tipo::Tipo()
{
}

void Tipo::setCodigo(int c)
{
        codigo = c;
}

int Tipo::getCodigo()
{
        return codigo;
}

void Tipo::setPercentual(float p)
```

```
{
        percentual = p;
}


float Tipo::getPercentual()
{
        return percentual;
}
```

Arquivo `Produto.cpp`

```
#ifndef _Produto_H
#define _Produto_H

#include "Tipo.hpp"
#include <string>

using namespace std;

class Produto
{
    public:
            Produto();
            void setDescricao(string n);
            string getDescricao();
            void setTipo(Tipo t);
            Tipo getTipo();
            void setPreco(float preco);
            float getPreco();
            float calculaPrecoFinal();
            float getImposto();
    private:
            string descricao;
            Tipo tipo;
            float preco;
            float imposto;
            void setImposto(float i);
};

#endif
```

Arquivo `Produto.cpp`

```
#include <string>
#include "Tipo.hpp"
#include "Produto.hpp"
using namespace std;

Produto::Produto()
{
}

void Produto::setDescricao(string n)
{
descricao = n;
```

```
}

string Produto::getDescricao()
{
        return descricao;
}

void Produto::setTipo(Tipo t)
{
    tipo = t;
    setImposto(preco * tipo.getPercentual() / 100);
}


Tipo Produto::getTipo()
{
        return tipo;
}
void Produto::setPreco(float p)
{
        preco = p;
}

float Produto::getPreco()
{
        return preco;
}

void Produto::setImposto(float i)
{
        imposto = i;
}

float Produto::getImposto()
{
        return imposto;
}

float Produto::calculaPrecoFinal()
{
        return preco + imposto;
}
```

Arquivo ex1.cpp

```
#include <cstdlib>
#include <string>
#include <stdio.h>
#include <iostream>
#include "Produto.hpp"

using namespace std;
```

```
int main(int argc, char *argv[])
  {
        /* Início da criação e dos objetos que representarão os tipos possíveis de produto.
        Se, com o passar do tempo, outros tipos forem criados, basta acrescentá-los ao
        vetor tipos, não sendo necessária qualquer alteração na classe Produto.*/

        Tipo tipos[2];
        tipos[0].setCodigo(1);
        tipos[0].setPercentual(10);
        tipos[1].setCodigo(2);
        tipos[1].setPercentual(20);

        /* Inicio do cadastramento do objeto Produto. */
        string descAux;
        float precoAux;
        int tipoAux;
        Produto p;
        printf("\nDigite a descrição do produto: ");
        cin >> descAux;
        p.setDescricao(descAux);
        printf("\nDigite o preço do produto: ");
        scanf("%f%*c",&precoAux);
        p.setPreco(precoAux);
        printf("\nDigite o tipo do produto: ");
        scanf("%d%*c",&tipoAux);
        while (tipoAux != 1 && tipoAux != 2)
              {
                    printf("\nTipo inválido. Digite novamente ");
                    scanf("%d%*c",&tipoAux);
              }
        p.setTipo(tipos[tipoAux-1]);
        printf("\nPreço final = %5.2f",p.calculaPrecoFinal());
        getchar();
        return 0;
  }
```

Resolução em JAVA:

Arquivo `Tipo.java`

```
public class Tipo
{
      private int codigo;
      private double percentual;

      public Tipo()
      {
      }

      public void setCodigo(int c)
      {
            codigo = c;
      }
}
```

```
        public int getCodigo()
        {
                return codigo;
        }

        public void setPercentual(double p)
        {
                percentual = p;
        }

        public double getPercentual()
        {
                return percentual;
        }
}
```

Arquivo `Produto.java`

```
public class Produto
{
        private String descricao;
        private Tipo tipo;
        private double preco;
        private double imposto;

        public Produto()
        {
        }

        public void setDescricao(String n)
        {
                descricao = n;
        }

        public String getDescricao()
        {
                return descricao;
        }

        public void setTipo(Tipo t)
        {
                tipo = t;
                setImposto(preco * tipo.getPercentual() / 100);
        }

        private void setImposto(double i)
        {
                imposto = i;
        }
        public Tipo getTipo()
        {
                return tipo;
        }
```

```
        public void setPreco(double p)
        {

                preco = p;
        }


        public double getPreco()
        {

                return preco;
        }


        public double getImposto()
        {

                return imposto;
        }


        public double calculaPrecoFinal()
        {

                    return preco + imposto;

        }
}
```

Arquivo `ex1.java`

```
import java.util.*;
public class ex1
{
        public static void main(String[] args)
        {
                Scanner entrada = new Scanner(System.in);
                Tipo tipos[] = new Tipo[2];
                tipos[0] = new Tipo();
                tipos[0].setCodigo(1);
                tipos[0].setPercentual(10);
                tipos[1] = new Tipo();
                tipos[1].setCodigo(2);
                tipos[1].setPercentual(20);

                String descAux;
                double precoAux;
                int tipoAux;
                Produto p = new Produto();
                System.out.println("\nDigite a descrição do produto: ");
                descAux = entrada.next();
                p.setDescricao(descAux);
                System.out.println("\nDigite o preço do produto: ");
                precoAux = entrada.nextDouble();
                p.setPreco(precoAux);
                System.out.println("\nDigite o tipo do produto: ");
                tipoAux = entrada.nextInt();
                while (tipoAux != 1 && tipoAux != 2)
                {
                  System.out.println("\nTipo inválido. Digite novamente ");
                  tipoAux = entrada.nextInt();
                }
```

```
                    p.setTipo(tipos[tipoAux-1]);
                    System.out.println("\nPreço final="+p.calculaPrecoFinal());
        }
}
```

2. Refazer o exercício anterior para cadastrar cinco produtos. Para cada produto, mostrar o preço final e, posteriormente, calcular e mostrar a média dos preços finais dos produtos e a quantidade de produtos com preço final superior a 40.

Resolução em C++:

Todos os arquivos do exercício anterior devem ser mantidos, exceto o arquivo ex1.cpp, que deve ser alterado para o arquivo abaixo.

Arquivo `ex2.cpp`

```cpp
#include <cstdlib>
#include <string>
#include <stdio.h>
#include <iostream>
#include "Produto.hpp"

using namespace std;

int main(int argc, char *argv[])
  {
        /* Início da criação e dos objetos que representarão os tipos possíveis de pro-
          duto.
          Se, com o passar do tempo, outros tipos forem criados, basta acrescentá-los
          ao vetor tipos, não sendo necessária qualquer alteração na classe Produto.*/

        Tipo tipos[2];
        tipos[0].setCodigo(1);
        tipos[0].setPercentual(10);

        tipos[1].setCodigo(2);
        tipos[1].setPercentual(20);

        /* Início do cadastramento do objeto Produto. */
        string descAux;
        float precoAux, soma = 0, media;
        int tipoAux, qtde = 0, i;
        Produto p[5];


        for (i=0;i<=4;i++)
        {
         printf("\nDigite a descrição do produto: ");
         cin >> descAux;
         p[i].setDescricao(descAux);
         printf("\nDigite o preço do produto: ");
         scanf("%f%*c",&precoAux);
         p[i].setPreco(precoAux);
         printf("\nDigite o tipo do produto: ");
```

```
            scanf("%d%*c",&tipoAux);
            while (tipoAux != 1 && tipoAux != 2)
                {
                        printf("\nTipo inválido. Digite novamente ");
                        scanf("%d%*c",&tipoAux);
                }
            p[i].setTipo(tipos[tipoAux-1]);
            printf("\nPreço final = %5.2f",p[i].calculaPrecoFinal());
            soma = soma + p[i].calculaPrecoFinal();
            if (p[i].calculaPrecoFinal() > 40)
                qtde++;
        }
    media = soma/5;
    printf("\nMédia dos preços finais = %5.2f",media);
    printf("\nQuant. de produtos com preço final > a 40 = %d",qtde);

    getchar();
    return 0;
}
```

Resolução em JAVA:

Todos os arquivos do exercício anterior devem ser mantidos, exceto o arquivo ex1.java, que deve ser alterado para o arquivo a seguir.

Arquivo **ex2.java**

```
import java.util.*;
public class ex2
{
    public static void main(String[] args)
    {
        Scanner entrada = new Scanner(System.in);
        Tipo tipos[] = new Tipo[2];
        tipos[0] = new Tipo();
        tipos[0].setCodigo(1);
        tipos[0].setPercentual(10);
        tipos[1] = new Tipo();
        tipos[1].setCodigo(2);
        tipos[1].setPercentual(20);

        String descAux;
        double precoAux, m, soma = 0;
        int tipoAux, i, qtde = 0;
        Produto p[] = new Produto[5];
        for (i=0;i<5;i++)
        {
         p[i] = new Produto();
         System.out.println("\nDigite a descrição do produto: ");
         descAux = entrada.next();
         p[i].setDescricao(descAux);
         System.out.println("\nDigite o preço do produto: ");
         precoAux = entrada.nextDouble();
         p[i].setPreco(precoAux);
```

```
                    System.out.println("\nDigite o tipo do produto: ");
                    tipoAux = entrada.nextInt();
                    while (tipoAux != 1 && tipoAux != 2)
                    {
                     System.out.println("\nTipo inválido. Digite novamente ");
                     tipoAux = entrada.nextInt();
                    }
                    p[i].setTipo(tipos[tipoAux-1]);
                    System.out.println("\nPreço final = "+p[i].calculaPrecoFinal());
                    soma = soma + +p[i].calculaPrecoFinal();
                    if (p[i].calculaPrecoFinal() > 40)
                          qtde++;
                }
                m = soma/5;
                System.out.println("Média = "+m);
                System.out.println("Quantidade = "+qtde);


        }
```

3. Defina uma classe denominada CARGO com os seguintes atributos: número do cargo e valor da hora trabalhada. Defina uma classe FUNCIONÁRIO com os seguintes atributos: código do cargo, sexo e quantidade de horas trabalhadas. Essa classe deve possuir, ainda, um método para calcular o salário final, ou seja, o salário de acordo com o cargo (valor da hora trabalhada multiplicado pelo número de horas trabalhadas) mais o adicional, ou seja, para o sexo feminino (F ou f), adicional de 20% sobre o salário calculado; e para o sexo (M ou m), não tem direito ao adicional. Faça um programa que carregue os dados de três cargos e um funcionário, calcule e mostre seu salário final.

Resolução em C++:

Arquivo `Cargo.java`

```
#ifndef _Cargo_H
#define _Cargo_H

using namespace std;

class Cargo
{
    public:
          Cargo();
          void setNumero(int n);
          int getNumero();
          void setValorHora(float vh);
          float getValorHora();
    private:
          int numero;
          float valorhora;
};

#endif
```

Arquivo `Cargo.cpp`

```cpp
#include "Cargo.hpp"

using namespace std;

Cargo::Cargo()
{
}

void Cargo::setNumero(int n)
{
    numero = n;
}

int Cargo::getNumero()
{
    return numero;
}

void Cargo::setValorHora(float vh)
{
    valorhora = vh;
}

float Cargo::getValorHora()
{
    return valorhora;
}
```

Arquivo `Funcionario.hpp`

```cpp
#ifndef _Funcionario_H
#define _Funcionario_H

#include "Cargo.hpp"
#include <string>

using namespace std;

class Funcionario
{
    public:
            Funcionario();
            void setCargoFuncionario(Cargo c);
            Cargo getCargoFuncionario();
            void setSexo(char s);
            char getSexo();
            void setAdicional(float a);
            float getAdicional();
            void setQuantidadeHoras(float qh);
            float getQuantidadeHoras();
            float getSalarioBruto();
            float calculaSalarioFinal();
```

```
      private:
            Cargo cargofuncionario;
            char sexo;
            float adicional;
            float quantidadehoras;
            float salariobruto;
            void setSalarioBruto(float sb);
};

#endif
```

Arquivo `Funcionario.java`

```
#include "Cargo.hpp"
#include "Funcionario.hpp"
#include <string>

using namespace std;

Funcionario::Funcionario()
{
}

void Funcionario::setCargoFuncionario(Cargo c)
{
   cargofuncionario = c;
   setSalarioBruto(quantidadehoras * cargofuncionario.getValorHora());
}

Cargo Funcionario::getCargoFuncionario()
{
      return cargofuncionario;
}

void Funcionario::setSexo(char s)
{
     sexo = s;
}

char Funcionario::getSexo()
{
   return sexo;
}

void Funcionario::setQuantidadeHoras(float qh)
{
     quantidadehoras = qh;
}

float Funcionario::getQuantidadeHoras()
{
   return quantidadehoras;
}

void Funcionario::setSalarioBruto(float sb)
{
     salariobruto = sb;
}
```

```
float Funcionario::getSalarioBruto()
{
        return salariobruto;
}

void Funcionario::setAdicional(float a)
{
        adicional = a;
}

float Funcionario::getAdicional()
{
        return adicional;
}

float Funcionario::calculaSalarioFinal()
{
        return salariobruto + salariobruto * adicional/100;
}
```

Arquivo `ex3.cpp`

```
#include <cstdlib>
#include <string>
#include <stdio.h>
#include <iostream>
#include "Funcionario.hpp"

using namespace std;

int main(int argc, char *argv[])
  {
        Cargo cargos[3];
        cargos[0].setNumero(1);
        cargos[0].setValorHora(15);
        cargos[1].setNumero(2);
        cargos[1].setValorHora(20);
        cargos[2].setNumero(3);
        cargos[2].setValorHora(32);

        Funcionario f;
        int cargof;
        float q;
        char s;
        printf("\nDigite a quantidade de horas trabalhadas: ");
        scanf("%f%*c",&q);
        f.setQuantidadeHoras(q);
        printf("\nDigite o cargo do funcionário: ");
        scanf("%d%*c",&cargof);
        f.setCargoFuncionario(cargos[cargof-1]);
        printf("\nDigite o sexo: ");
```

```
        scanf("%c%*c",&s);
        f.setSexo(s);
        if (f.getSexo() == 'M')
          f.setAdicional(0);
        else
          f.setAdicional(20);
        printf("\nSalário Final = %5.2f",f.calculaSalarioFinal());
        getchar();
        return 0;
}
```

Resolução em JAVA:

Arquivo `Funcionario.java`

```java
public class Cargo
{
        private int numero;
        private double valorhora;
        public Cargo()
        {
        }

        public void setNumero(int n)
        {
                numero = n;
        }

        public int getNumero()
        {
                return numero;
        }

        public void setValorHora(double vh)
        {
                valorhora = vh;
        }

        public double getValorHora()
        {
                return valorhora;
        }
}
```

Arquivo `Funcionario.java`

```java
public class Funcionario
{
        private Cargo cargofuncionario;
        private char sexo;
        private double adicional;
        private double quantidadehoras;
        private double salariobruto;

        public Funcionario()
        {
```

```
        }

        public void setCargoFuncionario(Cargo c)
        {
                cargofuncionario = c;
                setSalarioBruto(quantidadehoras * cargofuncionario.getValorHora());
        }

        private void setSalarioBruto(double sb)
        {
                salariobruto = sb;
        }

        public Cargo getCargoFuncionario()
        {
                return cargofuncionario;
        }

        public void setSexo(char s)
        {
                sexo = s;
        }

        public char getSexo()
        {
                return sexo;
        }

        public void setAdicional(double a)
        {
                adicional = a;
        }

        public double getAdicional()
        {
                return adicional;
        }

        public void setQuantidadeHoras(double qh)
        {
                quantidadehoras = qh;
        }

        public double getQuantidadeHoras()
        {
                return quantidadehoras;
        }

        public double getSalarioBruto()
        {
                return salariobruto;
        }
```

```
        public double calculaSalarioFinal()
        {
                return salariobruto + salariobruto * adicional/100;
        }
}
```

Arquivo `ex3.java`

```
import java.util.*;
public class ex3
{
        public static void main(String[] args)
        {
                Scanner dado = new Scanner(System.in);
                Cargo cargos[] = new Cargo[3];
                Funcionario f = new Funcionario();

                cargos[0] = new Cargo();
                cargos[0].setNumero(1);
                cargos[0].setValorHora(15);
                cargos[1] = new Cargo();
                cargos[1].setNumero(2);
                cargos[1].setValorHora(20);
                cargos[2] = new Cargo();
                cargos[2].setNumero(3);
                cargos[2].setValorHora(32);

                int cargof;
                double q;
                char s;
                System.out.println("\nDigite a quantidade de horas trabalhadas: ");
                q = dado.nextDouble();
                f.setQuantidadeHoras(q);
                System.out.println("\nDigite o cargo do funcionário: ");
                cargof = dado.nextInt();
                f.setCargoFuncionario(cargos[cargof-1]);
                System.out.println("\nDigite o sexo: ");
                s = dado.next().charAt(0);
                f.setSexo(s);
                if (f.getSexo() == 'M')
                   f.setAdicional(0);
                else
                   f.setAdicional(20);
                System.out.println("\nSalário Final = "+f.calculaSalarioFinal());
        }
}
```

4. Uma imobiliária comercializa dois tipos de imóveis (1 – terrenos e 2 – casas). Cada tipo de imóvel possui características diferentes.

Todo e qualquer imóvel possui um proprietário, uma quadra, um lote, uma área, um valor de venda, situação (1 – à venda; 2 – vendido; 3 – em negociação) e valor da comissão (não pode ultrapassar 10% do valor do imóvel).

Casas possuem informação da área construída.

Cada tipo de imóvel tem um cálculo de IPTU diferente.

Imóvel territorial: IPTU = 2% do valor do imóvel.
Casas: IPTU = 1% do valor do imóvel.

Implemente classes que representem a realidade acima apresentada.

Utilize modificadores de acesso nos atributos e métodos de tal forma que se garanta o máximo possível de encapsulamento dos objetos.

Crie uma aplicação para:

- cadastrar, no máximo, 30 imóveis;
- alterar a situação de cada imóvel, lembrando que:
  - se a nova situação for a venda ou, em negociação, o valor da comissão será zero.
  - se a situação for alterada para vendido, deve ser solicitado o percentual para o cálculo da comissão.
- mostrar o somatório dos valores de todos os imóveis;
- mostrar o somatório dos valores de todas as comissões.

Resolução em C++:

Arquivo `Imovel.hpp`

```cpp
/*
Esta é superclasse de qualquer tipo de imóvel que venha a ser comercializado pela
imobiliária.
*/

#ifndef _Imovel_H
#define _Imovel_H

#include <string>

using namespace std;

class Imovel {
        private:
        string proprietario;
        string quadra;
        int lote;
        double area;
        double valorIptu;
        string situacao;
        double valorVenda;
        double valorComissaoPaga;

public:
        Imovel();
        string getProprietario();
        void setProprietario(string proprietario);
        string getQuadra();
        void setQuadra(string quadra);
        int getLote();
        void setLote(int lote);
```

```
        double getArea();
        void setArea(double area);
        double getValorIptu();
        void setValorIptu(double valorIptu);
        string getSituacao();
        void setSituacao(string situacao);
        double getValorVenda();
        void setValorVenda(double valorVenda);
        double getValorComissaoPaga();
        void setValorComissaoPaga(double valor);
};

#endif
```

Arquivo `Imovel.cpp`

```cpp
#include "Imovel.hpp"
#include <iostream>
#include <string>

using namespace std;

        Imovel::Imovel() {
                situacao = "a venda";
                valorComissaoPaga = 0;
        }

        string Imovel::getProprietario() {
                return proprietario;
        }

        void Imovel::setProprietario(string proprietario) {
                this->proprietario = proprietario;
        }

        string Imovel::getQuadra() {
                return quadra;
        }

         void Imovel::setQuadra(string quadra) {
                this->quadra = quadra;
        }

        int Imovel::getLote() {
                return lote;
        }

         void Imovel::setLote(int lote) {
                this->lote = lote;
        }

         double Imovel::getArea() {
                return area;
        }

         void Imovel::setArea(double area) {
                this->area = area;
        }
```

```
      double Imovel::getValorIptu() {
            return valorIptu;
      }
      void Imovel::setValorIptu(double valorIptu) {
            this->valorIptu = valorIptu;
      }

      string Imovel::getSituacao() {
            return situacao;
      }

      void Imovel::setSituacao(string situacao) {
            this->situacao = situacao;
      }

      double Imovel::getValorVenda() {
            return valorVenda;
      }

      void Imovel::setValorVenda(double valorVenda) {
            this->valorVenda = valorVenda;
      }

      double Imovel::getValorComissaoPaga() {
            return valorComissaoPaga;
      }

      void Imovel::setValorComissaoPaga(double valor) {
            if (valor > 10)
                        valor = 10; //limitando a comissão a 10%
            this->valorComissaoPaga = valorVenda * valor / 100;
      }
```

Arquivo `Casa.hpp`

```
/*
Esta é uma das subclasses de Imovel. Na classe Casa ficam os atributos pertinentes
apenas aos objetos do tipo Casa, além de seu método próprio para cálculo do IPTU.
*/

#ifndef _Casa_H
#define _Casa_H

#include "Imovel.hpp"
#include <string>

using namespace std;

class Casa: public Imovel {
      private:
      double areaConstruida;
public:
      Casa();
      double getAreaConstruida();
      void setAreaConstruida(double areaConstruida);
      void calcularIptu();
};

#endif
```

Arquivo `Casa.cpp`

```cpp
#include "Casa.hpp"
#include <iostream>
#include <string>

using namespace std;

    Casa::Casa() {
    }

    double Casa::getAreaConstruida() {
            return areaConstruida;
    }

    void Casa::setAreaConstruida(double areaConstruida) {
            this->areaConstruida = areaConstruida;
    }

    void Casa::calcularIptu() {
            setValorIptu(getValorVenda() *1 /100);
    }
```

Arquivo `Terreno.hpp`

```cpp
/*
Esta é uma das subclasses de Imovel. Na classe Terreno não há declaração de atribu-
tos, pois todas as características necessárias aos objetos desse tipo foram herdadas
da superclasse Imovel.
Contudo, a classe Terreno contém sua implementação própria do cálculo do IPTU.
*/

#ifndef _Terreno_H
#define _Terreno_H

#include "Imovel.hpp"
#include <string>
using namespace std;

class Terreno: public Imovel {
    private:


public:
    Terreno();
    void calcularIptu();
};

#endif
```

Arquivo `Terreno.cpp`

```cpp
#include "Terreno.hpp"
#include <iostream>
#include <string>

using namespace std;

    Terreno::Terreno() {

    }

    void Terreno::calcularIptu() {
        setValorIptu(getValorVenda() * 2 /100);
    }
```

Arquivo `Imobibliaria.cpp`

```cpp
#include "Imovel.hpp"
#include "Casa.hpp"
#include "Terreno.hpp"
#include <string>
#include <iostream>
#include <string>
#include <cstdio>
#include <cstring>

using namespace std;

/*
O método menu é responsável por mostrar na tela todas as opções e permitir que o usu-
ário escolha uma delas.
*/
int menu() {
    int opcao;
    string msg = "1- Cadastrar Imovel \n";
    msg += "2- Alterar situacao de um imóvel\n";
    msg += "3- Somatório do valor dos imóveis\n";
    msg += "4- Somatório do valor das comissões\n";
    msg += "5- Finalizar execucao\n";
    msg += "Digite a opção desejada: ";
    cout << msg;
    cin >> opcao;
    return opcao;
  }


/*
O método geraNovoTerreno cria uma nova instância da classe Terreno, atribui valores a
todos os seus atributos e retorna esse novo objeto.
*/
Terreno geraNovoTerreno() {
    Terreno novoTerreno;
    string propAux, quadAux;
```

```
        int loteAux;
        double areaAux, valorAux;
        cout << "Digite o nome do proprietário: ";
        cin >> propAux;
        novoTerreno.setProprietario(propAux);
        cout << "Digite a quadra: ";
        cin >> quadAux;
        novoTerreno.setQuadra(quadAux);
        cout << "Digite o lote: ";
        cin >> loteAux;
        novoTerreno.setLote(loteAux);
        cout << "Digite a área: ";
        cin >> areaAux;
        novoTerreno.setArea(areaAux);
        cout << "Digite o valor de venda: ";
        cin >> valorAux;
        novoTerreno.setValorVenda(valorAux);
        return novoTerreno;
    }


/*
O método geraNovaCasa cria uma nova instância da classe Casa, atribui valores a todos
os seus atributos e retorna esse novo objeto.
*/

Casa geraNovaCasa() {
        Casa novaCasa;
        string propAux, quadAux;
        int loteAux;
        double areaAux, valorAux, areaConstAux;
        cout << "Digite o nome do proprietário: ";
        cin >> propAux;
        novaCasa.setProprietario(propAux);
        cout << "Digite a quadra: ";
        cin >> quadAux;
        novaCasa.setQuadra(quadAux);
        cout << "Digite o lote: ";
        cin >> loteAux;
        novaCasa.setLote(loteAux);
        cout << "Digite a área: ";
        cin >> areaAux;
        novaCasa.setArea(areaAux);
        cout << "Digite o valor de venda: ";
        cin >> valorAux;
        novaCasa.setValorVenda(valorAux);
        cout << "Digite a área construída: ";
        cin >> areaConstAux;
        novaCasa.setAreaConstruida(areaConstAux);
        return novaCasa;
    }

/*
O método cadastraNovoImovel é responsável por guardar a referência de um novo objeto
dentro do vetor de imóveis.
```

```
Importante observar que esse método pode ser utilizado para guardar referência para
qualquer objeto considerado Imovel, quer seja Terreno, quer seja Casa (polimorfismo).
*/
int cadastraNovoImovel(Imovel imoveis[], int contImovel, Imovel auxiliar) {
    if (contImovel < 30) {
            imoveis[contImovel] = auxiliar;
            contImovel++;
    }
    else { cout << "Vetor de imóveis já está totalmente preenchido. ";
            getchar();
        }
    return contImovel;
  }


/*
O método gerarValorTotalDosImoveis soma o valor de todos os imóveis cadastrados.
*/
double gerarValorTotalDosImoveis(Imovel imoveis[], int contImovel) {
    double total = 0;
    for (int i=0; i<contImovel; i++)
       total += imoveis[i].getValorVenda();
    return total;
  }


/*
O método gerarValorTotalComissaoImoveis soma a comissão obtida com todos os imóveis
vendidos.
*/
double gerarValorTotalComissaoImoveis(Imovel imoveis[], int contImovel) {
    double total = 0;
    for (int i=0; i<contImovel; i++)
       total += imoveis[i].getValorComissaoPaga();
    return total;
  }


/*
O método alterarSituaçãoImovel muda a situação de um imóvel. Caso o imóvel mude para
vendido, a comissão é calculada. Caso o imóvel mude de vendido para qualquer outra
situação, a comissão recebe zero.
 */
void alterarSituacaoImovel(Imovel imoveis[], int contImovel) {
    int indice;
    string novaSituacao="";
    double comissaoAux;
    cout << "Digite o índice do imóvel desejado: ";
    cin >> indice;
    if (indice >= 0 && indice < contImovel) {
       cout << "A situação atual do imóvel é: " << imoveis[indice].getSituacao() << ".
              ↪\n Digite a nova situaçao (a venda, vendido ou em negociacao): ";
        cin >> novaSituacao;
       while (novaSituacao.compare(imoveis[indice].getSituacao()) == 0)
         {
           cout << "ERRO! A situação atual do imóvel é: " <<
                   ↪ imoveis[indice].getSituacao() << + ". \n Digite a
```

```
                          ↳ nova situaçao (a venda, vendido ou em negociacao):";
            cin >> novaSituacao;
        }

        if (novaSituacao.compare("vendido") == 0) {
            cout << "Digite o % da comissão: ";
            cin >> comissaoAux;
            imoveis[indice].setValorComissaoPaga(comissaoAux);
        }

        if (novaSituacao.compare("a venda") == 0 || (novaSituacao.compare("em
        ↳ negociacao") == 0)) {
            imoveis[indice].setValorComissaoPaga(0);
        }

        imoveis[indice].setSituacao(novaSituacao);
    }
  else {
        cout << "Indice invalido!\n";
        getchar();
    }
}

int main() {
  Imovel imoveis[30];
  int opcao, tipo, contImovel=0;
  do {
   opcao = menu();
   if (opcao == 1) {
     cout << "Escolha o tipo de imóvel: \n1- Casa; 2- Terreno: ";
     cin >> tipo;
     if (tipo==1) {
       Casa auxCasa = geraNovaCasa();
       contImovel = cadastraNovoImovel(imoveis, contImovel, auxCasa);
     }
     else {
       if (tipo == 2) {
         Terreno auxTerreno = geraNovoTerreno();
         contImovel = cadastraNovoImovel(imoveis, contImovel, auxTerreno);
       }
       else {
         cout << "Escolha Errada. Observe os tipos de imóveis válidos!\n";
       }
     }
   }

   if (opcao == 2) {
     alterarSituacaoImovel(imoveis, contImovel);
   }

   if (opcao == 3) {
     double valorTotalImoveis = gerarValorTotalDosImoveis(imoveis, contImovel);
     cout << "O somatório do valor de venda dos imóveis é " << valorTotalImoveis << "\n";
     getchar();
```

```
      }
      if (opcao == 4) {
        double valorTotalComissoes = gerarValorTotalComissaoImoveis(imoveis, contImovel);
        cout << "O somatório do valor das comissões dos imóveis vendidos é "<< valorTotal
              ↪ Comissoes << "\n";
        getchar();
      }

      if (opcao == 5) {
        cout << "Finalizando execucao da aplicacao.";
        getchar();
      }

      if (opcao < 1 || opcao > 5) {
        cout << "Opção inválida.";
        getchar();
      }
   } while (opcao != 5);
}
```

Resolução em JAVA:

Arquivo `Imovel.java`

```
/*
Esta é superclasse de qualquer tipo de imóvel que venha a ser comercializado pela imobiliária.
*/
public class Imovel {
        private String proprietario;
        private String quadra;
        private int lote;
        private double area;
        private double valorIptu;
        private String situacao;
        private double valorVenda;
        private double valorComissaoPaga;

        public Imovel() {
                super();
                situacao = new String("a venda");
                valorComissaoPaga = 0;
        }

        public String getProprietario() {
                return proprietario;
        }
        public void setProprietario(String proprietario) {
                this.proprietario = proprietario;
        }

        public String getQuadra() {
                return quadra;
        }
```

```java
public void setQuadra(String quadra) {
      this.quadra = quadra;
}

public int getLote() {
      return lote;
}

public void setLote(int lote) {
      this.lote = lote;
}

public double getArea() {
      return area;
}

public void setArea(double area) {
      this.area = area;
}

public double getValorIptu() {
      return valorIptu;
}

public void setValorIptu(double valorIptu) {
      this.valorIptu = valorIptu;
}

public String getSituacao() {
      return situacao;
}

public void setSituacao(String situacao) {
      this.situacao = situacao;
}

public double getValorVenda() {
      return valorVenda;
}
public void setValorVenda(double valorVenda) {
      this.valorVenda = valorVenda;
}

public double getValorComissaoPaga() {
      return valorComissaoPaga;
}

public void setValorComissaoPaga(double valor) {
      if (valor > 10)
            valor = 10; //limitando a comissão a 10% do valor do imóvel
      this.valorComissaoPaga = valorVenda * valor / 100;
}

}
```

Arquivo `Casa.java`

```
/*
Esta é uma das subclasses de Imovel. Na classe Casa ficam os atributos pertinentes apenas ao objetos
do tipo Casa, além de seu método próprio para cálculo do IPTU.
*/
public class Casa extends Imovel {
        private double areaConstruida;

        public Casa() {
                super();
        }

        public double getAreaConstruida() {
                return areaConstruida;
        }

        public void setAreaConstruida(double areaConstruida) {
                this.areaConstruida = areaConstruida;
        }

        public void calcularIptu() {
                super.setValorIptu(super.getValorVenda() *1 /100);
        }


}
```

Arquivo `Terreno.java`

```
/*
Esta é uma das subclasses de Imovel. Na classe Terreno não há declaração de atributos, pois todas as
características necessárias aos objetos desse tipo foram herdadas da superclasse Imovel.
Contudo, a classe Terreno contém sua implementação própria do cálculo do IPTU.
*/

public class Terreno extends Imovel {


        public Terreno() {
                super();
        }

        public void calcularIptu() {
                super.setValorIptu(super.getValorVenda() * 2 /100);
        }
}
```

Arquivo `Imobiliaria.java`

```
import javax.swing.JOptionPane;

public class Imobiliaria {
  public static void main(String[] args) {
    Imovel imoveis[] = new Imovel[30];
```

```
int opcao, tipo, contImovel=0;
do {
  opcao = menu();

  if (opcao == 1) {
  tipo = Integer.parseInt(JOptionPane.showInputDialog("Escolha o tipo de imóvel:
                        ➥\n1- Casa; 2- Terreno"));
  if (tipo==1) {
    Casa auxCasa = geraNovaCasa();
    contImovel = cadastraNovoImovel(imoveis, contImovel, auxCasa);
    }
  else {
    if (tipo == 2) {
      Terreno auxTerreno = geraNovoTerreno();
      contImovel = cadastraNovoImovel(imoveis, contImovel, aux Terreno);
    }
    else {
        JOptionPane.showMessageDialog(null, "Escolha Errada. Observe os tipos de
                        ➥ imóveis válidos!");
      }
  }

  if (opcao == 2) {
      alterarSituacaoImovel(imoveis, contImovel);
  }

  if (opcao == 3) {
    double valorTotalImoveis = gerarValorTotalDosImoveis(imoveis, contImovel);
   JOptionPane.showMessageDialog(null, "O somatório do valor de venda dos imóveis é
                        ➥ "+ valorTotalImoveis);
  }

  if (opcao == 4) {
   double valorTotalComissoes = gerarValorTotalComissaoImoveis(imoveis, contImovel);
    JOptionPane.showMessageDialog(null, "O somatório do valor das comissões dos
          ➥ imóveis vendidos é "+ valorTotalComissoes);
            }

  if (opcao == 5) {
    JOptionPane.showMessageDialog(null, "Finalizando execucao da aplicacao.");
  }

  if (opcao < 1 || opcao > 5) {
    JOptionPane.showMessageDialog(null, "Opção inválida.");
    }
} while (opcao != 5);
}
```

```java
/*
O método menu é responsável por mostrar na tela todas as opções e permitir que o usu-
ário escolha uma delas.
*/
  public static int menu() {
    String msg = new String();
    msg += "1- Cadastrar Imovel \n";
    msg += "2- Alterar situacao de um imóvel\n";
    msg += "3- Somatório do valor dos imóveis\n";
    msg += "4- Somatório do valor das comissões\n";
    msg += "5- Finalizar execucao\n";
    msg += "Digite a opção desejada: ";
    return Integer.parseInt(JOptionPane.showInputDialog(msg));
  }
/*
O método geraNovoTerreno cria uma nova instância da classe Terreno, atribui valores a
todos os seus atributos e retorna esse novo objeto.
*/
  public static Terreno geraNovoTerreno() {
    Terreno novoTerreno = new Terreno();
    novoTerreno.setProprietario(JOptionPane.showInputDialog("Digite o
                                      ↪ nome do proprietário: "));
    novoTerreno.setQuadra(JOptionPane.showInputDialog("Digite a quadra: "));
    novoTerreno.setLote(Integer.parseInt(JOptionPane.showInputDialog("Digite o lote:
                                      ↪ ")));
    novoTerreno.setArea(Double.parseDouble(JOptionPane.showInputDialog ("Digite a
                                      ↪ área:")));
    novoTerreno.setValorVenda(Double.parseDouble(JOptionPane.showInput Dialog ("Digite
                            ↪ o valor de venda: ")));
    return novoTerreno;
  }

/*
O método geraNovaCasa cria uma nova instância da classe Casa, atribui valores a todos
os seus atributos e retorna esse novo objeto.
*/

  public static Casa geraNovaCasa() {
    Casa novaCasa = new Casa();
    novaCasa.setProprietario(JOptionPane.showInputDialog("Digite o nome do proprietário: "));
    novaCasa.setQuadra(JOptionPane.showInputDialog("Digite a quadra: "));
    novaCasa.setLote(Integer.parseInt(JOptionPane.showInputDialog(" Digite o lote: ")));
    novaCasa.setArea(Double.parseDouble(JOptionPane.showInputDialog("Digite a área: ")));
    novaCasa.setValorVenda(Double.parseDouble(JOptionPane.showInput Dialog
                        ↪("Digite o valor de venda: ")));
    novaCasa.setAreaConstruida(Double.parseDouble(JOptionPane.show InputDialog
                    ↪("Digite a área construída: ")));
    return novaCasa;
  }

/*
O método cadastraNovoImovel é responsável por guardar a referência de um novo objeto
dentro do vetor de imóveis.
```

```
Importante observar que esse método pode ser utilizado para guardar referência para
qualquer objeto considerado Imovel, quer seja Terreno, quer seja Casa (polimorfismo).
*/
  public static int cadastraNovoImovel(Imovel imoveis[], int contImovel, Imovel auxiliar) {
    if (contImovel < imoveis.length) {
      imoveis[contImovel] = auxiliar;
      contImovel++;
    }
    else JOptionPane.showMessageDialog(null, "Vetor de imóveis já está totalmente
                                      ↪preenchido. ");
    return contImovel;
  }


/*
O método gerarValorTotalDosImoveis soma o valor de todos os imóveis cadastrados.
*/
  public static double gerarValorTotalDosImoveis(Imovel imoveis[], int contImovel) {
    double total = 0;
    for (int i=0; i<contImovel; i++)
      total += imoveis[i].getValorVenda();
    return total;
  }


/*
O método gerarValorTotalComissaoImoveis soma a comissão obtida com todos os imóveis
vendidos.
*/
  public static double gerarValorTotalComissaoImoveis(Imovel imoveis[], int contImovel) {
    double total = 0;
    for (int i=0; i<contImovel; i++)
      total += imoveis[i].getValorComissaoPaga();
    return total;
  }


/*
O método alterarSituaçãoImovel muda a situação de um imóvel. Caso o imóvel mude para
vendido, a comissão é calculada. Caso o imóvel mude de vendido para qualquer outra si-
tuação, a comissão recebe zero.
*/
  public static void alterarSituacaoImovel(Imovel imoveis[], int contImovel) {
    int indice;
    String novaSituacao="";
    indice = Integer.parseInt(JOptionPane.showInputDialog("Digite o índice do imóvel
                              ↪desejado: "));
    if (indice >= 0 && indice < imoveis.length) {
      ↪novaSituacao = JOptionPane.showInputDialog("A situação atual do imóvel é:
              ↪ " + imoveis[indice].getSituacao()+". \n Digite a nova situaçao
          ↪ (a venda, vendido ou em negociacao)");
      while (novaSituacao.equalsIgnoreCase(imoveis[indice].getSituacao()))
      {
        ↪novaSituacao = JOptionPane.showInputDialog("ERRO! A situação atual do imóvel é:
              ↪ " + imoveis[indice].getSituacao()+ ". \n Digite a nova situaçao
          ↪ (a venda, vendido ou em negociacao)");
      }
```

```
    if (novaSituacao.equalsIgnoreCase("vendido")) { imoveis[indice].setValorComissaoPaga
      ↪(Double.parseDouble (JOptionPane.showInputDialog("Digite o % da comissão: ")));
    }

    if (novaSituacao.equalsIgnoreCase("a venda") || novaSituacao.equalsIgnoreCase
      ↪("em negociacao")) { imoveis[indice].setValorComissaoPaga(0);
    }

    imoveis[indice].setSituacao(novaSituacao);
  }
  else
    JOptionPane.showMessageDialog(null, "Indice invalido!");
  }

}
```

5. Uma farmácia necessita controlar todos os produtos que comercializa. Sabe-se que nesse estabelecimento os produtos comercializados são medicamentos e artigos de higiene. Os medicamentos possuem código, descrição, preço de compra, percentual de lucro e data de vencimento. Os produtos de higiene possuem código, descrição e preço de compra. Sabe-se que todo produto de higiene gera como lucro 30% do preço de compra.

Crie classes que representem o contexto descrito.

Depois disso, você deverá:

a) Criar um método que permita cadastrar um produto (cadastre um por vez):

■ no momento do cadastro deverá ser feita uma verificação para não aceitar códigos repetidos (crie um método especificamente para fazer essa verificação);

■ o usuário decidirá se deseja cadastrar um medicamento ou um produto de higiene;

■ ao final do cadastramento, utilize o método apropriado para calcular o lucro do produto;

■ poderão ser cadastrados, no máximo, 15 produtos.

b) Crie um método para mostrar todas as informações do produto mais caro (pode ser um medicamento ou um produto de higiene).

c) Mostre todos os dados de todos os produtos vendidos na loja.

d) Crie um método que permita alterar os dados de determinado produto cujo código é informado pelo usuário (se for informado código inválido, mostre a mensagem "Produto inexistente").

Resolução em C++:

Arquivo `Produto.hpp`

```
#ifndef _Produto_H
#define _Produto_H

#include <string>

using namespace std;

class Produto {
  private:
  int codigo;
  string descricao;
  float precoDeCompra;
  float percentualDeLucro;

  public:
```

```cpp
    Produto();
    ~Produto();
    int getCodigo();
    void setCodigo(int codigo);
    string getDescricao();
    void setDescricao(string descricao);
    float getPrecoDeCompra();
    void setPrecoDeCompra(float precoDeCompra);
    float getPercentualDeLucro();
    void setPercentualDeLucro(float percentualDeLucro);
    virtual float gerarPrecoDeVenda();
    virtual void definirPercentualDeLucro();
};

#endif
```

Arquivo `Produto.cpp`

```cpp
#include "Produto.hpp"
#include <iostream>

using namespace std;
Produto::Produto() {

}

Produto::~Produto() {

}

int Produto::getCodigo() {
    return codigo;
}

void Produto::setCodigo(int codigo) {
    this->codigo = codigo;
}

string Produto::getDescricao() {
    return descricao;
}

void Produto::setDescricao(string descricao) {
    this->descricao = descricao;
}

float Produto::getPrecoDeCompra() {
    return precoDeCompra;
}

void Produto::setPrecoDeCompra(float precoDeCompra) {
    this->precoDeCompra = precoDeCompra;
}
```

```cpp
float Produto::getPercentualDeLucro() {
    return percentualDeLucro;
}

void Produto::setPercentualDeLucro(float percentualDeLucro) {
    this->percentualDeLucro = percentualDeLucro;
}

float Produto::gerarPrecoDeVenda() {};

void Produto::definirPercentualDeLucro() {};
```

Arquivo `Higiene.hpp`

```cpp
#ifndef _Higiene_H
#define _Higiene_H

#include "Produto.hpp"
#include <string>

using namespace std;

class Higiene: public Produto {
  private:

  public:
  Higiene();
  float gerarPrecoDeVenda();
  void definirPercentualDeLucro();
};

#endif
```

Arquivo `Higiene.cpp`

```cpp
#include "Higiene.hpp"
#include <iostream>

Higiene::Higiene() {

}

float Higiene::gerarPrecoDeVenda() {
    return (getPrecoDeCompra() + getPrecoDeCompra() * 30 / 100);
}

void Higiene::definirPercentualDeLucro() {
    setPercentualDeLucro(30);
}
```

Arquivo `Remedio.hpp`

```cpp
#ifndef _Remedio_H
#define _Remedio_H

#include "Produto.hpp"
```

```
#include <string>

using namespace std;

class Remedio: public Produto {
  private:

  public:
  Remedio();
  float gerarPrecoDeVenda();
  void definirPercentualDeLucro();
};

#endif
```

Arquivo `Remedio.cpp`

```
#include "Remedio.hpp"
#include <iostream>

Remedio::Remedio() {

}

float Remedio::gerarPrecoDeVenda() {
    return (getPrecoDeCompra() + getPrecoDeCompra() * getPercentualDeLucro() / 100);
}

void Remedio::definirPercentualDeLucro() {
    float percAux;
    cout << "Digite o percentual de lucro do produto: ";
    cin >> percAux;
    setPercentualDeLucro(percAux);
}
```

Arquivo `controledafarmacia.cpp`

```
#include "Produto.hpp"
#include "Higiene.hpp"
#include "Remedio.hpp"
#include <string>
#include <iostream>
#include <cstdio>
#include <cstdlib>

using namespace std;

int menu() {
    int opcao;
    string mensagem;
    mensagem = "\n1- Cadastrar produto\n";
    mensagem += "2- Mostrar detalhes do produto mais caro\n";
    mensagem += "3- Mostrar produtos em estoque\n";
    mensagem += "4- Alterar dados de um produto\n";
```

```cpp
        mensagem += "5- Finalizar programa\n";
        mensagem += "Digite a opcao desejada: ";
        cout << mensagem;
        cin >> opcao;
        return opcao;
}


int cadastrarProduto(Produto *p[], int c) {
        int tipo;
        string dataAux;
        do
        { cout << "\n1- para cadastrar Remedio ou 2- para cadastrar produto de Higiene: ";
          cin >> tipo;
        } while (tipo != 1 && tipo != 2);

        if (tipo == 1) {
           Remedio auxiliar;
           string descAux;
           float precoAux, percAux;
           cout << "\nDigite descricao do produto: ";
            cin >> descAux;
            cout << "Digite o preco de compra do produto: ";
            cin >> precoAux;
            cout << "Digite o percentual de lucro do produto: ";
            cin >> percAux;
            auxiliar.setCodigo(c+1);
            auxiliar.setDescricao(descAux);
            auxiliar.setPrecoDeCompra(precoAux);
            auxiliar.setPercentualDeLucro(percAux);
            cout << "Preco de Venda = " << auxiliar.gerarPrecoDeVenda() << "\n\n";
           p[c] = new Remedio;
            *p[c] = auxiliar;
            getchar();
        }
        else {
          Higiene auxiliar;
          string descAux;
          float precoAux;
          cout << "\nDigite descricao do produto: ";
          cin >> descAux;
          auxiliar.setDescricao(descAux);
          cout << "Digite o preco de compra do produto: ";
          cin >> precoAux;
          auxiliar.setCodigo(c+1);
          auxiliar.setPrecoDeCompra(precoAux);
          auxiliar.setPercentualDeLucro(30);
          cout << "Preco de Venda = " << auxiliar.gerarPrecoDeVenda() << "\n\n";
          p[c]= new Higiene;
          *p[c] = auxiliar;
          getchar();
        }
        c++;
        return c;
      }//fim cadastrarProduto
```

```cpp
   void alterarDadosDeUmProduto(Produto *p[], int c) {
    int codigo;
    string dataAux;
     cout << "\nDigite o codigo do produto a ter seus dados alterados: ";
    cin >> codigo;
    if (codigo < 1 || codigo-1 >= c) {
      cout << "\nProduto inexistente!";
      getchar();
    }
    else
    { string descAux;
      float precoAux, percAux;
      cout << "\nDigite nova descricao: ";
      cin >> descAux;
      cout << "Digite novo preco de compra: ";
      cin >> precoAux;
      (*p[codigo-1]).setDescricao(descAux);
      (*p[codigo-1]).setPrecoDeCompra(precoAux);
      (*p[codigo-1]).definirPercentualDeLucro();
      cout << "Novo lucro = " << (*p[codigo-1]).gerarPrecoDeVenda() << "\n";
    }
    getchar();
  }//fim alterarDadosDeUmProduto


  void mostrarProdutosEmEstoque(Produto *p[], int c) {
  int cont;
  string msg = "";
  for (cont = 0; cont < c; cont++)
  { cout << "\nCodigo: " << (*p[cont]).getCodigo();
    cout << "\nDescricao: " << (*p[cont]).getDescricao();
    cout << "\nPreco de compra: " << (*p[cont]).getPrecoDeCompra();
    cout << "\n% lucro: " << (*p[cont]).getPercentualDeLucro();
    cout << "\nLucro: " << (*p[cont]).gerarPrecoDeVenda() << "\n";
  }
  getchar();
}//fim mostrarProdutosVendidos

void mostrarMaisCaro(Produto *p[], int c) {
float maiorPreco;
int indiceDoMaior, cont;
string msg = "";

maiorPreco = (*p[0]).getPrecoDeCompra();
indiceDoMaior = 0;

for (cont = 1; cont < c; cont++)
{ if ((*p[cont]).getPrecoDeCompra() > maiorPreco)
    { maiorPreco = (*p[cont]).getPrecoDeCompra();
      indiceDoMaior = cont;
    }
}
```

```
cout << "\nCodigo: " << (*p[indiceDoMaior]).getCodigo();
cout << "\nDescricao: " << (*p[indiceDoMaior]).getDescricao();
cout << "\nPreco de compra: " << (*p[indiceDoMaior]).getPrecoDeCompra();
cout << "\n% lucro: " << (*p[indiceDoMaior]).getPercentualDeLucro();
cout << "\nPreco de venda: " << (*p[indiceDoMaior]).gerarPrecoDeVenda() << "\n";
getchar();
}//mostrarMaisCaro

int main() {
Produto *produto[15];
int opcao, contador = 0;
do {
   opcao = menu();
   switch (opcao)
    { case 1: if (contador == 15)
                 cout << "Vetor completamente preenchido\n";
              else contador = cadastrarProduto(produto, contador);
              break;
      case 2: if (contador == 0)
                  cout << "Nenhum produto cadastrado\n";
              else mostrarMaisCaro(produto, contador);
              break;
      case 3: if (contador == 0)
                  cout << "Nenhum produto cadastrado\n";
              else mostrarProdutosEmEstoque(produto, contador);
              break;
      case 4: if (contador == 0)
                  cout << "Nenhum produto cadastrado\n";
              else alterarDadosDeUmProduto(produto, contador);
    }
} while (opcao != 5);
}//fim main
```

Resolução em JAVA:

Arquivo `Produto.java`

```
public abstract class Produto {
   private int codigo;
   private String descricao;
   private float precoDeCompra;
   private float percentualDeLucro;

   public int getCodigo() {
       return codigo;
   }

   public void setCodigo(int codigo) {
       this.codigo = codigo;
   }

   public String getDescricao() {
       return descricao;
   }
```

```
    public void setDescricao(String descricao) {
        this.descricao = descricao;
    }

    public float getPrecoDeCompra() {
        return precoDeCompra;
    }

    public void setPrecoDeCompra(float precoDeCompra) {
        this.precoDeCompra = precoDeCompra;
    }

    public float getPercentualDeLucro() {
        return percentualDeLucro;
    }

    public void setPercentualDeLucro(float percentualDeLucro) {
        this.percentualDeLucro = percentualDeLucro;
    }
    public abstract float gerarPrecoDeVenda();

    public abstract void definirPercentualDeLucro();

}
```

Arquivo `Remedio.java`

```
import javax.swing.JOptionPane;

public class Remedio extends Produto {
  public float gerarPrecoDeVenda() {
        return (super.getPrecoDeCompra() + super.getPrecoDeCompra() *
              ↪ super.getPercentualDeLucro() / 100);
  }

  public void definirPercentualDeLucro() {
        super.setPercentualDeLucro(Float.parseFloat(JOptionPane.showInputDialog
          ↪("Digite o percentual de lucro do produto")));
  }
}
```

Arquivo `Higiene.java`

```
public class Higiene extends Produto {
  public float gerarPrecoDeVenda(){
     return (super.getPrecoDeCompra() + super.getPrecoDeCompra()*30/100);
  }


  public void definirPercentualDeLucro() {
        super.setPercentualDeLucro(30);
  }
}
```

Arquivo `controledefarmacia.java`

```java
import javax.swing.JOptionPane;

public class ControleDaFarmacia {
  public static void main(String[] args) {
    Produto produto[] = new Produto[15];
    int opcao, contador = 0;;
    do
      { opcao = menu();
        switch (opcao)
          { case 1: if (contador == produto.length)
                        JOptionPane.showMessageDialog(null, "Vetor completamente
                                        ↪ preenchido");
                    else contador = cadastrarProduto(produto, contador);
                    break;
            case 2: if (contador == 0)
                        JOptionPane.showMessageDialog(null, "Nenhum produto
                                        ↪ cadastrado");
                    else mostrarMaisCaro(produto, contador);
                    break;
            case 3: if (contador == 0)
                        JOptionPane.showMessageDialog(null, "Nenhum produto
                                        ↪ cadastrado");
                    else mostrarProdutosEmEstoque(produto, contador);
                    break;
            case 4: if (contador == 0)
                        JOptionPane.showMessageDialog(null, "Nenhum produto
                                        ↪ cadastrado");
                    else alterarDadosDeUmProduto(produto, contador);
          }
      } while (opcao != 5);
  }//fim main

  public static int menu(){
    int opcao;
    String mensagem;
    mensagem = "1- Cadastrar produto\n";
    mensagem += "2- Mostrar detalhes do produto mais caro\n";
    mensagem += "3- Mostrar produtos em estoque\n";
    mensagem += "4- Alterar dados de um produto\n";
    mensagem += "5- Finalizar programa";
    opcao = Integer.parseInt(JOptionPane.showInputDialog(mensagem));
    return opcao;
  }

  public static int cadastrarProduto(Produto p[], int c){
  int tipo;
  do
  { tipo = Integer.parseInt(JOptionPane.showInputDialog("1- para cadastrar Remedio
      ↪ ou 2- para cadastrar produto de Higiene"));
  } while (tipo != 1 && tipo != 2);
```

```
if (tipo == 1){
  Remedio auxiliar = new Remedio();
  auxiliar.setCodigo(c+1);
  auxiliar.setDescricao(JOptionPane.showInputDialog("Digite descricao do produto"));
  auxiliar.setPrecoDeCompra(Float.parseFloat(JOptionPane.showInput
                    ➥ Dialog("Digite o preco de compra do produto")));
  auxiliar.definirPercentualDeLucro();
  JOptionPane.showMessageDialog(null, "Preco de Venda = " +
                                    ➥ auxiliar.gerarPrecoDeVenda());

  p[c] = auxiliar;
}
else {
      Higiene auxiliar = new Higiene();
      auxiliar.setCodigo(c+1);
      auxiliar.setDescricao(JOptionPane.showInputDialog("Digite
                                  ➥ descricao do produto"));
      auxiliar.setPrecoDeCompra(Float.parseFloat(JOptionPane.show
            ➥ InputDialog("Digite o preco de compra do produto")));
      auxiliar.setPercentualDeLucro(30);
      JOptionPane.showMessageDialog(null, "Preco de Venda = " +
                                    ➥ auxiliar.gerarPrecoDeVenda());

      p[c] = auxiliar;
}
c++;
return c;
}//fim cadastrarProduto

public static void alterarDadosDeUmProduto(Produto p[], int c) {
int codigo;
codigo = Integer.parseInt(JOptionPane.showInputDialog("Digite o codigo do produto
                  ➥ a ter seus dados alterados"));
if (codigo < 1 || codigo-1 >= c)
  JOptionPane.showMessageDialog(null, "Produto inexistente!");
else {
      p[codigo-1].setDescricao(JOptionPane.showInputDialog("Digite nova
                                        ➥ descricao"));

      p[codigo1].setPrecoDeCompra(Float.parseFloat(JOptionPane.showInputDialog
      ➥("Digite novo preco de compra")));
      p[codigo-1].definirPercentualDeLucro();
      JOptionPane.showMessageDialog(null, "Novo lucro = " +
                                ➥ p[codigo-1].gerarPrecoDeVenda());

    }
}//fim alterarDadosDeUmProduto

public static void mostrarProdutosEmEstoque(Produto p[], int c) {
int cont;
String msg = "";
for (cont = 0; cont < c; cont++)
{ msg = msg + "\nCodigo: " + p[cont].getCodigo();
  msg = msg + "\nDescricao: " + p[cont].getDescricao();
  msg = msg + "\nPreco de compra: " + p[cont].getPrecoDeCompra();
```

```
    msg += "\n% lucro: " + p[cont].getPercentualDeLucro();
    msg += "\nPreco de venda: " + p[cont].gerarPrecoDeVenda();
    JOptionPane.showMessageDialog(null, msg);
    msg = "";
    }
}//fim mostrarProdutosEmEstoque

public static void mostrarMaisCaro(Produto p[], int c) {
float maiorPreco;
int indiceDoMaior, cont;
String msg = "";
maiorPreco = p[0].getPrecoDeCompra();
indiceDoMaior = 0;
for (cont = 1; cont < c; cont++)
{ if (p[cont].getPrecoDeCompra() > maiorPreco)
  { maiorPreco = p[cont].getPrecoDeCompra();
    indiceDoMaior = cont;
  }
}
msg += "Codigo: " + p[indiceDoMaior].getCodigo();
msg += "\nDescricao: " + p[indiceDoMaior].getDescricao();
msg += "\nPreco de compra: " + p[indiceDoMaior].getPrecoDeCompra();
msg += "\n% lucro: " + p[indiceDoMaior].getPercentualDeLucro();
msg += "\nPreco de venda: " + p[indiceDoMaior].gerarPrecoDeVenda();
JOptionPane.showMessageDialog(null, msg);
}//mostrarMaisCaro

}//fim ControleDaFarmacia
```

EXERCÍCIOS PROPOSTOS

1. Defina uma classe CARRO com os seguintes atributos: placa e ano de fabricação. Essa classe deve ter também um método para calcular o imposto.

Faça o cadastro de cinco carros, calcule e mostre:

a) o imposto a ser pago por cada carro, sabendo-se que o cálculo é realizado assim:

No ano de fabricação, o carro paga R$ 500,00 de imposto. A cada ano de uso, o imposto é reduzido em R$ 100,00. Contudo, o valor mínimo a ser pago pelo carro é de R$ 100,00 até o carro atingir o 10º ano de uso, quando, então, não precisará mais pagar imposto. As tabelas a seguir mostram exemplos de dois carros, um fabricado em 2012 e outro fabricado em 2009. Supondo que o ano atual é 2012, estão dispostos o valor dos impostos a serem pagos até 2021.

Carro fabricado em 2012	
Ano Atual	Valor do imposto
2012	R$ 500,00
2013	R$ 400,00
2014	R$ 300,00
2015	R$ 200,00
2016	R$ 100,00
2017	R$ 100,00
2018	R$ 100,00

Carro fabricado em 2009	
Ano Atual	Valor do imposto
2012	R$ 200,00
2013	R$ 100,00
2014	R$ 100,00
2015	R$ 100,00
2016	R$ 100,00
2017	R$ 100,00
2018	R$ 0,00

Carro fabricado em 2012	
Ano Atual	Valor do imposto
2019	R$ 100,00
2020	R$ 100,00
2021	R$ 0,00

Carro fabricado em 2009	
Ano Atual	Valor do imposto
2019	R$ 0,00
2020	R$ 0,00
2021	R$ 0,00

Para cálculo do imposto, o usuário deverá informar o ano atual.

b) o total dos impostos, ou seja, a soma dos impostos de todos os carros (outro método).

c) a quantidade de carros que não pagam impostos (outro método).

2. Defina uma classe PESSOA com os seguintes atributos: nome e idade. Essa classe deve ter, também, um método para calcular a idade em meses. Carregue os atributos anteriores de uma pessoa, calcule e mostre:

a) a idade da pessoa em meses;

b) a idade que a pessoa terá em 2050 (outro método).

3. Defina uma classe denominada PRODUTO com os seguintes atributos: número do produto e preço do produto. Essa classe deve possuir, também, um método para calcular o valor do desconto, ou seja, produtos com preço superior a R$ 100,00 possuem desconto de 15% e os demais produtos têm desconto de 5%.

Defina uma classe CLIENTE com os seguintes atributos: número do cliente, nome do cliente e sexo do cliente. Essa classe deve possuir, também, um método para calcular o desconto adicional, ou seja, clientes do sexo feminino (F ou f) têm um desconto adicional de 5% sobre o preço do produto e os demais clientes (M ou m) não possuem esse desconto.

Defina uma classe denominada COMPRA com os seguintes atributos: número do produto, número do cliente, quantidade e valor total. Essa classe deve possuir ainda um método para calcular o valor total, ou seja, a quantidade multiplicada pelo preço final. O preço final é o preço do produto menos o desconto adicional, quando este existe.

Faça um programa que carregue três produtos validando apenas o preço para que este esteja entre R$ 20,00 e R$ 350,00. Carregue três clientes validando para que o sexo seja M, m, F ou f. E, por fim, carregue uma compra digitando um número do produto, um número do cliente e a quantidade comprada do produto e calculando o valor total (método da classe COMPRA). Suponha sempre a digitação de dados válidos.

4. Crie uma aplicação para a secretaria de uma escola, em que sejam controladas as informações sobre Alunos, Disciplinas e Matrículas.

Antes de a escola começar a funcionar, todas as disciplinas foram cadastradas.

Quando o aluno chega à escola, deve ser feito um cadastro dos seus dados pessoais. Só depois, ele é, anualmente, matriculado em disciplinas.

Os atributos das classes são:

Aluno (código, nome)
Disciplina (código, nome, carga horária geral)
DisciplinaPratica (carga horária prática)
Matricula (ano_letivo, serie, aluno, disciplina, nota1Bim, nota2Bim, nota3Bim, nota4Bim)

O atributo aluno na classe Matricula deve ser uma referência para a classe Aluno.
O atributo disciplina na classe Matricula deve ser uma referência para a classe Disciplina.
A DisciplinaPratica deve possuir todas as características da classe Disciplina, mais as suas especificidades (herança).

Essa aplicação deve fornecer meios para:

a) Cadastrar as disciplinas oferecidas na escola (práticas ou não).

b) Cadastrar alunos.

c) Matricular aluno em uma disciplina qualquer.

d) Lançar notas de um aluno.

e) Mostrar Boletim do aluno.

Você deverá possuir um conjunto de alunos, de disciplinas e de matrículas. Como sugestão, trabalhe com, no máximo, dez alunos, cinco disciplinas e trinta matrículas (controle o preenchimento máximo).

Para a opção 1:

Cadastre uma disciplina por vez (prática ou não). O código deverá ser único.

Deverá existir um único vetor de disciplinas para referenciar tanto disciplinas sem prática quanto disciplinas práticas.

O usuário, durante a execução, decidirá se deseja cadastrar uma disciplina prática ou não.

Para a opção 2:

Cadastre um aluno por vez. O código deverá ser único.

Para a opção 3:

Matricule um aluno em uma disciplina (prática ou não) por vez.

Aluno e Matrícula já devem ter sido cadastrados.

Não matricule um aluno mais que uma vez, na mesma disciplina, no mesmo ano.

No momento da matrícula, o valor das notas deverá ser zero.

Para a opção 4:

O usuário deverá informar o código do aluno, o código da disciplina, o ano e o bimestre. Se houver alguma matrícula com essas características, solicitar a digitação da nota correspondente, alterando o objeto. Caso contrário, mostrar a mensagem Matrícula Inválida.

Para a opção 5:

O usuário deverá informar o código do aluno e o ano. A aplicação deverá procurar os dados correspondentes e mostrar um relatório, conforme abaixo. Caso os dados informados não correspondam a uma matrícula, mostrar a mensagem Matrícula Inválida.

Código: 1234 Nome: Joãozinho
Ano: 2011

Disciplina	CH	CH prática	1º Bim.	2º Bim.	3º Bim.	4º Bim.	Média
Inglês	100	40		5,0	7,0	10,0	7,5
Português	140		8,0	8,0	9,0	7,0	8,0
Matemática	160	40	3,0	7,0	9,0	6,0	6,33
Geografia	80		8,5	9,5	6,0	7,0	7,75

Disciplinas práticas têm cálculo de média ponderada, em que as notas do 2º e 4º bimestres possuem peso 2 e as demais, peso 1. Para as outras disciplinas, a média é aritmética.

5. O departamento de pessoal de uma empresa deseja automatizar o cadastro dos funcionários. Para isso, repassou os seguintes requisitos à equipe de analistas contratada:

É necessário o cadastramento dos funcionários e seus respectivos dependentes. Suas características são:
Funcionário: numeroFuncionario, nomeFuncionario, cargo, salário.
Dependente: funcionario (referência para um objeto da classe Funcionario), nomeDependente.
Existem diversos funcionários com quantidade diferenciada de dependentes.
Sua aplicação deverá mostrar as seguintes opções ao usuário:

1) Cadastrar funcionário

Cada vez que essa operação for realizada, você deverá criar um novo objeto Funcionário, preencher seus dados e inseri-lo no conjunto de funcionários da empresa.

O código do funcionário deve ser único.

Logo após, deverá realizar o cadastro de dependentes. Isso implica na criação de vários objetos da classe Dependente e inseri-los no conjunto de dependentes (cada funcionário pode ter zero, um ou mais dependentes. O usuário dará essa quantidade).

Você deverá verificar se há espaço nos vetores para esses cadastramentos.

2) Mostrar bônus mensal de cada funcionário

Os funcionários têm 2% de aumento em seu salário para cada dependente. Por isso, mostre o nome de cada funcionário, seguido da quantidade de dependentes que possui e do bônus a quem tem direito.

3) Excluir funcionário

Você deverá excluir da lista um funcionário cujo código será informado pelo usuário.

Todos os dependentes desse funcionário também deverão ser excluídos.

Caso o funcionário informado não esteja cadastrado, mostre uma mensagem de erro "Funcionário Inexistente".

4) Alterar salário de um funcionário

Em cada posição do conjunto de funcionários, existe um objeto Funcionario. Considerando que os objetos funcionários possuam o método setSalario, você deverá procurar um funcionário (cujo código é informado pelo usuário) e alterar o seu salário.

O valor do novo salário também deverá ser informado pelo usuário.

Caso o funcionário informado não esteja cadastrado, mostre uma mensagem de erro "Funcionário Inexistente".

OBSERVAÇÕES:

- todos os atributos das classes devem ser `private`;
- cada atributo deve ter um método `getter` e um `setter`;

13 Desafios

13.1 Desafio 1

Segundo o dicionário, a palavra PONTE é definida na ARQUITETURA como uma construção sólida em betão, aço ou madeira, destinada a estabelecer comunicação entre dois pontos separados por um curso de água ou por uma depressão de terreno.

A atual presidente da República vai beneficiar alguns estados do BRASIL com a construção de obras de grande magnitude e nosso estado será agraciado com uma ponte suspensa que será considerada um marco na construção civil, que ligará o estado de Mato Grosso do Sul ao estado de São Paulo.

Veja a foto a seguir com um exemplo de ponte suspensa já existente em Porto Alegre (RS) e que se difere da obra a ser construída, pois na ponte ilustrada, o material usado na sustentação foi uma corda especial, e isso impossibilita a passagem de veículos pesados. Assim, como o tráfego previsto para a ponte a ser construída envolve todo tipo de veículo, serão utilizados cabos de aço importados da ALEMANHA.

A seguir, apresentamos o projeto da ponte a ser construída.

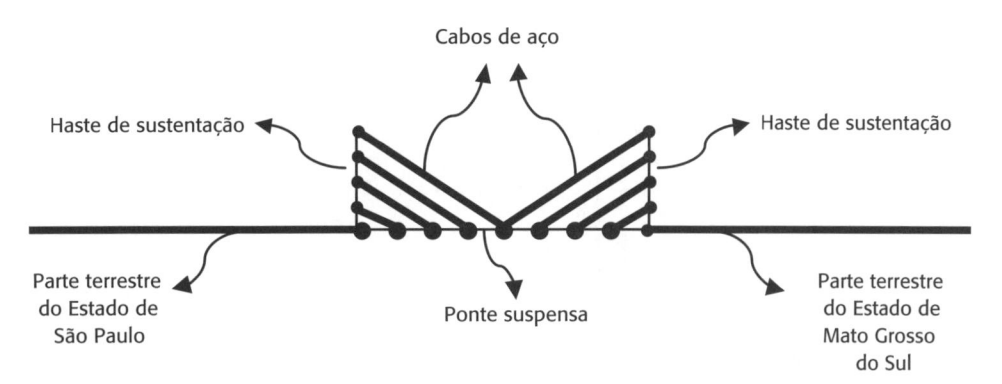

O comprimento da ponte suspensa será fornecido pelo usuário em quilômetros e deve estar entre 2 e 4. Sabe-se que a ponte terá quatro hastes de sustentação, duas na parte terrestre do estado de Mato Grosso do Sul e outras duas na parte terrestre do estado de São Paulo, e estas ficam nas margens direita e esquerda. Tem-se, ainda, que a altura da haste, e onde deve ser fixado o cabo de aço mais alto, deve ser de $1/_{20}$ da extensão da ponte. O cabo de aço mais alto será fixado obrigatoriamente no meio da ponte. Cada haste, num total de quatro, sustentará cinco cabos de aço equidistantes.

Faça um programa para calcular quantos metros de cabos de aço serão necessários para construir a ponte suspensa.

13.2 Desafio 2

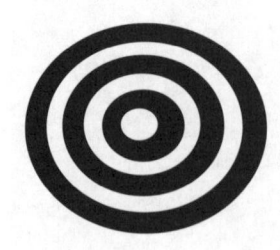

Uma fábrica de brinquedos precisa produzir alvos feitos de papelão. Para tal produção, será necessário adquirir o material, ou seja, o papelão. Assim, a fábrica solicitou à equipe de desenvolvimento que fizesse um programa para calcular a quantidade de papelão a ser comprada para a confecção de 5 mil alvos. Sabe-se que o brinquedo terá seis círculos sobrepostos e que todos os círculos apresentam a mesma distância do círculo imediatamente menor. O diâmetro do círculo maior será dado pelo usuário.

13.3 Desafio 3

Uma pessoa deseja colocar pregos a determinada altura do chão. Para isso, deverá comprar uma escada e apoiá-la na parede. Essa escada formará um ângulo conhecido como chão. Pelas especificações do Inmetro, todas as escadas produzidas no Brasil têm uma distância de 30 centímetros entre os degraus. Assim, deve-se construir um programa para saber que tipo de escada comprar, ou seja, quantos degraus deve ter a escada para que a altura do prego seja atingida, mesmo que aproximadamente. Desconsidere a altura da pessoa que fará o serviço.

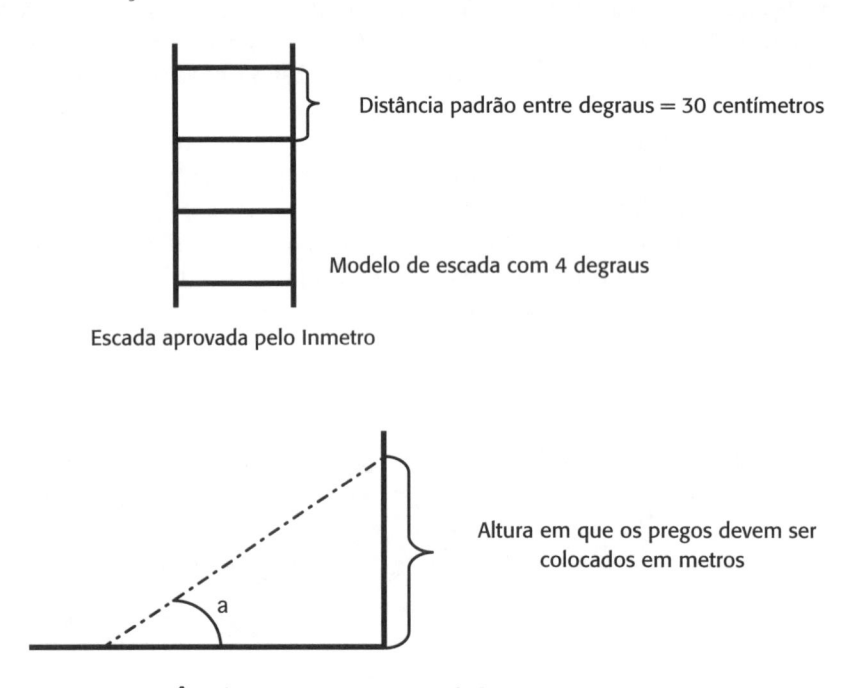

13.4 Desafio 4

Um problema típico em ciência da computação consiste em converter um número da sua forma decimal para a forma binária. Por exemplo, o número 12 tem sua representação binária igual a 1.100. A forma mais simples de fazer isso é dividir o número sucessivamente por 2, cujo resto da i-ésima divisão vai ser o dígito i do número binário (da direita para a esquerda).

Por exemplo: 12 / 2 = 6, resto **0** (1º dígito da direita para esquerda), 6 / 2 = 3, resto **0** (2º dígito da direita para esquerda), 3 / 2 = 1 resto **1** (3º dígito da direita para esquerda), 1 / 2 = 0 resto **1** (4º dígito da direita para esquerda). Resultado: **12 = 1100**.

13.5 Desafio 5

Um escritório de engenharia está fazendo os cálculos de quanto gastará com a mão de obra dos seus pedreiros. Sabe-se que cada pedreiro ganha 10% do valor do salário mínimo por metro quadrado de construção. Logo, para a construção de um condomínio fechado com 40 casas, tem-se, para cada casa, apenas um pedreiro trabalhando, e cada casa tem a planta a seguir. Calcular e mostrar o custo da mão de obra do condomínio.

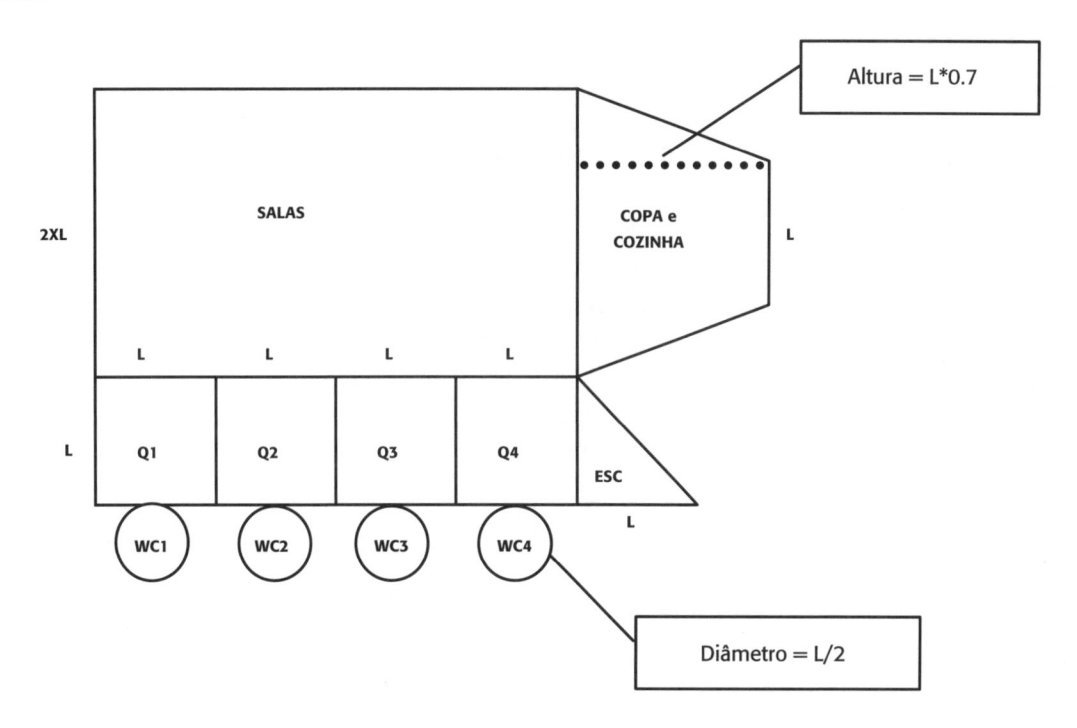

13.6 Desafio 6

Faça um programa que receba um número entre 1 e 10.000 e mostre o valor digitado por extenso.

digite um número: 10.500
número inválido
digite um número: 130
cento e trinta

digite um número: 5
cinco

digite um número: 1.259
um mil e duzentos e cinquenta e nove

13.7 Desafio 7

Faça um programa que simule um jogo de forca.

Restrições:

1. Devem ser previamente cadastradas dez palavras.
2. Com cada palavra deve ser cadastrada uma dica.
3. A palavra a ser acertada deve ser sorteada.
4. Quando o usuário tiver só mais uma chance, a dica deve ser apresentada.

5. No total, o usuário deve ter no máximo sete chances.

6. Letras maiúsculas e minúsculas devem ser aceitas.

7. O usuário pode jogar quantas vezes quiser.

8. As letras já testadas devem ser mostradas e não podem ser testadas mais de uma vez.

13.8 Desafio 8

Faça um programa que apresente o menu de opções a seguir:

1. **Cadastrar** pessoa na agenda de aniversariantes (nome, dia e mês do aniversário).

2. **Excluir** pessoa a partir do nome.

3. **Alterar** dia ou mês a partir do nome.

4. **Consultar** aniversariantes de uma data (dia e mês).

5. **Consultar** aniversariantes por mês.

6. **Consultar** aniversariantes pela letra inicial do nome.

7. **Mostrar** toda a agenda ordenada pelo nome.

8. **Mostrar** toda a agenda ordenada por mês.

9. **Sair.**

A agenda pode suportar até 15 pessoas.

13.9 Desafio 9

Faça um programa que carregue três vetores nos quais serão armazenados os códigos, os salários e o tempo do serviço, em anos, de cinco funcionários. Posteriormente, o programa deverá:

a) Receber um valor que corresponde ao salário a ser consultado e, em seguida, mostrar **dois relatórios**. Cada relatório deverá mostrar o código do funcionário e o salário. O primeiro relatório deve mostrar os funcionários que têm salário até o valor digitado e o segundo relatório deve mostrar os funcionários que possuem salário superior ao valor digitado. Caso não exista nenhum funcionário em algum dos relatórios, mostrar mensagem.

b) Encontrar o menor salário pago, calcular e mostrar **quantos** funcionários têm salário igual ao menor salário e, posteriormente, **mostrar** os códigos desses funcionários.

c) **Gerar** e **mostrar** um quarto vetor com os códigos dos funcionários que possuem tempo de serviço entre 2 e 4 anos e são isentos de impostos. Sabe-se que os funcionários isentos de impostos são aqueles que possuem salário inferior a R$ 1.500,00. Caso nenhum funcionário preencha os requisitos, mostrar mensagem.

13.10 Desafio 10

Faça um programa que apresente o menu de opções a seguir:

1. Incluir um número no vetor.

2. Consultar todos os números do vetor.

3. Consultar um número do vetor.

4. Excluir um número no vetor.

5. Esvaziar o vetor.

6. Sair.

Todas as operações anteriores devem ser realizadas em um vetor de dez posições e o vetor pode conter números repetidos, que podem ser desordenados.

13.11 Desafio 11

Faça um programa que apresente o menu de opções a seguir:

1. Incluir um número no vetor.
2. Consultar todos os números do vetor.
3. Consultar um número do vetor.
4. Excluir um número no vetor.
5. Esvaziar o vetor.
6. Sair.

Todas as operações anteriores devem ser realizadas em um vetor de dez posições e o vetor não pode conter números repetidos, que devem estar ordenados.

13.12 Desafio 12

Uma empresa do ramo da construção civil está informatizando seu Departamento de Pessoal. Inicialmente, cadastrou o salário de todos os cargos da empresa.

	1	2	3	4	5
Cargos	R$ 2.500,00	R$ 1.500,00	R$ 10.000,00	R$ 1.200,00	R$ 800,00

Cada tipo de cargo ocupa uma posição do vetor de tamanho 5.

Depois, cadastrou todos os seus funcionários em um vetor de registros, contendo os seguintes campos: código, nome e código do cargo.

	1	2	3	4	5	
codigo	15	1	26	12	8	...
nome	João da Silva	Pedro Santos	Maria Oliveira	Rita Alcântara	Lígia Matos	...
codigo_cargo	1	2	3	5	2	...

Crie uma aplicação que contenha uma função para mostrar um menu ao usuário, assim:

1. Cadastrar os cargos da empresa.
2. Cadastrar os funcionários da empresa.
3. Mostrar um relatório contendo o número, o nome e o valor do salário de todos os funcionários.
4. Mostrar o valor pago aos funcionários que pertençam a um cargo informado pelo usuário.
5. Finalizar.

Opção 1: Cada vez que essa opção for selecionada deverá ser chamada uma sub-rotina, na qual o usuário poderá cadastrar todos os cargos. Não se esqueça, nessa empresa existem apenas cinco cargos. Se o usuário mandar executar esta opção mais de uma vez, mostre a mensagem de erro "Salários dos cargos já cadastrados" e retorne ao menu.

Opção 2: Cada vez que essa opção for selecionada deverá ser chamada uma sub-rotina, na qual o usuário poderá cadastrar um novo funcionário, ou seja, informará o número do funcionário (este número deve ser único, você deverá implementar essa validação), nome e código do cargo (lembre-se de que o código informado deverá existir no vetor de cargos). Não se esqueça, nessa empresa existem apenas 15 funcionários. Se o usuário selecionar essa opção e o vetor de funcionários estiver completamente preenchido, mostrar uma mensagem de erro e retornar ao menu.

- Crie uma sub-rotina para fazer a validação do número do funcionário — ela não poderá aceitar número repetido.

- Crie uma sub-rotina para validar o nome do funcionário, obrigando-o a ser composto por pelo menos duas palavras (nome e sobrenome).

- Crie uma sub-rotina para fazer a validação do código do cargo ocupado pelo funcionário — ela só poderá aceitar códigos entre 1 e 5 cujos salários já tenham sido cadastrados no vetor de cargos.

Opção 3: Cada vez que essa opção for selecionada deverá ser chamada uma sub-rotina, na qual serão mostrados código, nome e valor do salário de todos os funcionários cadastrados (salários podem ser obtidos no vetor de cargos).

Opção 4: Cada vez que essa opção for selecionada deverá ser chamada uma sub-rotina, na qual será feito o somatório do salário de todos os funcionários que pertencerem a determinado cargo. Esse cargo é informado pelo usuário (entre 1 e 5) no módulo principal do seu programa e o somatório calculado deverá ser mostrado, também, no módulo principal.

13.13 Desafio 13

Alguns números inteiros possuem a capacidade de se autoelogiarem através de seus dígitos. Estes são números que formam a família dos Números Narcisistas. Os Números Narcisistas clássicos são aqueles iguais à soma de cada um de seus dígitos elevados à potência do número total de dígitos.

Por exemplo, o número 153 é um narcisista clássico porque a soma de cada um de seus dígitos elevados ao cubo (total de dígitos que compõem o número 153) é exatamente 153.

$$153 = 1^3 + 5^3 + 3^3 = 1 + 125 + 27 = 153$$

Crie um programa que receba um número qualquer e determine se ele é Narcisista ou não.

13.14 Desafio 14

Dois números são considerados AMIGÁVEIS se um deles corresponder à soma dos divisores (exceto o próprio número) do outro.

Por exemplo: vamos analisar os números 8 e 10.

Os divisores de 8 são: 1, 2 e 4, resultando em soma igual a 7.

Já os divisores de 10 são: 1, 2 e 5, resultando em soma igual a 8.

Assim, como a soma dos divisores de 10 (exceto ele próprio) resulta em 8, pode-se dizer que os números 10 e 8 são amigáveis.

Criar um programa que receba dois números inteiros quaisquer e determine se são amigáveis ou não.

13.15 Desafio 15

Uma escola oferece 3.058 cursos. Sabe-se que cada curso possui descrição, quantidade de alunos matriculados e valor da mensalidade. A escola precisa cadastrar os cursos e, depois, precisa saber:

a) a média aritmética de alunos matriculados nos cursos;

b) a descrição do curso que gera a maior receita (receita = quantidade de alunos * valor da mensalidade).

Crie uma aplicação que, utilizando um vetor de registro, consiga atender as necessidades da escola.

13.16 Desafio 16

Uma universidade deseja fazer a apuração do resultado do vestibular dos cursos de Ciência da Computação, Engenharia de Computação e Análise de Sistemas.

Para isso, contabilizará o total de pontos obtidos pelos candidatos e armazenará em uma matriz 3 × 40, onde a linha representa o curso (1ª linha Ciência da Computação, 2ª linha Engenharia de Computação e 3ª linha Análise de Sistemas).

Cada célula da matriz deverá conter o código do candidato e sua pontuação.

Considerando que cada curso possui apenas quarenta vagas, nessa matriz deverão ficar armazenadas as informações apenas dos quarenta melhores candidatos.

Enquanto o curso possuir menos de quarenta candidatos cadastrados, qualquer inserção será aceita (aconselha-se a inserção em ordem decrescente de pontuação). Quando já existirem quarenta candidatos em determinado curso e for digitada uma pontuação maior que a do último colocado, este deverá ser eliminado para que o novo candidato seja inserido na matriz.

Criar uma aplicação que digite diversas pontuações e, ao final, mostre o código e a pontuação dos quarenta aprovados em cada curso.

13.17 Desafio 17

Uma empresa de telefonia adotou um sistema de cobrança cujo valor do minuto de uma ligação varia de acordo com o horário de início:

- das 0h às 9h — 50% de desconto no valor do minuto.

- das 9h01 às 18h — 0% de desconto no valor do minuto.

- das 18h01 às 21h — 30% de desconto no valor do minuto.

- das 21h01 às 23h59 — 40% de desconto no valor do minuto.

Faça um programa que receba o horário inicial (hora e minuto) e o horário final (hora e minuto), junto com o valor normalmente cobrado pelo minuto de uma ligação.

De acordo com os dados anteriores, aplique corretamente os descontos e mostre o valor normal a ser cobrado e o valor com o desconto concedido.

Observação

Se a ligação começou em uma faixa de desconto e terminou em outra, você deverá calcular o desconto de acordo com o período de duração da ligação em cada faixa. Por exemplo, se uma ligação começou às 8h30 e terminou às 20h, você deverá conceder 50% de desconto para o período de 8h30 até as 9h, 0% de desconto para o período de 9h01 até as 18h e 30% de desconto para o período de 18h01 até as 20h.

13.18 Desafio 18

Você foi contratado para trabalhar em uma empresa de segurança e está encarregado de registrar os nomes de várias pessoas suspeitas de corrupção.

Temendo que esse arquivo caia em mãos erradas, você decidiu que as informações deveriam ser criptografadas antes da gravação e somente pessoas autorizadas possuirão mecanismos para descriptografá-las.

Assim, implemente uma aplicação que grave em um arquivo de texto uma quantidade indeterminada de dados, no seguinte padrão:

caractere1; caractere2; informação1;informação2&
caractere1; caractere2; informação1;informação2;informação3&

O símbolo ; separa dados de uma mesma pessoa. O símbolo & separa uma pessoa de outra.

O objetivo dessa aplicação é fazer o trabalho de criptografar/descriptografar.

Para cada pessoa, solicite o caractere1 e o caractere2. Eles serão a base para o processo de criptograr/descriptografar.

Quando as informações de uma pessoa forem recebidas, todos os símbolos contidos na informação, iguais ao caractere2, deverão ser substituídos pelo caractere1 e, só então, a gravação deverá ser realizada no arquivo.

A gravação dos dados termina quando for fornecido o símbolo @ como entrada.

Quando uma leitura for feita, todos os símbolos contidos na informação iguais ao caractere1 deverão ser substituídos pelo caractere2 para, só então, serem mostrados ao usuário.

Mostre todos os dados gravados (descriptografados).

13.19 Desafio 19

Um médico está melhorando o processo de agendamento de consultas, a fim de evitar transtornos decorrentes de esquecimentos de sua secretária.

Basicamente, o médico precisa de:

1. Cadastramento de pacientes (código, nome paciente, nome convênio, telefones fixo e celular).

   Não podem existir pacientes com código repetido. Criar um arquivo, chamado paciente.dat.

2. Agendamento (data, hora, código do paciente, tipo consulta — Normal ou Retorno).

   Não podem existir duas consultas agendadas para o mesmo dia e horário. Criar um arquivo chamado agenda.dat.

3. Alteração de pacientes.

   Informe o código do paciente. Se encontrar paciente gravado no arquivo de Pacientes, altere seus dados. Usar o arquivo paciente.dat gerado no item 1.

4. Visualização de consultas.

   Mostre todas as consultas agendadas (inclusive o nome do paciente). Usar os arquivos paciente.dat e agenda.dat, criados nos itens 1 e 2.

5. Geração de arquivo auxiliar

   Paralelamente ao seu trabalho, outra empresa está desenvolvendo uma aplicação que, no dia da consulta, envia uma mensagem ao telefone celular do paciente, alertando-o sobre o horário agendado com o médico. Você, então, deverá gerar para essa aplicação um arquivo de texto, contendo nome do paciente, data da consulta e horário da consulta (separe cada dado por um hífen).

13.20 Desafio 20

Uma rede de lanchonete está implantando um sistema informatizado de controle de estoque. Cada filial dessa rede segue um padrão rigoroso, em que todos os lanches utilizam os mesmos ingredientes, gerando, assim, a mesma lista de produtos em estoque.

É interessante manter cadastrados descrição, quantidade em estoque, quantidade mínima exigida e valor unitário de cada produto. Cada filial possui seis produtos em estoque.

Para o efetivo cadastramento, os projetistas do sistema sugeriram aos programadores a utilização de um vetor de seis posições para o cadastramento da descrição dos produtos e uma matriz 6 × 3 para cadastrar quantidade em estoque, quantidade mínima exigida e valor unitário.

	1	2	3	4	5	6
Matriz de descrição	Pão com gergelim	Alface americana	Tomate	Queijo Cheddar	Hambúrguer	Nuggets

	1	2	3	
Matriz com valores numéricos	10	5	1.2	1
	20	8	2.3	2
	15	4	2.7	3
	23	15	30.5	4
	100	60	3.1	5
	200	50	2.8	6
	Quantidade em estoque	Quantidade mínima exigida	Valor unitário	

Seguindo o definido em projeto, você foi contratado para implementar as seguintes funcionalidades, acessadas por meio de um menu de opções:

1. Cadastrar as informações dos seis produtos, atendendo às seguintes restrições:

   a) a quantidade em estoque não poderá ser inferior à quantidade mínima exigida;

b) o valor unitário deverá ser maior que zero — caso seja informado algum valor incorreto, mostre uma mensagem de erro e solicite-o novamente.

2. Retirar um produto do estoque: você deverá informar o nome do produto desejado e a quantidade desejada.

Então, deverá procurar o produto no vetor de descrições. Se ele não existir, mostrar uma mensagem de erro e voltar ao menu de opções. Se o produto existir, você deverá verificar se a quantidade em estoque é suficiente para atender à solicitação. Se a quantidade existente for suficiente, deverá ser atualizada (por exemplo, se o produto pão com gergelim possui 10 unidades em estoque e vou utilizar 3, deverei atualizar a quantidade em estoque para 7). Se a quantidade existente não for suficiente para atender à solicitação, mostrar a mensagem "Estoque insuficiente" e voltar ao menu de opções.

3. Mostrar a descrição de todos os produtos com quantidade em estoque inferior ao estoque mínimo exigido.

4. Mostrar o valor total dos produtos existentes no estoque.

13.21 Desafio 21

Uma empresa necessita criar um software capaz de controlar as vendas realizadas, com o objetivo de gerar alguns relatórios que auxiliem no processo de reposição de estoque.

A empresa detectou que precisa ter acesso rápido a algumas informações:

- quantidade vendida de determinado produto em um período;

- faturamento em determinado período (somatório das vendas realizadas);

- valor recebido em um período;

- produtos com estoque abaixo do mínimo exigido;

- lucro do período (para definir o lucro, deve ser descoberta a quantidade vendida de cada produto para fazer a diferença entre o valor cobrado do cliente e o valor pago ao fornecedor).

Para atender a essas solicitações, uma equipe de analistas definiu a necessidade de criar alguns arquivos para armazenamento permanente de dados, os quais permitirão a geração dos relatórios descritos anteriormente:

Arquivo Produtos: nesse arquivo, deverão ficar registrados todos os produtos comercializados pela empresa: código único do produto, descrição (String de 30 caracteres), valor de compra, valor de venda, estoque mínimo exigido estoque atual.

Arquivo Cliente: nesse arquivo, deverão ficar registrados os dados dos clientes que podem realizar compras a prazo: código único do cliente, nome do cliente, endereço telefone.

Arquivo Vendas: nesse arquivo, deverão ficar registrados dados das vendas: número da venda, data da venda, tipo da venda (à vista ou a prazo), código do cliente (se a venda for a prazo, preencher esse campo com um cliente válido, caso contrário preencher este campo automaticamente com −1) e data do vencimento (se a venda for à vista, esse campo deve ser preenchido automaticamente com a data da venda, caso contrário, solicitar uma data igual ou superior à data da venda).

Arquivo Item de Vendas: considerando que uma venda pode estar associada a vários produtos, é necessário criar um arquivo que relacione o arquivo Vendas com o arquivo Produtos. Nesse arquivo, deverão ser gravados: número da venda, código do produto, quantidade vendida, valor da venda (para descobrir o valor que um cliente pagou por um produto no passado).

A estrutura dos arquivos pode ser representada conforme mostrado na próxima página:

Representação do arquivo Clientes

Código cliente	Nome cliente	Endereço	Telefone
2	Manoel	Rua da padaria	1111-2222
1	Pedro	Rua da farmácia	3333-4444
5	Luzia	Rua do hospital	1234-5678
10	José	Rua do supermercado	4321-0000

Representação do arquivo Vendas

Número da venda	Data venda	Tipo venda	Código cliente	Data vencimento
1	11/06/2010	Prazo	2	11/07/2010
2	15/06/2010	Vista	−1	15/06/2010
3	20/08/2010	Vista	−1	20/08/2010
4	25/08/2010	Prazo	5	25/10/2010

Representação do arquivo Itens De Vendas

Número da venda	Código produto	Qtde. vendida	Preço pago
1	2	5	2,70
1	3	4	1,30
2	1	20	1,50
3	1	5	1,50
3	2	10	2,00
3	3	9	1,10
4	2	5	3,00

Representação do arquivo Produtos

Código produto	Descrição produto	Valor compra	Valor venda	Qtde. estoque	Estoque mínimo
1	Lápis	1,00	2,00	100	20
2	Caneta	2,00	3,00	80	15
3	Apontador	0,50	1,30	200	30

Seu trabalho como programador é implementar uma aplicação, usando arquivos, que permita mostrar um menu de opções, para que o usuário decida o que deseja fazer: manutenção no arquivo de produto, manutenção no arquivo de cliente, manutenção no arquivo de venda, realizar consultas, ou encerrar a execução da aplicação.

1. **Para manutenção de produtos**

Fornecer as seguintes opções:

- **Cadastrar novo produto:** gerar o código único automaticamente, receber as demais informações do produto e gravar tudo no arquivo correspondente.

- **Consultar produto:** solicitar que o usuário informe o código do produto desejado e buscá-lo no arquivo. Caso o encontre, mostrar todas as suas informações. Caso não o encontre, mostrar uma mensagem de erro e retornar ao menu Manutenção de Produtos.

- **Excluir produto:** solicitar que o usuário informe o código do produto desejado e buscá-lo no arquivo. Caso não o encontre mostre mensagem de erro. Se o encontrar, verifique, então, se tal produto foi usado em alguma venda. Se sim, mostre uma mensagem informando que a exclusão não poderá ser realizada. Se o produto não estiver vinculado a nenhuma nota, efetive a exclusão.

- **Alterar produto:** solicitar que o usuário informe o código do produto desejado e buscá-lo no arquivo. Caso ele não exista, mostrar mensagem de erro. Caso exista, sobrepor todos os dados com os novos valores fornecidos pelos usuários.

2. **Para manutenção de clientes**

Disponibilizar as mesmas funções do menu de Manutenção de produtos.

3. **Para realização de vendas**

Gerar o número da Nota Fiscal de venda automaticamente. A data da emissão da Nota fiscal deverá ser capturada do sistema. O tipo da venda deverá ser fornecido pelo usuário, podendo ser "à vista" ou "a prazo".

Caso o usuário opte por venda a prazo, deverão ser fornecidos o código do cliente (que deverá ter sido previamente cadastrado no arquivo de clientes) e data de vencimento (que deverá ser igual ou superior à data da emissão da Nota Fiscal).

Caso as informações estejam todas corretas, gravar os dados no arquivo Notas e permitir que o usuário cadastre diversos produtos nessa nota (gravando-os no arquivo ItensDeVendas).

O usuário fornece o código do produto (que deverá ter sido previamente cadastrado no arquivo de produtos) e a aplicação mostra a descrição correspondente.

Não permita vender quantidade maior que a registrada no arquivo de produtos. Ao confirmar a venda, atualizar o estoque.

4. **Consultas**

Permitir que sejam realizadas as seguintes consultas:

- Número das vendas realizadas em determinado período informado pelo usuário.

- Código e descrição dos produtos com quantidade em estoque abaixo do estoque mínimo permitido.

13.22 Desafio 22

Crie uma aplicação que simule o jogo descrito a seguir:

É o conhecido jogo da cobrinha com algumas pequenas alterações.

Você deverá criar uma janela com as dimensões que desejar. Dentro dessa janela deverão ser colocados dois tipos de elementos: comida para a cobrinha e obstáculos que ela terá de transpor.

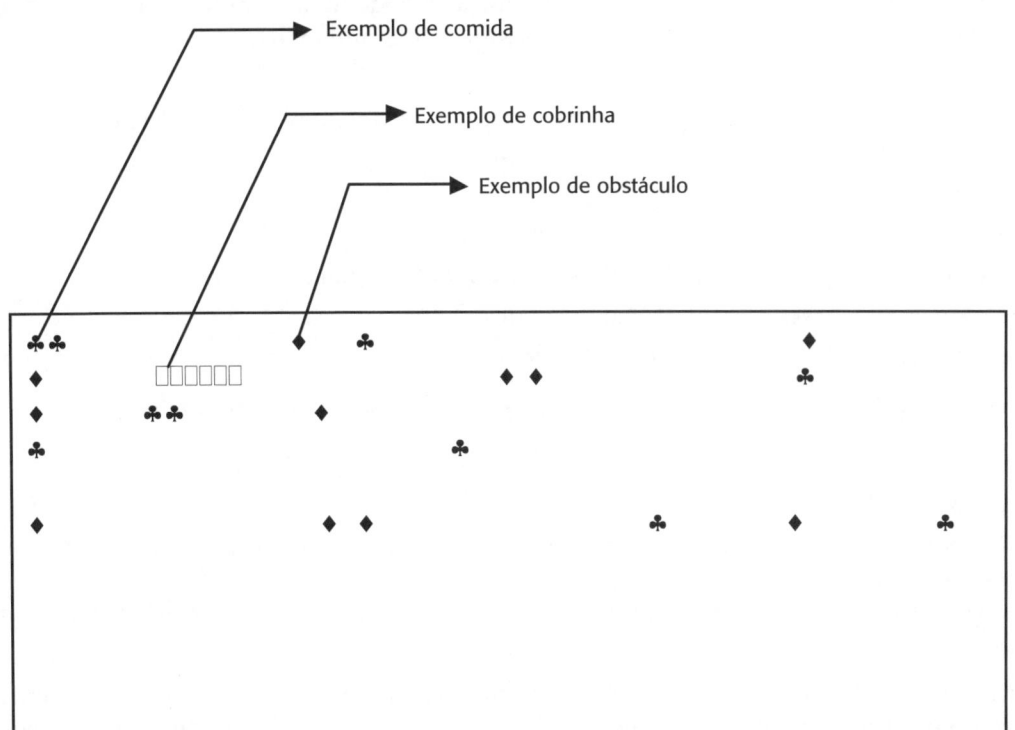

O início do jogo

Você precisará distribuir, em posições geradas aleatoriamente, 10 obstáculos e 15 comidas.

A direção de movimento inicial da cobrinha deverá ser gerada aleatoriamente pelo programa (para cima, para baixo, para esquerda ou para direita).

Você deverá estipular um tempo de duração do jogo.

O jogador começará o jogo com cinco vidas.

Movimento da cobrinha

A cobrinha se movimentará em uma direção até que o usuário aperte uma das teclas de direção (←↑→↓) para alterar sua trajetória.

Atenção: A cobrinha não pode passar por cima dela mesma, por isso:

- se a cobrinha estiver subindo, não aceite que o usuário aperte a tecla ↓;
- se a cobrinha estiver descendo, não aceite que o usuário aperte a tecla ↑;
- se a cobrinha estiver indo para a esquerda, não aceite que o usuário aperte a tecla →;
- se a cobrinha estiver indo para a direita, não aceite que o usuário aperte a tecla ←.

A cobrinha não poderá ultrapassar os limites da janela definida por você.

Então, se a cobrinha:

- estiver subindo, chegar à borda, e se sua trajetória não for alterada, deverá ir desaparecendo da parte superior e ir aparecendo na parte inferior da janela (mantendo a mesma coluna);
- estiver descendo, chegar à borda, e se sua trajetória não for alterada, deverá ir desaparecendo da parte inferior e ir aparecendo na parte superior da janela (mantendo a mesma coluna);
- estiver indo para a esquerda, chegar à borda, e se sua trajetória não for alterada, deverá ir desaparecendo da lateral esquerda e ir aparecendo na lateral direita da janela (mantendo a mesma linha);
- estiver indo para a direita, chegar à borda, e se sua trajetória não for alterada, deverá ir desaparecendo da lateral direita e ir aparecendo na lateral esquerda da janela (mantendo a mesma linha).

A comida

Quando a cabeça da cobrinha atingir a mesma coordenada de uma comida, esta será ingerida e deverá sumir da tela. Para cada três comidas ingeridas, o jogador ganha uma vida.

O obstáculo

Quando a cabeça da cobrinha atingir a mesma coordenada de um obstáculo, este deverá sumir da tela. Para cada obstáculo atingido, o jogador perde uma vida.

O fim do jogo

O jogo termina quando:

1. a cobrinha comer todas as comidas. Nesse caso, o jogador ganhou o jogo;
2. acabaram as vidas. Nesse caso, o jogador perde o jogo;
3. o tempo acabou. Nesse caso, o jogador perde o jogo.

Dica: Pesquise funções que detectam qual tecla foi pressionada em determinado momento.

13.23 Desafio 23

Um banco possui vários tipos de contas bancárias: (1) conta-corrente simples; (2) conta-corrente especial; (3) conta poupança.

Todas as contas possuem um número, um titular e um saldo. Para cada uma delas, entretanto, existem peculiaridades.

Conta corrente simples: tem direito a um cartão de débito (guardar o número) e um talão de cheques (guardar o número do primeiro e do último cheque do talão), mas não tem direito a limite e nem cheque especial;

Conta corrente especial: tem tudo o que a conta simples possui, mais o limite de crédito concedido pelo banco e taxa de juros cobrada pelo uso do limite;

Conta poupança: tem tudo o que a conta simples possui, mais uma data de aniversário (o dia do mês em que os rendimentos são creditados).

Defina as classes anteriores, utilizando herança onde for apropriado.

Crie uma aplicação que gere uma conta de cada tipo e cadastre (nos métodos construtores) as informações pertinentes a cada uma das contas.

Depois que as contas estiverem cadastradas, seu programa deverá mostrar um menu com opções para visualização das contas e para atualização do saldo de cada conta, lembrando que: para as contas simples, o saldo está sempre atualizado; para as contas especiais, o valor do limite utilizado deverá ser subtraído do saldo, e, para as contas poupanças, o saldo deverá ser acrescido do rendimento (vamos supor 2% ao mês).

13.24 Desafio 24

Um promoter deseja controlar todos os eventos dos quais participa e você foi contratado para resolver esse problema.

Assim que começou o trabalho, você ficou sabendo que o cadastro de um evento necessita de: identificador único (um código), descrição, local e data de realização, quantidade de convites colocados à venda, custos de organização e valor da entrada.

Foi-lhe informado, também, que existem sempre três valores de entrada: o 1º valor é para as entradas do tipo popular, o 2º valor é para as entradas do tipo normal e o 3º valor é para as entradas do tipo VIP.

Alguns desses eventos são festas open bar, possuindo, assim, além de todas as informações anteriores, uma relação das quatro bebidas que serão servidas. As informações da bebida, por sua vez, são nome, teor alcoólico e valor unitário.

O valor das entradas populares pode ser informado pelo usuário ou pode ser calculado automaticamente, da seguinte forma:

■ eventos open bar: R$ 30,00 mais 50% do valor unitário de cada bebida que será servida;

■ demais eventos: custo de organização dividido pela quantidade de convites colocados a venda.

O valor da entrada normal é o valor da popular + 10% desse mesmo valor. O valor da entrada VIP é o valor da normal + 15% desse mesmo valor.

Implemente classes que representem esse contexto. Utilize, onde apropriado, todos os conceitos de orientação a objetos já estudados (herança, composição, polimorfismo, sobrecarga e sobreposição de métodos etc.).

Crie, também, uma classe aplicação que permita o cadastramento de cinco eventos (que podem ser open bar ou não, dependendo do usuário).

Durante o cadastramento, deverão ser calculados, nas classes apropriadas, os valores das entradas, de acordo com o desejo do usuário e seguindo as regras de negócio, descritas anteriormente.

Mostre, quando o usuário desejar, todas as informações de todos os eventos cadastrados.

13.25 Desafio 25

Implemente um jogo que siga as regras descritas a seguir:

1. O jogo deverá ser jogado em um tabuleiro com 64 casas (8 × 8).

2. As pedras sempre são dispostas nas casas de cor escura. Como, nesse jogo, não haverá recursos visuais, as pedras dos participantes deverão ser dispostas de tal forma que consigam percorrer as mesmas diagonais. Sugere-se uma disposição conforme a figura a seguir.

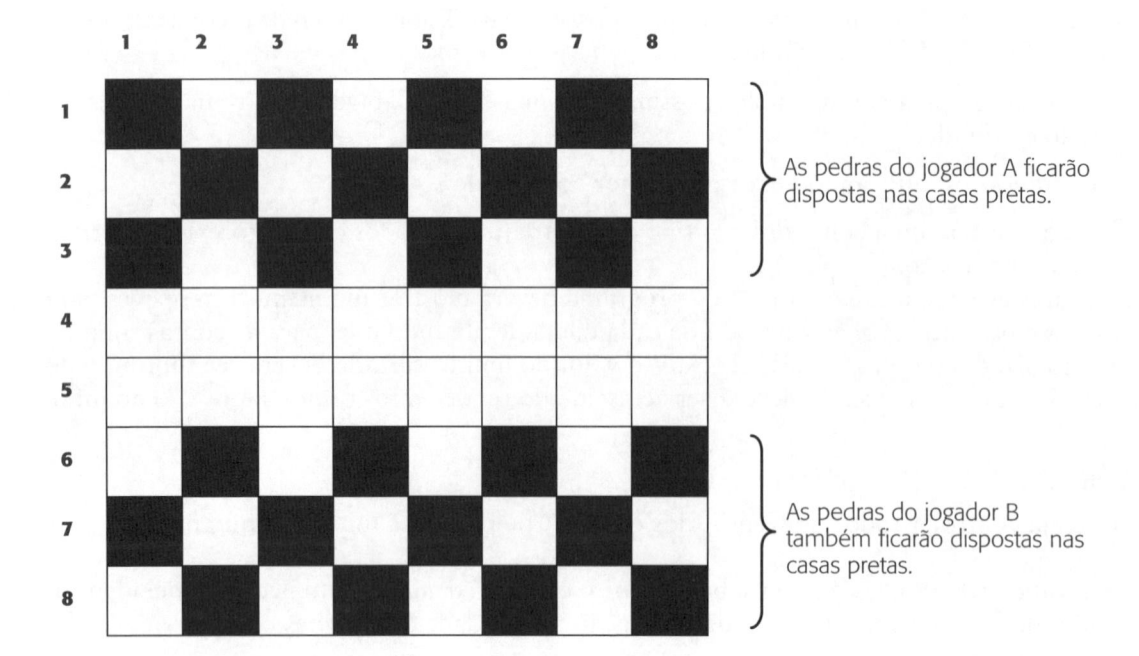

As pedras do jogador A ficarão dispostas nas casas pretas.

As pedras do jogador B também ficarão dispostas nas casas pretas.

3. As pedras dos jogadores deverão ser representadas na tela por caracteres diferentes (por exemplo, para o jogador A utilizar o símbolo O e para o jogador B utilizar o símbolo X).

4. As pedras devem se movimentar sempre em diagonal e para a frente (exceto quando for tomar — comer — uma pedra do adversário, situação em que é permitido movimentar-se para trás).

5. Quando uma pedra atravessar todo o tabuleiro, será coroada como "dama". Essa pedra deverá ser destacada das demais com um tipo diferente de caractere.

6. Em cada jogada, o jogador tem obrigação de tomar — "comer" — todas as pedras possíveis do seu adversário. Caso isso não seja feito ocorrerá um "sopro", o jogador perderá a pedra que não realizou todas as tomadas necessárias.

7. Uma pedra simples pode mover-se apenas uma casa por vez. Exceto quando for comer outra pedra, quando acabará movimentando-se duas casas.

8. Uma pedra comum poderá comer uma pedra do adversário se, e somente se, conseguir pular esta pedra (por exemplo: a pedra localizada na linha 3 coluna 1 poderá comer a pedra da linha 4 coluna 2).

9. Uma dama poderá percorrer várias casas em uma diagonal. Assim, poderá comer pedras que estejam distantes dela (por exemplo, uma dama na linha 4 coluna 2 poderá comer uma pedra na linha 7 coluna 5, reposicionando-se na linha 8, coluna 6).

10. O salto de uma dama só é impedido por uma obstrução, ou seja, quando na mesma diagonal houver outra pedra do mesmo jogador ou duas ou mais pedras do adversário em posições contíguas.

11. As tomadas podem ser simples ou em cadeia. Tomada simples é aquela na qual apenas uma pedra é comida. Tomada em cadeia é aquela em que várias pedras são comidas numa mesma jogada, ou seja, ao término de uma tomada verifica-se a possibilidade de realizar outra e, assim, sucessivamente.

12. As jogadas acontecem alternadamente entre os dois jogadores.

13. Para cada jogada, o jogador deverá informar qual pedra deseja movimentar (informar número da linha e da coluna) e para onde deseja movimentá-la (mais uma vez, informará o número da linha e o da coluna).

14. Depois disso, seu programa deverá fazer todas as validações necessárias, de acordo com as regras apresentadas anteriormente.

15. Será campeão o jogador que acabar com todas as pedras do adversário ou deixá-las sem condição de jogo.

16. Acontecerá um empate quando houver vinte jogadas envolvendo apenas damas, sem que haja tomadas, ou seja, nenhuma pedra é "comida".

Observação

Essa aplicação deverá seguir os conceitos da orientação a objetos. Isso quer dizer que vocês deverão identificar quais classes estão presentes nesse problema.

Após delimitar as classes, definir quais são as responsabilidades de cada uma.

Bibliografia

Algoritmos

AVILLANO, I. C. Algoritmos e Pascal: manual de apoio. Rio de Janeiro: Ciência Moderna, 2001.

FORBELLONE, A. L. V.; EBERSPÄCHER, H. F. Lógica de programação. São Paulo: Pearson Education/ Makron Books, 1999.

LAFORE, R. Aprenda em 24 horas estrutura de dados e algoritmos. Rio de Janeiro: Campus, 1999.

LAGES, G. Algoritmos e estrutura de dados. Rio de Janeiro: LTC, 1996.

MANZANO, J. A. N. G. Algoritmos. São Paulo: Érica, 1997.

MORAES, C. R. Estrutura de dados e algoritmos. São Paulo: Berkeley, 2001.

OLIVEIRA, A. B. Introdução à programação: algoritmos. São Paulo: Bookstore, 1999.

SALVETTI, D. D.; BARBOSA, L. M. Algoritmos. São Paulo: Pearson Education/Makron Books, 1999.

TERADA, R. Desenvolvimento de algoritmo e estruturas de dados. São Paulo: Pearson Education/Makron Books, 1991.

VENÂNCIO, C. F. Desenvolvimento de algoritmos: uma nova abordagem. São Paulo: Érica, 1997.

VILLASBOAS, L. F. P.; VILLAS, M. V. Programação: conceitos, técnicas e linguagens. Rio de Janeiro: Campus, 1998.

PASCAL

ASCENCIO, A. F. G. Lógica de programação com Pascal. São Paulo: Pearson Education/Makron Books, 1999.

AVILLANO, I. C. Algoritmos e Pascal: manual de apoio. Rio de Janeiro: Ciência Moderna, 2001.

FARRER, H. Pascal estruturado. 3. ed. Rio de Janeiro: LTC, 1999.

GOTTFRIED, B. S. Programação em Pascal. São Paulo: Pearson Education/McGraw-Hill, 1994.

MANZANO, J. A. N. G.; YAMATUMI, W. Y. Programando em Turbo Pascal 7.0: guia prático de orientação e desenvolvimento. São Paulo: Érica, 1996.

_____. Estudo dirigido de Turbo Pascal. São Paulo: Érica, 1997.

OLIVEIRA, A. G. Treinamento em Pascal. Florianópolis: Visual Books, 1997.

SCHMITZ, E. A.; TELES, A. A. S. Pascal e técnicas de programação. 3. ed. Rio de Janeiro: LTC, 1996.

C/C++

HOLZNER, S. C++ black book. São Paulo: Pearson Education/Makron Books, 2001.

KLANDER, L.; JAMSA, K. Programando em C/C++: a bíblia. São Paulo: Pearson Education/Makron Books, 1999.

MIZRHAHI, V. V. Treinamento em linguagem C++: módulo I. São Paulo: Pearson Education/Makron Books, 1994.

_____. Treinamento em linguagem C++: módulo II. São Paulo: Pearson Education/Makron Books, 1994.

MONTENEGRO, F.; PACHECO, R. Orientação a objetos em C++. Rio de Janeiro: Ciência Moderna, 1994.

SCHILDT, H. Turbo C: guia do usuário. São Paulo: Pearson Education/Makron Books, 1994.

_____. C completo e total. 3. ed. São Paulo: Pearson Education/Makron Books, 1996.

SEXTON, C. Dominando a linguagem C++. Rio de Janeiro: IBPI Press, 2001.

SNARTH, P. C++ para leigos passo a passo. Rio de Janeiro: Ciência Moderna, 1999.

STROUSTRUP, B. C++ – A linguagem de programação. 3. ed. São Paulo: Bookman Companhia ED, 2000.

JAVA

ANSELMO, Fernando. Aplicando lógica orientada a objetos em JAVA. 2. ed. São Paulo: Visual Books, 2005.

BARNES, David J. Programação orientada a objetos com Java: uma introdução prática utilizando o BlueJ. São Paulo: Pearson Prentice Hall, 2004.

BATES, Bert; SIERRA, Kathy. Use a cabeça! 2. ed. São Paulo: Starlin Alta Consult, 2007.

BURD, Barry. Beginning programming with Java for dummies. 3.ed. USA: John Wiley Consumer, 2011.

DEITEL, H. M; Deitel, P. J. Java: como programar. 8. ed. São Paulo: Pearson Prentice Hall, 2010.

Índice remissivo